www.ingramcontent.com/pod-product-compliance
Lightning Source LLC
Chambersburg PA
CBHW071950100426
42736CB00043B/2706

در گذر انقلاب

نگرشی به:
جنبش‌های استقلال طلبانه هند و آمریکا
و تغییر رژیم در روسیه، فرانسه و ایران

نوشته عطا معتدل

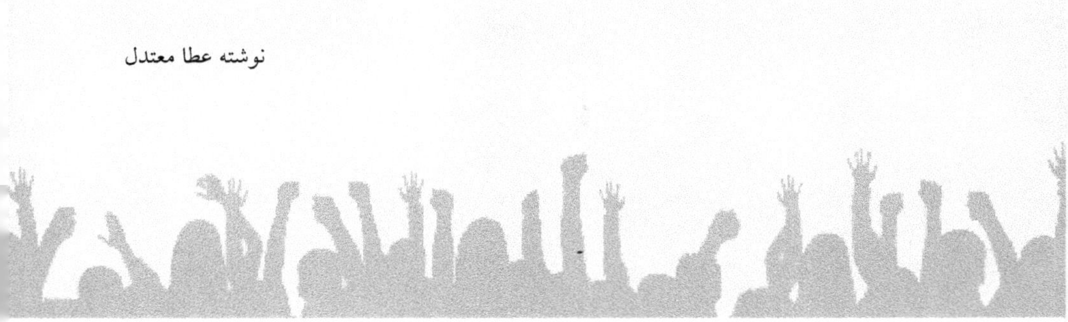

شناسنامه کتاب

نام کتاب در گذر انقلاب چاپ دوم
نویسنده عطا معتدل
جلد و صفحه بندی علی توکلی
تاریخ انتشار جولای۲۰۲۱
محل انتشار کالیفرنیا آمریکا
۹۷۸۱۷۳۶۱۲۹۱۱۱ ISBN شماره
این کتاب بوسیله شرکت چشمه کتاب از انتشارات ماهنامه خدنگ برای چاپ آماده گردیده و در سایت آمازون و چشمه کتاب و ماهنامه خدنگ برای فروش میباشد
برای تهیه این کتاب به منابع زیر مراجعه نمایید
شرکت چشمه کتاب ۹۴۹-۲۶۴-۲۲۰۳
ماهنامه خدنگ ۹۴۹-۲۴۳-۷۹۹۴
Ingram Lightning Source شرکت ناشر
و یا در روی تارنمای آمازون به آدرس زیر

http://www.amazon.com/
Atta Motadel

copyright august 31/2021

به یاد همسـر همراه

برای فرزندم و جوانان

در نوسانات حیات تنها برخاستن و قد برافراشتن در پس هر سقوط است که افتخار می‌آفریند.

نلسون ماندلا

nelson mandela

آشنایی با نویسنده این نوشتار:

نویسنده این نوشتار کار خود را در بنگاه اصلاح امور اجتماعی و عمران دهات کشور با وظیفه مدیریت چند حوزه عمرانی که هر یک منطقه‌ای را با چندین ده زیر پوشش توسعه قرار می‌داد آغاز کرد و سپس مدارج زیر را طی نمود:

مدارجی که به او امکان داد در گوشه و کنار کشور از نزدیک با طبقات جامعه تماس داشته باشد و با زیر و بم زندگی آنان آشنا، و از آن تجربه و پند گیرد.

* مجری طرح منطقه‌ای گرگان و دشت ترکمن که با اعتبارات بنیاد فورد و سازمان برنامه توسعه همه جانبه مراکز سکونتی و تولیدی محدوده‌ای از حومه بجنورد از استان خراسان تا مرز بهشهر در استان مازندران را در برمی‌گرفت. با یاری همکاران و مردم این پروژه توانست منطقه را به‌صورت یکی از سفره‌های عمده غذایی کشور درآورد. تجربه‌ای که در جیرفت کرمان نیز نتیجه بخش شد و آن حوزه نیز به‌صورت سفره غذایی دیگری با تولید میوه برای مصارف داخلی و صادرات پا گرفت. پروژه گرگان و دشت موجب شد که جایزه بنیاد فورد را در بین پروژه‌های مشابه آن بنیاد در ممالک دیگر به او دهند که توانست در رشته ترویج و توسعه از دانشگاه کرنل در آمریکا با ارائه پایان‌نامه‌ای متکی به تحقیق و با عنوان زیر تخصص دیگری گیرد.

« فاکتورهای مؤثر در پذیرش اندیشه و روش‌های نو در توسعه»

* تاسیس و مدیریت طرح و بررسی‌ها در وزارت کشور با هدف توسعه مراکز سکونتی عقب مانده.

* تاسیس مدیریت عمران روستاها و منطقه‌ای در سازمان‌برنامه که او و همکارانش برای اولین بار در برنامه پنجم توانستند شاخه اعتبارات مختص به عمران دهات را در زمره سایر اعتبارات عمرانی کشور قرار دهند. در پس تدوین برنامه پنجم و ارائه بودجه آن به مجلس، چند مدیر سازمان من‌جمله مؤلف این کتاب مدالی از شاه دریافت می‌دارند.

* او پیشنهاد کننده، همیار و مؤسس دانشگاه گیلان، بخش عمران ملی دانشگاه شیراز هنرستان صنعتی بختیاری و پروژه‌های بزرگ و کوچک آموزشی دیگری چون احداث مدارس در روستاهای صحرای ترکمن بوده و نیز در همین شاخه آموزش فرصت تدریس در دانشگاه‌های تهران و شیراز و متعاقبا در آمریکا را داشته است.

* آخرین سمت او استانداریست که در پی تصمیم شاه در جانشین کردن تکنوکرات‌های بی نام ونشان بجای استانداران بوروکرا ت و با نام ونشان پیش‌آمد که او و تعداد دیگری از مدیران سازمان برنامه با شهرت استانداران عمرانی به‌کار در آن سمت پرداختند.

از علاقمندی‌های او مطالعه در زمینه پیدایش انقلاب‌ها، گام‌ها در هر جنبش و نتایج آنست که از شکست جنبش ملی کردن‌نفت در ایران ناشی شد و این نوشتار خلاصه‌ای از آن بررسی است.

از دیگر علاقه مندی‌های او نگارش است که به‌صورت کتاب، مقالات و جزواتی برای دانشجویان نوشته شد. سروده‌های او در ایران گه‌گاه در مجله سپید و سیاه و در آمریکا اینجا و آنجا درج می‌شود. آخرین آن را که در نشریه «بررسی کتاب» از مجموعه «در سوگ آدمیت» او به چاپ رسید از نظر می‌گذرانیم تا معرف ردی نیز از خط و اندیشه او شود.

... کاش آدمی وطنش را
مثل بنفشه‌ها در جعبه‌های خاک
یک روز می‌توانست
همراه خویش برد هر کجا که خواست.
استاد شفیعی کد کنی

سرخک عید

ماهی تُنگ بلور، تا که بر سفره عید
سبزه و سنبل دید
یاد آورد بهار، برکه‌اش در نیزار
زادگاهی که از آن مانده بدور

عید آمد و گذشت
گل بکوشید و بر ریشه فزود
تا که دیواره گلدان بشکست
رفت و در باغچه خانه نشست

سبزه از زخم دم تیغ رهید
رفت در رود فتاد
تا به یک جلگه سر سبز رسید
همره پونه و ریحان رویید

ماهی، آن سرخک عید
دید دیوار اگر هم ز بلور
باز هم دیوارست
سد آغوش و بر دیده بینا، خارست
یافت در بند غنودن به امید
گذرانست نه زیست
در پی راه گریز، روزنی باز ندید
باله جنباند و جهید، سر به دیوار مکرر کوبید
تـا که بی‌جان، به کـف دام بلورین غلطید

ماهی تُنگ بلور... رست از تنگِ بلور

فهرست مطالب
پیشگفتار

■ **بخش نخست نظری بر انقلابها**

■ **بخش دوم نظری بر انقلاب ایران**

به نام آفریدگار یکتا

پیشگفتار

این نوشتار در دو بخش تنظیم یافته است. بخش نخست به منظور بسط آگاهی‌ها، به چند انقلاب که نه تنها در کشور برپایی، بلکه بازتابش بر روند زندگی ملل دیگر نیز اثر نهاده اشاره و از دلایل بروز، گام‌ها و نتایج آن‌ها می‌گوید و در ادامه یادآور اهم جنبش‌های اجداد ما در طول تاریخ می‌شود که به امید کسب رفاه و آزادی سخت کوشیدند ولی به نتیجه مطلوبی نرسیدند و این پرسش را پیش کشیدند که:

از چیست هرگه که بکاریم بری را، خشکد ندهد بار؟

بخش دوم به دور از عقاید و نظرات شخصی، تنها بر پایه مشاهدات، معرف مراحلی است که انقلابیون ایران پله‌پله در استانی مشابه سایر نقاط کشور طی و حکومتی مذهبی را جایگزین حکومتی سلطنتی نمودند تا ابزاری به‌دست خواننده نوشتار سپارد که خود به تجزیه و تحلیل آن‌چه گذشت پردازد و نتیجه گیرد.

در مجموع دو بخش سعی برآنست که دریابیم حفاظت از مرز و بوم، ملت و فرهنگ ما در دنیایی آشفته بی‌عاطفه و بی‌رحم، آن‌هم به زمانی که خشم طبیعت از توان مهمان پذیری خاک می‌کاهد، و جوش جمعیت به کمبودش می‌افزاید بر دوش نسل ماست که در این راه تنها و تنهاییم: هم آرش و هم تیر، هم زه و کمانیم.

نگارش این خلاصه از آنجا ریشه گرفت که ناشر مجله‌ای مرا به‌خاطر موقع شغلی و به حکم وظیفه ملی و مدنی، موظف و متعهد می‌داند برای آگاهی نسل‌های آتی مشاهدات خود را بدون ابراز نظر و تفسیری درباره جنبشی که سرنوشت قومی را رقم زد بنویسم. موقع شغلی من حاصل اراده شاه بود که به هردلیل دفعتاً تعدادی از مدیران سازمان برنامه را با

تخصص‌های فنی و نه سیاسی از متن بی‌نام ونشان جامعه جایگزین رجال همیشگی و با نام ونشان می‌کند که نویسنده این یادداشت نیز در زمره آنان بود که فرصتی یافت در مدت کوتاه بعد از طلیعه انقلاب و قبل از استعفای خود از نزدیک شاهد مراحل این جنبش شود. از آنجا که کوچ خودخواسته به دنبال جستجوی کار در کشوری دیگر ایجاب می‌کرد به ادامه حیات خانواده ارجحیت دهم، اشتغال فرصت نداد که نظر آن نویسنده را برآورده سازم تا حال که باز نشسته و ایام را در انتظارکوچ نهایی سپری می‌کنم.

در این نوشتار چون از تجارب غیر بی‌اطلاع و اجازه درج آن را نیز نداشته‌ام با قبول شایبه ناخوشایند تظاهر و خودستایی از تجارب و مشاهدات شخصی ناشی از مشاغلی که کلاً در امور عمرانی تماس نزدیک با کثیری از مردم را در رده‌های اجتماعی اقتصادی و نقاط مختلف ممکن می‌ساخت کمک گیرم. مشاغلی که منحصر به امور عمران و توسعه بودند و در ابتدای کتاب تحت عنوان آشنایی با نویسنده فهرست‌وار به آن‌ها اشاره شد. ضمنا از این طریق کوشیدم دریابم که چرا کشته قوم ما کمتر به حاصلی مطلوب می‌نشیند.

از آب و خاکست، یا ریشه اندیشه و یا از کج کردار؟

نکته:

* در این نوشتار به‌خاطر غنای ادبیات فارسی از ابیات سروده‌ها که در بیتی کوتاه محتوای رسایی را می‌رسانند و در خلاصه نویسی به توجیه مطالب نثر کمک می‌کنند استفاده شد و نه بعنوان تایید نظری.

* در ایجاد تنوعی در این مختصر هر از گاهی به حاشیه رفته‌ام که گاهی شکل خاطره به خود می‌گیرد ولی از مطلب به دور نیست. از ذکر کامل نام افراد نیز در این نوشتار پرهیز شد، تا تشابه اسمی مشکلی برای منسوبی به بار نیاورد ولی متن و مفهوم جمله و یا مراجعه به بایگانی ادارات و مراکز اسناد می‌تواند در این شناخت یاری دهد[1].

بخش نخست؛ نظری بر انقلاب‌ها

فصل اول: انقلاب‌ها با بازتاب جهانی
فصل دوم: اهم جنبش‌های اجداد ما

فصل نخست:
انقلاب‌ها با بازتاب جهانی

با تأسف ما انسان‌ها نتوانستیم با گذشت زمان دامنه بینش خود را گسترش داده دریابیم که اگر حرص و آز، از حد گذرد و حب جاه و مال، ما را از راه به بیراه کشاند زندگی همگان به مخاطره خواهد افتاد. امروزه این حس افزون‌طلبی و خودبینی موجب شده است که با فاصله طبقاتی محسوسی روبه‌رو شویم؛ به گونه‌ای که قریب به یک درصد از سکنه خاک، نود درصد ثروت دنیا را به خود اختصاص داده‌اند. در حالی که نود و نه درصد بقیه، در جستجوی نیازهای ضروری و اولیه گذران حیات، عمری را که تلخی آن بیش از شیرینی آن است، هر روز به فردا می‌رسانند. افزون‌طلبی و خودبینی خصوصیتی است که در ژن حیوان، من‌جمله ارشد آن، انسان نهفته است؛ منتهی از حد تعادل که بگذرد مسئله‌ساز می‌گردد.

دد به صیدی می‌شود سیر و رضا

اشتهای ما ندارد انتها

بدیهی است که با چنین فاصله طبقاتی نمی‌توان به صلح و صفا در خاک امید داشت. از این روست که هر روزه ناظر آشوب و یا مهاجرت کثیری از انسان‌ها در گریز از جنگ و ویرانی و بیکاری شده‌ایم که گویی آرامش در جنگل درخت و سبزه و وحوش دلچسب‌تر از کوی آهن و سیمان ماست. به خاطر همین خصلت فزون‌طلبی و علاقه به تملک بود که در ابتدای

سکونت انسان، هر جمعی برای حیطه زندگی گروه همگن و هماهنگ خود حدی مشخص کرده و مرزهای کشوری شکل گرفتند و بعد از فروپاشی حکومت‌های قدرت و ثروت‌طلب و مرزپسند رم و پارس به تعداد این مرزها افزوده و نخستین دیوارهای جدایی بین انسان‌ها زاده شدند و در ادامه حفاظت از این محدوده‌ها و برخوردها آرامش حیات را بهم ریخت. اگر پذیرای این واقعیت باشیم که تنها کلمه مترادف با زندگی و نه گذران، شادی است باید بپذیریم که آفریدگار همانند هر هنرمند خلاق دیگری نمی‌خواهد که در موزه بیتای طبیعت، ساخته دیگرش بر شاهکار هنرش انسان که به قول جامی:

هر چه عیان داشت بر او خرج کرد

آنچه نهان داشت در او درج کرد

سیه سایه ز نیرنگی، سرخ لکه ز جنگی، و زردهاله ز دلتنگی نشیند. منتها اکثریت جمعیت هفت‌ونیم بیلیونی دنیا، در استفاده از این هدیه باارزش و برتر، به خاطر برخورد با قدرت‌هایی خودبین نتوانستند از حیات خود بهره‌ای برند و عمری را به اجبار در سختی گذرانده و به آخر می‌رسانند. به عبارت دیگر، اکثریتی روز را با دلهره آنکه فردا چگونه خواهد گذشت سپری می‌کنند. آنها انسان‌هایی هستند که به قول برتولد برشت[1]، نویسنده آلمانی به خاطر سهم کوتاهی که از طول حیات به آنها رسیده محقاند که هر برهه‌اش را به شادی و شیرینی گذرانند. بدیهی است که بهم‌ریختگی تعادل و توازن بین خواست‌ها و امکانات در دو سوی تساوی ثبات و راحت حیات، موجب سرریز کاسه صبر خواهد شد و جنبش‌هایی به امید نیل به زندگی واقعی و نه گذران ظاهر که روند مرسوم و معمول اجتماعات را منقلب کرده و بهم می‌ریزد.

پاسخ به این پرسش که چرا با چنین تلاطمی روبه‌رو می‌شویم و یا چه عواملی زمینه‌ساز مشکلات حیات ماست، در این خلاصه نمی‌گنجد ولی

۱-Friedrich Brecht

بلاشک می‌توان گفت که نقش و خط اندیشه و به تبعیت آن، رفتار و کردار
ماست که معمار زندگی ما می‌شود و سایه ساختار ما دیگران را به تاریکی
می‌کشاند. در توجیه مطلب اگر به پدیده آفرینش بنگریم، به این نتیجه
خواهیم رسید که آفریدگار در کالبد هر موجود زنده اعضایی را با وظایفی
خلق و نهفته است تا هماهنگ با سایر اعضا به حیات، جان و تداوم بخشند
که در این چرخه، به ویژه در انسان، با توان تکلم و برد بینش برتر عضو مغز
است که در شکل بخشیدن به ماهیت هستی مدام یادآور آن است که فکرتی
توانا در دسترس توست که به کمک آن می‌توانی زندگی مطلوبی برای خود
سازی. آن شاهکار پیچیده خلقت، مشروط برآن‌که با گذر حیات از تابش
آگاهی‌ها به دانایی و کمال رسد، توانی خواهد یافت که حلال هر مشکلی
شده و هر خطا و اشتباهی را اصلاح کند. به قول ناصر خسرو:

درخت تو گر بار دانش بگیرد
به زیر آوری چرخ نیلوفری را

توانی که در ۱۷۰۰ سال پیش نیز اجداد ما به آن معترف بوده‌اند و از این
رو بر سردر قدیمی‌ترین دانشگاه‌های دنیا در گندی شاپور نوشته بودند:

تدبیر بر شمشیر پیروز است.

با این استدلال باید پذیرفت این ما هستیم که نتوانستیم بی‌عدالتی‌ها،
نادرستی‌ها تجاوز و تبعیض را که مخرب جامعه‌ای مرفه، شاد و امن است
مهار کنیم. با مردمی کم و یا ناآگاه، اکثریتی فقیر را در دنیا خلق کردیم که با
قبول مخاطرات و به امید گریز از حیات «گذرانی» خود مدام در هر راهی پا
می‌نهند که انقلاب معبری از آن است. به همین خاطر، اکثر انقلاب‌ها از فقر
و یا فقدان عدالت اجتماعی در زیر سلطه حکامی خودبین که با سوء نظر
بر قومی حاکم‌اند پا می‌گیرد و فقرا را در مسیری قرار می‌دهد که به دنبال
هر رهبری، حتی ناشناخته، به راه افتند چه می‌دانند هرچه پیش آید بدتر از
شرایط روز آن‌ها نخواهد بود و در صورت شکست نیز چیزی ندارند که از
دست دهند. آن‌ها با ازجان‌گذشتگی و صداقت مبارزه می‌کنند.

دامنه زندگی در سختی به صورت «گذرانی» ناشی از اجباری است که تولد بر ما تحمیل می‌کند و منحصر به کشور و قوم و یا دیروز و امروز نیست. در سروده‌ای که گویا اثری از حافظ در هشت قرن پیش است می‌خوانیم که:

هر کسی روز بهی می‌طلبد از ایام

علت آن است که هر روز بتر می‌بینم

منظور این بیت آن نیست که جماعت درپی کسب ثروت‌اند، بلکه از آن جهت طالب روزی بهتراند که در برابر تنگناهای زندگی که همیشه در جهت فزونی است، لااقل بتوانند در سطح گذران امروز خود به حیات خویش ادامه دهند. گذرانی که افسانه حیات سیزیف[1]، یکی از خدایان اساطیر یونان را به خاطر می‌آورد.

در آن افسانه، سیزیف بر اقدامات زئوس، ارشد خدایان خرده گرفته و او را عصبی می‌کند؛ به‌گونه‌ای که تصمیم می‌گیرد سیزیف را تنبیه و جاودانگی حیات را از او بستاند ولی به خاطر التماس و زاری او که هر رنجی را غیر از رنج ازدست‌دادن امرتاتی خود پذیرا بود، قبول می‌کند که او را ببخشد؛ مشروط بر آنکه در پس سنگ بزرگی که در دامنه تپه مورد نظرش افتاده بود، قرار گرفته و آن را با فشار دو دست به قله آن رساند. سیزیف، به تصور آنکه کار آسانی به او محول شده، شاکر و خشنود، دوان دوان خود را به پای آن تپه می‌رساند و سنگ را با فشار دو دست به سوی قله به حرکت درمی‌آورد که در نیمه راه تپه از توان می‌افتد و جز ادامه فشار بر سنگ چاره‌ای برایش باقی نمی‌ماند، چه اگر سنگ را رها می‌کرد به سمت پایین می‌غلتید و در چرخش نخست، او را له می‌کرد. او عمر جاودان یافته بود؛ عمری که نه می‌خواست و نه دیگر می‌توانست رشته آن را پاره کند ولی به اجبار می‌بایست به گذران آن با سنگ سنگینی بر دو دست تن دهد. تنها امتیازی که سیزیف‌های فقیر

۱-Sisyphus

امروزه دنیا بر سیزیف یونان قدیم دارند آن است که به خاطر ابدی نبودن حیات مدت کوتاه‌تری را با دلهره رفع نیازهای اولیه و ضروری خود سپری می‌کنند. متأسفانه پیشرفت صنایع روز که هر دم به نوع و دقت آن افزوده می‌شود و در تغییر است، نیاز بیشتری به اطلاعات فنی و اندوخته فکری دارد تا توان بازو؛ لذا کارگرانی که تنها به اتکای توان بازو می‌توانند زندگی خود و خانواده را تامین کنند   به رده بیکاران اضافه شده و به سوی جمع آن‌هایی که حیات گذرانی دارند سوق داده می‌شوند. ناگفته نماند که به خاطر روند توسعه صنایع، ازهم‌پاشیدگی نظام طبیعت و از سویی رشد جمعیت و کاهش امکانات مهمان‌پذیری خاک در آینده‌ای نه چندان دور فضایی خالی برای پذیرش جماعتی که بازده آنان تنها خورد و دفع است کمیاب شده و یا وجود نخواهد داشت.

تأسف در این است که اغلب آن‌هایی که به جای زندگی، ایام می‌گذرانند، آنچنان به این گذران خو می‌گیرند که اندک اندک آن را به صورت رکنی لازم در پیکره حیات به حساب آورده، امری عادی می‌شمارند و به امید راحت و شادی ابدی پس از مرگ خود را تسکین داده، شرایط تلخ را پذیرا بوده و شاکرند. که رابرت کومو، نویسنده فرانسوی در داستانی که با الهام از همان افسانه سیزیف نوشته است این نحوه زندگی را مرگ تدریجی می‌نامد. در این میان گاهی رهبرانی که می‌بینند راه بر هر تلاش سازنده بسته شده و سلطه‌ای آزادی‌های فردی و اجتماعی مردم را در دست گرفته است، به درجه انفجار می‌رسند و آسیمه‌سر خود را به آب و آتش زده، به صورت جنبشی انقلابی شتابان به امید اصلاح شرایط نامطلوب روز برمی‌خیزند و جماعت «گذرانی» را به دنبال خود به حرکت وادار می‌کنند که گاهی در پس پیروزی انقلاب به اهدافی که انتظار آن را داشته‌اند نمی‌رسند. در این صورت بازده انقلاب‌ها برروحیه انقلابیون جراحت عمیقی برجای می‌نهد و موجب دلزدگی، افسردگی و متعاقباً بی‌تفاوتی و عزلت‌گزینی آن‌ها می‌شود؛ حالتی که پیشرفت برنامه‌های انقلابی را کند و یا متوقف خواهد ساخت. در توجیه مطلب می‌توانیم تصور کنیم که انقلابیون تشنگانی هستند که به آن‌ها

تلقین شده بود انقلاب آن‌ها را به چشمه آبی خواهد رساند اما اگر در پس
جنبش انقلابی از چشمه اثری نیابند، کورسوی امیدی را نیز که آن‌ها را قبل از
انقلاب برای بهبود وادامه حیات به جنبش وامی‌داشت، ازدست خواهند داد.
در این رابطه دیده شده که پاره‌ای از انقلاب‌ها تا حد براندازی دولت‌های
حاکم و خواباندن عطش انتقام انقلابیون پیش رفتند اما در تحول اساسی،
به دلایلی چون ضعف مدیریت، نادرستی مدیران، غرور حماسه‌آفرین،
قدرت‌نمایی دشمن تراش و جهان‌گشایی مسلکی، نتیجه مورد نظر را به بار
نیاوردند در حالی که با اعتدال ارسطویی می‌توانستند نتیجه‌بخش گردند.
کما این‌که در کشورگشایی مسلکی با خرید زعمای کشورها دیدیم که
حاصل کمک بلاعوض دولت کمونیست شوروی به ممالکی چون کوبا،
شکوفا نشده پژمرد و حتی به سقوط رژیم کشور کمک‌کننده انجامید.
بررسی دلایل بروز و نتایج انقلاب‌های مشهور زمانه را از سال‌های آخر
تحصیل در دبیرستان رازی و به هنگام اوج مبارزات ملی کردن صنعت نفت
شروع کرده بودم. این شناخت به من و دوستان هم‌فکر جبهه ملی کمک
می‌کرد که آگاهانه‌تر با وابستگان به احزاب دیگر، به خصوص احزاب
«جهان وطنی» در اثبات نظرات ملی‌گرایانه خود به جر و بحث پرداخته و
روبه‌رو شویم. بعد از بیست وهشت مرداد و ناکام ماندن قیام ملی ما، بیشتر
کنجکاو شناخت علل شکست، توفیق و بالاخره اثرات کوتاه و درازمدت
انقلاب‌ها در زندگی مردم شدم که خوشبختانه در این بررسی امکاناتی پیش
آمد که توانستم به این بررسی ادامه دهم. چهره‌های نوظهور انقلابیونی در
آفریقا و آمریکای جنوبی، بیشتر مرا در این تحقیق تشویق می‌کرد. خانواده‌ام
از آغاز ترک گیلان و با ازدست‌دادن زندگی مرفه به دفعات در تهران محل
زندگی خود را از خانه‌ای به مسکنی دیگر به تناسب نوسان اجاره‌ها تغییر
می‌داد. در یکی از این تغییرات از خیابان مختاری نزدیک ایستگاه راه‌آهن
تهران و در همسایگی مردی که حروف‌چین سیار چاپخانه‌ها بود سر در
آوردیم. از او خواستم که حرفه خود را به من هم بیاموزد تا شاید بتوانم بعد
از تعطیلی مدرسه جمعه‌ها و درتابستان‌ها درآمدی کسب کنم. خوشبختانه

به خاطر نمرات بالا در دبیرستان رازی شهریه نمی‌دادم. آن حروف‌چین
این حرفه را به من هم آموخت و در شروع به کار هروقت که گرفتار بردن
همسر همیشه بیمارش به بیمارستان و پزشک می‌شد، من جای او را در
چاپخانه‌ای می‌گرفتم. در یکی از این چاپخانه‌ها زنی میانسال اهل مطالعه و
چپ‌گرا، کار می‌کرد که گویا فرزندی هم‌سن‌وسالم داشت که در حادثه‌ای
او را از دست داده بود و به همین دلیل به من محبت می‌کرد. او حروف
به‌کار رفته در چاپ را می‌شست و در جعبه حروف به ترتیب الفبا برای
چاپ مطالب بعد توزیع می‌کرد و گاهی که برای شام خود کوبیده آبگوشت
همراه با بریده نان سنگک می‌آورد به اصرار یکی دو لقمه‌ای با چند پر پیاز
به من هم می‌داد که به خصوص وقتی بعد از پایان روز، مستقیم از دبیرستان
گرسنه به چاپخانه می‌رسیدم، دلچسب بود. هروقت هم که او یا کارگران
همکار دیگر، بلیط تئاتر سعدی را که شهرتی نیز یافته بود مجانی به دست
می‌آوردند، یکی هم به من می‌رسید. آن تئاتر را به بهانه کمک به ترویج
مکتب کمونیسم، بعد از مدت کوتاهی بسته و هنرپیشگان بااستعداد آن را
زندانی کردند که تعدادی به کمک افسرنگهبان چپ‌گرای زندان توانستند
فرار کرده و به روسیه پناهنده شوند. هنوز صحنه و هنرنمایی «نوشین» و
«لرتا»، هنرپیشگان نمایشنامه «تارتوف»، مرد پولدوستی که در فقر می‌زیست
و بعد از مرگ تشکش را پر از پول یافتند، از آن تئاتر به یاد دارم. یکی از
فواید تبلیغ کمونیست‌ها در ایران علاقه‌مندکردن اعضا به مطالعه و آشنایی با
هنر بود که این خصلت اندک‌اندک به کل جامعه سرایت می‌کرد.

ارزنده‌ترین کمک کارگران همکار و به خصوص آن کارگر حروف‌شوی،
کمک در بررسی زمینه‌ها و نتایج انقلاب‌های مشهور در دنیا بود. آن‌ها
هرجا مطلبی در این زمینه پیدا می‌کردند یکی دو روزی آن را به من قرض
می‌دادند. از افراد دیگری که در این راه به من کمک کردند، مدرسان
دبیرستانم بودند. معلم تاریخ، فهرست کتب تاریخ ایران و جهان و آدرس
مراکزی را که می‌توانستم به آن‌ها دسترسی یابم، برایم تهیه می‌کرد و مسیو
«کارتو» معلم ادبیات فرانسه، نشریاتی را که در آن‌ها زمینه انقلاب فرانسه

و برخورد کشورهای اروپا بر سر مالکیت مستعمرات و یا تجاوز به مناطق مرزی یکدیگر که مکرر و اغلب با هدف کسب قدرت و ثروت روی می‌داد درج شده بود، در اختیارم می‌گذاشت. این کمک‌ها دسترسی به نشریات را برایم بدون هزینه ممکن ساخته بود. کتبی چون «ژئوپولتیک گرسنگی» نوشته خوزه دو کاسترو، نویسنده آمریکای جنوبی و امثال آن که گاهی حروف‌چین بعضی از صفحات آن‌ها نیز می‌شدم برایم چشم‌گشا و آموزنده بوده‌اند. در آن زمان بسیاری از ما جوانان، انقلاب را تنها راه رهایی از مشکلات می‌دیدیم و همان‌طور که اشاره شد، به سران جبهه ملی با احساسات رمانتیک زمان جوانی معترض بودیم که چرا شاه، مانع قیام ملی ما را از دور خارج نمی‌کنند. همین اندیشه انقلابی بود که ناخودآگاه مرا بیشتر به سوی تحقیق در شناخت بازده انقلاب‌ها در جهان و استراتژی این جنبش‌ها در اقدامات انقلابی می‌کشید که بعدها از دلایل جبهه ملی در حفظ موقت رژیم سلطنتی در آن روزها آگاه شده و دریافتم در آن آشفته‌بازار اگر سلطنت به کناری زده می‌شد، معلوم نبود در نهایت به جای جبهه ملی، با چه رژیم ناخواسته و یا فضای خفقان‌آور دیگری روبه‌رو می‌شدیم. همان دلایلی که در بحبوحه انقلاب ایران، وقتی شاه از دکتر صدیقی، یکی از رهبران در قید حیات جبهه ملی می‌خواهد که اداره دولت را برعهده گیرد، او با توان بینش خود به شاه می‌گوید: «صرفاً به خاطرعلاقه به ایران، در صورتی زیر بار این مسئولیت خواهم رفت که در حال حاضر شما ایران را ترک نکنید.» که البته پذیرش شرط دکتر صدوقی با فشاری که آمریکا و انگلیس در تامین نظرات سیاسی خود بر شاه وارد می‌کردند، برای شاه مقدور نبود. اسنادی که بعد انقلاب منتشر شد معرف این نکته است که آمریکا و انگلیس با صدارت دکتر صدوقی، مردی که کوچک‌ترین نکته تاریکی در زندگی و نیز عطش جاه و مقامی در سر نداشت، موافق نبودند. من دکتر صدوقی را از دوره مبارزات جبهه ملی می‌شناختم و بعدها مطالعه ترجمه ارسطوی او و به خصوص مقدمه‌ای که بر ترجمه کتاب مذکور نوشته بودند، به احترامی که برای ایشان قائل بودم افزود. دکتر صدوقی

را فقط چند دقیقه در شامگاهی همراه دکتر احسان نراقی در راهروی دانشسرای عالی که دفتر دکتر نراقی و دفتر کار ما در مؤسسه تحقیقات اجتماعی دانشگاه تهران نیز در آن قرار داشت، برای اولین‌بار از نزدیک ملاقات کردم. دکتر نراقی در آن زمان، مدیریت مؤسسه مذکور را برعهده داشت و شاه یکی دو روزی قبل از این ملاقات، من و تعدادی دیگر از مدیران سازمان برنامه را جانشین استانداران قبلی کرده بود. دکتر نراقی مرا به او معرفی کرد. او که گویا این خبر را خوانده یا شنیده بود به کنایه و با لبخند به دکتر نراقی گفت: «تو استاندار هم تربیت میکنی؟» و سپس رو به من کرد و پرسید: «آیا تدریس وتحقیق خود را نیز در دانشگاه رها خواهید کرد؟» در پاسخ گفتم: «تصور نکنم عمر استانداری سازمان برنامه‌ای‌ها به درازا کشد. به زودی همه به کار برنامه‌ریزی و کارهای جنبی خود باز می‌گردیم.» او نیز سر را به علامت تایید نظر تکان داد و گفت: «به همین خاطر بهتر است بروید به رئیستان در سازمان برنامه بگویید که مشاغلتان را برایتان حفظ کند.»

ملخص آنکه یاوری‌ها و مطالعات بعدی کمک کرد تا توانستم به ریشه انقلاب‌های مشهور و به ویژه به دلایل شکست آن‌ها در پس پیروزی پی برم که در زیر در رابطه با چند انقلاب به دو دلیل، یکی بسط تجربه برای اتخاذ تصمیماتی که برحیات قومی اثر می‌گذارد و دیگری نقش مدیران رده دوم انقلاب‌ها در شکست و یا توفیق جنبش‌های انقلابی اشاره می‌کنم. انقلاب‌هایی که به دنبال شناخت آن‌ها رفتم عبارت‌اند از انقلاب‌های فرانسه و روسیه از اروپا، انقلاب آزادی آمریکا از حوزه آمریکا و هند از آسیا. این انقلاب‌ها جنبش‌هایی هستند که نه تنها در محدوده برپایی خود تحولاتی را به وجود آوردند، بلکه در منقلب کردن زندگی سایر ملل نیز بی‌تاثیر نبوده‌اند.که این خصوصیت آنان ضابطه اصلی در انتخاب من بود.

در این فصل به زمینه‌هایی که موجب برپایی آن‌ها شد، مراحل جنبش و نتایج آن‌ها به اختصار اشاره می‌شود:

انقلاب فرانسه؛

مثل اکثر انقلاب‌ها فقر و بیکاری موجب این انقلاب می‌شود که برای کوتاهی کلام از ذکر جزییات تلاش چندین ساله انقلابیون در تدارک این انقلاب می‌گذریم. علت خشم مردم فرانسه از شاه و همسرش آن بود که ابتدا تحت روشنگری فلاسفه زمان چون مونتسکیو و نویسندگان مردمی دیگر حکومت را مجبور می‌کنند که مجلسی ترتیب دهد تا بتوانند در امور کشور و سرنوشت خود سهیم شده و همکاری کنند تا اندک اندک شرایط نامساعد فرانسه بهبود یابد. بر پایه این خواست عمومی مجلسی که در آن هر یک از طبقات اشراف، روحانیون و مردم به تعداد مساوی نماینده‌ای داشتند به نام مجلس اصلاحات تشکیل می‌شود. منتهی به تحریک شاه به جای آن‌که هر نماینده یک رأی داشته باشد قرار می‌گذارند که هر گروه یک رأی داشته باشد که با توجه به دنباله‌روی روحانیون از اشراف، در آن زمان مردم در هر تصمیم‌گیری با یک رأی در برابر دو رأی در اقلیت قرار می‌گرفتند که این امر موجب بروز اغتشاش شده و به ایجاد مجلس مؤسسان با هدف تنظیم قانون اساسی جدید و مردمی برای فرانسه و برای هر نماینده یک رأی، می‌انجامد که این بار به نارضایتی شاه منجر شده و او به تلاشی پنهانی در انحلال آن می‌کوشد و چون همسرش ماری آنتوانت، می‌دید تلاش او به جایی نخواهد رسید، از برادر خود، امپراطور اتریش می‌خواهد به فرانسه حمله و قدرت لویی را تثبیت کند. اطلاع از این جریانات اعتراض عامه را تشدید می‌کند. تا آن‌جا که در ۲۱ ژانویه سال ۱۷۹۳ میلادی، با شورش زندانیان زندان «باستیل» پاریس به رهبری زندانیان سیاسی درب زندان شکسته مردم به خیابان‌ها می‌ریزند، انقلاب آغاز شده، سر لویی شانزدهم و همسرش، ماری آنتوانت با گیوتین از تن جدا می‌گردد و به نتیجه می‌رسد. منتهی نسل دوم انقلاب فرانسه نیز مثل اکثر انقلاب‌ها، آن کشور را چنان به قهقرا می‌برند که مجددا بازگشت حکومت سلطنتی مدنظر عامه قرار می‌گیرد و با این زمینه فکری زمام امور را به ناپلیون بناپارت فرمانده شاخه‌ای از ارتش فرانسه می‌سپارند که او چون امپراطوری

کشورگشا، اهداف انقلاب را فراموش کرده و به ممالک همسایه می‌تازد. در پی محاکمه کوتاهی توسط رویالیست‌ها سر روبس پیر[۱]، سخنوری که سخنان شیوا و پر محتوای او به حرکت انقلابی فرانسه جان بخشید، به تیغه همان گیوتینی که سر شاه و ملکه فرانسه را از تن جدا کرد، سپرده می‌شود. «رومن رولان»، نمایشنامه‌نویس مشهور فرانسوی، بعد از گذشت یک قرن و نیم از انقلاب فرانسه، آن جنبش را بی‌طرفانه موشکافی می‌کند و حاصل آن را برای فرانسه مصیبت‌بار می‌یابد و معتقد است اگر آن انقلاب پیش نمی‌آمد امروزه فرانسه در بین ملل جهان از دید توسعه و نفوذ سیاسی مهره تواناتری بود. گرچه این انقلاب برای فرانسه توفیق چشم‌گیری به همراه نداشت اما به گسترش عصر رنسانس، دوره خردگرایی، آزاداندیشی و آزادی بیان با ظهور نویسندگان و هنرمندان توانا و فلاسفه روشنگر در فاصله سال‌های ۱۴۱۷ تا قرن ۱۹ میلادی کمک کرد، سکون وسکوت دنیا را به جنبش و تحول بدل کرد. کلمه تئوری کلمه زائیده این عصرست.

انقلاب روسیه؛

این انقلاب که قرن و اندی پس از انقلاب فرانسه شروع می‌شود، غیر از تاثیر بر حیات یک کشور، دنیایی را تحت‌الشعاع قرار داد. بعد از هفتاد و اندی سال استبداد کشتار هزاران روس و غیر روس، ایجاد فقر و شرایطی مصیبت‌بار، متزلزل و پرچم سرخش به بایگانی تاریخ سپرده می‌شود.

در این انقلاب، کشاورزان گرسنه و نیز نظامیان فقیر مدام در برابر کاخ تزار به تقاضای لقمه‌ای نان جمع می‌شدند. تزار به مسئله آنان بی‌اعتنا بود. حتی معروف است که روزی از سر و صدای جماعت عصبی شده و می‌گوید: اگر در شهر نان نایاب است به آن‌ها بگویید بروند و «پیچانیک» بخورند. بیسکویت به روسی پیچانیک است. با شکست روسیه از ژاپن در سال ۱۹۰۵ میلادی، به کمبودها اضافه می‌شود و نارضایتی مردم به جایی می‌رسد که دست به شورش می‌زنند. شهرهای مسکو و پتروگراد را

۱-Robespierre

اشغال و تزار نیکلای را مجبور به استعفا کرده و دولتی موقت به سرپرستی «لووف» بر سر کار می‌آورند. در این وقت بود که «لنین» رهبری کارگران و سربازان بلشویک را رها و با برکناری «لووف» جای او را می‌گیرد و در نهایت هیأتی مرکب از لنین، استالین، تروتسکی و ریکوف حکومتی بر پایه فلسفه سوسیالیستی در اداره روسیه تشکیل می‌دهند که «لوخارین» مسئول سیاست خارجی آن می‌شود و با عنوان «گروه سرخ» مخالفین خود یا «گروه سفید» را شکست داده و در سال ۱۹۲۲ میلادی دولت سوسیالیستی شوروی تشکیل و یکی از بازیگران اصلی سیاست جهانی می‌گردد. از گروه سفید تعدادی به ایران پناهنده شده و در محدوده علی‌آباد گرگان استقرار یافتند و به زراعت پرداختند. به یاد دارم وقتی در کار عمران گرگان و دشت شاغل بودم، خود و کارشناسان تحت نظر به خواست موسسه «تولستوی» برای عزیمت خانواده‌های روس گروه سفید به آمریکا که به ایران پناهنده و در آن‌جا مقیم شده بودند کمک نمودیم.

بعد از توفیق انقلاب در روسیه هیأت رهبری این انقلاب سوسیالیستی برای تداوم حکومت خود در آن کشور جنگ زده و فقیر، سیاست اقتصاد نو را عرضه می‌کند که با مرگ لنین به سال ۱۹۲٤ و جانشینی استالین، آن سیاست مسکوت و با لغو مالکیت ارضی، استالین شروع به کار کرد. این نسل دوم انقلاب به دنبال طبیعت اغلب انقلاب‌ها دست به از بین بردن یاران خود میزند که یکی از آن‌ها «تروتسکی» پایه گذار انقلاب طراح عملیات تروریستی و مسئول ایجاد تفرقه و اغتشاش در سقوط حکومت تزاری بود. او برای مصونیت از خشم استالین به فرانسه و بلژیک فرار کرده و بعد در نقطه‌ای دورتر در کشور مکزیک پناه می‌گیرد، ولی ماموران استالین در آن‌جا هم او را پیدا کرده و به قتل می‌رسانند. استالین اضافه بر یاران خود در سال ۱۹۳٤ به عنوان تصفیه حزبی صدها مخالف خرده‌پا را نیز یکی بعد از دیگری به تبعید در سیبری فرستاده یا به قتل می‌رساند. که از آن جمله صدها نفر از میلیون استونی و لیتونی و لاتویا بودند. استالین نه تنها سرود ملی، بلکه خواندن هر سرودی را در کشورهایی که بعد از

جنگ جهانی دوم به زیر سلطه او درآمده بودند منع کرده بود. هزاران نفر از
مردم سه کشور یاد شده به تصور آن‌که اگر با هم به سرودخوانی بپردازند،
استالین نمی‌تواند همه را دستگیر و زندانی کند به میادین شهرهای خود
هجوم آورده و به سرودخوانی پرداختند. حساب آن‌ها غلط از آب درآمد
چه دسته دسته دستگیر و به سیبری تبعید شدند. استالین با سوء مدیریت
و اشتباه در از بین بردن مالکیت خصوصی که لنین مخالف آن بود و نیز
در عطش جهانگشایی عقیدتی، کشورش را به فقر و نداری کشاند. او در
زندگی خصوصی خود اشرافی می‌زیست و به گفته دلال فرانسوی مسئول
خرید لباس‌های زیرش که در یکی از مجلات پاریس به چاپ رسید فقط
طالب زیر پوش از ابریشم طبیعی بود تا در زیر کت پشمینه کارگری و
محروم فریب خود بپوشد. بعد اشغال جزیره کریمه توسط «پوتین» تصویر
ویلای استالین ناجی محرومان در جراید نظرم را جلب کرد.

تبلیغ در مورد کمونیسم به‌صورتی درآمده بود که گویی فلسفه آن با
دیانت برابری می‌کند. عشق، اعتقاد و احترام به استالین نیز به مرحله‌ای
رسید که افراد بیشماری او را پرستش می‌کردند. به یاد دارم که تعدادی
از کمونیست‌های ایرانی در میتینگ عظیمی در میدان فوزیه تهران، در
سوگش چنان می‌گریستند که گویی پدری را از دست داده‌اند. پدری که
بعد از مرگش، فرزندان راستین روسش او را ستمگری دروغ‌پرداز و متظاهر
می‌یابند و برای نشان‌دادن انزجار خود با نبش قبر، جسد او را که در آرامگاه
لنین قرار داشت از آنجا خارج و در کنجی در جوار دیوار کرملین دفن
می‌کنند. حکومت استالین غیر از تقویت حزب کمونیست ایران «توده» و
نقش آن حزب در برکناری دولت «مصدق»، نقشی نیز در شکست حرکت
مردمی میرزا کوچک‌خان جنگلی، رهبر و تئوریسین قیام جمهوری‌طلبانه
گیلان داشت. قیامی که در دوره نابسامانی حکومت قاجار، مایه امید بوده و
همزمان با انقلاب سوسیالیستی شوروی فراز و نشیب خود را طی می‌کرد
که در قسمت قیام جنگل گیلان، به ارتباط آن قیام با روسیه بیشتر اشاره
خواهد شد.

رهبران انقلاب شوروی نیز، مانند پاره‌ای از رهبران انقلابی دیگر که قصد صدور افکار خود را به دنیا دارند در پی آن بودند که جهان را با چتر کمونیسم بپوشانند. به دنبال این هدف در ابتدای انقلاب دو نظریه مغایر توسط دو گروه حزبی مطرح شده بود. نظریه‌ای که حمایت از هر حرکت براندازی حکومت در کشورهای استعمارزده با حکومت‌های استبدادی و متزلزل را با هدف الحاق آن کشورها به روسیه توصیه می‌کرد و دو کشور ایران و ترکیه، درهمسایگی روسیه در صدر فهرست آنان برای این آزمایش قرار داشتند. گروه دیگر حمایت از انقلابیون کشورها را در براندازی حکومت‌های دیکتاتوری خود تأیید می‌کردند منتهی، با الحاق آن ممالک به شوروی توافق نداشتند. معتقد بودند با این رویه روسیه نیز در چشم مردم دنیا مشابه کشورهای استعمارگر جلوه و به ویژه مستعمرات کشورهای غربی تز کمونیسم را نخواهند پذیرفت. لنین مدافع این تئوری بود. در مجموع آن‌چه درباره لنین نوشته شده نشان می‌دهد که او دلرحم و اصولی‌تر از سایر رهبران انقلاب سرخ بوده است و به همین خاطر نمی‌خواست که برای توسعه کمونیسم حداقل استقلال ظاهری کشورها از آن‌ها گرفته شود. هنوز بعد از گذشت سال‌ها، چند خاطره تلخ از ایام کودکی و در دوره تجاوز روس‌ها به گیلان که در آن زمان خانواده ما در رشت زندگی می‌کرد به یادم مانده که برای ایجاد تنوع از یکی از آن‌ها چون قصه‌ای برای بزرگ‌ترها یاد می‌کنم.

در جریان جنگ جهانی دوم که انگیس مناطق جنوبی و هم‌پیمان آن روس‌ها، شمال ایران را اشغال کرده بودند. شبی همسایه‌ای برای فرزندش در خانه ما جشن عروسی برپا کرده بود. معمولا به خاطر محبت مادرم به همسایه‌ها، وسعت خانه ما که با آجرهای مربع قرمز با ملات سفید در میان سایر خانه‌های محله چون برجی می‌نمود، همسایه‌ها برای برقراری جشن عروسی و گاهی عزا از آن استفاده می‌کردند. در آن شب صدای موزیک جشن عروسی توجه سالدات‌های گشتی و مست روس را جلب می‌کند. آن‌ها به تصور آنکه مرکز عیش و نوشی یافته‌اند با حضور سربازان

زن لهستانی در بین خود باز با ذکر پیاپی کلمه «ماتیشکا» زنان روسپی به روسی، در چوبی خانه را می‌کوبیدند که وارد شوند. عروس و مهمان‌های زن را با استفاده از نردبانی به محوطه زیر سقف سفالی می‌فرستادند. مردان در پشت در چوبی که به خاطر چوب کلفت و کلون قطور شکستنش بسیار مشکل بود گارد گرفته، منتظر فرمان مشهدی صادق، نوکر مسن خانه که دسته جارو به دست چون فرماندهی با شهامت آن‌ها را پس و پیش می‌کرد ایستاده بودند تا اگر روس‌ها در را شکسته و وارد شدند، به آن‌ها حمله برند. که ناگهان ضربات در قطع و سکوتی خانه را فرا گرفت. معلوم بود که آن‌ها از فکر ورود به خانه صرف نظر کرده‌اند. البته عروسی ادامه پیدا نکرد و مهمان‌ها گروه گروه با احتیاط از خانه خارج شدند و با همسایه‌های بیل و چوب به دستی که با شنیدن قیل و قال در کوچه به ماجرا پی برده و احتمالا فامیل یا آشنایی هم در جشن عروسی داشتند روبه‌رو می‌شوند. گویا آن‌ها نیز منتظر بودند که در صورت شکسته‌شدن در، با وجود آن‌که روس‌های مست مسلح بودند، به کمک آیند و به روایتی اجتماع آنان موجب صرف نظر کردن سالدات‌ها برای ورود به خانه می‌شود. مادرم زنی شجاع و از معدود بانوانی بود که در آن زمان خواندن و نوشتن را در خانه آموخته و با موسیقی نیز آشنایی داشت. گویا دفتر خاطرات روز خود را نیز می‌نوشت. من دو سه صفحه از آن را در وسایل خواهرم پیدا کردم که در یکی نوشته بود: «به مشهدی صادق گفتم از حمام زیر زمین آب گرم بیاورد تا زیور با آن ظروف شوید چون حکیم گفته او درد مفاصیل دارد.» در دیگری نوشته بود: «دوچرخه شاهپور آقا از روسیه رسید.» شاهپور برادر بزرگ‌تر از من بود که چون رضا شاه دستور داد کسی حق ندارد اسم فرزند خود را شاهپور بگذارد، نام او را عوض کرده و بهرام گذاشتند ولی کماکان همه او را شاهپور می‌نامیدند. برایم جالب بود که مادر در نوشته‌اش با پسوند آقا از او یاد کرد. بعدها به یاد دارم لوح حلبی مشق درشت مرا هم هر شب خودش می‌شست و خشک می‌کرد. به خاطر جنگ کاغذ پیدا نمی‌شد. مادر چون می‌دانست خدمه خانه نمی‌توانند جای خود را در صف طولانی اهالی

گرسنه برای گرفتن جیره غذایی زمان جنگ حفظ کنند، آنها را به محافظت ما می‌گماشت و خود در باران، ساعت‌ها در صف جیره‌بندی می‌ایستاد و سپس با جسم لاغر خود آذوقه را به خانه می‌رساند تا خانواده و خدمه گرسنه نمانند. در شب فردای جشن عروسی مذکور، مادر جریان رفتن به کماندانی، ستاد محله (کلانتری) روس‌ها را برای اعتراض به حرکت سادالت‌ها برای برادرم تعریف می‌کرد. برادرم که به خاطر نبود پدر نقش مرد مسئول خانواده را ایفا می‌کرد، با این رده از کمک‌های مادر به دلیل گرفتاری‌های احتمالی بعدی میانه‌ای نداشت و همیشه از این بابت با مادر بگومگو می‌کرد. پدرم که صندوق‌دار شیلات انزلی بود و آن شهر در آن زمان دبیرستانی نداشت که برادرم بتواند به تحصیل ادامه دهد، خانواده را در رشت و در مسکن اجدادی ما ساکن کرده بود. آن روز را بیشتر به این دلیل به یاد دارم که به ناگاه مادر شجاعت من و بچه‌های همسایه را به رخ برادرم کشید. ما با سنگ‌انداز کلاه فلزی سالدات‌های سوار بر اسب روس را نشانه گرفته و از انعکاس صدای اصابت سنگ بر کلاه‌خود فلزی آن‌ها که در کوچه‌ها می‌پیچید خوشنود می‌شدیم.

مادر همیشه توصیه می‌کرد که بعد از تعطیل مدرسه فورا به خانه برگردم. آن شب دانستم که در باطن از کارم راضی است. سنگ‌اندازی به روس‌ها را پنهانی از او انجام می‌دادم. تا آن‌که به خاطر اتفاقی از کارم آگاه شد. آن اتفاق در روزی پیش‌آمد که همراه همکلاسی خود سیامک سمیعی از بام حمامی عمومی که در پشت دبستان علمیه محله ساغری سازان قرار داشت، کلاه دو سالدات روس را نشانه گرفتیم. قسمتی از ساختمان حمام و در ورودی آن در انتهای کوچه سنگفرش شده عریضی از فاصله پیدا بود ولی ادامه ساختمان در کوچه بن‌بست کوتاهی با خانه‌ای که مقابل آن قرار می‌گرفت از دید پنهان می‌ماند. این خانه دری هم در سمت دیگر داشت که به کوچه کم عرض، طولانی و پر انشعاب دیگری که مناسب برای گریز احتمالی و گم شدن ما بود باز می‌شد. صاحب آن خانه که نسبت دوری با همکلاسی من داشت هر دو در را برای فرار ما باز می‌گذاشت. دو سرباز سوار در پی

ضربه سنگ به کلاه چهار نعل خود را به حمام رساندند. ما هم با شتاب خود را به در خانه نجات رسانده بودیم که آن روز آن در را بسته یافتیم. یکی از سالدات‌ها از اسب پیاده شد و پشت یقه کت هر دوی ما را، هریک در یک دست گرفت و در حالی که با عصبانیت جملاتی به روسی می‌گفت، چون پرنده‌هایی در چنگال عقاب، مکرراً ما را بالا و پایین می‌برد و گهگاه به زمین می‌کوبید. درد و ترس ما را رنج می‌داد که ناگهان مردی بقچه به بغل از حمام بیرون آمد و به جمع ما پیوست و به روسی نارسایی که در آن کلمات گیلکی و فارسی هم قاطی بود از روس‌ها طلب بخشش کرد و در نشان‌دادن همفکری خود با آنان درمیان گفت‌وگو همراه با کلمات ناسزا و رایج محلی چون «بلا بیگیفته» و«عزازیل» ازسالدات‌ها پیشی گرفته و مکررا توسری نثار ما می‌کرد تا اصالت ناخشنودی خود را بیشتر به ثبوت رساند. آن زمان اغلب گارگران محلی و به خصوص قایقرانان انزلی درحد احتیاج با زبان روسی آشنا شده بودند. بالاخره روس‌ها بعد از کشیدن گوش که درد آن را همراه با درد کمر و پا چند روزی تحمل کردیم، برای آخرین بار ما را به زمین کوبیده و رفتند. مرد ناجی مرا که به زحمت و لنگان لنگان دنباله‌رو او بودم به خانه رساند و ماجرا را برای مادرم تعریف کرد. او تعمیرکار سالانه سایه‌بان سفال سقف خانه ما بود که به اصطلاح محلی به آن‌ها «دورازچی» می‌گفتند و هر وقت در خانه ما «دوراز» می‌کرد، با نهار و چای پذیرایی می‌شد و با همه اعضای خانواده به ویژه مشهدی صادق، هم روستایی خود که گاهی می‌دیدم با هم چپق می‌کشند، آشنایی داشت. البته من و دوستم از کار خود دست نکشیدیم، منتهی دفعات بعد قبل از رفتن به بام حمام از باز بودن در خانه گریز مطمئن می‌شدیم.

خلاصه‌ای که در رابطه با انقلاب کمونیستی روسیه از نظر گذشت، معرف قدرت و نفوذ آن کشور در عرصه جهانی بود که به خاطر عدم تطبیق تئوری با تمایلات باطنی مردم که طالب آزاد زیستن و حق انتخاب در حیات خویش‌اند با برنامه‌ریزی‌های بی‌ثمر و خشونت‌های بی‌مورد، به‌سوی شکست پیش رفت تا آنجا که بعد از هفتاد و اندی سال، برای

پیشگیری از پاشیدگی لجام‌گسیخته امپراطوری، از کمونیسم به سرمایه‌داری روی می‌آورد. در این زمان تزریق عقیده، کنترل مردم به منظور حفظ ثبات حکومت و سانسور روزنامه‌ها به آسانی مقدور نیست به همین خاطر، زمامداران مستبد ولی واقع‌بین، احساس می‌کنند که می‌بایست دریچه‌ها را قبل از آن‌که رشته از دست رود و آشوب غیرمنتظره‌ای کشور را به نابودی و ساخته‌ها را به ویرانی کشاند، باز کرده و اجازه دهند مردم آزادانه تنفس کنند. آن‌چه مسلم است، دیگر کنترل افکار و عقاید ممکن نیست و مردم خواهند توانست اندیشه، رفتار، صداقت و سلامت نفس مدیران و خادمین خود را به کمک پدیده الکترونیک تحت نظر گرفته، در حافظه کامپیوتر، برای ابد حفظ کرده و امکان ارزشیابی به آن دهند و همزمان به ایجاد سازمان‌های سیاسی، حتی در زیر کنترل حکومت‌های مستبد بپردازند که بلاشک با گذشت چند نسلی، به صورت احزاب رویشی و نه بارشی، با خطوطی مستقل و احتمالا متفاوت با زمان تاسیس خود، توسعه خواهند یافت.

جنبش آزادی آمریکا؛

«پن»، وکیل دعاوی انگیسی با آن‌که پدرش یکی از فرماندهان نیروی دریایی ملکه ویکتوریا بود و به فرمان او در دریاها کشتی دزدان دریایی و اسپانیا را که از آمریکا برمی‌گشتند غارت می‌کرد، به نحوه حکومت جابرانه ملکه معترض شد و چون کم‌کم طرفدارانی دور او جمع شدند، ملکه عصبانی شده و دستور دستگیری و قتل او را می‌دهد که او و تعدادی از پیروانش مخفی می‌شوند. مادر پن که می‌دانست بالاخره او را پیدا خواهند کرد و از طرفی از روحیه مادی ملکه نیز آگاه بود، به او توصیه می‌کند که از طریق پدرش وقت ملاقاتی از ملکه گرفته و به ملاقات او رود و با دادن هدیه‌ای تقاضای عفو کند. برای هدیه نیز کیسه‌ای چرمی حاوی سکه طلا را که از اموال دزدی شوهرش کش رفته بود، به او می‌دهد. ملکه رشوه را می‌پذیرد و از قتل او چشم می‌پوشد؛ مشروط بر آن‌که با طرفدارانش دو

روزه از انگلیس خارج گردند که با این دستور نطفه تشکیل کشوری به نام آمریکا بسته می‌شود. این حقوق‌دان با همفکرانش به هلند و از آن‌جا با کشتی «می فلاور» طی سفری طولانی و سخت در سال ۱۶۲۰ میلادی، به آمریکا می‌رسد و با ۱۰۲ نفر از بازماندگان کشتی که توانسته بودند در طول سفر زنده بمانند در جلگه‌ای که امروز به نام پنسیلوانیا شهرت دارد ساکن می‌شود.

آزادی‌طلبان، فراریان از قانون، بیکاران و ماجراجویان نیز افرادی بودند که از مناطق دیگر اروپا به آمریکا آمده و مجموعاً با هیأت «پن» یازده مهاجرنشین اولیه آمریکا را تشکیل می‌دهند. مالیات‌های سنگین انگلیس، مهاجران را که با مشکلات اسکان چون تهیه سر پناه و غذا دست به گریبان بودند، تحت فشار قرار می‌دهد. تا بدان‌جا که به انقلاب کشانده می‌شوند و در پی نبردی سخت، با دست خالی، در برابر قشون با تجربه و مجهز انگلیس‌ها، آن‌ها را به دریا می‌ریزند و استقلال خود را در سال ۱۷۷۶میلادی به دست آورده، اولین برگ قانون اساسی خود را با جمله «همه انسان‌ها باهم برابرند.» می‌نویسند که محتوای دیگر آن آزادی‌های فردی و اجتماعی را تضمین کرده و زمینه امنیت خاطر برای عموم، من‌جمله سالمندان و نیازمندان را فراهم می‌آورد. امروزه این کشور با قانون اساسی خود که به طور نسبی در قیاس با قوانین اساسی ممالک دیگر دارای اصول و موازین انسانی بیشتری است می‌توانست مدلی برای اقتباس توسط ملل دیگر باشد، متأسفانه تحت تاثیر انگلیس قرار می‌گیرد و با استناد به شواهد، دنباله‌رو آن‌ها در سیاست‌های استعماری می‌شود.

آمریکا در پی استقلال خود، این نگرانی را در صاحبان ثروت اروپا به وجود می‌آورد که با داشتن منابع سرشار و قوانینی که بر آزادی و معتقدات مذهبی استوار است، نه تنها نمی‌تواند دنباله‌رو سیاست تجاوز کارانه اروپای همیشه سرور دنیا با سیستم‌های سلطنتی باشد، ممکن است در فاصله کوتاهی آن را در تجارت جهانی نیز به عقب رانده و بازارهای آن را تصاحب کند. لذا چون نتوانستند آن را به صورت مستعمره حفظ کنند

به فکر نفوذ در سیستم اقتصادی آن می‌افتند و بحران اقتصادی آمریکا را در سال ۱۹۰۷ از طریق تحریک ساکنین ثروتمند و برده‌دار ایالات جنوبی که اکثرا انگلیسی تبار بودند، برپا می‌کنند که به این ترتیب، جنگ بین ایالات شمال و جنوبی آمریکا رخ می‌دهد. در پی این صحنه‌سازی، آمریکا مقروض و به اجبار نیازمند کمک اروپا شده و تن به قبول «فدرال ریزرو» می‌دهد که به این خاطر پاره‌ای از آمریکایی‌ها استقلال سیاسی خود را کامل نمی‌دانند.

فدرال ریزرو، در دسامبر سال ۱۹۱۳ میلادی، با قدرت مالی ثروتمندان اروپا در آمریکا آغاز به کار کرد. که ده سال دیرتر در اکتبر ۱۹۲۹میلادی به منظور تحصیل درآمد بیش‌تر، با متوقف‌کردن گردش پول موجب آن می‌شود که یک باره ارزش سهام هشتاد درصد افت کند و مصیبت شکست اقتصادی آمریکا پیش آید که در پس آن بعضی از خانواده‌های آمریکایی، پدر، مادر و فرزندان، به خاطر نداری دست به دست هم داده خود را از کوه پرت کرده و خودکشی می‌کردند. منتهی نتیجه آن می‌شود که سیستم «فدرال ریزرو» و قدرت کنترل آن بر اقتصاد آمریکا تثبیت شده و صاحبان ثروت اروپا آمریکا را به دنبال خود کشیده و با بهره‌بری از امکانات آن، نفوذ اقتصادی خود را در سراسر دنیا توسعه داده و تحمیل کنند. ۵۳ درصد سهام فدرال ریزرو، در آغاز به شرکتی به نام «ناتان - م - راتشیلد و پسر» که در انگلیس به ثبت رسیده بود تعلق داشت؛ لذا ذکری از این خاندان، نحوه تشکیل و قدرت آن لازم به نظر رسید که در زیر و به طور خلاصه به آن اشاره می‌کنیم:

خاندان راتشیلد یا سپر سرخ[۱]، خاندانی زیرک، با بینشی قوی در شناخت حوادث و نتایج آن‌اند، که گاهی نیز با خلق حوادثی و گرایش به طرف برنده ماجرا منافعی کسب کرده و به ثروت خود می‌افزایند و از آن‌جا که به ثروت ثروتمندانی که خود با نادرستی آن را به دست آورده بودند، چشم می‌دوختند نمی‌توان به اقدام آنان ایرادی گرفت. به هر حال، ثروت این خاندان به میزانی رسیده است که در گذشته و حال و به اتکای آن در

۱-Rothschild

مسائل سیاسی روز صاحب نظراند و در زیر به اختصار به چند نمونه از فرصت‌های مورد استفاده آن‌ها در کسب ثروت اشاره می‌کنیم:

این خاندان در پس خلق فدرال ریزرو در آمریکا زیربنای سیستم سرمایه‌داری، در سوی دیگر به دنبال ازهم‌پاشیدن حکومت سلطنتی تزارها در روسیه می‌افتند که با ایجاد سیستم کمونیستی در آن کشور قطب مخالفی در برابر سیستم کاپیتالیستی شکل می‌گیرد و برخورد این دو سیستم متضاد آب را در برکه جهانی، گل‌آلود و زمینه صید ماهی بیشتر و آسان‌تری را فراهم ساخته که اضافه بر آن برخورد این دو سیستم متضاد به تثبیت حکومت‌های اروپا کمک می‌کند.

کمک مالی خاندان راتشیلد برای ادامه زندگی به «کارل مارکس» اندیشمندی آلمانی موجب آن می‌شود که او در خلق تز کمونیسم توفیق یابد. تزی که به ملت عاصی ناراضی و گرسنه روس، به عنوان راه رهایی از تنگدستی و فقر عرضه می‌شود و تحت تاثیر آن ملت روس با انقلابی حکومت پادشاهی تزارها را سرنگون کرده و روسیه را به صورت کشور شوراها درمی‌آورند. کمک مالی خاندان راتشیلد به کارل مارکس، ابتدا در زادگاهش، تریر آلمان، به او می‌رسید که با انتقال او به انگلیس با پوشش بیشتری ادامه پیدا می‌کند. تز کمونیسم او با داشتن جنبه‌های انسانی، برای طبقات محروم جذاب بود به صورتی که نه تنها مردم روسیه را درسرنگونی حکومت سلطنتی-استبدادی خود برانگیخت، بلکه مانیفست آن محرومان ملل دیگر را نیز مجذوب خود کرده و جهان‌گیر می‌شود. بعد از سقوط تزار، از آن‌جا که خاندان راتشیلد به عنوان مشاور سرمایه‌گذاری عملا ثروت او را که حدود ۵۰ بیلیون دلار برآورد می‌شد، در حیاتش در اختیار گرفته بودند، دیناری به ورثه‌اش نمی‌رسد.

خاندان راتشیلد از جنگ‌های داخلی انگلیس نیز که بیست سال از ۱۶۴۲ تا ۱۶۶۰میلادی ادامه یافته و بیست هزار کشته بر جای نهاد نیز سود بردند. در آن نبرد به مخالفان«کرامول» پرنس پوپرت، فرمانده سلطنت‌طلبان در برابر طرفداران حکومت قانون، «پارلمانترها» که دریافته بودند شانس

بیشتری برای پیروزی دارد کمک مالی کردند که توفیق او موجب می‌شود خاندان سلطنتی انگلیس تجدید حیات یافته و سرآغازی برای نزدیکی خاندان راتشیلد با خاندان سلطنتی فراهم آید که این نزدیکی درسال‌های ۱۸٤۷ تا ۱۹۲۲میلادی دردوره سلطنت ملکه «ویکتوریا» و نزدیکی او با بانویی از خاندان راتشیلد به اوج می‌رسد و با استفاده از آن، موفق می‌شوند کنترل بانک انگلیس را به دست گرفته و با استقرار یکی از پسران خاندان «ناتان» در انگلیس، آن کشور را مرکز فعالیت‌های خود سازند و در طراحی بازی‌های پوشیده سیاسی، ظریف و موفق انگلیس صاحب نظر شوند. بانک انگلیس در سال ۱۷٦۳ وقتی از نماینده آمریکا که آن زمان یکی از مستعمراتش بود، در انگلیس شنید که آمریکا به چاپ اسکناس دست زده و بدون بهره و تنها با تعهد بازپرداخت در اختیار صنایع نوپای خود می‌گذارد، فورا با استفاده از حمایت خاندان سلطنت لایحه‌ای را در مجلس انگلیس به تصویب می‌رساند که تمام مستعمرات انگلیس را از چاپ اسکناس منع و آن‌ها را موظف می‌سازد که در امور خود با دادن بهره یا کارمزدی فقط از پول انگلیس استفاده کنند.

این خاندان، در سال ۱۸٦۱میلادی نیز که ناپلئون در پی دسترسی به ثروت پرنس ویلیام، شاه پروس، به آلمان حمله کرده و موجب فرار او به دانمارک شد با جلب اعتماد پرنس، امانت‌دار ثروت او در غیابش می‌شوند، که بعد از جنگ با برگرداندن قسمتی از وجه نقد به او که آن را در چلیک‌های خالی شراب از دست‌برد ناپلئون حفظ کرده بودند، باز به ثروت خود اضافه می‌کنند.

با مشاوره با سرمایه‌داران برای سرمایه‌گذاری‌های سودآور نیز راتشیلدهای باهوش و زیرک درآمد قابل توجهی کسب می‌کنند که به نظر مولن[1]، نویسنده و محقق آمریکایی، ثروت قابل توجه کلیسای کاتولیک را نیز از سال ۱۸٤۷ تا ۱۹۲۹میلادی برای سرمایه‌گذاری و درآمد فزون‌تر در اختیار خود داشته‌اند؛ منتهی به دلیل ضدیت این نویسنده با قوم یهود نمی‌توان به

۱-Eustace Mullin

نظر او اطمینان کرد.

سر سلسله خاندان راتشیلد، مردی اتریشی به نام مایر آمشل بویه[۱] بود که کارش را با بازکردن دکه عتیقه و سکه‌فروشی کوچکی در سال ۱۷٤٤ در هانور آلمان آغاز می‌کند و با همیاری پنج پسر خود و اقداماتی که نمونه‌هایی از آن یاد شد، توانست خانواده خود را به صورت ثروتمندترین فامیل آن روز و امروز جهان درآورد و با ثروتی متجاوز بر ۳۵۰ بیلیون دلار و سه‌هزار مشاور مالی در ارشاد صاحبان ثروت‌های کلان دنیا، در ٤۲ کشور نفوذ خود را حفظ کنند. زیربنای اکثر بانک‌های معتبر اروپا، من جمله اغلب بانک‌های مرکزی آن کشورها چون «فدرال ریزرو آمریکا»، با ثروت این خاندان و یا به کمک مالی این خاندان پاگرفته‌اند. تعداد قابل ملاحظه‌ای از ثروتمندان معروف نیز چون راگفلرها از هدایت و گرفتن قرض از آن‌ها به سرمایه و درآمد خود افزوده و به شهرتی می‌رسند که بتوانند در مسائل جهانی صاحب نظر شده و نقشی برعهده گیرند. برای مثال شایع است که راگفلرها با طلوع کمونیسم در ویتنام نگران سرمایه‌گذاری خود در تاسیس کارخانه تولید آلومینیوم در آن کشور می‌شوند و با نفوذ در دولت آمریکا که البته آن دولت نیز نگران توسعه فلسفه ضد کاپیتالیستی کمونیسم در خاور دور و به خطر افتادن بازار و نفوذ جهانی خود بود، یکی از پایه‌گذاران جنگ ویتنام می‌شوند.

بانک انگلیس و دفتر مالی خاندان راتشیلد در محدوده‌ای از متروپولیتن یا کلان‌شهر لندن قرار دارد که عنوان شهر لندن را منحصرا به خود اختصاص داده است و برای خود دارای شهردار و قوانینی است. دفاتر تصمیم‌گیرنده پایه درامور «مالی- سیاسی» دنیا نیز در این محله مستقراند و به خاطر تاثیر نظراتش بر ارزش برابری پول کشورها، قیمت نفت، طلا، الماس، فلزات قیمتی تا پاره‌ای از محصولات کشاورزی در بازار سهام از اهمیت و معروفیتی استثنایی برخوردار است. نمایندگی پاره‌ای از دفاتر با نقش‌های سیاسی- اجرایی و جنبش‌هایی چون جنبش فلسطین نیز در این شهر است.

۱-Mayer Amschel Baue

شخصی که در تحمیل سیستم مالی فدرال ریزرو به آمریکا کوشید، سناتوری آمریکایی به نام Nelson W. Aldrich، از رده نسل دوم انقلاب آن کشور بود. در روشن‌شدن بهره‌بری صاحبان ثروت اروپا از برقراری «فدرال ریزرو» از ترجمه مطلبی دراینترنت که توسط مطلعی نزدیک به خاندان سعودی بنام J. W. McAllister نوشته شده استفاده می‌بریم. او می‌نویسد که ۸۰ درصد از مالکیت مهم‌ترین شعبه از شعب دوازده‌گانه فدرال ریزرو «نیویورک» را ۸ خانوار:

Rockefellers, Rothschilds of Paris and London; Goldman Sachs

the Lazards of Paris; and the Israel Moses Seifs of Rome

and Kuhn Loebs of New York the Warburgs of Hamburg

در اختیار دارند که چهار خانوار آن در آمریکا مقیم‌اند. به طور کلی می‌توان گفت که سهام عمده مجموع شعب، «فدرال ریزرو» یا زیربنای بانک مرکزی آمریکا، در دست چند خانوار و اغلب ساکن اروپا است که به‌خاطر محل اقامت خود از بسیاری قوانین آمریکا به خصوص در رابطه با مالیات‌ها معاف‌اند که این خانوارها و بانک‌های آنان عبارتند از:

Rothschild of London, Rothschild Bank of Berlin, Warburg Bank of Hamburg, Warburg Bank of Amsterdam, Lehman Brothers of New York, Lazard Brother of Paris, Kuhn Loeb Bank of New York, Israel Moses Seif Bank of Italy, Goldman Sachs of New York and JP Morgan Chase Bank of New York.

فدرال ریزرو، سهام شرکت‌های نفتی «شل»، «اکسان»، «آرامکو» و «شورون تکزاکو» را نیز در زمره سرمایه خود دارد و توسط بانک‌های خود «جی‌ـ پی ـ مورگان»، «سیتی گروپ»، «ولزفارگو» و «بانک آو آمریکا» که به خاطر این نام تصور می‌شود که این بانک متعلق به آمریکا است، در آمریکا فعال‌اند که با درآمد از بهره وام‌هایی که به بدهکاران خود، مردم آمریکا می‌دهند، به ثروت و سرمایه صاحبان اصلی خود می‌افزایند. برای نمونه، خریداران منازل مسکونی در برابر سپردن سند مالکیت خود به عنوان

ودیعه از این بانک‌ها قرض می‌گیرند و تا بازپرداخت کامل قرضه خود عملاً صاحب خانه خود نبوده ولی هر ماهه می‌بایست بهره قرضه خود را بپردازند. گویی که خادم و اجیر این بانک‌ها و به عبارت دیگر ثروتمندان اروپا شده‌اند. از سوی دیگر، اکثر صنایع و صاحبان کسب و کارهای کوچک و بزرگ آمریکا نیز باز مقروض همین بانک‌ها هستند و در برابر حریق، سیل، زلزله و غیره از هر مرجعی که بیمه خریداری کنند به احتمال قوی سرنخ اکثر آن‌ها در دست شرکت بیمه « لوید» انگلیس است که مالکیت آن هم متعلق به همان ثروتمندان اروپا است. نکته قابل توجه دراین چرخه اقتصادی آن است که سیستم مالیاتی آمریکا را به صورتی تنظیم نموده‌اند که هر چه بهره پرداختی به بانک‌ها بیشتر باشد، از بخشودگی مالیاتی بیشتری می‌توان استفاده کرد که این امتیاز با آنکه رقمی قابل ملاحظه به خصوص برای خانواده‌های متوسط وکم درآمد نیست ولی مشوق فریبنده‌ای برای گرفتن هرچه بیشتر قرضه ازبانک‌ها می‌شود و با افزایش تعداد مقروض باز سود بیشتری را عاید بانک‌های مذکور می‌سازد. بانک‌ها گاهی نیز با برنامه‌ریزی‌های خاص، درآمد بیشتری را با وارد کردن زیان به عامه به دست می‌آورند که نمونه آن ایجاد بحران آمریکا در سال ۲۰۰۸ میلادی است که ضمن زیانی معادل ۲/۱۹ بیلیون دلار به اقتصاد جهانی موجب بی‌خانمانی متجاوز بر پنج میلیون خانواده آمریکایی به خاطر از دست دادن توان بازپرداخت وام خود گردیدند. تاکتیک آن‌ها در واردکردن این زیان، با دادن وام توسط بانک‌های خود بدون توجه به ثبات درآمد متقاضیان، برعکس رویه گذشته، و گرفتن اسناد مالکیت آن‌ها بجای ودیعه عملی شد و متعاقباً در انتظار ماندند تا وام‌گیرندگان در نوسانات اقتصادی و بیکاری نتوانند به موقع اقساط وام خود را بپردازند تا قانوناً بتوانند اسناد مالکیت خانه‌ها را به نام بانک‌های خود ثبت کرده و با فروش آن‌ها به خریداران جدید هم به سرمایه صاحبان بانک خود بیافزایند و هم به تعداد بدهکاران (بهره پردازان) خود. جالب اینجا است که به استناد خبر کانال KPBS بازیگران صف اول این سناریو به خاطر خوش‌خدمتی به مالکین بانک‌ها

ازصاحبان آنها[1]، پاداش‌های قابل توجهی به شرح زیر دریافت کرده‌اند : Tim Sloan از بانک Wells Fargo ۱۵میلیون دلار، Brian Moynihan از Bank of America ۲۱ /۵ میلیون دلار و Jamie Dimon با پاداش ۲۸ میلیون دلار از بانک J P Morgan Chase & Co. که در پیشگیری از تکرار این شگردها، دو نماینده از مجالس آمریکا به نام‌های «داد» و «فرانک»، طرحی را در زمینه کنترل عملیات بانک‌ها و پیشگیری از اقدامات لجام گسیخته آنان به تصویب رساندند. جالب این‌جاست که مجری و ناظر بر این قانون، باز همان «فدرال ریزرو» خواهد بود که برای کوتاه کردن نوشته، از درج جزئیات دیگری در این رابطه صرف نظر می‌کنیم.

با نگرشی به این مطلب، این سؤال از ذهنم گذشت که آیا در اندیشه این افراد سودجو که حتی به قوم خود نیز رحمی ندارند می‌توان لااقل هاله‌ای از محبت و انسانیت یافت؟ و یا آنان در مسائل مالی، با آن‌که به اوج ثروت رسیده‌اند، شکلی به خود گرفته‌اند که به طور غریزی ـ چون عقربی که به خاطر کین نیش نمی‌زند بلکه مقتضای طبیعت آن چنین است ـ به این اقدامات آزاردهنده می‌پردازند؟ به دنبال این هدف و به صورت نمونه، جان دالاس[2] را انتخاب کرده و به دنبال شناخت معتقدات باطنی، زمینه فکری و عادات او رفتم. او همان کسی است که با وابستگی به انگلیس و به کمک برادرش الن دالاس[3] که همزمان رییس سازمان امنیت آمریکا بود، توانستند خط سیاست انسانی پرزیدنت ترومن را محو و پرزیدنت بعد از او، ایزنهاور را در بسیاری از موارد دنباله‌رو سیاست استعماری انگلیس سازند.

در شناخت این خصلت ذاتی، برای اختصار به دو مورد از مجموعه مطالبی که دراین رابطه خوانده‌ام اکتفا می‌کنم. رونالد پرهاسن[4]، مورخ و زندگی‌نامه‌نویس آمریکایی، درباره «دالاس» می‌نویسد که او گرچه ناظر

۱-Bank holders

۲-John Dulles

۳-Allen Dulles

٤-Ronald Preassen

بر مسائل جهانی بود ولی همیشه گوشه چشمی به بازار سهام دوخته و گوش به نظرات سهام‌داران عمده آن می‌داد که بی‌درنگ از آن‌ها دنباله‌روی کند. حرفه چهل ساله این وکیل دعاوی که دفاع از منافع شرکت‌های کلان در برابر شرکت‌های کلان دیگری را که هر دو سو حریص و سودجو بوده‌اند برعهده‌داشت. در او شهامت روبه‌روشدن با هر حریفی را چنان تقویت کرد که دیگر تنها غلبه برحریف، آن هم به هر طریقی را می‌توانست پذیرا شود. او شدیدا تحت تاثیر اعتقاد آرنولد توین بی[۱]، یکی دیگر از نویسندگان نه چندان مشهور آمریکا که معتقد بود بدون درگیری مدام و برخورد با مشکلی تمدن متوقف شده وخواهد مرد، قرارداشت. «گوبلز»، وزیر تبلیغات هیتلر نیز نظری مشابه او داشت. سال‌ها قبل از احراز پست وزارت خارجه در کابینه پرزیدنت آیزن‌هاور، این معتقدات و تجارب شخصی رهنمون زندگی او شده بود که با همان برداشت و قبول آن‌که اساس سیاست خارجی آمریکا بر اقتصاد استوار بوده و قدرتش از آن ناشی می‌شود سیاست خارجی آمریکا را به دست گرفت. هم او بود که پرزیدنت ایزن‌هاور را در سرنگونی حکومت مصدق با انگلیس‌ها همگام ساخت. درآن زمان این تعبیر تقویت می‌شد که آمریکا توجهی به نفت ایران ندارد و صرفاً به خاطر مقابله با کمونیسم در همسایگی ایران وارد ماجرای آن شده است. در حالی که در این مشارکت تنها به گرفتن سهمی از منافع نفت ایران می‌اندیشید که در قالب کنسرسیومی آن را به دست می‌آورد. کما این که در تجزیه و تحلیل مسئله سوریه که در این نوشتار خواهد آمد، خواهیم دید که آمریکا چند سال بعد نیز در کسب منافع خود «الکواتلی» رئیس جمهور قانونی و مورد حمایت مردم سوریه را نیز که با عبور لوله انتقال نفت شرکتی آمریکایی بنام «CASOC» از عربستان به اروپا از خاک خود مخالفت می‌کرد، با کودتایی سرنگون کرد. علت عطش ممالک قدرت طلب، حتی دارای منابع نفت به کسب هرچه بیشتر آن که سال‌ها به صورت عمده‌ترین عامل انرژی‌زا باقی خواهد ماند در این است که غیر از تامین بیمه‌ای برای مصارف داخلی به

۱-Arnold Toynbee

دامنه نفوذشان بر ممالک نیازمند به سوخت نیز می‌افزاید. نفوذی که به کمک آن می‌شود بازار این کشورها را نیزبرای فروش فرآورده صنایع و افزوده محصولات کشاورزی در اختیار گرفت تا کارگران همیشه دارای کار اقتصاد شکوفا و به‌خاطر آن آرامش در کشور و ثبات حکومتشان تضمین شود. الکواتلی به خاطر بی‌مهری به آمریکا نبود که مخالف عبور لوله نفتش از خاک خود شد. او صرفا برای اثبات بی‌طرفی حکومتش در آن ایام که جنگ سرد بین غرب و روسیه کمونیست به اوج رسیده بود چنان نظری را که معرف بی‌طرفی کشورش میشد مفید می‌دانست. در کودتای ساقط کردن او نیز آمریکا دو متخصص براندازی حکومت‌های خود را با ۳ میلیون دلار مامور می‌کند که یکی از آن دو همان«کرمیت روزولت» بود که کودتای ضد مصدق را نیز در ایران هدایت نمود. منتهی مردم سوریه بعد از چندی توطئه آمریکا را خنثی کرده و دوباره الکواتلی را به ریاست جمهوری برگزیدند که موجب فرار کرمیت از سوریه می‌شود. ولی دستیارش دستگیر شد و بعد از آنکه در تلویزیون سوریه پرده از جزئیات براندازی حکومت الکواتلی برداشت با محاسبه‌ای منطقی و به دور از احساسات به اسارت گرفته نمی‌شود که سوریه را به دردسر و دشمن‌تراشی کشاند؛ از سوریه اخراج می‌گردد. بعد از این شکست بود که کرمیت روزولت نیز از سازمان «سیا» استعفا داده و به خاطر خدمات ارزنده به شرکت‌های نفتی در یکی از آن‌ها با سمت و مزایائی بالا استخدام می‌شود. ناگفته نماند که کرمیت روزولت یکی از دلایل عمده شکست خود در سوریه را آن می‌داند که در آنجا نتوانست رجل خودفروشی را پیدا خریداری و مجری نظرات خویش سازد. سؤال اینجاست که از چه این مرد سی وهفت ساله توانست به تنهایی از مرزگذشته، وارد ایران شود و یک تنه ملتی با ادعای دو هزار و پانصد سال تاریخ را از مسیر سعادتش منحرف سازد؟

اختیارات «فدرال ریزرو» را می‌توان به این شرح خلاصه کرد:

هدایت سیاست پولی، دادن خدمات مالی به دولت آمریکا، تدوین مقررات بانکی چاپ اسکناس، مراقبت از حجم دلار در گردش در دنیا،

تنظیم‌مقررات دادن اعتبار و بالاخره تعیین سطح بهره بانکی با هدف پیشگیری از تورم و تداوم ثبات مالی.

رییس «فدرال ریزرو» و مشاوران او را عملا بانک‌ها پیشنهاد و انتخاب می‌کنند؛ منتهی به ظاهر، رییس آن با تایید پرزیدنت آمریکا، به عنوان معاون وزیر دارایی وارد سازمان اداری آن کشور می‌شود. اخیرا نیز سنای آمریکا ظاهرا بر انتخاب رییس «فدرال ریزرو» باید صحه نهد. در حالی که او در این پست مستقل فکر کرده، مستقل تصمیم گرفته و تصمیمات خود را به اجرا می‌گذارد. اعضای هیأت مشاوران او در تصمیماتش نیز باز با نظر و پیشنهاد بانک‌ها و تأیید رییس جمهور آمریکا برگزیده می‌شوند که در این هیأت همیشه باید دو نماینده از شعب بانک‌های دوازده گانه «فدرال ریزرو» در آمریکا حضور داشته باشند، که رای آن دو می‌تواند در تصمیمات هیأت رییسه فدرال ریزرو در حفظ منافع صاحبان بانک‌ها نقشی بسزا داشته باشد. برای نشان دادن قدرت و استقلال این سازمان، توجه شما را به این مثال جلب می‌کنم. در سال ۲۰۱۹میلادی رییس فدرال ریزرو، در کاهش نرخ بهره بانکی، به تقاضای همان رییس جمهور آمریکا که او را به مجلس معرفی کرده بود، توجه نمی‌کند و آن را در زمانی که خود لازم دید کاهش می‌دهد. رییس جمهور این خواست را به منظور پیشگیری از تنزل بیشتر قیمت سهام که به هنگام جنگ تجاری بین چین و آمریکا روی داده بود، مطرح کرد. در روی اسکناس‌ها (دلار) امضای وزرای دارایی آمریکا را می‌بینیم. وزرایی که در تمام کابینه‌های دولت آمریکا، دموکرات یا جمهوری‌خواه، تا به حال به ترتیب مدیران سطح بالا و کارشناسان عالی رتبه شعب بانک‌های متعلق به سرمایه‌داران اروپا، و یا به نوعی وابسته به آن‌ها بوده‌اند؛ چون: الکساندر همیلتون، داگلاس دیلون، داوید کندی، ویلیام سایمون، مایکل بلومنتان، ریگان، نیکلاس برادی، رابرت روبین، هنری بوستن و تیم کاتنر کارمندان بانک‌های اروپایی خاندان راتشیلد، خاندان بانکی دیلون، سیتی گروپ، گلدمن ساچز مریلینچ، U. B. S، و بانک فدرال. این همبستگی و اتفاق صاحبان شاخص و پایه ثروت دنیاست که ضامن به ثمررسیدن تحریم

ممالک ناهماهنگ، تک‌رو و مستقل می‌شود. به همین خاطر وقتی فرد و مهم‌تر از آن کشوری تحریم می‌شود هیچ بانک معتبری از دید فروشنده کالا سپرده خریدار را نمی‌پذیرد و لذا معامله‌ای صورت نمی‌گیرد. برای توجیه بیشتر این نکته بخصوص برای آن‌هایی که مدام کلمه تحریم را می‌شنوند ولی از تاثیر آن آگاهی کافی ندارند به مراحل خرید جنسی از خارج اشاره می‌کنیم. وقتی تاجری می‌خواهد جنس مورد نیازی را از کشوری خریداری کند، باید:

در مرحله نخست وجهی را که مورد قبول فروشنده کالاست، در بانکی معتبر به صورت سپرده واریز و رسید آن بانک را به فروشنده عرضه دارد.

متعاقباً فروشنده جنس مورد معامله را بیمه و به محل مورد نظر خریدار ارسال می‌دارد. به محض رسیدن کالا به محل مورد نظر خریدار سندی دال به اعلام وصول آن محموله را برای فروشنده میفرستد.

فروشنده با ارئه آن رسید به بانک سپرده خریدار در آن بانک را که قیمت کالای اوست دریافت می‌کند.

حال با توجه به مراحل یاد شده برای مثال تجسم کنیم که کشوری برای تعویض روغن موتور توربین‌های پای سدی که برق منطقه‌ای را تامین می‌کنند، مثل سد سپیدرود خودمان، احتیاج به روغن خاصی دارد که باید از تولیدکننده‌ای خارجی خریداری نماید. اگر در تحریم قرار گرفته باشد حتی نمی‌تواند قدم اول را که گذاشتن سپرده در بانک است بردارد چون بانکی سپرده او را نمی‌پذیرد. لذا توربین‌ها از کار می‌مانند. منازل با تاریکی روبه‌رو می‌شوند، کارگاه‌های صنعتی و ساختمانی که نیاز به برق دارند تعطیل کارگرانش بیکار، خلاصه دولت با تنگنا روبه‌رومی‌شود، تا حد امکان مقاومت می‌کند در نهایت ممکن است به خواسته دولت تحریم‌کننده تن دهد. حکومت ممالک دیگر هم اگر ارزش بازار فروش محصولاتش در کشور تحریم‌کننده بیش از بازار مشتری جدید باشد به کمک کشور محتاج نمی آیند مثلاً آلمان، معاملاتش با آمریکای تحریم‌کننده در سال حدود ۱۱۰ میلیارد دلار است. بدیهی است به خاطر حجم معامله با کشوری که از ۳

میلیارد دلار تجاوز نمی‌کند آمریکا را نخواهد رنجاند.

مشکل دیگر در معاملات نوع پول است که معمولاً فروشنده کالا پولی را چون دلار پوند انگلیس و یا مارک آلمان قبول می‌کند که از ارزش ثابت‌تری برخوردارند. برای رهایی از قدرت انحصاری دلار که بر اقتصاد جهان اثر می‌گذارد و زمینه‌ساز تحریم هاست دول چین، هند، برزیل، روسیه. افریقای جنوبی که مجموعا نیمی از جمعیت دنیا را دربرمی‌گیرند، به فکر تقلید از سیستمی مشابه «فدرال ریزرو» آمریکا افتاده‌اند تا به روایت «چاره کژدم زده کشته کژدم بود»، دربرابر قدرت دلار تعادلی به وجود آورند که دلار با پشتوانه محکم ذخایر طلا، صنایع و در سایه شبکه سازمان‌های مالی و حامی خود، توانسته مانع رسیدن این گروه به هدف خود شود و حتی گوش تعدادی از شرکاء این گروه را نیز کشیده است؛ چون رو کردن پرونده‌ای برای رئیس جمهور برزیل «ویلما روسف» که موجب تعویض او شد، تشدید درگیری‌های دولت آفریقای جنوبی، برنده شدن حزب دیگری در هند بعد از سال‌ها شکست مکرر. با توضیحات فوق خواننده نوشتار می‌تواند تجسم کند که چه تارعنکبوت کنترل‌کننده‌ای توسط ابرقدرت‌ها، به مرور زمان بر پیکره دنیا رشته دوانده است که دریدن شبکه آن با شعار و حماسه و یاجست‌وخیزهای هیجانی چون گله‌ای در پس دیدن گرگ، عملی نخواهد بود مگر با اتحادی قوی، پایدار و تدبیری کارساز به دور از تعصبات و احساسات رمانتیک که فقط از ملتی آگاه، مطلع و با بینشی قوی می‌توان انتظار آن را داشت. بگذریم از آن‌که امکان دارد حوادثی چون ویروس کرونا، یا جهش اقتصادی چین که در زمانی نسبتا کوتاه حدود بیست و پنج سال، توانست دنیا من‌جمله آمریکا را مدیون خود سازد پایه‌های دلار را بلرزاند.

ناگفته نماند که سیستم موجود مالی آمریکا نیز که به طور خلاصه به آن اشاره شد از نظر آن یک درصد جمعیت آمریکا که جزو مالکین نزدیک به ۹۰ درصد ثروت‌اند مفید به نظر می‌رسد. این عده معتقد نیستند که با این سیستم مالی استقلال آمریکا کامل نیست. بلکه معتقداند که از این راه

ارزش دلار آمریکا به جایی رسیده که این برگ کاغذ سبز، از هر سلاح مخرب قوی‌تر و براتر شده است. تعدادی نیز استحکام ارزش دلار را در برقراری نظم و نسق روابط اقتصادی جهان حیاتی می‌شمارند؛ روابطی که نه تنها به داد و ستد بین کشورها ثبات و فرم می‌دهد، به روابط روزمره کارگر و کارفرما نیز تسهیل بخشیده و اگرعدالتی در این ارتباطات برقرار نکرده، معیارهایی که زاییده آن است به روشنی و آرامش در این رابطه کمک می‌کند.

دلار با حمایت سازمان‌های وابسته و تکمیلی خود چون انستیتو نظارت جهانی بر پول، بانک جهانی و غیره، در حفظ ارزش پول و تعادل اقتصادی دنیا نقشی اساسی یافته و در اجرای سناریوی سیاست‌های جهانی که با همکاری سازمان‌های جنبی دیگری چون کلوپ رم ترسیم می‌شود بازیگری اصلی است. کلوپ رم در سال ۱۹۹۱ میلادی در لندن تشکیل شد که پیش‌بینی تحولات و تغییرات جهان را برای طراحی طرح‌های غرب دقیقا مدنظر دارد که اثرات آن در گوشه و کنار دنیا خود رانشان می‌دهند. به این ترتیب امروزه این توان دلار است که با گردش (۱۱تریلیون) آن در دنیا ـ که ۱۲ صفر بعد از عدد ۱۱ ـ مقدار آن را ملموس و محسوس‌تر می‌سازد، می‌تواند هرگاه که لازم باشد بر اقتصاد کشورها اثر گذارد.

در نمود برداشت پایه‌گذاران اولیه استقلال آمریکا در رابطه با نفوذ سرمایه‌داران اروپا در گردش امور اقتصادی خود از نظرات چند تن از پایه‌گذران آمریکا کمک می‌گیرم. «توماس جفرسون» نویسنده سند استقلال آمریکا بعد از راندن انگلیس‌ها از کشور خود در دوری جستن از سرمایه ثروتمندان اروپا می‌گوید: «تکیه به سرمایه اروپا خطرناک‌تر از روبه‌رویی با قدرتی نظامی است.» «پرزیدنت آبراهام لینکلن» در جهت قطع رابطه با سرمایه و سرمایه‌گذاران اروپا تلاش می‌کرد و در سال ۱۸۶۲ میلادی از پرداخت بهره اضافی به قرضه «فدرال ریزرو» به دولت آمریکا که هر ساله به آن می‌افزود خودداری کرده و حتی در قانون اساسی پرداخت بهره اضافی به دلاری را که به زبان ساده توسط «فدرال ریزرو» چاپ شده و با نام پول

آمریکا با کارمزدی در اختیار دولت آن کشور قرار می‌گرفت، منع می‌کند که در مقابله با او همان‌طور که اشاره شد، جنگ ایالات شمال و جنوب آمریکا را براه می‌اندازند و با پیاده کردن این سناریو، یکی ازپرتلفات‌ترین و طولانی‌ترین جنگ‌ها درتاریخ دنیا را به آمریکا تحمیل می‌کنند.

اما پرزیدنت لینکلن مقاومت کرده و به مبارزه تا پیروزی ادامه می‌دهد و یکپارچگی ایالات متحده را حفظ می‌کند و بانیان این جنگ، ثروتمندان اروپا را در نیل به هدف پاشیدگی آمریکا و یا حداقل تسلط بر ایالات جنوبی آن با سکنه اغلب انگلیسی تبار ناکام می‌سازد. لذا تنها راه حلی که برای بانک‌داران اروپا باقی ماند، ترور او بود که به سال ۱۸٦۵ میلادی به دست یکی از وابستگان به ایالات جنوبی، به نام «بوست[1]» صورت گرفت.

آبراهام لینکلن در جریان جنگ‌های مذکور نیاز به پول پیدا کرده‌بود که بانک‌های وابسته به ثروتمندان اروپا آماده بودند به او قرض دهند، مشروط بر آن‌که پرداخت بهره‌ای معادل ۳۰ درصد را قبول کند. او که نمی‌خواست آمریکا به زیر قرضه سنگینی که تسلط بیشتر اروپا را به دنبال داشت برود، ٤ میلیون دلار اسکناس با پشتوانه نقره چاپ و هزینه جنگ را تامین کرده‌بود.

ترور لینکلن دومین ترور سیاسی آمریکاست که بعد از سوء قصد به جان پرزیدنت آندرو جاکسن در سال ۱۸۳۷ میلادی توسط کارگر نقاشی که او هم تبعه انگلیس بود رخ داد. منتهی با آن‌که دوبار به سوی او از نزدیک شلیک می‌کند، در هر دو بار شانس آورده، تیر به خطا رفته و سالم می‌ماند. پرزیدنت اندرو جاکسن نیز بانک‌ها را «لانه زنبورهای سمی» می‌نامید و تصمیم او راندن این بانک‌ها از آمریکا بود و به همین خاطر در سال ۱۸۳٦ میلادی «Bank of The United States» را که وظایف مشابهی با فدرال ریزرو داشت تعطیل می‌کند که البته بعد از ۷۰ سال دوباره با نام «فدرال ریزرو» ظاهر و شکل می‌گیرد. پرزیدنت جاکسن، در جوانی و به هنگام تسلط انگلیس‌ها بر آمریکا از برق انداختن چکمه افسر انگلیسی مغروری امتناع می‌ورزد، آن افسر او را با نوک شمشیر تنبیه و صورت او را می‌خراشد که

۱-Wilkes Boot

این خراش بر گونه او تا آخر عمر باقی بود.

پرزیدنت کندی نیز سال‌ها بعد، به منظور اصلاح تصمیمات آن دسته از رجال نسل دوم انقلاب آمریکا که سیستم «فدرال ریزرو» را بر آمریکا تحمیل کرده و حافظ آن‌اند با الهام از ابتکار پرزیدنت آبراهام لینکلن شروع به چاپ ٤ میلیون اسکناس ۲، ۵، ۱۰ و ۲۰ دلاری با پشتوانه نقره و خارج از محدوه اختیارات «فدرال ریزرو» می‌کند و به دنبال تأسیس بانک مرکزی مستقل آمریکا می‌رود. او که به خاطر روشن‌فکری با پاره‌ای از اقدامات سازمان سیا نیز میانه‌ای نداشت، آن‌ها را نیز رنجاند که همانند لینکلن ترور می‌شود. متعاقب او برادرش نیز که می‌خواست راه برادر را ادامه دهد، قبل از آن‌که به ریاست جمهوری رسد، به هنگام مبارزات انتخاباتی ترور شده و جان می‌بازد و هنوز که هنوز است جریان قتل و قاتل پرزیدنت کندی مبهم مانده است.

با افتتاح بانک جهانی و صندوق بین المللی پول در سال ۱۹٤۷ میلادی، ثروتمندان اروپا، مشهور به Global Elite و مدعی برقراری نظم جدید جهانی، New world order به حفظ و ادامه سیستم بانکی خود کمک کردند. منتهی زحمت گریز از شر آنان، بر عهده چند رییس جمهور نسل‌های بعدی آمریکا افتاد که دیدیم جان باختند و نتیجه‌ای نگرفتند. تاریخ نشان می‌دهد که لینکلن و کندی راه درستی در پیش گرفته بودند؛ چه به جای حمایت از منافع معدودی سرمایه‌دار می‌توانستند نظر و عقاید کثیری از جهانیان را با نشان دادن ثمره فلسفه دموکراسی در کشوری نوپا، آن هم به کمک قانون اساسی استثنایی و مردمی خود جلب کرده و تحولی را در دنیا پی ریزند و مدینه فاضله‌ای را که مهاجرین فراری و رنجور از استبداد به سوی آمریکا به آن می‌اندیشیدند، بنیاد نهند.

آمریکا و صاحبان ثروت اروپا، از دهه ۱۹۷۰ میلادی به دنبال طرحی اقتصادی رفتند تا بازارهای جهانی خود را حفظ کنند؛ چه از دست رفتن آن‌ها بیکاری کارگران و احتمالا ضعف قدرت خرید مردم را که رکن اساسی اقتصاد این کشورهاست، می‌توانست به دنبال داشته باشد. از طرفی

جنگ ویتنام و ظهور گروه‌های تروریستی که طلیعه آن توسط فلسطینی‌ها در بازی‌های المپیک سال ۱۹۶۰ میلادی در آلمان هویدا شد، نشان می‌داد اتکا به قدرت نظامی در دفع مشکلات با هدف ادامه بهره‌برداری از منابع و بازار کشورها، می‌رود که تاثیر گذشته را از دست بدهد و باید به شگردهای اقتصادی جدیدی همراه با نرمش در بازی‌های سیاسی متوسل شده و از آن طریق ممالک جهان را به سوی «نظامی نوین» هدایت کرد. گرچه ممکن است ابرقدرت‌ها این نرمش را به دلایلی چون تعادل جمعیت نادیده گیرند. در سال جاری مانورهای مشترک روسیه، چین و ایران و در سوی دیگر آمریکا استرالیا، هند و ژاپن ممالک هاله چین و روسیه خاطره متحدین و متفقین جنگ‌های اول و دوم جهانی را زنده می‌کنند. چندی است که نظر و آینده‌نگری قدرت‌های برتر عصر را در حفظ بقای حکومت و ملت خود دو نکته زیر جلب و همیاری پوشیده آن‌ها را ضروری ساخته است. این دو نکته پایه تز نظام نوین جهانی آن‌هاست:

یکی قدرت مهمان‌پذیری کره خاک است که حتی با استفاده از تکنیک‌های پیشرفته در تولید محصول، به دلایلی اساسی چون کمبود آب رو به کاهش است.

و آن دگر خصوصیت سلاح‌های پیشرفته‌ای است که تشعشعات و عوارض آن دامن‌گیر برنده جنگ نیز خواهد شد و به این خاطر قطب‌های قدرت، رفاقت را به رقابت ارجح شناخته‌اند، که راه برقراری این تفاهم تنها از طریق تقسیم منافع ممالک در حال رشد فی‌مابین آن‌ها ممکن می‌شود.

ناگفته نماند که پیاده کردن راه‌حل هر دو مورد فوق با توجه به خواست ملل در حفظ استقلال ملی خود مشکل است که آن را هم ابرقدرت‌ها به‌صورت حفظ استقلال صوری و عامه فریب این ممالک منتهی با وابسته کردن هریک به بلوکی ضمن حفظ سناریوی جنگ زرگری و لفظی بین خود عملی می‌پندارند. اینجاست که ممالک ضعیف‌تر با زیرکی و هوشیاری باید خود را از آسیب‌های حساب شده و تحمیلی قوی‌ترها حفظ کنند که

البته با توجه به نارسایی بینش و تفرقه در اکثر این ملل آسان نیست.

در پی این هدف راه‌حل‌هایی مطرح گردید که یکی از آن‌ها ایجاد بلوک و یا باشگاه تجارت آزاد جهانی بود که بهره‌برداری از کارگران قانع و کم‌مزد کشورهای در حال توسعه و استفاده از منابع نهفته در زیر خاک آنان را در مشارکتی نامتناسب ممکن می‌ساخت. ضمنا مردم آن مناطق را نیز، در سیستم «استقراضی- مالیاتی» اقتصاد غرب چنان اسیر می‌کرد که کوچک‌ترین غفلت از کار و تلاش موجب می‌شد که سرشان زیر آب رود؛ لذا فرصتی برای توجه به مسائل اطراف خود نداشته و مجبور می‌شدند چون سکنه کشورهای غربی سربه‌زیر به فعالیت خود ادامه دهند و به یمن آن ممالک غربی نیز از آرامش برخودار و با تهاجم تروریست‌ها کمتر مواجه شوند.

در پی این نظر، تشویق دموکراسی به مدل غربی را در ممالک تحت استعمار علم می‌کنند که هر دو حزب اصلی آمریکا، جمهوری‌خواه و دموکرات نیز که البته در ریشه ایدئولوژیک، مشابه همند و تفاوت چندانی با هم ندارند در پیاده کردن این هدف وارد عمل می‌شوند. پرزیدنت کارتر و چند پرزیدنت دیگر به دنبال او از فعالان اولیه ترویج این نظریه شدند که کارتر و به خصوص پرزیدنت اوباما توانستند در این راه موفقیت‌هایی به دست آورند.

پرزیدنت اوباما با نطقی در مجلس ترکیه، مردم خاورمیانه و کشورهای همسان آنان را به دموکراسی دعوت می‌کند. عامه‌ای که سواد خواندن خطوط ریز و رؤیت پس پرده‌های سیاست‌ها را ندارند، از آن استقبال کردند. با پیوستن روسیه و دیرتر چین به گروه مبلغین تجارت آزاد جهانی، امید کاذب به نتایج ناشی از نیل به رفاه و آزادی در ملت‌ها تقویت می‌شود که پدیده‌هایی چون انقلاب‌های پی‌درپی و آمدن بهار عربی را به دنبال داشت. البته برنامه‌ریزان تزریق آزادی به این نکته نیز توجه داشتند که ممکن است آشفته بازاری پس‌آمد برنامه آنان و تا جاافتادن دموکراسی بارشی در آن ممالک پیش آید و مدتی دسته‌جات محلی به جان هم افتند. منتهی این

آشفتگی را نیز می‌پسندیدند؛ چه نه تنها مزاحمتی برای امنیت ممالکشان پیش نمی‌آورد، بلکه سودی نیز به تعادل جمعیتی دنیا می‌رساند. با این طرح غرب از کاربرد نیروی نظامی و براندازی دولت‌های مخالف از سیاست اقتصادی-تهاجمی خود دست کشید و فقط نیروی نظامی را موقعی بکار می‌برد که عصیان گری جدی چون صدام درعراق مزاحم منافع و سیاست آنان گردد. البته چندی بعد که چین و روسیه در یافتند طرح دموکراسی و تجارت آزاد نتیجه مثبتی به بار نمی‌آورد راه مستقلی پیش گرفتند. چین با برنامه‌ای دقیق و مردم‌پسند به کمک لبخند دل‌نشین و سیمای بی‌نیاز و رفیق‌گونه زعیمش، آقای شین، به دنبال بازاریابی به گوشه و کنار دنیا و به ویژه آفریقا رفت و به تصرف جزایری در دریای شمال خود با داشتن منابع انرژی دست زد. روسیه نیز با استفاده از نابسامانی مدیران آمریکا، با خشونتی استالینی، به توسعه اقتصادی و گسترش مرزها و تحکیم امنیت خود پرداخت. جزیره کریمه و ایالاتی از اوکراین را اشغال کرد، اولین پایگاه نظامی خارج از روسیه را در سوریه بنا نهاد و در پشت پرده به هدف همیشگی خود، تضعیف غرب، با مداخله در انتخابات آمریکا و تشویق فوج مهاجر به ممالک اروپایی، استرالیا وآمریکا دست زد که بلاشک مسائلش برای آن دولت‌ها در آینده گران و زمان‌گیر خواهد شد. چندی پیش نیز به بهانه یاری به مسائل امنیتی فیلیپین و در اصل به منظور یافتن جای پایی در خاور دور، روسیه پیشقراولان دریایی خود را به بنادر آنجا که زمانی مستعمره و همیشه در کنار آمریکا بودند کشاند تا اگر روزی برخوردی در پی تهاجم چین به جزایر به ظاهر بی‌ارزش ولی دارای منابع انرژی‌زا در دریای شمال و نیز سایر عملیاتش پیش آید، غیر از خاک خود از سمت دیگری نیز در کنار هم پیمان نظامی خود چین قرار گیرد. که البته هنوز نتوانسته در فیلیپین به مقصود رسد.

همزمان به نظر نمی‌رسد که آمریکا درعالم رقابت چون چین و روسیه بتواند به سهولت خط روابط سیاست خارجی و مانورهای اقتصادی خود را اصلاح و متناسب با شرایط روز سازد. گسترده بودن دامنه اقتصاد، دارا بودن

صنایعی با تولید زیاد که محتاج بازار ممالک است و از طرفی فاصله طبقاتی و اختلافات نژادی در داخل آمریکا با سکنه‌ای اکثرا مهاجر و بدون داشتن بستگی ملی که می‌تواند به سرعت از کنترل خارج شود مانعی در راه تطبیق آمریکا با تحولات روز دنیاست.

البته آمریکایی‌ها خود را قانع می‌کنند که هر مهاجر و پناهنده‌ای که به آمریکا وارد می‌شود، از زیر بارش رنگی واحد گذشته و مشابه هم می‌شوند ولی ظواهر این نظر را رد می‌کند. کما این‌که این مهاجرین تا چند نسل در خلوت اندیشه و در نجوا با خویش زبان افکارشان زبان مادری آنان است. در اجتماعاتی چون مدارس و در زنگ‌های تفریح دیده می‌شود که سیاه، سفید، مکزیکی، کوبایی، ویتنامی چینی، آفریقایی و غیره، هر یک در گوشه‌ای جدا از هم به گفتگو و یا بازی مشغول‌اند. محلات و بازار اقوام در شهرهای آمریکا حدوداً مشخص و جدا از هم است و همگان از فروشنده گرفته تا مشتری، به زبان دیار خود با هم سخن می‌گویند. دو حزب سیاسی آن نیز به ویژه در حال حاضر حتی با ایده و داکترین مشابه آثاری از جدایی و تفرقه را نشان می‌دهند که رفع این گسستگی‌ها، قطبی‌شدن‌ها برای ثبات و تداوم حیات هر کشور، به ویژه ممالکی نوپا چون آمریکا، کانادا و استرالیا حیاتی است. متأسفانه در این ممالک که پناهگاه مهاجران است، با توجه بیش از حد به مسائل اقتصادی، توجهی به رفع این مشکل و به طور کلی مسائل مهم اجتماعی دیگر چون اعتیاد و کاربرد سلاح نمی‌شود و برنامه دروس مدارس نیز نه تنها مشکل‌گشا نیست، نسل آتی را بی‌اعتنا به محیط خود بار می‌آورد. جالب آن‌که هر انتقاد سازنده به ویژه در اصلاح مطالب درسی مدارس، و در پاره‌ای از موارد برای پیشنهاد دهنده مشکل می‌آفریند. نویسنده‌ای به نام Allen David Bloom کتابی با عنوان closing the American mind نوشت و درآن به این حقیقت که در آمریکا افکار عمومی محدود و دربند می‌شود، اشاره کرد که شدیداً مورد انتقاد قرار می‌گیرد، تا آن‌جا که به روایتی ناچار می‌شود از آمریکا به خارج پناه برد و اکنون به خاطر تجربه او کمتر کتب و رساله‌ای در زمینه آموزش نوشته

می‌شود.

ناگفته نماند با آن‌که آمریکا نمی‌تواند به آسانی از دام سیاست خارجی خود رها شده و آن را اصلاح کند ولی اکثریت مردم آن کشور هنوز تا حدودی احترام به آزادگی را که زیربنای اندیشه بنیان‌گذاران آن بود حفظ کرده‌اند؛ همان طرز تفکری که «هاروارد وسکرویل»، معلم جوان آمریکایی در تبریز را مشتاق مشارکت در مبارزه آزادی طلبانه مردم کشوری دیگر می‌کند. معروف است وقتی سفیر آمریکا به او تذکر می‌دهد که نباید در جنبش مشروطه و به طور کلی در امور سیاسی کشور دیگری مداخله کند، ضمن پس‌دادن پاسپورت آمریکایی خود به او می‌گوید که من در این مبارزه ملت دیگری را نمی‌بینم. با فوجی همراهی می‌کنم که اجداد من هم در راه کسب آزادی آمریکا، فوج دیگری از همین سپاه بوده‌اند. او به سال ۱۳۱۲ خورشیدی، همگام با مشروطه‌خواهان تحت فرماندهی «ستارخان»، تبریز را از حلقه محاصره قزاق‌های دولتی آزاد کرده و در این راه با سیصد سپاهی فوج خود جان می‌سپارد و مردم تبریز با خواندن این ابیات جنازه این مرد نصرانی را تا گورستان ارامنه شهر تشییع می‌کنند:

سیصد گل سرخ، یک گل نصرانی
ما را زسر بریده می‌ترسانی؟
ما گر زسر بریده می‌ترسیدیم
در محفل عاشقان نمی‌رقصیدیم

و یا تاریخ نشان می‌دهد که در خاتمه جنگ جهانی اول که در آن امپراطوری عثمانی سقوط می‌کند، پرزیدنت «وودرو ویلسون» به خاطر عدم مداخله مردم خاورمیانه در تقسیمات ممالک و سرنوشت خویش، نظر دو نماینده سیاسی از سیاست‌مداران غربی را به نام‌های «سایکس و پیکو» که خالق کشورهای عرب از مستعمرات عثمانی شدند رد کرده و ظالمانه می‌خواند. او حتی در ژوئن ۱۹۱۹ میلادی، در اثبات نارضایتی مردم

خاورمیانه، کمیسیونی تحت سرپرستی «کینگ کرین» از سیاستمداران آمریکا را به منطقه می‌فرستد و نتیجه بررسی او را منتشر می‌کند که هم‌پیمانانش در جنگ جهانی اول، به مداخله او در این مورد ایراد می‌گیرند و به اعتراض آمریکا که قدرت امروز را نداشت توجهی نمی‌کنند. این رویه تقسیم منطقه که به صورت برش کیکی صورت گرفت انگیزه‌ای است که جوانان معترض عرب را به همکاری با گروه‌های مخالف غرب چون القاعده و داعش، تشویق می‌کند.

انگلیس‌ها همین روش تقسیم و ابتکار تفرقه‌افکنی را به هنگام برش قسمتی از خاک هند نیز که به نام پاکستان می‌شناسیم، همراه با خلق کشمیر به صورت کانون اختلاف در آن منطقه پیاده کرده و رفتند. کشمیری که هند آن را ایالتی از خاک خود می‌شمارد ولی کثیری از ساکنان آن علاقه‌مند پیوستن به پاکستان‌اند و حاصل این اختلاف، شورش‌های محلی و برخوردهای مکرر هند و پاکستان است که تا کنون چند میلیون کشته بر جای نهاده است.

در ادامه تقسیمات محدوده اعراب پس از جنگ جهانی، جنوب شرقی ترکیه با شهرهای سیواس، دیاربکر، ماردین، آدانا، مرسین، موصل، رواندوز، حلب، دمشق و لبنان تحت قیمومیت فرانسه، مناطق کرکوک، بغداد، بصره، کویت، عربستان و شیخ‌نشین‌های حاشیه خلیج فارس، فلسطین و اردن تحت قیمومیت انگلیس و محدوده‌ای نیز شامل شهرهای ترابوزان، اریزروم، وان و بتلیس به عنوان رشوه‌ای برای جلب رضایت، در حوزه نفوذ روسیه قرار گرفتند. کشورهای شمال آفریقا در ساحل مدیترانه در این طراحی سیاسی مطرح نبودند؛ زیرا پیش از این تقسیمات مصر تحت نفوذ بریتانیا مراکش، تونس و الجزایر تحت سلطه فرانسه و لیبی در قیمومیت ایتالیا قرارگرفته بودند.

چند دهه بعد از «پرزیدنت وودرو ویلسون» پرزیدنت دیگری، «ترومن» نیز ریشه احساس مردم خود را نشان می‌دهد و وقتی انگلیس سهیم شدن در منافع حاصل از نفت ایران را در برابر همیاری آمریکا در سقوط دولت

مصدق در زمان مبارزات ملی کردن صنعت نفت ایران به او پیشنهاد می‌کند، او زیر بار نمی‌رود و می‌گوید دلیلی نمی‌بینم او را که چون ما برای حفظ منافع ملی کشورش تلاش می‌کند، سرنگون کنیم. ازاین جریان شاخه وابسته به خارج حزب توده، پیراهن عثمانی می‌سازد و مصدق را درشعارهای خود نوکر و مباشر ترومن می‌نامد.

همین پرزیدنت، به هنگامی که می‌بیند فاشیست‌های مستبد نزدیک است در جنگ پیروز و تمام اروپا را به زیر چتر استبداد نژادپرستانه خود برند، در سال ۱۹۴۱ مشروط به کمک کشورهای اروپایی وارد جنگ می‌شود. شرط او این بود که کشورهای اروپایی در خاتمه جنگ در صورت پیروزی، به سکنه مستعمرات خود اجازه دهند نوع حکومت خویش را خود انتخاب کرده و به استقلال رسند. کشورهای اروپا که می‌دیدند آلمان نازی نزدیک به پیروزی در جنگ و تسلط بر ممالک آنان است، راهی جز قبول پیشنهاد آمریکا برای حفظ خاک و قوم خود در برابر آلمان نازی نداشتند. که به این ترتیب آمریکا وارد جنگ جهانی دوم می‌شود و با قبول هزینه و تلفات سنگینی، اروپا را از تسلط آلمان نازی نجات می‌دهد. البته نفعی نیز از این شرط به آمریکا می‌رسید و آن این بود که آمریکا احتمال می‌داد در صورت پیروزی نازی‌ها در اروپا، یا حیاط خلوتش نوبت حمله آنان به آمریکا خواهد رسید و منطقی است که شر آن‌ها را در همان اروپا مرتفع سازد.

پیشنهاد دیگر ترومن، به هم‌پیمانان اروپایی خود به زمانی که هنوز زخم جنگ التیام نیافته و به فراموشی سپرده نشده بود، به منظور پیش‌گیری از برخوردهای احتمالی و مجدد بین‌المللی در آینده این بود که بیایید تا راه حل‌هایی را تدوین کنیم که دیگر جنگی پیش نیاید. تشکیل سازمان ملل متحد برای حل اختلافات دوستانه بین‌المللی از راه گفت‌وشنود و نه جنگ و ستیز، اقدامی در این جهت بود. موافقت‌نامه‌هایی نیز در همین زمان بین ممالک متحد در جنگ علیه نازی‌ها به امضا رسید که باز در جهت پیش‌گیری از جنگ تدوین شده بود و شاخص‌ترین آن، همان‌طور که به آن اشاره شد موافقت کشورهای استعمارگر اروپا در دادن استقلال به کلیه

مستعمرات و پاک‌کردن لک استعمار از دنیا بود. این تصمیم با پیش‌بینی آن‌که ممکن است ممالک استعمارزده برای آزادی خود روزی دست به شورش زنند و زمینه برخورد بین ممالک اروپایی حاکم بر خود را موجب شوند به سال ۱۹٤۱ و با نام Atlantic charter به امضاء کشورهای پیروز در جنگ رسید که بعد از جنگ ممالک طماع مفاد این توافق را به فراموشی سپردند و در بسیاری از موارد صوری و بی‌پایه ماند. جالب‌تر آن‌که خود آمریکا نیز به صورتی وارد کلوپ استعمارگران می‌گردد.

از آن‌جا که اکثر جنگ‌ها به خاطر رقابت‌های تجاری رخ می‌دهد اضافه بر تأسیس سازمان ملل و در تکمیل آن تئوریسین‌های اقتصادی غرب نیز با هدف حفظ صلح و آرامش در دنیا، مدل‌هایی را عرضه کردند که باز بر پایه ضرب‌المثل «اصل بد نیکو نگردد، زآن‌که بنیادش بد است»، این مدل‌های به ظاهر عادلانه نیز، درعمل به کشورهای پیشرفته سود بیشتری می‌رساند. این تئوریسین‌ها همان‌هایی هستند که با سازمان‌های ترسیم کننده خطوط روند سیاست‌های جهانی، که سرنوشت ممالک در خواب را رقم می‌زنند در ارتباط‌اند. برای درک هوشیاری و ارتباط آنان به گزارش هیأتی اشاره می‌کنم که در سال ۱۹۷۲ مسیحی، حدود نه سال قبل از انقلاب ایران، به کلوپ رم عرضه شده و در آن توصیه شده بود که در تنظیم و ترسیم خطوط سیاست‌های جهانی و به منظور حفظ ثبات جهان، به زیان پنج مورد اساسی و جاری که چون سلسله زنجیر به هم مرتبط‌اند توجه کنند. که عبارت بودند از: سرعت در توسعه صنایع، افزایش جمعیت کمبود غذا نارسایی تغذیه و انهدام منابع حیاتی و غیر قابل ترمیم طبیعت. علاقه‌مندان به بررسی بیشتر در این زمینه‌ها و شناخت تنگناهای حیاتی که دنیا در آینده نه چندان دور با آن روبه‌رو خواهد شد، می‌توانند به کتابی با عنوان «the Limits to Growth» که مشخصات آن در قسمت منابع این نوشتار منعکس است، مراجعه نمایند.

معروف‌ترین تئوری دربین تئوری‌های اقتصادی بمنظور برقراری صلح و آرامش در جهان، مربوط به اقتصاددانی به نام «هنری ژرژ» بود که کتب

توجیهی و تکمیلی متعددی درباره شناخت و اهمیت فرضیه او، چند قفسه از قفسه‌های کتابخانه‌ها را اشغال کرده و هنوز درباره آن می‌نویسند. گروهی نیز به خاطر اعتقاد به دکترین او، اموال و اندوخته خود را بعد از فوت برای گسترش پیشنهاداتش وقف بنیادش می‌کنند.

به زبان ساده و به طور خلاصه او معتقد است منابع رویه و زیره خاک دنیا به کلیه مردم جهان تعلق دارد، مرز جغرافیایی برای ملتی حق مالکیت بر منابع آن کشور را ایجاد نمی‌کند، هر کس به اتکا توان علمی، آگاهی فنی، قدرت مالی و اجرایی، شهامت در قبول خطرات سرمایه‌گذاری و با تجربه و توان مدیریت خویش می‌تواند در هر جای دنیا از آن نعمت‌ها بهره برد و دولت‌ها موظف به تامین امنیت و حفظ درآمد حاصل از دسترنج او هستند. مثلاً شخصی می‌تواند از «ابرقو» در تکزاس آمریکا نفت و گاز استخراج کرده و یا یک هلندی در قمصر ایران گل سرخ پروراند و گلاب حاصل آن را در هر جایی که برایش استفاده بیشتری دارد به فروش رساند.

تحت تاثیرهمین تئوری‌هاست که امروزه سازمان‌هایی بین‌المللی پا گرفته‌اند تا زمینه اجرای چنین نظراتی را فراهم آورند. چون سازمان تجارت آزاد جهانی (W. T. O) که ۱٤۹ کشورعضویت آن را پذیرفته‌اند گروه‌هایی چون (G ۸ و G ۲۰) مرکب از کشورهای صنعتی و ثروتمند، بازارهای حوزه‌ای چون بازار مشترک اروپا با پوشش ۳۳۵ میلیون جمعیت «نافتا» در حوزه آمریکا با پوشش ٤٤۱ میلیون نفر جمعیت و«آ. سه. آن» در آسیا که ٦۲۰ میلیون نفر جمعیت را در پوشش خود گرفته‌اند.

این پیوستگی‌ها موجب شد تجارت جهانی از ۱۰- ۱۲ تریلیون در سال ۲۰۱٤ میلادی به ٦۰ تریلیون دلار افزایش یابد که بررسی جزئیات آن در اینترنت نیز مقدور است. گرچه این ارقام معرف بالارفتن ثروت جهانی است ولی توزیع رندانه و ناعادلانه آن اعتراض کثیری را به همراه داشت. آن‌ها توزیع این ثروت بین کشورهای پیشرفته و ممالک در حال توسعه را که حدود شصت هزار شرکت ریز و درشت بین‌المللی درآن به جست‌وخیز برای کسب درآمد بیشتری فعال‌اند، عادلانه نمی‌دانند و معتقداند دستمزد

کم کارگران و قیمت ارزان مواد خام صنایع که از معادن کشورهای در حال توسعه به دست می‌آید و نقشی اساسی در تولید ثروت جهانی دارد، در تقسیم ثروت دقیقاً به محاسبه گرفته نمی‌شود؛ لذا در توزیع درصد کمی از ثروت حاصله دنیا سهم کشورهای آنان می‌گردد. برای نمونه در سال ۲۰۰۴ میلادی درآمد جهانی تجارت بین کشورها ۱۹ تریلیون دلار برآورد شد که از این رقم فقط ۱۳۳ بیلیون دلار آن سهم ۵۰ کشور در حال توسعه می‌شود. هیجان اعتراضات به این نوع از برنامه‌ریزی‌های تجاری به جایی رسید که در شهر«کانکون» مکزیک در سال ۲۰۰۳ به هنگام تشکیل یکی از جلسات تجارت آزاد جهانی در آن شهر رهبر جنبش کشاورزان کره جنوبی به‌نام«lee - kang - hoe» به منظور انعکاس آسیب طرح به ممالک در حال رشد در میدان شهر و در برابر محل تشکیل آن جلسه با فروکردن کاردی به قلب خود، به حیات خویش خاتمه می‌دهد.

غیر از توزیع غیرعادلانه درآمد، گروهی به دلایل زیر نیز طرح تجارت آزاد جهانی را مفید به حال کشورهای درحال توسعه نمی‌دانند و آن را باز به نوعی استثمار پوشیده و یا به اصطلاح روز، از نوع مخملی آن تعبیر می‌کنند که این دلایل عبارت‌اند از:

ایجاد زمینه استثمار کارگران محلی توسط شرکت‌های بزرگ خارجی با افزودن به ساعت کار آن‌ها که در پاره‌ای از کشورها چون پاکستان، اندونزی و فیلیپین گاهی به ده ساعت کار مداوم و بی‌وقفه در روز می‌رسد.

پرداخت قسمتی از هزینه تأسیس کارخانجات که شرکت‌های بزرگ خارجی به کشورهای کوچک‌تر عضو بازار که تاسیسات آن‌ها در آنجا بنا می‌شود، تحمیل می‌کنند.

قبولاندن بخشش چند سال مالیات به شرکت‌های خارجی از طرف کشوری که کارخانه در آن تأسیس می‌کنند که در پاره‌ای از موارد بعد از پایان دوره بخشش مالیاتی برپاکنندگان کارخانه‌ها آن‌ها را به کشور دیگری با کسب بخشش مالیاتی و یا پرداخت کمتر آن منتقل و با این اقدام به اقتصاد ممالکی که کارخانه خود را از آنجا منتقل کرده‌اند زیان

وارد می‌شود. ضمن آن‌که در مذاکرات اقتصادی کشورهای با نفوذ نیز با قدرت مالی و با اطلاعات و تجارب فنی در برابر کشورهای ضعیف از برگ برنده‌ای در گفتگو برخوردارند که در نتیجه منافع بیشتری از این معاملات را سهم خود می‌سازند.

زمینه‌های غیرعادلانه دیگر این بازارها، نابرابری ارزش تولیدات هر کشوری است. برای مثال کشوری با تولید خرما و لوبیا با کشوری که محصولات گرانی چون کامپیوتر و سایر لوازم الکتریکی تولید می‌کند، در این بازار مشارکت می‌کند که با استفاده از قرضه بانک‌هایی که باز سرمایه آن‌ها متعلق به کشورهای غنی است، به خرید تولیدات وارداتی آن‌ها که بر اساس طرح بازار، بدون هیچ کنترلی وارد کشورش می‌شود ترغیب و مجبور می‌گردد و چون این کشورها معمولاً توان بازپرداخت به موقع قرضه خود را ندارند، با روزی مواجه می‌شوند که رقم پرداختی بهره قرضه بیش از اصل آن شده و باری سنگین بر دوش مالیات‌دهندگان آن کشورها خواهد افتاد؛ در حالی که درآمد بانک‌ها با بهره‌ای که مردم آن کشورها با تلاش خود می‌بایست تهیه کرده و بپردازند، مرتباً افزایش می‌یابد.

به خاطر همین اعتراضات گسترده است که هنوز جلسات تجارت آزاد جهانی را در مکان‌های کم‌سکنه و دور از اجتماعات بزرگ شهری و حفاظت‌شده تشکیل می‌دهند تا معترضین مانع و مزاحم کار آن‌ها نشوند. به نظر نمی‌رسد که این اعتراضات با شدت اعتقادی که کشورهای غنی به فلسفه بازار آزاد جهانی دارند، به جایی رسد مگر آن‌که اتفاقاتی چون خروج چین و روسیه از آن که روی داده است و یا با حوادثی چون شکست اقتصادی بعضی از ممالک غنی و ابرقدرت چون آمریکا که طلیعه آن با شیوع «ویروس کرونا» محسوس است، پیش آید و یا صدمه آن به سیاست خارجی کشوری به حدی رسد که از آن فاصله گیرد. که باز هم‌اکنون در کابینه جدید دولت آمریکا آثاری از این عقب‌نشینی محسوس شده است.

ترومن رییس جمهور آمریکا بعد از پایان جنگ جهانی دوم گامی فراتر می‌رود و اعتباری را برای ترمیم ویرانی کشورهای در جنگ به پیشنهاد

وزیر خارجه خود مارشال، تامین کرده و اختصاص می‌دهد که به نام طرح مارشال در اروپا و اصل چهار در ایران نامیده شد. اعتباراتی نیز از این طرح برای آبادانی به ایران اختصاص یافت زیرا متفقین برای رساندن تسلیحات به متفق خود روسیه، از مسیر آن استفاده کردند و پل پیروزی نام گرفته بود.

در این‌جا به ایرادی که به ترومن می‌گیرند نیز اشاره می‌کنیم و آن توافق او با پرتاب بمب اتمی بر دو شهر ژاپن بود که کشتار وحشتناکی را به دنبال داشت. منتهی این پرسش نیز در این ایراد مطرح است که اگر آن بمب منفجر نمی‌شد و آلمان نازی پیروز می‌گشت بر آمریکا چه می‌گذشت. مخالفین تشکیل کشور اسراییل نیز به او خرده می‌گیرند که چرا رأی توافق سازمان ملل را در ایجاد کشور مذکور پیگیری کرده است.

متأسفانه در پس ایزن‌هاور، اکثر رجال نسل‌های بعدی انقلاب آزادی‌طلبانه آمریکا، به جمع استعمارگران پیوسته، به فرهنگ، نظرات و تمایلات عامه آمریکا و به ویژه ششمین رئیس جمهور خود توجهی نمی‌کنند. این ششمین رییس جمهور Quincy Adams است که با عملیات استعماری آمریکا در خارج از مرزهایش توافقی نداشت. او که حرفه اصلی‌اش وکالت بود می‌گفت که خطاست آمریکا به بهانه و در پوشش یافتن دیو استبداد و معدوم کردنش، خود به دنبال اهداف استعماری درخارج ازمحدوده خود رود و این رویه را مغایر احترام به حقوق انسانی که آمریکا بر آن اصول پا گرفت می‌شمرد. اقدام او قبل از ریاست جمهوری به صورت قبول وکالت سیاهانی که از سیرالیون ربوده و تحت‌الحفظ برای فروش با کشتی «Amistad» عازم کوبا بودند تا به آمریکا رسند، مورد تحسین مردم آمریکا قرار گرفت و زمینه‌ای را برای پرزیدنتی او فراهم آورد. سیاهان مذکور در طول راه با قیام خود کاپیتان و آشپز کشتی را کشته و کاپیتان دیگری را که قبول کرد آن‌ها را به کشورشان برگرداند پیدا کرده بودند که او هم با استفاده از تاریکی شب و ناآشنایی آنان، با انتخاب مسیری در اقیانوس به نیویورک و به آمریکا می‌رسد   با این هدف که از فروش آنان درآمریکا نفعی به او رسد. که آدامز وکالت آن‌ها را قبول می‌کند و با دفاع او سیاهان مذکور تبرئه

شده و به آن‌ها اجازه داده می‌شود که برای سرنوشت خویش خود تصمیم گیرند که در آمریکا بمانند و یا به کشور خود بازگردند.

مورد قابل توجه دیگری که توسط «آدامز» صورت می‌گیرد گذراندن لایحه‌ای از مجلس به نام طرح «مونرو» بود. هدف ازبه تصویب رساندن این لایحه دراصل پیشگیری از تسلط استعمارگران روز انگلیس، اسپانیا، هلند و غیره، بر ممالک آمریکای جنوبی بود که بعدها به صورت دست‌آویزی می‌شود که آمریکا به نام آن و به ظاهر رعایت مفادش خود به تسلط مناطقی در آمریکای جنوبی بپردازد و به عنوان مبارزه با دخول خارجیان به آمریکای جنوبی جای آنان را بگیرد.

اقدامات استعماری آمریکا را می‌توان در دو دوره قبل و بعد از جنگ جهانی دوم بررسی کرد. قبل از جنگ جهانی دوم گام‌های استعماری آن کمتر به خاطر اهداف اقتصادی بود و بیشتر در جهت تقویت جنبه‌های امنیتی و ثبات برای کشور جوان آمریکا. به خصوص آنکه در آن زمان ممالک استعمارگر در اندیشه کسب خاک بیشتر بوده و حتی به تصرفات رقبای استعمارگر مشابه نیز تجاوز می‌کردند و آمریکا نیز از آسیب آن‌ها مصون نبود و به همین خاطر به تصرف همسایه‌های نزدیک به خاک خود اقدام می‌کرد تا حفاظی برای خود سازد. در سال ۱۸۹۳ عملاً با برکناری ملکه «جزایر هاوایی» آنجا را تصرف می‌کند. ملکه‌ای که محبوب ملت خود بود، مردمی که به طبیعت تا حد پرستش عشق می‌ورزیدند و هنوز هم با حرکات و رقص‌های موزون خود یاد ملکه آن دوران آرامش و احترام به طبیعت را زنده نگه داشته‌اند. منتهی ۵ سال بعد در سال ۱۸۹۸ در پوشش شعار آزادسازی «فیلیپین» از چنگ دولت استعمارگر اسپانیا، که در آمریکای جنوبی در پی بسط مستعمرات خود بود از همسایگان خود می‌گذرد و به نبرد با کشور اسپانیا در خاور دور می‌شتابد و با پیروزی در آن نبرد عملاً اسپانیا، رقیب توانای توسعه طلب خود را، نه تنها از قاره آمریکا خارج می‌کند بلکه به کلی از رده کشورهای استعمارگر در جهان حذف کرده و جاپایی نیز برای حضور خود در خاور دور به دست می‌آورد. در این نبرد،

مردم فلیپین از تسلط اسپانیا رها و شاکر حمایت آمریکا می‌شوند غافل از آن‌که آمریکا جایگزین اسپانیا شده است که در پی کسب استقلال خود، این‌بار علیه آمریکا قیام می‌کنند و جنبش آن‌ها توسط آمریکا با دادن تلفات سنگینی سرکوب می‌شود. منتهی تحت فشار افکار عمومی مردم آمریکا که با استعمار میانه‌ای نداشتند آمریکا مجبور می‌شود به فلیپین استقلال دهد. در سال ۱۹۰۹ میلادی نیز آمریکا تحت لوای توسعه آزادی پرزیدنت نیکاراگوئه «خوزه زویا» را سرنگون کرده و رژیم مورد نظر خود را بر سر کار می‌آورد.

اشتیاق آمریکا به اقدامات استعماری از سال ۱۹۳۲ میلادی بیشتر می‌شود. بر پایه اطلاعات فنی آن زمان پیش‌بینی می‌شد که ذخایر نفتی آمریکا سالی ۳٪ کاهش خواهد یافت و به صلاح است که هرچه کمتر از ذخایر نفتی خود استفاده کرده و نیاز سوخت خود را از خارج تامین نماید. به همین خاطر به دنبال کسب هرچه بیشتر منابع نفتی دنیا نیز می‌رود. «پرزیدنت روزولت» اولین گام را به این منظور با ملاقات عبدالعزیز، شاه کشور نوبنیاد عربستان برمی‌دارد که او را به کشتی جنگی در کانال سوئز که برعرشه آن خیمه و چادر برپا کرده بودند دعوت و با پهن کردن سفره‌ای عربی ازاو پذیرایی می‌کند. گوشت مورد نیاز پخت غذای عربی از گوسفندانی بود که به روی عرشه آورده و همان‌جا ذبح کردند. در این ملاقات، جذابیت پرزیدنت روزولت، احترام او به معتقدات مذهبی اعراب چون پنهان کردن نوشابه الکلی و تشابه ناراحتی درد پای دو طرف موجب می‌گردد که محبت شاه عرب را در حیطه نفوذ انگلیس در آن منطقه جلب کرده و به سرعت در دسترسی به منابع آن‌جا پیشی گیرد. به‌گونه‌ای که برای انگیس، راهی جز شراکت با آمریکا درمنافع نفت عربستان که درآن زمان ۶۰٪ از نیازسوخت دنیا را تامین می‌کرد، باقی نمی ماند. و اندکی بعد نفت از اولین چاه نفت شرکتی آمریکایی «CASOC» در خاک اعراب فوران می‌کند. انگلیس که خود را تنها قیم منطقه می‌شمرد همانند اربابی با اعراب رفتار می‌کرد. معروف است که چرچیل در هر ملاقات با هر زعیم عرب بدون رعایت رسم و

رسوم پا را به روی میز مقابل برای استراحت می‌گذاشت و مشروب خود را می‌نوشید که روزولت با اطلاع از این رویه، خلاف آن را با اعراب در پیش گرفت که به نمونه‌ای از آن در پذیرایی از شاه عرب اشاره شد.

بعد از جنگ جهانی دوم دامنه عملیات استعمارگرانه آمریکا گسترش می‌یابد که یکی از دلایل عمده آن آغاز کار شرکت‌های تجاری بزرگ و چندملیتی است که در کشوری ثبت شده ولی بازارهای جهان میادین فروش کالاهای آنان است. کالاهایی که با تولید افزون از کارگاه‌ها، کارخانجات، سکوهای استخراج معادن و به ویژه نفت و ذغال مدام به انبارها ومخازن سرازیر و باید به فروش رسند. لذا حفظ این بازارها حیاتی می‌شوند و دولت‌ها نیز با پیش‌بینی آن‌که اگر این بازارها از دست رود بیکاری و در پی آن اغتشاش دامن‌گیر آن‌ها شده ثبات و اقتصاد کشورشان زیان خواهد دید، در حفظ این بازارها کوشیده و با کلیه امکانات خود حامی منافع این شرکت‌ها شده و می‌شوند. نیروی نظامی آنان هر سد راهی را که به منافع تجاری شرکتی آمریکایی یا چند ملیتی که آمریکا نیز در آن حضور دارد لطمه وارد کند از میان بر می‌دارد؛ گویی که این ارتش‌ها تنها به خاطر همین مورد شکل گرفته‌اند.

نمونه این تهاجم انگیسی آمریکایی را در سال ۱۹۵۳ میلادی در پی جنبش ملی کردن نفت در کشور خود شاهد بودیم و مشابه آن سالی بعد در ۱۹۵٤میلادی در گواتمالای شیلی و ۱۱ کشور دیگر پیاده شد. اکنون قدرت شرکت‌های چندملیتی به مرحله‌ای رسیده است که خطوط سیاست خارجی دولت‌ها، من جمله آمریکا را ترسیم می‌کنند.

نویسنده کاوشگر آمریکایی، استفان کینذر[۱] که کتاب کودتای او Overthrow توجه زیادی را جلب کرد و جایزه پولیتزر را به دست آورد، ضمن آن‌که از ١٤ براندازی دولت‌های قانونی ممالک توسط آمریکا یاد می‌کند، معتقد است که آمریکا در ابتدا اقدامات استعماری تجاوزات خود را علنی می‌کرد تا

۱-Stephan Kinzer

آنجا که تعدادی از پرزیدنت‌ها چون «تافت» این اقدامات را به حساب توان مدیریت خود به رخ مردم می‌کشیدند ولی بعدها و با به قدرت رسیدن رقبای نوظهوری چون روسیه که درپوشش تز کمونیسم آن‌ها هم به دنبال بازاریابی و کسب مال و منالی بودند، با تکیه بر دلایلی چون حفظ آزادی ملل، اقدامات تجاوزگونه خود را توجیه و از دید عامه آمریکا پنهان نگه می‌دارد. گرچه با گذشت زمان این پرسش پیش می‌آید که آیا اکثریت ملت آمریکا هنوز در قالب افکار انسانی مهاجرین اولیه خود می‌اندیشند و یا در شرایط روز تغییر کرده‌اند که انتخابات پرزیدنت در سال آتی ۲۰۲۰ میلادی می‌تواند تا حدودی پاسخگوی این سؤال شود.

اضافه بر پرزیدنت «تافت» پرزیدنت روزولت نیز با اشاره به این ضرب‌المثل آفریقای شرقی که می‌گوید «با اندکی ملایمت در گفتار و داشتن چماقی در آستین برای تأدیب می‌توانی تا هرجا که بخواهی به پیش تازی» به دکترین «مونرو» تکیه و به تجاوزات خویش می‌بالید؛ کما این‌که امتیاز کانال پاناما را که به دلیل نقص طراحی، کمی اعتبار و بیماری مجریان آن از یک سو و خرابکاری سکنه استقلال‌طلب استان پاناما از استان‌های کشور کلمبیا ازسوی دیگر، متوقف مانده بود ازفرانسه خرید و چون کلمبیا برای اجاره زمین کانال، سالانه بیش از ده میلیون دلار که مورد توافق آمریکا بود مطالبه می‌کرد استان پاناما را با تحریک و حمایت استقلال‌طلبانش از کلمبیا جدا و کشور مستقل جدید و تحت سلطه‌اش «پاناما» را خلق کرد و به تاسیس کانال پاناما که دو اقیانوس پاسیفیک و اتلانتیک را بهم متصل می‌کرد و او آن را شاهراه تمدن می‌نامید، پرداخت.

این تجاوزات و یا کشتار هزاران فیلیپینی، نویسنده آمریکایی «مارک تواین» که این اعمال را مغایر طرز تفکر آزادی‌طلبانه آمریکایی می‌دانست آن‌چنان آزرده خاطر کرد که «روزولت» را شارلاتانی متظاهر می‌نامید. روزولت، این رییس جمهور نسل دوم انقلاب آن‌چنان شیفته حضور درعرصه جهانی به سبک و اندیشه استعماری شده بود که جمعیت دنیا را در دو گروه متمایز می‌دید. گروه کشورهای صنعتی و اکثراً سفید که آن‌ها را متمدن می‌خواند و گروه دیگر

خادمین که تامین‌کنندگان مواد خام ارزان برای صنایع و خریدار فرآورده‌های صنعتی غرب با پرداخت مبالغی بیش از ارزش آن بوده‌اند. او معتقد بود که ناآرامی در ممالک خادمین مانع پیشرفت تمدن است و کشورهای صنعتی و در رأس آن‌ها آمریکا، انگلیس و ژاپن که ژاپن را هم به زعم خود و احتمالاً به خاطر همسایگی با فیلیپین، مستعمره آن زمانش صنعتی و متمدن می‌شمرد موظف‌اند که ناآرامی‌های گروه خادمین را به هر طریق به آرامش بدل کنند.

بعد از جنگ جهانی دوم و جانشینی آیزنهاور اقدامات استعماری آمریکا شدت می‌گیرد و به دنبال کودتا در اردن، سوریه، عراق، ایران و مصر بدون توجه به معتقدات آزادی‌طلبانه مردم آن زمان آمریکا می‌رود. کمیته‌ای در سال ۱۹۵۷ میلادی برای بررسی این تغییر و تحول در سیاست خارجی آمریکا تشکیل می‌گردد که نتیجه بررسی این کمیته مندرج در گزارشی به نام «Bruce - Lovett Report» اقدامات آمریکا را خلاف اصول اخلاقی معرفی می‌کند که به همین خاطر سناتور کندی که بعدا به ریاست جمهوری آمریکا رسید ایزنهاور را به شدت مورد انتقاد قرارداده و همراه با نمایندگان هردو حزب آمریکا، اقدامات کابینه او را در دراز مدت برای آمریکا مشکل‌آفرین و زیان‌بخش می‌دانند. روسیه بر پایه کودتاهای آمریکا به سال ۱۹۵۰میلادی پیشنهاد عدم مداخله دولت‌های غربی در امور ممالک خاورمیانه را مطرح می‌کند که با این شگرد حساب‌شده نظر دوستی مردم منطقه را به خود جلب و به فاصله آنان با آمریکا می‌افزاید بر پایه همین جلب محبت بود و هست، ممالکی که برای استقلال سیاسی خود در برابر آمریکا قدمی بر می‌دارند برای حفظ خود به روسیه پناه می‌برند. بگذریم از آنکه آن کشورها دیر یا زود پی خواهند برد که از چنگال عقاب رهایی یافته ولی به چنگ خرس گرفتارشده‌اند اخیرا اژدهای چین همگام خرس و عقاب نیز به میدان آمده.

خوش‌بینی ملل به آمریکا موقعی به اوج رسیده بود که مردم تازه مهاجر آن که هنوز سقفی برسر و قوتی برای زیستن نداشته و برای اسکان و ایجاد اجتماعی نوبنیاد تلاش می‌کردند با دست خالی برعلیه استعمار انگلیس

برخاستند و این خالق و غول باتجربه سیاست‌های استعماری را آنهم با داشتن برترین نیروی رزمی آنروز تنها به اتکاء نیروی ایمان و اعتقاد به اصول آزادی به دریا ریخته و به استقلال دست می‌یابند. قوانین مردمی این قوم گریزان از ستم و به ویژه قانون اساسی آن‌ها امیدی را در دل جهانیان زنده کرده بود که شاید بتوانند با تقلید از آن لکه هر سلطه سودجو مستبد را از چهر دنیا پاک و مدینه فاضله‌ای در صلح و صفا بر پهنه خاک خلق کنند. متأسفانه درعمل با اقداماتی که آمریکا دربراندازی حکومت‌ها ازخود نشان داد این امید به یأس مبدل شد.

ناگفته نماند که در شرایط اقتصادی و سیاسی زمان، تغییر خط اقدامات آمریکا در عرصه جهانی بسیار مشکل و دیگر به نفع دنیا نیز به نظر نمی‌رسد؛ چه خلأ خروج آمریکا از خط خود، چین و روسیه را یکه‌تاز در سر نوشت ملل خواهد کرد و بدون حضور این مترسک یا عامل تعادل معلوم نیست استقلال ممالک تا چه حد پایدار ماند. در حال حاضر آمریکا با مشکلاتی که با آن روبه‌رو شده به صحت پیش‌بینی سناتور کندی در گزارش «Bruce - Lovett Report» رسیده است گویی این کشور نوپا با ترکیبی از نژاد، فرهنگ متفاوت و دو حزبی که از نظر پایه ایدئولوژیک تفاوت چندانی باهم نداشته ولی نقش دموکراسی را به خوبی ایفا می‌کنند به صورت ظرفی کریستال درآمده که اگر روزی قطب‌های عدیده، متفاوت و گاه متضاد آن از پرده درآیند و در برابر هم قرار گیرند تلنگولی می‌شود ظرف بلور را ممکن است بشکند و یا به چند کشور بدل سازد. به‌خصوص آن‌که رجال کم تجربه آن، توجهی به این عارضه نهان و سایر آلودگی‌های اجتماع خود چون اعتیاد نسل آتی ندارند. عده‌ای از آمریکایی‌ها معتقداند که اگر این کشور در خط سیاست استعماری نمی‌افتاد، امروزه به مراتب با موقعیت بهتری روبه‌رو بود و حتی در رشد اقتصادی از طریق دوستی با ملل دنیا بدون هزینه و تلفات جوانان خود چون جنگ ویتنام که با اثراتی در دو کشور لائوس و کامبوج بر پایه بررسی Guener محقق و استاد علوم سیاسی در دانشگاه Massachussetts Amherst یک میلیون و سیصد هزار کشته بر

جای نهاد، می‌توانست توفیق بیشتری در اقتصاد به دست آورد و کماکان به عنوان کشوری قوی، ثروتمند و مدل شناخته شود. مثال زنده‌ای که این پیش‌بینی را تایید می‌کند، چین با رشد اقتصادی قابل توجه البته با دو ایراد است که یکی از آن‌ها، عدم توزیع متعادل ثروت به دست آمده در بین سکنه خود که آن‌ها را تنگدست نگه داشته و با نداشتن قدرت خرید چین را بازار مناسبی برای فروش محصولات ممالک دیگر نساخته‌اند که به همین خاطر طرف‌های تجاری چین را در بسط تجارت با خود محتاط کرده‌است. ایراد دیگر چین دستبرد رندانه به اختراعات کاشفین ممالک دیگرست. International Institute of Finance در گزارش خود در روزنامه Epoch Times که به تاریخ ۱۳ اکتبرسال ۲۰۱٦ میلادی درج شد سرمایه‌گذاری چین در خارج از کشورش را در آن سال و در زمینه‌های مختلف چیزی بالغ بر ٦۷٦ بیلیون دلار برآورد می‌کند که مسلماً در حال حاضر بیشتر هم شده و آمریکا یکی از بدهکاران به آن کشور است. یکی از دلایل توفیق چین ابتکار و دقت برنامه‌ریزان آن است. که آمریکا با متخصصین ورزیده و باتجربه‌تری که در اختیار دارد و خود کاشف اختراعات عدیده‌ای است، می‌تواند در این زمینه به سهولت از چین پیشی گیرد. در این‌جا که بحث اقتصاد چین به میان آمده، به‌جا است که عمیق‌تر به تأثیر توسعه اقتصادی آن کشور بر اقتصاد اکثر ممالک که آمریکا و اروپا را نگران کرده است توجه کنیم. نگرانی آمریکا از عدم تعادل بین واردات از چین و صادرات خود به آن کشور سرچشمه می‌گیرد و اروپا از قرضه‌هایی که چین به تعدادی از ممالک عضو بازار مشترک چون مجارستان می‌دهد تا دری به روی فروش محصولات خود در اروپا باز کند، با این پیش‌بینی که با ورود محصولات ارزان‌تر چینی به اروپا ناشی از دستمزد کارگران قانع و ساکت آن، به تجارت بین کشوری اعضای بازار مشترک اروپا لطمه خواهد زد.

برنامه‌ریزان چین در تهیه طرح‌های اقتصادی خود به چند فاکتور اساسی توجه خاص داشته و تکیه می‌کنند که مهم‌ترین و مؤثرترین آن، نگرش به دو سوی خط معاملات تجاری است؛ به این معنی که از طرفی اعتبار لازم

برای توسعه زیربنایی کشورهای بازار خود را به صورت بسته‌ای حاوی میزان قرضه، تعدادی متخصص و گروهی کارگر جهت همیاری با همکاران بومی در پیاده کردن پروژه‌های بزرگ در اختیار آن کشورها قرار می‌دهد. از جهتی دیگر در کلیه طرح‌های جزئی و پراکنده‌ای که می‌تواند به درآمد ملی آن کشورها بیافزاید مشارکت کرده و در کنارشان قرار می‌گیرد و از این طریق به آن کشورها توان مالی می‌دهد که بتوانند قرضه و بهره آن را به موقع به چین بپردازند و از انباشته‌شدن بهره وام که با جریمه دیرکرد گاهی به میزان اصل قرضه میرسد پیشگیری کند و با پس گرفتن به موقع قرضه خود، سرمایه‌اش را حفظ و به میزان توانش در دادن قرضه بیشتر به ممالک می‌افزاید. در ضمن تعدادی از کارگران چینی را در کشورهای مقروض به کار می‌گمارد تا از مشکل بیکاری خود بکاهد ضمن آن‌که قسمتی از دستمزد آنان که توسط حکومت آن ممالک پرداخت می‌شود به چین برگشته و به رونق بازار داخلی چین خواهد افزود و به این ترتیب هر دو سوی معامله از این رابطه اقتصادی خشنود بوده و محبت این کشورها متوجه چین خواهد شد که با ایجاد زمینه‌هایی چون تبادل دانشجو و دادن آموزش‌های فنی به جوانان به دوستی خود با آن ممالک استحکام و تداوم می‌بخشد و از مزایای آن بهره خواهد برد. برای مثال به راحتی خواهد توانست در هر کشور دوست به سهولت به ایجاد پایگاه‌های نظامی بپردازد. کما این‌که در حال حاضر در پاره‌ای از کشورهای آفریقا در دست احداثند.

همزمان چین صبورانه در راه ایجاد تسهیلات بنیادی خویش است که به اقتصاد خود رونق بیشتری بخشد؛ درحالی که رقیب آمریکایی آن درگیر مسائلی چون انتخاباتی که بیش از۳۰ درصد از ایام کار یک منتخب صرف مبارزه برای گرفتن پستی را می‌گیرد و یکپارچه‌کردن بافت نامتجانس جامعه، مبارزه با گروه‌های تروریستی کوچک و بزرگ که اخیراً جنگ فضایی نیز به آن اضافه شده است. چین جز مورد تروریست‌های مسلمان تسه یانگ، مسئله دیگری با تروریست ندارد که در حال حل آن با ایجاد مراکز هدایت افکار است. منتهی به شاخه‌های

تروریستی مخالف آمریکا مدام اضافه می‌شود؛ برای مثال معاون رییس جمهور پیشین ونزوئلا، ال ایسامی[1]، با تغییر اسامی و دادن تابعیت کشورش، صدها پاسپورت به دست گروه‌های مخالف آمریکا در آمریکای جنوبی و خاورمیانه داده تا به سهولت بتوانند به ممالک دنیا سفر کرده و در به دست آورن دلار به هر طریق، چون قاچاق مواد مخدر بکوشند و به فعالیت و خراب‌کاری خود ادامه دهند. دلاری که باز توسط دولت‌های مخالف پولشویی و در مواردی چون خرید سلاح و یا شکست تحریم‌های اقتصادی به مصرف می‌رسد.

به‌طور کلی اهم مشکلات دیگر آمریکا سرفصل‌وار عبارت‌اند از سرریزشدن مواد مخدر، اعتیاد جوانان، هجوم پناهنده‌ها، وجود اختلافات نژادی، قطبی شدن احزاب و هر دو_ سه‌سال انتخاب رییس جمهور و نمایندگان دیگر با جدالی وقت‌گیر برای نمایش تئاتر دموکراسی است. که به آن مشکلات حفاظت از کشفیات و حفاظت از رمز[2] سیستم‌های خودکاری که وظایف حیاتی در شاخه‌هایی چون شبکه و تصفیه آب و برق‌رسانی را برعهده دارند از دستبرد سایبریست‌ها، اضافه می‌شود. در حالی که همزمان چین به توسعه حجم مبادلات و سرعت بخشیدن به عرضه کالاهای خود که از سنگ قبر گرفته تا توربین‌ها تنوع آنست می‌اندیشد. به گسترش خطوط آهن بین‌المللی که در نصف زمان راه دریایی و با هزینه کمتری کالا را به مقصد می‌رساند دست زده است که یکی از چند خط آن با نام خط سراسری ابریشم چندی پیش از ایران به مقصد اروپا گذشت و مکمل آن خطوطی است که با گذشت از پاکستان به هند و یا چین را به ممالک آفریقایی متصل می‌کند.

در این‌جا این سؤال مطرح می‌شود که چین چگونه توانست به قدرت مالی خود تا این حد بیافزاید؟ او از همه دارندگان ثروت و دانش فنی با دروازه‌های باز استفاده می‌کند. به هر نوع مشارکت چه فنی و چه

۱-El Aissami

۲-password

سرمایه‌گذاری با هر سرمایه‌گذار و هر کشوری تن می‌دهد و از این طریق اختراعات و ابتکارات آن‌ها را کپی کرده و به حجم سرمایه خود برای سرمایه‌گذاری‌های دیگر می‌افزاید و با همین رویه در مرکز بازار جهانی قرار گرفته است، جالب‌تر آن‌که با ترکیب سرمایه خود و دیگران، به کشورها من‌جمله همان کشورهای شریک نیز در ساخت تاسیسات زیربنائی قرضه می‌دهد. از نظرسرمایه گذاری چین در سال گذشته قریب به ٤٦ بیلیون دلار در کشورهای اروپایی سرمایه‌گذاری کرده که یکی از تاسیسات آن انبار عظیم توزیع کالا در حاشیه شهر منچستر انگلیس است. در آمریکا نیز تا کنون با پرداخت ۱۱۰ میلیارد دلار املاک و شرکت‌های پر منفعت را مالک شده و پیش‌بینی می‌شود هر ساله به این خریدها بیافزاید. ۲۲۱ تریلیون بدهی آمریکا به چین به طور متوسط ٦۰ دلار بدهی برای هر آمریکایی به بار آورده است ناگفته نماند که قسمتی ازتوفیق چین ناشی از بردباری اکثریت ملت کم توقع و قانع آن است که با رضایت و سکوت زندگی گذرایی نزدیک به خط فقر را بصورت پدیده‌ای بدیهی در زندگی پذیرفته‌اند.

ناگفته نماند که در رشد اقتصادی چین نکته تاریکی وجود دارد و آن سرقت اختراعات مخترعین ممالک دیگر است که اولاً مخترع را از حق اختراع محروم می‌سازد دیگر آن‌که کشوری که مخترع تابع آن است، نمی‌تواند با ساخت و عرضه آن اختراع درآمدی به دست آورد. چون غیر از چین که خود آن طرح و یا همان نرم‌افزار را کپی و می‌سازد با پخش کپی آن به ممالک دیگر که بخاطر کارگر ارزان چینی نمی‌توانند با چین رقابت کنند، برای کشور مخترع رقبای بیشتری خلق می‌کند. اصولاً چین و چینی‌ها در رابطه تجاری به زیرکی و ثروت اندوزی و هم به نادرستی شهرت دارند. بی پایه نبود که ۸۰۰ سال پیش نظامی گنجوی، شاعر قرن شانزده در دفتر شرف‌نامه از دیوان خمسه خود درباره زرنگی چینیان سروده بود که: «ز چینی به جز چین ابرو مخواه» و یا «سخن راست گفتند پیشینان که عهد و وفا نیست در چینیان» ویا مونتسکیو در کتاب «روح القوانین» به تقلب چینی‌ها در معاملات اشاره و می‌نویسد که آنان سه

ترازو را در خرید و فروش کالا در پس دکه پنهان دارند که یکی وزن جنس را در موقع خرید کمتر، آن دیگر به هنگام فروش سنگین‌تر و سومی وزن صحیح را نشان می‌دهد و موقعی به کار آید که طرف معامله را چون خود زبل و باهوش یابند. و باز همان‌طور که اشاره شد تظاهر رجال چینی نیز در برخورد با زعمای کشورها در توفیقشان بی‌تاثیر نیست. آن‌ها در ارتباطات اقتصادی و سیاسی با چهره‌ای آرام و بی‌نیاز و بیانی ملایم و دوستانه با دول دیگر روبه‌رو می‌شوند؛ آن سان که لبخند مدام «شین» رییس دولت فعلی چین گویی گوی سبقت از لبخند «ژکوند» اثر نقاش ایتالیایی، لئوناردو داوینچی را ربوده است.

حال که از رشد اقتصادی چین می‌گوییم ذکر این نکته هم لازم آمد که چون تولید انرژی از طریق ذغال، نور خورشید، باد، حرکت امواج و غیره، سال‌ها نمی‌تواند جایگزین سوخت فسیلی نفت شده نیاز فرآورده‌های متنوع صنایع را تامین کند، برنامه‌ریزان چینی برای پیشگیری از هر سکته بر رشد اقتصادی خود که اگر به همین روال پیش رود تا چند سال دیگر نیاز به نیمی از کل تولید نفت دنیا را خواهد داشت، به دولت خود توصیه می‌کنند همگام با ادامه خرید نفت و بسط نفوذ سیاسی در ممالک دارای این سوخت، در بستن قراردادهای اکتشاف، تولید و حمل این فرآورده حیاتی فعال‌تر شود و حتی برای امنیت خاطر درحفظ و تداوم توافق‌ها که بلاشک در عمل، برای چین تاریخ خاتمه هر قرارداد اگر به تصاحب منابع نفت نینجامد سندیتی ندارد، درآن مناطق پایگاهی نظامی نیز برای رعایت مفاد قردادها ایجاد کند. هم‌اکنون واردات کشور نفتی سعودی از چین به یک درصد بیش از آمریکا رسیده است که در مقابل نفت به چین صادر می‌کند و چین در تلاش است که پایگاهی در خلیج فارس برای امنیت جریان نفت مورد نیاز خود دست و پا کند.

با توجه به گام‌های چین که به آن اشاره شد، ذکر این نکته جالب است آمریکایی که به دنبال نظریه جهانی کردن تجارت برای رفع تنگناهایی چون محدودیت‌های گمرکی پیش‌قدم شده بود، با بسط رندانه نفوذ

اقتصادی چین به فکر اصلاح نظریه جهانی سازی[1] خود افتاده است؛ با آن‌که تغییر آن دیگر مشکل است و به نظر می‌رسد بسوی قطب‌هایی می‌رویم که در نهایت و در آینده نه چندان دور، تولید، حمل، انبار، توزیع و فروش بی‌شماری از تولیدات بومی[2] ممالک را در انحصار خود خواهند گرفت. قطب‌هایی چون ترکیبی از قطب «آمریکا و انگلیس» قطب «چین به تنهایی» و با حجم محدودتری قطب «روسیه» که به اتکاء منابع نفت خود به سرعت در حال یارگیری است. پاره‌ای از طرح‌های در دست اجرای چین چون انبار منچستر و بسط خطوط آهن و دریایی نیز این پیش‌بینی را تقویت می‌کند و لازم می‌سازد که ممالک به نوع و میزان مرغوبیت تولیدات خود آنچنان بیافزایند که در مرحله عرضه کالا برای فروش توسط قطب‌های مذکور بتوانند خریداران بیشتری به دست آورند.

انقلاب هند؛

در این قسمت و در شناخت تعدادی از انقلاب‌ها که با هدف نشان‌دادن نقش مخرب اکثر مدیران نسل دوم آن‌ها عرضه شد، امید است این تصور را پیش نیاورده باشد که همه انقلاب‌ها نتیجه مطلوبی را به بار نمی‌آورند؛ در حالی که چنین نیست و در دنیا انقلاب‌های موفقی نیز رخ داده منتهی تعداد آن‌ها از انقلاب‌های ناموفق به مراتب کمترند. تاریخ نشان می‌دهد که شکست اکثر انقلاب‌ها ناشی از مدیریت نسل دوم انقلابیون است که بعد از تلاش در براندازی حکومتی در دوره آرامش باید اداره امور کشور را بر عهده گیرند تا انقلابیون را که به امید زندگی بهتری به انقلاب پیوسته‌اند خشنود، راضی و کامیاب سازند. این مدیران در شرایط حساس زمان هر اندازه که از اصول مدیریت آگاه باشند، باز به دلیل کمی تجربه، آنهم دراداره محدوده‌ای به وسعت یک کشور، باید با دقت، تعامل، واقع بینی و احتیاط گام بردارند و در صورتی در کار خود توفیق خواهند یافت که اضافه بر تیزهوشی و ابتکار، سریعاً از دور شعار و حماسه سرایی معمول در جنبش‌های انقلابی

۱-globalization

۲-GDP

فاصله گرفته و سکان حکومت را حداقل با تکیه به دو سپر حفاظتی زیر برعهده گیرند:

سپری که آنان را در برابر خواسته‌های آن دسته از انقلابیون که انقلاب را فرصت و زمینه‌ای برای کسب شهرت، مقام، ثروت و سوء استفاده از منابع کشور به شمار می‌آورند، حفظ بنمایند و سپر دیگری که استقامت آنان را در برابر تمایلات شخصی غیرقابل نفوذ سازد.

که ایجاد و کاربرد هر دو سپر مشکل است زیرا برق ثروت، لذت شهوت و شوکت جاه غالباً موجب می‌گردد که اهداف انقلاب به فراموشی سپرده شود، به‌خصوص اگر قبل از انقلاب مدیران به طبقه‌ای تعلق داشتند که تلخی فقر را چشیده و سال‌ها با حسرت، ناظر رفاه و خوش‌گذرانی صاحبان قدرت آن عهد بوده‌اند تا آنجا که امکان دارد در نادرستی از مدیران قبل از انقلاب پیشی گیرند به گونه‌ای که زمینه انقلاب دیگری را فراهم آورند. وای به روزی که به دلیلی بین آنان رقابتی پیش‌آید و رقبائی برای تثبیت مقام و قدرت خود، به دولتی بیگانه وابسته شوند و یا با استدلالی عوام‌فریبانه چون حفاظت از انقلاب به استبداد روی آرند و خفقان را بر جامعه تحمیل کنند.

به منظور نشان‌دادن نمونه‌ای از انقلاب‌های موفق، از انقلاب کسب استقلال هند یاد می‌کنیم که در آن انقلابیون تا اخذ نتیجه راه دراز و پر خار و خسی را پیموده و با قدرتی بیگانه و استعمارگری حرفه‌ای درگیر شدند که خاک آن‌ها را سیصد سال زیر سلطه داشته و به خاطر کثرت مستعمرات پراکنده‌اش در گوشه و کنار دنیا مدعی بود آفتاب هیچگاه درحیطه مالکیتش غروب نمی‌کند؛ چه اگر در یکی به خاطر موقعیت جغرافیایی شب شود، آن دگر در سمت دیگر کره خاکی در روز است. در اینجا این سؤال مطرح می‌شود که چگونه کشوری با جمعیتی از نظر تعداد نه چندان زیاد و مساحتی در قیاس با پهنه کره خاکی، از کف دستی کوچک‌تر، توان آن را یافت که نه تنها هند، بلکه در گوشه و کنار دنیا ممالک دیگری را نیز به زیر

سلطه خود کشاند. مسلماً این قدرت از عواملی ریشه گرفته که بلاشک دو فاکتور ملت و سیاستمدارانش ازآن جملهاند. ملت انگلیس با شناخت منابع محدود و سطح کوچک جزیره محصور با دریا به اتفاق پذیرفتهاند که باید با قناعت و پرهیز از برخوردهای عقیدتی و اطاعت از سیستم حکومتی با آرامش به کار و امور خود پرداخته و به زندگی خویش ادامه دهند؛ چه دیگر برخوردهایی چون نبرد پارلمانترها و رویالیستها که در گذشته به مدت بیست سال ادامه یافت، اگر امروز تکرار گردد موجودیت جزیره را به مخاطره خواهد انداخت و به خاطراین منطق است که بستگی آنها به یکدیگر و به سیستم حکومتی آنچنان محکم و پایدار است که هیچگاه نشنیدهایم یک تبعه انگلیس به کشورش خیانت کند و یا در ماموریتی از خود کوتاهی نشان دهد. حتی به نظر نمیرسد که اگر روزی جدایی ناحیه اسکاتلند از بدنه انگلیس صورت گیرد، بستگی عاطفی و ملی جزیرهنشینان به خاطر بقای جزیره پایدار نماند.

در سوی دیگر این همبستگی، مدیران آن کشور با اطلاع عمیق از منابع ارزنده ممالک، خصوصیات اخلاقی عاطفی و عقیدتی آنها قرار دارند که نقشههای استعماری و استثماری را در طی قرون موفق و کارساز طراحی میکنند چه میدانند بدون منابع غیر، رگ حیات جزیره بریده خواهد شد. تعدادی از این مدیران، چون چرچیل، شهرت جهانی یافته و تعدادی دیگر از تئوریسینهای آگاه آن کشور کمتر شناخته شدهاند با آنکه مهرههای ارزنده و حیاتبخشی چون کورزون[۱] بودهاند که از جوانی به دنبال شناخت همهجانبه دنیا، منابع، فرهنگ و روابط مردم آن رفته بود. تالیفات کورزون شامل کتبی چون روسیه در آسیای مرکزی و یا Persia And The Persian Question مربوط به کشور ما که به فارسی نیز ترجمه شد و نوشتار مسائل خاور دور معرف عمق شناخت او و بهطور کلی طبقه او از ممالک دیگر است. ناگفته نماند کورزون از ترجمه کتابش به خاطر روشن ساختن شگردهای استعماری انگلیس راضی نبود؛ چه تئوری او ایجاد تفرقه برای اعمال تسلط

_____

۱-George Nathaniel Cur zon

بر ممالک دیگر را روشن می‌ساخت.

اساسی‌ترین تاکتیک در توصیه او برای ایجاد تفرقه در اجتماعات ممالک عقب مانده البته با منابع ارزنده، تشدید برخورد عقاید مذهبی در آن‌هاست و چون در شاخه سیاسی اکثر مردم این ممالک دارای عقیده سیاسی روشن و ثابتی نیستند توجه او معطوف به دین و تعصبات مذهبی شده بود. برای نمونه کورزون در نخستین سفرش به خاورمیانه با توجه به شاخه‌های مذهبی در تضاد متعصبانه با یکدیگر، ایجاد مراکز تحقیق و تبلیغ در مذاهب منطقه را توصیه می‌کند که با گذشت زمان و به دنبال نظریه او شهرهایی که این مراکز در آن‌ها شکل گرفتند، امروزه به عنوان قطب‌های مذهبی شاخص‌اند. در ادامه همین برداشت، در ممالکی نیز که عقاید سیاسی و ثابت و نیز مذهبی چون آفریقا وجود نداشت، آن‌ها مذهبی را در آن مناطق تزریق و از آن مسیر بر آن‌ها تسلط یافتند. در بررسی انقلاب هند که خود کورزن از سوی ملکه انگلستان مدتی نایب‌السلطنه آن شد نقش مؤثر تئوری او با حضور پیروان مذاهب عدیده‌ای که در رأس آن هندو و اسلام قرار داشتند، روشن می‌شود.

بینش کورزون در این خط او را متوجه نهادی در سازمان مذاهب به نام سازمان اوقاف می‌سازد که بر آن دست می‌گذارد و زیرکانه از امکانات مالی آن نه تنها به مسلمانان هند بلکه به سازمان‌های ممالک اسلامی دیگر در همسایگی هند توسط سفارتخانه‌های انگلیس نیز کمک می‌کند. به شکلی که این کمک‌ها به عنوان نمونه احترام انگلیس به عقاید مذهبی و مراسم آن کشور تعبیر شده و کمک مالی به الطاف شاه یا ملکه انگلیس به مسلمین ربط داده می‌شود و بر پایه آن حکام انگلیسی در هند می‌توانستند از جریاناتی که زیر پوست حیطه تحت سلطه‌اش می‌گذشت مطلع شوند و به خصوص در حفظ محدوده هند از تجاوز سایر رقبای استعمارگر اروپایی توفیق یابند. یکی دیگر از اقدامات انگیس در ممالک تحت استعمار، خرید رجال آن کشورها بود تا از آنان در پیاده‌کردن نظرات خود استفاده کنند. چون وثوق‌الدوله، نخست وزیر شاه قاجار که

باامضاءقراردادی بارجل انگلیسی «پرسی کاکس» نظارت برارتش ودارایی ایران را به انگلیس می‌سپارد. که به این ترتیب عملاً رجال ایران حقوق بگیر انگلیس می‌شوند. برای مثال فتحعلی شاه قاجار، برای افزایش حقوق ماهانه خود مدت‌ها در جلب توافق ناظر انگلیس کوشید و یا با آن‌که ارتش ایران یاغیان افغانستان را در مرز هند که باعث نگرانی انگلیس‌ها شده بودند، ساکت کرد، باز با حیله «میرزا آقا خان نوری»، نخست وزیر ناصرالدین شاه و عضو خریداری شده دیگری، جدایی افغانستان از خاک ایران و اهدای آن به انگلیس توسط دولت ایران پذیرفته می‌شود.

انتخاب انقلاب هند از بین سایر انقلاب‌های موفق به دو دلیل صورت گرفت. یکی آن‌که هدف انقلاب هند کسب استقلال بود و نه تنها برکناری حکومتی و دیگر آن‌که بازتاب آن انقلاب بر کشورهای همسایه هند، من‌جمله ایران آثار عمیقی برجای نهاد. در این انقلاب، مردم هند در برابر کشور استعمارگر انگلیس که قریب به سه قرن در آن کشور حکومت کرده و ریشه دوانده بود برمی‌خیزند و با استراتژی حساب شده، در کشوری پهناور، ناهماهنگ و با ادیان و زبان‌های متعدد به اهداف خود می‌رسند. در این قسمت ضمن نشان‌دادن آن‌که چگونه و با چه ظرافتی موریانه استعمار به ساختار هند نفوذ می‌کند، به دامنه و عمق مشکلات استثنایی و پیچیده در مسیر انقلاب هند و میزان تلاش تحسین‌آفرین انقلابیون آن نیز در برخورد با این موانع اشاره می‌شود. در خاتمه این قسمت به نکاتی در نحوه اقدامات انقلابیون هند در پی توفیق انقلاب اشاره خواهد شد که آن را از سایر انقلاب‌ها متمایز و حکومت انقلابی را تثبیت می‌سازد.

هند قطعه وسیعی از آسیا با یک میلیارد و سیصد و بیست میلیون جمعیت است. کاشفی به نام «واسکو دوگاما» از پرتغال در سال ۱۴۹۸ میلادی در بندر «کالیکوت» آن کشور پهلو می‌گیرد، هند را کشف و با حمل ادویه‌جات آن به اروپا موجب شناخت بیشتر آن‌جا و منابع ارزنده دیگر آن می‌گردد. در اروپا به همان اندازه که طعم لذت‌بخش و بوی خوش ادویه هند مورد پسند عامه قرار گرفت، منابع و تولیدات آن چون معادن و در شاخه کشاورزی

پنبه، ابریشم، تریاک، چای و یا نمک، حکام اروپا را با خصلت استعماری متوجه آن دیار می‌سازد که یکی پس از دیگری و در ابتدا از طریق گشایش شرکتی تجاری و در انحصارگرفتن خرید محصولات در حیطه انحصار خود به قیمت ارزان و فروش آن‌ها با قیمتی بالا و یا تبدیل به فرآورده‌های مورد نیاز هند، جای پایی در آن کشور برای خود باز می‌کنند و برای حفاظت از مال‌التجاره، امنیت و موقعیت خود به خصوص در برخورد با سایر رقبای حریص دیگر ممالک اروپایی افراد بومی را اجیر کرده و توسط نظامیان اروپایی خود تعلیم داده و در زیر نام شرکت تجاری لشکری برپا می‌کنند.

جالب آن‌که همین لشکر بومی در صورت لزوم در برابر هم‌میهنان خود که به تجاوزات این شرکت‌ها معترض می‌شدند قرار گرفته و یا به دستور مدیران شرکت همراه با لشکریان ممالک آنان در مبارزات خارج از هند نیز شرکت و منافع اربابان خود را حفظ می‌کردند. دولت انگیس از این دسته از نظامیان در هر دو جنگ جهانی و گاهی نیز در تعدادی از جنگ‌های داخلی هند در راندن رقبای تجاری چون اسپانیا هلند و دانمارک به دفعات استفاده و خاک بیشتری از هند را به زیر انحصار تجاری و سلطه خود درآورد.

امپراطوری مغول‌ها در قرن ۱۸ با قدرت هند را اداره و با انتقال متخصصین و صنعتگران از نقاط تحت نفوذ خود به هند به آبادانی آن دیار کمک می‌کرد که یکی از آن‌ها معماری مبتکر از شیراز بود که بنای تاج محل نیز از آثار اوست. معروف است که اکبر شاه مغول به خاطر عشق به همسرش علاقه‌مند بود که مقبره او را در کنار کاخ در شهر «آگرا» بنا نهد؛ تا هر لحظه به آن بنگرد. معمار شیرازی او را متقاعد می‌سازد که در مکانی دورتر ولی مناسب تر آن را خلق کند.

با این تعهد که ابتکاری به کار خواهد برد که چون تابلویی، نمای آن مقبره مدام در برابر چشمش قرار گیرد که آن بنای مرمرین با مهارت و ذوق معمار ساخته شده و به گونه‌ای جلوه‌گر است که در بازدید کنندگان، حتی با درک کم هنری، تصویری شبیه یک پرده عاشقانه و رویایی را زنده می‌کند؛ ضمناً کل این بنا در آینه‌گردی به اندازه کف دست بر ستونی در

برابر میز کار اکبر شاه منعکس می‌شد که امروزه این ابتکار معمار شیرازی مورد توجه و تحسین گردشگران است. در اینجا که صحبت از معماری ایرانی و ایران به میان آمد، به یاد بانویی ایرانی به نام «نور جهان» افتادم که همسر «شاه جهان» امپراطور دائم‌الخمر و معتاد هند بود و در نیمه قرن ۱۶ اختیار اداره هند را به خواست شوهرش برعهده می‌گیرد. او زنی مدیر و روشنفکر بود که به تنهایی این کشور پهناور را اداره کرده و موجب عظمت خاندان گورکانی که می‌رفت به نیستی گراید می‌شود. نام او بر سکه‌های طلا و نقره همراه شاه جهان حک می‌شد چون معتقد به توان زنان و تساوی حقوق آنان با مردان بوده می‌توان او را در ردیف اولین زنان «فمنیست» دنیا محسوب کرد. امپراطوری مغول در نیمه دوم قرن ۱۸ رو به ضعف می‌رود که باز انگلیس از این فرصت استفاده کرده و با عزل نوابان (استانداران) ایالات عملا قدرت خود را در مرحله نخست در مناطق شرقی و جنوبی هند توسعه داده و سپس بر همه خاک هند تثبیت می‌کند. انگلیس در سال ۱۶۱۲ میلادی در پی تأسیس شرکتی به نام هند شرقی وارد هند شده و تسلط خود را ۳۳۵ سال در آن کشور حفظ کرد تا آن‌که در سال ۱۹۴۷ در پی انقلاب هند، ملکه انگلیس بدون آن‌که از تک و تا بیافتد مجبور می‌شود که بر استقلال آن صحه گذاشته و با تشکیل کشور جدیدی از پهنه هند به نام «پاکستان» که سلب آرامش را در آن خطه ابدی ساخت، از هند خارج شود. اقدام مشابهی که در پاره‌ای از نقاط دیگر عالم نیز چون در خاورمیانه حوزه فلسطین و یا بین فرق مذهبی ایرلند در اروپا انجام داده است.

زمینه گسترش شرکت هند شرقی تا سواحل آن کشور را مجوزی از «شاه جهان» و به خاطر آشنایی او با پزشکی انگلیسی به نام «دکتر باتن» ممکن ساخت، که با استقرار شعبه تجاری در سواحل رود «هوقلی»، ابتدا به بسط نفوذ در مناطق اطراف آن رود از انشعابات رود عظیم «گنگ» می‌افتد و متعاقبا کل هند را به زیر سلطه خود می‌برد. یکی از مشکلات اولیه انگلیس درهند نوابان (استانداران) ایالات بوده‌اند که بعکس اغلب مهاراجه‌ها، سد راه گسترش نفوذ آن‌ها می‌شدند. یکی از آن‌ها نواب حوزه هوقلی بود

که با مزاحمت‌های او انگلیس مجبور می‌شود مرکز تجارت خود از کنار آن رود به بندر کلکته منتقل سازد که آنجا هم پس از سنگربندی آن شهر و نامیدن آن به نام قلعه «ویلیام»، شاه وقت انگلیس، با حمله استاندار پنجاب، «سراج‌الدوله»، که با چهل هزار قشون به آن‌ها می‌تازد، روبه‌رو می‌شوند. او آن‌ها را در داخل قلعه ویلیام تحت محاصره قرار می‌دهد که بعد طرفین با شروطی به توافق رسیده و صلح می‌کنند. یکی از شروط آن بود که سراج‌الدوله اموال شرکت را که تصرف کرده بود برگرداند. در مقابل، شرکت هند شرقی مدافع او در برابر دشمنانی چون مهاراجه «ماهراتا» شود. منتهی آن‌ها با دسیسه‌ای که به خاطر اختصار از ذکر جزییات آن می‌گذرم با استفاده از اعتماد سراج‌الدوله به جای دفاع از او، او را در محل اقامتش در شهر«پلاسی» غافلگیر کرده و بقتل می‌رسانند و کل منطقه حاصل خیز خطه پنجاب، حوزه استانداری او را نیز تصاحب می‌کنند.

قبل از ورود انگلیس به هند، پرتغال در سال ۱۵۰۵ میلادی به هند وارد شده بود که در سال ١٦٣٣ یعنی بعد از ۱۲۸ سال بهره‌بری از هند، تحت فشار انگلیس از آن خاک رانده می‌شود. دو کشور هلند و دانمارک نیز به ترتیب در سال ١٦٠٥ میلادی و در سال ١٦٢٠ میلادی، در پی پرتغال و انگلیس شتاب‌زده وارد هند شده و هر یک به ترتیب به مدت ۲۰۲ سال و ٢٤٩ سال، شیره اقتصاد هند را کشیدند. تا آن‌که در پی چند نبرد آن‌ها نیز توسط انگلستان که به دنبال کل منابع هند بود از آن کشور بیرون می‌روند. ناگفته نماند انگلیس با راندن رقبای استعمارگر خود از هند، از تعداد ممالک اشغالگری که در آینده انقلابیون هند می‌بایست در مبارزات خود با آن‌ها نیز روبه‌رو شوند کاستند و تا حدودی ناخودآگاه سبب خیر شده و امکان بیشتری به انقلابیون دادند تا جمعیت کثیر هند با ادیان، فرقه و لهجه‌های متفاوت پراکنده در آن کشور پهناور، هماهنگ و متفق در کنار هم و در مسیر انقلاب در برابر یک کشور قرارگیرند. در طول سال‌هایی که ثروت هند به باد می‌رفت جنبش‌های پراکنده‌ای نیز گهگاه خود را می‌نمود. برای مثال یکی از آن‌ها قیام مسلحانه شاهزاده‌ای به نام «رازهالی راجا» با لقب

«کارلا سیمهام» به معنی شیرمنطقه کارلا بود که در سال ۱۷۵۳ به مخالفت با شرکت هند شرقی انگلیس برمی‌خیزد و حتی موفق می‌شود قشون انگلیس مرکب از تعدادی انگلیسی و اکثریتی محلی که انگلیس‌ها آن‌ها را «سپوی» sepoys می‌نامیدند و تحت فرماندهی دوک ولینگتون انگلیسی می‌جنگیدند، شکست دهد؛ منتهی ناگهان آن شاهزاده با حمله مهاراجای مسلمانی به نام «حیدر علی» از میسور که توسط انگلیس‌ها تحریک و تجهیز شده بود، روبه‌رو می‌شود که بعد از خستگی و تلفاتی که در چند جنگ داده بود، از او شکست خورده و به تبعید می‌رود و انگلیس‌ها آسوده خاطر به تسلط خود ادامه می‌دهند.

گاهی نیز مردم ناراضی هند که توان مقابله با کشور قوی استعماری را نداشتنند در مبارزات پراکنده خود از نشر شایعات ساخته خود سود می‌بردند.

برای مثال یک‌بار شایع کردند که انگلیس‌ها تفنگ‌های آلوده به خون خوک و گاو را بدست سربازان بومی خود می‌دهند که باعث آشوب سربازان مسلمان که خوک را نجس می‌دانند و هندوها که به گاو احترام می‌نهند گردید و در چند کشتی انگلیسی، ملوانان بومی نیز در برابر فرماندهان انگیسی قد علم کردند و کار به آن‌جا رسید که انگلیس‌ها اعتماد به قشون مشترک انگلیسی- بومی را از دست دادند. این مبارزات پراکنده و بی‌ثمر ادامه داشت تا آن‌که در چنین بازار آشفته‌ای رهبری به نام «مهاتما مرهانداس کرامشاد گاندی» به اختصار «مهاتما گاندی» با تدارک و تمرینی به شرح زیر طلوع کرده و درخت تنومند استعمار در خاکش را قطع می‌کند.

گاندی، دانشجوی حقوق در انگیس و از خانواده‌ای مرفه بود. او با اعتقاد به فلسفه «ساتیا گراها» که میگوید اتکاء به نیروی حقیقت، تمرین و پیروی از آن در نهایت توفیق هر جنبشی را تضمین می‌کند، وارد مبارزات استقلال‌طلبانه هند شد. گاندی خود در رساله‌ای این فلسفه را به شرح زیر توجیه می‌کند:

The exercise of the purest self-force against all injustice, oppression and exploitation. Suffering and trust are attributes of soul force

معتقدان به این فلسفه دارای استقلال فکر و اندیشه free will هستند که اجازه و امکان نمی‌دهد مرجعی برآنان مسلط شده و در جهت مقاصد خود آنان را به هر سویی که بخواهد بکشاند که در تعریف و توجیه استقلال فکر، بسیاری کوشیده‌اند که یکی از پیشگامان آن سافوکلس[۱]، نمایشنامه‌نویس یونانی است که چون می‌بیند توجیه این احساس از راه کلام و نوشته رسا نیست در قالب نمایشنامه اودیفس رکس[۲] آن را توجیه و قابل درک می‌سازد که خلاصه متن آن نمایشنامه که مسیو «کارتو»، دبیر ادبیات فرانسه دبیرستان رازی در اختیارم گذاشت مرا با فلسفه ساتیا گراها آشنا کرد. فلسفه‌ای که پایه آن دوری از نظرات، نفع شخصی و ارضای تمایلات و تلاش در شناخت حقیقت هر لک اجتماع است که با آن شناخت می‌توان راه و یا راه‌حل‌های موثر زدودن آن لک را پیدا کرد و صلح‌جویانه ولی مجدانه، بدون ترس از قدرتی در پاک‌کردنش کوشید که به این نحوه عمل در جنبش‌ها می‌توان عنوان اعتراض صبورانه مردمی[۳] داد.

گروهی خلاق فلسفه «ساتیا گراها» را سقراط می‌شناسند که در آخرین روز حیات خود و قبل از نوشیدن زهر شوکران برای شاگردانش آن را توجیه کرد. در این فلسفه فرد موجودیتی راستین و حقیقی ندارد و هیچ است اگر در رد هر نوع بی‌عدالتی و تجاوز صاحب عقیده و نظری نبوده و به وضوح مخالفت خود را اعلام نکند و جز محو آن به اهداف دیگری، حتی انتقام از عاملین آن بی‌عدالتی‌ها که به کینه‌توزی و خشونت تداوم می‌بخشند، نیاندیشد. تشخیص ماهیت هر پدیده، عمل و عکس‌العمل آن و به عبارتی روشن‌تر «حقیقت وجود آن» از اصول پایه فلسفه «ساتیا گراها» است که بدون این شناخت به قول ریاضی‌دان و فیلسوف دیگری

۱-Sophocles

۲-Odipus Rex

۳-civl disobedience

به نام «برتراند راسل[۱]» حل مسئله و یا اصلاح آن، مشکل یا غیرممکن خواهد بود. فلسفه «ساتیا گراها» به مکتب هندو توسط بودا نفوذ کرده و گاندی از آن مسیر با آن آشنا و به آن معتقد گشت که رهبران دیگری چون ماندلا در آفریقای جنوبی، لوترکینگ در آمریکا و به نظر نویسنده از سیاستمداران ایران، مصدق و شخصیت‌هایی چون امیرکبیر هم ناخودآگاه پیرو آن خط حرکت می‌کردند. کلمه «سات» به معنای وجود، کلمه‌ای از سانسکریت است که فلسفه «ساتیا گراها» بر محور آن شکل گرفته است. علاقه‌مندان به آشنایی بیشتر با این فلسفه می‌توانند به گوشه‌ای از منابع مرتبط در اینترنت با عناوین زیر مراجعه کنند:

Plato's Apology--"Unexamined Life Is not Worth Living"--(Wikipedia)
(Wikipedia) by Martin Luther King, Letter from Birmingham Jail
Gandhi and Mandela, attentive interpretation--(Daily Maverick)
Unexamined Life Is Not Worth Living»، Socrates (Wikipedia)

نویسنده این نوشتار بعد از شکست جنبش ملی کردن نفت که غم سنگینی بر دل او نشاند و آگاهی بیشتر از جنبش‌ها در گذشته تاریخی خود که نشان می‌داد چگونه تلاش‌ها برای نیل به استقلال و زندگی در محیطی آزاد کراراً در نطفه خفه می‌شد کنجکاو شناخت این رده از راه‌حل‌ها شد که سفری به هند به این آشنایی افزود به گونه‌ای که برعکس ایام جوانی که برای تعالی حیات عامه، معتقد به جنبشی هیجانی و انتقامی بود، به تحول تدریجی که از خطا می‌کاهد گرایش پیدا کرده و آن را به حال جامعه خود با توجه به سطح آگاهی‌های عامه ارجحیت داد و با آن‌که به‌خاطر شرایط روز، پیروی از خطوط مشی آن مشکل می‌آفرید سعی بر آن داشت که آن خط را در دوره محدود زندگی رهنمون حیات خویش سازد. گاندی، در طول تحصیل خصوصیات اجتماع هند، دانش عمومی، پراکندگی زبان، مذاهب و نکات

۱-Bertrand Russel

ضعف مبارزات پیشین مبارزان کشور خود را در مقابله با خالق استعمار انگیس بررسی و تجزیه و تحلیل می‌کرد و به این نتیجه رسیده بود که موثرترین راه، مبارزه با استعمار قرون در هند حرکتی به دور از اغتشاش و جنگ، به صورت آرام ولی مداوم و پی‌گیر است. که گرچه به حوصله نیازمند بوده و زمان می‌برد اما همان طول زمان فرصتی است که به رشد فهم دامنه آگاهی‌ها و بینش مردم کمک کرده و موجب می‌شود که حاصل تلاش آن‌ها در هر گام با اهداف مورد نظر منطبق و از اشتباه بری باشد. او در پایان تحصیل در انگلیس به‌منظور سنجش تئوری و خط انتخابی مبارزه‌اش بهترین راه را آن دید که وکالت اقلیت هندی تحت فشار و تبعیض حکومت سفیدپوستان آفریقای جنوبی را با همه خطراتی که برای این جوان ریزجثه، آن هم در محیطی که از یکسو دولت و از طرفی دیگر سکنه سیاه‌پوست آفریقای جنوبی علاقه‌ای به هندی‌ها نداشتند، برعهده گیرد و در مقیاسی به مراتب کوچک‌تر از هند، نظرات خود را به بوته آزمایش گذارد. او این هدف را پیگیری کرده و بالاخره موجب آن شد که حکومت آن کشور موارد تبعیض را درباره اقلیت هندی خود لغو کند. در اینجا بود که گاندی جزوه کم صفحه ولی پر محتوای «این است مذهب من» را که به فارسی نیز ترجمه شده است می‌نویسد و به مردم هند عرضه کرده و مبارزه آرام خود را با ورود به هند در سال ۱۹۱۵ بر علیه استعمار و در سمت یکی از نمایندگان مجلس ملی هند آغاز کرد که بعد از مدت کوتاهی در پی گفتاری سیاسی با سابقه‌ای که انگلیس‌ها از فعالیت او در آفریقای جنوبی داشتند، دستگیر و از مجلس راهی زندان می‌شود.

او در لباس ساده کتانی به شکل ملافه سپیدی در دو قطعه که هندی‌ها «دهموتی و شادل» می‌نامند با روزه‌داری و راه‌پیمایی‌های طولانی در فواصلی چون ۴۰۰ کیلومتر — به بهانه‌های مختلف چون رد مالیات سنگین بر نمک، اعتراض خود را علنی می‌سازد و در هر گامی که برمی‌داشت تعدادی از مردم را به حرکت در می‌آورد تا آنجا که به صورت صفوف عظیمی از مخالفین استعمار، انگلیس‌ها را وحشت‌زده می‌سازد. جواهر لعل نهرو،

دوست قدیمی و همکلاسی او در انگلیس که او هم از خاندانی ثروتمند بود در همه‌جا و در هر مخاطره‌ای، همراه و با او هم‌پیمان بود. یکی از اقدامات جالب و مؤثر این دو در شروع مبارزه، اهداء ثروت قابل توجه خانواده‌های خود به مؤسسات خیریه بود که هر دو را هم سطح اکثریت فقیر هند ساخت و نشان داد آسایش در حیات را نه برای خود، بلکه برای ملت هند طالب‌اند و در پی جاه و منال و نام شهرتی هم نیستند. گاندی گیاه‌خوار ماند، با بزی که از شیر آن تغذیه می‌کرد.

گاندی در ایام مبارزات، تلاش بسیاری کرد که مسلمانان را در کنار مذاهب هندی همبسته و پیوسته به هم نگاه دارد ولی آنان محدوده‌ای را برای خود طلب می‌کردند. ناگفته نماند که گاندی در بین ادیان، دین مستقلی را نیز به نام «انسانیت» می شناخت و متأسف بود که آن دین کمترین پیروان را به نسبت ادیان دیگر داراست. نهرو در کتاب خاطرات خود از مسائلی که مسلمانان هموطن او ناخودآگاه در مسیر انقلاب ایجاد و به نفع انگلیس‌ها تمام می‌شد نمونه‌هایی نوشته است که یکی از آن‌ها در رابطه با میتینگ نشسته‌ای دراطراف و صحن قلعه سرخ دهلی است که جمعیت کثیری درآن شرکت داشتند. قلعه‌ای که ازآثارمعماران ایرانی درعصرحکومت مغول بر هند است و اشعار فارسی حک شده در نوار بالای دیواره‌های آن به جلوه آن دامن می‌زند.

گاندی از مردم سراسر هند خواسته بود که بر روی ریل قطار بنشینند تا قطارهایی که پنبه هند را برای انگلستان به بنادر حمل می‌کردند متوقف گردند و ضمنا برای رفع نیاز پوشش خود با چرخ نخ‌ریسی دستی از پنبه نخ تولید و با آن نخ در خانه‌ها و کارگاه‌های کوچک محلی پارچه مورد نیاز خود را تهیه کنند. پارچه از پنبه هند در انگلیس تولید، به هند وارد و به همان کشاورزان مولد پنبه، به قیمت گرانی فروخته می‌شد.

در آن روز میتینگ قلعه سرخ نیز جماعت همه بر زمین نشسته بودند و سربازان انگلیسی بر بالای دیوار قلعه به قراول و آماده بودند تا به بهانه‌ای چون پیشگیری از اغتشاش، مردم نشسته بر زمین را گلوله باران کرده و

زهر چشم بگیرند تا شاید آن جنبش مردمی با شکست روبه‌رو و خاتمه یابد. که در این هنگام دسته عزاداری مسلمین سینه‌زنان به مناسبت روزی خاص، با علم و کتل از راه می‌رسد و بی‌اعتنا به مردم نشسته آن‌ها را لگد مال کرده و به پیش می‌روند ولی بر اساس نظر گاندی هندی‌های نشسته برخوردی با مسلمانان نمی‌کردند و نیم‌نشسته جابجا می‌شدند تا راه عبور برای سینه‌زنان باز شود. همان حرکت نشسته دلیلی را که سربازان انگلیسی بالای دیوار منتظر آن بودند فراهم می‌آورد و با گلوله‌باران آن‌ها تعداد کثیری من‌جمله خود مسلمانان دسته شهید می‌شوند وگاندی برای چندمین بار منتهی این بار با جرم سنگین ایجاد اغتشاش و زمینه‌سازی برای کشتار زندانی می‌شود. در همین زندان دهلی و در روز محاکمه گاندی بود که خاطره‌ای جاوید در ذهن کودکانه خانم «ایندیرا گاندی» دختر جواهر لعل نهرو که سومین نخست وزیر هند بعد از استقلال کشورش، یعنی بعد پدرش و بهادر شاستری می‌شود، می‌نشاند؛ به این صورت که او گاندی جی را که چون عمویی مهربان بسیار دوست داشت، بر صندلی متهم در محکمه می‌بیند به آهستگی از مادرش جدا شده و از زیر نیمکت‌های حاضران در دادگاه خود را به زیر صندلی گاندی می‌رساند و مچ دو پای لاغر او را به بغل می‌گیرد که گاندی متوجه او شده خواست خم شود و او را بلند کند که گارد به طرف اومی‌رود تا کودک را از متهم جدا سازد اما قاضی مانع آن می‌شود وگاندی ایندیرا را روی پایش می‌نشاند که در مدت طولانی محاکمه بی‌حرکت و ساکت بر زانوی گاندی سر کرد تا وقتی که گاندی را از او جدا کرده و می‌خواهند از دادگاه به زندان برند. در اینجا ایندیرا دامن گاندی را می‌گیرد و به گریه می‌افتد. در آن روز او پیش‌بینی نمی‌کرد که سال‌ها بعد مشابه «گاندی جی»، به دست سیکی متعصب که یکی از گاردهای محافظش در دوره نخست وزیریش بود، به قتل خواهد رسید.

قاتل گاندی، «ناتو رام»، به ضرب سه گلوله که از نزدیک به سینه گاندی شلیک می‌کند، او را به قتل می‌رساند. او از آن جهت به این جنایت دست زد که روحانیونش به او تلقین کرده بودند گاندی خدانشناس و مفسد است

که باید از روی خاک محو شود ولی وقتی گاندی با ته‌مانده نفس‌هایش از «راما»، آفریدگار خود یاد می‌کند، قاتل با شرمندگی متوجه می‌شود آن‌چه که به او درباره بی‌دینی گاندی گفته شده بود دروغی بیش نبوده و او را به صورت ابزاری برای منافع خود مصرف نموده‌اند. چند ماه بعد که تلاش و تقاضای دو پسرگاندی، «مافی رأس و رامداس» که خصوصیات پدر، منطق و فلسفه او را پذیرفته و به ارث برده بودند، برای تعدیل رأی و رهایی قاتل پدر از مرگ پذیرفته نمی‌شود، قاتل برای پاسخگویی به خواست مردم هیجان‌زده، اعدام می‌گردد.

مانند ناظر مسابقه‌ای که هیجان‌زده تیم مورد نظر خود را تشویق کرده و منتظر پیروزی او بر حریف است، انقلاب هند را تعقیب می‌کردم. بعد از چند سال از پیروزی انقلاب هند، فرصتی دست داد به هند سفر کنم و بتوانم بازتاب نتایج انقلابش را از نزدیک ببینم. پاره‌ای از مشاهدات خود از این سفر را که به گونه‌ای به انقلاب هند ارتباط دارند در زیر می‌نویسم:

در آن زمان نهرو اضافه بر انجام وظایف نخست وزیری، عمران دهات هند را نیز زیر نظر خود گرفته بود؛ لذا به محض ورود به هند وقتی تعیین شده بود که ما کارشناسان عمران دهات با او ملاقاتی داشته و مشاوره‌ای صورت گیرد. در روز ملاقات چند خاطره آموزنده و فراموش‌نشدنی به دست آمد که اولین آن درسی بود که راننده تاکسی که ما را به دفتر نهرو می‌برد، به ما داد. آن روز اتومبیل دولتی که می‌بایست ما را در رأس ساعتی معین به دفتر نهرو برساند، چند دقیقه دیر کرده بود. ما عجله کردیم و سوار یکی از تاکسی‌های حاضر در برابر هتل «جان پات» محل اقامت خود شدیم. راننده که دولنگ سفید به کمر بسته بود، از نظر احترام به مسافر، تکه روئی را باز کرده و بر دوش گذاشت و وقتی از مقصد ما آگاه شد، قبل ازحرکت صادقانه گفت: «شماها چرا تاکسی گرفته‌اید؟ مقصد شما بسیار نزدیک است و می‌توانید پیاده به آن‌جا بروید.» صداقت این مرد نیازمند با پای برهنه‌اش، همه ما را متعجب ساخت ولی از او خواستیم که حرکت کند. البته در حال حاضر تصور نمی‌کنم که این درستی و راستی با ورود

شرکت‌های چندملیتی که خدماتی از راه دور، چون حل مسائل تلفنی و یا کارت‌های اعتباری همراه با تأسیساتی تجاری و صنعتی را به هند برده‌اند، پابرجا مانده باشد.

وقتی ساختمان عظیم دفتر نخست وزیری پیدا شد، راننده توضیح داد که این محل را برای پذیرایی از ژرژ پنجم ساخته بودند و آن مجسمه با اشلی دو یا سه برابر بزرگتر از اندازه طبیعی مجسمه او است که برای آن‌که آفتاب و بارش آسیبی به آن نرساند و پرندگان آن را ملوث نکنند با صفحه‌ای مرمرین سایه‌بانی نیز بر سر او گذاشته بوده‌اند. یکی از ما از راننده پرسید: «شما که موفق شدید اجانب را از خاک خود برانید، چرا مجسمه آنان را سرنگون و از دید دور نمی‌کنید؟» پاسخ راننده پابرهنه باز به تعجب ما افزود او که خیال می‌کرد ما گردشگر هستیم، گفت: «دلیلی برای این انهدام نمی‌بینیم. این آثار شماها را به هند می‌کشاند و برای ما ایجاد درآمد می‌کند. فرزندان خود را نیز می‌آوریم وبه آن‌ها نشان می‌دهیم پدرانشان چه غول‌هایی را سرنگون کرده‌اند.» با سکوتی که از این پاسخ در بین ما حکم‌فرما شد، به کاخ و متعاقب آن به اتاق منشی نهرو وارد شدیم. منشی نهرو در لباسی اداری، کت بلند با دگمه‌های بسته از یقه تا بالای زانو ما را پذیرفت و به اتاق نهرو که او هم همان لباس را پوشیده بود، هدایت کرد. چند صندلی و میزی کوچک در مقابل آن‌ها برای مراجعین و یک میز کار ساده مبلمان آن‌جا را تشکیل می‌داد که در فضایی حجیم و مرمرین برنگ سبز گم شده بودند. نهرو به گرمی ما را پذیرفت و از پارچ قهوه که از قبل تدارک دیده شده بود، خود برای ما قهوه ریخت. و ظرف بادام هندی، کاچوی تفت داده را به ما تعارف کرد. من که آثار چندی از او خوانده بودم و از مبارزات او در کنار گاندی در آفریقای جنوبی و هند آگاهی داشتم شیفته آن همه محبت و فروتنی او شده بودم. او از اهم مشکلات آبادانی در دهات هند گفت و ما در دهات ایران و در پایان همان همراه فضولی که در مورد مجسمه ژرژ به راننده تاکسی نظر می‌داد سؤالی را مطرح کرد که لزومی برای طرح آن نبود. او از نهرو پرسید که درباره پیشرفت ایران چگونه می‌اندیشد. نهرو در پاسخ

دستی را به بالای سر خود رساند و گفت: «در تاریخ از پیشرفت‌های شما و امپراطوری‌های یونان و رم بسیار خوانده‌ام و می‌دانم که آن دو امپراطوری پیشرفت‌هایی داشته‌اند.» و بعد دست را پایین تا حد سینه رساند و گفت: «در حال حاضر هم از تلاش شما آگاهم.» و سپس آن را به روی زانو نهاد و اضافه کرد: «آینده را کس چه می‌داند؟» نهرو مصدق را می‌شناخت و به فعالیت و تلاش او احترام می‌گذاشت و حتی زمانی که برای بست قراردادی تجاری با هیأتی به ایران آمده بود، تقاضا می‌کند که به دیدار او که در روستای احمدآباد در زندان خانگی به‌سر می‌برد، برود ولی شاه نظر هویدا را که گویا موافق با این ملاقات بود، رد می‌کند.

بعد از ملاقات با نهرو، وقتی از کاخ درآمدیم، همان پرحرف با غرور و خوشحالی گفت: «دیدید نهرو با چه تحسینی از ایران یاد کرد؟» من که به شدت از سؤال‌های او عصبی بودم، به او گفتم:«از این پس اگر از مسئولی سؤال بی‌ربطی بکنی، من از او خواهم خواست که جواب تو را ندهد.» همراه دیگر ما هم به او گفت: «اگر به حرکت دست او که از اوج شروع، به سینه رسید و سپس به زانو ختم شد توجه می‌کردی، این نتیجه را نمی‌گرفتی.» متأسفانه این همکار تازه‌کار ما که نمی‌دانستیم به کمک چه ارتباطی در این هیأت جا زده شد، نتوانست خود را کنترل کند و در حیدرآباد محل دیگر بازدید ما نیز باز بند را آب داد. در آن‌جا، دولت یکی از ویلای‌های مهاراجه «نظام حیدرآبادی» را که در پی استقلال هند به مهمان‌سرایی برای رجال اداری و مهمانان خود درآورده بود و ما هم چند روزی در آن اقامت کردیم. در آن ویلا هر صبح مهمانان به دور یک میز باهم صبحانه می‌خوردند. در صبحی همنشین ما رجلی از هند بود که همکار فضول ما نظر او را درباره نادرشاه می‌پرسد. آن رجل که می‌دانست ما مهمان دولت او هستیم، مؤدبانه پاسخ داد که او را می‌شناسد. ولی همراه ما ول‌کن نبود، به اشاراتم توجهی نمی‌کرد و با تعاریف خود از نادر، کاسه صبر آن رجل هندی را سر ریز کرد که با عصبانیت گفت: «من او را که معتقد بود خود، پدر، پدربزرگ و اجدادش، همه شمشیر بوده‌اند می‌شناسم. او همان دزدی است که بی‌دلیل

بر ما شورید و بعد از غارت ما، مفتخرانه به کشورش بازگشت. ضمناً برای من عجیب است که چرا به آن مرد که ترک بود نه ایرانی افتخار می‌کنید.» سپس بدون آن‌که صبحانه خود را به اتمام رساند از جا برخاست و رفت.

در سفری دیگر و در کلاسی نیز در هند متوجه شدم چند دانشجو در دستی مداد برای نوشتن دارند، با دست دیگر چرخ ساده نخ‌ریسی جنب خود را می‌چرخانند. قبل از تدریس پرسیدم: «از چیست که بعد گذشت سال‌ها از استقلال هند هنوز به این کار می‌پردازید؟» دانشجویی گفت: «هم برای زنده نگه‌داشتن خاطره مبارزات ما در رد استعمار که این چرخ شاخص آن است و هم برای نمود توانایی خود و زدودن آثار روانی سلطه طولانی بیگانگان که روحیه یأس، ترس، تحمل، سکوت و تمایل به تنهایی و گوشه‌گیری و خودکم‌بینی را به هرجا که می‌روند به فرهنگ عامه تزریق می‌کنند تا توان اندیشیدن را به آن‌چه که بر آنان می‌گذرد از دست داده، به گذران حیات به هر صورتی که هست قناعت کنند، تا حکومت سلطه بتواند به سروری خود ادامه دهد.» در دل به آن جوان هندی به خاطر میزان بینشش آفرین گفتم و اندیشه جوان دیگری که در روستایی به شرح زیر با او برخورد کردم، باز مرا به تحسین واداشت. از اقدامات انجمن‌های دهات هند، «پنچایت»، که به خاطر بودجه کم به ابتکارات جالبی دست می‌زدند، مطالبی خوانده بودم و تصمیم گرفتم در سفری به هند مدتی را در یکی از این دهات بگذرانم تا ضمن مطالعه قوانین مربوط به انجمن‌های محلی، از چند ابتکار انجمن‌های دهات نیز دیدن کنم. برای نمونه یکی از آن ابتکارات استفاده از کود حیوانی برای تولید حجم گازی بود که می‌توانست یک چراغ توری را برای چند ساعت قبل از خواب تابان و یا یک شعله اجاق را برای پخت غذا ساعتی مشتعل نگاه دارد. استفاده از کود دامی در تولید گاز موجب شده بود صحن ده نیز تمیز بماند؛ چه هرجا مدفوع گاوها که به خاطر اعتقاد مذهبی ذبح نشده و همه‌جا آزادانه در رفت و آمد بودند دیده می‌شد، فوری برای تولید گاز جمع‌آوری می‌شد. در آن ده بر تختی چوبی در زیر درختی در جوار اتاقک انجمن ده که هر شاخه آن تا با زمین تماس می‌یافت، ریشه دوانده و

درخت دیگری می‌شد و به این خاطر سایه‌ای چون چتری وسیع بر زمین انداخته بود شب را به صبح می‌رساندم. تا آنکه در صبحی صدای قیل و قال کودکان مرا از خواب بیدار کرد. بر لبه تخت نشستم که ببینم کودکان چرا در آنجا جمع شده‌اند که دیدم رهرویی با کوله‌باری از راه رسید. او آن بغچه را که به صورت ملافه سپیدی بود باز کرد، تخته سیاه کوچکی را درآورد و بر میخی که در ساقه درخت از قبل کوبیده شده بود آویخت و شروع به تدریس الفبا کرد. من برای صرف صبحانه به دفتر انجمن ده در جوارکه مهمانشان بودم رفتم ولی مترصد ماندم که با معلم مدرسه بعد از پایان کلاسش گفت‌وگویی داشته باشم. دریافتم که او با خانواده در ده مجاور زندگی می‌کند. وظیفه‌اش تدریس کودکان در چند ده در مسیری مشخص است. و تدریس را با پیاده‌روی از دهی به ده دیگر ادامه می‌دهد. در آخرین ده مسیر، ملافه را به سر کشیده، می‌خوابد و دوباره از همان مسیر برگشته، با تدریس از دهی به ده دیگر، به ده محل سکونت خود می‌رسد و بعد از یک‌روز بودن با خانواده‌اش، دوباره برنامه هرروزه را تکرار می‌کند. او تحصیل خود را در هند به پایان رسانده و دوره‌ای را نیر در زمینه تعلیم و تربیت در انگلستان گذرانده بود. از او پرسیدم که از کارش راضی است؟ جواب داد: «چرا نباشم. احساس می‌کنم با تعلیم فرزندان کشورم من هم نقشی در انقلاب کشور خود ایفا می‌کنم.» و سپس از من خداحافظی کرد و رفت تا با پای پیاده و دوبندی پوشش آن، بعد از ساعتی راهپیمایی در آن هوای نفس‌گیر و گرم و مرطوب، به کلاسی در دهی دیگر رسد.

بعدها روزی در سمتی اداری در ایران، موردی مرا به یاد آن جوان انداخت. سعی کرده بودیم تا کارخانه و کارگاه‌هایی را که به طبیعت آسیبی نمی‌رسانند، به گیلان آوریم که به ایجاد کار و اقتصاد منطقه هم کمک کند. یکی از آن کارگاه‌ها، کارگاه دوخت لباسی به نام «برک» بود. با شروع سال نو و به هنگام دادن عیدی به آبدارچی و سایر مستخدمین اداره توصیه شد که اگر با استفاده از وجه عیدی برای خود و یا خانواده می‌خواهند لباس نو تهیه کنند، برای تشویق از «برک» که توافق کرده است تخفیفی هم به

کارمندان استانداری دهد، خریداری کنند. هیچ یک به این توصیه که به ادامه کار این کارگاه نوبنیاد کمک می‌کرد توجهی نکرد. در حالی‌که هم پارچه و هم دوخت لباس این شرکت بسیار خوب بود و خود یکی از مشتریانش بودم.

بعد از سفر هند به دوستانم می‌گفتم که اگر هند این کثرت جمعیت را نداشت با مردمی باهوش، قانع و علاقه‌مند به خاک خود می‌توانست یکی از پیشرفته‌ترین کشورها باشد. متأسفانه در پی گذشت سال‌ها می‌بینیم آلودگی به آن جامعه به خاطر ورود شرکت‌های خارجی رخنه کرده و در رأس حکومت آنان نیز، چند باری نادرستی مشاهده و دهلی، پایتختش، چون قاهره در مصر، به نام خطرناک‌ترین منطقه برای امنیت بانوان شهرت یافت. گویا هند را که تحت تعالیم مهرپرور مذاهبی چون بودایی و هندو و نیز در آرامش به سر می‌برد، کشورهای غنی با حرصی که برای ازدیاد ثروت دارند، چون سیب گندیده‌ای که در هر سبدی قرار گیرد همه سیب‌ها را فاسد می‌کند، آلوده کردند.

در انقلاب هند که جنبشی علیه کشوری خارجی، اشغالگر و با نیروی نظامی قوی بود و نه مبارزه با حاکم و حکومتی، انقلابیون راهی مشکل و با خس و خاری را تا پیروزی طی کردند. آن‌ها در پس پیروزی با اعتقاد به فلسفه ساتیا گراها، حالتی انتقام‌جو و خصمانه به خود نگرفتند. نه حماسه‌ای سرودند و نه شعاری سر دادند و نه فخری فروختند و نه همسایه‌ای را تحریک کرده و به جنگ و ستیز کشاندند. نه کسی را زندانی کرده و یا به قتل رساندند و نه به اموال کسی چشم دوخته، دلیلی ساخته و آن را به یغما بردند. حتی به مهاراجه‌ها، یاران انگلیس‌ها نیز آسیبی نرساندند. حقوقی برایشان تعیین و قشونشان را در ارتش ملی جذب کرده و از کاخ‌ها و مایملکشان کاخی به آن‌ها داده و بقیه را به دولت سپردند که اغلب به صورت مهمان‌سرا درآمد و نه مسکن رجلی. نگذاشتند چون اکثرانقلاب‌ها فرصت‌طلبانی از توفیق انقلاب به هر صورت چون کسب ثروت و یا مقام و منزلت سوء استفاده برند. جالب‌تر از همه، با خود

انگلیس‌ها نیز که چند قرنی عرصه را بر ملت هند تنگ کرده و آن‌ها را به صورت بردگان دیده و رفتار می‌کردند، تا جایی که عنوان «صاحب» به خود گرفتند، به آرامی برخورد کردند و با شعار هم شرقی و هم غربی روابط اقتصادی با آن‌ها و ملل دیگر را برقرار کرده و حفظ نمودند. حتی گاندی بعد از پیروزی انقلاب، دعوت انگلیس‌ها را برای طلیعه دوستی پذیرفت که همسفر او در این مسافرت همان بز کذایی بود که از شیرش تغذیه می‌کرد. خلاصه آن‌که در پس پیروزی انقلاب هند، زمان ارزنده به هدر نرفت، حالات انقلابی سریعاً فراموش، آرامش ایجاد و با متانت و سنجیده، به دور از تظاهر و لاف‌زدن به رفع مشکلات کشوری پرجمعیت، با تفاوت‌های مذهبی و فرهنگی توجه گردید.

فصل دوم:
اهم جنبش‌های اجداد ما

تاریخ معرف آن است که برای رهایی از تنگناهای حیات اجداد ما به کرات کوشیدند ولی به نتیجه‌ای که در انتظارش بودند نمی‌رسیدند. در شناخت این تلاش‌ها و بازده آن‌ها لزومی ندارد که به گذشته‌های دور بنگریم کافی است حیات نسل خود را مرور کنیم. می‌بینیم که این نسل در طول حیات با نوساناتی روبه‌رو شد که نگذاشت زندگی آرام و ثابتی را طی کند به صورتی که کمتر نسلی در سایر نقاط دنیا مشابه آن را تجربه کرده است. در کودکی کشور ما را بیگانه‌ها اشغال کردند، در جوانی به جنبشی برای حفظ ثروت ملی خود «نفت» دست زدیم که در پایان آن بال پرواز خود و قوم خود را بسته یافتیم و بالاخره در میانسالی با انقلابی که هنوز در تلاطم آنیم.

متأسفانه تنها نسل ما نبوده است که با این فراز و نشیب‌ها مواجه گردید، اجداد ما نیز با مسائلی مشابه و در پاره‌ای از موارد سنگین و پیچیده‌تری روبه‌رو شده و نتوانسته‌اند از کشش و کوشش‌های خود بهره برند. به نظر می‌رسد که دلیل عمده این ناکامی سلطه حکام مستبد، اکثرا غیر ایرانی و وابسته به بیگانه بود که برای بقاء خود در را به روی یادگیری، کسب تجربه و بسط آگاهی‌ها می‌بستند. امید است در این فصل با مرور جنبش‌های مردمی قبل و بعد از اسلام روزنه‌ای برای شناخت بیشتر علل این ناکامی‌ها گشوده شود تا از تکرار اشتباهات بکاهد. به این منظور و به‌طور خلاصه، از

میان جنبش‌هایی چون جنبش‌های بابک چهر گلگون، کاوه آهنگر و مانی، آن پیامبر آریایی، قیام مزدک و ابومسلم خراسانی را که به عصر ما نزدیک‌تر و دسترسی به اسناد آن‌ها مقدورتر است، انتخاب و بررسی می‌کنیم. به خصوص آن که در پایان قیام مزدک حکومتی دینی جایگزین حکومتی غیر دینی و یا «سکولار» می‌شود. حالتی که با تکرار تاریخ، باری دیگر در پایان سلطنت خاندان پهلوی رخ داد.

قیام مزدک؛

در این مورد اسناد پراکنده، و سروده‌هایی چون شاهنامه فردوسی و از استاد «شفیعی کدکنی» که تاریخ ایران را در هزار سال گذشته ورق زده و به کشتن مزدک نیز اشاره می‌کنند، بررسی و از جمع‌بندی آن‌ها خلاصه زیر تنظیم شد.

مزدک با اعتقاد به تساوی حقوق طبقات در جامعه و به‌طور کلی معترض به سیستم طبقاتی Cast system ابتدا به قبادشاه ساسانی توصیه می‌کند که تساوی حقوق را برقرار و تعادلی در توزیع ثروت به وجود آورد، و چون او به این پیشنهاد توجه نمی‌کند، قیام کرده و به سرعت پیروان کثیری پیدا و با خواست ملی‌کردن اراضی و دادن مالکیت به دهقانان شهرتش از مرزهای ایران فراتر می‌رود.

مزدک را می‌توان خالق تئوری‌های مردمی، شبیه کمونیست قرن‌ها قبل از مارکس دانست، کما آنکه مبانی انسانی مسیحیت نیز تشابه زیادی با فلسفه «مانی» آن پیامبر آریایی دارد. شهرت مزدک موبدان زردشتی را که هم‌طراز طبقه نجبا از مزایای کاملی برخوردار بوده‌اند، به وحشت می‌اندازد. به‌ویژه وقتی می‌بینند خود قباد نیز اندک اندک دارد تحت تأثیر نظرات او قرار می‌گیرد، لذا انوشیروان فرزند قباد را تحریک کرده و از او می‌خواهند مزدک را از سر راه بردارد. انوشیروان نیز به محض رسیدن به سلطنت هزاران نفر از آنان را در محوطه‌ای که با خندق پر از آب محصور شده و راه فرار بسته بود جمع کرده و به ضرب شمشیر سپاهیان به قتل می‌رساند. خود مزدک را

نیز از پا آویزان و با زخم پیکان‌های رها شده و مکرر از کمان‌ها می‌کشند. برآورد می‌کنند که در ماجرای مزدک قریب ده هزار نفر از پیروانش جان باختند. بی‌پایه نبود که زنجیر عدل انوشیروان معروف به دادگر را که برای رسیدگی به شکایات مظلومان از دیوار کاخ آویزان کرده بود تا با تکان آن توسط مظلومان زنگی در بارگاهش به صدا درآید و او مطلع شده و رفع ظلم کند آگاتیاس Agathias مورخ یونانی تظاهری بیش نمی‌داند.

کشتار مزدکیان کثیری از مردم را که بستگانشان به قتل رسیده بودند دل آزرده کرد و کدورت نهفته‌ای از خاندان ساسانی بر کل جامعه آن عصر سایه انداخت، تا آنجا که مردم به بقا و یا سقوط آن خاندان بی‌تفاوت شده و برایشان دیگر اهمیتی نداشت که حکومت ساسانی پایدار ماند، ساقط شود و یا چه کس و گروهی جایگزین آن شود و زمام امور را به دست گیرد. حالتی که به خاطر بی‌تفاوتی و عدم حمایت مردم موجب می‌شود برای اولین بار مهاجمی بیگانه حکومت دیرینه سلطنتی ایران را سرنگون و جای آن بنشیند و مردم ما در زیر سلطه خلفای عشرت و ثروت‌طلب اعراب به مدت دو قرن ایام بگذرانند و با پرداخت خراج‌های سنگین، شاهد تجاوز به زنان و فروش مردانشان در میادین برده فروشی شوند.

در رابطه با دو قرن سلطه جابرانه آنان روایات زیادی سینه به سینه به ما رسیده که برای تجدید خاطره از یکی از آن‌ها یاد می‌کنیم. معروف است در آن زمان حکم بر این بود که اگر سواری ایرانی به عربی پیاده برخورد، باید به سرعت مرکب خود را در اختیار او گذاشته و خود به دنبالش راه پیماید تا وقتی که آن عرب اراده کند اسب را به صاحبش برگرداند. با دیدن صحنه‌های این چنینی و زندگی در زیر بار استبداد در فضایی خفه خانواده‌های ایرانی شب‌ها و در امن خانه خود به اعراب متجاوز خرده گرفته و در روز از ترس به آن‌ها احترام گذاشته و از فرامین آنان تبعیت می‌کردند که به نظر دوست روانکاوی ناخودآگاه و به تدریج، این نوع رفتار دوگانه، آن هم در حضور کودکان، به عاداتی چون دورویی و عدم صراحت در بیان عقیده ختم شده و شک، تردید، تفرقه و عدم اعتماد به یکدیگر را

در فرهنگ هر جامعه‌ای حک می‌کند.

تسلط اعراب بر امپراطوری ایران مقتدر و ثروتمند عهد ساسانی، از آن‌جا سرچشمه گرفت که در کادر رهبری آن نابسامانی و آشفتگی به وجود آمده بود که برای درک بهتر این آشفتگی آن را به صورت نمایشنامه‌ای به شرح زیر توجیه می‌کنیم که در آن مدیران وقت کشور که گویی تماشاگران صحنه را که موجودیتشان از آن‌ها بود نمی‌بینند سرگرم زد و بند خویش بوده‌اند بازیگران این نمایش‌نامه می‌شوند:

پرده نخست از زمان پادشاهی انوشیروان از خاندان ساسانی بالا می‌رود. در عهد او طبقات اجتماع آن‌چنان شکل گرفته و متمایز از هم بودند که صعود فردی حتی در اوج دانش و تجربه ازطبقه‌ای پایین به طبقه بالاتر امکان نداشت. هر طبقه نیز دارای حقوقی مشخص و مزایای خاص طبقه خود بوده‌اند. برای مثال حق تحصیل منحصر به نجبا و در پاره‌ای از موارد نظامیان و نیز مالکیت اراضی منحصر به این طبقه بود که با استثمار دهقانان صاحب ثروت شده و به خاطر داشتن ثروت، عنوان نجابت را تحصیل کرده و در طبقه نجبا قرار می‌گرفتند. به این ترتیب اندیشه حاکمان عصر ساسانی به کلی مغایر با بانیان امپراطوری ایران عهد کوروش شده بود.

پرده دوم این سناریو با سلطنت پسر انوشیروان، «خسروپرویز» آغاز می‌شود. او که در خوش‌گذرانی و عیاشی شهره بود، در شکارگاهی در ارمنستان به چادر ملکه مسیحی آن دیار وارد شده و زیبایی ملکه که در عین حال زنی مقتدر و توانا بود او را مسحور می‌سازد. خسرو پرویز او را به تیسفون، پایتخت ساسانیان آن زمان که در عراق امروز قرار دارد دعوت می‌کند و شایع می‌شود که شاه می‌خواهد با او ازدواج کرده و بین همسرانش این زن مسیحی را ملکه ایران سازد.

این شایعه بیش از همه روحانیون را که به دقت در هر مذهب و دوره‌ای مراقب جریانات روز به خاطر موقع خویش‌اند نگران می‌سازد و با پیش‌بینی آن که ملکه مسیحی ممکن است شاه را هم مسیحی کرده و متعاقب آن مذهب مسیحیت رونق یابد، به فکر چاره می‌افتند و پسر خسروپرویز

«شیرویه» را متقاعد می‌سازند که پدر را دستگیر و در قلعه‌ای در شمال خراسان زندانی کند.

پرده سوم حاوی تلاشی به طرفداری و خون‌خواهی پدر، البته در ریشه، عطش رسیدن به سلطنت توسط برادران شیرویه است که دربار را به مسلخ بدل می‌کنند و به جان هم می‌افتند. به خاطر حل این اختلافات، تعدادی از نظامیان و بزرگان پیشنهاد می‌کنند که خسرو پرویز را از زندان آزاد کرده و دوباره به پادشاهی برسانند. منتهی موبدان که خود در اصل موجب زندانی شدن او شده بودند، می‌دانستند که اگر به تیسفون برگردد اولین اقدامش قتل عام آن‌ها خواهد بود؛ لذا با تکیه به این منطق که یک کشور نمی‌تواند دو شاه داشته باشد، موجب می‌شوند شیرویه دستور دهد پدرش را در زندان به قتل برسانند.

پرده چهارم به سلطنت رسیدن بانوان است. با برادرکشی و کشتن شیرویه چون دیگر مرد منسوب و حائز شرایطی در خاندان سلطنتی باقی نمانده بود که به سلطنت رسد آذرمیدخت و پوراندخت، دختران خسروپرویز را با ارشاد موبدان بر اریکه شاهی می‌نشانند. در این زمان ضعف حکومت به بیابان گردان عرب جرأت داده بود که به نقاط مرزی ایران مدام شبیخون زده، دام و اموال ساکنان مرزنشین را به غارت برند. در همین زمان نیز پیامبر اسلام در مکه ساکن شده و به تعداد پیروانش اضافه می‌شد. آشفتگی در مرزها موجب می‌شود که بزرگان و موبدان به فکر چاره‌ای افتند. آن‌ها به یاد می‌آورند که چندین سال پیش خسرو پرویز زنی را آبستن کرده و او را به مکان دوردستی فرستاده بود که بعد از تولد فرزندش در همان مکان پنهان شده و اقامت کند آن زن را پیدا کرده و فرزندش یزدگرد را که نوجوانی شده بود با عنوان «یزدگرد سوم» به سلطنت می‌رسانند و چون تجربه‌ای نداشت، سپهدار خراسان «رستم فرخزاد» را به سپهداری کل قشون منصوب می‌کنند تا سر و صورتی به مرزهای آشفته دهد.

پرده پنجم مربوط به دوران پادشاهی یزدگرد سوم است که مدام رستم فرخزاد را تشویق می‌کرد که به مرزها رفته و آرامشی در آن مناطق به وجود

آورد، اما سپهدار که خرافاتی و چشم به مصلحت اندیشی ستاره‌شناسان داشت و گویا در باطن نیز با جنگ و ستیز میانه‌ای نداشت سستی می‌کرد. تا آنجا که یزدگرد سوم، خود تصمیم می‌گیرد که این کار را بر عهده گیرد. این تصمیم یزدگرد به رگ غیرت سپهدار بر می‌خورد و او هم عازم نقاط مرزی می‌شود. در این زمان پیامبر رحلت کرده و عمر خلیفه شده بود.

با آمدن سپهدار به مرز، دکان مهاجمین عرب تخته می‌شود که از عمر می‌خواهند با سپاهیان خود که از زمان پیامبر تجاربی از جنگ‌ها به دست آورده بودند، به ایران حمله کند.

آنها مدعی بودند که پیامبر به آنها وعده داده که اگر سپاهی اسلام شوند، هم ثروتی به صورت غنایم جنگی در دنیا نصیبشان می‌شود و هم در آخرت ساکن بهشت خواهند شد و با تکیه به آن قول، عمر را تحت فشار قرار داده بودند، اما عمر مردی با هوش و زیرک بود و نمی‌خواست با یک امپراطوری درگیر شود. تا آن که مشاور مطلعی اوضاع روز دربار و نارضایتی مردم از زمان انوشیروان ناشی از قتل‌عام مزدکیان را به او گوشزد کرد و با این استدلال که دیگر امپراطوری ایران، آن قدرتی نیست که او تصور می‌کند مشوق حمله عمر به ایران می‌شود. به روایتی این فرد مطلع، همان سلمان پارسی، از پیروان اولیه پیامبر و با ریشه اقوام ایرانی بوده است.

پرده ششم حمله قشون اعراب به ایران است که در پس جنگ‌های معروف به خندق و مهم‌ترین آنها، قادسیه، با شکست ایران خاتمه می‌یابد. جنگ‌ها از آن جهت عنوان خندق به خود گرفته بودند که قشون عرب در اقتباس از رویه نظامی امپراطوری ایران در حملات گذشته که آن را نیز به روایتی، سلمان پارسی به قشون عرب آموخت اقتباس کرده و اطراف تیسفون را خندق کنده و آن را پر از آب می‌کنند تا شهر برای رفع حوایج روزمره خود از هیچ گوشه و کناری حتی در تاریکی شب نتواند به سهولت و پنهانی ارتباطی با خارج برقرارکند و زیر فشار گرسنگی از پای درآید. جنگ قادسیه و نهاوند آخرین جنگ‌ها در تصرف ایران بود.

نا گفته نماند ترک‌ها نیز جبهه دیگری به موازات اعراب مهاجم علیه

ایران گشودند که به توفیق اعراب کمک کرد و در این رابطه از خیانت فردی نیز که با باز کردن دروازه‌ای از شهر تیسفون به شکست ایران کمک کرد اشاره می‌شود.

جزئیات صحنه نبرد خندق تا کشته شدن یزدگرد به دست آسیابانی را فردوسی در شاهنامه در قسمت پادشاهی یزدگرد آورده است که علاقه‌مندان می‌توانند به آن مراجعه کنند. فردوسی بازده این شکست را در اشعارش که استاد محمدعلی اسلامی ندوشن از دیوان چاپ مسکو شاهنامه برگزیده و در کتاب «نامه نامور» خود درج کرده است چنین پیش‌بینی می‌کند که:

از ایران وز ترک وز تازیان   نژادی پدید آید اندر میان
نه دهقان نه ترک و نه تازی بود   سخن‌ها به کردار بازی بود

و از این پیش‌بینی چنان آزرده‌خاطر می‌شود که می‌سراید:

دل من پر از خون شد و روی زرد   دهن خشک و لب‌ها شده لاژورد

و از این ترکیب نژاد، اندیشه و کردار جهانیان را در هزار سال بعد خود چنین پیش بینی می‌کند که:

ز پیمان بگردند وز راستی   گرامی شود کژی و کاستی
به گیتی کسی را نماند وفا   روان و زبان‌ها شود پر جفا
بود دانشومند و زاهد به نام   بکوشد از این تا که آید به کام
رباید همی این از آن آن ازاین   ز نفرین ندانند باز آفرین
زیان کسان از پی سود خویش   بجویند و دین اندر آرند پیش
چو بسیار ازین داستان بگذرد   کسی سوی آزادگی ننگرد

که پیش‌بینی در بیت آخر، قابل توجه و نگران‌کننده می‌شود.

جنبش ابومسلم خراسانی؛

قیام ابومسلم خراسانی نمونه دیگری از جنبش‌های مردم ماست که این بار موفق می‌شود ولی به بیراهه می‌رود. او با اندیشه رهایی ایرانیان از مظالم خلفای عرب برخاست بغداد را تصرف سلسله اموی را سرنگون ساخت اما به خاطر هدفی سیاسی در پوشش اعتقاد به اسلام به دنبال یکی از منسوبین پیامبر می‌رود تا خلافت را به او منتقل کند. پیشنهاد او را امام جعفر صادق رد می‌کند؛ چه او معتقد بود که درست نیست مذهب را با سیاهی سیاست آلوده کرد. و از طرفی دریافته بود که او می‌خواهد خلیفه را دست نشانده خود سازد تا نه تنها ایران را از زیر سلطه خلفا رها، بلکه از طریق سمت او بر ممالک اسلامی نیز مسلط شود. ابومسلم در بغداد به جست‌وجو ادامه می‌دهد تا آن که «ابوعباس» معروف به "ابوسفاح" یا خون‌ریز را که فرزند عباس، پسر عموی پیامبر بود پیدا کرده، دستار خلافت را که با جان‌فشانی مبارزان ایرانی تحت فرماندهی او به دست آمده بود بر سر او نهاده و او را بر مسند خلافت می‌نشاند و خلافت را از خاندان اموی به خاندان عباسی منتقل می‌کند. عباسی همان خاندانی است که چندی بعد «الناصربالله» در آن به خلافت می‌رسد و چون ایرانیان مخالف خلفا مشکلاتی به ویژه در حوزه خراسان برایش به وجود می‌آوردند با تحریک چنگیز و یادآوری کشتار هیأت دوستی او در حادثه شهری مرزی در ایران، یورش مغولان به ایران را تشویق و او هم باری دیگر خصومت ذاتی زعمای کینه توز و کم‌بین عرب نسبت به ایران و ایرانی را نشان می‌دهد.

آن حادثه مرزی به این صورت پیش آمده بود که چنگیز، آن خان مغول بعد از تصرف چین و قسمت شمالی هند، ارضا و مصمم می‌شود از حاصل حملاتش بهره برد و لختی در آسایش و آرامش بگذراند و در ضمن علاقه‌مند بود که از تخصص‌های فنی و تجارب مملکت‌داری ایران نیز بهره‌مند شود. به همین خاطر هیأتی قریب به چهارصد و پنجاه نفر را با هدایای گران‌قیمت برای رساندن پیام دوستی به سوی دربار ایران مقتدر آن روز می‌فرستد که حاکم حوزه مرزی شرق ایران به محض ورود به

خاک ایران همه را سر زده، هدایا را به دربار سلطان محمد خوارزمشاه می‌فرستد. چنگیز در پس اطلاع از این ماجرا، باز احساس انتقام‌جویی خود را مهار کرده و فقط از شاه ایران می‌خواهد که فقط آن فرماندار مرزی را برای تنبیه به او بسپارد که برای ایران قبول این تقاضا نشان ضعف و از طرفی آن فرماندار مرزی برادر همسر محمد شاه «ترکان خاتون» بود که غیر از همسری شاه، زنی فهیم، قوی و ذی‌نفوذ در دستگاه حاکمه به شمار می‌رفت و خود سلطان محمد در گریز از مسئولیت مملکت‌داری زمینه این نفوذ را برای، همسرش فراهم آورده بود. ناگفته نماند که چراغ سبز خلیفه به مغولان ربطی به مسلمان بودن آن‌ها و اطاعت از دستور خلیفه مسلمین نداشت؛ چه آنان مسلمانانی معتقد نبوده وگرچه پذیرای اسلام شدند ولی به جای قوانین شریعت از قوانین دیرینه خود «یاسا»، پیروی و عملا تبعیت از خلیفه‌ای نمی‌کردند. حتی در دوره سلطنت هلاکوخان مغول بعد از چنگیز که ریشه مشکلات مکرر خود را از شاخه اسماعیلیه در ایران می‌دید، نه تنها آن شاخه را کوبید، بغداد آن مرکز خلیفه‌گری را نیز تصرف کرده و برای محدودکردن هرچه بیشتر اختیارات روحانیون اوقاف را از ید آنان خارج و به دولت می‌سپارد که البته این اقدام یک‌بار در زمان نادرشاه و باری دیگر توسط رضاشاه نیز صورت گرفت. ناگفته نماند در دوره هلاکو که به ایران علاقه‌مند شده بود در ثبات و بسط زبان فارسی کُتبی نیز به سبک شاهنامه فردوسی نوشته شد. جالب این‌جاست که اگر به سلسله‌های پادشاهی ایران پس از اسلام توجه کنیم، خواهیم یافت که جز چند خاندان چون زندیه، دیلمیان و در آخر پهلوی، همه ریشه خالص ایرانی نداشته‌اند؛ منتهی هم خود به ایران علاقه‌مند بودند و هم ایرانیان آنان را پذیرفته و از خود دانستند. حمایت خلیفه از حمله به ایران چند فایده برای مغولان داشت؛ یکی آن که دانستند اعراب به هوس کسب غنایم همزمان با آنان جبهه دومی در خاک ایران نخواهند گشود و آن‌چه را که در ایران است به تنهایی به غنیمت خواهند برد و ضمناً اجازه خواهند داشت کماکان تسلیحات نظامی کارآمد را از مناطق تحت سلطه خلیفه عباسی، چون سوریه که شهرتی از

این جهت در آن روزها داشت، به دست آورند.

حمله مغولان به ایران به خاطر مقاومت شهر به شهر، کوچه به کوچه و خانه به خانه ایرانیان، عملا حدود ۵۰ سال از شروع آن در سال ۲۲۰ میلادی به درازا می‌کشد؛ منتهی شدیدترین آن در حوزه تحت نظر آن فرماندار که سر پیک‌های چنگیز را از تن جدا کرده بود، صورت می‌گیرد و شهرهایی چون نیشابور در آن منطقه با خاک یکسان شده و موجودی زنده در آن دیار، از مردم گرفته تا سگ و گربه، از دم تیغ مغولان مصون نماندند. در شهر پیشرفته نیشابور آن زمان نام‌آورانی چون ریاضی‌دان و ادیب، خیام زندگی می‌کردند و کتابخانه این شهر از نظر محتوا شهره زمان بود که اصطبل ستوران مغول گردید. مغولان با شکستن سدی در زیر دریاچه اورال نیز مناطقی دیگر با سکنه آن‌ها را به زیر آب بردند. منتهی بعد از حوزه شمال به هر شهری که هجوم می‌بردند اگر شهر به پیام تسلیم آنان جواب مثبت می‌داد، آسیبی نمی‌دید؛ در غیر این صورت با کشتار و خرابی روبه‌رو می‌شد. مغولان بعد از تصرف ایران، هزاران صنعتگر و کاردان ایرانی را برای آبادانی دیار خود به مغولستان تبعید کرده و یا در هند به کار گرفتند. همان طور که اشاره شد قلعه سرخ دهلی و تاج محل، مقبره همسر اکبرشاه مغول در شهر آگرا، از آثار ایرانیان است. تاج محل از شاهکار معمار اهل شیراز است که هنوز پابرجا بوده و با جلب توریست درآمد قابل توجهی به هند می‌رساند. کوچ متخصصین ایرانی به دفعات و در پی تحولات گوناگون در تاریخ ایران سابقه دارد و فرزندان آگاهش از ادامه خدمت به خاک خود محروم شده و با دلتنگی نیرو، دانش و ابتکار خود را در ممالک دیگری به کار می‌گیرند. قبل از حمله اعراب و مغول، چند هزار جوان ایرانی به اجبار، سپاهی اسکندر انتقام‌جوی مقدونیه شده و موفقیت او را در کشورگشایی تضمین نمودند. یا بعد از اسلام، خلفای عرب به کمک ایرانیان فهیم و مدیر چون خانواده برمکیان توانستند قسمتی از هند، گوشه‌ای از چین تا مناطقی از خاور دور و زوایایی در غرب اروپا را زیر پوشش خود برده و به بسط اسلام پردازند. کما این‌که در زمان حال نیز مدرسان، اطبا و مهندسین مهاجر

ایرانی در ممالک دیگر و در سازمان‌های با نام و نشان آن‌ها، چون سازمان فضایی آمریکا نقش مؤثری به عهده گرفته و یادآور هجرتی دیگراند. دست‌آویز حمله مغول به ایران، آن فرماندار مرزی نیز نمونه‌ای است که نشان می‌دهد در مشرق زمین، صاحب گوشی با حوصله برای گفت‌وشنود و یا رجلی مشتاق در حل مسائل از طریق مذاکره کمیاب است به خصوص اگر برگی برنده چون منابع غنی و یا قدرت نظامی برتری در دست داشته باشد که در این صورت، مذاکره را معرف ضعف می‌داند. بلاشک اگر آن فرماندار مرزی به جای گردن زدن، مقدم پیک آشتی چنگیز را گرامی و غرور ناشی از قدرت کشورش بینش او را تحت شعاع قرار نمی‌داد، قومی را به ذلت و خرابی دچار و فرهنگی را که می‌توانست در توسعه تمدن بشری نقش سازنده‌ای داشته باشد، از پیشرفت متوقف نمی‌کرد.

در همین رابطه، گروهی بدون اختلاف نظر یا کدورتی از انقلاب ایران و به خاطر عشق به ایران صرفا از دید برنامه‌ریزی، معتقدند که با برگ برنده‌ای که به صورت حمایت اکثر قریب به اتفاق مردم، به هر دلیل نصیب حکومت انقلابی شده بود، اگر سریعا از مرحله اقدامات حماسی و پاشاندن آبی بر عطش انتقام انقلابیون عبور می‌کرد و با تدبیری چون برقراری روابطی هم شرقی، هم غربی وارد مرحله اداره کشور می‌شد می‌توانست نتیجه بهتری را عاید سازد. ناگفته نماند که با تعبیر نتیجه آن رای عمومی حکومت خود را موظف به پاسداری از نظر مردم دانست و به قضاوت خود هرمنتقدی را به هر طریق حتی با خشونت ساکت کرده و می‌کند. عنوان حکومت معنوی و الهی نیز به این وظیفه پاسداری شدت عمل می‌بخشد. در تأیید این نظر به چند مدل چون خط کشور چین اشاره می‌کنیم. آن کشور از یکسو در بازار غرب حضور فعال دارد، از طرفی بازارش به روی همه ممالک باز است اما با روسیه نیز پیمان نظامی برای حفاظت خود از تهاجم احتمالی غرب بسته است. هند هم بازارش به روی همه من‌جمله آمریکا باز بوده و از دادن امتیاز برای گشایش صنایع و حتی عرضه خدمات اداری به شرکت‌هایش سود می‌برد. حتما برایتان پیش آمده وقتی اشکالی در کارت اعتباری خود

پیدا می‌کنید، حل مشکل شما را کارمندی نه از شرکت آمریکایی صادرکننده کارت بلکه از هند که نماینده آن شرکت است حل و فصل می‌کند. از طرفی هند با چین و روسیه رقیب تجاری آمریکا نیز در تجارت است، هم از آمریکا اسلحه می‌خرد و هم از روسیه تا بتواند اقتصادی داشته باشد که شکم حدود یک میلیارد جمعیت خود را سیر کند. تجسم کنیم اگر هند به این جمعیت که مثل سکنه هر کشوری به داشتن کار، امکانات درمانی، تحصیلی و غیره نیازمنداند، فقط روزی یک گرده نان برساند، چه باری بر دوش دولت آن است و با چه درایت، واقع‌بینی، مهارت و ملایمت در مدیریتی، به دور از شعار و حماسه‌سرایی باید بکوشد که ضمن حفظ اصول دموکراسی که برخورد آزادانه نظرات متفاوت و گاهی مغایر هم را به همراه دارد، گلیم خود را از آب برهاند و اکثریت ملت خویش را راضی نگه دارد.

جنبش ضد استبداد، مشروطه؛

از مهم‌ترین جنبش‌های انقلابی بعد از اسلام در ایران، جنبش آزادی‌طلبی مشروطه بوده است. این انقلاب درسال ۱۳۲۳ توسط طرفداران قانون و عدالت شهرهای تهران تبریز، اصفهان و به ویژه استان‌های گیلان و بختیاری که با فداکاری در لحظه کندشدن جنبش، به رگ‌های آن خون تازه دوانده و موجب توفیق آن شدند، شکل گرفت. به این صورت که کمیته مجاهدین گیلان که به خاطر احترام به آغازگر قیام مشروطه در تبریز به رهبری ستارخان، در هر جا کمیته ستار نامیده می‌شد، فعال شده و با کشتن سردار افخم حاکم منتخب محمدعلی‌شاه در گیلان، ایالت خود را ازحیطه حکومتی قاجارخارج و مستقل می‌سازند. گیلان دومین ایالتی از کشور بود که به فاصله چهل روز بعد از ایالت اصفهان به این پیروزی می‌رسید. اصفهان در آن زمان حوزه عشایر بختیاری را نیز در بر می‌گرفت و همین عشایر برومند بختیاری بودند که به رهبری صمصام‌السلطنه توانستند حاکم ایالت «اقبال‌الدوله» را فراری دهند که او به کنسول‌گری روسیه پناهنده می‌شود. جدا شدن این دو ایالت از زیر سلطه قاجار که به مراتب اهمیتی بیش از

یک شهر تبریز ستارخان را داشت محمدعلی‌شاه را به وحشت می‌اندازد
و او دوباره در پس مد کوتاهی معروف به دوره «استبداد صغیر» که در
آن دوره منکر حکومت مشروطه شده بوذ اعلام می‌دارد که از مشروطه
حمایت خواهد کرد. منتهی ملیّون دیگر به قول و قرار او اطمینانی نداشتند
مجاهدین گیلان با هدف تسخیر پایتخت و عزل محمدعلی‌شاه با دو هزار

و

داوطلب سوار و پیاده به‌سوی تهران حرکت می‌کنند. آن‌ها با گذشت از
ارتفاعات و برخورد با عشایر طرفدار قاجار در مسیر خود روستای آق‌بابا
ر ۳۰ کیلومتری قزوین را فتح متعاقباً در روزی که قزوین سرگرم چراغانی

د

و جشن و سرور به مناسبت سالروز تولد محمدعلی‌شاه بود. آن شهر را نیز
تصرف کرده و راه خود را به سوی تهران ادامه می‌دهند. فداکاری سردار
یپرم و میرزاکوچک‌خان در حمله به قزوین چشمگیر بوده است. در طول
راه فرماندهان روسی و انگلیسی محافظ سلطنت به آن‌ها توصیه می‌کردند
حال که شاه حامی مشروطه شده است، دست از مبارزه بردارند و حتی
کنسول روس در قزوین از سپهدار تنکابنی که فرماندهی مجاهدین گیلان
را برعهده داشت و از مالکین بزرگ زمان بود، با وعده برگرداندن تمام
املاکش به او می‌خواهد که جنگ را ختم و به تنکابن برگردد ولی عاملی
نمی‌توانست او و مجاهدین گیلان را از حرکتی که آغاز کرده بودند باز
دارد. مشابه این پیشنهادات به مبارزان تبریز که چندین ماه در محاصره
بوده و نمی‌گذاشتند شهر به دست قزاق‌های روسی حامی سلطنت بیافتد
کراراً تکرار می‌شد. معروف است که در یکی از این مذاکرات به قزاق‌های
روسی جواب داده می‌شود که محاصره شما را به هر شکلی تحمل می‌کنیم
اگر لازم باشد وقتی به کمبود غذا برخوردیم خرها را ذبح کرده و گوشت

و

آن‌ها را خواهیم خورد که در رابطه با این مطلب، برای کمک به جدایی
اقوام ایرانی از یکدیگر پسوند خاصی به ایرانیان آذری چسباندند و یا در
هت همین خط و هدف برای گیلانی‌ها که به خاطر سطح فرهنگ و دانش

ج

عمومی، به خاطر نزدیکی و آشنایی با فرهنگ اروپا در تساوی حقوق بین
زنان و مردان و در روابط اجتماعی با سایر نقاط کشور متفاوت بودند نیز

عناوین تحقیرآمیز دیگری داده می‌شد که لرها و سایر اقوام نیز از این قبیل
القاب مصون نبودند. مبارزان مقاوم تبریز همان‌طور که گفته بودند تا آخرین
فشنگ به مبارزه ادامه دادند و به خاطر نداشتن تجهیزات رزمی تبریز سقوط
می‌کند و سرداران ستارخان و باقرخان مجبور می‌شوند که به کنسول‌گری
عثمانی پناهنده شوند. در همین زمان بود که مجاهدین گیلان ملیون اصفهان
را ترغیب می‌کردند که دست از اختلافات قبیله‌ای بردارند و در این قیام
ملی به همیاری با آن‌ها بشتابند. که با برگشت اسعد بختیاری از اروپا و
پیوستن او به صمصام‌السلطنه، مجاهدین اصفهان نیز تحت فرماندهی اسعد
و هزار سوار و پیاده، به سوی پایتخت حرکت و قم را در ۱۲۵ کیلومتری
جنوب آن شهر تصرف می‌کنند.

مجاهدین گیلان در این وقت درحالی‌که قشون لیاخوف روسی و سربازان
انگلیسی را به عقب می‌راندند، در سوی دیگر پایتخت، از قزوین گذشته،
به محدوده کرج رسیده بودند که هر دو سپاه گیلان و اصفهان با تغییر مسیر
در شهریار به هم پیوسته و با قشون مجهز حامی سلطنت روبه‌رو شده و
برخورد می‌کنند؛ منتهی سرداران آن‌ها با این پیش‌بینی که این برخورد به
درازا خواهد کشید، از سپاهیان خود خواستند که به جنگ با قشون طرفدار
محمدعلی‌شاه در همان شهریار ادامه داده و سپاهیان شاهی را مشغول نگه
دارند و سردار اسعد و سپهدار تنکابنی با گروه کوچکی از مجاهدین میان‌بر
زده و در سحرگاه ۲۲ تیر سال ۱۲۸۸ خورشیدی از دروازه شمالی وارد
تهران می‌شوند و چون بیشتر قشون شاهی به شهریار اعزام شده و در آنجا
سرگرم نبرد بودند، به سهولت آن شهر را تصرف کرده و محمدعلی‌شاه را
از سلطنت معزول می‌کنند که با سرنگونی شاه سپاهیان او نیز در شهریار
تسلیم شده و انقلاب مشروطه به نتیجه می‌رسد. مجاهدین فرزند دوازده
ساله محمدعلی‌شاه را با این قید که به مشروطه که اهداف آن را تحت فشار
مردم، پدربزرگش، مظفرالدین‌شاه نیز پذیرفته و با انتخاباتی مردمی مجلس
شورای ملی نیز گشایش یافته بود، احترام گذارد تا این جنبش بتواند راه
خود را در آرامش و تا رسیدن به کلیه اهداف مشروطیت طی کند. گرچه

مبارزان طالب مشروطه توفیق یافتند که به حریم هدف خود رسند اما عامه را چون دستی شکسته به گردن داشتند که حکام مستبد برای تداوم سلطه خود با بستن دریچه کسب آگاهی و رشد بینش آنان را به جهلی پایدار مبتلا کرده بودند که درمانش آسان نیست. بقول «ولتر» فیلسوف فرانسوی بس دشوارست بتوان نادانان را که به پرستش زنجیر خو کرده‌اند به حیطه آزادی کشاند.

جنبش جمهوری‌خواهی جنگل؛

رهبر این نهضت میرزا کوچک‌خان جنگلی، مرد میهن‌دوستی بود که از فضای خفه‌ای که ترکان قجری و حکام منتخب آنان چون «سردار معظم»، حاکم گیلان برای ایران ساخته بودند رنج می‌برد. او از دیدن آزار قزاق‌های خشن روسی بر کسبه بازار و مردم که برای نمونه در گیلان به دستور«نکراسوف»، کنسول روس صاحب هر خانه‌ای که بر سردرش پرچم روسیه نصب نشده بود، شکنجه و زندانی می‌شد، دل آزرده می‌شد و برای رهایی از این آشفتگی بسیج ملیون را به نام «نهضت جنگل»، در بیستم مرداد سال ۱۲۹٤ خورشیدی آغاز می‌کند. درآن روز، دکتر حشمت و سه مبارز گیلانی دیگر همراه با کوچک‌خان بعد عبور از پیربازار، وارد سپر حفاظتی خود «جنگل تولم» می‌شوند و هسته اولیه مبارزه علیه نیروی اشغالگر روسیه تزاری، انگلیس و عمال آن‌ها را چون گروه مقاومت ملیون فرانسوی که در جنگ جهانی دوم عرصه را بر قشون اشغالگر آلمان نازی تنگ کرده بودند تشکیل می‌دهند. تزار و انگلیس‌ها با اعزام فوج‌های سرباز و فرماندهان نظامی خود به ایران، در آن زمان حافظ سلسله قاجار شده بودند. این جمع با شبیخون از جنگل «نرگسستان»، واقع درحوالی قریه پسیخان گیلان به چند صدنفری که حاکم گیلان تحت هدایت رییس ایل طالش «امیرمقتدر» برای سرکوبی آن‌ها فرستاده بود موجودیت خود را علنی می‌سازند که با پخش خبر آن از هر سو مردم به قیام آن‌ها می‌پیوندند. کوچک‌خان قبل از قیام جنگل در دو نبرد، یکی در خلع شاه قاجار از سلطنت که مخالف

جنبش مشروطه‌خواهی بود و آن دگر راندن محمدعلی‌شاه که با کمک روسیه برای به‌دست‌آوردن سلطنت خود وارد منطقه استرآباد «گرگان» شده بود شرکت کرده بود، که به روایتی در نبرد استرآباد مجروح شد.

در شناخت رنج گیل‌ها از تسلط خوانین قاجار، از خاطرات ایام کودکی هنرمند گیلانی، جهانگیر سرتیپ‌پور به شرحی که در شماره ۱۴۷ مجله «گیله‌وا» درج شد کمک می‌گیریم. او می‌نویسد: «معلمین دبستان ما، بچه‌ها را به صف کرده بودند تا در نشان‌دادن اعتراض مردم به تسلط خوانین قاجار و حضور قزاق‌های تام‌الاختیار بیگانه در خاک خود از محل دبستان تا مسجد جامع شهر با خواندن این شعار راهپیمایی کنیم:

ای خدا ما کودکان را نصرت و اقبال ده
مرگ ماها را جمیعاً، یا که استقلال ده.»

میرزا کوچک‌خان با این اعتقاد که درست است خداوند ما را آفرید اما برقراری سعادت و سلامت در جامعه بر عهده ما، مخلوق اوست، قیام جنگل را به عنوان نخستین قیام جمهوری‌طلبی شرق، به امید کمک سلاح آلمان که نخستین مشاور آلمانی او «فن پاخن» زمینه آن را فراهم می‌آورد، آغاز کرد. علت نیاز به آلمان‌ها از آن جهت بود که توان ساخت اسلحه را نداشتیم. این تنها دلیلی بود که میرزا دست نیاز به هر سویی که البته مخالف انگلیس‌ها بودند، دراز کند. او به‌خاطر مشکل دریافت سلاح از کشور دوردست، آلمان، به روسیه، همسایه‌ای که همزمان به دنبال برقراری جمهوری «سوسیالیستی» خود حرکت می‌کرد روی آورد و برای جلب رضایت آنان کمونیست‌ها را به نهضت جنگل راه داد و با این نوع از اقدامات اتهاماتی چون کمونیست بودن را متوجه خویش ساخت. کوچک‌خان را نمی‌توان متمایل به اعتقادات سیاسی هر کشوری که به خاطر کسب سلاح به آن روی می‌آورد متهم ساخت. موافقتنامه‌های کوچک‌خان و دیگر مدارک کتبی موجود، معرف میهن‌دوستی و توجه او به حکومتی سکولار، ملی و مستقل برای کل ایران

بود. در شناخت بیشتر استقلال فکری و میهن‌دوستی او به نامه جوابیه‌اش به وثوق‌الدوله که او را به خاطر قرارداد ۱۹۱۹ که اداره دارایی و ارتش را به انگلیس‌ها سپرده بود، خیانتکار می‌نامد می‌توان اشاره کرد. منتهی روس‌ها که چون متجاوز دیگر، انگلیس‌ها، مدام به دنبال هدف همیشگی الحاق ایران به روسیه بوده و هستند، عواملی چون «احسان‌اله خان» و «جوادف» را وارد نهضت جنگل نموده بودند تا مسیر حرکت نهضت جنگل را به‌دست گرفته و با استفاده از محبوبیت میرزا و امکانات نهضت جنگل، همان‌طور که در پی زمینه‌سازی‌های رندانه با قراردادهایی چون ترکمانچای در گذشته پهنه‌ای از خاک ما را بریده و ربودند، به تصرف قسمتی دیگر و یا کل ایران نائل آیند. ناگفته نماند که هم‌پای روسیه، انگلیس نیز بیکار نمانده بود و تحولات و حرکات قیام جنگل را با جاسوس‌های خود تحت نظر داشت تا به موقع از آن بهره‌برداری کرده و سرش بی‌کلاه نماند که یکی از جاسوسان آن‌ها «گری گوری قیکیان» از ارامنه گیلان است که در اسناد منتشر شده وزارت خارجه انگلیس، نام او آمده است. بدیهی است که اعتقاد مذهبی کوچک‌خان نیز اجازه نمی‌داد که فلسفه کمونیسم را که ادیان را پایه رخوت انسان‌ها می‌شناسد پذیرا شود. نفوذ کمونیست‌ها موجب شد که جمهوری ایران که در ۳۱ خرداد ماه سال ۱۲۹۹ برقراری آن توسط نهضت جنگل اعلام شد با داشتن کلمه شورا در عنوان خود، رنگ حکومتی کمونیستی به خود گیرد و این رنگ با انتخاب افرادی در هیأت دولت آن، چون جوادف برای اداره امور خارجه پررنگ‌تر جلوه نماید. ناگفته نماند در آن کابینه افرادی چون فخرایی که مسئول امور اقتصادی شد نیز حضور داشته‌اند که مانند میرزا دارای اندیشه مستقل ایران دوستی بوده‌اند و به‌همین خاطر توافق‌های کوچک‌خان در قراردادها همیشه با نام جمهوری ایران بدون پیشوند و پسوندی صورت می‌گرفت وحاوی نکاتی بود که چون سدی از نفوذ شوروی در امور ایران ممانعت کند. جوادف همان «پیشه‌وری» است که بیست سال بعد از نهضت جنگل دوباره برای الحاق ایران به شوروی پیش‌درآمد حکومت سوسیالیسی در آذربایجان را ساز کرد که خوشبختانه به

پیمان‌هایی چون پیمان گلستان، ترکمن‌چای، و پاریس که در هر یک پهنه‌ای از خاک میهن خود را از دست دادیم ختم نشد. پیمان‌هایی که بیش از چهار میلیون کیلومتر مربع از خاک میهن ما، شامل مناطقی چون افغانستان، قفقاز، تاجیکستان، گرجستان، امارات، بحرین، قطر، عمان و عراق در طی دو قرن به روسیه و انگلیس داده شدند. در رهایی آذربایجان، قوام السلطنه از مصوبه مصدق در دوره نمایندگی در مجلس که به سال ۱۳۲۳ آن را به تصویب رساند و در آن تأکید شده بود که هر قراردادی با کشوری دیگر تنها در صورت تصویب و تأیید مجلس ملی معتبر است، در مذاکره با شوروی کمک گرفت و موافقت‌نامه‌ای امضا نکرد که کارساز شد. البته شاه جوان و تازه‌کار نیز پس از رهایی آن دیار با گشتی نمایشی با هواپیما بر فراز آن منطقه، امتیازی برای خود کسب نمود.

رضاشاه که در ابتدای سلطنت یکپارچگی کشور را دنبال می‌کرد و معتقد بود با اغتشاشات در گوشه و کنار آن نمی‌توان قدمی در راه آبادانی‌اش برداشت، از کوچک‌خان دوستانه می‌خواهد که به تلاش خود در جنگل خاتمه دهد و اطمینان داشته باشد که اهداف او را پیگیر خواهد شد که تاریخ نشان داد او به قول خود تا حد امکان جامه عمل می‌پوشاند و در دوره کوتاه سلطنت خود توانست قشون‌های چند ملیتی با فرماندهان خارجی را که روس‌ها و انگلیس‌ها با دستور پاسداری از حکومت قاجار به ایران تحمیل کرده بودند، در فاصله کمتر از ده ماه از شروع سلطنتش از کشور بیرون کند، با خواباندن شورش‌های محلی کشور را آرام و یکپارچه ساخته و سپس به ساخت‌وساز و توسعه آن پردازد تا زمینه‌ای فراهم آید که در آن مردم ایران به اتکای آن‌که حاصل کارشان مصون است، حرکت کرده و در سازندگی کشور بکوشند. او توانست در تنگدستی با احداث تسهیلات ارتباطی چون جاده، راه‌آهن و گشودن رادیو، ایالات ایران و ساکنانش را به هم مرتبط سازد، تبعه ایران را دارای شناسنامه نماید، ارتش ملی را بنا و ادارات دولتی چون دادگستری را بگشاید و نیز نگذارد در دوره سلطنتش از ته مانده خاکی که از عصر ساسانیان برای ایران باقی مانده بود، گوشه

دیگری بریده شود و حتی در همان شرایط عقب‌ماندگی، به نمایندگی از
کشورش در برابر خارجیان ابراز وجود کند. برای نمونه در۲۷ نوامبر سال
۱۹۳۵ میلادی پلیس آمریکا سفیر ایران «غفارجلال علا» را به دلیل سرعت
در رانندگی، دست‌بسته به مرکز پلیس مریلند می‌برد. با آنکه در آنجا فوراً
آزاد می‌شود، رضاشاه از آمریکا طلب پوزش می‌کند. وزیر خارجه وقت
آمریکا «Cardell Hull» که از اقدامات ارزنده او پیشنهاد طرح تأسیس سازمان
ملل در پایان جنگ جهانی دوم بود، در پس این حادثه در گفتاری اشاره
می‌کند که ما به سفرای خود توصیه می‌کنیم در ممالکی که در آن‌ها مأمورند
قوانین آن ممالک را رعایت کنند و همین انتظار را از سفرای خارجی در
آمریکا داریم که رضاشاه با احضار سفیر با آمریکا قطع رابطه می‌کند. تا
آنکه «والاس مری» مسئول دفتر یا میز خاورمیانه وزارت خارجه آمریکا با
سفری در سال ۱۹۳۸ به ایران و رساندن پیام پوزش آمریکا موجب می‌شود
دوباره روابط دو کشور از سر گرفته شود. ملخص آنکه اقدامات رضاشاه را
به‌خصوص بعد از مدیریت ویرانگر خاندان قاجار نمی‌توان نادیده گرفت.
مطالب مندرج در کتاب‌هایی چون «تاریخ روابط ایران و انگلیس» به قلم
«محمود محمود» و قسمت‌هایی از هشت جلد «تاریخ کامل ایران» به قلم
«دکتر عبدالله رازی» که نشان می‌دهد سرنوشت قوم ما در ید چه مدیران
خواب‌آلوده، سودجو، وابسته به بیگانه، اکثراً غیر ایرانی و عشرت‌طلب با
زنانی عدیده در حرمسرا بوده است، پرده تعصب و کینه از بازده اقدامات
رضاشاه را به کناری زده و حتی خشونت این مرد دیکتاتور را بر قومی
بی‌سواد، معتاد، بیمار، گرسنه و دور نگه داشته شده از دور و زمان را پدرانه
تلقی می‌کند و این سؤال را پیش می‌کشد که با داشتن چنین جماعتی آیا
برای هر اصلاح و یا ترمیمی برای پیشرفت سریع ایران غیر از اعمال قدرت
راه دیگری وجود داشت؟ آیا فرصتی بود که با آموزش، آن قوم خواب‌آلوده
را برای همیاری و همگامی در توسعه آماده ساخت تا از زندگی اسفبار خود
رهایی یابند؟ و اگر فرصت بود به چه مدت زمانی نیاز داشت؟ درحالی‌که
کشور با مردمی گرسنه چو بیماری در انتظار درمان فرصتی برای این فرد

یا به گفته مخالفانش «قلدر بی‌سواد» باقی نگذاشته بود. بدیهی است که
عدم مداخله ملتی در سرنوشت و سازندگی حیات خود رویه‌ای که حکام
مستبد ما در پس هم آن را می‌پسندیدند، ملتی را به بی‌تفاوتی، عدم استفاده
و حفاظت از ساخته‌ها، عدم تلاش در بهبود شرایط زندگی خود سوق
می‌دهد و آن‌ها را دل‌شکسته، عاصی و با بینشی ضعیف بار می‌آورد که به
صورت دستی شکسته بر گردن دولت‌ها آویزان و چون پرکاهی در گذر
باد سرگردان، توان اندیشیدن در انتخاب راه درستی برای زندگی خویش
را ندارند. اما آیا رضاشاه آن ملت پر تحرک و آماده به سازندگی را در کنار
داشت که غیر از اقدامات دستوری خط دیگری را انتخاب نماید؟ حالتی که
باز به خاطر اشتیاق فرزندش در رساندن ایران به دروازه تمدن که بلاشک
ناشی از علاقه‌اش به کشور بود، آن هم یک‌تنه و با تمرکز امور تکرار شد،
با این تفاوت که دیگر مردم، ملت زمان رضاشاه نبوده و به رشد فکری
بالاتری رسیده بودند، در بین خود کم و بیش تخصص‌های سازندگی را
داشته و می‌خواستند در هر تصمیم سازندگی سهیم و در هر حرکتی دخیل
و مطرح باشند و وقتی می دیدند که اختیارات در دست یک نفر بوده،
تصمیمات در بالا گرفته شده و اجرا با دستور او صورت می‌گیرد، در حاشیه
نشستند، به تنبلی خو کردند، حالت کودک لجوج و ناز پرورده‌ای به خود
گرفتند که «هرچه می‌داد للـه لج می‌کرد و بیش می‌خواست» که با همین
روحیه و به امید دستیابی به امکانات آماده و بیشتری به انقلابی که رهبری
آن در ابتدا مشخص نبود، پیوستند.

احتمالاً رضاشاه آن قدرت پیش‌بینی را نداشت که عمق و حاصل اقدامات
خود را پیش‌بینی کند. شاید نمی‌اندیشید که چند برگ شناسنامه هویتی به
شخص می‌بخشد که در حفظ نیکی نام و کسب شهرتی کوشد، یا با گشودن
مدارس برای بانوان به آن‌ها جرأت می‌دهد که خود را ضعیفه نپندارند،
احساس شخصیت کنند و از سوی دیگر مردان نیز با بسط آگاهی آنان را
هم‌طراز دیگی برای پخت، طشتی برای شست وشو یا وسیله‌ای تنها برای
راحت و رساندن لذت ندیده بلکه به صورت دست دیگری در حیات

خانواده و تعالی کشور به شمار آرند. که امروزه با گذشت زمان نتیجه استعداد آنان را در علم و فنون، هنر و ادبیات و حتی مدیریت و تجارت شاهدیم. که در هر شاخه مذکور به یکی دو نمونه و مثال اکتفا می‌کنیم:

پردیس ثابتی، نوا جراحی، لیلی افشار و نگار کیاوش به ترتیب اساتید دانشگاه‌های هاروارد، کالیفرنیا، ممفیس و ایلنوی. در این رده دکتر مریم میرزاخانی با حل یک فرضیه پیچیده ریاضی چنان شاخص می‌شود که بعد فوتش از بیماری سرطان با برگزاری مراسم یادبود در تعدادی از دانشگاه‌ها نام او را جاویدان می‌سازند. در شاخه صنعت آزاده تبازاده، ساناز اهری به ترتیب در شرکت گوگل و سازمان فضایی آمریکا، ناسا. در شاخه سیاست مینو اختر زند، انتخاب پادشاه سوئد برای استانداری در یکی از ایالات خود و یا گلریز قهرمان دختر جوان حقوق‌دانی که نماینده مجلس نیوزیلند شد. در شاخه کسب و کار انوشه انصاری که از درآمد شرکت فنی خود توانست هزینه دو سه هزار دلاری سفر کوتاه خود به فضا را بپردازد تا از فضا کره زمین را ببیند. در رشته هنر ژیلا مساعد به عضویت مجمع انتخاب برندگان جایزه جهانی معروف «نوبل» برگزیده شد. و یا منیر شاهرودی نقاش، نزهت امیری و نازنین آقاخانی در رهبری ارکستر، شیرین نشاط در عکاسی، ایران درودی در نقاشی، در شاخه ورزش سارا صفری کوهنورد، فریناز لاری در بوکس، مریم طوسی دونده و الی آخر که نشان می‌دهد چه نیروی سازنده‌ای را در تعالی دنیا محبوس و با این محدودیت چه کفر کبیره‌ای را نسبت به اثر معمار خلقت مرتکب شده و می‌شویم.

رضاشاه مستبد و دیکتاتور بعد از رسیدن به سلطنت، به مجلس شورا، زاده قیام مشروطه بی‌توجهی می‌کند که این خصلت او با توجه به آنکه، مثل قریب به اتفاق ملتش با دموکراسی و اصول آن آشنایی نداشته و در زیر چتر چنین حکومتی زندگی نکرده و تجربه‌ای کسب نکرده بود، طبیعی به نظر می‌رسد. در زمان او هم مثل شاهان قبلی و بعدی، نطفه‌ای برای تولد سازمان‌های مردمی- سیاسی که نقش آن‌ها در حیات ملل اساسی است، بسته نشد، آزادی‌های فردی و اجتماعی نیز شکل نگرفت. شک و عدم

اعتماد، صفت اغلب رؤسای کشورها نیز در افکار او خانه کرده بود؛ برای مثال به وزیر دربارش، تیمورتاش که تحصیلات خود را در روسیه، به پایان رسانده و مسلط به زبان روسی بود مشکوک شده و احتمال می‌دهد که او سر و سری با روس‌ها برقرار کرده است و یا شاید به خاطر گرایش خود به آلمان‌ها، شواهدی نیز در او دیده بود که او را زندانی و بدون محاکمه‌ای در زندان سر به نیست می‌کند که این نوع از اقداماتش نیز در کنار سایر اقدامات مفیدش در اذهان باقی می‌ماند. اما این خشونت نفعی نیز به همراه داشت و آن این‌که هر خائن و یا مأمور ناصالح را به وحشت می‌انداخت و هر سدی را از سر راه هدف او در توسعه ایران از میان بر می‌داشت. شخص او نظری به درآمد ملی نداشت و آن را تا دینار آخر برای آبادانی کشور هزینه می‌کرد، در مقابل در تصرف املاک ثروتمندان و خوانین که معلوم نبود خود، آن املاک را چگونه به دست آورده‌اند با ابراز یک جمله «که از این ملک خوشم می‌آید.» ابائی نداشت که البته همه آن املاک را چون محوطه تصرفی کاخ صاحب قرانیه در ایران گذاشت و به تبعید رفت و برعکس بسیاری از رجال متجاوز که املاک تصرفی غیرمنقول را به پول منقول تبدیل و در حساب شخصی خود در بانکی خارجی ذخیره و یا با آن در ممالکی دیگر سرمایه‌گذاری می‌کنند، عمل نکرد. با همه این اوصاف استبدادش با سلاطین مستبد قبل از او فرق داشت. کاملا اهداف جنبش مشروطه در استبداد او رنگ نباخت و حتی در پاره‌ای از موارد نشان می‌داد که تنها به دنبال توسعه صوری ایران نیست، بلکه به رشد بینش و دانش عمومی و سیاسی ملت نیز از طریق بسط تسهیلات آموزشی می‌اندیشد. اعزام دانشجو به اروپا، مجانی‌کردن تحصیل، گسترش مدارس و مراکزآموزشی برای پسران و اولین بار برای دختران و مهم‌تر از همه گشایش اولین دانشگاه در کشور، معرف توجه او به رشد فکری مردم نیز بوده است. در هر حال قضاوت نهایی درباره او را بر عهده تاریخ می‌گذاریم. ضمن آن‌که نمی‌توان واقعیات مشهود را نیز نادیده گرفت چه خود را خواهند نمود؛ کما این‌که با گذشت زمان جادادن گور کریم‌خان‌زند در راه‌پله خان قاجار برای ارضای

عطش انتقام او، نه از احترام کریمخان کاست و نه بر روی جهالت خان قاجار پرده کشید. و یا نمی‌شود تاثیر دو طرح یارانه و مسکن مهر رئیس جمهوری انقلابی را نیز نادیده گرفت. طرح یارانه‌اش در شرایطی مطرح شد که به دلایلی چون ضعف مدیریت مدیران و تحریم‌های اقتصادی کثیری از عامه بدون آنکه نقشی در مانورهای سیاسی داشته باشند، گرسنه مانده بودند و این کمک با همه مقدار اندکش برای آن‌ها چو شبنمی که در لانه مور طوفانی است، بسیار می‌نمود. بگذریم از آنکه از بودجه غیر کافی این طرح که برای نیازمندانش حیاتی بود فرصت طلبانی بی‌نیاز با تکیه به مثال «از خرس مویی» کاسه‌گدایی به‌دست، به صف ایستاده، گرفتند و بردند و آن را با کمی اعتبار روبه‌رو ساختند. در حکومت پیشین یارانه بصورت قبول درصدی از قیمت مواد عمده غذائی قبل از عرضه به بازار برای مصرف عموم پرداخت می‌شد لذا با مشکلات کمتری رو به‌رو می‌شد. خانه مهر همین آقای رییس‌جمهور هم با آنکه در اشلی اندک پیاده شد، مع‌الوصف امید بسیاری را که داشتن سرپناهی برایشان آرزو و تصوری بیش نبود برآورده ساخت. ناگفته نماند که تصمیم او در تعطیل سازمان برنامه که بعد هفتاد سال از تأسیس نمی‌توان منکر نقش مؤثر آن با توجه به شرایط روز آن‌هم در پیچ وخم اداری شد تأسف آور بود گویا نظر کارشناسی آن سازمان به منظور پیشگیری از تورم و گرانی قیمت‌ها را آقای رئیس جمهور حمل بر بی‌ادبی و فضولی کوچکتر نسبت به بزرگتر تعبیر کرده بودند.

که خوشبختانه با آنکه تعدادی از کارشناسان آن سازمان به‌خاطر ظرفیت‌های تخصصی خود به سرعت جذب کارهای دیگر در ایران و یا ممالک دیگر شدند رئیس جمهور بعدی دوباره آن را گشود و به دنبال حل تورم پیش‌آمده رفت.

جامعه‌شناسان معتقداند امثله رایج در فرهنگ عامه چون همان از «خرس مویی» دریچه‌ای را برای رؤیت فرهنگ و درک سلامت هر اجتماعی می‌گشاید.

با گذشت از حاشیه، باز به قیام جنگل می‌پردازیم؛ پیشنهاد رضاشاه به

میرزا کوچک، به زمانی صورت می‌گیرد که سردار به منظور تأمین سلاح حمایت لنین را که جایگزین تزار در حکومت سوسیالیستی شده بود، جلب کرده بود. دور بودن کشور آلمان و افزودن پست‌های کنترل توسط انگلیس‌ها، دریافت سلاح از آن کشور را برای نهضت جنگل غیرممکن می‌ساخت، لذا روسیه در همسایگی تنها راه‌حل مشکل بود که ناگهان لنین تغییر عقیده می‌دهد و به کوچک‌خان توسط «مظفرزاده» نماینده‌اش در دولت نوبنیاد جمهوری سوسیالیستی شوروی توصیه می‌کند که با رضاشاه از در دوستی درآید. بعضی‌ها معتقدند توصیه لنین به سردار جنگل برای دوستی با رضاشاه ناشی از توافق پنهانی روسیه سوسیالیستی با انگلیس‌ها صورت گرفت که در آن روسیه نوپا خواسته انگلیس را در ممانعت از حرکت تعدادی از ممالک اروپایی، به ویژه فرانسه که در اندیشه جانشینی انگلیس در هند بودند از مسیر خاک روسیه و دریای خزر پذیرا می‌شود و در مقابل امتیازاتی به دست می‌آورد. آن‌چه مسلم است همکاری دو کشور روس و انگلیس در مواردی که سیاست شوروی منافع انگلیس و یا اقدامات انگلیس بهره به روسیه رساند، همیشه ادامه داشت و گویی ادامه خواهد داشت، اما در رابطه با کوچک‌خان مندرجات کتاب تاریخ احزاب سیاسی نوشته ملک‌الشعرای بهار این نظر را رد می‌کند و نشان می‌دهد که لنین مستقلاً به او توصیه کرد که با رضاشاه از در دوستی درآید. در این کتاب، «دویتان»، سفیر وقت شوروی به بهار که با او آشنایی داشت می‌گوید روس‌ها رضاشاه را ملی‌گرا، مخالف فاناتیزم، تعصبات مذهبی و خرافات، دشمن خوانین و تشخصات سرمایه‌داران، و مخالف مداخله خارجی‌ها در امور ایران می‌شناسند و پیش‌بینی می‌کنند که او فئودالیسم را در ایران معدوم کرده و موجب می‌شود تا بورژوازی که زمینه‌ساز برپایی حکومتی سوسیالیستی است خلأ آن را پر کند. علت آن‌که رضاشاه دوستانه خروج کوچک‌خان را از جنگل خواستار و مثل شیخ «خزعل» مباشر انگلیس در حوزه نفتی جنوب با او بر خورد نکرد آن بود که از میهن‌دوستی کوچک‌خان آگاه بوده و نیز فکر رضاشاه با کوچک‌خان در دو مورد هم‌خوانی داشت. یکی در مخالفت

شدید با انگلیس‌ها و آن دگر خواست همیاری آلمان‌ها در مبارزاتش که رضاشاه نیز داشت به همان راه می‌رفت و در پی آن بود با کمک آلمان‌ها کودتایی برپا و به ادامه سلطنت قاجار خاتمه و دست انگلیس‌ها را در امور ایران قطع کند. به همین خاطر رضاشاه در راه یکپارچگی کشور، کوچک‌خان را در همان فهرستی که شورشیان مزدور چون خزعل را قرار داده بود، نمی‌گذاشت و او را مردی مستقل با اندیشه مترقی جمهوریت برای تمام کشور می‌شناخت که البته مثل اکثریت قریب به اتفاق مردم ما در آن زمان که به خاطر عدم دسترسی به نشریات، کتب و غیره با روند امور و بازی‌های سیاسی آشنایی عمیقی نداشتند، کوچک‌خان هم اضافه به علاقه‌مندی به کسب سلاح نظرات و قول و قرار همگان را باور کرده و برای خود و نهضت مسئله می‌آفرید و به این خاطر نزدیک به توفیق جنبش و برقراری رژیم جمهوری مورد نظرش با شکست مواجه می‌شود. جمهوریتی که رضاشاه نیز با اطلاعات محدود سیاسی تمایل به آن نوع حکومت را بیش از سلطنت طالب بود منتهی در پس سقوط سلسله قاجار رجال وقت چون مؤتمن‌الملک رییس مجلس، برقراری حکومتی سلطنتی را در شرایط روز ایران و با توجه به میزان آمادگی مردم در تبعیت از مبانی دموکراتیک سیستم جمهوری مصلحت نمی‌دانستند.

گفتیم که یکی دیگر از دلایل توجه رضاشاه به سردار جنگل تشابه نظرش در مورد انگلیس‌ها و اتکای او به آلمان‌ها از بین ملل برای دفع نفوذ انگلیس و براندازی سلسله قاجار بود. در اثبات این نظر خود رضاشاه در روزهای آخر جنگ جهانی که گروه «متحد» شامل ممالک انگلیس، فرانسه، روسیه، ایتالیا و آمریکا به مقابله با گروه «مرکزی» متشکل از ممالک آلمان، اتریش، مجارستان، بلغارستان و عثمانی برخاسته بودند مترادف با اواخر سال ۱۹۱۷ مسیحی می‌رفت، در همان راهی قدم گذارد که کوچک‌خان رفت. بر اساس خاطرات میرزا ابوالقاسم‌خان کحال‌زاده، منشی وقت سفارت آلمان مندرج در کتاب دیده‌ها و شنیده‌ها که در چاپ دوم کتاب «رضاشاه؛ از طفولیت تا سلطنت» نوشته «نیازمند» نیز که «بنیاد مطالعات ایران» به سال

۱۳۷۵ آن را منتشر نمود، به صورتی آمده است از او می‌خواهد پنهانی ترتیب ملاقاتش را با سفیر آلمان فراهم آرد[۱]. در آن زمان رضاخان با درجه میرپنجی فرماندهی قزاق‌های شاه قاجار را برعهده داشت. کحال‌زاده با مرخص‌کردن نوکرانش خانه خود را خلوت و رضاخان را در آن‌جا با سفیر آلمان «مسیو زومر» روبه‌رو می‌کند. در این ملاقات رضاخان از آلمان برای دراختیارگذاردن سلاح یاری می‌طلبد تا حکومت قاجار را که بیش از ۱۲۰ سال با حمایت انگلیس کشور را به فلاکت نشانده بودند، سرنگون کرده و با طرد خارجیان و عوامل آن‌ها از ایران، به آبادانی کشور بپردازد که سفیر پیشنهاد او را با پیکی به نام «شیخ عبدلرحمان سیف»، به صدراعظم آلمان ویلهلم دوم منتقل کرده که او هم از آن استقبال می‌کند و با اعزام چند افسر آلمانی و مقداری سلاح و وجه نقد به سوی ایران کمک خود را به رضاخان آغاز کرده‌بود که با شکست آلمان، زمانی که گروه اعزامی در راه ایران به بخارست رسیده بودند، مهمات خود را در آن‌جا رها و با وجه نقد به آلمان برمی‌گردند و در ایران نیز سلسله قاجار سرنگون و رضاخان شاه می‌شود. نکته قابل توجه در این زمینه آن است که او چون آتاترک در ترکیه مشاوری نداشت و این خلأ را با استخدام مشاور مالیه از آمریکا، مهندسان راه و ساختمان از آلمان، کارشناسان برقراری بی‌سیم از روسیه و نیز سایر تخصص‌ها از ملل دیگر چون ممالک اسکاندیناوی، پر می‌کرد. ملخص آن‌که نهضت جنگل با توجه به کمبود سلاح و حوادثی چون شکست از قوای روس و انگلیس شاغل در ارتش قاجار در منجیل گیلان، دیگر توانی برایش نمانده بود لذا کوچک‌خان آماده می‌شد که از جنگل به‌درآید. به دستور رضاشاه برای استقبال از او در رشت طاق‌نصرت زده شد و مراسم شایانی فراهم آمده بود که او به دلایلی دوباره به حفاظ جنگل برمی‌گردد و اولین اقدامش اخراج افراد چپ‌گرا در قیام جنگل بود که به نهضت جنگل رسوخ کرده بودند و کوچک‌خان متوجه شد آنان منتظرند بعد از توفیق کامل نهضت جنگل و دستیابی به حکومت ایران او را که تن به رد استقلال

۱- حاصل جمع بندی چند تحقیق من‌جمله از بررسی دکتر منوچهر کمالی

کشورش و بندگی نمی‌داد سربه‌نیست کرده و آرزوی دیرینه روسیه را در مالکیت ایران برآورده سازند. احتمالاً تغییر توصیه لنین در رابطه با رضاشاه نیز او را نسبت به افراد چپ‌گرا در نهضت جنگل بیشتر مشکوک کرده بود. بدیهی است که تجربه دکتر حشمت که فریب دولت وثوق‌الدوله را که به او اطمینان می‌دهد در راه استقلال ایران کوشاست و برای همکاری در این راه به او تأمین داده بود که از جنگل به‌درآید می‌تواند دلیل دیگر برگشت میرزا به جنگل به حساب آید. دکتر حشمت به محض خروج از جنگل دستگیر شده و به چوبه‌دار سپرده شد که در پای دار کاری کرد که خاطره‌اش در اذهان زنده ماند و آن این‌که چون نمی‌خواست مأموری حکومتی و قجری طناب دار را به گردنش اندازد، با چشم باز و به دست خود آن را به گردنش می‌اندازد.

ناگفته نماند که شکست منجیل نهضت جنگل نیز ناشی از شتاب‌زدگی افسرآلمانی همیار میرزا کوچک‌خان بود که بدون مشورت با او و داشتن استراتژی حساب شده‌ای عجولانه با گروهی از دهقانان تعلیم‌ندیده، به قشون حکومتی که شاخه انگلیسی آن را ژنرال دانسترویل و فوج روسی قزاق آن را سرهنگ پیچراخف فرمانده بوده‌اند، می‌تازد. در این‌جا توجه را برای درک آشفته بازار عهد قاجار و اوضاع ایران در آن زمان که رضاخان وارث آن شد، به تابعیت فرماندهان صحنه نبرد منجیل جلب می‌کنم که در آن یکی تابع انگلیس، یکی تابع روسیه و یکی نیز تبعه آلمان بود که در خاک کشوری دیگر در حفظ منافع ممالک وابسته به خود می‌جنگیدند و برای پیروزی هر یک از آن‌ها می‌بایست سربازان ایرانی تحت فرمانشان در برابر یکدیگر قرار گرفته و یکدیگر را بکشند!!؟

کوچک‌خان جنگلی در آخرین تلاشش بعد از شکست از قشون رضاشاه و برای ادامه مبارزه با مشاور آلمانی خود، «گائوک» که او را هوشنگ می‌نامید، تصمیم می‌گیرد از طریق ارتفاعات خلخال برای پیوستن به سپاه امیر عشایر و استفاده از امکانات آن سپاه بگذرد که در بین راه با طوفانی شدید در ارتفاعات خلخال روبه‌رو و به غاری پناه می‌برد که در آن همراه

گایوک در آذر ماه سال ۱۳۰۰، یخ زده و جان می‌سپارد. جسد او را شبانی به نام «نقره خان» پیدا کرده و برای گرفتن انعام، سر او را از تن جدا و به شهردار منتخب رضاشاه در انزلی می‌سپارد تا به شاه رساند. رضاشاه با ابراز انزجار از دیدن سر بریده دستور می‌دهد که آن را فوراً در گورستان حسن‌آباد آن وقت تهران به خاک سپارند و انعامی نیز به کسی نمی‌دهد. چندی بعد در نیمه شبی یاران گیلک کوچک‌خان با نبش قبر سر را برداشته، به رشت آورده و به کالبد سردار خود می‌رسانند.

رضاشاه در حل مشکل سایر شورشیان ایران با خشونت رفتار می‌کند. شیخ خزعل مباشر انگلیس را با اطلاع از حمایت نظامی آنان از شیخ و این‌که در اندیشه آن‌اند که اتحادی با مشارکت او، ایلات قشقایی، بختیاری و خمسه با عنوان اتحاد جنوب ایجاد کرده و خود به حفاظت منابع نفت بپردازند شخصا فرماندهی دو فوج نظامی را برعهده می‌گیرد و از دو سو به شیخ می‌تازد، او را دستگیر و به تهران می‌آورد که عمر خود را در حبس خانگی در تهران سپری می‌کند و به تقاضای انگلیس‌ها که می‌خواستند از او مباشر دیرینه خود، دیدن کنند رضاشاه جواب رد می‌دهد.

نفر وسط فتح اله مرز آرا برگرفته از کتاب سردار جنگل نوشته ابراهیم فخرایی.

حال که نامی از میرزا کوچک‌خان به میان آمد به یاد مطلبی افتادم که مادر از قول دایی خود فتح‌الله خان مرزآرا که یکی از مبارزان نهضت جنگل و از نزدیکان رهبر آن بود. برای خواهرم گفته بود که خواهر در سنین بالاتر نویسنده این نوشتار برایش بازگو کرد. همین دایی بود که سردار جنگل و مشاور آلمانی او را پنهانی به انزلی و به خانه اجدادی ما رساند تا به ملاقات امیر عشایر رود. دایی معتقد بود که جملات خداحافظی میرزا نشان می‌داد که او می‌دانست سفر بی‌بازگشتی در پیش‌رو دارد؛ لذا خواهش او را برای همراهی در ادامه سفر نپذیرفت و خواست برای استتار با گروه کوچکی از ارتفاعات خلخال بگذرد، منتهی به دایی و به شوخی گفت که «چون یک چشم خود را از دست داده‌ای اگر چشم دیگرت نیز در این سفر آسیب ببیند، دیگر به درد مبارزه در نهضت جنگل نخواهی خورد. بهتر است از هم‌سفری صرف نظر کرده و آن یک چشم را حفظ کنی.» گور دایی در انزلی و در همان گورستانی است که پدر و خواهر نویسنده این نوشتار نیز در آن مدفون‌اند.

جنبش انقلابی ملی کردن نفت؛

از آن جهت، این جنبش را نیز در زمره انقلاب‌های ایران به شمار آوردم که تمام خصوصیات آن مشابه قیامی انقلابی بود، با این تفاوت که طرد قدرتی استعماری را هدف خود ساخته و توفیقش پایه‌های این قدرت را با دارا بودن مزدورانی در بین مردم و ارتشی قوی متزلل کرده و نقش آن را در تعیین سرنوشت مردم ایران و به طور کلی این منطقه منتفی می‌ساخت.

نویسنده این یاداشت در سال‌هایی که مبارزات ملی‌کردن نفت در جریان بود به اواخر دوره متوسطه رسیده بود که به جنبش پیوست. در این‌جا باید اشاره کنم که گرویدنم به جبهه ملی تنها به‌خاطر مبارزات روز آن جبهه برای ملی‌کردن نفت نبود؛ به‌طور کلی آگاهی از راه‌های نفوذ کشور استعمارگر انگلیس در آسیا و اطلاع از تجاوزات دیرینه آن‌ها به ایران از زمان دارسی و استخراج نفت گرفته تا به‌خدمت‌گرفتن خوانین محلی و برتخت‌نشاندن

سلاطین، دلیل اصلی اقدام من بود. با امید بر آنکه این بار حرکت مردمی و ضد استعمار ما زیر پوشش ملی‌کردن صنایع نفت بتواند به رهایی از تنگناها و نفوذ بیگانه خاتمه دهد، البته واقعه فراموش نشدنی قحطی در ایران که در پائیزسال ۱۲۹۶ آغاز و بیش از دو سال مردم ما را با شرایط مهلکی روبرو ساخت نیز در ذهنم خانه و آزارم می‌داد. واقعه این نسل‌کشی در ایران از آنجا پا گرفت که ژنرال«دیکسون» استراتژیست نظامی انگلیس در جنگ جهانی اول توصیه می‌کند که از فضای قطار و ناوگان انگلیس فقط برای حمل قشون و سلاح استفاده شود و نمی‌بایست آن را در رساندن مواد غذائی به قشون اشغال نمود در حالی‌که می‌توان، این احتیاج را با تصرف محصولات غذائی در ممالک صحنه نبرد تأمین نمود. نظر این ژنرال موجب می‌شود که ایران، هم با کمبود غلات و سایر مواد غذائی روبرو گرسنگی نیمی از جمعیت آن‌روز کشور را به هلاکت رساند.

اجساد جمع آوری شده روزانه از کوچه و بازار؛

آسیب این نسل‌کشی را ملک الشعرا بهار در سروده‌ای با ظلم سایر متجاوزین عدیده به خاک ما در طول تاریخ چنین مقایسه می‌کند:

از جور و ظلم تازی و تاتار در گذشت
ظلمی که انگلیس در این خاک وآب کرد

هجوم گرسنه‌ها؛

استراتژی ژنرال «دیکسون» زمینه‌ای را نیز برای محتکران فراهم آورد تا از گوشه و کنار کشور هر جا که غله یافت می‌شد آن‌را به قیمت نازل خریداری، انبار و به قیمت بالاتری به انگیس‌ها بفروشند که یکی از محتکرین شاخص آن روز احمد شاه می‌شود که به این خاطر مردم به او لقب «احمد کاسب» داده بودند. حرص و ولع این شاه در حدی بود که به التماس ارباب کیخسرو شاهرخ، مرد نیکوکار زردشتی که خود برای ظاهرسازی او را مسئول پیشگیری از احتکار کرده بود هم توجه‌ای نمی‌کند و اجازه نمی‌دهد دانه‌ای از گندم انبارهای او در اختیار مردم گرسنه قرارگیرد. میزان توجه او به ایران و مردم آن‌را می‌توان از این جمله‌اش که کلم فروشی در سوئیس بیشتر ارزش دارد تا سلطنت در ایران درک کرد. جالب آن‌که این

فرد خودخواه که چندین میلیون فرانک و لیره را به ارث گذاشته بود، با همه‌ی این بی‌عدالتی‌ها وصیت می‌کند او را در همان حرمی که در کربلا پدربزرگش ساخته بود و در کنار گور او و پدرش به خاک سپارند با این هدف که خدا را نیز بفریبد تا کوشکی در بهشت به او سپارد و بتواند در کنار حور و غلم و در راحت و لذت به ابدیت پیوندد.

کیخسرو زرتشتی به‌قدری صادق و درستکار بود که مدرس در مجلس درباره او می‌گوید: ما فقط یک مسلمان واقعی و معتقد در خانه داریم که او همان کیخسروشاهرخ است.

دردوره قحطی تنها ایالت گیلان در کشور بود که تحت مدیریت نهضت جنگل با قحطی روبرو نشد منتهی آن منطقه نیز بعد شکست نهضت از انگلیس گرفتار می‌شود.

ناگفته نماند که در ادامه این انحصار انگلیس‌ها هر ماده‌غذائی را نیز که به ایران می‌رسید در بندر ورودی تصاحب می‌کردند که به این خاطر «مورگان شولتر» دبیر کمک‌های آمریکا به‌خصوص وقتی که شکر اهدائی گروه خیریه کشورش را نیز، انگیس‌ها در بندرعباس به یغما می‌برند شاکی می‌شود. احتکار موجب آن شده‌بود که قیمت اجناس بصورتی بالا رود که سفیر آمریکا در ایران به وزارت خارجه خود بنویسد که دیگر حقوقش کفاف هزینه‌های ضروری زندگیش را هم نمی‌دهد.

برای شناخت و درک میزان فقر و گرسنگی ملت ایران در آن زمان که اضافه بر قحطی دو عارضه، وبا و آنفلوآنزا نیز به آن دامن زد از کتب خاطرات همان اشغالگران که توسط کاوه بیات، خانم دکتر ملک زاده، تورج اتابکی و محمد قلی مجد تاریخ نگاران ترجمه شده‌است استفاده می‌کنیم، با تاسف از آن‌که این محققین بجای آگاهی رسانی به ملت تا لااقل از دول اشغالگر طلب عذرخواهی کنند با انتقاد از نارسائی تحقیق هم به یکدیگر تاختند.

سرگرد «داناهو، Mayjor M.H, Danahoe ، افسراطلاعات در کتاب خود تحت عنوان With the Persian Expedition می‌نویسد، آدمخواری در حال

رواج است در کندن تکیه‌ای از جسد مهاجمین گرسنه به جان هم می‌افتند.
او اضافه می‌کند هر وقت که تعدادی کودک به گدائی بدورم حلقه می‌زنند. در دل می‌گویم که کدام یک از آنان امشب ربوده و در دیگ گرسنه‌ای پخته خواهد شد. و در رابطه با کارگران ایرانی نیز که برای راه سازی استخدام کرده بود می‌نویسد که آن‌ها دارای شخصیتی خودخواه و بی‌مقدارند، چشم به مال مردم دوخته و درآمد ناچیز خود را در شیره‌کش خانه‌ها بدل به دود می‌کنند. به این خاطر مصمم شدم که نیمی از حقوقشان را بصورت موادغذائی پرداخت کنم تا رمقی برای کار داشته باشند.
در اینجا بجاست که باز یادی از رضاشاه کنیم و به او این امتیاز را بدهیم که توانست چنین کارگران گرسنه و معتاد ارثیه خاندان قاجار را برای آبادانی کشور بکار گیرد.
اعلم‌الدوله پزشک دربار قاجار نیز با استناد ترجمه تاریخ نگاران می‌نویسد کودکی ضعیف، گرسنه و افسرده‌ای را دیدم که دفعتا خیره به شیربرنج دکه‌ای از حال می‌رود. وقتی از آن شیربرنج چند قاشق به دهانش ریختم به حال آمد گفت: دیگر برایم بس است، چند قاشق بقیه را مرحمت کنید که برای مادرم ببرم تا او هم چون پدرم از گرسنگی نمیرد. او اضافه می‌کند که در کوچه و بازار به جنازه‌هائی بر می‌خورم که از دهان آن‌ها آخرین تکه برگ و یا علفی که دیگر رمق جویدن آن‌را نداشته‌اند بیرون زده و مگس‌ها مشغول خوردن چشمانشان هستند.
در چنین بحرانی دارسی نیز ۲۵ درصد سهم ایران منعکس در قرارداد نفت را نه تنها نمی‌پردازد از ایران گرسنه خسارت وارده به لوله‌های نفت را نیز مطالبه می‌کند.
همزمان از بد حادثه انقلابیون روسیه در انقلاب خود موفق می‌شوند «امپراطور نیکلا» و خانواده‌اش را تیرباران می‌کنند که در پس این ماجرا نابسامانی در آن کشور موجب بلاتکلیفی قزاق‌های روس و عدم پرداخت حقوق به آن‌ها در ایران می‌شود و این گروه مسلح و خشن نیز به جمع گرسنگان اضافه می‌گردند. آن‌ها به خانه اهالی شهرها می‌تازند، ته مانده

مواد غذائی و اموالشان را به غارت می‌برند، به زنان و دخترانشان تجاوز و بازارها را به آتش کشیده و نگهبانان آن‌ها را بدار می‌آویزند و موجب می‌شوند مردم کاشانه خود را رها و به شهرهای مصون‌تری کوچ کنند. چون تعدادی که از شهر قزوین به رشت گریختند و در این نوشتار شرح آن در احداث یتیم‌خانه مژدهی آمده‌است.

جالب آن‌که با گذشت ۲۱ سال از جنگ جهانی اول که جنگ جهانی دوم آغاز شد باز خاک ما مورد استفاده و یا بهتر بگوییم «مصرف» قدرت‌های متجاوز قرار گرفت. جنوب آن را انگلیس و شمالش را روسیه اشغال و با عنوان فریبای «پل پیروزی» به جاده‌ای برای رساندن تجهیزات به روسیه در

برابر جبهه آلمان بدل گشت. در اینجا این پرسش پیش کشیده می‌شود که برخورد با این همه مشکلات در طول تاریخ و تحمل آن‌ها با بردباری و در سکوت زائیده چیست. از بد شانس است، از طالعی است که در روز ازل برای ما قلم زده شد و یا آموزش نارسای مدرسین ما که نگفتند ملت نیز رکنی از میهن است و پرستیدن میهن بدون مهرورزی به تک تک آن‌ها ارج و منزلتی ندارد. گم کردن هویت نیز موجب خلق موریانه جدائی، تفرفه، دروغ، دو رویی، تزویر، خودبینی، خودخواهی و نادرستی می‌شود که کمان آرش‌ها را خواهد جوید و بلاخره دلایل دیگری که مسلما خواننده این نوشتار فرضیات فوق را با دامنه آگاهی بیشتر اصلاح و یاری خواهد داد که زیربنای مشکلات ما در چاپ دوم این کتاب روشن‌تر عیان شوند.

ناگفته نماند که دول خودکامه و متجاوز بعد تجاوزات و نیل به مقصود خود به فکر آن می‌افتند بصورتی آب پاکی بر اعمال خود ریخته و از بار گناهان خویش بکاهند که بعد جنگ جهانی اول نیز این ظاهرسازی را با ایجاد کنفرانسی در ورسای پاریس به نمایش گذاشته و هدف از تشکیل آنرا تثبیت و احترام به مرزها و تمامیت ارضی هر کشور قلمداد می‌کنند.

هیئت نمایندگی ایران نیز به سرپرستی فروغی که لایحه‌ای رسا و مستدلی را برای احقاق حق و طرح آن در این کنفرانس تهیه کرده بود به پاریس می‌رود. منتهی کارگردانان آن کنفرانس هیئت ایرانی را که اغلب سرانشان دست نشانده آنان بوده و ارزشی از دید آنان نداشتند لایق هم‌نشینی با خود نمی‌دانند و به همین‌خاطر ورود آن‌ها را به سالن کنفرانس منع و فقط اجازه می‌دهند که اگر شکایتی دارند آن را کتبا برای بررسی به کنفرانس ارائه دهند. آمده‌است که در بررسی آن شکوائیه وقتی به آن قسمت می‌رسند که برگشت خاک متصرفه خود در طول تاریخ را از روسیه و انگلیس خواستار شده بود خنده تمسخر آن‌ها چنان رسا بود که به گوش هیئت ایرانی در پشت در بسته کنفرانس نیز می‌رسد، چه به زعم آن‌ها این خواست «غلطی زیادی» از سوی قومی خار، بنده‌هائی بی‌هویت تلقی شده بود. بخاطر رنج این سر شکستگی بود که وقتی دارای نام فامیل و صاحب شناسنامه شدیم و

حتی توانستیم بدون ویزا به تعدادی از ممالک سفر کنیم احساس موجودیت کردیم.

هیئت ایرانی اضافه بر این خجلت‌زدگی به‌خاطر آن‌که حقوق‌شان هم از ایران به دستشان نرسید در کشوری غریب حال و روز«ابن سبیل» را نیز پیدا کرده بودند. برای شناخت هرچه بیشتر ارزشی که انگلیس‌ها از دید خود برای کشور و مردم ما قائل بودند از نوشته «جیمز موریه» یکی از ماموران سیاسی آن کشور در دربار فتحعلی‌شاه قاجار کمک می‌گیریم. نوشته‌ای که احمد علیدوست ادیب گرانمایه نیز در کتاب «خطی بر دیوار» به آن اشاره نموده‌اند. متنی که بخاطر عرق ملی دل‌ها را آزرده و قیاس آن با واقعیت روز ما روح را شرمنده می‌سازد. درگریز از این شرمساری و رعایت اختصار قیاس نظریه «مویه» را که هست جزیره‌اش از نیست ملل تحت استعمار پا گرفته به خوانندگان با انصاف و با شهامت این نوشتار می‌سپارم تا با هم با دعای کورش که از خدا می‌خواست کشورش را از دشمن، بی آبی و به ویژه دروغ حفظ کند هم صدا شویم.

موریه می‌نویسد:

زنهار!! ای یاران، به ایرانیان دل نبندید که وفا ندارند. سلاح جنگ و آلت صلحشان دروغ است. به هیچ و پوچ آدمی را به دام می‌اندازند. هرچند به عمارت ایشان همت گماری به خرابی تو می‌کوشند. دروغ ناخوشی ملت و عیب فطری ایشان است و قسم شاهد بزرگ این معنی. قسم‌های ایشان را ببینید، سخن راست را چه حاجت به قسم است. به جان تو و به مرگ اولادم، به روح پدر و مادرم، به نان و نمک، به انبیا و اولیا، تمام این‌ها از اصطلاحات سوگند ایشان است که از تن و جان مرده و زنده و دندان شکسته و فرق شکافته و بازوی بریده گرفته تا به آتش و چراغ و آب حمام همه را مایه می‌گذارند که دروغی را به کرسی بنشانند!.

جنبش ملی کردن نفت خاطراتی برایم آفرید که به چند مورد آن اشاره می‌کنم. همان خاطراتی که موجب شد دلایل شکست مکرر مبارزات آزادی‌طلبانه مردم خود را از یاد نبرم و با تجزیه و تحلیل آن و شناخت

بیشتر جامعه خود به حرکت تدریجی، بی‌وقفه و پویا بیشتر از هر راه
آزادی‌بخش دیگری تمایل پیدا کنم. باید یادآور شد که اگر در مبارزات
ملی‌کردن نفت تفرقه، یکی از دردهای دیرینه جامعه، مانع توفیق آن نشده
بود تا کنون بیش از نیم قرنی بود که می‌توانستیم از نعم آن بهره بریم. کاش
می‌توانستیم حداقل از طبیعت و قوس و قزح آن همیاری می‌آموختیم که
در آن:

رنگها، رنگین‌کمان را ساختند   با جدایی‌ها بهم آمیختند

چون هدف یک بود با هم تاختند   عرش را با فرش خاکی دوختند

جالب آنکه تمام طبقات مردم مشتاقانه در این جنبش سهیم شده بودند
که خاطره زیر معرف آنست:

در اولین رشته تحصیلی خود، روزی که در خوابگاه دانشجویان در
کرج مستقر شدم مقارن با پایان هفته بود که اغلب دانشجویانی که فامیل یا
آشنایی در تهران داشتند به تهران می‌آمدند. من هم به تهران آمدم و ابتدا به
دیدار برادرم رفتم. او رشته پزشکی را در لباس ارتش می‌گذراند و من تا
پایان دوره دبیرستان با او زندگی می‌کردم. از او خمیر مسکنی برای یکی از
مستخدمین خوابگاه در کرج که در چند روز کوتاه اقامتم در آنجا می‌دیدم
بعد از آوردن سوخت بخاری مدتی از درد کمر بالاتنه را به پشت خم کرده
و می‌ایستاد گرفتم و سپس به دیدار دوستم پرویز ورجاوند رفتم. پرویز
در خانه نبود و مادرش با اضطراب اظهار داشت که سحرگاه آن روز چند
نفری آمدند و پرویز را با خود بردند. او به من هم توصیه کرد که شب را به
خانه نروم زیرا ممکن است آن‌ها از دوستی من با پرویز آگاه بوده و آدرس
مرا نیز داشته و به دنبالم آیند. دلشوره مادرانه او مرا نیز دچار نگرانی کرد؛
به‌خصوص به یادم آمد مدارکی از نوشته‌ها، بریده جراید و عکس‌ها همه
در رابطه با جنبش ملی‌کردن نفت در نیم کمدی که سهم هر دانشجو در
اطاقی بود گذاشته‌ام. مسئله مهم من برادرم بود که نمی‌خواستم در خانه‌اش

موردی پیش آورم که بر ادامه تحصیلش اثری منفی گذارد. با پوزش از
مادر پرویز با عجله خداحافظی کرده و به کرج بازگشتم. تصادفاً در ورودی
خوابگاه به همان مستخدم دردمند برخوردم و دارو را به او داده، به خوابگاه
رفته و کیف مدارک یاد شده را بدون آنکه بدانم برای از بین‌بردن اوراق
آنچه باید بکنم برداشتم و به بیرون آمدم. در بیرون در اصلی، باز به
همان مستخدم برخوردم که در پایان کار روزانه عازم خانه‌اش بود. پرسید:
«نیامده به تهران برمی‌گردی؟» در جواب گفتم: «دیرتر خواهم رفت.» و با
این تصور که محبت من به او پاسخی داشته باشد ادامه دادم: «در حال
حاضر نیاز به کمک دارم تا بتوانم محتوای کیفم را که ممکن است برایم
گرفتاری به‌بارآورد، از بین ببرم.» او بدون درنگ پیشنهاد کرد از تنور نان‌پزی
کنار حیاط خانه‌اش در ده کرج استفاده کنم. از درب چوبی جنب کارگاه
ماشین‌آلات که دانشکده را به ده کرج مرتبط می‌کرد گذشته و به خانه‌اش که
در آن، تنها با همسر سالمندش زندگی می‌کرد رسیدیم. به هنگام سوزاندن
اوراق، دو عکس هدیه مصدق با امضای او و نام من از لابه‌لای اوراق بیرون
افتاد و وقتی خواستم با اکراه آن‌ها را نیز بسوزانم با شتاب دستم را گرفت و
گفت: «آن‌ها را به من بدهید. تصویر چنین مردی را نباید سوزاند.» آنجا بود
که دانستم او به خاطر هدیه خمیر مسکن به من کمک نکرده اعتقاد سیاسی
او، او را به این اقدام و مشارکت دراین خطر کشانده است.

بعد از سوزاندن کاغذها، برای برگشت به تهران از او تشکر و خداحافظی
کردم که یادآور شد اتوبوسی در این ساعت دیگر به تهران نمی‌رود و چون
دید از خوابیدن در خوابگاه نیز تردید دارم، همسرش را به تنها اطاق سرد
دیگر خانه فرستاد و من بعد از کندن کفش و کت، شب را در سمت دیگر
کرسی آن مرد به صبح رساندم. صبح زود برخاستم که با اولین اتوبوس
به تهران برگردم و تا خوابیدن سروصدا به انزلی رفته و در خانه فامیل
و دوستان گم شوم. به خاطر عجله، پالتوی خود را در اتوبوس کرج جا
گذاشته بودم و چون صبح‌ها سرمای کرج به اوج خود می‌رسد، آن مرد کت
پشمی و کلاه کارگری معروف به کپی خود را نیز به من قرض داد. با آنکه

چوخای او گشاد می‌نمود ولی با آستین بلندش نه تنها مرا گرم می‌کرد، بلکه ظاهر دانشجویی را نیز از من می‌گرفت. در زیر کرسی و قبل از خواب به آهستگی از او پرسیدم: «چطور به محض این‌که برای سوزاندن کاغذ کمک خواستم، بی‌درنگ، آن هم در این شرایط، خواسته‌ام را پذیرفتی؟» گفت: «بی‌آن‌که بدانم از کدام قبیله‌ای، آماده کمک شدم.» از کلمه قبیله خنده‌ام گرفته بود. به او گفتم: «شما اولین کسی هستید که کلمه قبیله را به جای دسته و یا فرقه سیاسی به کار می‌برید.» پاسخ او برایم آموزنده و جالب بود. او گفت: «به دلیل آن‌که بحث و جدل‌های شما دانشجویان با وابستگی به احزاب، مرا به یاد قبیله عشایری خودم می‌اندازد که در سیلاب هر قبیله فقط می‌خواهد دام خود را از رود خروشان بگذراند درحالی‌که به کمک هم می‌توانند کل گله را سریع‌تر نجات دهند. به هر صورت برایم مهم نبود که در چه جبهه‌ای فعال‌اید؛ کما این‌که شبی هم دانشجوی چپی که با شنیدن صدای کفش میخ‌دار ژاندارم‌ها بر موزائیک راهرو خوابگاه با پاره‌کردن توری و با لباس خواب از پنجره به بیرون جهید و به این‌جا آمد، در همان جایی که شما خوابیده‌ای خوابید. من آن دانشجو را می‌شناختم، بحث و جدل او را نیز در خوابگاه شنیده بودم. او به زمانی که هنوز رستوران دانشکده ساخته نشده بود و من گاوی داشتم، گه‌گاه می‌آمد و از من شیر می‌خرید.» برایم جالب بود که جنبش مردمی جبهه ملی همه اقشار جامعه را دربرگرفته و چون ملاتی آن‌ها را بهم متصل نموده است.

توجه عموم به مسئله نفت را لایحه‌ای که قریب به هفتاد سال پیش به تصویب مجلس رسیده بود تشدید کرد که به جنبش ملی‌کردن نفت انجامید. در آن لایحه به توسعه صنایع و کشاورزی کشور، به کمک درآمد نفت تاکید شده و برای پیگیری مفاد لایحه مدیریتی به نام «سازمان برنامه» تأسیس شد که با نبود اطلاعات و آمار که ابزار کار برنامه‌ریزی است، برنامه نارسایی را تهیه کرده و به مجلس ارائه می‌دهد؛ با تأکید بر این نکته که می‌بایست به درآمد نفت، تنها درآمد پایه کشور اضافه شود تا با توجه به میزان عقب‌افتادگی‌ها بتوان برنامه‌های مؤثر و قابل لمسی را پیشنهاد کرد.

نگاهی موشکافانه به سهمی که از نفت نصیب ما می‌شد، موجب تحریک احساسات عامه گردید؛ چه متوجه شدند از سود خالص ثروت ملی خود فقط سهمی برابر ۱۷.۵ درصد که به طور متوسط رقمی معادل ۳٤ میلیون دلار در سال می‌شد، به ایران می‌رسد که حتی در برآورد آن ایران مداخله و نظارتی ندارد و جالب‌تر آن‌که اقلامی چون مالیات به دولت انگلیس را نیز به عنوان رقمی از هزینه به حساب می‌آوردند. به عبارتی شریک انگلیسی هم از سود خالص ۸۳.۵ درصد بهره می‌برد و هم از رقم هزینه‌ای به نام مالیات دولت انگلیس. با روشن شدن این واقعیات نمایندگان مجلس در پس میز خطابه و مردم در کوچه و خیابان، متقاضی لغو این قرارداد تحمیلی با شرکت نفت انگلیس و ایران می‌شوند. شرکتی که همزمان با کشورهای دارای نفت منطقه، قراردادهایی با سهم‌بری مساوی پنجاه‌پنجاه بسته بود و ما را به این افتخار راضی می‌کرد که حروف اول اسم شرکت «British Petroliom» را که به اختصار «B.P» بر محصولاتش درج می‌شد، به معنی «بنزین پارس» تعبیر کنیم. اعتراضات خیابانی مردم موجب می‌شود که شاه تیمسار فهیم و محبوبی در ارتش را به نام «رزم‌آرا»، به نخست‌وزیری کشور برگزینند تا جنبش را آرام سازد. رزم‌آرا با تکیه به عقب‌ماندگی ما در صنعت و آن‌که برای بهره‌برداری از نفت خود در برابر دو انحصارخواهران نفتی که یکی قطعات مورد نیاز استخراج و تعمیر تأسیسات نفتی و آن دگر شبکه توزیع نفت که از یک تانکر حمل دریایی گرفته تا پمپی در گوشه و کنار دنیا را در بر می‌گیرد، توانایی نداریم، توانست شرکت انگلیسی را متقاعد کند که با ایران نیز چون کشورهای دیگر جنوب خلیج در سهم‌بری از درآمد نفت به صورت پنجاه‌پنجاه عمل نماید که چون این توافق که در جزئیات با دادن اختیار مدیریت در تولید و فروش نفت و پرداخت مالیات به دولت انگلیس باز سهم بیشتری بیش از پنجاه درصد را نصیب انگلیسی‌ها می‌کرد، مورد پذیرش کمیته مجلس به سرپرستی مصدق قرار نمی‌گیرد و نخست‌وزیر را فردی از شاخه فداییان اسلام ترور کرده و متعاقب آن میتینگ‌های خیابانی که نویسنده این یادداشت نیز درآن‌ها شرکت داشت

اوج می‌گیرد. قاتل رزم آرا با رأی مجلس! آزاد و شایعات محرک قتل او
متوجه آیت‌الله کاشانی، اسدالله علم و دیرتر آمریکا که سرش در معامله
رزم‌آرا بی‌کلاه مانده بود می‌شود.

مصدق مردی معتقد به اصول دموکراسی بود که این اعتقاد او موجب
می‌شود شرارت عده‌ای اوباش، دولتش را ساقط کند. اکنون بعد از گذشت
سال‌ها که به سقوط دولت مصدق می‌اندیشم، این ایراد را بر مدیریت
او وارد می‌دانم که نتوانست احزاب ملی و کوچک آن زمان را به زیر
یک چتر کشاند و به یک سازمان متشکل، هماهنگ و متحد ملی، مشابه
حزب توده درآورد تا در چنین مواردی به کار آید. اما او در جوار جنبش
ملی‌کردن نفت و تحت تأثیر همان اعتقاد به دمکراسی به هدف اساسی
دیگری نیز می‌اندیشید و آن حفظ شاه به صورت مقامی تشریفاتی، بدون
داشتن اختیاری در امور کشور بود تا کل آن امور به دست دولتی منتخب
مردم و تحت نظارت نمایندگانشان در مجلس قرار گیرد.

متعاقب آن که شاه موافقت کند املاک پهلوی همراه با املاک خالصجات
دولتی به ملکیت زارعین شاغل در آن‌ها درآید، از شاه می‌خواهد که از
فرماندهی ارتش ملی نیز چشم پوشد و آن را به دولت منتخب مردم منتقل
سازد که هر دو پیشنهاد مورد توافق شاه قرار نمی‌گیرد. مصدق در ادامه این
طرز تفکر که شاه در سیستمی دموکراتیک باید به صورت مقامی تشریفاتی
درآید دوره نمایندگی مجلس سنا را نیز از شش به دو سال کاهش می‌دهد؛
چه نیمی از نمایندگان این مجلس منتخب شاه و نیمی دیگر نیز عملا با
نظر او انتخاب می‌شدند اما این نوع از اقدامات مانع آن نمی‌شد که توجه
اصلی خود را که در اختیار گرفتن نفت و صنایع وابسته به آن بود در
اولویت قرار ندهد. همزمان انگلیس نیز به دنبال منافع خود بیکار ننشسته
بود؛ ایران را تحریم اقتصادی کرد، از فروش نفت ایران با سد کردن بنادر
جنوبش با نیروی دریایی خود ممانعت و مانع ورود کالاهای ضروری مورد
نیاز مردم نیز به ایران شده و به دادگاه بین‌المللی داوری لاهه به اتکای عدم
مراعات مفاد قرارداد نفت توسط دولت ایران شکایت می‌کند که مصدق

شخصاً دفاع از ایران را در آن دادگاه به عهده می‌گیرد و با همه نفوذی که انگلیس بر آن دادگاه داشت برنده می‌شود. همان توفیقی که دیرتر با حضور در سازمان ملل نیز با محکومیت انگلیس به دست آورد. گرچه تحریم‌ها و فقر اقتصادی ناشی از شرایط مذکور حیات عموم را به تنگنا کشانده بود اما دولت مدام در خنثی‌کردن مسائلی که برای توقف مبارزه‌اش پیش می‌آمد می‌کوشید و مردم با همه سختی‌ها که برای ادامه حیات با آن‌ها روبه‌رو بودند از مبارزه دست نمی‌کشیدند تا آن‌که لایه‌های وابسته به خارج و پنهان زیر قشر اجتماع، به تفرقه‌اندازی دست زدند. حربه کارسازی که زخم آن را به دفعات در طول تاریخ تجربه کرده‌ایم. تعدادی از حامیان و یاران اولیه جنبش نه تنها از حمایت مصدق دست کشیدند، به تخریب دولت او نیز پرداختند. پاره‌ای از جدایی‌ها چون پشت‌کردن آیت‌الله کاشانی، روحانی ذی‌نفوذ جامعه روحانیت که ریاست مجلس را نیز چندی برعهده داشته و مشوق قتل رزم‌آرا نیز شده بود، سنگین بود. به مبارزه ملت شاخه وابسته به بیگانه حزب توده نیز که کل حزب را به مخالفت با مصدق برانگیخت ضربه سخت دیگری وارد نمود. زعمای حزب توده بعد از انقلاب اسلامی ایران، اقرار کردند که روسیه آن حزب را مرکز جاسوسی خود کرده‌بود و موجب آن شد که قریب به چهل سال به مردم خود خیانت کند که زمینه‌سازی شکست ملی‌کردن نفت، بدترین آن‌ها بود.

در چنین شرایطی، هاری ترومن، رییس جمهور آزادی طلب آمریکا که از همراهی با انگلیس در کوبیدن نهضت ملی ما ابا داشت نیز به پایان دوره خود می‌رسد و ایزن‌هاور با تمایلات استعماری، جای او را می‌گیرد. تمایلاتی که نه تنها برای ایران مشکل آفرید می‌بینیم که در مجموع به نفع آمریکا نیز تمام نشد و در درازمدت زیان مالی و جانی برایش به بار آورد. برای نمونه آمریکا بر پایه این طرز تفکر، تنها در سی سال با اهداف استعماری در ۱۳ جنگ شرکت و بیش از ۱٤ تریلیون دلار را به هدر داد که می‌توانست در فعالیت‌های زیربنایی آمریکا به کار آید و به رشد درآمد طبقه متوسط کمک کرده و به ورود طبقات زیرین به رده‌های بالاتر تسهیل بخشد

و یا با برهم‌زدن مالکیت ثروت ملی که یک درصد از جمعیتش را مالک قریب به نود درصد ثروت ملی ساخته است شکاف طبقاتی شدیدی را به وجود آورده است که روزی بر ثبات و موجودیتش تأثیر خواهد گذاشت. این توجه به کسب ثروت، به نادرستی‌ها نیز در امور دامن زده است که نمونه آن تقلب بانک‌ها در سال ۲۰۰۸ میلادی است که رنج سنگینی را بر دوش ملتش نشاند. معمول است در دنیای سیاست که رقبا برای کوبیدن یکدیگر به صور مختلف به هم می‌تازند که در ایران معمولاً با القابی به صورت پیشوند و یا پسوند نام فرد، آهنگین و به صورت شعرگونه که در خاطرها سریع‌تر حفظ و تکرار آن بیشتر به دل می‌نشیند صورت می‌گیرد. حزب توده نیز حمایت ترومن از مصدق را پیراهن عثمانی ساخته بود و او را مباشر ترومن می‌نامید و با این اتهام او را می‌کوبید. بعد از ترومن، انگلیس‌ها با انداختن وحشت در افکار مسئولان آمریکا مبتنی بر آن‌که با وجود حزب کمونیست توده در ایران، آن کشور به زیر چتر کمونیست خواهد رفت، پرزیدنت ایزن‌هاور را نیز در شکست تلاش مردم ما در مبارزه ملی‌کردن نفت، همراه خود ساختند و به خواست او سازمان اطلاعات آمریکا، سیا، دست به کار شد و دولت قانونی مصدق را که بعد از قریب به چند صد سال درتاریخ ایران برای اولین‌بار، دولتی با انتخاب اکثریت مردم بر سر کار آمده بود، سرنگون ساخت.

در رابطه با براندازی مصدق، «استفان کینزر»[۱]، نویسنده آمریکایی و برنده جایزه پولیتزر، تحقیقی انجام داده و نتیجه را در فصلی از کتاب خود، «کودتا»[۲]، درج کرده است. او می‌نویسد که «دالاس»، رییس سازمان امنیت آمریکا، CIA در کابینه پرزیدنت آیزن‌هاور، دو مأمور سری به نام‌های دونالد ویلبر[۳] و نورمن داربی‌شایر[۴] را به ترتیب یکی از «سیا» آمریکا و دیگری از سازمان امنیت انگلیس را به قبرس می‌فرستد که ضمن نظرخواهی از سایر

۱-Estephen Kinzer

۲-Overtrow

۳-Donald Wilber

٤-Darbyshir Norman

جاسوسان در محل، جزئیات طرح براندازی حکومت مصدق را تنظیم کنند.
بعد از دو_ سه هفته‌ای اقامت در قبرس، آن‌ها نظرات خود را ارائه می‌دهند که برآن پایه، ژنرالی ایرانی «زاهدی» به عنوان سردمدار توطئه برگزیده می‌شود که کرمیت روزولت، مأمور آمریکا، در ورود به ایران با او تماس گرفته و مشترکاً محتوای طرح براندازی را که به رمز Ajax نامیده می‌شد به اطلاع شاه می‌رسانند. شاه از بیم آن‌که با قبول پیشنهاد کودتا و شکست آن، سلطنت را کلا از دست دهد، با اجرای آن مخالفت می‌ورزد و حتی به‌خاطر شرایط روز ایران می‌رفت که مقام تشریفاتی را با توجه به آن‌که در آغاز وزارت مصدق با خصومت مردم نیز روبه‌رو نبوده است پذیرا شود که آمریکا با دادن هدایا چون کت پوست، اشرف را از اروپا به ایران می‌فرستد تا برادر خود، شاه را متقاعد به قبول طرح مذکور سازد. که البته اشرف نظر «کینزر» را در رابطه با پالتو پوست در خاطرات خود رد و این‌طور عنوان می‌کند که مخالفینش آن را وسیله‌ای برای بدنام کردنش شایع کرده‌اند؛ چه آن را استالین در سفرش به روسیه به او هدیه کرده بود. بالاخره شاه با پادرمیانی اشرف مشروط به آن‌که به هنگام پیاده‌کردن طرح با همسرش فوزیه به شمال رود تا در صورت شکست کودتا از آن‌جا و از ایران خارج شوند، پیشنهاد را می‌پذیرد. ناگفته نماند شاید سایه تسلط کمونیست‌ها بر ایران نیز که از شخص او تنفر داشتند، دلیل دیگر احتیاط و نگرانی او بوده است. در همین رابطه یاد نظر دوست روان شناس البته مخالف شاه افتادم که احتمال می‌داد شهامت مردانه اشرف، ترس و محافظه‌کاری برادر دوقلویش، شاه، ناشی از تحولاتی در توزیع ژن به هنگام بستن نطفه در رحم مادر پیش آمده است.

آثار شکست طرح Ajax با نتیجه همه‌پرسی مصدق از مردم که نظر آن‌ها را در انحلال مجلسی با نمایندگانی فروخته شده خواسته بود، هویدا می‌شود. قریب به اتفاق مردم نظر مصدق را در انحلال مجلس تأیید کرده بودند. شاه همزمان با انحلال مجلس با هواپیمای شخصی از شمال پرواز کرده، به بغداد و از آن‌جا به ایتالیا می‌رود. «کینزر» در کتاب کودتای خود ادامه می‌دهد که

آمریکا نیز در پی این رفراندوم از توفیق طرح براندازی خود مأیوس و با قبول شکست خود از مأمورش «کرمیت» می‌خواهد که ایران را ترک کند ولی او به آن دستور توجه نکرده و با راه‌اندازی دسته‌جات به ظاهر موافق و مخالف سلطنت و انداختن آن‌ها به جان هم، تهران را به آشوب می‌کشد. دو برادر ایرانی و تاجری که از ابتدای ورود «کرمیت» همیار او بوده‌اند، صحنه این اغتشاش را پی ریختند. آن‌ها نیز ابتدا از ترس خشم مردم از دستور کرمیت سرپیچی می‌کنند ولی با نشانه‌گیری سلاح و تهدید کرمیت به کشتن هر دوی آن‌ها، با دو کیف پراز پول برای خود و پرداخت به آشوبگران، به دنبال تدارک آشوب می‌روند. مصدق، همان‌طور که اشاره شد، با اعتقاد شدید به دموکراسی در حکومت خود و تمرین آن توسط مردم تلاش می‌کرد که دسته‌جات با هر عقیده سیاسی، آزادانه نظرات خود را بیان، افکار خود را نوشته و منتشر سازند که همین آزادمنشی مصدق موجب می‌شود به سهولت آشوبگران که از اوباش و اراذل و فواحش شکل گرفته بودند با شکستن پنجره مغازه‌ها چپاول موجودی آن‌ها و اشغال ادارات حتی دفتر نخست‌وزیر و مرکز رادیو و تلویزیون تهران را به آشوب کشند و سپهبد زاهدی به اتکای حکمی که به امضای شاه با متن عزل مصدق و انتصاب خود در دست داشت، نخست‌وزیری خود را اعلام و به زمانی که این قیام ملی به مرز موفقیت نزدیک می‌شد متوقف و طرح براندازی آژاکس به نتیجه می‌رسد.

نزدیکی به مرز موفقیت ادعایی توخالی نیست. تحقیق همان نویسنده آمریکایی کینزر در کتاب «کودتا»، این نکته را که آمریکا از مأمور براندازی خود می‌خواهد ایران را بدون اخذ نتیجه‌ای ترک کند، معرف ناکامی آن‌ها در سقوط مصدق بود. به روال مرسوم سازمان امنیت آمریکا «سیا»، سالانه گزارشی از اقدامات خود را در دسترس مسئولان و مشاوران سیاست‌گذاری آمریکا قرار می‌دهد. دکتر رابرت پولسن، استاد مشاورم در دانشگاه کرنل نیز یکی از دریافت‌کنندگان این گزارش منتشره در سال ۶۲-۱۹۶۱ بود که اقدامات آن سازمان را در سنوات قبل منعکس می‌کرد. او کانادایی بوده و

غیر از تألیفات متعدد، ده سالی نیز سابقه تدریس و مدیریت در دانشگاه «مانیل» فیلیپین را برعهده داشت و از این طریق با دید جامعه‌شناسی خود به مسائل اجتماعی خاور دور آشنا و به این جهت به دانشگاه کرنل و به آمریکا دعوت شده بود تا ضمن تدریس، مشاور پرزیدنت کندی نیز در رابطه با جنگ ویتنام شود. جنگی که آمریکا سعی داشت آبرومندانه از تله آن رهایی یابد. همان حالتی که امروزه در افغانستان و عراق پیدا کرده است. او مردی آزاده بود و دعوت را به خاطر مخالفتی که با جنگ ویتنام و علاقه به پایانش داشت، پذیرفت. در نشریه مذکور، یکی_ دوصفحه‌ای تحت عنوان «شاه‌سازی در ایران»، به برگرداندن شاه به سلطنت اختصاص داشت که به همین خاطر دکتر پولسن آن را ساعتی در اختیار من گذاشت. دانشگاه‌های آمریکا سعی دارند که با دعوت اساتیدی چون او و قبل از او انشتین، بته و فون براون آلمانی، از غنایم جنگ جهانی دوم که برنامه فضایی آمریکا را پی ریختند، به ارزش علمی و معروفیت مؤسسه خود بیافزایند تا مقام خود را در رده معدود دانشگاه‌های «آیویلیک[1]» آمریکا حفظ کنند که این رده‌بندی توسط قضاوت شاگردان نخبه دبیرستان‌ها درانتخاب دانشگاه برای ادامه تحصیل مشخص می‌گردد. این محصلین و والدین آن‌ها سختی ورود و پرداخت شهریه گران این دانشگاه‌ها را از آن جهت پذیرا می‌شوند که می‌دانند فارغ‌التحصیلان آن‌ها را شرکت‌ها سریعا با حقوق و مزایای بهتری استخدام می‌کنند. سازمان برنامه ایران نیز تعدادی از فارغ التحصیلان این دانشگاه‌ها را به کار گرفته بود، که اکنون در خارج از ایران شاغلند.

سازمان «سیا» در جزوه مذکور شرح می‌دهد که کودتا در سقوط مصدق با ملاقات «کرمیت روزولت»، عضو سازمان «سیا»، با مأمور دیگر ایرانی آن سازمان، یا به نوشته جزوه «one of our boys» در یکی از رستوران‌های لبنان آغاز می‌شود. این مأمور همان شخصی است که نخست وزیر ایران شده و با همیاری وزیر کشاورزیش ارسنجانی عجولانه و بدون

۱-Ivy league

فراهم آوردن تدارکاتی طرح اصلاحات ارزی را پیاده می‌کند تا نگرانی آمریکا و شاه را از برپایی قیامی دهقانی مرتفع سازد که آن شتاب لکه کلمه مالک را پاک می‌کند اما شیرازه کشاورزی ایران را به هم می‌پاشد که در این باره توضیح بیشتری در این نوشتار داده خواهد شد.

همیاری کرمیت روزولت و آن مأمور ایرانی در براندازی حکومت ملی ایران یادآور شد که کشور ما در عالم سیاست همیشه به ظاهر مستقل می‌نمود ولی در اصل مدام زایده‌ای به همراه داشت. همانند درختی که گیاهی دیگر به بدنه‌اش چسبیده است تا از آب و قوت ریشه آن به صورت Symbiotic به حیات خود ادامه دهد، و بسا موجب خشکیدن درخت پایه نیز می‌شود.

گرچه این عارضه بعد از اسلام در حکومت‌های ما ظهور کرد اما دلیل عمده آن پیدایش دولی بود که از یک سو به‌خاطر توان علمی، فنی و همبستگی ملی به اقتصادی شکوفا و قدرتی نظامی دست یافته و عنوان قدرت برتر«super power» را به‌خود گرفتند و از جهتی در پیش رو سفره‌ای غنی با صاحبانی ناآگاه و سلطه‌پذیر را یافتند که شرایط آنان، کم‌دانی و عوارض آن چون تفرقه و تعصب، آن‌ها را آسیب‌پذیر ساخته بود. نکته اینجاست که به خاطر تداوم آن شرایط رهایی از سلطه بیگانه نیز مشکل می‌شود. به‌همین خاطر است که تنها در نسل خود ناظر آن شدیم که قیام مشروطه بی‌ثمر ماند، جنبش ملی کردن صنایع نفت شکست خورد و حتی قلم پای همین شاهی که با حمایت قدرت برتر به سلطنت بازگشت تا خواست خط استقلال پیش‌گیرد بشکند و در پس او حکومت انقلابی آن‌هم با شعار نه غربی و نه شرقی در آغوش جبهه شرق نشانده شود. رجال آگاه و استقلال‌طلب ملل زیر سلطه نیز به سرعت از هستی ساقط می‌شوند که در این مورد مطالعه کتاب نخبه کشی در ایران نوشته علیقلی توصیه می‌شود. ملخص آنکه در موقع برگرداندن نشریه به دکتر پولسن گفتم خواندن آن خاطرات تلخ مبارزات ملی‌کردن صنعت نفت ایران و سرنوشت رهبر آن مبارزه را در ذهنم زنده کرد. او نیز اشاره کرد

که از آن مبارزه و قیام عبدالناصر در همسایگی ایران مطلع بوده و افزود که همین دل‌گرفتگی‌ها را از دانشجویان دیگر خود در رابطه با مداخله ابر قدرتی در سرنوشت ممالکشان نیز شنیده است و اضافه کرد که هم‌میهنان کانادایی او در مواردی از ارتباطات اقتصادی با همسایه جنوبی خود نیز گله مندند و در خاتمه با توجه به تجاربی که از روند امور در کشورهای جهان سوم و حکومت‌های وابسته به آن داشت یادآور شد: «سیاست حرفه ناهنجاری است که در آن اگر همراه قافله باشی راحت و خشنود ولی آلوده‌ای و اگر صادقانه کوشی با سختی روبه‌رو می‌شوی.» ملخص آنکه مصدق که سه ماهی را نیز در زندان پدرش به خاطر عدم رضایت در کار با او سر کرده بود معزول، زندانی و برای بقیه عمر قریب بیست و هفت سال، چون ماندلا در آفریقای جنوبی، در دهی تحت نظر قرار می‌گیرد و شاه به ایران و به سلطنت برمی‌گردد. در اینجا در رابطه با ادعای سپهبد زاهدی دایر به قانونی بودن نخست‌وزیری خود، توجه را به این نکته جلب می‌کنم که بر پایه قانون اساسی شاه اختیار خلع نخست‌وزیران را نداشت و این مجلس بود که می‌بایست در این زمینه تصمیم گیرد.

در پس این شکست، عده‌ای به مدیریت مصدق ایراد می‌گیرند که چرا پیشنهاد پنجاه‌پنجاه انگلیس را که به نظر آن جماعت، فرصت مناسبی برای ما که توان مواجه با قدرت غرب و یا اداره امور مربوط به نفت را نداشتیم، نپذیرفت. این ایراد به چند دلیل وارد نیست. یکی آنکه انگلیس‌ها مسئولیت استخراج و فروش نفت را منحصراً و بدون نظارت ایران برای خود می‌خواستند. دیگر آنکه اگر مصدق کوچک‌ترین تمایلی نسبت به قبول این پیشنهاد از خود نشان می‌داد ضمن آنکه یک باره تعدادی از طرفداران خود من‌جمله نویسنده این نوشتار را از دست می‌داد، مواجه با آماج حملات حزب توده و به ویژه شاخه پنهان و وابسته به انگلیس آن شده، تفرقه و برخورد بین مردم به اوج می‌رسید و سریع‌تر با شکست روبه‌رو می‌شدیم. به احتمالی انگلیس با علم بروز آشفتگی با ظرافت آن

پیشنهاد به ظاهر فریبنده را مطرح کرده بود. پنهان نکنم و ناگفته نماند که با گذشت زمان که از سویی به دامنه بینش و آگاهی می‌افزاید و از جهتی مانع آن می‌شود که احساسات بر واقعیات غلبه کنند، گه‌گاه که به جنبش ملی‌کردن نفت می‌اندیشم به این پرسش می‌رسم که اگر تملک کامل این صنایع را به دست می‌آوردیم با توجه به تفرقه تزریق‌شده بین مردم خود، انحصار قطعات مورد نیاز در استخراج و تعمیر و نگهداری تأسیسات در دست خواهران نفتی و مهم‌تر از همه نداشتن شبکه توزیع به حد دامنه آن‌ها آیا می‌توانستیم ادعا کنیم به پایان موفقیت‌آمیز جنبش خود رسیده‌ایم؟ آیا بر پایه همین محاسبات است که امروزه شرکت روس نفت[1] روسیه با شرکت نفتی انگلیس BP شریک شده است. ناگفته نماند که این شراکت انگلیس را با توجه به محبت روسیه به ایران بدون آمریکا و به تنهایی به خلیج فارس آن منبع حیات بخش خواهد رساند.

به هر حال تحت دل‌گرفتگی از شکست در جنبش ملی‌کردن نفت در صدد آن شدم که دریابم اضافه بر حرص و آز، آیا در اندیشه موجودات متجاوزی که آرامش مردم ملل دیگر را برهم زده و می‌زنند می‌توان هاله‌ای از انسانیت یافت و یا چون عقرب طبیعتشان چنین است. به دنبال این هدف و به صورت نمونه جان دالاس، همان وزیر خارجه پرزیدنت آیزن‌هاور را که با همکاری برادرش، رییس «سیا»، برنامه‌ریز سقوط مصدق شد انتخاب و به دنبال شناخت گرایش‌های باطنی او رفتم. رونالد پرهاسن[2]، مورخ و زندگی‌نامه‌نویس آمریکایی، درباره «دالاس» می‌نویسد که او گرچه ناظر بر مسائل جهانی بود ولی همیشه گوشه چشمی به بازار سهام دوخته و گوش به نظرات سهام‌داران عمده آن می‌داد که بی‌درنگ از آن‌ها دنباله‌روی کند. حرفه چهل ساله این وکیل دعاوی که دفاع از منافع شرکت‌های کلان در برابر شرکت‌های کلان دیگری که هر دو سو حریص و سودجو بوده‌اند، در او شهامت روبه‌روشدن با هر حریفی را چنان تقویت کرد که دیگر تنها

۱-Rus naft

۲-Ronald Preassen

غلبه برحریف، آن هم به هر طریقی را می‌توانست پذیرا شود. او شدیداً تحت تاثیر اعتقاد آرنولد توین بی[۱]، یکی دیگر از نویسندگان نه‌چندان مشهور آمریکا که معتقد بود بدون درگیری مدام و برخورد با مشکلی تمدن متوقف شده وخواهد مرد قرارداشت. «گوبلز»، وزیر تبلیغات هیتلر نیز نظری مشابه او داشت. دالاس با همین اعتقاد سیاست خارجی آمریکا را به دست گرفت. هم او بود که پرزیدنت ایزن‌هاور را در سرنگونی حکومت مصدق با انگلیس‌ها همگام ساخت. درآن زمان این تعبیر تقویت می‌شد که آمریکا توجهی به نفت ایران ندارد و صرفا به خاطر مقابله با کمونیسم در همسایگی ایران، وارد ماجرای آن شده است. درحالی‌که در این مشارکت تنها به گرفتن سهمی از منافع نفت ایران می‌اندیشید که در قالب کنسرسیومی آن را به دست می‌آورد. کما این‌که در تجزیه و تحلیل مسئله سوریه که در این نوشتار خواهد آمد، خواهیم دید که آمریکا چند سال بعد نیز در کسب منافع خود «الکواتلی» رییس جمهور قانونی و مورد حمایت مردم سوریه را نیز که با عبور لوله انتقال نفت شرکتی آمریکایی به نام «CASOC» از عربستان به اروپا از خاک خود مخالفت می‌کرد با کودتایی سرنگون کرد. علت عطش ممالک قدرت‌طلب، حتی دارای منابع نفت به کسب هرچه بیشتر آن که سال‌ها به صورت عمده‌ترین عامل انرژی‌زا باقی خواهد ماند در این است که غیر از تأمین بیمه‌ای برای مصارف داخلی، به دامنه نفوذشان بر ممالک نیازمند به سوخت نیز می‌افزاید. نفوذی که به کمک آن می‌شود بازار این کشورها را برای فروش فرآورده صنایع و افزوده محصولات کشاورزی در اختیار گرفت تا کارگران همیشه دارای کار، اقتصاد شکوفا و به خاطر آن آرامش در کشور و ثبات حکومتشان تضمین شود. الکواتلی به خاطر بی‌مهری به آمریکا نبود که مخالف عبور لوله نفتش از خاک خود شد. او صرفا برای اثبات بی‌طرفی حکومتش در آن ایام که جنگ سرد بین غرب و روسیه کمونیسم به اوج رسیده بود چنان نظری را برای کشورش مفید می‌دانست. در کودتای ساقط کردن او نیز آمریکا دو متخصص براندازی

۱-Arnold Toynbee

حکومت‌های خود را با ۳ میلیون دلار مأمور می‌کند که یکی از آن دو همان «کرمیت روزولت» بود که کودتای ضد مصدق را نیز در ایران هدایت نمود. منتهی مردم سوریه بعد از چندی توطئه آمریکا را خنثی کرده و دوباره الکواتلی را به ریاست جمهوری برگزیدند که موجب فرار کرمیت از سوریه می‌شود. ولی دستیارش دستگیر شد و بعد از آن‌که در تلویزیون سوریه پرده از جزئیات براندازی حکومت الکواتلی برداشت با محاسبه‌ای منطقی و به دور از احساسات به اسارت گرفته نمی‌شود که سوریه را به دردسر و دشمن‌تراشی کشاند؛ لذا از سوریه اخراج می‌گردد. بعد از این شکست بود که کرمیت روزولت نیز از سازمان «سیا» استعفا داده و به خاطر خدمات ارزنده به شرکت‌های نفتی در یکی از آن‌ها با سمتی و مزایای بالا استخدام می‌شود. ناگفته نماند که کرمیت روزولت یکی از دلایل عمده شکست خود در سوریه را آن می‌داند که درآن‌جا نتوانست رجل خودفروشی را پیدا، خریداری و مجری نظرات خویش سازد. سؤال این‌جاست که از چه این مرد سی و هفت ساله توانست به تنهایی از مرز گذشته، وارد ایران شود و یک تنه ملتی با ادعای دو هزار و پانصد سال تاریخ را از مسیر سعادتش منحرف سازد؟

پاسخ به این پرسش که چه دلایلی چنان ملتی را به چنان ضعفی کشاند، به خواننده این نوشتار واگذار می‌کنم و در این توجیه با تقلید از سلیقه معلم تاریخ دبیرستان خود که زمان بروز اتفاقی را به روال معمول با ماه و روز و سال عنوان نمی‌کرد، بلکه مدتی را که از تاریخ آن تا عصر حال گذشته بود محاسبه و آن را ذکر و معتقد بود از این راه بهتر می‌توان گذشت زمان را درک و لمس کرد اقتباس می‌کنم. در این توضیحات پی خواهیم برد که در چشم انگلیس‌ها ما چه بوده‌ایم.

توجه انگلیس به ایران اضافه بر نفت به خاطر موقع جغرافیایی آن در همسایگی هند کشور تحت تسلطش جلب گردید که آن را دروازه ورودی به هند می‌شمرد. به این ترتیب می‌توان دریافت که این دروازه ورودی تا چه حد از دید انگلیس برای حفظ هند با داشتن رقبای طماع و توانای اروپایی

حائز اهمیت می‌شود. به خاطر حفظ هند و بهره‌برداری کامل از منابع آن بود که با تلاشی سخت توانستند پرتغال را بعد از ۱۲۸ سال هلند را بعد از ۲۰۲ سال و دانمارک را بعد از ۲۴۹ سال که در هند حضور داشتند، از آن دیار بیرون کنند و به دنبال وابسته‌کردن رجال ایران به خود، ایران را نیز از تعالی و توسعه بازدارند تا مبادا آن هم به مدعیان تسلط بر هند اضافه شود. متن گزارش سفیر انگلیس «سِر اوزلی» در دربار فتحعلی‌شاه به وزارت خارجه خود که در مجله «پادشاهی آسیایی» شماره ژانویه سال ۱۹٤٤ به شرح زیر درج شد، معرف این نظر است:

«چون هدف نهایی ما حفظ و مصونیت هند است، بهتر است که کشور ایران را در همین حالت ضعف و بی‌خبری، در بربریت و جهالت نگاه داشته و به دنبال راهی مغایر آن نرویم.»

در پی این طرز تفکر انگلیس پله پله، با ظرافت و پوشیده، جای پای خود را در ایران باز و تثبیت می‌کند که این پله‌ها را می‌توان به شرح زیر خلاصه نمود:

٤٤٦ سال پیش پله اول را ملکه انگلیس با اعزام نماینده‌ای برای گشایش باب دوستی به دربار سلطان طهماسب صفوی برمی‌دارد. هنگامی که پس از استقبال از او شاه می‌فهمد که مسیحی است، دستور می‌دهد او را از دربار بیرون و جای قدم‌هایش را شسته و بر آن شن بپاشند. اما آن‌ها از رو نمی‌روند. استقامت و سماجت در راه نیل به هدف از خصوصیات این قوم است که با آرامش و تعامل، پرهیز از عصبانیت و با نداشتن رحم و گذشتی در برابر مخالفان به دنبالش می‌روند. رجال انگلیسی از مراکز آموزشی خود فقط با کسب عنوانی فارغ‌التحصیل نمی‌شوند، رشته تخصصی خود را به کمال می‌آموزند و با مطالعه مدام به دانش و بینش خویش می‌افزایند تا بتوانند به عمق تاریخ فرهنگ، رسم و رسومات ممالک تحت سلطه خود که حیات جزیره انگلیس به آن مربوط است دست یابند و حتی گامی فراتر رفته و زبان تعدادی از اقوام را نیز فرا می‌گیرند که در تماس با مردم محلی

و نفوذ در هر جامعه‌ای حائز اهمیت است. آشنایی به زبان آن‌ها به صورتی است که می‌توانند به ترجمه مطالب ارزنده اقوام دیگر به انگلیسی پرداخته، تجربه و فلسفه مفید آنان را برای استفاده ملت خود عرضه دارند کما این‌که می‌بینیم دیوان اشعار و پاره‌ای از مطالب فلسفی ما به انگلیسی ترجمه شده است. آن‌ها از اطلاعات خود نه تنها در ثبات تسلط بر محدوده‌ای استفاده می‌کنند، بلکه درآمدی نیز به دست می‌آورند. باستان‌شناسانشان با اطلاع از تاریخ اقوام، مناطقی را برای حفریات انتخاب، حفاری و آثار باستانی را به موزه‌های خود فرستاده و یا به فروش می‌رسانند. بر سبیل مثال به کمک همین آگاهی‌ها بود که دریافتند هند غیر از فرآورده‌های گیاهی و معدنی دارای سازمانی به نام اوقاف است که ثروت و درآمدی دارد. دست به روی آن نهاده و از آن محل به دسته‌جاتی در هند و یا در ممالک همسایه توسط سفارتخانه‌های خود مستمری می‌پرداختند و از آن طریق تعدادی سکنه ممالک تحت تسلط خود را مدیون ساخته و از اخبار نهان در زیر جلد مراکز جمعیتی آگاه شده و برای تداوم سلطه خود مورد بهره برداری قرار می‌دادند. مثل ایجاد آشوب در جریان مبارزات انقلابیون هند که به نمونه‌ای در قلعه سرخ دهلی اشاره شد و یا دادن اطلاعات رزمی به انگلیس‌ها که در جنگ جهانی دوم در برخوردهای شمال آفریقا به زیان آلمان‌ها تمام می‌شد و شکست سرنوشت‌ساز و مشهور ژنرال رومل در جبهه شمال آفریقا نمونه‌ای از آنست. ژنرال مذکور قشون و وسایل رزمی خود را در زیر پرده تور نهان و با شن پوشانده و نمای یک تپه شنی حاصل طوفانی در صحرا را به آن داده و منتظررسیدن سپاه انگلیس به نقطه معینی برای غافل‌گیری و وارد کردن ضربه نهایی بود که انگلیس از آن باخبر شد و توانستند با حمله هوایی سربازان آلمانی و تمام آن آرایش جنگی را در زیر شن‌ها مدفون کرده و پیروز شوند. تعداد تلفات در این نبرد به قدری بالا بود که چرچیل نخست‌وزیر انگلیس خبر این پیروزی را با تأسف از این تلفات به اطلاع نمایندگان مجلس انگلیس می‌رساند که ابراز تأسف او در پی این پیروزی با انتقاد روبه‌رو می‌شود. نکته جالب آن است که مستمری‌بگیرها از مبدأ

مستمری بی‌اطلاع بوده و تصور می‌کردند که این کمک‌ها مرحمتی ملکه انگلیس است.

در توجیه صفات انگلیسی‌ها از حکایت رایج مرد انگلیسی چاق و فربهی کمک می‌گیرم. آن مرد برای آنکه خیس نشود از عربی می‌خواهد در برابر دستمزدی او را به کول گرفته، از رودی بگذراند. مرد عرب زیر سنگینی وزن او، فشا رجریان آب و حرکت بر کف لغزنده رود آزرده و به عربی به انگلیس‌ها که او و ملتش را به اسارت گرفته بودند ناسزا می‌گفت. وقتی به ساحل دیگر رود رسیدند مرد انگلیسی به عربی فصیح از او تشکر کرده و مزدش را به او می‌دهد. مرد عرب که هاج و واج مانده بود به او می‌گوید: «دستمزدم را پس می‌دهم اگر بگویی چرا آن همه توهین مرا تحمل کردی و کلامی بر زبان نیاوردی.» مرد انگلیسی درحالی‌که بدون تعارفی پولش را از او پس می‌گرفت پاسخ داد: «برای من مهم فقط رسیدن به سوی دیگر رود بود.» و یا معروف است که فرماندار انگلیس در دهلی در حال عبور می‌بیند جوانی به گاوی لگد می‌زند که آن را از مقابل دکه‌اش براند و یکی‌ـ دو عابر به او ایراد می‌گیرند. فرماندار با عجله به طرف گاو می‌دود و آن را می‌بوسد. حاضرین که محبت و احترام یک خارجی را به گاو چنین می بینند انها هم همین کار را می‌کنند حتی گامی فراتر رفته برای پوزش از کرده آن جوان در برابر گاو سجده می‌کنند. وقتی یکی از همراهان علت این کار را از فرماندار می‌پرسد جواب می‌دهد: «آگاهی این جوان می‌رفت که فرهنگ هند را سال‌ها به جلو اندازد که آن پیشرفت تسلط ما را متزلزل می‌کرد ولی با کارم مانع آن شدم.» این بینش و از سوی دیگر اشتیاق به حفظ منافع کشور، از دو خصوصیتی است که توانست انگلیس را حفظ کند و همان‌طور که اشاره شد با دو درصد جمعیت دنیا و جزیره‌ای به اندازه کف دست به خاطر کثرت مستعمراتش مدعی شود که آفتاب هیچ‌گاه در خاکش غروب نمی‌کند.

در ۳۹۰ سال پیش انگلیس‌ها با تزریق دو انگلیسی به نام برادران شرلی به دربار شاه‌عباس، پله دوم را طی می‌کنند که آن دو برای مدتی طولانی در

ایران مقیم بوده مشاغلی نیز در حکومت به دست آوردند و توانستند زمینه انعقاد قراردادی بین ایران و انگلیس را فراهم آورند که انگلیس اجازه یابد در سواحل خلیج فارس دفاتر تجاری باز کند و به این ترتیب جا پایی در ایران پیدا می‌کند.

در ۲۵۵ سال پیش، انگلیس با انعقاد قراردادی با کریم‌خان زند، شاه وقت، به پله سوم پا می‌گذارد. که به موجب آن انگلیس می‌تواند هر مقدار زمین را که برای بسط انبار و دفاتر اداری لازم دارد در حوزه خلیج فارس در اختیار گیرد. و حتی زمینی نیز برای گورستان اتباع و خدمه‌اش داشته باشند که معرف آن بود آن‌ها مقیم شده و دیگر رفتنی نیستند. در مقابل انگلیس‌ها با نیروی دریایی برتر در آن زمان متعهد می‌شوند مهاجمین دیگر اروپایی را از آن خطه برانند که خود انگلیس‌ها نیز در باطن برای حفاظت هند طالب آن بودند. تا موقعی که حکومت زندیه بر پا بود انگلیس‌ها مفاد قرارداد را رعایت و پا را از گلیم خود فراتر نمی‌گذاشتند.

در ۲۲٤ سال پیش پله چهارم و نهایی را انگلیس‌ها در پی فوت کریم‌خان زند با به سلطنت‌رسیدن آغامحمدخان، رهبر عشیره ترک قاجار که با خیانت «کلانترخان»، یکی از نزدیکان کریم‌خان حکومت ایران را به دست گرفت طی و با خرید رجالش عملا ایران را حدود ۱۲۰ سال تحت سلطه خود در می‌آورند. آغامحمدخان برای پس‌گرفتن ایالاتی که روس‌ها تصاحب کرده بودند و دریافت که منافع زیادی در آن‌هاست به فرانسه نزدیک می‌شود. انگلیس‌ها به خاطر این جسارت نابخشودنی آن هم با کشوری که چشم طمع به هند دوخته بود زمینه‌ای فراهم می‌آورند که به دست یکی از افراد گارد خود در قلعه شوش به قتل رسد. که با مرگ او دوستی ایران با فرانسه پا نمی‌گیرد.

بعد از آغامحمدخان که فرزندی نداشت، فتحعلی‌شاه قاجار به سلطنت می‌رسد. او به ظاهر مذهبی بود و در جلب رضایت علمای شیعه به شدت

می‌کوشید. تا آنجا که سلطنت خویش را نیابتی و به نمایندگی از طرف مجتهدان زمان می‌دانست. اما درعمل از نظر عیاشی شهره بود. مزدورانش برای خوش‌گذرانی او و شاهزادگان دختران و زنان زیباروی را از خانواده جدا و روانه دربار می‌کردند که از آنجا در پی از دست دادن طراوت خود به روسپی‌خانه‌های شهر فرستاده می‌شدند و با عنوان فواحش قجری رونق بازار آن خانه‌ها شده و از آنجا نیز وقتی فرسوده می‌شدند درگذری با گدایی به پایان حیات خود می‌رسیدند.

در زمان او بود که زعمای شیعه به دو شاخه اصولی و اخباری تقسیم می‌شوند. اصولی‌ها معتقد بودند که امور باید بر مبانی فقه پیش رود و اخباری‌ها بر پایه روایات و احادیث وابسته به امامان معصوم. در این زمان است که تسلط انگلیس بر ایران به اوج خود می‌رسد. عیاشی شاه و شاهزادگان قجری، هزینه حرمسرا و نیز وظیفه چاکران و مداحان، فتحعلی‌شاه را مواجه با بی‌پولی می‌کند که به اجبار دست نیاز به سوی انگلیسی‌های منتظر فرصت دراز می‌کند که در ابتدا به عنوان پیشکش، هدیه و یا انعام پول در اختیارش می‌گذارند و در نهایت به کمک‌های سیصد ـ چهارصدهزار روپیه، لیره سالانه از انگلیس. این سرآغازی برای ظهور نادرستی در رده رجال کشور می‌شود و تجربه مفیدی برای انگلیس‌ها که به همین خاطر حتی مأموریت یکی از فرستادگان خود را به دربار قاجار، منحصر به آن می‌کنند که فقط قبح رشوه‌خواری را ضعیف و آن را به زیرکی و زرنگی فرد جلوه دهد که از آن زمان به صورت عادتی درآمد این عادت سریعا از رجال به اقشار دیگر جامعه با عنوان «مداخل» سرایت و نهادین می‌گردد. ناگفته نماند اختیار کسب مالیات طی قراردادی به انگلیس‌ها سپرده شده بود که خاصه خرجی‌های رجال از آن محل تأمین می‌شد و سران کشور را در عمل به بردگی می‌کشاند. ملخص آنکه فتحعلی‌شاه و رجالش به صورت عروسک‌هایی درمی‌آیند که به تناسب مانورهای سیاسی انگلیس در اروپا با هدف تأمین امنیت هند و کنترل دروازه ورودیش کشور ایران، به هر سو کشانده و به بازی گرفته می‌شدند که به اختصار و به شرح زیر به وسیله

قراردادن شاه و رجال وقت ایران اشاره می‌شود:

فتحعلی‌شاه، ده سال آخر از بیست و هفت سال سلطنتش را در ادامه نظر آغامحمدخان برای پس‌گرفتن محدوده‌های پر سود متعلق به ایران در جنگ با روس‌ها گذراند. در این مدت با آن‌که انگلیس‌ها در سال میلادی ۱۸۰۱ با او پیمانی نظامی بسته بودند، در عمل او و فرمانده قشونش، شاهزاده عباس‌میرزا را تا زمانی که کاترین امپراطور روسیه زنده و خطری متوجه هند نبود، با وعده و وعید سرگردان نگاه داشته و اهداف عقب‌ماندگی ایران را دنبال می‌کردند؛ درحالی‌که طی مفاد آن قرارداد می‌بایست در جنگ با روس‌ها به ایران یاری دهند ولی در مقابل ایران به تعهد خود در آن قرارداد مبنی بر آن‌که هیچ اروپایی غیر انگلیسی را به ایران راه نداده و اگر در ایران دیده شوند به سرعت آن‌ها را از خاک خود برانند، مجدانه عمل می‌کرد.

بعد از مرگ کاترین پسرش، «پُل» جانشین او می‌شود و برعکس مادر از در دوستی با ناپلئون درمی‌آید. ناپلئون هم همزمان با دعوت ممالک دوست سوئد، دانمارک و روسیه در کاخ تابستانی «مور فونتن» طرح مشترک راندن انگلیس از هند و تصرف آن‌جا را از مسیر ایران مطرح کرد و نماینده‌ای را به نام موسیو «ژوپر»، برای آماده‌کردن ایران برای اجرای این طرح، به دربار ایران می‌فرستد. شاه وقت انگلیس «ویلیام چهارم» از این نقشه آگاه شده و به دستور او فرماندار انگلیسی هند «کلنل جان ملکم بهادر» از افسران خود را با هدایایی چون دانه‌های درشت الماس، پارچه پرند، ابریشم و آینه‌های قدنما به دربار ایران می‌فرستد. ایران هم با هدایایی به شخص ملکم چون خنجر و شمشیر مرصع نماینده‌ای دائمی به نام «حاج خلیل قزوینی» را به هند روانه می‌کند و این مقدمه‌ای می‌شود که نزدیکی خاندان قاجار با انگلیس محکم‌تر شود و به سوی ناپلئون نروند. ضمنا انگلیس از ترس همیاری روسیه و فرانسه، با هدف تصرف هند با فرستادن چند افسر و تسلیحاتی چون توپ به تقویت سپاه عباس‌میرزا می‌پردازد و یکی از مشاوران نظامی خود «ماژور دارسی» را در کنار او قرار می‌دهد. به این ترتیب، طرح ناپلئون باز توسط انگلیس خنثی شده و به جایی نمی‌رسد.

متعاقب آن فتحعلی‌شاه به دستور انگلیس به افغانستان که «زمان‌شاه»، پسر تیمور مغول یاغی و برای تصرف هند به دروازه‌هایش رسیده بود حمله، زمان‌شاه را دستگیر و به برادرانش که از قبل به ایران پناهنده شده بودند، می‌سپارد که آنان نیز او را کور کرده و سپس به قتل می‌رسانند و در نتیجه با تلاش ایران و تلفات سربازانش خیال انگلیس از بابت حفظ هند از آن سوی آسوده می‌شود. اما اغتشاشات مکرر افغانستان که نشان می‌داد ایران توان برقراری آرامش پایداری را در آن ایالت هم‌مرز با هند خود را ندارد، به دنبال طرحی می‌روند که آن را از ایران جدا، به محدوده هند اضافه کرده و خود همراه هند امنیت آن‌جا را نیز برعهده گیرند.

در ۲۰۵ سال پیش حتی با جدایی ایران از فرانسه، انگلیس که باز نگران دوستی «پل»، امپراطور روسیه با ناپلئون بود و نمی‌توانست آن را نادیده گیرد، «کنت دو پالهن» یکی از سرداران مقیم شهر سنت پترزبورگ را تحریک می‌کند که در دیدار امپراطور «پل» از آن شهر او را به قتل رساند. با قتل او، پسرش الکساندر که با ناپلئون میانه‌ای نداشت جای پدر را می‌گیرد و انگلیس با جلب دوستی او که سلطنت خود را مدیون انگلیس می‌دانست، نگرانی از بابت نفوذ فرانسه در هند را به کلی فراموش کرده و در نمود استحکام این دوستی و جلب اطمینان بیشترش، سفیر انگلیس افسران خود را از تبریز و قشون عباس‌میرزا احضار کرده و به عنوان آن‌که می‌خواهند با قرارداد آبرومندانه‌ای به نفع ایران، صلحی بین ایران و روس برقرار کنند، بی‌توجه به اعتراض شدید عباس‌میرزا، تنها شاهزاده قجری توانا و علاقه‌مند به ایران، تصمیم می‌گیرد مشاور انگلیسی عباس‌میرزا، ماژور دارسی را که از نقشه جنگ نهایی و زیر و بم ارتش ایران آگاهی داشت برای مذاکره به روسیه بفرستد که او هم تمام اطلاعات خود را به روس‌ها منتقل می‌کند و در نتیجه روس‌ها در جنگ بعدی پیروز شده و ایران بر پایه قرارداد ترکمان‌چای، بعد از ده سال جنگ مکرر، به سال ۱۸۱٤ میلادی در شهرک گلستان از توابع قره‌باغ، با امضای پیمانی ایالت گرجستان، محدوده قفقاز و

هفده شهر آن را به روس‌ها هدیه می‌کند.

در ۱٦۲ سال پیش جدا شدن محدوده ایران و اهدای آن به ممالک دیگر در عصر حکومت قاجار ادامه پیدا می‌کند. غیر از آشوب زمان شاه که شرح آن گذشت باز یاغیانی در افغانستان آرامش آن منطقه را به‌هم می‌ریزند که ناصرالدین شاه با اعزام قشونی به فرماندهی، مراد میرزا حسام‌السلطنه هرات را محاصره و بار دیگر آن‌جا را آرام می‌کند. «حسام السلطنه» ضمن ارسال فتح‌نامه‌ای، به شاه اطلاع می‌دهد که هند با اغتشاش روبه‌رو است و اگر اجازه دهد می‌تواند جنگ را ادامه و قسمتی از هند را نیز به تصرف ایران درآورد که خبر به گوش انگلیسی‌ها می‌رسد. آن‌ها با چند کشتی و پیاده‌کردن معدودی سپاهی صحنه نمایشی برای «میرزا آقاخان نوری» صدراعظم ناصرالدین‌شاه که از وابستگان به انگلیس بوده و به روایتی تبعیت آن کشور را نیز دارا بود، می‌سازند که شاه را بترساند و به او بقبولانند که حملات حسام‌السلطنه ممکن است انگلیس‌ها را آزرده کرده و ایران را اشغال کنند؛ کما این‌که هم‌اکنون با چند کشتی به جنوب ما رسیده و مشغول پیاده کردن سپاهی به خاک ایران‌اند. ضمن آن‌که اگر حسام‌السلطنه قسمتی از هند را نیز تصرف کند، مدعی سلطنت شما خواهد شد و تاج و تخت خود را هم از دست خواهید داد. که ناصرالدین‌شاه تحت تاثیر او قرار می‌گیرد، قشون خود را از افغانستان خارج و متعاقب آن به پیشنهاد انگلیس برای سلطه‌اش بر افغانستان پاسخ مثبت می‌دهد و به این ترتیب در سال ۱۸۵۷ میلادی بر اساس پیمان پاریس افغانستان هم رسماً از ایران جدا و به انگلیس تحویل داده می‌شود. بدیهی است ناصرالدین‌شاه اگر دستور قتل امیرکبیر را نداده بود و او به جای میرزا آقاخان نوری کماکان صدراعظم ایران بود، به نظر نمی‌رسد که افغانستان را از دست می‌دادیم.

بعد از سلسله قاجار در ادامه نفوذ انگلیس در ایران، رضاشاه از خاندان پهلوی به سلطنت می‌رسد که با نگرشی به قریب پانصد سال از تاریخ ایران قبل از او و با هر ایراد درست و یا نادرست و عنوانی که او را بنامیم، در آشفته‌بازاری که به خصوص به شرح صفحات قبل، ایل ترک قاجار در طول

متجاوز بر یک قرن تسلط برای ایران خلق کرده بودند، پدیده‌ای استثنایی به شمار می‌رفت. او روستازاده و سربازی ساده بود که غیر از اطلاعات رزمی، آن هم محدود، تخصص دیگری نداشت، به زبان‌های خارجی آشنا نبود، زبان فارسی را در حد رفع حوایج می‌دانست و دست‌نوشته‌های او خوش‌خطی او را نیز نشان می‌داد اما اقدامات او هوش ذاتی، ابتکار، اراده استثنایی او را نمودار ساخت. مهم‌ترین خصوصیت او علاقه به کشورش بود که سال‌ها مورد تجاوز قرار گرفته و در آن تضاد و تفرقه بین مردم مشهود، خارجیان سرور و عوامل وابسته به آنان عملاً امور را به دست گرفته و تصویری از کشوری مستعمره به او داده بودند که با اقدامات خود که شرح آن در فوق و در قسمت قیام جنگل داده شد، سیمای عقب مانده ایران را تغییر می‌دهد. در رابطه با به سلطنت رسیدن او نیز دو نظریه مطرح است. عده‌ای احراز آن سمت را ناشی از حمایت انگلیس‌ها می‌دانند که با نبود سازمان سیاسی مستقلی در ایران همیشه در انتخاب سران ایران صاحب‌نظر بوده‌اند و گروهی معتقداند بر پایه شرایط زمان رضاخان با توانایی‌های خود، چون یک ناجی در دید و خواست قطب‌های متضاد قرار گرفته بود.

انگلیس خسته در پایان جنگ جهانی اول با وضع بسیار بد اقتصادی روبه‌رو بود. به حدی که مجلس آن از دولت می‌خواست سپاهیانش را برای صرفه‌جویی از مناطق غیرحساس دنیا فرا خواند و مثل سایر سپاهیان دفتری حقوق آن‌ها را نیز به نصف تقلیل دهد. همزمان جنبش ضد استعمار هند را پیش رو می‌دید، هندی که به نظر «لرد کورزون»[۱]، فرمانروای هند در کتاب «Persia and the Persian Question» و متعاقبا «جان مارلو کلارد»، از مدیران کنسرسیوم نفت در کتاب «خلیج فارس در قرن بیستم»، انگلیس بدون تسلط بر آن نمی‌توانست نه تنها امپراطوری، بلکه موجودیت خود را حفظ کند با چنین اهمیتی حالا انگلیس گرفتار و با جنبش‌های داخل هند نیز روبه‌رو شده بود و نگران آن بود که روسیه با تصرف ایران به دروازه هند وارد شده

۱-George Nathaniel Curzon

و آن خاک را نیز از چنگ انگلیس برباید. این‌جا بود که حفظ ایران و جلب رضایت مردم آن برای انگلیس حائز اهمیت می‌شود، مردمی که از فقر ناشی از بی‌توجهی خاندان قاجار پذیرای هر متجاوری که به آن‌ها نانی رسانَد شده بودند. لذا انگلیس مصلحت در آن می‌دید که مردم به جان رسیده از فقر ایران را از ید سلسله نالایق و لذت طلب قاجار توسط رهبری توانا از بین خود آن‌ها برهاند و به رفاه آنان اندکی بیافزاید. ناگفته نماند که انرژی حاصل از نفت به خاطر جایگرینی با بخار در صنایع و کشتی‌رانی، مورد توجه خاص قدرت‌های سلطه‌طلب روز چون روسیه برای افزودن به توان و سرعت انتقال نیروی نظامی و نه فروش نفت نیز قرار گرفته بود. از آن‌جا که آن‌ها در زمان فرماندهی قزاق‌ها با توان رضاشاه آشنا شده بودند، او را چه بخواهند چه نخواهند به عنوان حلال مشکلات خود تجسم می‌کردند. از سوی دیگر شاه قاجار نیز با احساس عدم امنیت از سوی دسته‌جاتی که هر یک قطعه‌ای از کشور را در اختیار گرفته و آن را به صورت ملوک‌الطوایفی در آورده بودند، در انتظار مرد توانایی بود که یکپارچگی ایران را به او بازگردانده و تسلط او را بر پهنه کشور تثبیت کند. از نظر او هم رضاخان تنها راه‌حل ممکن به نظر می‌رسد. به این ترتیب در آن شرایط رضاخان، آن روستازاده‌ای که پله پله مدارج ترقی را بدون دادن رشوه و تملقی برای احراز شغلی به زعیمی من‌جمله خود انگلیس، از سربازی ساده به وزارت جنگ و سپس به نخست‌وزیری رسیده بود، مورد توجه و نیاز همگان قرار می‌گیرد که او را برای صعود به پله بعدی، پادشاهی می‌خوانند. در نمود عدم آشنایی و ارتباط او با انگلیس از سندی که از آرشیو آزاد شده وزارت خارجه انگلیس به دست آمده می‌توان کمک گرفت. در آن سند بعد از رسیدن رضاخان به شاهی، «ناتهانیل کورزون»، طراح استراتژی پنجه‌اندازی انگلیس بر ممالک، این بار در مقام وزارت خارجه به‌خاطر ناآشنائی با رضاشاه از سفیرش در ایران، «Percy Loraine»، جویای خصوصیات رضاشاه می‌شود و به او می‌نویسد: «آیا این رضا چون General Diaz، سردار خشن و نامی ایتالیا در جنگ جهانی اول است و یا چون محمدعلی که تصور می‌کنم

منظور او محمدعلی جناح، رهبر پاکستان است[۱]. ملایم و در اطاعت از ما.»
مجله تایم نیز که هر ساله رجلی را با نقشی چشم‌گیر در ایجاد تحولی به عنوان مرد سال معرفی می‌کند، در شماره ۱۷ شهریور ماه سال ۱۳۲۰ خود عکسی از رضاشاه را در پشت جلد مجله چاپ و با جمله‌ای در زیر عکس به استقلال و توان او در بازی بین قدرت‌ها صحه گذاشته و اشاره می‌کند تا زمانی که دوقطب «روس و انگلیس» با هم متفق نشده بودند، به تنهایی نمی‌توانستند او را از خط استقلال خود منحرف سازند. عین جمله زیر عکس این است:

Iran Reza shah Pahlavi

He plays both ends until they met

به هر صورت به خاندان‌های سلطنتی ایران که با خاندان هخامنشی و طلوع کوروش و سایر شاهان اکثراً فهیم با افکاری مردمی ۲۸ کشور را در محدوده امپراطوری خود در عدالت و برابری اداره می‌کردند با به سلطنت رسیدن رضاشاه خاندان پهلوی اضافه و به صورت آخرین خاندان سلطنتی دفتر چند هزار ساله حکومت‌های سلطتتی را می‌بندد.

از آن‌جا که انقلاب اسلامی با از هم پاشاندن سیستم دیرینه سلطنتی، سیستم حکومتی کاملاً متفاوتی را جانشین آن ساخت حائز اهمیتی خاص است، لذا فصل جداگانه و بعدی را به آن اختصاص می‌دهیم. در این بخش با تکیه به مشاهدات و به دور از ابراز نظری، به شرح نکات عمده در این اتقلاب اشاره می‌شود.

۱- سایت بدیع بدیع‌الزمانی در توییتر با عنوان رضاشاه.

بخش دوم؛ نظری بر انقلاب ایران

فصل سوم: مقدمه‌ای بر انقلاب ایران

فصل سوم:

مقدمه‌ای بر انقلاب ایران

با آن‌که چهل و چند سالی است از انقلاب ایران می‌گذرد هنوز در هر نشستی بحث درباره آن‌که چرا این جنبش برپا و چگونه با عدم برخورد به موانعی به سرعت توفیق یافته ادامه دارد که همیشه این پرسش‌ها بلاجواب می‌مانند، حتی محققین مطلع نیز در این مورد به پاسخ روشنی نرسیده و اغلب با این نتیجه‌گیری که ما بین حکومت‌های قبل و بعد انقلاب کدامین بهترند، تحقیق خود را به آخر می‌رسانند. به نظر می‌رسد از آن‌جا که اغلب انقلاب‌ها از فقر عامه ریشه گرفته‌اند و فصل نخست این نوشتار نیز اهمیت نقش فقر در انقلاب‌ها را به ثبوت رسانده‌است، عامل فقر موجب این ابهام شده باشد. ویکتور هوگو نویسنده و ناطق فرانسوی نیز عامل اصلی جنبش‌های انقلابی را فقط فقر می‌شناخت و تحت تاثیر همین اعتقاد بود که در گفتار مشهور خود در مجلس فرانسه بعد انقلاب آن کشور و به هنگام تشکیل حکومتی لائیک به نمایندگان هشدار می‌دهد که فقر تنها رنج یک نفر فقیر نیست بلکه بلای همه جامعه است و این انتظار طولانی فقر است که انقلاب می‌آفریند و مرگ حاد توانگران و بی‌ثباتی کشور را به دنبال می‌آورد. ولی انقلاب ایران حاصل فقر نبود، در آغاز آن به یمن قیمت نفت، با آن‌که نمی‌توان مدعی شد که ایران مدینه فاضله بی‌عیب و نقصی بود از اقتصاد بالایی برخوردار بودیم و نه تنها بیکار نداشتیم، به‌خاطر سرعت توسعه‌ای لجام‌گسیخته مجبور شده بودیم کارگران بیکار ممالک دیگر را نیز

به کار گیریم. به طور کلی مردم از رفاهی نسبی برخوردار و طبقه متوسط
به کندی درحال رشد و مدیریت دیکتاتورمآبانه رژیم هم درحال تغییر بود.
شاه ده سالی قبل از انقلاب به هر دلیل، چون علاقه‌مندی به تداوم سلطنت
در خاندان پهلوی، احساس طوفانی در پیش فشار ناشی از رشد فکری و
بینش مردم، و نیز داشتن آرامشی نسبی در کشور حاصل نزدیکی او به
روسیه سردمدار گروه‌های مخالف سلطنت دریچه‌ای را به روی آزادی‌های
فردی و اجتماعی می‌گشاید که با همه کوچکی امیدبخش بود به مشارکت
عامه در امور خود دامن زد و فرصتی به مسئولان سازندگی کشور داد که به
قوانین مشروطه که حکومت‌های مستبد آن‌ها را مسکوت گذاشته بودند، از
طریق توسعه و تقویت انجمن‌های ایالتی و ولایتی و نیز برقراری سازمانی
برای برنامه‌ریزی و نظارت در کنار و زیر نظر آن انجمن‌ها حیات بخشند
تا راهی برای مشارکت هرچه بیشتر مردم در سرنوشت و امور خود گشوده
شود. این دریچه با توجه به افزایش فارغ‌التحصیلان دانشگاه‌های داخلی
و برگشت چند هزار دانشجوی مشغول تحصیل در خارج که آزادی‌های
فردی و اجتماعی ملل دیگر را تجربه و به ایران برمی‌گشتند، اگر فراخ‌تر
نمی‌شد دیگر نمی‌توانست بسته شود و مهم‌تر آن‌که به زمانی گشوده شده
بود که زمینه‌های مساعدی در کشور فراهم که با اصلاح و تکمیل آن‌ها
می‌شد زیربنای محکمی را برای جامعه‌ای موفق، آن هم با جمعیت متناسبی
که داشتیم پی‌ریزی کرد. این نرمش شاه را که تحولی استثنایی در طول
تاریخ با داشتن حکام دیکتاتور و وابسته در پس یکدیگر بود می‌شد طلیعه
تولدی دیگر به شمار آورد.

و اما مشکل محققین در بررسی دلایل برپایی انقلاب ایران آن است که
این پدیده را به‌صورت انتزاعی و در محدوده کشوری می‌نگرند درحالی
که لازم است در قدم نخست هاله معنویتی را که در مذاهب بر پیکره طبقه
روحانی می‌پوشانند به کناری زد و به این واقعیت توجه نمود که این طبقه
نیز اعضای حزبی سیاسی هستند. چه اگر به تشکل یک حزب توجه کنیم
می‌بینیم سازمانی است پا گرفته از تجمع افرادی با اعتقاد به هدف و یا

اهدافی مشترک که با تلاشی جمعی در نیل به آن‌ها کوشا می‌شوند. با این تعریف یک شاخه مذهبی نیز حزبی «سیاسی مذهبی» است که اعضای آن در تصور از ظرفیت‌های خود در دل گویند مگر فهم و درک ما کمتر از بستگان به احزاب دیگر است؟ مگر ما ایدئولوژی و دکترینی چون شریعت، ثار و یاسا را در برابر تز کاپیتالیسم، کمونیسم و فاشیسم نداریم؟ مگر تعداد پیروان ما بیش از هر دسته سیاسی دیگری نیست تا به اتکای این کثرت محق جانشینی هر حکومتی شویم؟ ضمن آن‌که در پله‌ای نزدیک‌تر به جایگاه رهبر غایب و قادر آفریدگار ایستاده‌ایم و به این خاطر سر و گردنی نیز از همه بلندتر شده‌ایم. همان رهبرغایبی که بانگ اذان مساجد و ناقوس کلیساها مدام یادآور حضور، نظارت، هدایت و قدرت اوست و بلاشک اگر ما روحانیون در اداره حکومت به‌خاطر عدم آگاهی کم و کسری داشته باشیم همان آفریدگار که سرنوشت‌ها را در روز ازل رقم می‌زند در اداره امور ما را هدایت و یاری خواهد داد. ضمن آن‌که از هر نتیجه خوب و بدی نیز که از مدیریت ما پیش آید نباید نگران شویم؛ چه به حساب مصلحت همان آفریدگار گذاشته خواهد شد و اگر ایرادی نیز بر کار ما که نمایندگان او هستیم گرفته شود آن هم از سطح ما گذشته و باز به خود او خواهد رسید که کفری نابخشودنی به حساب می‌آید و جزای کفر روشن است. از طرفی به‌خاطر جذب افراد فقیر در زیر چتر دلسوزی خویش، فقرایی که معمولاً در اغلب ممالک درحال توسعه سال‌های سال فزونی خود را نسبت به سایر طبقات حفظ خواهند کرد همیشه از نظر تعداد پیروان نیز ما از امتیاز داشتن اکثریت برخوردار و می‌توانیم مدعی امتیازات اکثریت در تصمیم‌گیری‌ها و اداره امور باشیم. مشکل دیگر مدیریت در احزاب مذهبی آن است که می‌بایست دو وظیفه متفاوت و گاهی متضاد را هم‌زمان برعهده گیرند. هم نقش حفظ نظم و آرامش در جامعه و هم بسط و ترویج اصول معنوی را، آن‌هم به‌صورتی که یکدیگر را تضعیف نکنند که انجام این وظیفه بسیار مشکل است. ضمنا مدیران آن‌ها باید توانایی آن را داشته باشند در نوساناتی که در برخورد با حکومت‌های سکولار پیش می‌آید بتوانند سکان

ثبات خود را رها نکنند. مانند دوره‌ای که کمونیسم در روسیه با اعتقاد به
اینکه ادیان داروی رخوت بشر و عامل عقب‌افتادگی‌های اوست، درب
کلیساهای ارتدکس سراسر روسیه را تخته کرد و یا به زمانی که کلیسای
کاتولیک قدرت برتری می‌شود و با فراموش کردن تعالیم پیامبر خود، مسیح
چون یک امپراطوری کلیه سلاطین خطه اروپا را فرمان‌بردار خود ساخته
و با اخذ خراج از مردم و گاهی تصرف اموال آن‌ها فضایی خفقان‌آور
می‌سازد. احزاب مذهبی تا حال حاضر به خاطر نمود هرچه بیشتر نمای
قدسی و فاصله خود از حب جاه و کسب مال، تمایلی به پذیرش عنوان
حزب نداشته‌اند؛ اما اکنون به‌خاطر شرایط زمان به واقعیت توجه و کلمه
حزب را هم به کار می‌برند. با توجه به دلایلی که از نظر گذشت، می‌توان
گفت که جنبش‌های مذهبی نیز یک جهاد معنوی نبوده بلکه قیام حزبی
خاکی و همانند جنبش همه احزاب دیگر است که وقتی قدرت را به دست
گیرند ضمن تأمین رفاه طبقه خود و ارضای آنان، بی‌اعتنا به آن‌که چه کسی
خوشش آید یا نیاید به دنبال پیاده کردن تز و دکترین حزب خود بسوی
هدفی مادی می‌روند. زعما و وابستگان هر دو حزب نیز انسان‌هایی با
غرایزی مشابه و نه تافته‌ای جدا بافته‌اند منتهی احزاب مذهبی سعی بر آن
دارند که خود را در زیر پوشش معنویت حفظ و شهرت قدسی خود را
که تسلط و نفوذشان به آن بسته است از دست ندهند. بگذریم از آن‌که در
صورت نیاز با متعادل کردن اعتقادات خود با احزاب دیگر به جای رقابت،
آماده رفاقت هم می‌شوند؛ کما اینکه ندیده گرفتن کلیسای کاتولیک از
جنایات هیتلر برای رد آسیب او به اموال و حریم خود نمونه‌ای از آن است
و یا در ابتدای سکونت آدمی که این همیاری لازم بود حکومت غیر دینی با
نگهبانان و روحانیت با پیروانی مؤمن، یکی زمینه آرامش برای تبلیغ و نفوذ
ادیان را فراهم می‌آورد و آن دگر با تعالیم خود به رشد اخلاق و روابط در
جامعه دامن می‌زد تا حکومت نیاز به گماردن پاسبانی در کنار هر تبعه خود
نداشته باشد و درحال حاضر نیز در بسیاری از ممالک همین روند ادامه
دارد. ملخص آن‌که می‌توان قبول کرد که احزاب «مذهبی سیاسی» هم‌زمان

با طلوع مذاهب ابراهیمی، یهود، مسیحی و اسلام شکل گرفته و از همان زمان رقابت را با احزاب غیرمذهبی یا سکولار برای کسب اریکه قدرت نیز آغاز کرده‌اند.

در اسلام نخستین گام در تشکیل حکومتی مذهبی را پیامبر اسلام با تکیه به سروش آسمانی برابری انسان‌ها برمی‌دارد و در برابر پیروان جمعی چند خدایی که هر یک خدای خود را در پیکره‌هایی از گل و سنگ تجسم می‌کردند قرار می‌گیرد. با پیام برابری انسان‌ها از سوی آفریدگار آن هم در آن عصر برده‌داری به تعداد پیروان یا به عبارت دیگر اعضای حزب مذهبی خود می‌افزایند؛ حزبی که در برابر حکومت‌های سکولار قد علم کرد و اولین برخوردش با حکومت مقتدر ساسانی بود که پیروز شد و آن حکومت سلطنتی را از هم پاشید. بعد وفات ایشان این حزب «مذهبی سیاسی» با داشتن رهبرانی در راس به نام خلیفه در پس هم توسعه می‌یابد و رقیبی برای احزاب «سیاسی سیاسی» یا سکولار می‌شود تا آنجا که فلسفه‌اش به قسمتی از چین و در سوی دیگر اروپا رسیده و امپراطوری عثمانی را پی می‌ریزد.

نحوه انتخاب خلیفه در رأس اسلام نیز که شبیه انتخابات در عالم سیاست بوده و روایات آن به گوش ما نیز رسیده‌است باز به روحانیت شکل سازمانی مشابه احزاب را می‌دهد. گرچه نمی‌توان روایات را اسنادی مطمئن به حساب آورد اما این را هم نتوان گفت که از ریشه بی‌اساس‌اند وگرنه به صور مختلف سینه به سینه حفظ و به ما منتقل نمی‌شدند. در رابطه با این مطلب و ایجاد تنوعی به روایت مشهوری از انتخاباتی که امام علی و معاویه در پی احراز سمت خلافت در برابر هم قرار می‌گیرند یاد می‌کنیم. تشابه مبارزات انتخابات ممالک غربی برای گزینش رؤسای جمهور خود با نحوه انتخاب خلیفه‌ای نزدیک به پانزده قرن پیش نشان می‌دهد که کماکان نمایندگی عامه را صاحبان زر و زور به دست می‌گیرند و به همین خاطر در اکثر موارد پای حکومت مردم بر مردم تا زمانی که بینش عامه به رشد کافی نرسیده که دریابند در پس پرده چه می‌گذرد در هرجا و زمانی لنگ خواهد

ماند. بدیهی است نمایندگانی که به کمک قدرت مالی به مقامی می‌رسند به فکر منافع خویش و یا جلب رضایت صاحبان زر و زور بانیان مقام خویش‌اند تا حفظ منافع عامه و به این خاطر دموکراسی از مرحله نمایشی ارائه صندوق‌های رأی فراتر نخواهد رفت و در مکان اصلی خود که بین دو رأی‌گیری است نمی‌نشیند.

روایت مبارزه انتخاباتی معاویه و علی را یک‌بار مدیر مدرسه علمیه رشت، کرباسی در یاد روز تولد حضرت علی به هنگامی که در کلاس سوم آن دبستان بودم در سخنان خود گنجاند و باری دیگر با اندکی تغییر در دبیرستان رازی تهران و توسط معلم شرعیاتی که هفته‌ای یک ساعت برای تدریس به آن دبیرستان می‌آمد. در آن انتخابات آن دو رقیب دوست مشترکی داشتند که گرچه آیت نبود گویا رجل شناخته شده زمان خود به حساب می‌آمد. آن دوست به معاویه توصیه می‌کند که با توجه به خواست پیامبر محترمانه از مبارزه دست بردار چه بلاشک شکست خواهی خورد. در پاسخ معاویه به او می‌گوید با همه تجاربی که در زندگی آموختی باید بگویم که در دو مورد آگاهی کاملی نداری یکی تزلزل و شک در اعتقادات امت است که به سهولت با تبلیغی حساب شده تغییرپذیر است و دیگر مکر سیاسیون که گفتار و کردار آنان با واقعیت متن اندیشه‌شان اگر نگوییم در کلیه موارد، در اغلب موارد متفاوت است که به همین دلیل بسیاری از فضلا از سیاست به عنوان حرفه‌ای مزورانه و کثیف یاد می‌کنند که اگر در جوار مذاهب قرار گیرند مذاهب را نیز آلوده خواهند کرد. اگرحرف مرا باور نداری برو و با ذوقی که داری مورد غیر قابل قبولی را با روکشی عامه فریب انتخاب و آن را در رابطه با نظرم به بوته آزمایش گذار تا صحت و یا عدم صحت نظرم را دریابی. ضمناً اگر موضوع انتخابی تو قبولاندن مطلب غیرقابل باوری به باورهاست می‌توانی در یکی از خطابه‌هایم در پای منبر بنشینی تا در پایان گفتارم تو را به حاضرین معرفی و بگویم می‌خواهی مطلب مهمی را به اطلاع جمع برسانی و از این راه با کثرت نمونه خواهی توانست به نتیجه تحقیقات بیشتر اعتماد کنی.

دوست مشترک به دنبال پیشنهاد معاویه می‌رود و در یکی از خطابه‌هایش در پایان گفتار از پای منبر او برمی‌خیزد و بعد از ذکر مقدماتی چون نام خدا عنوان می‌کند که دیشب در خواب مردی با چهره‌ای روحانی و نورانی البته مثل همیشه در لباسی سپید به خوابم آمد با خود گفتم به یقین عمرم در عرصه خاک سرآمده و او عزرائیل از فرشتگان خداست که آمده تا روحم ستاند و به عرش رساند. با ذکر این نکته که دعوت حق را با رضایت و فروتنی پذیرا هستم از ایشان اجازه گرفتم تا سؤالی را از محضر مبارکشان بپرسم؛ توافق فرمودند. پرسیدم آیا امکان دارد که بفرمایید از کدامین درب روحم را وارد عرش خواهید فرمود. آیا از درب بهشت به ابدیت می‌پیوندم و یا با آتش جهنم روبه‌رو خواهم شد. پاسخی دادند که دیدم وجداناً نمی‌توانم آن را به اطلاع برادران و خواهران مومن خود، شماها نرسانم. ایشان گفتند که پاسخ به این سؤال آن‌چنان واضح است که هرکسی می‌تواند به راحتی به جواب آن رسد. آن کس که در طول عمر کلمات نماز را شمرده با حوصله با فهم و حتی بدون فهم کامل معانی آن بیان، به موقع مقرر خوانده، حرفی ناشایست نگفته، دروغی بر زبان نیاورده، حقی را باطل و آتشی به پانکرده است آفریدگار به زبانش لطافت و نرمش خاصی خواهد بخشید تا به سهولت به نوک بینی خود رساند که به این معناست او بنده‌ای بهشتی است و بلاشک به بهشت خواهد رفت و در آن‌جا نیز با شیرین زبانی حور و غلم بیشتری را مجذوب و در آغوش آنان شب و هر شب را به صبح خواهد رساند و اگر در این تجربه ناموفق بود و نتوانست نوک زبان به نوک بینی رساند سوزش آتش جهنم در انتظار اوست. هنوز جمله‌اش به پایان نرسیده بود که مشاهده کرد کلیه حاضرین در مسجد در تلاش رساندن زبان به بینی خویشند. روی به سوی بالای منبر چرخاند تا با نگاه به معاویه بفهماند که نظرش صحیح و منطق او را در تغییر نظر آدمی و کارآمدی تزویر سیاسی تایید می‌کند که دید معاویه هم لب‌ها به هم چسبانده، دو دسته منبر را به دست گرفته و به شدت می‌فشارد، پلک‌ها را به شدت بهم می‌ساید، گونه‌هایش متورم و سرخ شده‌اند و در تلاش آن است

که زبان خویش به نوک بینی رساند و سرنوشت خود را در ابدیت بیازماید. آن دوست مشترک از روی کنجکاوی و در راه مسجد به منزل، از معاویه می‌پرسد که چه طرح و شگردی را برای جلب نظر مردم در سر می‌پروراند. معاویه می‌گوید اگر قول دهی آن را به کسی به خصوص به یاران امام علی نگویی در نظر دارم جماعت را شبی قبل از اعلام بیعت برای صرف شام دعوت کنم و در آش نخود طلا ریزم و به مهمانان یادآور شوم که آش را با احتیاط نوش جان کنند تا دندانشان با برخورد به نخود طلا نشکند و هر وقت که نخود طلایی لمس کردند آن را در دستی که فردا به نشان بیعت از من یا امام علی، فرقی نمی‌کند هر یک، بالا خواهند برد جمع و به عنوان یادگار به خانه برند. با این صحنه‌سازی و ایجاد دین در مردم اطمینان دارم که در انتخابات برنده خواهم شد. همان‌طور که می‌دانیم پیش‌بینی او درست بود و بر اریکه خلافت می‌نشیند.

ناگفته نماند که اضافه بر خلیفه‌گری تمایل به کسب قدرت و ثروت بر محمل مذهب و کیش در جنبش‌های موضعی نیز همیشه ادامه داشته و دارد که به چند نمونه آن در زیر اشاره می‌شود که توجه به تاریخ و زمان هر جنبش قدمت آن را نیز نشان می‌دهد:

جهاد تیجانی در آفریقای غربی به سال ۱۷۸۰ میلادی، جهاد امام شمیل در طول سال‌های ۱۷۹۶ تا ۱۸۱۱ میلادی، قیام میرزا حسن شیرازی در سال‌های ۱۸۱۵ تا ۱۸۹٤ قیام سید احمد شهید در سال‌های ۱۸۲٦ تا ۱۸۳۱ میلادی، قیام شیخ فضل‌الله نوری در سال‌های ۱۹۹۰ تا ۱۸٤۳، قیام امیر عبدالقدیر در سال‌های ۱۸۰۸ تا ۱۸۸۳ قیام محمد بن عبدالحسن در سومالی در طول سال ۱۹۲۰، قیام مهدی در سودان در طول سال ۱۸۸۵ میلادی، قیام جمال‌الدین الافغانی در سال‌های ۱۸٦٤ تا ۱۹۲۰ تشکیل سازمان برادران مسلمان در مصرتوسط محمد اقبال در سنوات ۱۸۷۷ تا ۱۹۳۸ و قیام عمر مختار در لیبی در سال‌های ۱۸۸۵ تا ۱۹۳۱. و نزدیکتر به عصر ما جنبش دسته‌جاتی چون خرم‌دینان، شعوبیه، صباحیان، راویه، قرامطه، اسماعیلیه، که همه به کمک خلق فلسفه‌ای با تعبیر از آیات قرآن پا گرفتند. ضمنا احزابی

اسلامی نیز در ممالک فعال‌اند که تعدادی از آن‌ها عبارت‌اند از: حزب الاسلام مالزی، علمای شیعه هند، سیاح در لیبی، حزب‌الله در لبنان و القاعده و داعش در عصر ما.

و اما خصوصیات عمده احزاب سکولار را که خلاق حکومت‌ها در ممالک اروپا و آمریکا هستند می‌توان از تز و دکترین آن حکومت‌ها شناخت، حکومت‌هایی که خود را مدعی پاسداری از اصول مردم‌سالاری مبنی بر آزادی در نوشتار و بیان و گزینش مسئولان و مدیران کشور می‌دانند. و هر پیشنهاد حقوقی در این رژیم‌ها لازم است در چهارچوب قانون اساسی و با هدف تعالی کشور ارائه شود تا بعد گذشت از فیلتر نمایندگان عامه و تصویب آن‌ها که با رأی آزاد مردم به مجلس راه یافته‌اند به اجرا درآید. در این رژیم هیچ خطاکاری حتی اگر قاتل باشد مجرم نیست مگر آن‌که جرم او در دادگاه توسط هیئت منصفه‌ای که به‌صورت رندوم از دفاتر راهنمای تلفن و از بین جامعه در رابطه با هر موردی برگزیده می‌شوند تایید گردد تا قاضی رأی مناسب آن جرم را بر اساس بندهای دفتر قانون که هر بند آن نیز باز با تایید عامه رسمیت یافته است انتخاب کند. درحالی که همین پاسداران دموکراسی که در بین آن‌ها ممالک قدرت برتر نیز وجود دارند وقتی از چهارچوب کشورهای خود به دنبال بهره‌بری از منابع ممالک ضعیف‌تر می‌روند خط متضادی را تعقیب می‌کنند و در نیل به اهداف خود از رویه «ماکیاولی» که در آن تنها نیل به هدف مطرح و در رسیدن به آن هر اقدامی از براندازی حکومت‌های غیرمطیع تا به بیگاری‌کشیدن ملل تحت تجاوز حتی به زور و جبر رواست پیروی می‌کنند. این رویه تهاجمی موجب آن شده‌است که در اذهان کلمه «سکولار» حکومت‌های غربی با غارت‌گری مترادف و حربه‌ای نیز به دست رندانی که خود در تجاوز از ملل استعمارگر کمی نمی‌کنند دهد که در پرده دفاع از مستضعفان به حقوق آنان تجاوز کنند. جالب آن‌که حکومت سکولارها با تجاوزات خود دلایلی برای حکومت‌های مذهبی فراهم می‌آورند که مدعی دفاع از حقوق انسان‌ها شوند و حتی گامی فراتر گذاشته و بگویند که تنها حکومت آن‌هاست که

توان و لیاقت تعمیم عدالت و بسط رفاه و آرامش را در اجتماعات انسانی
داراست که این تفاوت ادعا و از سوی دیگر تجاوزات سکولارها این دو
حزب را در پی کسب قدرت رقیب هم ساخته و در برابر هم قرار داده
است. سیاسیون نمی‌خواهند روحانیون را برتر از خود ببینند و روحانیون
نیز مدام به دنبال ربودن حکومت از ید سکولارها در تلاش‌اند و در این
میان این ملت و یا امت است که باید بازده تلخ این رقابت‌ها را مزه مزه کند.

ناگفته نماند دامنه رقابت و برخورد بین این دو حزب «مذهبی سیاسی»
و «سیاسی سیاسی» در پس تسلط انگلیس برهند که درآمد چشم‌گیرش
مشوق ممالک دیگر اروپایی در گرفتن مستعمره‌ای شد اوج می‌گیرد و چون
معرف زمینه سست و مساعد برای نفوذ در ممالک اسلامی می‌شود توجه
استعمارگران بسوی این ممالک سهل‌الوصول با منابع ارزنده جلب می‌شود
و تعدادی از ممالک مسلمان به زیر سلطه استعمار آن‌ها می‌روند و زمینه
دفاع احزاب مذهبی در احقاق حق مسلمین فراهم می‌آید و برخوردهایی
چون جنگ‌های صلیبی را پیش می‌آورد. که با طلوع القاعده، داعش، جنبش
مسلمانان ایالت تسه یانگ چین، چچن روسیه، بوکوهرام آفریقا، مسلمانان
شورشی جزایر جنوب فیلیپین، شورشیان اندونزی در بالی و غیره می‌توان
گفت هنوز ادامه دارد و نمونه دیگری از آن در حال حاضر برخورد دولت
سکولار چین با مسلمانان استقلال‌طلب خود «هوی» می‌باشد که برای
ریشه‌کن‌کردن آنان بازداشتگاهی ساخته تا در آن جوانان و متعصبین مذهبی
را با مغزشویی هماهنگ تز کمونیست و حکومت چین سازد. ضمنا بر
اساس گزارش نشریه تلگرام تخریب گنبد و گلدسته‌های مساجد «بین
جوان ونانگوان» و سایر نمادهای اسلامی را نیز آغاز کرده‌اند. هم‌زمان چین
مشوق استفاده جوانان طلبه خود در استفاده از بورس‌های سخاوتمندانه
مدارس رو به کثرت مذهبی ایرانست این عداوت نشان می‌دهد که احزاب
سکولار نیز تجمع مذهبی را حزب می‌بینند، آن هم حزبی رقیب. با این
تفاوت که در جنبش‌های مذهبی بر خلاف جنبش سکولاریست‌ها که به
دنبال عزل حاکمی می‌روند، تنها از هم پاشی کل حکومت غیر دینی و

کسب کامل اریکه قدرت آن مورد نظر آنان است. و در پس نیل به قدرت نیز همانند اکثر حکام سکولار عمل کرده و اگر لازم آید در حفظ موقع خود سرمی‌نوازند و یا زان بکنند پوست.

نتیجه آنکه با قبول مذاهب به‌صورت حزبی مذهبی سیاسی این پرسش که چرا در ایران انقلاب روی داده است در های و هوی اظهار نظرها، گفت‌وشنودها، بحث و جدل‌ها و انتقادها از زیر پرده ابهام، به این صورت خلاصه بیرون می‌آید که:

«دو حزب، دو رقیب دیرینه با ادعای خدمت و اغلب به‌خاطر عطش کسب قدرت و منافع حاصل از آن و گاهی ارضای تمایلات شخصی زعما به هم تاختند و یکی از آن دو، حزب مذهبی سیاسی، با استفاده از فرصتی استثنایی و مساعد روز پیروز می‌شود.»

حزبی که در طول قرون با تحمل سختی و فقر در انتظار کسب اریکه قدرت و نیل به ثروت ایام را سپری کرده و بدیهی است این موقعیت به‌دست آورده را به هیچ قیمتی نخواهد از دست دهد مگر در پس برخوردی دیگر چون پاشیدگی حکومت عثمانی در پی ضربه جنگ جهانی اول.

ناگفته نماند که انقلابیون ایران بعد از توفیق اقدامی دموکراتیک از خود نشان می‌دهند که در سایر انقلاب‌ها بی‌نظیر است و آن اینکه در یک همه‌پرسی جویای نظر ملت در انتخاب نوع حکومت و خط اقدامات آن می‌شوند. که اکثریتی نزدیک به اتفاق حکومت اسلامی را انتخاب می‌کنند که تحت چهار چوب شریعت به اداره امور کشور پردازد. البته شاهد آن شدیم وقتی که این حکومت مذهبی خواست تز و مبانی شریعت را که اعتقاد و موجودیتش بسته به آنست پیاده کند خوشایند عده‌ای قرار نگرفت، آن‌ها مدعی شدند که بدون اطلاع از اصول شریعت در همه‌پرسی شرکت و رأی داده‌اند و دیدیم که نتیجه‌ای نگرفتند چون بحث در این مورد امکان آن دارد تعابیری را به‌دنبال آورد و به تلاش بی‌نظری این نوشتار لطمه زند از ورود به آن صرف‌نظر می‌شود. کثرت آرا مردم در انتخاب حکومت اسلامی این زمینه را برای حکومت انقلابی فراهم ساخت که خود را حافظ نظر

و اراده ملت بداند و در این پاسداری هر جنبش و انتقادی را که مطلوب نمی‌شناسد متوقف خاموش ساخته و به ثبات و تداوم حکومت بیافزاید، به همین خاطرست که با گذشت چهل و چند سال از انقلاب هنوز دادگاه انقلاب مفتوح است و ما مردم در انتظار آن هستیم که حکومت از نقش تدافعی خارج و حالت سازندگی به خود گیرد تا در کشاکش برخوردها بر پهنه این خاک که آن را به مسلخی بدل کرده است بهشت موعود را برای ما ملت مشهود و سپس آن را به امت در مقیاس جهانی عرضه دارد. تا در قید حیات نیز از نعم آن بهره بریم. حال که صحبت از ساخت بهشت به میان آمد به یاد بیتی از خیام که به‌خاطر استفاده از باده و جام ممکن است به نظر عده‌ای «کفر آلوده» شده باشد افتادم که صرفا به منظور تنوعی آن را از نظر می‌گذرانم:

اینجا ز می و جام بهشتی میساز　　آنجا که بهشت است، رسی یا نرسی

در فوق از ایجاد زمینه‌ای مساعد و استثنایی برای بر پایی انقلاب نام بردیم. زمینه‌ای که گویی ابر و باد و مه وخورشید فلک را در کنار هم قرار داد تا طومارحکومت سلطنتی را درهم پیچند. این گردآوری حاصل تحولاتی است که اهم آن تحت سه سرفصل زیر قابل تلخیص و توجیه بیشتر آن در لابه‌لای این نوشتار آمده‌است:

* گسترش سازمانی حزب «مذهبی سیاسی» و بسط دامنه نفوذ جامعه روحانیت

* گرایش شاه به سوی استقلال سیاسی همراه با گشودن دریچه آزادی

* نفوذ آمرانه، رندانه و «فضولانه» آمریکا در ارکان‌های دولتی، امنیتی، انتظامی و ارتش ناشی از حضور دراز مدت آن‌ها در کشور از یک سو و از سوی دیگر اراده ابرقدرت‌ها در برقراری نظامی نوپا با پوششی جهانی.

* در رابطه با جامعه روحانیت؛

آن‌ها در پس انتظاری به درازای قرون برای کسب قدرت با تبلیغاتی

پوشیده و منفی به تضعیف حکومت و با بسط ملات ایمان در اذهان و به ویژه پیروان خود مشغول به کار بوده‌اند تا پیروان با از جان‌گذشتگی آماده فداکاری در راه اهداف طبقه خود شوند. گسترش امکانات تبلیغ و نداشتن رقیبی به‌خاطر ممنوعیت ساواک از تشکیل هرحزب و سازمانی سیاسی با ادعای حفاظت سلطنت موجب شد شبکه آن‌ها توسعه یابد، به تعداد پیروانشان اضافه و به مرحله‌ای رسند که توان جانشینی هرحکومتی را به‌دست آورند. در نیل به این خواست، جنبشی با پیام یکی از نظریه‌پردازان مسائل اسلام در شاخه شیعه، دکتر علی شریعتی و گله او از شکست پی‌درپی مبارزات ضد ظلم مسلمین پا می‌گیرد. او این پرسش را مطرح ساخت که چرا مسلمان مؤمن و از جان‌گذشته‌ای پیدا نمی‌شود که برخیزد و این مبارزه قرون را باری دیگر به پیروزی رساند. بار اول همان حمله مسلمین به ایران بود که با شکست یزدگرد، شاه ساسانی، حکومت دیرینه سلطنتی ایران سرنگون و در پس آن اعراب حدود دو قرن بر ایران حکم راندند. ناگفته نماند که تعدادی از حکومت‌های سلطنتی ایران با آن‌که در رأس آن‌ها روحانی ملبس به لباس روحانیت قرار نگرفته بود اما عملاً حکومتی اسلامی بوده‌اند که از آن جمله می‌توان از سلسله صفویه و قاجار نام برد که پادشاهان آن خود را شاه ندانسته، بلکه مباشری تحت نظارت روحانیون عصر می‌دانستند. شریعتی با آزادی داده شده توسط شاه در اواخر سلطنتش که به آن اشاره شد فرصتی به‌دست می‌آورد که در هرجا چون حسینه ارشاد تهران در همسایگی کاخ، اعتراض خود از حکومت را به گوش کثیری برساند. او وقتی از برابری برده‌ای سیاه پوست «بلال» از یاران پیامبر و اذان‌گوی او آن هم با بیانی رسا و نافذ سخن می‌گفت لرزه بر قلب و روح مستمعین اغلب جوان خود می‌انداخت.

هم‌زمان روحانی مبارزی که با شکست از جنبش پیشین خود دل‌آزرده بود برمی‌خیزد و چرخ جنبش انقلابی را به حرکت در می‌آورد که این‌بار با قطع حمایت آمریکا از شاه ظاهرا به خواسته او و در اصل دلایل اساسی دیگری چون بیماری لاعلاج و اقدامات حساب نشده شاه آرزوی قرون

روحانیت را برآورده می‌سازد و حکومت مذهبی برای بار دوم جانشین سلطنت می‌شود.

در طول سلطنت خاندان پهلوی، روحانیت استوار به پیش می‌تاخت و قوی‌ترین گروه متشکل و بدون رقیب مخالف شاه به حساب می‌آمد که گرچه گه‌گاه مخالفت خود را با رژیم سلطنتی علنی و به صورتی چون ترور سه نخست وزیر او هژیر، رزم‌آرا و منصور، و حتی باری با سوءقصد به جان خود او نشان می‌دادند اما صبورانه از تخریب حکومتش از مراکز فرماندهی خود چون قم، و شعبی به‌صورت امام‌زاده‌ها و آرامگاه امامان، مساجد در محلات شهرها و ٤٥ هزار روستای کشور دست‌بردار نبودند تا آن‌که به هنگام شروع انقلاب به‌صورت تنها سازمان متشکل کشور درآمدند. امکان تداوم فعالیت روحانیت به‌خاطر آن بود که آن را در برابر کمونیسم سدی به شمار می‌آوردند که آرامش خاطری به غرب و شخص شاه می‌بخشید. ناگفته نماند که اعتقاد مذهبی شخص شاه نیز که مدعی بود یکی دو بار امامی را دیده‌است و بعد از جان به‌در بردن از چند حمله تروریستی خود را نظرکرده نیز می‌پنداشت، به ثبات و ادامه کار آن‌ها کمک می‌کرد. البته شاه تعصب مذهبی و قومی نداشت و به این خاطر ادیان مختلف در کشور مراسم مذهبی خود را آزادانه پیگیری می‌کردند و اقوام ایرانی کرد و بلوچ وغیرو در کنار هم ایام را در صلح و صفا می‌گذراندند.

همبستگی آنان با گروه‌هایی چون شیعیان جنوب عراق، لبنان و سوریه، زعمای پاره‌ای از ممالک اسلامی چون تکریتی در عراق و قذافی در لیبی و سازمان‌هایی چون برادران مسلمان نیز به توان آنان می‌افزود و در مجموع به‌صورت تنها مهره قادری در ایران درآمدند که می‌توانستتد جایگزین هر حکومت سکولار، من‌جمله سلطنتی شوند. اراده آنان نیز در مخالفت با سلطنت در تمام دوره حکومت خاندان پهلوی که به صور مختلف چون نمایش عقربه ساعت دیواری مساجد که به نشان بی‌توجهی به دستور دولت با تغییر فصل ثابت می‌ماند، هیچ‌گاه متزلزل نشد. جالب آن‌که خود شاه نیز در مراسمی که به مسجد می‌رفت آن ساعت را در برابر چشم داشت.

نکته‌ای که غیر از اعتقادات مذهبی به اطمینان مردم نسبت به این طبقه می‌افزود آن بود که می‌دیدند مبلغ اصول انسانی و تأکید به پیروی از آن‌اند. زندگی بی‌آلایش و به دور از زرق‌وبرق آن‌ها نیز تعبیر به بی‌توجهی به جیوه دنیوی می‌شد. در حالی که نداری و فقر نیز در برقراری آن بی‌تاثیر نبوده‌است. به هرحال عامه با این برداشت امید داشتند که اگر این طبقه حکومت را به‌دست گیرند بی‌عدالتی و نادرستی حکومت‌های طماع سکولار محو، غم از جامعه گریزد، خنده بر لب‌ها نشیند، برق مهر و یاری و دوستی در نگاه‌ها خواهد درخشید. اطمینانی که کثیری را به صف انقلاب و به همه‌پرسی در پس آن کشاند. با این شرایط مساعد، بخصوص تمایل و توافق آمریکا در برکناری شاه بود که روحانیت با استفاده از تمایل و توافق غرب با برکناری شاه در تصاحب اریکه سلطنت او موفق و حکومت سلطنتی به صورت دیگری شکل می‌گیرد و تاج جای به دستار می‌سپارد. آخرین تلاش روحانیت قبل از انقلاب شرکت در جنبش مشروطه بود که فداکاری این طبقه در توفیق آن، با کشته‌دادن تعدادی از سرانشان چون ملک‌المتکلمین قابل انکار نیست اما باز نتوانسته بودند بر اریکه قدرت نشینند. حال که آن اریکه را در اختیار دارند دیگر نیازی به اثبات حقانیت خود در کسب حکومت ندارند و تنها باید نشان دهند که حزب اسلامی، حزب برنده با انتخاب ملت یا امت در راه سازندگی، بسط عدالت، آزادی و تأمین رفاه عامه با توجه به این اصل که جز ناتوانی هیچ بهانه دیگری در شکست هر هیأت حاکمه‌ای قابل توجیه نیست، تواناتر از حکومت پیشین و هر حزب سکولار دیگر است.

* در رابطه با گرایش شاه به سوی استقلال سیاسی؛

به هر جبهه موافق و یا مخالفی که وابسته باشیم به استناد شواهد نمی‌توان منکر علاقه شاه چون پدرش به ایران شد. ضمن آنکه بدیهی است هر زعیمی بیشتر دوست دارد بر خطه‌ای آباد با جمعیتی دلشاد حکومت کند تا بر خرابه‌ای با ملتی افسرده. شاه علاقه‌مند به تعالی کشور بود منتهی با بار

دین آمریکا بر دوش حاصل کمک به حیات سلطنت او با کوبیدن جنبش ملی کردن نفت و اقداماتی عجولانه ناشی از غروری بیش از حد معقول در سر. منتهی اقدامات حساب‌نشده‌اش اشتباهات را به‌دنبال داشت. اشتباهاتی که مخالفینش را خوشنود و زمینه‌ای برای تضعیف او فراهم می‌ساخت. مصمم به رساندن ایران به دروازه تمدن آن هم یک تنه بود که با یکه‌تازی و بی‌نیازی از مشارکت مردم، نیل به آن هدف غیر ممکن به نظر می‌رسید و از طرفی در صورت توفیق و رسیدن به آن مرز حفظ آن با ملتی که اندیشه و بینش آن‌ها متناسب با آن توسعه هماهنگ پیش نرفته و نقشی نیز در ساخت آن نداشته‌اند، نتیجه بخش نمی‌شد.

اصلاحات ارضی، سهیم کردن کارگران در سود سهام کارخانه، به عنوان شاه بیت انقلاب سفیدش به اندازه سپاه بهداشت و دانش او مفید نیافتاد. طرح دیگر شتاب‌زده‌اش، مدرن‌سازی کشور نیز که شهرت مدرنیته شاه به خود گرفت عوارضی جنبی به دنبال آورد.

در اصلاحات ارضی که با نگرانی از قیامی دهقانی در همسایگی شوروی اجرایش را آمریکا می‌پسندید، با آن‌که پاک‌کردن لک غیرانسانی ارباب از چهره جامعه لازم بود اما طرد دفعتا و بدون پیش‌بینی پر کردن خلأش از سیستم مشارکتی دیرینه با کشاورز در تولید محصول مشکل آفرید. کشاورز بی‌اطلاع از خرید لوازم کشت چون بذر، کود، سموم ضدآفات و بالاخص بازاریابی در مرحله فروش محصول سر درگم مانده زیان می‌بیند، تا آن‌جا که تعدادی زمین تازه مالک شده خود را می‌فروشند، کلبه خود در کنار آن را ترک و به‌صورت حاشیه‌نشین شهرها سربار تسهیلات محدود شهری شده و به جای تولید محصول عملگی پیشه و محتاج دست کمکی از غیب که در مساجد آن را جست‌وجو می‌کردند می‌شوند که درد آن‌ها نیز موضوع مناسبی برای انتقاد از حکومت را به‌دست روحانیون می‌داد. البته بعد از اجرای اصلاحات ارضی سعی شد که خلأ مالک را به صورتی چون ایجاد شرکت‌های تعاونی در روستاها و حتی با تشکیل وزارت و بانکی برای انجام خدماتی به روستاییان پرکنند اما اجرای طرح‌های خدماتی به دلایلی چون

بی‌توجهی مأموران و یا عدم علاقه روستاییان نتیجه بخش نمی‌شد، ضمن آنکه ارباب‌های اخراجی و ملک از دست‌داده که با روحانیون محل با دادن خمس و زکات بعد برداشت هر حاصل آشنایی دیرینه و پیوند نمک‌شناسی برقرار کرده بودند در حاشیه ناراضی و منتظر انتقام نشسته بودند. کمک این مالکین به روحانیون محل گرچه چشم‌گیر نبود اما با توجه به حقوق کمی که بعد از سلب اختیار از اوقاف و سپردن آن به دولت دریافت می‌کردند در خور قدرشناسی می‌شد. پاره‌ای از سازمان‌های اوقاف با ثروتی قابل توجه به‌صورت بانک روحانیت در می‌آمدند که تحمل از دست دادنش آسان نبود.

در سود سهام کارگران کارخانه‌ها نیز، سرمایه‌گذاران و مدیران کارگاه‌ها که یکباره و دستوری باید کارگران را در سود خود سهیم کرده ولی زیان احتمالی را به تنهایی پذیرا شوند از دخالت دولت در سرمایه‌گذاری خود، آن هم بدون مشاوره‌ای ناراضی شده بودند. آن‌ها به ظاهر ساکت و مطیع ولی در باطن در رده مخالفین شاه قرار می‌گرفتند. در برابر این مشکلات، بازده ابتکارات شاه حتی در تلویزیون و رادیو دولتی به روشنی عرضه نمی‌شد تا لااقل تبلیغی برای او شود. حتی او به قدردانی کارگران و دهقانان که کمک به زندگی آنان برایش دشمن تراشیده بود توجهی نداشت.

طرح‌های مدرنیته شاه در آبادانی سریع کشور نیز که آن را گامی در جهت رسیدن به دروازه تمدن مورد نظرش می‌پنداشت در نهایت زمینه‌ساز تورم می‌شود و ملت را به رخوت می‌کشاند، به حاشیه می‌راند و عادتی در آنان به وجود می‌آورد که خوش نشینند رضایتی از خود نشان ندهند و چون پسر ناز پرورده عباس قلی‌خان در حکایت کتاب کلاس اول ابتدایی که مرتبا به له له لج کرده و دهانش را کج، بیش خواهند و انتقاد کنند که باز حربه برّایی به‌دست مخالفینش می‌داد تا بگویند که اقدامات او به خاطر مهر به خاک و ملت نیست، بلکه می‌خواهد نشان دهد برکشوری آباد و متکی به حمایت ملت حکومت می‌کند که آرامش کشور نشانه آن است که البته این استدلال تا حدودی دور از واقعیت نبود چه علاقمند بود زمامداران ممالک دیگر او را رهبری توانا و با تجربه شناسند؛ به ویژه آنکه بسیاری از مردم من‌جمله

خود شاه به غلط رشد تمدن را با متر توسعه صوری می‌سنجند.

طرح‌های مدرنیته شاه برایش وقتی مسئله‌سازتر می‌شود که دو سال قبل از انقلاب به تحریک آمریکای رنجیده از او، ذکی یمانی، وزیر نفت عربستان سعودی توافق در شورای اوپک را ندیده گرفته و اعلام می‌دارد تولید نفت عربستان را دو برابر می‌کند که دفعتا موجودی نفت در بازار بیش از میزان مصرف آن شده، تعادل عرضه و تقاضا بهم می‌ریزد و موجب افت شدید قیمت نفت که زیربنای بودجه ایران هم متکی به آن بود می‌شود، از سرعت پیشرفت ایران می‌کاهد و تز مدرنیته شاه نیز کند و مشکلات ناشی از آن بر شدت انتقادات مخالفینش دامن می‌زند. به نظر عده‌ای مطلع این صحنه‌سازی آمریکا نشانی از بی‌مهری آمریکا به شاه و می‌تواند آغاز زمینه‌سازی برای بروز انقلاب به حساب آید.

ناگفته نماند که اقتصاددانان به شاه گوشزد می‌کردند که اگر پول را بی‌حساب آن هم در کشوری که سازمان مستقل «سنجش و توازن» را ندارد، تا کنترلی روی هزینه و درآمد ملی بتوان داشت بریزیم به قول مدیر بخش اقتصادی سازمان‌برنامه «آلکس مژلومیان» ابتدا تورم و در پس آن پا در می‌آورد، موریانه‌ای می‌شود که پایه‌های ثبات هر حکومتی را خواهد جوید.

یکی دیگر از اقدامات مشکل‌آفرین شاه که مجبور به اجرای آن شد مبارزه با گران‌فروشی بود. تورم زمینه و بهانه‌ای به وجود آورده بود که فروشندگان کالا به قیمت اجناس خود مدام بیافزایند. تنبیه گران‌فروشان که به تبعید به محلات بد آب و هوای کشور نیز می‌رسید، بر مخالفین شاه در بین بازاریان اضافه کرد. دروازه باز برای ورود هر کالا و به هر اندازه نیز موجب ثروت‌اندوزی عده‌ای شده بود و با این ثروت‌های بادآورده، فاصله بین غنی و فقیر بیشتر و اختلاف طبقاتی نمودارتر می‌شد که خود عامل موثری در ایجاد نارضایتی و دشمنی با حکومت‌ها می‌شود. شاه با تغییر شکل سنتی بازارها با تأسیس مراکز فروش مدرن به صورت «مال» موجب کاهش درآمد بازاریان ذی‌نفوذ شده بود که باز به نارضایتی‌ها می‌افزود. طبقه‌ای که نفوذش از همبستگی با روحانیون ریشه می‌گرفت و به همین

خاطر در سرنوشت دولت‌ها بسیار موثر بودند.

این همبستگی از گذشته‌های دور به دنبال کمک مالی تجار به روحانیون فقیر و یا ساخت مساجد پا گرفته بود؛ لذا هرگاه صنفی در بازار به دستور حکومت با مشکل و یا مالیاتی اضافی روبه‌رو می‌شد، تبلیغ منفی روحانیون دولت را نگران می‌ساخت و یا اگر مشکلی برای روحانیون پیش می‌آمد، بازار کرکره‌ها را پایین و با تعطیلی خود قدرت روحانیون را به رخ دولت می‌کشید وحکومت را مضطرب می‌کرد.

ملخص آنکه روحانیون آگاه بودند اگر این یکه‌تاز در کلیه امور را با نبود سازمان‌های متشکل و معتقد مردمی از میدان برانند کل سیستم حکومتی از هم خواهد پاشید؛ لذا از فرصت اندک آزادی‌های داده‌شده توسط خود او به تبلیغات علنی علیهش می‌پردازند. از طرفی مردم نیز هر مشکل و اشتباهی توسط هرکسی را به حساب او که سکان هدایت کشور را در هر زمینه‌ای در دست داشت می‌گذاشتند تا جایی که اگر کسی سرما می‌خورد ممکن بود آن را هم به‌صورتی به‌حساب حکومت و شاه در رأس آن بگذارد. مخالفین او نیز اگر اقدامش توفیقی به‌دنبال داشت آن را لوث و اگر شکست می‌خورد از آن پیراهن عثمانی می‌ساختند؛ به گونه‌ای که انتقاد از شاه در بین عامه به‌صورت مد روز درآمده بود و هرکه می‌خواست مطلع و فهیم به نظر آید از عمله تا اساتید دانشگاه، کافی بود که قیافه متفکری به‌خود گیرد، ابروان بالا برده به خطوط پیشانی اضافه و از او و حکومتش انتقاد کند.

* در رابطه با تغییرجهت سیاست خارجی آمریکا و مشارکت قدرت‌های برتر(سوپر پاورها) با یکدیگر اگر بخواهیم به توجیه دلایل این مشارکت و تشریح نظریه نظام جدید جهانی بپردازیم مطلب به درازا خواهد کشید که درخور حوصله این نوشتار نیست؛ لذا به چند نیاز که به نظر اکثریتی احتمالا این مشارکت را دیکته کرده بود اکتفا و سپس به نکاتی مهم که به انقلاب ایران مرتبط است اشاره می‌کنیم. آن‌چه که به نظر اکثریتی همیاری و مشارکت سوپر پاورها را لازم ساخت یکی آن بود که توجه داشتند در

هر برخورد احتمالی بین خود با توجه به تشعشعات سلاح‌های مدرن برنده
نیز مصون نخواهد ماند. دلیل دیگر استفاده از منابع طبیعت به خصوص
منابع انرژی‌زا چون نفت بود که باید حساب‌شده و با قناعت استخراج و
مصرف شود تا پاره‌ای از ذخایر آن برای مصارف آتی و در دل مخازن
ممالک تحت سلطه به‌فروش نرود انبار و ذخیره شود. و بالاخره مسائلی که
به همیاری مشترک نیازمندست چون برقراری تعادلی در جهش جمعیت و
مهاجرت‌های جمعی، پیش‌بینی در حل کمبودهایی چون میزان مواد غذایی،
منابع آب، رفع آلودگی هوا و به طور کلی حفظ محیط زیست. که این
مشارکت شروع‌نشده با اقداماتی از سوی هر سوپر پاور که مخالف نظر
دیگری می‌شد و یا در تقسیم منابع ممالک زیاده می‌خواست متوقف گردید.

و اما پاسخ به این سؤال که چرا روابط آمریکا و شاه که در تمام زمینه‌ها،
بخصوص حفظ ثبات و امنیت منطقه همیاری نزدیکی باهم داشته‌اند، دفعتا
بهم خورد پرسشی است که فهرست‌وار به شرح زیر به آن اشاره می‌شود:

بیماری لاعلاج شاه که از ارزش خدماتی او می‌کاست و با فوت او
خلأ او را نه نایب سلطنت زن در کشوری اسلامی می‌توانست پر کند و نه
ولیعهدی نوجوان آن هم با وجود دسته بندی و برخورد گروه‌های وابسته
به عوامل خارجی، تفرقه و آشوب در زیر پوسته کشور.

حرکت او به سوی استقلال سیاسی برای جلب توجه و حمایت ملت
خود که نمونه شاخص آن صلح خودسرانه با صدام عراقی است کسی که
خود به خواست آمریکا برای حفظ موجودیت اسرائیل، سربازان ایرانی را
به کمک کردها فرستاده بود تا او را سرنگون کنند.

که این صلح ناگهانی اسرائیل را مصمم می‌سازد به عمق اندیشه شاه پی
برد و به این خاطر مخبر یهودی و ورزیده یکی از فرستنده‌های تلویزیونی
آمریکا را به مصاحبه با شاه می‌نشاند، او هم با تکیه به این نکته که نظرات
شاه در عرصه بین‌المللی و در امور سیاسی راه گشاست غرور شاه را تحریک
و سپس می‌پرسد که اعلیحضرت سیاست خارجی آمریکا را چگونه برآورد

می‌کنند. شاه که در ابتدا نشان می‌داد با تردید و محتاطانه به سئولات مخبر پاسخ می‌دهد تحت تاثیر غرورش ناخودآگاه و بی‌پروا صریحا سیاست خارجی آمریکا را رد و اضافه می‌کند که به طور کلی نفوذ اقلیت یهودیان آمریکا و تاثیر آنان بر تدوین سیاست آمریکا غیر از خاورمیانه، در دراز مدت به نفع آمریکا تمام نخواهد شد. لذا اسرائیل با این پیش‌بینی که شاه با امکانات مالی و نظامی به مراتب بالاتری از عراق اگر بخواهد جای صدام را بگیرد با مشکلات امنیتی دامنه‌دارتری روبه‌رو خواهد شد نگران می‌شود که به آمریکا سرایت و نگرانی ممالک نفتی عربی با تظاهرشاه در جشن هنر شیراز که به دنبال کسب قدرت شاهان هخامنشی است نیز آن را تشدید می‌کند به ویژه آن‌که می‌بینند شاه به دنبال استقلال سیاسی در صدد است از زیر چتر حفاظتی خود در خاورمیانه که قدرتش با تجهیز ارتش ایران تثبیت شده بود خارج شود آن هم با خواست اتمی‌شدن که شواهد زیر نشانه آن بود:

– به راه اندازی نیروگاه برق اتمی بوشهر با آن‌که با داشتن نفت ایران از نظر سوخت با کمبودی روبه‌رو نبود.

– اعزام یکی از سر ماموران امنیتی، کاوشگر و مورد اعتماد خود با عنوان سفیر به پاکستانی که با داشتن کارشناسان اتمی بعد از اسرائیل آن کشور را نیز صاحب سلاح اتمی کرده بودند. که البته تغییر سمت این مامور هم از بدبینی به ساواک می‌کاست وهم تغییر در رویه استبدادی حکوت را نشان می‌داد.

– راه اندازی مرکز الکترونیک شیراز، صنعتی که در هدایت سلاح‌های پیشرفته به سوی هدف نقشی اساسی دارد.

– تأسیس انستیتوی صنعتی شریف با هدف تربیت تخصص‌هایی چون صنایع الکترونیک و نیروگاه‌های تولید انرژی با هدف بی‌نیازی از خدمات کارشناسان خارجی که در فوق نیز به آن اشاره شد.

– و بلاخره در کنار آن‌ها تسلط بر جزایر«تنب» درب ورود به خلیج فارس که آن نیز از دیدگاه استراتژیک حائز اهمیت است.

به این ترتیب در حالی که شاه سر زیر برف برده و به نظرات خود جامه عمل می‌پوشاند فوجی مرکب از همسایگان عرب، اسرائیل، غرب و در رأس آن‌ها آمریکا آگاه از هر حرکت او به دنبال درهم پیچیدن طومار سلطنت او بودند، آن هم در شرایطی که در بین ملت او چپ‌گرایان و مذهبیون برای همیاری با هر گروه مخالف او آماده و کثیری نیز بی‌اطلاع از اهدافش و بی‌تفاوت نسبت به حکومت، به او و حتی سرنوشت خویش ایام را می‌گذراندند.

ناگفته نماند که ممالک صنعتی نیز با توسعه ایران که می‌توانست رقیبی برای بازارهای آن‌ها شود نیز میانه‌ای نداشتند و احتمالاً در جشن هنر شیراز تماشای نمایش رژه سپاهیان عصر هخامنشی نیز خاطره تاریخی به آتش‌کشیدن آتن به‌دست همین سپاه را برایشان زنده کرده بود.

اعلام شاه که در پایان قرارداد نفت دیگر با کنسرسیوم، قراردادی نخواهد بست و اداره صنایع نفت ایران را ایرانی‌ها برعهده خواهند گرفت. در این رابطه توجه را به یک هم‌زمانی قابل توجه خاص جلب می‌کنم و آن تاریخ پایان آن قرارداد هم‌زمان با آغاز انقلاب ایران است.

و نیز توجه آمریکا به حرکت روسیه در گریز از تز کمونیسم به سوی کاپیتالیسم که اگر نگوییم در آن جنبش نقشی داشت بلاشک از جزئیات آن حرکت مطلع بود، و به این خاطر آرامش ایران در مرز جنوبی آن کشور برایش حائز اهمیت شده بود تا روسیه بتواند به هدف خود رسد و تز کمونیسم، تز مزاحم غرب را همراه با پرچم سرخش به زباله‌دانی تاریخ فرستد. و ضمنا به صورت کشوری با احترام به دیانت و با سیستم سرمایه‌داری رقیب آمریکا شده و ایران را در سبد ممالک نوظهور آسیای مرکزی در ابواب جمع خود قرار دهد.

فصل چهارم:
نگرشی بر گروه‌های مخالف سلطنت

در ادامه و تکمیل پاسخ به این سؤال که «چه زمینه‌ای منجر به انقلاب ایران شد؟» شناخت عمیق‌تر بانیان آن که در رأس طبقه روحانی و در حواشی احزاب سیاسی مخالف شاه و یا رژیم سلطنت قرار می‌گیرند کمک خواهد کرد که به آن می‌پردازیم:

روحانیت؛

در مورد پیدایش جامعه روحانی نظرات عدیده‌ای عنوان می‌شود. گروهی از مورخین بر این نظراند که نخست در یونان تحت تاثیر خصلت غریزی کنجکاوی، انسان‌ها گام‌های اولیه را در پیدایش طبقه روحانی برداشته‌اند و با اعتقاد به این‌که پدیده‌های طبیعی بدون خالقی به وجود نیامده و بدون حافظی بقا و تداوم نخواهند داشت، برای هر پدیده خالقی[۱] را تجسم کرده و پنداشتند که آن‌ها در مرتفع‌ترین کوه یونان «المپ» ساکن و مراقب اوضاع و احوال جهان‌اند. ارشد خدایان را زئوس[۲] خدای آسمان و رعد و برق نامیدند که فرزند «کرونوس» خدای زمان است که در عهد هلنیک[۳] در گذشته‌های دور حالتی معنوی به خود گرفته و پیروانی به دور خود جمع کرده بود. این رده از خدایان را در ۸۰۰ سال قبل از میلاد در یونان شعرائی

۱-**Olympian Gods**

۲-**Zeus**

۳-Hellenistic era

چون «هیسود» Hisiod و افسانه نگارانی چون «هومر» Homer که پاره‌ای از مطالب و افسانه‌های اساطیری او به‌خاطر بستگی نژادی با سروده‌های فردوسی مشابه است بر پایه تصورات خود با سیمای آدمی آفریدند تا پاسخی برای انسان‌هائی که در غریزه آنان کنجکاوی و کاوش نهفته و شناخت راز خلقت افکارشان را اشغال کرده بود ارائه دهند و ضمنا با اعتقاد به آن‌ها بتوانند با خلق، خوی و رفتار معقول و صمیمانه در جامعه نوپا در کنار هم زندگی کنند. این مذهب اولیه نام «می تز» Greek myths به خود گرفت و خدایانش هر یک خالق پدیده‌ای از طبیعت، مدیر و فرمانده آن معرفی شدند که به این خاطر با توان و قدرتی‌برتر از عامه متمایز و بر آنان حاکم می‌شوند. برای نمونه یکی را زئوس Zeus خدای رعد و برق نامیدند.

دختر او را آفرودیت Aphrodite الهه زیبائی وعشق دانستند و یا «آتنا» را خدای حافظ حیات به حساب آوردند که آتن پایتخت یونان نامش از آن الهام گرفته‌است. یونانی‌ها معتقد بودند که این خدایان در کوه المپ ساکن و ناظر أوضاع و أحوال جهانند. که به همین‌خاطر آن‌ها را Olympic Gads نیز می‌نامند.

در پی مذهب «می تز» در حدود ٤٠٠ سال قبل از میلاد، خدایان از کالبد آدمی خارج و در رابطه با نور عرضه می‌شوند که آئین میترا یا میترا پرستی شاخص‌ترین آنهاست. این آئین در ایران زاده شد و مذاهب یونانی رومی را محو و تمام اروپا را چنان در برگرفت که ریشه ایرانی آن از یاد رفت. حمله اسکندر به ایران نیز که کوچ تعدادی از پیروان کیش میترا به غرب را به دنبال داشت نیز به گسترش دین میترا در غرب کمک کرد. پیروان میترا پذیرفته بودند که او از دل سنگی عریان و نورانی زاده شده و یا الهه‌ای باکره او را زائیده است که بعد در مسحیت مریم این نقش را می‌گیرد. به‌طور کلی می‌توان گفت که ادیان از یکدیگر بسیار الهام گرفته‌اند. میترا نیز چون شام ربانی مسیح قبل از عروج به آسمان با یارانش گاوی کشته شرابی نوشیده بود. هر دو به پیروان خود قول داده‌اند که زمانی مناسب به زمین برمی‌گردند و یا مسیح و میترا همزمان در طولانی‌ترین شب سال، یلدا زاده می‌شوند.

میترائیسم تا آغاز سلطنت داریوش هخامنشی یا ۳۳۰ سال قبل از میلاد و در طول قرن دوم و سوم، مذهبی جهانی بود که در آن تاریخ در ایران زردشت معلم کیش خود را اعلام می‌دارد. از آنجا او را معلم نامیده‌ام که از طریق خدای خود «مزدا» فرمان پیامبری نگرفته بود و خشنود بود که آموزنده پیام مزدا، گفتار نیک، اندیشه نیک و رفتار نیک است که این شعار را در نوشته ادیبانه خود گات‌های زردشت توجیه می‌کند و اوستا کتاب آسمانی اوست. محققین معتقدند که اگر دین زردشت پیش نمی‌آمد میترا آئینی جهانگیر می‌شد. ضمنا همان محققین معتقدند که کوروش نیز پیرو کیش میترا بوده است کما آنکه پاره‌ای از ادبا حافظ را نیز پیرو همین آئین می‌دانند. هیتلر نیز با آنکه مسیحی بود به‌خاطر عطش نمود برتری نژاد آریا نماد حزب خود را صلیب شکسته از نمادهای آئین باستانی آریائی میترا انتخاب کرد. در آئین زردشت مزدا رقیبی به نام فرشته شیطان دارد که در صدد خنثی کردن تعالیم اوست منتهی چون مزدا قادرست شیطان را مهارکند و به بهشت و جهنم نیز معتقد است می‌توان این مذهب را بعنوان اولین طلیعه در یکتا پرستی دانست که در پس آن پیامبران منسوب به ابراهیم آن انسان برگزیده خداوند موسی، عیسی و محمد ادیان کلیمی، مسیحی و اسلامی را با آفریننده‌ای یکتا معرفی می‌کنند که چون در پس آخرین آن‌ها محمد (ص) تا امروز یعنی هزار و چهارصد سال پیامبر دیگری نیامد اسلام ختم مذاهب شناخته می‌شود.

آئین مهر و احترام به خورشید که میترا هر صبحگاه آن را می‌آورد و به شامگاه می‌برد، و پیروان بسیاری پیدا می‌کند و دامنه آن به اروپا نیز کشیده می‌شود. به خصوص وقتی رزمندگان اروپا به مأموریتی جنگی می‌رفتند، از مهر طلب حفاظت می‌کردند. امروزه می‌توان آثار معابد مهری را در پاره‌ای از شهرهای اروپا و به خصوص در آلمان یافت. در ایران بعد کیش مهر متفکری به نام «زرتشت» با تکیه بر آنکه «اهورا مزدا» تنها خالقی است که تمام پدیده‌های قابل لمس، رؤیت جان و خرد را آفریده و در بارگاهش شیطان در صدد رد تعالیم سعادت‌بخش اوست به تبلیغ می‌پردازد منتهی

خود را پیامبر نمی‌خواند و می‌گوید آموزنده نظرات مزداست که آن‌ها را
با سبک نگارشی در «گات‌های زرتشت» منعکس کرده که از نظر سبک
نگارش چون متن آیات قرآن شیوا و شعرگونه است. پاره‌ای از آداب کیش
مهر و زرتشت نیز بر ادیان بعد از آن‌ها به خصوص در مسیحیت اثر
نهاده که تسلسلی در رده ادیان را نشان می‌دهد. برای نمونه تاریخی را که
مسیحیان برای تولد عیسی قبول کرده‌اند، تقارن با تولد رزتشت دارد و رنگ
البسه کشیشان مسیحی نیز با موبدان زرتشتی یکی است در اغلب پیشخوان
کلیساهای اولیه مسیحیت نیز چون قره کلیسای رضائیه آتشکده زرتشت به
هنگام عبادت فروزان بود.

آنچه که به صورت گذرا در طلوع ادیان به آن اشاره شد و در پی
پرستش سنگ و گیاه و بت روی داد، نشان می‌دهد که تولد آنان حاصل
آن است که آدمی مدام به دنبال عامل والاتر پایه‌گذار هستی و شناخت راز
خلقت است و در این راه غیر از توجه به پدیده‌های قابل دید و لمسی چون
سنگ و گیاه و حیوان با شناخت پدیده‌های مستوری چون اعضای بدن که
در ارتباط و همیاری منظمی با یکدیگر حافظ حیات‌اند و یا با توجه به
موارد حسی چون معیار زیبایی و زشتی، بوی خوش و ناخوش، طعم تلخ
و شیرین، نوای چندش‌آور و دل‌نشین و احساسی چون عشق، نفرت، ذوق
و ابتکار و به‌ویژه نشست این معیارها در حافظه زبان، چشم و گوش بیشتر
به عجز خود در راه این شناخت پی می‌برد؛ لذا به خاطر کرامات نازل از
آسمان مانند ستاره که نقطه درخشانش در ابتدا هادی راه می‌شد، خورشید
که جام تابانش بانی روشنی و گرماست و برف و باران که لازمه حیات‌اند
با دانش ابتدایی خود پنداشت و پذیرفت که بلاشک این ساخت پیچیده
توسط معمار توانایی خلق شده که باید کارگاهش نیز در پس پرده نیلی
همان آسمان فرستنده رحمت‌های مذکور باشد. و خود معمار، مهر، مزدا،
یهوه، مسیح و اله نیز در آنجا حضور دارند تصوری که موجب شد برای
رفع هر مشکل و نیازی دست را به سوی مسکن قادر نهان، نیلی آسمان
بلند کنیم. معابد به کمک مناره اذان و برج ناقوس‌ها به آسمان نزدیک‌تر

شده و روحانیت موجودیت یافت. هر شاخه دینی آن مدعی است که مسیری کوتاه، هموار و روشن‌تری را برای نزدیکی و جلب نظر آفریدگار توانا و یکتا می‌شناسد، در حالی‌که دیرتر گروهی به این نتیجه می‌رسند که آفریدگار جسم نیست، اصل و یا به کلام قرآن، نوری تابنده است که همه وقت و در همه‌جا چون دل‌ها و اندیشه‌ها حاضر و ناظر است. در این میان هنرمندان نیز به کمک ذوق هنری خود و عرضه آن به قبول، تجلیل، بسط و ثبات معتقدات مذهبی کمک می‌کنند. «میکل آنژ» به کمک نقش تصاویر بر سقف و دیواره معابد به جلوه فیزیکی آفریدگار می‌افزاید و معمار معبد پانتئون قدرت او را با خلق آن سقف وسیع در آن زمان نشان می‌دهد. در تأثیر هنر در روحیه افراد تجسم کنیم کسی که از چادر کلبه‌ای از گل و یا چوب وارد معبدی عظیم و یا آرامگاهی مفروش با تزیینات جاذب، آیینه‌ها طلاکوبی‌ها، چلچراغ‌ها، پنجره‌ها با شیشه‌های رنگین به وسعتی که اندک‌اندک به یک کیلومتر طول و نیم کیلومتر عرض می‌رسند و یا به معبد عظیم chong-ray چین وارد می‌شود، به محض ورود چه احساس و درکی بر او غلبه خواهد کرد و تا چه حد به عمق اعتقاد او اضافه شده و به چه حد به احترام و اعتمادش به روحانیون واسطه‌های این مراکز با آفریدگار که معمولا با البسه خاص و آویزه‌هایی چون صلیب و تسبیح و غیره از دیگران تمیز داده می‌شوند، اضافه می‌گردد. به این ترتیب اعتقادات آرامش‌بخش ادیان در طی قرون آن‌چنان بر پرده اندیشه نقش می‌بندند که هیچ عاملی چو نوشته‌های ضد دیانت کسروی و یا «کد داوینچی» در رابطه با حیات مسیح و نظراتی چون نوشته سلمان رشدی و وقایعی چون عدم سلامت نفس پاره‌ای از روحانیون در تجاوزات جنسی که گه‌گاه از پرده برون می‌افتند، نمی‌تواند لکی بر اندیشه و معتقدات عامه نشاند و یا از تعداد پیروان مذاهب بکاهد. در این میان اضافه بر هنرمندان و روحانیون، صاحب‌نظرانی چون فلاسفه نیز مدام به دنبال شناخت ادیان که به خاطر توجه مردم کنجکاو به این مطلب، راه کوتاه‌تری برای معروفیت آنان می‌شد، کشانده شدند و هر یک در جست‌وجوی راز خلقت و بازتاب اثرات مذاهب بر زندگی انسان

نظریه خاصی عرضه و مردم را با فرضیه‌های خود سرگرم و در پاره‌ای از موارد سردرگم کرده و می‌کنند. داستایوفسکی، نویسنده روس، تحت تأثیر مکتب ضد دین کمونیسم، اظهار نظر می‌کند که «بدون وجود خدا، همه‌چیز رواست». به دنبال او سارتر فرانسوی قدمی فراتر نهاده و می‌گوید: «انسان زمانی آزاد است که خدا و اوامر قدسی وجود نداشته باشند». درحالی‌که ولتر، هم‌وطن او، وجود خدا را آن‌چنان ضروری و لازم می‌بیند که معتقد است اگر هم خدا وجود نداشت انسان می‌بایست آن را خلق می‌کرد و در آخر «کارل ریموند پوپر» نزدیک‌ترین فیلسوف مشهور به عصر ما در یک قرن پیش با این جمله به کائنات شک کرده و می‌گوید: «هر که او بهشت زندگی را برایت جهنم می‌کند، مجبور است قانعت کند که بهشت در جای دیگری وجود دارد.» از سوی دیگر، تعدادی از متفکرین به دنبال طبقه‌بندی ادیان می‌روند چون گلهولد افریم لسینگ[1]، نویسنده و فیلسوف آلمانی قرن ۱۸ که ادیان را به دو دسته جعلی و حقیقی تقسیم می‌کند و مذاهب ابراهیمی را هم حقیقی و هم جعلی دانسته و به سه نگین انگشتر تشبیه و در رده‌بندی آنان معتقد است همه یکسان‌اند و حقیقی‌بودن هر یک را معیار مهرورزی، بزرگواری، رواداری، انسان‌دوستی تدبیر و عقلانیت آن روشن می‌سازد که این خصوصیات را در شخصیت ناتان خردمند در نمایشنامه‌ای نیز عرضه کرده است. ملخص آن‌که این رده از صاحبان تفکر و اندیشه با پایی چوبین و در گریز از تمکین نیز نتوانستند در بحث و جدل خود به نتیجه‌ای رسند و بهتر بود که خود را از خم و پیچ بی‌انتهای فلسفه ادیان و نظریه‌پردازی راجع به آن رها و آن را که بلاشک به آرامش روح و روان کمک کرده و نظمی در روابط انسان‌ها به وجود می‌آورند صادقانه پذیرا بوده و پیام خیام را که هشدار می‌دهد راز خلقت را فقط معمار آن می‌داند و بس قبول کرده و به زندگی خود ادامه دهیم.

۱-Gollhold Ephraim Lessing

آنان‌که محیط فضل و آداب شدند
در جمع کمال شمع اصحاب شدند
ره زین شب تاریک نبردند برون
گفتند فسانه‌ای و در خواب شدند

در پس پذیرش جایگاه آفریدگار، برای رساندن پیام او از عرش به فرش نمایندگانی باهوش و زیرک‌تر در قیاس با عامه زمان و با جهان‌بینی و اطلاعاتی رسا، در قدرت و فصاحت کلام بیتا، به نام پیامبر برگزیده و در راه تجلی و ثبات مذاهب کوشا می‌شوند. که این پیام‌آوران و نیابت آنان، ربا و کشیش و مولا، همه با روحیه‌ای سیاسی- انقلابی بیش از هر عامل دیگری پایه‌گذار تحولاتی در دنیا شده و می‌شوند و روابط انسان‌ها و شرایط زندگی آنان را رقم زده و می‌زنند. وجود معدود صاحبان زر و زور حاکم، اکثریت محروم و فقیری را که در همه ادوار اکثریت خواهند داشت خلق می‌کند که آماده‌اند تا بی قید و شرط و تجزیه و تحلیلی حامی هر پیشوای اصلاحات شوند؛ چه می‌اندیشند هر نتیجه‌ای که از این همیاری به دست آید بدتر از وضع حال آنان نخواهد بود. در چنین زمینه‌ای و در پیشاپیش لشکر کثیر محرومان، پیامبران با حربه معنویت در برابر آن دسته از قدرت‌ها که حب جاه و مال آن‌ها را از راه به بیراهه کشانده و به سوی ظلم و بیداد می‌راند قد علم کرده و برمی‌خیزند:

موسی، که از ترس فرعون مقتدر که خود را خدا می‌پنداشت، آن هم با لکنت زبان جرأت حضور در برابر او را نداشت با یادآوری و تکرار آیه آسمانی خدایش، یهوه،
«رَبِّ اشْرَحْ لِی صَدْرِی وَیَسِّرْ لِی أَمْرِی وَاحْلُلْ عُقْدَةً مِنْ لِسَانِی یَفْقَهُوا قَوْلِی» صراحت و روانی زبان می‌یابد و آن‌طور که آمده قدرت خدای خود را به رخ فرعون می‌کشد و در مقابله با شعبده‌بازی او با شگرد عصایش که مارهای او را می‌بلعد برتری خدای خود را عیان کرده و با آن‌که با قوم خویش تن به تبعید داد، در نهایت او را از اریکه خدایی و حکومت به زیر

کشید. او به هنگامی که از اوج کوه سینایی با گرفتن ده فرمان از خدای خود به پایین آمد، مجسمه بزغاله‌ای را که برادر او، هارون با جمع‌آوری زینت‌آلات طلا از بانوان برای عبادت قوم خود ساخته بود منهدم کرده و به ترویج فرامین ده‌گانه می‌پردازد.

عیسی که با نظرات مهرآمیزش مدام به پیروانش اضافه می‌شد مورد بی‌مهری و ترس حاکم رمی منطقه فلسطین «پیلاطس» و جمعی از سودجویان و برده‌فروشان قرار می‌گیرد و در زیتونستان «جشیمانی» به هنگام شام ربانی با اصحابش دستگیر، به دادگاه دینی «سهندرین»، با قضاتی بی‌منطق و بی‌رحم فرستاده می‌شود. که در آن‌جا بعد از محاکمه کوتاهی به استناد ادعای خدایی محکوم و به دار آویخته شد اما دیدیم که در نهایت ارکان حکومت مقتدر و لذت‌طلب رم را به لرزه درآورد و پاشاند؛ آن‌سان که با گذشت زمان معتقدات او نیز جایگزین اعتقادات آنان شده و با گسترشی جهانی، پایدار شده و امروزه ۳۱.۵ درصد از جمعیت دنیا را پیرو خود ساخته است. البته دیده شد حب جاه، برق ثروت و لذت شهوت گاهی غرایز نهفته حیوانی را در روحانیون نیز تحریک می‌کند؛ به گونه‌ای که در عصری روحانیون مسیحی تعالیم مهرآمیز مسیح را فراموش کرده و به صورت حکامی ظالم، مادی و قهار عمل نمودند و مردم به خاطر ترس از آفریدگار رحیم و همزمان قادر، به اطاعت از آن‌ها تن می‌دادند. در آن برهه از زمان کلیسا هر عاملی را که موجب تزلزل خود می‌دید با خشونت می‌کوبید. دانشمندانی چون گالیله را که گفته بود زمین گرد است و بر دو شاخ گاوی قرار ندارد تا برای رفع خستگی آن را از شاخی به شاخی دیگر نشانده، بر شاخی روز و بر دیگر شب را بنماید زندانی و یا سربه‌نیست می‌کرد. تمپلرها، قشون خشن کلیسا، اموال با ارزش مردم را به نفع کلیسا تصرف می‌کردند. امروزه اجناس ذی‌قیمت در زیرزمین کلیسای واتیکان و ارزش زمین زیر تاسیسات کلیساها در سراسر دنیا، این سازمان مذهبی را به صورت ثروتمندترین سازمان‌های موجود جهان درآورده است. به خاطر علاقه و حفظ همین گنجینه بود که در جنگ جهانی دوم، پاپ مادی وقت با

هیتلر نازی به این توافق می‌رسد که او آسیبی به شهرک واتیکان وارد نسازد و در مقابل، کلیسا، این مرکز معنویت هم بر جنایات جنگی او چشم بسته و به او اعتراضی نخواهد کرد. در دوره‌ای تمایل بیش از حد کلیسا به کسب ثروت موجب اقدامات غیر قابل تصوری نیز از طرف پاپ‌ها می‌شد که یکی از آن‌ها فروش زمین‌های جهنم به محکومین در ازای بخشش آفریدگار و تخفیف تنبیه آنان بود.

مطالب در رابطه با پروردگار در آسمان و مسیح مرا به یاد مردی خاکی، مسیحی «آرسن میناسیان» انداخت که در دوره اشتغالم در گیلان دوست شده بودیم و سنگ صبوری برای شنیدن درددل‌هایم از مسائلی بود که روزانه به آن برمی‌خوردم. با ماموریت اداری من در استان گیلان در رشت مقیم شدیم و همسرم فرصت یافت به آرزوی دیرینه خود، حل مسائل یتیم‌خانه مژدهی رشت که اجدادش از بانیان آن بودند برسد و نیز در پاره‌ای از أمور خیریه با راهنمایی آرسن و در انطباق با نحوه عمل او بی سر و صدا و پوشیده قدمی بردارد. چون آزادی مجرمین جوانی که به خاطر احتیاج، اشتباهاتی جزئی از آنان سرمی‌زد؛ مثل دزدیدن ماهی سفیدی که آن روز کمیاب و گران بود توسط مرد جوانی برای ارضای هوس همسر آبستنش، که بر پایه مقررات ضمانت من با سمت اداری نمی‌توانست او را از زندان آزاد کند ولی روان‌شاد «آرسن»، به خاطر داشتن مغازه‌ای (داروخانه) در شهر می‌توانست برای آزادی‌اش ضمانت دهد. در مورد پرونده دزدیدن ماهی شنیدم که او در پس آزادی این مجرم با آن‌که خود به خاطر دست‌ودل‌بازی و دادن داروی مجانی به بینوایان قدرت مالی نداشت، ماهی سفید گرانی را خریده و به او داده بود که برای همسرش به منزل برد. این مرد کم‌حرف، فروتن و بی‌ادعا وقتی فوت کرد احساس تنهایی سنگینی به من و همسرم که با او نزدیک و صمیمی شده بودیم، دست داد. در پس حمل جنازه او به محوطه کلیسایی در مرکز شهر که برای تدفینش از روحانی ارشد مسیحی در اصفهان کسب اجازه کرده بودم، شرکت کلیه روحانیون مسلمان شهر حتی با بیماری و عصا به دست، مغازه‌دارانی که با عبور جسدش مغازه را

تعطیل کرده و به کثیری دیگر از عامه اضافه شده و حرکت می‌کردند مرا به
یاد سروده‌ای انداخت که می‌گفت: «در حیات به گونه‌ای کوش که بعد از
مرگت، مسلمان به زمزم شویدت و هندو با کندر و عود بسوزاندت.» به یاد
دارم آخرین‌باری که آرسن را ملاقات کردم، دو سه شب قبل از فوتش بود.
او شنیده بود که در فارس محلی را برای بیماران روانی آماده کرده‌اند و برای
رفع مزاحمت این بیماران برای سایر ساکنین مرکز امدادش خواست که
آن‌ها را به فارس منتقل کنیم. با استاندار فارس صحبت کردم و با اتوبوسی
آن‌ها را به سوی فارس فرستادیم که هنوز چندان از رشت فاصله نگرفته
بودند که به آرسن اطلاع می‌دهند آن مرکز محوطه محصوری در صحرا
بیش نیست و هنوز تکمیل نشده و بدون سرپناه و تسهیلات است. در آن
آخرین بازدید کوشش می‌کردیم که با پرسیدن شماره اتوبوس از گاراژ
جفرودی و اطلاع آن به پاسگاه‌های ژاندارمری بین راه آن‌ها را به رشت
برگردانیم. او تا دیروقت بعد از کار روزانه در داروخانه‌اش به امور آن مرکز
می‌رسید. شبی بارانی حدود ساعت ده، در راه دفتر به خانه تصمیم گرفتم
میان‌بر از جنب مغازه شیرینی فروشی آذربانی که امید است نام آن درست
به خاطرم مانده باشد، از کوچه تنگ و با پیچ‌وخمی، آهسته به سبزه میدان
و خانه‌ام برسم. در سر پیچی از کوچه حرکت فردی در زیر سایبان سقفی
نظرم را جلب کرد. توقف کردم و بدون آنکه چراغ اتومبیل را خاموش کنم
پیاده شده و به سوی او رفتم. پرسیدم در دیروقت و در این باران آن‌جا چه
می‌کند. او زنی بود که از سرما خود را در چادرش پیچانده بود. معلوم شد
او را از خانه‌ای که سال‌ها مستخدم آن بود به‌خاطر شکستن ظروف، احتمالا
ناشی از ضعف پیری بیرون کرده‌اند. او را در صندلی عقب اتومبیل جا دادم
و به مرکز امداد آرسن رساندم که دیدم او در آن وقت شب هنوز مشغول
به کار است. از بیماری قلبی او اطلاع داشتم. به او گفتم: «بهتر است بعد از
کار روز، اوقات کمتری را در مرکز صرف کنید.» خندید و گفت: «این‌جا به
من آرامش می‌دهد؛ آن‌سان که می‌خواهم بعد از فوتم نیز در زیر آن درخت
مرا دفن کنید.» منظور او درختی در محوطه امدادش بود که خواستم همین

کار را بکنم ولی همسرش با این منطق که ممکن است مرکز توسعه یابد و
گورش را جابه‌جا کنند مرا به فکر حیاط کلیسایی در مرکز شهر انداخت تا
گورش ناشناس نماند و درس و پندی برای ما باشد.

و بالاخره بعد از مسیح، پیامبر اسلام که به سال ۶۱۰ میلادی به امر
آفریدگار، به رساندن پیامش مأمور می‌شود که توسط فرشته‌ای در غاری از
کوه حرا به او ابلاغ شد. او از کوه به زیر آمد که با اعراب بت‌پرست مواجه
می‌شود. با حمله و تصرف شهر مکه و کوبیدن بت‌های خانه کعبه، بت‌های
معروفی چون العزی و لات با پیروانی بسیار، ارشاد خود را آغاز می‌کند.

قرآنی که بر او نازل می‌شود، اضافه بر تعالیم اخلاقی محتوی قوانینی
است که روابط اجتماعی، اقتصادی، خانوادگی و فردی را از ازدواج و
تعداد همسر گرفته تا دستورالعمل توزیع ارث به پیروان توصیه می‌کند که
در صورت عدم رعایت مفاد آن بلایای دنیوی بر او نازل شده و در روز
رستا خیز نیز که آفریدگار بنده مطیع و متخلف را از هم جدا کرده، مطیع
را به حوزه جنت می‌فرستد تا در نعم و خدمات حور و غلمان ابدیت یابد
و متخلف را به جهنم، تا در شعله هیزم آن بکرات سوزد. این رسول در راه
ارشاد با مخالفت طبقه‌ای که با شکستن بت‌ها فوایدی چون کلیدداری کعبه
را از دست می‌دادند و حتی پاره‌ای از منسوبین خود چون عمویش، ابولهب
و همسرش، ام جمیل که او را دیوانه می‌خواندند روبه‌رو می‌شود که آیه ۹۶
از سوره توبه که در آن آفریدگار یادآور آگاهی خود از نفهمی، کفر و نفاق
اعراب می‌شود بر او نازل می‌شود:

«الْأَعْرَابُ أَشَدُّ كُفْرًا وَنِفَاقًا وَ أَجْدَرُ أَلَّا يَعْلَمُوا حُدُودَ مَا أَنْزَلَ اللَّهُ عَلَى
رَسُولِهِ وَاللَّهُ عَلِيمٌ حَكِيمٌ »

به زمانی نیز که دشمنی اعراب چنان موجب دلسردی پیامبر شده بود
که می‌رفت به صورتی خود را از زیر بار مسئولیت خطیرش برهاند که
آیه‌های ۹ و ۱۰ و ۱۱ سوره مزمل نازل و در آن به پیغمبر توصیه می‌شود که
در برابر گفتار مخالفان بردباری و بی‌اعتنایی پیشه کن و این معاندان متنعم
را به من واگذار و اندکی مهلتم ده؛ چه در نزد ما زنجیر و آتش افروخته

دوزخ مهیاست:

«وَاصْبِرْ عَلَى مَا يَقُولُونَ وَاهْجُرْهُمْ هَجْرًا جَمِيلًا وَذَرْنِي وَالْمُكَذِّبِينَ أُولِي النَّعْمَةِ وَمَهِّلْهُمْ قَلِيلًا إِنَّ لَدَيْنَا أَنْكَالًا وَجَحِيمًا»

که این آیه‌ها پیغمبر را دلگرم کرده و چون می‌بیند در مکه با حضور معاندان ذی‌نفوذ نمی‌تواند به پیشرفت اسلام سرعت بخشد، پس از سیزده سال اقامت در آن شهر، دعوت دو قبیله «اوس» و «خزرج» پیروان خود را از شهر «یثرب» پذیرا شده و به آن شهر مهاجرت می‌کنند. این دو طایفه از کارگران سه طایفه یهودی و ثروتمند شهر مذکور با نام‌های «بنی قینقاع»، «بنی نضیر» و «بنی قریظه» بوده‌اند. در این شهر است که به پیروان اسلام چنان اضافه می‌شود که می‌توان گفت دیانت اسلام از «یثرب» پا گرفته که امروزه با تلاش پی‌گیر پیامبر به کمک ارائه آیات و سوره‌ها، گاه با مهر و محبت و زمانی با قهر و خشونت ۲۳.۲ درصد جمعیت دنیا از پیروان آنند. در پی این توفیق صاحبان زر و زور قبایل بدوی چون «ابوالاشد» و «ابولهب» که از نادانی زیردستانشان سود می‌بردند خاموش شده و آیات الهی با احکام خشن‌تری در نابودی مخالفین نازل می‌شوند. قبله از مسجدالاقصی به کعبه در مکه تغییر جهت می‌دهد که این دستور موجب رنجش طوایف یهودی ساکن یثرب شده و به بهانه بی‌احترامی فردی یهودی به زنی مسلمان، برخورد مسلمین با یهودیان شهر پیش می‌آید و با آن‌که آیه ۱۷۷ سوره بقره:

«لَيْسَ الْبِرَّ أَنْ تُوَلُّوا وُجُوهَكُمْ قِبَلَ الْمَشْرِقِ وَالْمَغْرِبِ وَلَـٰكِنَّ الْبِرَّ مَنْ آمَنَ بِاللَّهِ وَالْيَوْمِ الْآخِرِ»

که می‌گوید انتخاب جهت برای عبادت مهم نیست، ایمان به آفریدگار و روز آخرت حائز اهمیت است، نازل می‌شود، این برخورد به جنگ «بدر» با پیروزی اسلام و به غنیمت گرفتن اموال یهودیان منتهی می‌گردد که احتمال می‌دهند احساس بدبینی این دو قوم نسبت به یکدیگر که با گذشت نزدیک به چهارده قرن از سال ۶۱۲ میلادی تا حال به مناسبت‌هایی آثارش مشهود می‌شود، ریشه در آن دارد.

اضافه بر مذاهب ابراهیمی مذاهب دیگری چون هندو با ۱۵ درصد و

بودا با ۷ درصد و مذاهب دیگری با پیروانی در ژاپن، کره و سایر نقاط دنیا با پوشش جمعیتی ۵.۹ درصد نیز در دنیا حضور دارند. ١٦ درصد بقیه جمعیت دنیا را ناباوران تشکیل می‌دهند که برخورد بین ادیان و حتی فرقه‌ها در مذهبی واحد، آن هم توأم با خشونتی وحشیانه و بی‌عدالتی‌هایی که معمولاً به خاطر خودبینی، سلطه‌طلبی و یا با تعابیر غلط تعالیم معنوی برای سودجویی و نظرات شخصی روی می‌دهد، تمایلی به قبول مذهبی را ندارند که با افزایش تعداد این برخوردها و خشونت‌ها در این زمان، جمعیت آن‌ها نیز رو به افزایش است. آمار جمعیت یادشده در مطالب فوق توسط سازمان ملل در سال ۲۰۱۰ به دست آمده است و همان آمار معرف آن است که در ۵۰ کشور دنیا مسلمانان از دید نفرات اکثریت دارند.

ناگفته نماند که آفریدگار در حفظ رشد دیانت با بینش خود به ویژه در مکتب اسلام به سؤالاتی که می‌توانست مطرح شده و موجب برخورد پیروان ادیان صاحب کتاب همانند احزاب سیاسی شده و موجب تضعیف ادیان گردد به نکاتی اشاره فرموده‌اند. برای نمونه در قرآن و در پیشگیری از اختلافات احتمالی اسلام و مسیحیت که آن نیز همزمان و در کنار اسلام در حال گسترش بوده است این سوره‌های آشتی‌آفرین را نیز نازل فرموده‌اند:

درسوره مریم، آیات ١٦ تا ٣٤، در سوره آل عمران آیات ٤٥ تا ٤٩، درسوره نساء آیه ۱۷۱ و در سوره انبیا آیه ۹۱، که در آن گرچه مسیح را فرزند خدا نمی‌شناسند ولی به تشکیل نطفه‌ای روحانی در رحم مریم باکره به امر خدا معترف بوده و از این طریق به اصالت پیامبری مسیح نیز صحه می‌گذارند. ملخص آن‌که پیام‌آوران مذاهب از راه تقویت وجدان و تشویق به هم‌زیستی مسالمت‌آمیز، در ایجاد آرامشی نسبی مؤثر بوده‌اند که در سایه آن بشریت توانست در تعالی فرهنگ، هنر و بسط علوم و فنون نتایجی به دست آورد و به مرز امروز رسد. گرچه متأسفانه گه‌گاه شاهد برخورد مذاهب ناشی از رقابت هادیان روز و تعصب پاره‌ای از پیروان آن‌ها می‌شویم که برای پرهیز از دادن رنگ سیاسی به این نوشتار در رابطه با تعصبات فقط به تجربه کوچکی اشاره می‌کنم و آن این‌که آشنایی افغانی

به نام «ضیاء» در رابطه با احداث مسجدی در خیابان بالبوا شهر ساندیگو در آمریکا هر وقت از من نظری می‌خواست، یادآور می‌شد که ایرانیان نیز پس از خاتمه ساختمان مسجد خواهند توانست از آن مکان بهره‌برند. منتهی بعد از پایان ساختمان برای ایرانیانی که به شاخه مذهبی شیعه وابسته بودند محدودیت‌هایی به وجود آمد و چون بر پایه قوانین حقوقی حاکم بر آمریکا نمی‌شد درب معابد را به روی مراجعین برای عبادت ببندند، نمازگزاری آنان در این مسجد و در کنار شاخه سنی بلامانع بود ولی وعاظ این شاخه برای وعظ در آن مکان با مشکل روبه‌رو شدند که به خاطر آن شیعیان شهر عبادت خود را در مکان‌های اجاره‌ای ادامه می‌دهند. در همین رابطه چند سالی است که در گوشه و کنار دنیا بالاخص در خاورمیانه نیز شاهد برخورد سازمان‌های مذهبی به سبک رقابت‌های خصمانه احزاب سیاسی شده‌ایم؛ گویی معنویت نیز وقتی منافع مادی مطرح می‌شود رنگ می‌بازد. که تشابه احزاب سیاسی با معنوی ناشی از آن است که در زیر دستار روحانیون نیز مغزی با همان زیرکی و هوش فعال است که زیر کلاه صاحبان علم و فنون که بازده مشهود و قابل لمس و رؤیتی را ارائه می‌دهند. هر دو گروه فرزندان خانواده‌های با استعداد و با ضریب هوش مشابه هستند که تعدادی از آنان به دلایلی چون توان مالی به دانشگاه راه یافتند و آن‌ها که این امکان را نداشتند به مدارس دینی روی آورده‌اند. البته نباید منکر آن شد که گروهی نیز صرفا بر پایه اعتقادات معنوی به روحانیت می‌پیوندند.

ملخص آن‌که تمایل روحانیت به کسب قدرت و شوکت در ادیان ابراهیمی یکسان بوده منتهی در شاخه اسلام شاخص‌تر است. ناگفته نماند که روحانیون ایران غیر از انقلاب اسلامی ایران که قدرت را به دست گرفتند در زمان سلسله قاجار نیز عملا حکومت می‌کردند؛ چه سلاطین قاجار ضمن آشنایی به نفوذ معنوی آنان در جامعه و قدرتی که در آن زمان با عنایات انگلیس به آن افزوده شده بود، آگاهی داشتند و به این خاطر بعضی از شاهان قجری چون فتحعلی‌شاه خود را شاه نمی‌خواندند و می‌گفتند که مباشر روحانیت هستند و تحت نظر آنان اداره امور را برعهده

دارند؛ لذا می‌توان پذیرفت که روحانیت عملا حکومت ولایت فقیه را در پوشش شاهان قاجار نیز پیاده کرده بودند و در همین زمان است که یکی از آنان، «سید جعفر کاشف الغطاء» تز ولایت فقیه را برای اولین‌بار در کتاب خود، «خاتمت القواعد» مطرح و عرضه می‌دارد.

قدرت روحانیت که در زمان قاجار به اوج خود رسید، برای آنان این امید را به وجود آورده بود که می‌توان نظریه ولایت فقیه را با تکیه به قوانین شریعت که بسیاری از پیروانشان و دیرتر حتی انقلابیون ضد سلطنت از مفاد و بازتاب آن‌ها مطلع نبودند پیاده کرد که با همین توان و اندیشه به دورهٔ پهلوی وارد می‌شوند؛ منتهی با شرایطی برخورد می‌کنند که بر آن موقتاً پرده می‌کشند اما فراموشش نکرده و بدون آن‌که توجه حکومت را به خود جلب کنند به آن دامن می‌زنند و در نهایت اریکه سلطنت را تصاحب می‌کنند.

با سقوط سلسله قاجار روحانیت، به شدت آزرده خاطر می‌شود؛ به ویژه آن‌که اقدامات سلسله‌ای که جانشین قاجار شد، چون منع حجاب توسط رضاشاه در چهاردهم دی ماه سال ۱۳۱٤ و یا همراه‌بردن زنان خانواده سلطنتی به مراسم رسمی آن هم بدون چادر و با البسه خوش‌دوخت و کلاه، توهینی به خود تلقی می‌کند. رنجش روحانیت وقتی به اوج می‌رسد که رضاشاه کلید صندوق اوقاف را نیز از آنان گرفته و به دولت می‌سپارد و با آن‌که از آن صندوق حقوقی برای هر روحانیونی تعیین شد، دلگیری روحانیت را تشدید کرد. ناگفته نماند که رضاشاه، این روستازاده، مثل همه روستاییان معتقد به اسلام بود؛ کما این‌که از اسم او پیداست اما با جامعه روحانیت میانه‌ای نداشت. تصمیم سپردن اختیار اوقاف به دولت یک‌بار نیز در گذشته و توسط نادرشاه صورت گرفته بود.

در پس این کشش و کوشش‌ها می‌توان دریافت مذهبیون و سکولاریست‌ها احزابی با خصوصیات مشابه هستند که آفریدگار بلاشک و به گونه‌ای که از تعالیم او در کلیه مذاهب مشهود است به آن گروه که می‌خواهد با استفاده از زمینه فکری و اهدایی خود متکی به خویش و با رویه‌ای به دور از

خودبینی به کشفیات پرداخته، باله پرواز ساخته فضا را درنوردد، بر کره ماه فرود آید و حتی تا حریم خلقت او پیش تاخته مشابه موجودی colon خلق کند خواهد فرمود که «اگر خلاقیت شما خلق را به آرامش و رفاه در حیات رساند به تلاش خود ادامه دهید که در پوشش حمایت من هستید.» ضمن آن‌که به گروه دیگر مؤمنینی نیز که می‌خواهند او در کلیه مراحل حیات، دست آن‌ها را گرفته و پابه‌پا به پیش برد خواهد فرمود که «یاری به شماها را نیز پذیرا هستم.» منتهی به هر دو گروه گوشزد می‌کند: «در عمر کوتاه خود که با مژه‌برهم‌زدنی پایان می‌یابد به صلح و صفا روی آرید و فقط برای ذبح گاو و گوسفندی که به شما ارزانی کرده‌ام، کشتارگاه سازید و با کشتار یکدیگر کره خاک را به مسلخ انسان، شاهکار هنرم، بدل نکنید. تا در موزه زیبای طبیعت که نمونه‌ای دیگر از توان خلاقیت من است به شادی خرامد، تا محفوظ ماند و تا در فرد فرد آنان خود بینم.» این توجه آفریدگار به انسان را به هنگام آفرینش جامی چنین خلاصه می‌کند:

ساخت دلش مخزن اسرار خویش
کرد رخش مطلع انوار خویش
هرچه عیان داشت بر او خرج کرد
هر چه نهان خواست در او درج کرد
آیینه‌ای شد که بر او چشم کس
چون نظر انداخت خدا دید و بس

متأسفانه گویی حب زر و زور که چشم‌ها را کور و گوش‌ها را کر می‌کند، نمی‌گذارد که هر دو گروه پیام آفریدگار را بشنوند و آشفته دنیایی را که به دست خود ساخته‌اند ببینند؛ تا آن‌جا که گویی به برخورد این دو گروه حزبی پایانی نیست و در زیر به نمونه‌هایی از جنگ و جدل بین فرقه‌های مذهبی و سیاسی که به دفعات لک سیاهی بر لوح تاریخ می‌نشانند اشاره می‌کنیم:

جنگ‌های صلیبی (برخورد مسلمان و مسیحی)؛

در گذشته اغلب جنگ‌ها از تنگناهای اقتصادی سرچشمه می‌گرفت، تنها جنگ آن زمان که فاکتور تعدیل جمعیت نیز زمینه‌ساز آن شد جنگ‌های صلیبی بود که به سال ۱۰۹۵ مسیحی آغاز شد و کمی بیش از دویست سال به درازا کشید. رزمندگان جبهه‌ها که این نبرد را تلاشی در راه حفظ و اعتلای مذاهب خود می‌پنداشتند، مشتاقانه و وحشیانه به کشتار پرداخته و صبورانه ادامه آن را پذیرا بودند. «ویل دورانت» در مجموعه «توسعه تمدن جهان» که به فارسی روانی نیز در چندین جلد ترجمه شده است، در مقدمه فصل جنگ‌های صلیبی، ریشه بروز این جنگ را توجیه کرده و نشان می‌دهد که اهداف آن با تصورات رزمندگان جبهه‌های آن که در اثر تبلیغاتی نافذ مسخ شده بودند مغایر بوده و در اصل ارتباطی به اعتقادات مذهبی و تعصبات ناشی از آن نداشت و اقتصاد زمینه‌ساز آن شده بود ولی سیاست‌بازان مذهب را وسیله بروز آن وانمود می‌کردند. همان استدلالی که امروز هم به کار گرفته می‌شود. او می‌نویسد که انقلاب صنعتی در اروپا جوانان روستایی را به شهرها جلب می‌کرد؛ درحالی‌که صنایع اولیه و محدود اواخر قرن شانزده نمی‌توانست برای همه آن‌ها کار ایجاد کند. از طرفی شهرها امکانات تأمین مسکن و سایر تسهیلات ضروری جمعیت روزافزون مهاجر را نداشتند. این نابسامانی پادشاهان اروپا را که آن زمان اغلب منسوبین یکدیگر بوده‌اند نگران بروز اغتشاش و از دست رفتن سلطنت کرده بود. کلیساها نیز به دلیل کم‌توجهی مردم به مذهب ناشی از غرور اختراعات صنعتی با کمبود کمک‌های خیریه روبه‌رو شده و نمی‌توانستند هزینه اداری خود و کمک به نیازمندان گرسنه، بیکاران، بیمارن روحی و جسمی یا ستون موجودیت خود را تأمین کنند. مشکل انفجار جمعیت شهرهای اروپا را تهدید می‌کرد که شکایت کشیشی فلسطینی از چند مسلمان که به او احترام کافی نگذاشته بودند به پاپ «اوربان دوم» Urbanus II در فرانسه مشکل‌گشا می‌شود. پاپ مذکور هم با آب‌وتاب موضوع را به پادشاه فرانسه منتقل کرده و او هم این مطلب را به منسوبین خود، سایر پادشاهان کشورهای اروپا منتقل

می‌کند. حاصل آن می‌شود که سپاهیان حکام اروپا، همراه با تمپلرها، قشون خشن کلیسا که زندانیان و بیماران روانی نیز به آن‌ها ملحق شده بودند، به خاورمیانه برای کشتار اعزام می‌شوند. کشتاری که در آن «ریچارد»، شاه انگلیس، به خاطر قساوت لقب شیردل یافت و «صلاح‌الدین ایوبی» به عنوان ناجی مسلمانان به شهرت رسید که امروزه خیابانی در تهران به نام اوست. وحشیانه و حیوانی‌ترین کشتار تاریخ در جنگ‌های صلیبی به نام آفریدگار روی داد که مبارزان متعصب در ریشه‌کنی نسل دشمن، دو پای کودکان را به دست گرفته و سر آنان را به دیوار می‌کوبیدند. قسمت عمده ثروت امروزی کلیسا نیز از راه تجاوز تمپلرها در جنگ‌های صلیبی و متعاقب آن تصاحب زمین و اموال ارزشمند مردم سراسر اروپا توسط تمپلرها قشون کلیسا به نام مذهب و حفظ مسیحیت به دست آمد و در این راه به خاطر منافع سیاسی و کسب ثروت تمام تعالیم مسیح که دوستی و مهر را به پیروان توصیه می‌کرد، نادیده گرفته می‌شود.

عطش کسب ثروت کلیسا به آن‌جا کشانده شد که کلیسا زمین‌های جهنم را نیز در برابر بخشش و یا تعدیل جرم مجرمین برای فروش عرضه می‌کند که در بازاریابی گاهی صاحبان مشاغل و ثروتمندان را با دلایلی ساختگی محکوم کرده تا به خرید قطعه‌ای از زمین‌های جهنم مجبور شوند. تا آن‌که برای حفظ احترام کلیسا کشیشی به نام «لوتران» با سرمایه تعدادی از ثروتمندان پیرو خود، کلیه قطعاتی را که پاپ وقت به عنوان زمین‌های جهنم به بازار عرضه کرده بود یک پارچه خریداری و از بازار خارج کرده و به این تجارت ساختگی و تصوری خاتمه می‌دهد. او همان کسی است که شاخه «لوتران» را به شاخه‌های دیگر مسیحیت افزود که پیروان بیشتری در آلمان، لیتونی، استوانی و لاتویا دارد که مهاجرین این مناطق فلسفه مذهبی او را با خود به آمریکا نیز رسانده‌اند.

اقدام«لوتر» و تفسیر متدینی دیگر«کالون» از کتاب مقدس، دیانت را تضعیف و به فرد تشخص می‌دهد سلطه قدسی کلیسا را از جامعه می‌گیرد. لذا این تنها فردست که مسئول حیات خود، ویرانی و یا آبادانی جامعه‌اش

به‌حساب می‌آید که فلاسفه‌ای چون «رنه دکارت» معرف و مبلغ آن شده و قرن ۱۶ عصر اصلاحات مذهبی می‌گردد و اتفاقاتی چون برخورد کاتولیک‌ها با اصلاح‌گران پروتستان با هزاران کشته روی می‌دهد.

نبرد سوریه (برخورد شیعه و سنی در یک مذهب)؛

در شناخت نطفه این برخورد از مقاله جامع «Robert Kenedy Jr» برادرزاده پرزیدنت کندی در فوریه سال ۲۰۱۶ میلادی در مجله Politico کمک می‌گیرم. به طور خلاصه و در آن مقاله او می‌نویسد:

بعد از کشف بی‌نظیرترین و حجیم‌ترین حوزه نفتی در بستر خلیج فارس که قطر و ایران درآن سهیم‌اند، برنامه رساندن گاز آن مخزن به اروپا با دو خط لوله، یکی توسط قطر و دیگری توسط ایران، با عبور از عراق و سوریه مطرح می‌شود. قطر منبع نفتی خود را مخزن شمال و ایران سهم خود را حوزه پارس می‌نامد. در مورد محل عبور لوله‌ها عراق عبور هر دو لوله را از خاک خود مشروط به پرداخت حق عبور و هزینه مراقبت بلامانع می‌داند اما سوریه به تحریک هم‌پیمانان نظامی خود، ایران و روسیه، با عبور خط لوله نفتی قطر که برای اجرای طرح آن ده بیلیون دلار اعتبار گذاشته است، از خاک خود مخالفت می‌کند. به خاطر این پیچیدگی تجاری است که قطر و یاران عرب همسایه او به فکر داعش می‌افتند و با مساعدت‌های مالی خود به حیاتش کمک می‌کنند و در مقابل از آن می‌خواهند قطعاتی از خاک سوریه را که مورد نیاز برای عبور لوله گاز آن‌هاست تصرف کرده و از تسلط و ید سوریه خارج سازد.

این مقاله به خاطر افشاگری واقعه‌ای که قومی را مواجه با سختی و تلفات بسیار در زیر ضربه هواپیماهای خودی و قطب‌هایی که رقبای یکدیگرند نموده و حتی گازهای سمی نیز برای کشتار جمعی در آن به کار می‌رود، جلب توجه کرد.

ناگفته نماند که لجام‌گسیختگی داعش در خشونت و خرابکاری‌های او در کشورهای غربی، که بعضی توسط افراد متعصب بدون وابستگی به

داعش صورت می‌گیرد، ظاهرا موجب شد که غرب و در رأس آن‌ها آمریکا، از کشورهای عرب وابسته به خود بخواهند که دست از حمایت داعش بردارند که در پس آن داعش توسط آمریکا در سوریه و عراق ساکت شده و فواره‌ای را که بدون پیش‌بینی عواقب آن خود بلند کرده بودند، میخوابانند ولی این سازمان گرچه به زیر زمین رفت، کماکان شاهد آثار آن، این‌جا و آن‌جا هستیم.

از آن‌جا که سال‌های سال هیچ منبع تولید انرژی دیگری نمی‌تواند جایگزین سوخت فسیلی گردد، طرح گازرسانی از منبع حجیم نفت بستر خلیج فارس، توجه چندی از کشورها را، هر یک به دلیلی به خود جلب کرده است. اروپا به خاطر احتمال ارزانی قیمت و هزینه انتقال و توزیع آن، چین، ژاپن، کره‌جنوبی و هند به خاطر توسعه اقتصادی و آمریکا نه به خاطر نیاز به نفت، بلکه حفظ قدرت و بازارهای جهانی خود و بالاخره ترکیه که به استناد توافق «آستانه» که روسیه نیز در آن حضور داشت، به بهانه ایجاد محدوده امنی برای جنگ‌زدگان سوری، منطقه‌ای از سوریه را با مساحتی برابر ۹۱۱ کیلومتر مربع تصرف کرده و عملا با اقداماتی چون باز کردن ادارات پست به مالکیت خود درآورد. به این ترتیب آن کشور اضافه بر مرکز توزیع نهایی خط لوله در خاک خود، گوشه‌ای از مسیرخط لوله نیز قرار می‌گیرد که مثل سایر ممالک در مسیر، حق عبور نیز همراه با هزینه حفاظت از خط مذکور نصیبش خواهد شد و داشتن ایستگاه نهایی و مرکز توزیع در خاک خود نیز کارت برنده‌ای به دست ترکیه می‌دهد که با آن می‌تواند در حل پاره‌ای از مسائل خود، چون عضویت در بازار مشترک اروپا نیز برنده شود. گرچه بخاطر حفظ دوستی با ایران احتمالا از تصرف آن قسمت صرف‌نظرخواهد کرد.

به طور کلی عبور خط لوله از خلیج به اروپا، دارای مخالفین و موافقینی به شرح زیر است:

روسیه ضمن آن‌که به خشنودی و یا کدورت هیچ کشوری، حتی هم‌پیمان و دوست اهمیتی نمی‌دهد و تنها به منافع خود می‌اندیشد به دلایل عمده

زیر، به نظر نمی رسد در باطن نظر مساعدی با اجرای این طرح توسط قطر یا ایران داشته باشد:

۱- در حال حاضرفروشنده قریب به سی درصد سوخت اروپا به قیمت خوبی است. با سرازیرشدن نفت و گاز فراوان و ارزان‌تر رقیب تجاری پیدا کرده و بازار ترکیه را نیز که دومین مشتری آن بعد از اروپاست، از دست خواهد داد.

۲- به خاطر نیاز حیاتی اروپا به نفت و گاز، روسیه با احداث این خط برگ برنده نفوذ سیاسی خود را در آن حوزه از دست خواهد داد و ضمناً حمایت آمریکا از احداث این پروژه را به منظور بی‌نیاز کردن آلمان، این سکوی اصلی و حفاظتی اروپا و نیز ناتو می‌بینند. منتهی روسیه با انشعابی که از خاک خود به آلمان می‌کشد که نزدیک به اتمام است به دوستی با آلمان تحکیم بخشیده ناتو را متزلزل، آمریکا را نگران، که دارد مرکز ناتو را از آلمان به لهستان، مجارستان و غیره منتقل می‌کند.

۳- با بی‌نیازی سوریه به حمایت روسیه، ناشی از بالارفتن توان مالی او با گرفتن حق عبور لوله و احتمالا فروش نفت خود از همان خط، ممکن است ادامه کار تنها پایگاه نظامی روسی خارج از محدوده آن در سوریه با مشکل روبه‌رو شود.

آلمان برای حفظ اقتصاد شکوفای خود که مدام به نیاز سوخت آن می‌افزاید، در تلاش است هرچه بیشتر به سلطان «تامیم»، امیر کویت نزدیک شود. امیری که در بین شیوخ عرب با افکاری روشن‌تر، تمایل به استقلال سیاسی دارد و به همین دلیل با ممالک عربی جنوب خلیج فارس در مبارزه با ایران هم‌پیمان نشد و به روابط دوستانه خود با ایران ادامه می‌دهد. ضمنا به تمایل خاندان سعود در تعطیل خبرگزاری «الجزیره» که تلویزیون و رادیوی آن بینندگان و شنوندگان زیادی دارد توجه نکرد و در مقابل هرچه بیشتر به آلمان، مشتری گاز مایع خود نزدیک‌تر می‌شود و می‌رود که سطح تجارت خود را با آن کشور تا پانزده بیلیون دلار در سال افزایش دهد. آلمان نیز در تعقیب این دوستی احداث مرکز دریافت گاز مایع را برای تأمین

بیشتر سوخت اروپا در دستور کار خود دارد و در انتظار رسیدن خط لوله گاز مایع قطر و ایران است.

با توجه به این نکات، صاحب‌نظران مخالفت سوریه را با عبور خط لوله از خاک خود و در زمان حال، ناشی از توصیه ایران به سوریه نمی‌دانند بلکه آن را ناشی از نفوذ روسیه به هر دو کشور ایران و سوریه می‌بینند. نفت قطر با تولیدی در حد شصت هزار بشکه در روز در مقابل حدود سیزده تا چهارده میلیون بشکه تولید روزانه ممالک دیگر خلیج‌فارس رقم قابل اهمیتی نیست؛ لذا قطر برای رشد خود نیاز به فروش گاز مایع دارد که هم‌اکنون نیز بدون استفاده از عظیم‌ترین منبع گاز دنیا در زیر بستر خلیج فارس حدود ۳۰ درصد فروش گاز مایع در بازار جهانی را به خود اختصاص داده است.

اسرائیل دوست ندارد که با فروش این نفت و گاز، ممالکی که با موجودیت آن میانه‌ای ندارند به ثروت بیشتری دست یابند و عوامل خود را در آزار اسرائیل تقویت کنند. بگذریم از آن‌که تعدادی از ممالک دارای نفت به خاطر مخالفت با ایران در تلاش آن‌اند که گذشته مخالفت با اسراییل را فراموش کرده و آن را به جمع خود بیافزایند.

ترکیه خشنود است که با احداث آن نیازمند روسیه باقی نخواهد ماند و فروشندگان دیگری پیدا خواهد کرد که رقابت آن‌ها به ارزانی قیمت سوختش کمک خواهد نمود.

ناگفته نماند که گاهی شرایط به صورتی تغییر می‌کند که پیش‌بینی‌ها و محاسبات سیاسی را منقلب می‌سازد؛ کما این‌که با سقوط حکومت سلطنتی طرفدار غرب ایران حکومت انقلابی به خاطر ترس از آمریکا و ثبات حکومت خود به جبهه چین و روسیه روی آورده است و آن دو کشور به سهولت در حوزه خلیج فارس حضور یافته‌اند و با توجه به همبستگی

شرکت نفت روسیه، «Rusnaft» با شرکت نفتی انگلیس، «British Petroliom» باری دیگر انگلیس قدرت برتری را در انحصار نفت و گاز منطقه به دست خواهد آورد و از شراکت اجباری با آمریکا رها شده و آمریکا به گوشه‌ای رانده می‌شود. به خصوص آن‌که ویروس «کرونا»، توان نیروی دریایی آمریکا را گرفته و اقتصاد آن را متزلل ساخته است؛ لذا به سه یار انگلیس، چین و روسیه در حال حاضر فرصت ترک‌تازی را در این منطقه و حتی در پاره‌ای دیگر از نقاط دنیا خواهد داد.

آشوب یمن (برخورد نیابتی سنی و شیعه)؛

حال که درباره علل برپایی مصیبت سوریه گفتیم، به جاست که به علل برپایی وضع آشفته یمن نیز اشاره‌ای شود. رشد سریع صنایع الکترونیک، به اهمیت تأمین سوخت آن‌چنان افزوده شده است که به آن جنبه حیاتی می‌بخشد و کوچک‌ترین توقف جریان آن فاجعه‌ای به دنبال خواهد داشت. برای مثال به تأمین آب آشامیدنی شهرها و سلامت آن اشاره می‌کنیم که کامپیوتر در زمان‌های مشخص محلول تصفیه را به آب مصرفی مردم اضافه می‌کند، گاهگاه نمونه آب را بررسی کرده یا تنظیم جریان آب را با باز و بسته‌کردن دریچه‌ها ممکن می‌سازد و در صورت بروز حادثه‌ای به طور خودکار جریان را متوقف می‌سازد که این نوع از عملیات در مورد نیروی برق شهرها نیز به کار گرفته شده است و به همان اندازه که آب در زندگی مردم شهر حائز اهمیتی حیاتی است، توقف جریان برق نیز غیر از مصرف خانگی می‌تواند شبکه ارتباطات جهانی را در هر زمینه‌ای به هم ریزد.

با گذشت از نقش ماده انرژی‌زا در مسائل کلی که به آن اشاره شد، در مسائلی فرعی نیز چون هدایت تعمیرکاری در تعمیر وسیله‌ای در بحبوحه جنگ و یا هدایت بال‌های پرنده حائز اهمیت می‌شود. از آن‌جا که سال‌ها سوخت دیگری نمی‌تواند جایگزین سوخت فسیلی چون نفت و گاز شود، لذا با توجه به امثله فوق نه تنها تأمین سوخت مهم است، توزیع منظم آن نیز در عرصه جهانی حیاتی بوده و به همین خاطر کنترل راه‌های آبی و به

خصوص تسلط بر نقاط کلیدی در مسیر آبی اقیانوس‌ها، مورد توجه ابر قدرت‌ها قرار گرفته است و هر یک از آن‌ها که کلیدهای بیشتری را تحت سلطه خود گیرد، بر دیگران در حل مسائل و ثبات خود برتری خواهد یافت.

برای شناخت گذرگاه‌های کلیدی از چند نقطه آن در مسیر حرکت تانکرها و اموال تجارتی نام می‌بریم. آشناترین آن جزایر «تنب» و«ابوموسی» در خلیج فارس است که در ۹ آذر به سال ۱۳۵۰ پس‌گرفته شد. مثال دیگر گذرگاه‌های جنوب چین در حوزه جزایر اندونزی است. معبر دیگر کانال «سوئز» و مثال آخر «باب‌المندب»، بین جبوتی و بندر عدن در یمن است که تسلط بر آن تنگه از طریق نشاندن حکومتی محلی تابع نظر یکی از ابرقدرت‌ها حائز اهمیت می‌شود.

گرفتاری یمن و کشت و کشتار در آن کشور، ناشی از رقابت ابرقدرت‌هاست که هر یک به دنبال حکومتی در یمن است که وابسته به خود باشد تا در این صورت کلیددار گلوگاه «باب‌المندب» گردد؛ لذا باز می‌بینیم که عامل نفت و حمل آن ملتی را به نابسامانی و سختی در زندگی کشانده است. از دریچه «باب‌المندب» روزانه نزدیک به پنج میلیون چلیک نفت توسط تانکرها وارد دریای سرخ می‌شود تا سوخت را در دسترس ممالک مصرف‌کننده آن به اروپا رساند که بتوانند به حیات خود ادامه دهند. نکته جالب در آن است که یمن، این کشور فقیر با مردمی گرسنه در روی خاک، دارای منابع نفت قابل توجهی در زیر خاک است که بر پایه گزارش مرکز اطلاعات سازمان ملل متحد سه بیلیون چلیک و توسط محققان شرکت‌های حفاری جهانی به ۹.۸ بیلیون چلیک برآورد و یادآور «دشمن طاووس آمد پر او» می‌شود.

آشوب یمن تاکنون متجاوز بر ۹ هزار کشته و نزدیک به ۵۰۰۰۰ زخمی به جای نهاده است و در آن کشور بر اساس آمار سازمان ملل نه تنها در زیر بمب‌باران‌ها، روزانه ۱۲۰ کودک به خاطر کم و یا بی‌غذایی می‌میرند. آن‌چه که بیش از همه قلب می‌فشارد و روح می‌ساید مرگ کودکان در

این برخوردهاست و یا کودکانی که به همراه حدود دو میلیون آواره که چریک‌های «بوکوحرام» بانی آن بوده‌اند و نزدیک به نهصد هزار آواره که دولت نظامی «میانمار» بر پایه غرور و تعصبات مذهبی به کشور فقیر «بنگلادش» راند نیز در مسیر مرگ قرار گرفته‌اند.

در برخوردهای سوریه که وارد سال هفتم شد به تنهایی و جدا از نظامیان خارجی چون از ایران و لبنان که برای مداخله در جنگ سوریه در آن کشور جان سپردند، بیش از نیم میلیون نفر کشته شدند و میلیون‌ها آواره با سختی حیات روبه‌رو هستند. در کشورهای شمال آفریقا که به اصطلاح بهار آزادی به آنجا نیز رسیده است ناامنی ادامه دارد و هر روزه به کشته و ویرانی و آوارگان در حال گریز آن اضافه می‌شود. میادین برده‌فروشی در شرف شکل گرفتن‌اند و پاره‌ای از آواره‌ها کالای این میادین می‌شوند.

با به میان آمدن نام «بنگلادش»، به یاد خاطره‌ای از سفر به آن کشور افتادم. به توصیه سازمان ملل در پیشگیری از رشد جمعیت به دور از جنگ و کشتار، در دهه ۱۹۶۰ مرکزی برای کنترل جمعیت، در روستایی نزدیک «داکا»، پایتخت «بنگلادش» که ظرفیت‌های اقتصادی آن محدود است، شروع به کار کرده بود که مدتی را برای تبادل نظر مهمان مدیر آن مرکز «دکتر اختر حمید خان» که مرد آگاهی بود در آنجا گذراندم. او در آموزش و توزیع لوازم پیشگیری آبستنی از روحانیون با پرداخت حقوق کمی استفاده می‌کرد و به این ترتیب نه تنها مخالفت آن‌ها را با کنترل نسل منتفی می‌ساخت از نفوذ آنان نیز در پیشبرد سریع اهداف مرکز بهره می‌برد. ضمناً کلینیک‌هایی نیز برای بستن مجاری در رابطه با آبستنی دایر کرده بود. اکنون بعد از گذشت سال‌ها از تأسیس آن مرکز به نظر می‌رسد که توفیقی به دست نیامد؛ چه آمار اخیر، رقم جمعیت آن کشور فقیر را ۱۵۰ میلیون اعلام می‌دارد که حدود دو برابر جمعیت آن کشور در سال ۱۹۶۰ شده است که در اوج فقر حدود یک میلیون آواره میانماری نیز که به خاطر تک‌مذهبی کردن میانمار، نظامیان حاکم بر آن کشور از دهاتشان رانده‌اند، اضافه شده است. اگر به تاثیر زخم روانی و عمیقی که جنگ و خشونت بر

اندیشه کودکان می‌گذارد بیاندیشیم، آن وقت پی خواهیم برد که عمق آن چه میزان پیچیدگی و نابسامانی توسط این نسل آسیب‌دیده را در آینده به وجود خواهد آورد که بلاشک در امنیت و ثبات و صلح دنیا تأثیری به‌سزا خواهد داشت.

گروه داعش (جنگ سنی، شیعه و مسیحیت)؛

نطفه داعش با حمله آمریکا به عراق به بهانه کشوری با سلاح منهدم‌کننده در کف حاکمی متجاوز و آسیمه‌سر بسته شد و در پی تسخیر عراق مأموری بی‌تجربه و نسبتا جوان به نام «پال برمر» برای سر و سامان دادن اوضاع از آمریکا به عراق فرستاده می‌شود. اولین اقدام ناپخته و شاید دیکته شده به او، برکنارکردن حدود ۷۰۰ هزار وابستگان به حزب بعث از کار و انحلال ارتش ۳۸۰ هزار نفره عراق با ۸۰ درصد نظامیان سنی مذهب و نیز توقیف سیاستمداران و فرماندهان ارتش تا معلمین مدارس در «زندان صحرایی بوکا» Camp Bucca بوده است. هم‌زمان متعصبین مذهبی و جوانان سنی فعال نیز دستگیر شده و در همان زندان زندانی می‌شوند و عملاً زمینه‌ساز آشنایی دو گروه می‌شود که یکی به فنون نظامی و حدودا به شگردهای سیاسی آشنا بود و دیگری مذهبی و در جذب نظر عامه و تحریک احساسات هیجانی آنان ماهر. با آزادکردن تدریجی زندانیان، آن‌ها به صورت جماعتی بیکار که اموالشان نیز مصادره شده بود درمی‌آمدند که برای ادامه حیات به تنها مرجع اشتغال روز، «ابوموساب» که خود یکی از زندانیان آزاد شده بود می‌پیوستند. «ابوموساب» گروه القاعده عراق را تشکیل می‌دهد و با کشته‌شدن او در سال ۲۰۰۶ میلادی زندانی دیگری که زندانبان‌های آمریکایی به او لقب زندانی خوش اخلاق، بی‌خطر و قابل اطمینان داده و برای سرگرمی زندانیان به هر طریق چون تعالیم مذهبی آزادی عمل داشت به نام «ابوبکر البغدادی» از بند آزاد شده و او هم به گروه القاعده عراق می‌پیوندد.

در سال ۲۰۱۱ میلادی، آمریکا و متحدینش در شرایطی که پیش آمده بود مصمم می‌شوند که از سنی‌های به ظاهر طرفدار خود در آرام‌کردن سنی‌های

دیگری که آشوب بهپا کرده بودند استفاده کرده و سلاح و پول در اختیار آنان قرار دهند. در این زمان برخوردهای سوریه آغاز میشود و همین رده از سنیهای به ظاهر تابع متحدین در سال ۲۰۱۳ به سوریه اعزام میشوند؛ غافل از اینکه مخالفین اشغال عراق و افراد القاعده با آنها قاطی شدهاند. آنها بهسرعت مدیریت جمع را در اختیار گرفته و جمعاً از زیر فرمان آمریکا خارج میشوند. زندانی بیخطر «ابوبکر البغدادی» نیز همراه این دسته بود. او در سوریه چنان گروهی را با هدایت سیاستمداران سنی وابسته به رژیم صدام ژنرالهای ارتش عراق که با آنها در زندان «بوکا» آشنا شده بود و به کمک پول زعمای ممالک نفتی و چند هزار میلیون دلاری که در زمان ریاست جمهوری اوباما برای کمک به ارتش عراق پرداخت شده بود، گروه داعش را پی میریزد و با تسلیحات نظامی آمریکا که بعد از سرنگونی صدام در عراق به جا مانده بود، چنان بال و پر پروازی به دست میآورد که القاعده را تحت شعاع قرار داده و اندکی بعد خود را با هدف تسلط بر کل جوامع اسلامی خلیفه مینامد. نظامیان عراقی که به ترتیب در پس جنگ با کردهای شمال عراق که ارتش ایران نیز در لباس کردی در کنار آنها برای ساقط نمودن صدام حسین میجنگید، جنگ برای تصرف کویت و نبرد چند ساله با ارتش ایران اسلامی تجاربی آموخته و قادر به هدایت صحنههای نبرد بودند، امور نظامی داعش را بر عهده میگیرند. از طرفی زندانیانی نیز که اسد در سوریه بخشود، به البغدادی میپیوندند. داشتن نظامیان با تجربه، اعضای مطلع از سیاست در حزب بعث عراق، سیل کمکهای مالی از کشورهای نفتی، داشتن سازمان تبلیغاتی ورزیدهای از دانشآموختگان سنی با حضور در توییتر و فیسبوک و غیره، برای البغدادی زمینه تولد دولتی را فراهم آورد که با تصرف تعدادی از شهرهای عراق و دستیابی به منابع نفت، از نظر مالی نیز مستقل و بینیاز از کمک غیر میگردد.

در حرکات اولیه البغدادی، کشورهای ذینفع هر یک با تکیه به امیدی، به طور جدی مخالفتی با او از خود نشان نمیدادند. حتی در ابتدای جنبش داعش که کشتار و سربریدنها و خرابی آثار باستانی و اعزام تروریستها

با رویه کامازاکی به اقصی‌نقاط دنیا را شروع نکرده بود، ترکیه را با رؤیای برگشت به عصر امپراطوری عثمانی با استفاده از زمینه‌سازی داعش امیدوار و سنی‌های ساحل جنوبی خلیج فارس را در دفع شیعیان سوری خشنود می‌کرد. شاید آمریکا را نیز نگران نمی‌کرد؛ به خصوص آن‌که احتمال می‌رفت تز آقای «جو بایدن» معاون رییس جمهور آن‌وقت آمریکا که در دوره سناتوری خود، به عنوان تنها راه‌حل مسائل خاورمیانه در سنا عنوان کرد، با ظهور و کمک داعش پیاده گردد. آقای «بایدن» حل مسائل خاورمیانه را با تجزیه عراق به سه کشور سنی، شیعه و کرد ممکن می‌دانست. که یک‌باره با اعلام خلیفه‌گری البغدادی محاسبات همگان نقش بر آب می‌شود و دولت اسلامی داعش در سال ۲۰۰۴ میلادی خلق و با استفاده از بی‌تجربگی «نوری المالکی»، رییس دولت وقت عراق با تصرف قسمت‌هایی از خاک آن کشور تثبیت می‌گردد که البته سالی بعد شروع به لرزش می‌کند.

در پایان جنگ جهانی اول و در پی شکست امپراطوری عثمانی، کشورهای متحد و برنده نبرد دو نماینده از سیاستمداران خود Mark Styles از انگلیس و Georges Picot از فرانسه را به منطقه عرب‌نشین تحت سلطه عثمانی می‌فرستند و بر پایه پیشنهاد آن‌دو و اهمیت ندادن به نظرات ساکنانش با قطعه‌قطعه‌کردن آن منطقه ممالک امروز عربی خاورمیانه را خلق می‌کنند که این اقدام قلدرانه و یک‌طرفه آنان زخمی بر پیکر اعراب می‌نشاند که هیچ‌گاه سوزش آن التیام نیافت که با تکیه به این احساس، داعش جوانان عرب را به خود جذب می‌کرد و می‌کند. خشونتی که داعش در مبارزه با غرب بر پایه اعتقاد به تعالیم مذهبی «ثار» که در این نوشتار با توجیه بیشتری به آن اشاره خواهد شد از خود نشان می‌دهد، موجب تسکین جوانان عرب در منطقه می‌شود و حتی سنی‌هایی را که در ممالک غربی زندگی می‌کنند نیز تحریک کرده و می‌کند که از طریق عملیات تروریستی نقش انتقامی به خود گیرند. تنها گروهی که از ابتدا شهامت برخورد با داعش را از خود نشان داد کردها بودند که محرک اصلی آنان بلایایی بود که داعش بر سر ایزدی‌های عراق و به خصوص زنان و دختران آن‌ها روا

داشت. کردها پیش‌بینی می‌کردند که بعد ایزدی‌ها نوبت آن‌ها فرا خواهد رسید که زنان و مردان کرد در پی حفظ موجودیت و عزت خود جان‌برکف به مبارزه با داعش برخاستند. داعش ایزدی‌ها زردشتی‌های عراق را ازهستی ساقط، مردانشان را به قتل رسانده، زنان و دخترانشان را برای لذایذ جنسی پیروان و فروش به یغما برده بود. با آن‌که آمریکا مدعی قلع و قمع داعش شد اما بعید به نظر می‌رسد که آن‌ها نتوانند دوباره سر بلند کنند. کثرت جوانان آزرده‌خاطر عرب مدام خون تازه‌ای به رگ‌های این جنبش خواهد دواند. که تعدادشان در جمعیت حدود ۱.۲۵ میلیارد مسلمانان فعلی دنیا که اکثرا سنی و فقط حدود ۱٤ درصد آن را شیعیان تشکیل می‌دهند کم نیست؛ جمعیت مسلمانی که به نظر کارشناسان سازمان ملل در سال میلادی ۲۰۳۰ به ۲ بیلیون یا حدود نزدیک به ربع جمعیت خاک در آن سال را که به ۸.۵ بیلیون می‌رسد تشکیل خواهند داد. مگر آن‌که اتفاقی طبیعی یا جنگی جهانی روی دهد که این نسبت‌ها را به هم ریزد.

جنگ قبایل (برخورد هوتو با توتسی)؛

برخوردهای قبیله‌ای راهی مؤثر در تعادل جمعیت است. نمونه آن را در کشور آفریقایی «رواندا» به مثال می‌گیریم. در «رواندا»، این کشور آفریقایی، در سال ۱۹۹٤ میلادی، قبایل «هوتو» با ۸۵ درصد جمعیت به اقلیت «توتسی» با ۱٤ و «توا» با ۱ درصد تاختند. زمینه‌ساز این برخورد تنگناهایی بود که اکثریت هوتو برای اقلیت توتسی به وجود می‌آورد که آن‌ها جبهه چریکی رواندا «RPF» را برای مقابله با هوتوها درسال ۱۹۹۰ میلادی تشکیل داده و با سقوط هواپیمای رییس‌جمهور هوتوتبار که شاید هم طراحی شده بود بهانه تهاجم به توتسی‌ها را به دست می‌آورند و در چند روز ۲۰۰ هزار کشته به جای می‌گذارند. اجساد کشته‌شدگان که با قمه به قتل رسیده بودند، به تعدادی بود که سطح رود را به گونه‌ای می‌پوشاند که دیدن آب جاری زیر آن ممکن نبود. جالب آن‌که دنیا، سازمان ملل و حتی مدعیان عدالت‌پرور غربی، تنها به صورت ناظری بی‌احساس به این تهاجم نگریسته

و گامی در جهت فروکش آن برنداشتند و فقط بعد از گذشت چند سال، از بی‌توجهی خود به این حادثه ابراز تأسف کردند. حادثه‌ای که احتمال تکرار آن با توجه به تغییرات اقلیمی، کمی غذا و آب با شدت بیشتری وجود دارد.

بروز بیماری‌های خاص و نوظهور چون ایدز و ابولا که صد هزار کشته به دنبال داشت نیز در تعدیل جمعیت آفریقا مؤثر بود. ارقام کشتار معرف شرایطی شده است که دیگر نمی‌توان عنوان نسل‌کشی و الک جمعیت را در پرده نگاه داشت و بر زبان نیاورد. پیش‌بینی می‌شود که آفریقا در آینده به خاطر تغییرات اقلیمی بهترین مکان زندگی دنیا خواهد شد. خاک بکر و باران‌هایی که در ادامه تغییرات مذکور بر پهنه آن به فراوانی خواهد بارید، نگرانی کمبود مواد غذایی ساکنان آتی آن را نیز مرتفع خواهد کرد. به این دلیل این قاره غیر از جنبه‌های اقتصادی که دسترسی به منابع آن هدف استعمارگران بوده و هست از دید محل ذخیره‌ای برای ادامه زندگی نیز مورد توجه خاص قرار گرفته است. به‌ویژه آن‌که بر پایه آینده‌نگری برنامه‌ریزان قسمتی از شهرهای سواحل دنیا و قسمت‌هایی از اروپا به زیر آب خواهند رفت. بگذریم از آن‌که با همین روند امروز افزایش جمعیت آفریقا نیز بر پایه نظر «سیلبرهورن» معاون پارلمانی وزارت توسعه آلمان در سال ۲۰۵۰ دو برابر خواهد شد و به ۲.٤ میلیارد خواهد رسید و به این ترتیب ممکن است ظرفیت پذیرش جمعیت بیشتری خارج از محدوده خود را نداشته باشد. در این‌جا برای آن‌که به مسائلی که دنیا با افزایش جمعیت با آن روبه‌رو خواهد شد و درک افزایش دامنه نیازها کافی است که تنها از نظر تأمین امکانات آموزشی و آن هم فقط در آفریقا توجه کنیم، باز به آمار وزارت توسعه آلمان برمی‌گردیم که نشان می‌دهد با دو برابر شدن جمعیت آفریقا، این قاره به بیست میلیون معلم در شاخه آموزش خود احتیاج پیدا خواهد کرد.

احزاب متمایل به چپ؛

این احزاب گروه دیگری بوده‌اند که در برپایی انقلاب مشارکت داشتند.

تعدادی از آنها با رژیم سلطنت و گروهی با شخص شاه میانه‌ای نداشتند. مهم‌ترین آنها حزب کمونیست توده بود که با عرضه تز و دکترین کمونیستی آن با پیام انسانی «اومانیسم» طبقه کارگر و طبقه نویسندگان، شعرا و هنرمندان را که آثارشان کل پیروان حزب را نیز به صورت طبقه‌ای متفکر و مطلع جلوه می‌داد جذب می‌کرد و به خاطر این شهرت جمعی برای آنکه خود را با شعوری برتر نشان دهند به آن حزب می‌پیوستند و حتی برای نشان‌دادن این عضویت به صورتی چون پوشیدن پیراهن‌های آستین بلند، تاکردن آستین‌های آن تا نزدیکی آرنج و جادادن روزنامه در جیب کت به صورتی که نیمی از آن در دید قرار گیرد متوسل می‌شدند. ناگفته نماند که حمایت مالی و پوشیده شوروی نیز به گسترش این حزب کمک می‌کرد که از این بستگی اکثر پیروان صادق آن بی‌اطلاع بوده و حزب خود را مستقل دانسته و به دنبال برقراری حکومتی متکی به تز آن در ایران بودند. اقرار سران آن حزب بعد از انقلاب ایران به خود فروشی و قبول آن‌که حدود بیست سال به ایران خیانت کرده‌اند پیروان معتقد حزب را به شدت آزرده‌خاطر کرده بود. جاذبیت این حزب به جایی رسید که پاره‌ای از ممالک چون کوبا از کشور زادگاه تز آن، شوروی، پیشی می‌گرفتند. مورخ کوبایی، «پدروکامپو» برنامه «مونکادا»، حزب کمونیست کوبا را بر پایه تک‌حزبی، سرمایه‌داری نظارت‌شده دولتی و تعاونی‌های کشاورزی، پیشرفته تر از کعبه کمونیسم، روسیه می‌بیند. به خاطر خلق چنین تزی «مارکس» خلاق آن را باید تحسین کرد که توانست دریچه تفکر، زمینه رشد بینش، تمایل به گفت‌وشنود، شهامت انتقاد و ابراز بی‌پرده عقاید را آن هم در مقابل قدرتی به مراتب قوی‌تر، در دنیا بگشاید. اما رندانی جاه‌طلب چون استالین از آن تز که مشابه آن در تعالیم مذاهب نیز به چشم می‌خورد برای ارضای عطش حرص و آز خود سوءاستفاده کرده و می‌کنند.

توان حزب توده ایران به حدی رسیده بود که به سهولت می‌توانست ایران را به دامن روسیه اندازد که به همین خاطر با تشویق آمریکا ساواک تشکیل، ارتش تقویت و پیمان سنتو با مشارکت چند کشور اسلامی، آمریکا

و انگلیس در مرز جنوبی روسیه شکل گرفت تا مانع تصرف ایران به دست
روسیه شوند و آن کشور نتواند به جنوب سرازیر شده و به خلیج فارس
و منابع نفت آن رسد که با گرایش ایران به روسیه بعد از پیروزی انقلاب
می‌توان گفت روسیه به هدف خود نزدیک شده است و با برپایی پایگاه
دریایی خود در سواحل سوریه و ورود چین هم پیمانش به حریم خلیج
فارس رنگ نوار سبز غرب را با سرخ خود ترکیب و رنگ زرد خزان را
برای غرب به وجود آورد و آماده‌اند در برابر هر تجاوز هوایی، زمینی و
دریایی به حوزه پر سود تحت نفوذ امروز خود، از خلیج فارس تا سیبری
در شمال و از مرز شرقی ایران تا مرز ترکیه، حالت دفاعی به خود گیرند
و در این تدافع از هر امکانی، چون شاخه‌های نظامی گوناگون داخل ایران
ارتش، سپاه، بسیج، دستاری (طلبه‌هایی که مدام در مراکز آموزشی به لباس
روحانیت درمی‌آیند) و به عبارتی از مراجعی چون شرکت نفت بصورت
کارمندی حقوق ماهانه می‌گیرند و ارگان‌هایی در یمن، جنوب عراق، لبنان،
سوریه، فلسطین و تا حوزه هرات در خاک افغانستان به صورت نبردی
کلاسیک و یا چریکی استفاده کنند. بدیهی است که در پوشش این گروه
شریک نفتی روسیه و مدعی دیرینه خلیج فارس، «انگلیس» نبض حاضرین
خارجی را به دست خواهد گرفت که شاید مرحمتی کرده به حفظ منافع
آمریکا پای ثابت کلوپ ابر قدرت‌ها در ممالک حاشیه جنوب خلیج کمک
کنند و هم از منابع دیگر منطقه تحت نفوذ سهمی به آن رسانند.

همان‌طور که اشاره شد دکترین حمایت از کارگران و محرومان جهان
که اکثریت مردم را تشکیل می‌دهند و به نظر می‌رسد همیشه نیز در اکثریت
خواهند بود، به قدری انسانی ارائه شد که کثیری از نویسندگان و متفکرین
کشورها به خاطر عشق به مردم و خاک خود، اقتباس از حکومت کمونیستی
را توصیه و حتی قیام و جانفشانی در راه نیل به آن سیستم را تشویق
می‌کردند. برای نمونه شاعر با استعداد گیلان «هوشنگ ابتهاج» متخلص به
«سایه» که شیفته سروده‌های او بوده و هستم، صرفاً به خاطر عشق به خاک
و قوم خود، بدون اطلاع از خیانت زعمای حزب، تحت تأثیر تبلیغات شدید

و به تصور آنکه در همسایگی دیوار به دیوار شمالی ما روسیه، تز معجزه‌گر کمونیسم موبه‌مو پیاده شده و عامه را به سعادت و رفاه به گونه‌ای رسانده که دیگر در آنجا از تاریکی و شب اثری نمانده، همیشه چو روز روشن است و بانگ خروس سحری مدام در فضا طنین‌انداز است، می‌سراید:

«بگشای، بگشای دگر این پنجره را
به ستوه آمدم از این شب تار
دیرگاهی‌ست که در خانه همسایه ما
خوانده خروس
این شب تنگ و عبوس...»

تعدادی از پیروان احزاب چپ‌گرا چون «سایه»، امروزه به خاطر مخالفت با جمهوری اسلامی در خارج از ایران فعال‌اند. وقتی اثر دیگر «سایه» را در غربت سرد خواندم، به خاطر علاقه‌ای که به او دارم، به شدت از دل‌شکستگی او افسردم. او سروده بود:

بهار آمد، گل و نسرین نیاورد
نسیمی بوی فروردین نیاورد
چه افتاد این گلستان را چه افتاد
که آیین بهاران رفتش از یاد

ولی سایه با آنکه زندگی سختی را گذراند، قبل و بعد از انقلاب با زندان و بی‌مهری زمامداران وقت روبه‌رو شد و حتی پاره‌ای از دوستان همفکرش نیز عضویت او را در کانون نویسندگان و شعرا نپذیرفتند، روحیه مبارز خود را حفظ کرده و باز می‌سراید:

اگر خود عمر باشد، سر برآریم
دل و جان در هوای هم گماریم

احتمالاً او نیز به این نتیجه رسیده است که نغمه خروس همسایه بر شاخی، فغان سوته‌دلی در قفسی بود. این دل‌گرفتگی برایم تکرار شد، وقتی بعد از انقلاب در سفری به ایران به دیدار منسوبی، «فریدون - م» رفته بودم. او به هنگام خداحافظی به آهستگی در گوشم گفت که خط سیاسی خود را که به خاطر آن سال‌ها در زندان گذراند و بعد سقوط سلطنت نیز حکومت انقلابی عزیزی از او را اعدام نمود، حساب شده انتخاب نکرده بود. این اقرار اشتباه مرا به یاد الگوی شاخص روشنفکر دیگری از قرن بیستم خالق فلسفه اگزیستانسیالیسم، ژان پل سارتر، انداخت که می‌گوید: «انسان چیزی نیست جز آن‌چه خود از خویش می‌سازد.» همان کسی که عضو برجسته حزب کمونیست فرانسه بود منتهی با دیدن تجاوز روسیه، زادگاه کمونیسم به مجارستان در سال ۱۹۵۷ و نیز به چکسلواکی در سال ۱۹۶۰ و سرکوب جنبش بهار پراگ در سال ۱۹۷۳ دل‌زده می‌شود و رسما اعلام می‌کند که مارکسیست روسی نیست و سپس با تز دیگری، «چپ نو»، روزنامه لیبراسیون را منتشر می‌سازد. امید است این جملات تعبیر به آن نشود که نویسنده مادی بوده و با این نوشتار کاپیتالیسم را مکتبی ارزنده می‌شناسد.

مجاهدین و فدائیان خلق؛

مجاهدین و فدائیان خلق بعد از حزب توده، در بین گروه‌های دیگر چپ هم از برپاکنندگان انقلاب ایران‌اند که حتی برای جذب هرچه بیشتر پیروان قبل از انقلاب ایران، عنوان اسلامی را نیز به عنوان خود اضافه کرده بودند. منتهی این گروه‌ها هیچ‌گاه نتوانستند مانند حزب توده دارای تشکیلاتی منظم و قوی شوند. به طور کلی بازماندگان احزاب سیاسی از آن جهت با روحانیون به برپایی انقلاب کمک کردند که تصور می‌کردند خواهند توانست با پیروزی انقلاب روحانیون را به کناری زده، خود قدرت را به دست گیرند و یا لااقل از کیک پیروزی برشی نصیب آنان شود. غافل از آن‌که اشتهای روحانیون حاصل گرسنگی قرون در آرزوی دست‌یابی به قدرت، به اندازه‌ای است که کیک را حتی به میزان سرانگشتی برای چشیدن

به غیر نخواهند داد.

با پیروزی انقلاب این دسته چنان تحت فشار حکومت انقلابی قرار می‌گیرند که به مراتب از فشار شاه سنگین‌تر بود؛ به گونه‌ای که مجبور می‌شوند به خارج از ایران پناه برند و در آنجا به خصوص در اروپا و آمریکا، با برقراری میتینگ و پخش اعلامیه منتهی این‌بار به جای شاه در مخالفت با رژیم اسلامی به صورت اجتماعاتی معترض چون سازمان‌های دانشجویی فعال شوند. جالب آن‌که تعداد قابل ملاحظه‌ای از این دانشجویان با کمک‌های دولت و حتی بنیاد پهلوی فرصت تحصیل در آن ممالک را به دست آورده بودند. معالوصف در هر سفر شاه به یکی از آن ممالک با میتینگ‌های خود عرصه را بر او تنگ می‌کردند. به یاد دارم در مسافرتی به آمریکا، درحالی‌که در کنار رییس جمهور وقت آن کشور، پرزیدنت کارتر، از مراسم رژه گارد احترام که برای خیر مقدم برایش ترتیب داده بودند سان می‌دید، میتینگ دانشجویان به رهبری قطب‌زاده دانشجوی آن زمان و وزیر خارجه بعد از انقلاب، به اغتشاش کشانده می‌شود که در برقراری آرامش پلیس از گاز اشک‌آور استفاده می‌کند. استقرار این دانشجویان را عامدا به گونه‌ای ترتیب داده بودند که در نزدیک‌ترین فاصله ممکن به این مراسم جمع شوند که تحت تأثیر گاز، مردم در تلویزیون‌های آمریکا و نقاط دیگر دنیا ناظر شاهی می‌شوند که اشک از چشمانش سرازیر شده است. دانشجویان معترض بعد از انقلاب حکومتی برون مرزی در مبارزه با حکومت اسلامی تشکیل داده‌اند. یک‌بار نیز با اعتماد به قول و قرار حکومت انقلابی که اگر به ایران بیایند مصون خواهند بود کثیری از آنان وارد ایران می‌شوند ولی به محض ورود با خشمی به مراتب سهمگین‌تر از خشم محافظین شاه روبه‌رو شده و به روایتی دسته‌جمعی به هلاکت می‌رسند که نایب آن موقع رهبر انقلاب، آیت‌الله شریعتمداری، به این کشتار معترض می‌شود.

جبهه ملی؛
حزبی که از حامیان انقلاب ولی مخالف حکومتِ سلطنتی نبود و در شروع انقلاب که هنوز کادر رهبری و رهبر آن کاملاً مشخص نشده بود، تحت تأثیر شعار آزادی و به امید رسیدن به حکومتی سلطنتی با شاهی بدون اختیار در اداره کشور مخالفتی با انقلاب از خود نشان نمی‌دادند. بدیهی است که آن‌ها با شخص شاه به خاطر مخالفت او با دولت دکتر مصدق که منتج به شکست حرکتی مردمی در راه ملی‌کردن صنایع نفت شد نمی‌توانستند میانه‌ای داشته باشند. منتهی روحانیت از توجه مردم به این جبهه آگاهی داشتند و به این خاطر حضور آن‌ها را در حاشیه مبارزات خود پذیرا بودند. همان توجهی که موجب شد در پس توفیق انقلاب رأس دولت انقلابی را به آنان واگذار کنند.

ناگفته نماند که به زمان مبارزات ملی‌کردن، غیر از حزب توده که دارای تشکیلاتی منظم، دفتر و دستک و ساختمان‌های اداری بود، حزب سیاسی دیگری چنین تشکیلات منظمی نداشت و به طور کلی جبهه ملی از اعضایی شکل گرفته بود که در دل به آرمان آن معتقد بودند و به خاطر این اعتقاد، خود را وابسته به آن می‌شمردند. مصدق به خصوص در ابتدای مبارزات، وقتی از سوی اکثریت نزدیک به اتفاق مردم حمایت می‌شد به توسعه حزب جبهه ملی و ساخت تشکیلاتی منظم و متشکل برای آن توجهی نداشت آن هم به زمانی که حزب توده با کمک مالی روسیه مدام در بسط و تکمیل سازمان خود بود. همین بی‌توجهی به تشکیلات جبهه ملی بود وقتی که اوباش علیه دولت او به خیابان‌ها ریختند، نتوانست حرکت آنان را متوقف سازد و به سقوط دولت مصدق توسط آن گروهک آنارشیست انجامید. البته حزب توده با پیروان کثیر کارگر خود در چشم برهم‌زدنی می‌توانست این اوباش و فواحش را خاموش سازد اما در آن وقت از این شورش دلشاد بود؛ چه به هم ریختگی نظام حکومتی با نبود شاه را توفیقی برای تسلط شوروی بر ایران می‌پنداشت.

به‌هرحال با شروع انقلاب ایران، خاطرات حرکت جمعی و همگام

مردم ما در راه ملی‌کردن صنایع نفت برایم زنده شدند و باز یادآور این پرسش حقارت‌آفرین شدند که چه شد جاسوسی سی‌وچندساله، «کرمیت روزولت»، توانست از مرز گذشته و وارد ایران شود و قومی با تاریخ دو-سه‌هزارساله را از مسیر سعادت خود منحرف سازد؟

با گذشت از اوایل انقلاب و روشن‌شدن رهبری انقلاب، جبهه ملی به دلایلی در حمایت از انقلاب با تردید روبه‌رو شده بود. مهم‌ترین دلیل آن بود که منشور آزادی طلبی آن نمی‌توانست پذیرای هر نوع حکومت طبقه، به خصوص با قالب عقیدتی ثابت شود؛ چه ابراز نظر و عقاید فردی را مسکوت و خواست‌های اجتماع را محبوس نظرات طبقه می‌سازد. که امید است حال که حکومت انقلابی قدرت را به دست گرفته است بتواند با اقدامات و تعامل خود این نظرات را رد و نشان دهد که حکومت طبقه نیز می‌تواند آزاداندیشی و آزادگویی را به ثبوت رساند. برایم در جریان انقلاب جالب بود که توانایی و صداقت جبهه ملی را، شاه با آن که با مصدق خصمانه رفتار کرد، در دل قبول داشت و از آن‌ها در کشوری آشوب‌زده تقاضای کمک می‌کرد.

به‌هرحال با شروع انقلاب در ایران خاطرات مبارزات زمان مصدق جان گرفتند که یکی از آن‌ها مربوط به تظاهراتی است که به طرفداری از مصدق در میدان بهارستان در برابر مجلس شورا برقرار می‌شد. در یکی از آن تظاهرات، سربازان مسلح برای به هم ریختن میتینگ، آسیمه‌سر با کثرت و خشونت از چند سو وارد میدان مذکور شدند. در گریز از تیررس آن‌ها با فوجی از مردم به خیابان مورب کم‌عرض اکباتان روی آوردم. در پیش رو و در چند قدمی گلوله‌ای به آب‌ویخ‌فروش سالمندی که مقابل وزارت فرهنگ آن روز، کنار گاری خود ایستاده بود اصابت کرد که به زمین می‌افتد. من همراه فوج گریزان از تیررس که شتاب و فشار جمعیت از پشت سر فرصت توقف به کسی نمی‌داد نه تنها نتوانستیم او را به کناری کشیم، از رویش گذشته و با لگدمال‌کردنش به رنج او افزوده و به گریز خود ادامه داده بودیم. چندی بعد، که سروصدا خوابید، احساس خجالت از این حادثه،

محتاطانه مرا به همان خیابان کشاند. از دربان جوان وزارت‌خانه جویای
حال یخ‌فروش شدم. او که در شرایط بگیر و ببند روز اکراه داشت کلامی
به لب آرد، پاسخی نداد و فقط سر را به طرف خیابان چرخاند. جهت
صورت او را دنبال کردم. از یخ‌فروش و چرخ او اثری نبود. فقط هنگامی
که دل‌گرفته از او جدا می‌شدم آهسته و با صدایی خفه و غم‌زده گفت: «او
پدرم بود. کاش که این کسب‌وکار را برایش دست‌وپا نکرده بودم.»

چند هفته بعد نیز خاطره تلخ و به‌یادماندنی دیگری بر خاطره مرگ
یخ‌فروش افزود و آن دیدن اشک برادرم بود. اشکی که حتی در سوگ
مادر مانع از ریزش آن می‌شد. برادر دانشجوی پزشکی ارتش، تازه دوره
دانشکده افسری را به پایان رسانده بود. روزی بعد از کودتا علیه مصدق و
زندانی‌شدن او، ما دو برادر پیاده از خانه تا دفتر کار مصدق را طی کردیم.
چند سرباز و تانک هنوز آن ساختمان را زیر نظر داشتند. بر دروازه ورودی
دفتر مذکور و به عرض آن، بر پارچه سفیدی به خط درشت که از فاصله
خوانا باشد این بیت از شاهنامه فردوسی و با امضای مظفر بقایی، یکی از
یاران اولیه و فرصت‌طلب مصدق در کنایه به او که حتی از دولت حقوق
هم دریافت نمی‌کرد به چشم می‌خورد:

سر شب به سر قصد تاراج داشت

سحرگه نه تن سر، نه سر تاج داشت

در دل گفتم کاش از سروده آن شاعر ایران‌دوست توسط فرصت‌طلبی،
آن هم برای تهمتی نادرست به ایران‌دوست دیگری استفاده نمی‌شد. با
تعجب از این‌همه دورویی به صورت برادر نگریستم، چشمانش بر پرده
شعار خیره و مرطوب مانده بود. خواهرم که هنگام فوت پدر در انزلی مطب
داشت، به خاطر علاقه به جنبش ملی، تنها ارثیه پدرم را که یک برگ «قرضه
ملی» مصدق بود مدت‌ها حفظ کرد.

خاطره دیگری که به شدت دلم را فشرد، تیرباران دکتر فاطمی، وزیر

خارجه مصدق بود که صحنه آن را نشریاتی که تا دیروز در دفاع از قیام ملی‌کردن نفت سینه چاک می‌دادند، با آب‌وتاب و تحسین درج کرده بودند. تحت تأثیر آن واقعه، شبی که خواب با چشمم بیگانه شده بود، مطلبی نوشتم که نشان از زخمی داشت که معمولا جوانان درد آن را به خاطر احساسی رمانتیک و شاعرانه، کمبود تجربه و عدم آشنایی با مکر و حیله سیاست‌ها بیشتر درک کرده و تحت تأثیر هیجان قرار می‌گیرند. نسخه‌ای از سروده توسط پرویز ورجاوند، دوست صمیمی و همفکر سیاسی، به بازماندگان او داده شد. اقدام او برایش مشکل آفرید ولی نام سراینده شعر را بر زبان نیاورد. آغاز سروده که تصویری از صحنه تیرباران دکتر فاطمی را در سحرگاهی پاییزی ترسیم می‌کند، هنوز به خاطرم مانده است. او را با تب و بیماری به درخت چناری در کنار جویباری بسته و تیرباران کرده بودند:

در آن پگاه سرد

آنجا که آن درخت، به همسایگی رود

با برگ‌های زرد

فصل خزان و موسم پاییز می‌نمود

آنجا که برگ مرده در امواج آب رود

آهنگ مرگ را ز سلطه بیداد می‌سرود

زآنجا ز شاخ دار

آوای مرغ حق می‌آیدم به گوش

محزون و داغدار

اضافه بر این مورد، گاهی نیز با مدیریت دانشکده مسئله پیدا می‌کردیم که در حمایت از دانشجویان با تمایلات ملی خود نمی‌گذاشتند سروصدا به خارج از محدوده دانشکده درز کرده و ژاندارم‌ها به دانشکده آیند. برای نمونه وقتی از مردم خواسته می‌شد که در اعتراض به برکناری مصدق و نمود همبستگی در مقابل حاکمیت، در روز و ساعت معینی چراغ‌ها را خاموش کنند، چون کلید کنترل برق دانشکده در آن زمان در تنها مرکز توزیع آن قرار داشت، سعی می‌کردیم به آن مرکز نفوذ و با کلنجار با

مسئولین آن، که در دل و به خاطر بستگی به جنبش منتظر همیاری بوده و با اشارات ما را در انجام این کار راهنمایی می‌کردند، برق را در مواقع مقرر خاموش کنیم که تاریکی نه تنها خوابگاه بلکه لابراتوارها، کارگاه‌ها، کتابخانه، آمفی تئاتر ، سالن کنفرانس، کلاس‌ها و حتی مسکن اساتید را نیز که در گوشه‌ای از محوطه دانشکده درآن زمان قرار داشت در بر می‌گرفت. البته در تبلیغات دولتی آن ایام همیشه این خاموشی‌ها در اخبار به حساب اشکال فنی در شبکه برق‌رسانی گذاشته می‌شد.

با سقوط کابینه مصدق، تا هنگامی که سازمان امنیت تشکیلات خود را تکمیل نکرده و در کنار نیروهای انتظامی به کنترل شدید مخالفان سلطنت بپردازد، ملیون و احزاب چپ‌گرا با مشکلات و خطرات کمتری در مبارزات خود روبه‌رو می‌شدند.

ممالک ذی‌نفع خارجی؛

این گروه که نمی‌خواهند منافع خود را به خاطر تحولی در حکومت کشوری از دست دهند، همیشه گوش‌به‌زنگ تغییر حکومت‌های وابسته به خویش‌اند. سرآمد آن‌ها در رابطه با ایران، آمریکا بود که رهبر انقلاب با نشاندادن چراغ سبزی، خیالش را آسوده می‌سازد که دست حمایت خود را از پشت شاه برمی‌دارد که البته بیماری لاعلاج او و حرکتش به سوی استقلال سیاسی در این تصمیم بی‌اثر نبوده‌اند. که در مورد ارتباط رهبر انقلاب با آمریکا و استقلال سیاسی شاه در این نوشتار توضیح بیشتری داده خواهد شد. آمریکا نه تنها از حمایت شاه دست می‌کشد همان‌طور که در متن کتاب خاطرات سفیر آمریکا آمده به ظاهر نقش مشاور دلسوز شاه را در خواباندن انقلاب نیز برعهده می‌گیرد. او از سویی با یاور خود سفیر انگیس آزادانه در بین صفوف انقلابیون حرکت کرده و به صورتی که اشکالی در مسیر جنبش انقلابی پیش نیاید، تصمیمات شاه را در جهات مورد نظر خود تغییر می‌داد و این کار را تا زمانی که سفیر انگلیس با نگاه به ساعت خود به شاه می‌فهماند که دیگر زمان ترکش از ایران فرارسیده است

ادامه می‌دهد. بلاشک از زمانی که شاه به سوی استقلال سیاسی حرکت و از تبعیت آمریکا شانه خالی کرد حمایت آمریکا را از دست داده بود. به ویژه آن‌که برای آمریکا غیر قابل تصور بود شاهی که سلطنت خود را بعد از وقایع ۲۸ مرداد سال ۱۳۳۲ مدیونش بود، به انتقاد از آن پردازد و روابط تجاری آن را به خصوص در زمینه قرارداد کنسرسیوم نفت غیرعادلانه بنامد و یا به جای ادامه نبرد با صدام حسین تا مرحله سقوطش، یک‌باره از جنگ کناره‌گیری کند.

حرکت استقلال‌طلبانه شاه به اتکاء حمایت مردم روی داد. مردمی که از تولد تا نیل به قدرت، چون پدرش در بین آن‌ها زیست و رشد نکرده بود و عدم تماس آزادانه با آنان در دوره سلطنتش نیز موجب شده بود شناخت کاملی از آنان به دست نیاورد. متقابلا مردم نیز به خاطر عدم انعکاس کافی خدماتش که نکات مثبت آن به شدت توسط مخالفانش لوث می‌شد، او را نشناخته بودند و در نتیجه این عدم شناخت همان فرصتی را که طالبان اریکه‌اش منتظرش بودند، فراهم می‌آورد. عامل دیگر این ناآشنایی اطرافیانش، چون نخست‌وزیر چندین‌ساله‌اش بودند که برای جلب رضایتش و حفظ مقام خود، او را از حقایق دور نگه می‌داشتند و به همین خاطر، شاه در انتخاب تکیه‌گاه شانه‌های ملت خود، اشتباه کرده بود.

هم‌زمان آمریکا در پی تعدیل سیاست خارجی خود بود که دلیل دیگری در قبول پیشنهاد سلب حمایت از شاه شد. در این تغییر با هدف نشان‌دادن چهره صمیمانه و بی‌نظرانه‌ای به دنیا، از دول وابسته‌اش می‌خواهد که آزادی‌های بیشتری به ملت خود دهند تا حکومتشان تثبیت شده و درب بازارهایشان کماکان به روی کالاهای غرب، به ویژه آمریکا باز ماند. به همین دلیل شاهد بودیم که چند رئیس جمهور آمریکا چون «پرزیدنت کارتر»، کشاورزی با چهر روحانی و یا «پرزیدنت اوباما»، ناطقی توانا با نمایش شعله عشق اتللوی شکسپیر، مبلغ آزادی در ممالک نفتی خاورمیانه می‌شوند تا ضمن آن‌که قیافه مهربانی را به ملل دنیا نشان دهند، فرصتی نیز برای جماعتی که مدت‌ها در انتظار جانشینی مدیران همیشگی خود

روزشماری می‌کنند، فراهم آید و بتوانند به تدریج جانشین آن‌ها شوند و به این ترتیب آرامش موجود ادامه یابد؛ آرامشی که وجودش برای بهره‌برداری ضروری است که بر این اقدامات آن‌ها نمی‌توان خرده گرفت، زیرا برای منافع کشور خود تلاش می‌کنند اما ایراد بر آنان وارد است که آلت دست شده و منافع کشور خویش را از یاد می‌برند.

با تغییر سیاست آمریکا در جهت مهرنمایی، روسیه نیز به زمان ریاست گورباچف که کشورش را حوضی می‌دید که آب راکدش در حال گندیده‌شدن است به تحولی بنیادین دست می‌زند؛ او با شهامت و با پذیرش مخاطرات تشویق به آشکارگویی و آزاد اندیشی، «Perestroika» و «Glasnos» را، آن هم به زمانی که تز کمونیسم تحت تبلیغاتی مدام، به صورت مذهبی درآمده بود و هر حرکت در جهت اصلاح آن کفر محسوب می‌شد، آغاز می‌کند. دیوار برلین، مظهر جدایی شرق و غرب را فرو می‌ریزد و متعاقبا جانشینان او ممالکی را که از دید فرهنگ و نژاد تقارنی با بدنه اصلی روسیه نداشته و می‌رفتند داعیه استقلال را چون ایالت اوکراین روزی عنوان کرده و با طغیان خود ملت گرسنه و آزرده روس را نیز به عصیان کشند و امپراطوری روسیه ازهم بپاشد، از بدنه روسیه جدا کرده، از مشکلات داخلی آن‌ها رها شد. منتهی با قراردادهای نظامی و نظارت اقتصادی، به خصوص در مورد منابع نفت وابستگی آنان را به روسیه حفظ می‌کند و در پس آن، به آرامی و پله‌پله از تز کمونیسم دور شده و به سوی سیاستی فی‌مابین کمونیسم و سرمایه‌داری که مقدمه قبول کامل سیستم سرمایه‌داری خواهد شد به پیش می‌روند. ناگفته نماند که در فروپاشی دیوار برلین آمریکا تلاش دارد که آن را به حساب خود گذارد؛ درحالی‌که به خاطر شرایط روز، رجال روسیه این اقدام را لازم دانسته و به اجرا درآوردند.

نکته در این‌جاست که تغییرات در خطوط سیاسی ابرقدرت‌ها بر حیات مللی که با عنوان عقب‌مانده از آن‌ها یاد می‌شد و دیرتر نام محترمانه و فریبنده «در حال توسعه» را بر آن‌ها نهادند، اثر می‌گذارد؛ کما این‌که شاهد آن بودیم که تحولات یاد شده در دو قطب شرق و غرب، در پس انقلاب

ایران تعدادی از جنبش‌های دیگر را نیز به دنبال داشت. جنبش‌هایی که با پیشوند بهار، به تقلید از «بهار پراگ»، جنبش چکسلاواکی در مقابله با تسلط کمونیسم در سال میلادی ۱۹۷۳، نام‌گذاری شدند.

ناگفته نماند هر وقت در آمریکا دولت جدیدی بر سر کار می‌آید، باید در انتظار تغییر سیاست خارجی آن بود که به این خاطر ممکن است در آن دولتی مغایر سیاست مهرنمای قبلی عمل کند و از آنجا که پاره‌ای از ابرقدرت‌های رقیب چون چین با تصرف جزایری در دریای شمال خود و روسیه با تصرف کریمه و گوشه دیگری از اوکراین و نیز همیاری در نابسامانی سوریه که احداث پایگاهی دریایی در ساحل آن کشور را برایش مهیا ساخت، نوعی قلدری از خود نشان داده‌اند، آمریکا نیز حرکتی چشمگیر از خود نشان دهد. بگذریم از آن‌که با همبستگی چین و روسیه و جذب پاره‌ای از مناطق در حیطه نفوذ خود و حمایت آن‌ها از رژیم‌هایی چون ایران، ونزوئلا و کوبا و از طرفی ضعف همبستگی ملت در آمریکا، به اضافه اختلافات سلیقه‌ای احزاب و نژاد، معلوم نیست آمریکا تا چه حد قادر خواهد بود در میدان رقابت روزی حرکتی قلدرانه از خود نشان دهد. کلمه «سلیقه‌ای» را به جای «سیاسی» به کار بردم چه دو حزب اصلی آمریکا همانطور که اشاره شد از نظر ایدئولوژی و دکترین سیاسی تفاوت چندانی با یکدیگر ندارند؛ یکی بیشتر به جلب رضایت عامه می‌کوشد تا آن دگر به کسب ثروت و سرمایه‌گذاری پردازد و با این تعادل، جامعه در ثبات و آرامش به‌سر برد. به خاطر کمی تجربه سیاست خارجی کشور جوان آمریکا نیز به صورتی دنباله‌روی از سیاست انگلیس پیر را نشان می‌دهد.

ممالک صنعتی و انقلاب ایران؛

به طور کلی، مجموعه ممالک صنعتی که فرآورده‌های آنان در بازارهای جهان به حد اشباع رسیده است، دوست ندارند که کشور صنعتی دیگری به جمع آنان اضافه شود و با توجه به ظرفیت‌های ایران، از هر عامل توقف در توسعه آن، من‌جمله نابسامانی و آشفتگی طبیعی بعد از توفیق انقلاب را

می‌پسندند. احساس آن‌ها در این زمینه با توجه به توانایی‌های زیر بی‌پایه نبود.

ایران رگ حیاتی توسعه را که انرژی است، در اختیار داشت. اضافه بر نفت و اورانیوم با درجه خلوص بالا، می‌رفت که به نیروی اتم با احداث مرکز اتمی ـ تحقیقی دانشگاه تهران و شروع ساخت نیروگاه اتمی نیز مجهز گردد.

متخصصین آن دارای توانایی لازم برای ورود به کلوپ صنعتی جهان بوده‌اند که این استعداد را بعد از انقلاب و کوچ به ممالکی که خود بهترین‌ها را از نظر تخصص و مدیریت در اختیار دارند، به ثبوت رساندند. این کشورها نه تنها متخصصین ایرانی را با آغوش باز پذیرا شدند، بلکه با گذاردن آنان در رده مدیران شرکت‌های کلان خود چون گوگل و یا صنایع فضایی «ناسا» به توسعه صنایع و خدمات خویش می‌افزایند. اضافه بر شاخه صنایع، بیمارستانی در این کشورها نیست که نخواهد از خدمات پزشکان ایرانی استفاده کند. در معتبرترین دانشگاه‌های آمریکا نام اساتید ایرانی به چشم می‌خورد و در کمتر مؤسسه تبلیغاتی و یا تجاری است که ایرانی موفقی در آن شاغل و یا خود مالک شرکتی در آن شاخه نشده باشد. در شاخه علوم نیز در این ممالک نام نابغه‌های ایرانی چون مریم میرزاخانی به گوش می‌رسند.

موقع جغرافیایی ایران، دسترسی این کشور را با فاصله کوتاه‌تری به بازارهای پرمنفعت و پرجمعیت آسیا ممکن می‌سازد. در نتیجه غیر از مالکیت فراوان و ارزان مواد انرژی‌زا، ایران می‌تواند با هزینه کمتر حمل‌ونقل، تولیدات خود را به این بازارها به مراتب ارزان‌تر تا ممالک صعتی دیگر عرضه و در رقابت تجاری پیشی گیرد.

احتیاج به سوخت در اغلب ممالک صنعتی نیز برگ برنده‌ای در دست ایران است که توافق برای فروش نفت می‌تواند منوط به گشایش بازار آن کشورها به روی فرآورده‌های صنایع ایران باشد.

درآمد حاصله از تجارت خارجی و نفت در کشوری هزینه می‌شد که

دارای جمعیت متناسبی، به خصوص قبل انقلاب بود. در نتیجه می‌توانست سهم بیشتری را به تبعه خود رساند تا مردمش با رفاه بیشتری به حیات خود ادامه دهند و گام‌های بلندتری را در راه توسعه بردارند؛ تا آن‌جا که در بازار پول و سیاست‌گذاری‌های جهانی دخیل شده و در حفاظت از منافع خود از دنباله‌روی سیاست‌های دیکته‌شده رهایی یابیم.

نطفه‌های حساس برای دسترسی به صنایع اساسی روز نیز چون صنایع الکترونیک در حال بسته‌شدن بود. برای نمونه مرکز الکترونیک شیراز با آغاز ساخت «Processor» هسته اصلی کامپیوتر به جمع‌آوری کارآمدترین انواع موجود و رایج آن چون «Intel» به منظور تکامل بیشتر آن‌ها و نه کپی‌کردن، شروع به کارکرده بود تا با جنسی بهتر و ارزان‌تر، وارد بازار فرآورده‌های الکترونیک شده و اضافه بر تولید کامپیوترهای شخصی از آن در خودکاری سایر صنایع، من‌جمله سلاح در نیروی نظامی نیز بهره بریم.

زمینه سوادآموزی با گسترش مدارس در تمام سطوح با سرعت بیشتری پیش می‌رفت. به تعداد دانشگاه‌ها اضافه می‌شد و در آن اساتید مطلع و باتجربه داخلی و در صورت لزوم خارجی، به آموزش جوانان ما مشغول بودند که خوشبختانه هنور هم ادامه دارد.

دانشگاه‌ها از نظر تعداد و هم از دید تربیت متخصصین ورزیده در رشته‌های اساسی و پایه در حال توسعه بودند. چنان که می‌بینیم دانشجویان آن‌ها، چون دانشگاه شریف را، به خاطر هوش و آگاهی، نامدارترین دانشگاه‌های آمریکا بدون قید و شرطی برای ادامه تحصیل پذیرفته و متأسفانه به جای برگشت به ایران آن‌ها را جذب بازار کار خود می‌کنند. دانشگاه شریف با آن هدف که اگر در پاره‌ای از اقدامات، چون مواردی در رابطه با نیروی اتم استفاده از کارشناسان خارجی را سد کنند ما را از خدمات خارجیان بی‌نیاز سازد، ایجاد شده بود.

در مورد امنیت مرزهای کشور دارای ارتشی بودیم که غرب به خاطر حفظ منافع خود در منطقه به تجهیز آن کمک کرده و به سطحی رسیده بود که می‌توانست به‌صورت ارتشی ملی حافظ منافع خاک و قوم خود

که به آن‌ها عشق می‌ورزید باشد. علاقه‌ای را که در نبرد با عراق تا حد از خودگذشتگی نشان دادند.

و بالاخره امکانات فرعی دیگر چون بیمه‌های اجتماعی پایه‌ریزی شده بود که می‌توانستند اصلاح، تکمیل و جامعیت یابند و به ثبات جامعه و امنیت شغلی، که عدم وجود آن‌ها موجب توسعه نادرستی‌ها می‌شود، کمک کنند.

ملخص آن‌که اگر به آرامی، مدبرانه و بدون تظاهراتی محرک، به توسعه خود ادامه می‌دادیم، با توجه به امکانات یادشده در فوق بدون آن‌که قلم پای ما شکسته شود می‌توانستیم وارد باشگاه ممالک صنعتی شده و حتی به نظر عده‌ای به مرز ژاپن و یا کره‌جنوبی رسیم که این نظر را گروهی دیگر با این استدلال که زمینه‌های فرهنگی نیز نقشی در این رشد دارد رد می‌کنند. آن‌ها معتقدند که با همه امکانات موجود باید همان‌طور که با تغذیه به سلامت جسم و به توان یادگیری دانش‌آموزان کمک می‌شد، با تعقیب مدل‌های آموزشی خاص در رده نوجوانان پایه‌های تحول فرهنگی را در جامعه خود نیز پی‌ریزی می‌کردیم. فرهنگی که به گواهی تاریخ مدام در پی تهاجم بیگانگان به خاک ما در کنار فرهنگ‌های دیگر قرار می‌گرفت و هر یک اثری بر آن نهاده‌اند و باید به درجه‌ای رسد که هر فرد دیگری را خود داند و خود بیند و آن‌چه را که از خود راند بر غیر روا نداند و مهم‌تر از آن، به خاک خود تنها از دید ستودن و حماسی[1]، ننگرد بلکه آن را سکویی داند که برآن استوار است و تزلزل آن به هر طریق و یا بهره‌برداری نابخردانه از منابع آن سقوط را به دنبال خواهد داشت.

به مسئولان آموزشی توصیه می‌شود که مدل‌های آموزشی ممالک توسعه‌یافته را مورد مطالعه قرار دهند. برای مثال من مدل آموزش نوجوانان را در کشور فنلاند که وابستگی به جبهه‌ای ندارد و معتقدات سیاسی و مذهبی را در کتب درسی خود وارد نکرده و زعمای آن نیز دنبال ذکر نام خود در آن‌ها نیستند، به مثال می‌گیرم و از قریب به ۴۰ مبحث آموزشی در

۱-Nostalgic

یک مدل آن تعدادی را انتخاب می‌کنم که با یادگیری هر قسمت نوجوانان مهارت‌های زیر را کسب می‌کنند تا جامعه‌ای شاد، شکوفا و پویا را خلق کنند:

مهارت در خوب توجه و تفکر کردن

مهارت در مطالعه، پژوهش و تحقیق

مهارت در تشخیص درست و نادرست

مهارت در مدیریت زمان و کار تیمی

مهارت در کنترل خشم، داشتن صبر و ارائه گذشت

مهارت در ابراز رشادت در انتقاد و تحمل در برابر انتقاد

و مهارت در ابراز تشکر

فصل پنجم:

انقلاب‌های نهان همگام با انقلاب ایران

هم‌زمان با انقلاب ایران دو انقلاب جهان‌گیر نیز طلیعه خود را اندک‌اندک عیان می‌کردند. انقلاب‌هایی که نه رهبری در آن حضور داشت و نه انقلابیونی به صف شعارگویان و حماسه‌آفرین، به همین خاطر کثیری یا از آن آگاه نبوده و یا توجهی به اهمیت آن‌ها بر حیات خود و ثبات جامعه خویش نداشته و ندارند. این انقلاب‌های نهان که بعد گذشت حدود سه سده از برپایی انقلاب صنعتی و بازتابش در شاخه طبیعت چون آلودگی هوا و کمبود آب و یا آثارش بر جامعه در رابطه با رشد صنایع الکترونیک و بیکار شدن کارگران به خاطر استفاده از خودکاری[۱] ماشین‌ها مشهود و محسوس می‌شوند و ارزش هر برهه از زمان در اداره هر کشوری را به چنان اوجی می‌رساند که به هدر دادن آن نه تنها بر سعادت و تعالی ملت تأثیر دارد، بلکه بقا و موجودیت آن را نیز به مخاطره خواهد انداخت و به این خاطر گران زیانی می‌شود که ترمیمش را نیز فرصت و امکانی نیست. لذا هوشداریست به حکومت نوپای انقلابی برای تثبیت سریع به منظور توجه به این پدیده‌ها.

چه ملل درگیر مسائل روزمره و سرگرم جدال، شعار و حماسه، با تباهی چنین زمان گرانی به عقب رانده می‌شوند و هدفی مناسب در تقلیل مهمانان سفره زمین توسط ملل آگاه و آینده‌نگر خواهند شد. به همین خاطر است

۱-Automation

که ممالک آگاه و مطلع با پیش‌بینی عواقب این دو پدیده، از سال‌ها قبل، به
خصوص از سال ۱۹۷۰ میلادی که دریافتند توان مهمان‌پذیری خاک سریع‌تر
از پیش‌بینی آن‌ها رو به کاهش گذاشته و رشد جمعیت مهمانان سفره خاک
نیز بیش از تخمین آنان است، ضمن حفظ منابع خویش چشم به امکانات
گوشه و کنار دنیا نیز دوخته‌اند تا به تداوم بقای قوم خود بدون لطمه
به رفاه آنان کمک کنند. این آینده‌نگران در برنامه‌ریزی‌های خود با متدهای
پوشیده و فریبنده از طریق براندازی حکومت‌ها زمینه‌سازی انقلاب‌هایی با
پیشوندهای فریبنده چون بهاران و یا برخورد همسایه با همسایه و اقلیت‌های
قومی و مذهبی، از منابع ممالک ناآگاه سود خواهند برد.

این نوع از برخوردها یا جنگ‌های نیابتی که هم‌اکنون به خصوص در
خاورمیانه شاهد آنیم، از نیاز به جنگ‌های جهانی که تشعشعات حاصل از
سلاح‌های مدرن در آن به برنده جنگ نیز آسیب خواهد رساند، خواهد
کاست. این طرح‌ها با دقت و ظرافت آن‌چنان پیاده می‌شوند که امر بر مردم
این نقاط مشتبه شده و تصور می‌کنند به خواست و به دست خود، انقلابی
برای کسب آزادی، سعادت و استقلال برپا کرده‌اند؛ درحالی‌که شاهدیم
اغلب این انقلاب‌ها جز ویرانی، آوارگی، کشتار جوانان، مولدین نسل‌های
آتی که مغرورانه و مسخ از تبلیغ، خون ریزند و خون بازند و یا فنای
سالمندان و کودکان آسیب‌پذیر در ویرانه‌ها، بی پناه و پرستاری، تا کنون
حاصل دیگری برای مردم آن مناطق به بار نیاورده است. مردمی که دول
متجاوز اگر در گذشته به معادن آنان چشم دوخته بودند حالا به حیاتشان نیز
چون کالایی می‌نگرند که بریدن آن به هر طریق از مصرف محتوای محدود
سفره خاک می‌کاهد و آن را برای افزایش طول هستی ملل آگاه ذخیره
خواهد کرد. ناگفته نماند که در طراحی برنامه‌های تداوم بقا ابرقدرت‌ها به
خاطر نفع مشترک در پوشش جنگی ظاهری یا به اصطلاح عوام «زرگری»
تن به همیاری هم می‌دهند. در درک این نکته کافی است به کشورهایی که
پهباد آنان در کنار هم، بدون آن‌که باله پروازشان به هم اصابت کند سوریه
را زیر بمباران خود گرفته بودند، توجه کرد. به این خاطر اگر کشوری به

هر دلیل از قطبی به قطب دیگری پناه برد نتیجه‌ای نمی‌گیرد؛ چه در باطن آن دو قطب به خاطر منافع مشترک هم‌پیمان‌اند و مثال سگ زرد برادر شغال را به خاطر می‌آورند. در این رابطه کتابی کم‌برگ ولی پرمحتوا تحت عنوان «سخن‌ها را بشنویم» سال‌ها پیش توسط محمدعلی اسلامی ندوشن منتشر شد که مطالعه آن توصیه می‌شود.

عدم توجه ملل درگیر حل اختلافات عقیدتی، مسلکی به جای توجه به مسائل حیاتی، مرا به یاد حکایت کشاورزی می‌اندازد که تره‌بار خود را برای فروش به بازار می‌برد و برای افزودن به سرعت خر خود ترکه‌ای را بالای سر آن می‌چرخاند که هوا را می‌شکافت و از آن آهنگی بر می‌خواست. کشاورز با شنیدن آهنگ به تصور آن‌که کشفی کرده است الاغ را رها، ترکه را انداخت و به سوی بازار می‌دود و در آن‌جا به روی چلیکی پریده و مردم را دعوت می‌کند که جمع شوند تا اختراع خود را به نمایش گذارد. مردم مشتاقانه جمع شده بودند که کشاورز متوجه می‌شود ترکه را به همراه ندارد؛ لذا بند شلوار را بیرون می‌کشد و آن را به دور سر خود دوران می‌دهد. بدیهی است که آن بند پشمین مثل شاخه نازک نمی‌توانست صدا ایجاد کند و تلاشش بیهوده بود، اما او از خنده مردم تصور می‌کرد آهنگ را می‌شنوند و به خاطر آن خشنودند؛ لذا تشویق شده و با شدت بیشتری به تلاش بی‌ثمرش در چرخاندن طناب ادامه می‌داد. غافل از آن‌که شلوارش در حال افتادن است و صحنه زیر آن زمینه‌ساز خنده آنان شده است.

از تعصبات و یا خصوصیات فرهنگی چون خود برتربینی و غیر نبینی که در دام آن فرد باورش می‌شود که از همگان و در هر زمینه‌ای برتر و قوی‌تر است و دیگران زوایدی فاسدند که باید زدوده شوند، وسیله‌ای می‌شود که کارگردانان صحنه‌های جنگ‌های نیابتی از آن ترکه‌ای ساخته و به دست مردم ناآگاه دهند تا سرگرم شوند و خود سودی برند. در حاشیه به تماشای گلادیاتورهای خود ساخته نشینند. و به دست آن‌ها به اهداف خود رسند.

در زیر ابتدا سرفصل‌وار و با هدف پندگیری به نمونه تلاشی که تعدادی از ملل آگاه برای بقای نسل‌های آتی خود به آن دست زده‌اند می‌پردازیم

و سپس به منظور شناخت زمینه تنگناها، دامنه پیشرفت‌ها و آثار آن‌ها بر نسل‌های آتی، به توجیه دو پدیده همگام با انقلاب ایران تحت عناوین «تزلزل اهرم‌های حیاتی» و نیز «تحولات زاده صنایع الکترونیک» خواهیم پرداخت. تا ملت‌ها به حکومت‌های خود یادآور شوند که وظیفه آن‌ها تنها به اداره روزانه امور کشوری محدود نمی‌شود و وظیفه سنگین‌تری بر دوش دارند که ادامه حیات نسل‌های آتی را تضمین می‌کند. ناگفته نماند که از مطالب مندرج در زیر عناوین دو انقلاب نهان حیاتی و الکترونیک به صورتی آگاهیم؛ منتهی سعی شد که آن مطالب در کنار هم و در یک‌جا با اتکا به شواهد و ارقام به گونه‌ای خلاصه و کلاسه شوند که گویای عمق و اهمیت مسئله شده و نشان دهند که بدون حل آن مسائل هیچ جنبشی نمی‌تواند توفیق یابد.

چین با کثرت جمعیت و افزایش آن به تأمین نیازهای حیاتی آتی که در سرلوحه آن آب است می‌اندیشد و با پیش‌بینی نارسایی مقدار آب در حوزه شمال کشور خود که با نیم میلیارد سکنه مهم‌ترین سفره غذایی چین نیز به حساب می‌آید و نیز تزریق آب به آب‌گیر سد هیدروالکتریک بر روی رود زرد به توصیه برنامه‌ریزانش مشغول احداث سه کانال عریض شرقی، غربی و مرکزی از قسمت جنوبی کشور که همه ساله به خاطر شدت بارندگی با سیل مواجه می‌شود، به شمال کشور است.

برنامه‌ریزان روسی ادامه عملیات طرح کانال عظیم رساندن آب از منابع پرآب سیبری به سمت جنوب و ممالک آسیای مرکزی را مجدداً توصیه کرده‌اند. این طرح در آغاز انقلاب سوسیالیستی شوروی برای نشان‌دادن فواید حکومت نوپا آغاز شد و چون از نظر اقتصادی مقرون به صرفه نبود، در زمان زمامداری گورباچف متوقف گردید. از دلایل سرگرفتن مجدد احداث آن یکی سیاسی است که نفوذ روسیه را در کشورهای کم‌آب آسیای میانه که تازه استقلال یافته و از بدنه روسیه جدا شده‌اند تثبیت کند. دیگر آن‌که با اقامت سکنه این مناطق در کشور خود، آن‌ها خواهند توانست به تولید مواد غذایی که روسیه به خاطر اقلیم سرد خود به آن شدیداً نیازمند

است، ادامه دهند.

آمریکا نیز در پیش‌بینی تأمین آب برای مناطق غربی خویش برنامه‌های عدیده‌ای دارد که یکی از آن‌ها استخراج منابع آب شیرین زیر کف دریا و یا نمک‌گیری از آب آن است که هم‌اکنون طرح تحقیقی بزرگی در زمینه نمک‌گیری، با متد بهتری که از هزینه سوخت و نیز حجم پس‌ماند نمک بکاهد، در دست اجرا دارد و یکی از نتایج اولیه این تحقیق، رسیدن به متد جدید فیلترکردن آب دریاست که در شهر «کارلزبد» کالیفرنیا به کار گرفته‌شده و آب به دست آمده از این متد مطبوع و در بطری مشتری پیدا کرده است. همچنین برنامه‌ریزان آمریکا گوشه چشمی نیز به انتقال آب به کالیفرنیا که یکی از مراکز عمده تولید پاره‌ای از مواد غذایی، میوه و سبزیجات آمریکاست از ایالات شرقی و یا مرکزی خویش دوخته‌اند تا در صورت لزوم مفید افتد. یکی از معایب شیرین‌کردن آب دریا در هزار و ششصد کارگاه فعلی آن در دنیا گرانی سوخت و معدوم‌کردن پس آب غلیظ نمک آلوده آن است که به طبیعت آسیب می‌رساند.

پاره‌ای از کشورهای کم‌آب فلات منطقه خاورمیانه نیز به فکر تأمین آب قبل از برخورد با تشنگی آتی افتاده‌اند. ترکیه که از منابع غنی آب برخوردار است، در حال افزودن سدهای هیدروالکتریک بر رودخانه‌های خود، من‌جمله دجله و فرات در محدوده خاک خویش است که با این اقدام کنترل این دو رود را که تا جنوب عراق ادامه دارند و دسترسی به آب آن برای آن کشور و سوریه جنبه حیاتی دارد، در دست خواهد گرفت و نیز به کمک این سدها، به رفع کمبود انرژی خود در آینده کمک کرده و با فروش آب و یا برق مازاد بر مصرف داخلی به ممالک همسایه، به درآمد ملی خود نیز خواهد افزود. در حال حاضر اسرائیل و اردن برای خرید آب ترکیه نوبت گرفته‌اند و ترکیه مشغول تدارک تسهیلات برای فروش و حتی تصفیه آب قبل از فروش آن است. بر پایه گزارش روزنامه Democracy Press به تاریخ چهار ژانویه سال میلادی ۲۰۱۵ این کشور در دهانه ورودی رودی Manavgat به دریای مدیترانه، ترمینالی برای بارگیری

آب با هزینه ۱۵۰ میلیون دلار و ایستگاه تصفیه آب با هزینه ۱۴۷ میلیون دلار احداث کرده است که در حال حاضر می‌تواند با دو تانکر، هر یک به ظرفیت ۲۵۰۰۰۰ تن، آب را به تصفیه‌خانه اسرائیل در کریات گات آن کشور برساند، تا از آن‌جا وارد شبکه آب آن کشور گردد. برنامه‌ریزان ترکیه نیز به دولت خود توصیه کرده‌اند به جای تانکر، در آینده از خط لوله‌ای در زیر دریای مدیترانه با عبور از قسمت شمال قبرس که تحت کنترل ترکیه است استفاده برد، تا آب‌رسانی راحت‌تر، سریع‌تر و نیز به میزان بیشتر به اسرائیل فروخته شود.

نیاز به آب و دلهره عدم دسترسی به این پایه حیاتی به مرحله‌ای رسیده است که شرکت‌های واسطه یا دلالی، برای بهره‌بری از این موقعیت نیز که درآمد خوبی نصیب آنان خواهد کرد، کار خود را آغاز کرده اند. تنگناهای آینده به صورتی محسوس شده است که حتی پاره‌ای از ممالک که از آن‌ها به نام کشورهای در حال رشد یاد می‌کنند نیز به مسائل اساسی تأمین زندگی برای نسل‌های آتی خود توجه پیدا کرده‌اند. برای نمونه یکی-دو کشور آفریقایی در هماهنگی با قافله پیشرفت در زمینه تحقیق و توسعه صنایع پیشرفته به خصوص در رشته الکترونیک، با استفاده از هر امکانی چون کمک‌های خارجی و استخدام تخصص‌های برون‌مرزی، مشغول تدارک زمینه‌هایی هستند که در آینده نزدیک مشابه Silicon Valley، مرکز صنایع الکترونیک آمریکا را در خاک خود به راه اندازند.

تزلزل اهرم‌های حیاتی؛

اهرم‌های حیاتی، منابع به هم پیوسته زاده طبیعت‌اند که حیات و تداوم آن را تضمین و تسهیل می‌کنند؛ لذا توجه به بهم‌ریختن و یا منقلب‌شدن آن‌ها که در رأسشان اهرم آب هوا و غذا قرار دارند حائز کمال اهمیت می‌شود. این اهرم‌ها از خصوصیتی برخوردارند که از طرفی مکمل یکدیگر و از جهتی تغییر و یا ترمیم هر یک تعادل اهرم و یا اهرم‌های حیاتی دیگر را به هم ریخته و گاهی موجب تخریب کامل آن می‌شود. برای مثال در

تأمین غذای بیشتر برای دهان‌هایی که مدام به تعداد آن‌ها اضافه می‌شود، به سطح کشت گسترده‌تر نیاز است. سطح کشت بیشتر به آبیاری مکرر و مصرف آب بیشتر نیازمند است؛ لذا به کمبود اهرم آب لطمه می‌زند. اگر به دنبال افزودن به سطح کشت که راه آسان آن تخریب جنگل‌هاست و اکثرا به دنبال آن راه می‌روند برویم، با نابودی جنگل‌ها موجب آلودگی بیشتر هوا خواهیم شد.

و یا افزایش جمعیت تأمین مشاغل بیشتری را طلب می‌کند تا درآمد حاصل از آن بتواند حوایج زندگی خانواده‌ها را تأمین کند، که ایجاد کار برای کارگران، از طریق گسترش کارگاه‌های جدید ممکن می‌گردد و افزودن به کارگاه‌ها به دود و دم اضافه کرده و در نتیجه به آلودگی هوا دامن می‌زند و عوامل وابسته دیگر تغییرات جوی را به بار می‌آورد که یکی از آن‌ها کم‌شدن بارندگی و یا نظم معمول بارش آن است که خود بر میزان تولید مواد غذایی لطمه خواهد زد. ملخص آن‌که اگر این اهرم‌ها متوازن و هماهنگ عمل کنند، به ادامه زندگی کمک کرده و به شکوفایی آن خواهند افزود و برعکس اگر متغیر و نامنظم عمل کنند، و یا به دست ما در آن‌ها آشفتگی به وجود آید مخرب حیات‌اند.

انسان کم‌دان، بی‌توجه، خودبین و غیرمسئول، عامل اصلی در عدم تعادل و توازن این اهرم‌ها شده و می‌شود و به عبارت ساده‌تر گویی که به دست خود گور خویش را حفر کرده و شاخه‌ای را که بر آن تکیه داده و اعقاب او نیز به آن نیازی حیاتی دارند برای نفعی آنی و خودخواهی، به دست خود قطع می‌کند. به اختصار اگر دو سوی معادله هستی که در یک سمت آن امکانات زیست یا اهرم‌های حیاتی و در سوی دیگر تعداد جمعیت قرار گرفته‌اند به توازن نرسد، روزی خواهد رسید که کره خاک در هیاهوی اغتشاش و برخورد با آن‌چه که در دامن دارد منهدم خواهد شد. حال با توجه به توجیه فوق شرایط امروز کره خاک، مسکن خود را در رابطه با یک یک اهرم‌های حیاتی به طور خلاصه بررسی می‌کنیم:

اهرم حیات‌بخش آب؛

آب که روزی به هر اندازه می‌خواستیم آن را مصرف می‌کردیم، لحظه به لحظه کمتر و آلوده‌تر می‌شود. دیگر زمان پدران ما که با نوشیدن جرعه‌ای از آن و شنیدن صدای فورانش به هنگام چرت نیم‌روز بر تخت چوبی کنار حوض کاشی و سایه بید لذت می‌بردند، تکرار نخواهد شد. بگذریم از آن‌که امروزه فرصتی نیز برای لمیدن و استراحت باقی نمانده است. تا چند سال پیش تصور نمی‌کردیم که آب را در بطری کرده و بفروشند و یا نقصان آن به جایی رسد که جنگ و ستیزهای آتی منحصرا به خاطر دسترسی به آن روی دهد و نه به دلیل همیشگی آز اقتصادی و یا تعصب عقیدتی. پاره‌ای از درگیری‌های امروزه دنیا که به ظاهر برای تصرف محدوده‌ای از خاک و به ویژه در خاورمیانه تشنه در جریان است بیشتر به خاطر به‌دست‌آوردن منابع آب زیرزمین و یا رود جاری بر سطح آن است. کمبود آب هم‌اکنون به صورتی است که از فاضلاب‌های آلوده، مسموم و سرطان‌زا نیز چون دو هزار هکتار از اراضی حول و حوش تهران و بسیاری از مناطق دیگر دنیا برای آبیاری کشتزارها استفاده می‌شود. بدیهی است حاصلی که از این اراضی به دست می‌آید شکم را سیر کرده ولی به سلامت جسم زیان خواهد رساند. به استناد آمار سازمان ملل، در حال حاضر ۷۴۸ میلیون نفر از مردم دنیا، آب آلوده می‌نوشند و هر روزه حدود هزار کودک که در برابر بیماری‌ها مقاومت کمتری دارند به خاطر این آلودگی جان می‌بازند. به همین خاطر در آمریکا و اروپا آن‌ها که توان مالی دارند از محصولاتی که با آب سالم و بدون سمپاشی معروف به ارگانیک به دست می‌آید تغذیه می‌کنند که در سوپرمارکت‌ها در قفسه‌هایی مشخص و با قیمتی بالاتر عرضه می‌شود. در درمان بیماری‌های ناشی از آلودگی‌ها به ویژه بیماری‌های گوارشی نیز مشکل بزرگی پیش آمده است و آن مقاوم‌شدن میکروب‌ها در برابر آنتی‌بیوتیک‌هاست که در دامداری‌ها و مصرف سموم دفع آفات در مزارع به مواد غذایی نفوذ می‌کنند. به آن خاطر، اکنون اطبا موقعی این دسته از داروها را تجویز می‌کنند که دیگر راه‌حلی برای درمان باقی نمانده باشد تا بیمار

اگر در آینده به بیماری سختی مبتلا شد و یا در پس جراحی برای پیشگیری از عفونت احتمالی به این دارو نیاز پیدا کرد، میکروب‌ها در برخورد با این دارو مقاومت نشان ندهند و دارو نتیجه‌بخش شود.

به طورکلی کره خاک، کم‌آب و تشنه است. بر پایه آمار سازمان ملل قسمت عمده صد و هفتاد میلیارد متر مکعب آب مورد مصرف روزانه دنیا بیشتر از منابع زیرزمینی آن تأمین می‌شودکه موجودی آن هم در محدوده ممالک یکنواخت نیست. مناطق بسیاری از دنیا سفره‌های آب کوچک‌تر با مقدار آب کمتری در زیرزمین خود دارند و معدودی از آن‌ها چون کشور بزریل دارای سفره‌های وسیع و پرآب‌اند. سازمان مذکور با نتیجه‌گیری از تحقیقات خود کشورهای دنیا را نیز از دید میزان آب رده‌بندی کرده است. ایران در این رده‌بندی در ردیف کشورهایی قراردارد که در حال حاضر نیمه‌خشک‌اند و به سوی خشکی کامل پیش می‌روند. کشور ما در اصل در فلات کم‌آبی قرار دارد که سالانه نزدیک به دوسوم باران نه‌چندان کافی آن تنها بر یک‌چهارم پهنه خاکش می‌بارد؛ لذا قسمت وسیعی از خاک آن از نعمت باران بهره چندانی نمی‌برند. همین کم‌آبی ایران بود که همیشه سران کشور را نگران کرده و می‌کند؛ کما این‌که تنها خواست کوروش از آفریدگار این بود که کشورش را از بی‌آبی، دروغ و دشمن محفوظ بدارد که به نظر می‌رسد آفریدگار تنها به خواست کوروش در مورد آب آن هم تا حدی توجه فرمود که توانستیم از زمان حکومت او تا حال، یعنی بیش از دوهزاروپانصد سال، تشنه نمانیم. تشنگی دنیا بیشتر محسوس خواهد شد وقتی به جمعیت آن در سال ۲۰۵۰ مسیحی نزدیک به بیست درصد اضافه شده و به تعداد ۹ میلیارد رسد که برای رفع نیاز این جمعیت افزوده، کارشناسان با احتساب تمام جوانب معتقداند که می‌بایست ۵۵ درصد به میزان مصرف آب امروز اضافه شود و نه ۲۰ درصد به تناسب رشد جمعیت. بیهوده نبود که معاون مطلع یکی از رؤسای جمهور بعد از انقلاب ایران، پیش‌بینی کرد که اگر به مشکل آب توجه نشود، بعد از گذشت ۳۰ سال ایران کشور ارواح خواهد شد. هم‌اکنون بر پایه آمار دولت ایران از ۳۱

استان کشور ۱۲ استان آن کم‌آبی را تجربه می‌کنند که مقدمه‌ای بر بی‌آبی
کامل آنان است و در بین این استان‌ها کلان‌شهرهایی چون اصفهان و مشهد
قراردارند. از تعداد روستاهای ایران به خاطر کم و یا بی‌آبی مدام کاسته
می‌شود. این روستاها در گذشته اگر هم تولید افزوده‌ای نداشتند از منابع
آب محل، حتی آب باریکه‌ها استفاده و گذران می‌کردند و برای حفظ
این زمینه و پیشگیری از مهاجرت که حاشیه‌نشین‌های بیکار شهرها را
می‌آفرینند، کارشناسان سازمان برنامه ضمن توجه به راه‌هایی که بتواند به
رفاه روستاییان نیز کمک کند، طرح‌هایی چون «طرح حوزه‌های عمرانی» را
تدوین و تنظیم می‌کردند که در این یادداشت بیشتر به آن‌ها اشاره خواهد
شد. بدیهی است که حاشیه‌نشینان شهرهای کم‌آب خود سرباری به میزان
مصرف آب آن شهرها خواهند شد.

غیر از مشکل اقلیم، احداث آب‌بند و پمپ‌های بی حساب در روی
زمین، نظم و بافت مخازن زیرزمینی آب را بهم ریخته و به دامنه مشکل
می‌افزاید. قریب به نیمی از ۷۵۰۰۰۰ پمپ آبکش کشور ما بلامجوز مشغول
به کارند که به تدریج به خاطر به‌هم‌ریختگی شبکه زیرزمینی آب از میزان
آب‌دهی تعدادی از آن‌ها کاسته می‌شود. تا آن‌جا که قبل از خشک شدن
کامل، بسی شور و بلامصرف خواهند شد. تخلفات همین افراد که فقط
خویش می‌بینند و به منافع آنی خود می‌اندیشند، موجب پیچیدگی‌های
دیگری چون آسیب به پیکره طبیعت می‌شود که این نوع زیان‌های وارده
قابل جبران نیستند. باشد که این سودجویان حداقل در حل مسئله حیاتی
آب با اظهار نظرات غیر فنی و با انتقادات و جر و بحث‌های بی‌پایه به خاطر
تظاهر و عوام فریبی، وقت متخصصین سازمان‌های آب کشور را نگیرند. تا
آنان به جای پاسخ به این و آن بتوانند تلاش خود را تنها متوجه حل مشکل
آب سازند. مشکلی که آثار نامطلوب آن درگوشه و کنار کشور محسوس
است. خبری در جراید گویای آن است که در منطقه‌ای از کرمان آن‌قدر آب
را از قنوات و حوضچه‌های نزدیک‌تر به سطح زمین با پمپ تخلیه کرده‌اند
که خلأ حاصل از این کار، منطقه را جنگ‌زده نشان می‌دهد که زیر بمباران

قرار داشته و این‌همه گودال‌ها از آن است.

تغییرات در طبیعت روی زمین نیز، چون احداث ساختمان برمسیل‌های به ظاهر خشک که دارای روزنه‌های نفوذ آب باران و برف به شبکه آب زیرزمین‌اند و یا تسطیح بی‌مطالعه مکانی، ممکن است مسیر طبیعی سیلابی را مسدود سازد و آسیبی را به بار آورد که آثارش بر شبکه آب زیرزمین قابل توجه است؛ ضمن آن‌که بسیاری از مسیل‌ها در رد سیلاب‌های فصلی و کاهش خطرات آن بسیار مؤثرند و از خرابی‌ها در حاشیه دور و نزدیک خود پیشگیری می‌کنند.

خلاصه آن‌که هر اقدام عجولانه و ناآگاهانه در پاره‌ای از موارد چون شبکه حیاتی آب، تلاش اجداد ما را که در این فلات همیشه کم‌آب با ابتکاراتی چون حفر قنوات که کمک کرد سال‌های سال مردم ما تشنه وگرسنه نمانند، به هدر خواهد داد؛ ضمن آن‌که برای اقتصاد کشور نیز زیان‌بخش است. برای مثال اگر کرمان در دراز مدت با کم‌آبی روبه‌رو شود، تولید چند هزار تن پسته، دومین منبع درآمد کشور بعد از نفت را از دست می‌دهیم.

کمبود آب در کشورهای همسایه ایران و بسیاری از کشورها و مناطق دیگر دنیا نیز محسوس است که ایالت کالیفرنیا در آمریکا، تأمین‌کننده عمده میوه و بسیاری از فرآورده‌های غذایی آن کشور، یکی از آن‌هاست؛ منتهی اخذ مجوز حفر یک حلقه چاه در آن‌جا و به خاطر حفظ شبکه آب زیرزمین بسیار مشکل و زمان‌گیر می‌شود و باید با گزارش توجیهی و مستدلی همراه باشد.

اهمیت حیاتی آب و کمبود آن بدآن‌جا رسیده که شرم و حیا را از اعتبار انداخته و برای دستیابی به مقدار بیشتر آن، تجاوز به حقوق دیگران اقدامی عادی شده است. هم‌اکنون کشور بنگلادش که از جنوب به دریا و از سه طرف دیگر مرزهای آن را هند در بر گرفته است، از هند همسایه گله‌مند است؛ چون عمده‌ترین رودخانه‌های آن از هند وارد کشورش می‌شوند و هند بر آنان در خاک خود سدهای هیدروالکتریک ساخته و می‌سازد که برق حاصل از آن‌ها را به ممالک نیازمند همسایه فروخته و تحصیل درآمد

می‌کند. اگر سد در دست احداث هند بر رود Brahamaputra آن هم با ارتفاعی بلند تر از حد مصوبه سازمان ملل به پایان رسد، با توجه به آن که کسی به حرف سازمان مذکور هم دیگر اهمیتی نمی‌دهد، معلوم نیست بر سر بنگلادش که توان مقابله با هند به مراتب قوی‌تر از خود را ندارد چه خواهد آمد. آیا چون کشمیر به جنگ و گریز ختم می‌شود و یا هزاران آواره دیگر را در دنیا پراکنده خواهد کرد؟

نمونه دیگری از برخوردهای احتمالی بر سر آب در نزدیکی ما رخ خواهد داد. از ۳۵۰ سدهای کوچک و بزرگ ترکیه، ۲۲ سد آن در مسیر رود فرات و دجله احداث شده‌اند که نارضایی عراق و سوریه را برانگیخته است؛ منتهی شرایط آشفته امروز آن‌هاست که موجب شده است این مشکل را موقتاً ندیده بگیرند. اگر سد در دست ساخت llisu ترکیه به ظرفیت ۱۰.٤ بیلیون متر مکعب آب که توان تولید هزار و دویست مگاوات برق را خواهد داشت، همزمان با ایامی که عراق و سوریه درگیر مسائل داخلی خویش‌اند، بر رود دجله و فرات در محدوده آن کشور به اتمام رسد، معلوم نیست ساکنین مناطق جنوبی عراق و پاره‌ای از نواحی سوریه با چه مشکلی روبه‌رو خواهند شد. آیا با بروز مشکل کمبود آب دوستی امروزه ممالک منطقه که درپاره‌ای از موارد چون رابطه ایران و سوریه به حد جان‌فشانی در راه دوست رسیده است، همین استحکام را به زمان تشنگی نیز حفظ خواهد کرد؟. ناگفته نماند که نیاز به آب برگ برنده‌ای را در زمینه روابط سیاسی نیز به دست دارنده آن خواهد داد. برای نمونه ترکیه با داشتن فراوان این ماده حیاتی در بین کشورهای تشنه منطقه، بعید نیست که به فکر تجدید حیات امپراطوری عثمانی افتد و یا با احداث سدهای یاد شده در خاک خود حداقل در مذاکرات برای حل مشکلاتی چون اختلاف با حزب جدایی‌طلب کارگران کرد و یا موانع عضویت در بازار مشترک اروپا که به شدت طالب آن است، توفیق بیشتری را به دست آورد.

نقش آب در رشد اقتصادی نیز تأثیری به‌سزا دارد. برای مثال کمبودش توسعه کارگاه‌های صنعتی و ساختمانی را نیز با مشکل روبه‌رو می‌سازد.

در شناخت عمق مسئله و میزان آسیب احتمالی کمبود این ماده حیات‌بخش، کافی است نظری بر ارقام حاصل از تحقیق متخصصین آب کشور خود بیاندازیم. تحقیق آنان نشان می‌دهد که ۸۳ درصد کشور با پدیده خشکسالی روبه‌روست که از آن رقم، ۲۱ درصد با خشکسالی خفیف، ٤٠ درصد متوسط، ۱۸ درصد شدید و ۳ درصد بسیار شدید مواجه هستند و تنها ١٤ درصد آن موقعیت طبیعی خود را تا به حال حفظ کرده‌اند.

در نتیجه مصلحت نیست و نمی‌توان با شعارهایی آهنگین و ادبی چون طرح خشک نان برای آب یا آب برای نان و نیز ابراز نظراتی چون تشویق مردم به هجرت از خاک خود به نتیجه‌ای رسید. در کوچاندن جمعیت درست است که با کشور غنی ژاپن به خاطر کمبود سطح سکونت ناشی از کثرت جمعیت و ما به خاطر کمبود آب تشابه مسئله یافته‌ایم، اما نمی‌توانیم به سهولت از تصمیمات آن کشور در رابطه با کوچ اقتباس کنیم و با اجاره زمین در کشوری دیگر و احداث تأسیسات لازم در آن، تعدادی از تبعه خود را برای صرفه‌جویی در مصرف آب به آن دیار منتقل سازیم. در هر مکانی شرایط فرق می‌کند. راه‌حل کوچ که امروزه کم و بیش به گوش می‌رسد، باید بعد از همه تلاش‌ها مد نظر قرار گیرد. ناگفته نماند که ژاپن نیز ادامه این طرح را عملی نیافته است. امید است کارشناسان آب ما با همیاری متخصصین دیگر در رشته اقتصاد و دو بخش صنعت و کشاورزی، بتوانند راه‌حل متعادلی برای مشکل آب پیدا کنند. ضمن آن‌که اگر نظرات اصلاحی سازمان آب با منافع و یا سلیقه مقام مسئول بالاتری تضاد پیدا کرد، آن نظریه کارشناسی به فضولی در کار زعیمی تعبیر نشود و برای تنبیه درب سازمان آب نیز چون سازمان برنامه تخته نشود و یا برای رفع مسئولیت از خویش کارشناسان آب را سپر دفاعی سازیم و از این راه جرأت ابراز نظر و تصمیم‌گیری را از آن‌ها سلب کنیم. در این زمان دیگر فرصتی برای حماسه‌آفرینی و حماسه‌سرایی باقی نمانده. تخصص، فن تجربه و تدبیر باید به کار آید تا بتوانیم به حیات خود ادامه دهیم. مشکل آب مشکلی است که خود خالق آن و یالااقل باعث تشدید آن بوده‌ایم.

نماینده مقیم سازمان ملل در ایران نیز معتقد است که تشدید مشکل آب امروز ناشی از بی‌توجهی ما به بهره‌برداری از آن در ۳۰ و ۴۰ سال گذشته، بدون رعایت هیچ ضابطه و نگرانی بوده است. مرتب چاه عمیق حفر کرده و بر آن پمپی نشاندیم. سد خاکی بنا نهادیم و با تشویق یکی از رؤسای جمهور که دوست داشت به عنوان سازنده و آبادگر درتاریخ شهرت یابد، به تعداد آن‌ها افزودیم و با این بی‌توجهی قبل و بعد از انقلاب نظام قسمتی از شبکه آب‌های زیرزمینی و قنوات را بهم ریختیم.

داشتن پسوند بر نام نیز که نام را ابدی سازد، از علاقه‌مندی‌های رجال ما و دردی اضافه بر دردهاست. مثلاً شاهی که مرتب به شکار «وشم» می‌رفت مفتخر به شهرت «وشمگیر» بود و یا سلطانی که کتف اسرای جنگ را سوراخ و طنابی از آن می‌گذراند که فرار نکنند مفتخر به عنوان «ذوالاکتاف» شد. مصلحت است که لااقل برای القاب از عناوینی که مربوط به آب و یا عوامل حیاتی دیگری است بگذریم.

احداث سد بدون درنظرگرفتن مسائل ذی‌ربط به آن، چون نوع خاکی که از آب آن استفاده خواهد برد، نهرهایی که با احداث سد مسیر جریانش مسدود شده و یا جهتشان تغییر می‌یابد و غیره، نگران‌کننده است. در این‌جا مجدداً یادآوری این نکته ضروری است که عموم پدیده‌های طبیعت در عمق و یا روی آن، چون رشته زنجیری به هم مرتبط‌اند و استفاده عجولانه و بدون توجه کافی در برداشت و بهره‌بری نادرست از آن‌ها به هر دلیل به خصوص نفع شخصی، دیر یا زود بازده نامطلوبی را به زیان عامه به بار می‌آورد. حتی جدا کردن بی‌حساب سنگ کوهساران ایران که به خاطر زیبایی و استحکام چند سالی است در اروپا و آمریکا بازار خوبی یافته و یا برداشت مقدار و حجم خاکی که برای کشت، ساخت آجر و احداث تأسیساتی در آب‌های کم‌عمق نزدیک به سواحل ممالک عربی جنوب خلیج به آن‌ها می فروشیم.

حال که با مشکل آب روبه‌رو هستیم، امید است اداهای مغرورانه را نیز کنار گذاریم. مثلاً چون صاحب مقام و منزلتی هستیم به باغبان خود نگوییم

که به نظرات اصلاحی سازمان آب توجه نکند و باغ را مدام آبیاری و حتی ورودی، ایوان، بالکون‌ها وتراس‌های خانه را با فشار آب تمیز و دلچسب سازد و یا به اعضای خانواده اجازه ندهیم هر اندازه که میل دارند زیر دوش مانده و یا به کرات در وان حمام رفع خستگی کنند. در هر حال آن‌چه مسلم است دولت‌ها می‌آیند و می‌روند و سیستم‌های سیاسی و حکومتی ظاهر و محو می‌شوند. این مردم و خاک ماست که امیدوارم از تنگنای حیاتی آب و دیگر مشکلات موفق بگذرد و نگرانی یکی از مسئولین فعلی آب کشور که عدم توجه به مسئله آب را خطری برای محو تمدن ایرانی می‌بیند مرتفع گردد. و نیز امید است در آینده و به زمانی که خشکسالی و عوامل دیگری به اجبار موجب مهاجرت می‌شوند، با آوارگان ایرانی در پس دروازه شهرها در ممالک دیگر روبه‌رو نشویم و یا آن روز پیش نیاید که به خاطر کمبود آب و غذا ممالک همسایه به درگیری با هم روی آورند.

مطلعین پیش‌بینی می‌کنند که چین با یک بیلیون و چهارصد و پنجاه میلیون و هند با یک بیلیون و سیصد و بیست میلیون جمعیت، از اولین همسایگانی خواهند بود که به خاطر کمبودهای لازمه بقا برخورد همسایه با همسایه را عیان خواهند ساخت.

به نظر می‌رسد از طرح روس‌ها که برای رساندن آب سیبری به همسایه‌های جنوبی خود، ممالک تازه جدا شده «ستان‌ها» طرح آن به اجرا درآمده، شاید بتوان به عنوان مسکنی در حل مسئله آب در پاره‌ای از نقاط شمالی ایران استفاده نمود. البته اگر این نظر مورد تأیید سازمان آب ایران قرار گیرد و آن را از نظر فنی عملی و مفید بداند و از جهتی همسایه ما نیز حمایتی از خود نشان دهد. در صورت تمایل به اجرای این طرح و توافق روسیه، به نظر می‌رسد بهتر است با آن همسایه دوست امروز به جای خرید آب در سرمایه‌گذاری احداث کانال مذکور شریک شد. تا از این راه با توجه به نوسانات و عشق‌های بی ثبات سیاسی، در صورت لزوم مدعی مالکیت آن شده و اطمینان بیشتری در تداوم بهره‌بری از آن آب به دست آید بگذریم. از آن‌که امروزه مقررات در روابط بین المللی ارزش و استحکام خود را

از دست داده و کشور قوی‌تر نظرات خود را به کرسی خواهد نشاند؛ کما این‌که در سهمیه‌بندی خزر نیز بدون توجه به قراردادهایی که بین ایران و روسیه در سال‌های ۱۹۲۱ و ۱۹٤۰ مبنی بر استفاده مشترک و برابر از منابع آن بزرگترین دریاچه کره خاک منعقد شده بود، با حمایت روسیه تصمیم بر آن گرفته می‌شود که بدون توجه به طول سواحل ملل با آن دریاچه بر پایه ضابطه ثابت یک‌پانزدهم سطح برای هر یک از ملل حاشیه خزر ۱۳ درصد از سطح و بسترآن نصیب ما گردد. بستری که ۲٦۰ میلیون متر مکعب گاز طبیعی و ۵ میلیارد بشکه نفت را در زیرش انبار کرده است و چون نوار سهم ما در قسمت جنوبی خزر، ساحل ایران، عمیق‌ترین عمق دریاچه یا کمی بیش از ۱۰۰۰ متر را داراست، اکتشاف و عملیات استخراج از این منبع را نیز برای ما مشکل‌تر از سایر ملل حاشیه خزر خواهد ساخت. و مشکل دیگر ما در این تقسیم آن است که در مخزنی از نفت و گاز با کشور آذربایجان شریک شده‌ایم که درواقع کل آن متعلق به ماست؛ منتهی بر پایه قرارداد ترکمان‌چای به تصرف روسیه درآمد. آذربایجان هم‌اکنون شروع به استخراج نفت از آن حوضچه مشترک کرده است و ممالک استقلال‌یافته دیگر بعد از تغییر رژیم روسیه در سواحل خزر نیز برای رشد اقتصادی خود متوجه ارزش منابع آن به ویژه نفت و گاز شده‌اند و با تکیه به مفاد توافق‌نامه استفاده از دریاها و آزادی در دریانوردی که در کنوانسیون سال ۱۹۷۸وین به تصویب ملل رسیده بود، خواستار تعیین مرز آبی برای بهره‌برداری و استخراج نفت و گاز در سواحل خویش شده و می‌بینیم که نتیجه مطلوبی هم به دست آورده‌اند.

اهرم حیاتی غذا؛

مواد غذایی یکی دیگر از اهرم‌های ادامه حیات است که نوسانات آن نه تنها نقشی اساسی در تداوم حیات دارد، بلکه چون آب می‌تواند زمینه‌ساز اختلافات و برخوردها گشته، آرامش و ثبات جامعه‌ای را به هم ریزد. کمبود غذا و آب، احترام به حقوق غیر را به فراموشی می‌سپارد. گرسنه و تشنه در

تحصیل لقمه‌ای نان و جرعه‌ای آب حریمی نمی‌شناسد و از دیوار همسایه بالا خواهد رفت. اگر به کمبود غذا و گرانی آن، بیکاری نیز اضافه شود، آن‌جاست که فوج مهاجر از شهری به شهر و یا از کشوری به کشوری دیگر، نظام همه‌جا را مدت‌ها به هم خواهد ریخت و ناامنی غیر قابل کنترلی را به وجود می‌آورد. هم‌اکنون ساکنان ممالک غربی که سال‌ها با زندگی آرامی خو کرده و به طور نسبی در خانه‌های ساکت و امن خود در رفاه به سر می‌بردند در پس دیوار خود فریاد خرد و کلان فراری‌های جنگ سوریه، گرسنه و تشنه آفریقایی و بیکار عراقی در انتظار کمک را می‌شنوند. بر اساس آمار سازمان ملل این مهاجرت‌های کاریابی و یا گریز از جنگ و ناامنی، تشنگی و گرسنگی طلیعه‌ای است؛ که پیامد وسیعی خواهد داشت چه همان آمار معرف آن است که هم‌اکنون از هر ۱۱۰ نفر مردم دنیا، یک نفر درحال مهاجرت و کوچ است.

یکی از فاکتورهای مؤثر در تضعیف توان مهمان‌پذیری خاک، از دست‌دادن تدریجی انواعی از محصولات مورد نیاز در تغذیه به دلایل گوناگون چون تغییرات جوی است. برای مثال با گذشت ۸ تا ۱۰ دهه کره خاک نزدیک به ۶۰ درصد از انواع سیب خود را از دست داده است. به همین خاطر مراکزی در کشورهای سرد اسکاندیناوی تأسیس شده‌اند تا از سویی به دنبال یافت بذر انواع از دست رفته روند و از جهتی به تکثیر آن پرداخته و به حفظ بذر تولیدات فعلی و ذخیره آن بکوشند.

آلودگی و تغییر درجه حرارت هوا؛

آلودگی هوا به صور مختلف پیش می‌آید. همان‌طور که می‌دانیم مشخص‌ترین علت آن کارگاه‌های صنعتی و وسایط نقلیه کهنه بیش از پنج شش سال عمر است که برای مثال شهر مورد علاقه ما، تهران را در شرایطی سخت به خصوص در زمستان‌ها روبه‌رو ساخته است. هوای این شهر که جمعیت روز آن به حدود چهارده میلیون می‌رسد با تعداد اتومبیل‌هایی که تعداد آن‌ها به بیش از چهار میلیون و نیم رسیده و هر روزه به آن اضافه

می‌شود نفس‌گیر شده است. مترو شاید بتواند نزدیک به هفت یا هشت درصد ایاب و ذهاب روزمره ساکنان شهر مذکور را پوشش دهد اما بقیه رفت‌وآمدها که نظراً به بیست میلیون می‌رسد توسط اتوبوس‌ها، تاکسی‌ها، و اتومبیل‌های شخصی اغلب تک‌سرنشین صورت می‌گیرد که اگر قطر اگزوز هر اتومبیل را ۱۰ سانت فرض گرفته و آن را به حدود پنج میلیون و نیم اتومبیل ضرب کنیم، به قطر دودکشی خواهیم رسید که مدام دود به جو شهر تزریق می‌کنند.

حریق روزافرون جنگل‌ها نیز یکی دیگر از عوامل افزایش کربن و آلودگی هواست. حریق جنگل‌ها در جزایر جنوب چین، تیمور شرقی را در پاره‌ای از سال‌ها از نظر میزان آلودگی هوا در مقام سوم بعد از دو کشور صنعتی و آلوده‌گر آمریکا و چین قرار می‌دهد درحالی‌که اقتصاد و بسط اندک صنایع تیمور شرقی چون دو کشور دیگر نمی‌تواند نقشی در آلودگی هوا داشته باشد. تشدید آتش‌سوزی جنگل‌های اندونزی به خاطر حرکت جریان «el Niño» زاییده گرم‌شدن هوای کره خاک است که نظم بارندگی را بهم زده و در پاره‌ای از نقاط همیشه بارانی آن خشکی درختان را موجب می‌شود که به ایجاد و توسعه حریق دامن زده و متعاقب آن خاموش‌کردنش را مشکل‌تر می‌سازد. در پاره‌ای از سال‌ها حریق جنگل در اندونزی نیز بعد از دو کشور آلوده‌گر مذکور، آن کشور را در رده سوم از نظر ایجاد آلودگی هوای دنیا قرار می‌دهد. «el Niño» به زبان ساده و به اختصار، پدیده طبیعی جریان رگه‌ای از آب اقیانوس است که به طور خلاصه درجه حرارت گرم‌تر سطح دریا با لایه سرد زیر موجب بروز جریان آن می‌شود. با رو به گرمی رفتن هوای کره خاک، آب روی اقیانوس‌ها و حتی بر اساس گزارش سازمان فضایی آمریکا ناسا، آب دریاچه‌ها نیز گرم‌تر از معمول شده‌اند که این گرما بر تغییر جهت جریان سالانه «el Niño» اثر نهاده و نظم بارش باران در نقاط مختلف کره خاکی ما را بر هم زده است. آمار نشان می‌دهد که در پی سال ۱۹۹۰ میلادی، مدام متوسط درجه حرارت هوا هر سال گرم‌تر از سال قبل شده و بالاتر رفته است.

طوفان گرد و خاک نیز یکی دیگر از عوامل آلودگی هواست. اگر جنگل اضافه بر آتش‌گرفتن تصادفی، برای افزودن به سطح کشت معدوم شده و بعد به خاطر کمبود آب زیر کشت نرود، این سطوح به دشت‌های بی‌آب و علف بدل شده و پدیده نامطلوب و مشکل‌آفرین طوفان‌های خاک را به دنبال خواهند داشت. طوفان‌هایی که قارچ، باکتری و در پاره‌ای از نقاط، ذرات رادیواکتیو را نیز به همراه خواهند داشت که با نشست در شش‌ها به سلامت انسان آسیب می‌رسانند. در گذشته تصور بر این بود که طوفان‌های خاک کشور ما از ممالک همسایه به ایران می‌رسند؛ درحالی‌که امروزه بیش از ۹۰٪ آن از داخل ایران پا گرفته و برمی‌خیزند.

به استناد تحقیق UNICEF سازمان ملل که در کنفرانس آلودگی هوا در سال ۲۰۰۶ میلادی در مراکش عرضه شد، سالانه ۶۰۰۰۰۰ کودک زیر ۵ سال به خاطر هیدروکربن هوا تلف می‌شوند. گرچه اندک‌اندک امکاناتی ابداع می‌شود که در تعدیل آلودگی‌های یاد شده مؤثرند ولی به دلایلی چون کسب درآمد بیشتر و یا ترس از گسترش بیکاری امکان استفاده از آن وسایل داده نمی‌شود. برای مثال سال‌هاست که با تکنولوژی ساخت اتومبیل‌های برقی آشناییم ولی بهره‌ای از آن نبردیم. حتی مدل کامل‌شده آن EV۱ توسط شرکت جنرال موتورز چندین سال پیش به بازار عرضه شد و یکی از شهرداری‌های غرب آمریکا آن اتومبیل‌ها را جانشین اتومبیل‌های بنزینی خود کرد که به‌سرعت جمع و از دور خارج شدند. اکنون شرکت ژاپنی Genepex Car و B. M. W آلمان توانسته‌اند اتومبیلی با سوخت هیدروژن بسازند که می‌تواند با حداکثر پنجاه مایل در ساعت حرکت کند و در این فاصله فقط از هیدروژن چند لیترآب استفاده کند، اما دولت‌ها برای جلب حمایت صاحبان و سهامداران شرکت‌های تولید خودرو، راه‌سازی و پیشگیری از بیکاری کارگران ساخت اتومبیل و تعطیلی کارگاهای وابسته که قطعات یدکی و لوازمی چون دینام و باطری می‌سازند، مانع آمدن آن‌ها به بازارند و تازه اتومبیل‌های دوسوزه را به بازار راه داده‌اند. ناگفته نماند که در این سال، ۲۰۲۰ میلادی، شرکت B. M. W با تأسیس مراکزی برای

تأمین سوخت اتومبیل‌های هیدروژنی سوخت را وارد بازار آمریکا کرده است. مسئولین و مدیران دولت‌ها هم برای حفظ موقع خود، داشتن طرفدار و دوستدار به اقداماتی که اصولی است ولی از محبوبیت و یا آراء آن‌ها می‌کاهد دست نمی‌زنند که البته گاهی مشکل به‌حدی می‌رسد که آن‌ها را مجبور می‌سازد حرکتی کرده و به اقدامات اصلاحی دست زنند؛ کما این‌که چین که مولد ۲٤ درصد کربن و آمریکا آلوده‌گر بعد از آن با ۱۲ درصد تولید کربن در فضا، به خاطر عطش توسعه اقتصادی در تعدیل کربن هوا با هم به توافق نمی‌رسیدند. تا آن‌که با چنان مشکلی از نظر تنفس در شهرهای خود روبه‌رو شدند که گوش‌کشی شرایط آن‌ها را مجبور به همکاری در تعدیل کربن هوا ساخت. برای نمونه در شهر «شیان» چین، آلودگی هوا به میزانی رسید که دولت به اجبار تولید انرژی از ذغال سنگ را تعطیل کرد و در نتیجه ۱٦۰۰۰ کارگر معادن ذغال سنگ، کارگاه‌ها و مشاغل وابسته به آن بیکار شدند.

ناگفته نماند که اخیرا شرکت DNV GL Movitime کشور فنلاند، قراردادی برای ساخت کشتی پیشرفته‌ای را به دست آورده است که در ساختش باید از فناوری‌های جدید استفاده کند که Fuel Cel technology یکی از آن‌هاست که به وسیله هیدروژن و اکسیژن آب ایجاد نیروی الکتریک برای گردش پروانه‌ها و به پیش راندن این کشتی دویست‌هزار تنی با گنجاییش پنج هزار مسافر را تأمین می‌کند. تا ضمن کاستن هزینه سوخت، از آلودگی هوا نیز پیش‌گیری شود. ضمنا به جای روغن موتور نیز در سیلندرها و سایر نکات اصطکاک این کشتی از هوا استفاده خواهند کرد. ضمن آن‌که با تزریق هوا به آب دریا در برابر دماغه کشتی که آب دریا را چون حباب کف‌نمای امواج دریا در خواهد آورد، از میزان مقاومت آب می‌کاهد تا به سرعت حرکت کشتی افزوده شود.

نتیجه تحقیقات «ناسا» سازمان فضایی آمریکا، در همیاری با چند مؤسسه دیگر تحقیقاتی نشان می‌دهد که عملیات انسان از شروع انقلاب صنعتی در اواخر قرن شانزده تا کنون، حدود سیصد و پنجاه میلیون تن کربن به فضا

تزریق کرده و موجب آن شده که امروزه در اغلب شهرهای ممالک دنیا، سلامت مردم به خاطر آلودگی هوا به مخاطره افتد. در مرکز ایران و دیگر شهرهای کلان آن نیز آلودگی هوا مشکل آفرین است.

در اهواز خوزستان و تعدادی از شهرهای آن استان، آلودگی هوا گاهی از مرز خطرناک حداکثر ۳۰۰ میکروگرم گذشته و به استناد آمار دولتی منعکس در اخبار رادیو و تلویزیون‌های بی‌طرف خارجی مثل «دویچه‌وله» آلمان به سه برابر یا حدود ۱۰۰۰۰ میکروگرم می‌رسد و وقتی گردباد ذرات خاک را به این آلودگی اضافه می‌کند، ضمن آن‌که برد دید را محدود کرده و به دویست متر می‌رساند، به خطرات تنفسی بیشتر می‌افزاید. شهرداری تهران می‌گوید به خاطر آلودگی هوای شهر هر دو ساعت یک نفر از شهروندان خود را از دست می‌دهد.

اضافه بر اهرم‌های ادامه حیات که از آن‌ها یاد شد، تنگناهای دیگری نیز خود را نموده‌اند که باز به‌گونه‌ای بر گذران زندگی اثر می‌گذارند؛ منتهی عامه کمتر به آن‌ها اهمیت داده و توجه می‌کنند که به تعدادی از این تنگناها با رعایت اختصار در زیر اشاره می‌شود:

کمبود پاره‌ای از مواد معدنی که خود در آینده نه‌چندان دور در برپایی آشوب کمی از آشوب کمبود غذا و آب ندارند و به خاطر این کمبود هر کشور و به هر طریقی خواهد کوشید تا با بردن سهم بیشتری از آن‌ها، اقتصاد خود را توسعه داده و یا حداقل در حد ثابتی حفظ کرده و در عرصه رقابت در بازار شکست نخورد و فقر برای کشورش به ارمغان نیاورد. به خصوص معادنی که در تولید لوازمی چون کامپیوتر منحصر به نقاط معدودی در کره خاک‌اند. هم‌اکنون کمبود معادن کولتان، تین و تنگستون با رشد و تنوع روزانه محصولات الکترونیکی چون تلفن‌های همراه محسوس شده است. سه معدن مذکور بیشتر در خاک چین یافت می‌شوند. تجسم کنیم اگر به خاطر رقابت تجاری و یا مسائل احتمالی سیاسی این مواد معدنی در اختیار سایر ملل صنعتی قرار نگیرد، چه برخورد و آشوبی بر پا خواهد شد. اخیرا در جنگ تحریم‌ها بین آمریکا و چین، یکی از تهدیدهای چین به آمریکا آن

بود که در صورت لزوم دست به کاهش و یا عدم ارسال تعدادی از فلزات مذکور به آمریکا خواهد زد.

حیات پروانه و زنبور؛

در انتقال پولن‌ها برای تولید میوه نقش پروانه و زنبورحیاتی‌است که استفاده از سموم برای دفع آفات نباتی به‌منظور تأمین مواد غذایی موجب تلف شدن آن‌ها می‌شود. از طرفی اگر برای حفظ زنبور آفات دفع نشوند محصول کمتری به دست خواهد آمد و به تعداد گرسنگان می‌افزاید. این مشکل نیز در آینده نه‌چندان دور به کمبود میوه و به افزایش قیمت آن‌ها منجرخواهد شد.

دفع زباله؛

با افزایش جمعیت روزبه‌روز بر میزان وزن و حجم زباله اضافه می‌شود که باید به گونه‌ای معدوم گردد. گرفتاری آن است که مراکز سکونتی پاره‌ای از مناطق به خاطر جادادن جمعیت روزافزون آن‌چنان گسترش یافته که دیگر مکانی برای دفع زباله باقی نمانده است. به گونه‌ای که امروزه در جست‌وجوی محلی برای ریختن زباله، تعدادی از کشورها با مشکل روبه‌رو شده و یدک‌کش‌ها در دریاها زباله کشوری را برای تخلیه به کشور دیگری حمل می‌کنند و گاهی که کشور مقصد از پذیرش زباله امتناع می‌ورزد، زباله بر یدکی که محمل آن است در دریا تا تعیین تکلیف مدت‌ها سرگردان باقی می‌ماند و ترشحات آن به آلودگی دریا اضافه می‌کند. بلاشک روزی خواهد رسید که ظرفیت ممالک زباله‌پذیر نیز پر شده و پذیرای زباله غیر نخواهند شد و اگر تکنولوژی نتواند به‌موقع به حل مشکل، آن هم به‌صورتی که دود و دم و آلودگی دیگری به وجود نیاورد کمک کند، این مشکل نیز دلیل دیگری برای برخوردهای آتی و احتمالی بین ملل خواهد شد. کمبود زباله‌دانی موجب شده است که هر ساله فقط حدود ۸۰ تن پلاستیک به دریاها ریخته شود که اگر به وزن کم پلاستیک و به حجم اقلامی چون

بطری‌ها توجه کنیم، می‌توانیم فضایی را که پلاستیک در هر سال از دریا اشغال می‌کند تجسم کرده و به آلودگی دریاها و میزان آسیب به گیاه‌های دریایی و به ماهی‌ها که قلم مهمی از مواد غذایی ما را تشکیل داده و در آن آب‌های ناسالم متولد شده و رشد می‌کنند، پی بریم.

ظرفیت گورستان‌ها؛

برای دفن اجساد نیز در پاره‌ای از شهرهای دنیا مشکل ایجاد شده است که با افزایش جمعیت و مرگ‌ومیر بیشتری که به دنبال دارد پیچیده‌تر می‌شود. هم‌اکنون در پاره‌ای از شهرها جای تدفین کمیاب است و اگر سوزاندن اجساد را پیشوایان مذهبی پذیرا نشوند، یافتن گور در آن‌ها بسیار مشکل بوده و گاهی مقدور نیست. شهر آتن یونان یکی از شهرهایی است که گور در آن کمیاب و بسیار گران است و بعد از تدفین نیز خانواده‌ها باید برای سطحی که مرده منسوبی اشغال کرده اضافه بر قیمت اولیه گور مبلغی نیز مثل مساکن زنده‌ها اجاره ماهانه بپردازند. درآن‌جا برای تأمین گور، به ناچار استخوان اجسادی را که چند سال از وفات آن‌ها گذشته با نبش قبر جمع‌آوری کرده و بعد از شست‌وشو و مراسم مذهبی که کلیسا برای درآمد خود انجام مکرر آن را لازم می‌داند و مراسم مذهبی را دوباره با هزینه مجددی برای صاحبان جنازه‌ها تجویز می‌کند، در کیسه‌ای ریخته و به چاه انبار استخوان‌ها می‌اندازند. گویا استخوان‌های هر جنازه را قبل از پرتاب در چاه مذکور، از آن جهت در کیسه می‌ریزند، تا در روز رستاخیز بدون قاطی‌شدن با استخوان‌های غیر، سریع‌تر بتواند بپاخیزد.

حفظ فرم اسکلت در روز جزا موجب شده است که پاره‌ای از مذاهب با سوزاندن اجساد مخالفت کنند، اقدامی که اگر رشد جمعیت به همین نحو ادامه یابد، هر مذهبی مجبور به قبول آن خواهد شد و از هم‌اکنون آثار این توافق مشهود است. غیر از اروپا سایر مناطق دنیا نیز کم و بیش با مسئله کمبود گورستان روبه‌رو شده‌اند و بلاشک با افزایش جمعیت و کشتارهای روزافزون، شهرهای بیشتری به این مشکل بر خواهند خورد. افغانستان هم

از جمله ممالکی شده است که بدون مشکل کمبود سطح خاک در حال حاضر گورستان «شهدای صالحین» آن دیگر جای دفن اجساد را ندارد. احداث گورستان جدید نیز به خاطر آن‌که منسوبین اجساد اطمینانی به حفاظت آن‌ها در گورستان‌های دور افتاده را نداشته و حاضر نیستند عزیزان خود را در آن مناطق به خاک سپارند نمی‌تواند مشکل آن را حل کند. لذا مجبور شده‌اند که با شکافتن قبور قدیمی اجساد را بر روی هم انباشته و دفن کنند.

تأثیر عامل جمعیت بر اهرم‌های حیاتی؛

اگر نظریه مذهبی خلقت را پذیرا بوده و معتقد به تئوری تحول طبیعی و تکامل تدریجی آن که در قرن ۱۸ «راسل والاس[۱]» آن را مطرح کرد و سپس داروین موجب معروفیت آن شد نباشیم، مشکل جمعیت از روز ازل با خروج آدم و حوا از بهشت که جذابیت سیبی سرخ حوا را فریفت و با خوردنش اشتهایش فعال شده و فرمان آفریدگار را نادیده گرفت، سرچشمه می‌گیرد و انسان‌ها از همان ابتدای سکونت در مجتمع‌های نخستین، توزیع متعادل جمعیت را بهم می‌ریزند که ریشه بسیاری از تنگناهای ادامه حیات امروز است. به گونه‌ای که در گوشه‌هایی از دنیا تراکم بیشتر از مناطق دیگر آن می‌شود. از طرفی شرایط طبیعی، آب و هوا، منابع تأمین قوت چون کناره رود و دریا برای صید ماهی نیز به توزیع نامتعادل جمعیت بر پهنه خاک دامن زد. به گونه‌ای که امروزه در پاره‌ای از نقاط دنیا کثرت آن و در جایی دیگر قلت آن مشکل‌آفرین شده است. در محلی با کنترل زاد و ولد از رشد آن پیشگیری و در نقطه‌ای دیگر برای افزایش جمعیت جلب مهاجر را با ایجاد تسهیلات بیشتری طالب‌اند که استرالیا یکی از آن کشورهای مهاجرپذیر است که در سال‌های اخیر پیچیدگی‌های امنیتی موجب شد با تصویب قوانینی پذیرش مهاجر را کندتر سازد.

سکونت انسان‌های خسته از تعقیب شکار و خفتن در غار در هفتاد و

۱- Alfred Russell Wallace

پنج هزار سال پیش، به نظر باستان شناسی به نام «جفری روز» آغاز و با بزرگ مالکی، تیول‌داری و تجارت تهاتری به صورت تعویض جنسی با کالای مورد نیازی دیگر به پایان رسید که نظریه او توسط پاره‌ای از باستان شناسان دیگر رد شد؛ زیرا با شواهدی که به دست آمده و می‌آید، این تاریخ مرتبا در تغییر است ولی به نظر اکثر مطلعین، آغاز کار کشت و شروع کشاورزی که نیاز به مراقبت روزمره آدمی دارد، می‌تواند تاریخ سرآغاز سکونت مطمئن‌تری به حساب آید که بر این اساس برآورد هفت هزار و پانصد سال پیش قابل قبول می‌شود. به‌هرحال آنچه مسلم است در ابتدای سکونت آدمی فاصله‌ای از نظر اقتصادی و وجود طبقات اجتماعی بین ساکنین مراکز اولیه وجود نداشت. در نتیجه برخوردهایی که امروزه شاهد آنیم کمتر روی می‌داد. افزایش جمعیت دنیا به صورتی است که به استناد بررسی سازمان ملل در هرثانیه ۱۷.٤ نفر به آن اضافه می‌شود. در حالی‌که بر اساس آمار همان سازمان، میزان فوت در همان زمان یک ثانیه کمتر است. به طور متوسط سالانه ۹۵ میلیون نفر به جمعیت جهان افزوده می‌شود و بر مبنای همین محاسبه، اگر اتفاقی چون ویروس کرونا و یا جنگی جهانی پیش نیاید، در سال ۲۱۰۰ میلادی جمعیت کره خاک از هفت و نیم بیلیون در امروز، به ۱۱.۲ بیلیون خواهد رسید. افزایشی که دانش پزشکی و کشف داروهای جدید همراه با آگاهی بیشتر عامه در حفظ سلامت از طرق مختلف چون ورزش و تغذیه، به سرعت رشد آن دامن می‌زند. به طوری که امروزه متوسط عمر را به بالای شصت سال رسانده که باز معیار پیش‌بینی‌ها را از صحت دور می‌سازد.

افزوده‌شدن به دهان‌ها و توان محدود تولید مواد غذایی خاک و به عبارت دیگر عدم تعادل بین افزایش جمعیت از یک سو و کاهش توان مهمان‌پذیری خاک از جهتی دیگر مشکلی شده است که فقط دو راه در حل آن به‌نظر می‌رسد؛ یا می‌بایست بر حجم تولیدات مواد غذایی اضافه شده و بی‌وقفه متناسب با رشد جمعیت به میزانش افزود که با توجه به تحولات اقلیم و به خصوص محدودیت منابع آب در حال حاضر عملی به

نظر نمی‌رسد و راه‌حل دیگر کنترل رشد جمعیت است که در نوامبر سال ۲۰۱۱ مسیحی با تولد کودکی در هند تعداد آن به بیش از هفت و نیم بیلیون نفر رسید. به همین خاطر طراحان برنامه‌های توسعه در ممالک آینده‌نگر و آگاه، گوشه چشمی به ضابطه جمعیت در طراحی هر شاخه از برنامه‌های ملی خود دوخته‌اند تا مسئولان اجرایی و سیاسی در پیاده‌کردن آن‌ها به هر طریق، من‌جمله حیله‌های حساب‌شده سیاسی کوشا شوند و به این خاطر ملل بی‌توجه به تنگناهای آتی و درگیر با مسائل داخلی و جنگ و جدل‌های محلی باید مراقب باشند ملتشان لابه‌لای این برنامه‌ها که معمولا ظریف پوشیده و به عبارت روز مخملی است له نشوند.

تحصیل و نیز حرفه‌ام در برنامه‌ریزی موجب شده بود که مدام به دنبال مطالعه مقالات، تحقیقات و نظرات جدید در رابطه با مسائل جمعیت و تأثیرش بر برنامه‌های توسعه ملی باشم. تا آن‌که در سال میلادی ۱۹۷۶ اطلاع یافتم تحقیقی در رابطه با رشد جمعیت توسط بخش خصوصی با همکاری دانشگاه‌ها و سایر مراکز سنجش ممالک شرق و غرب مشترکا صورت گرفته و نتیجه آن در گزارشی آمده است. این همکاری استثنایی مشترک کنجکاوی مرا تحریک کرد و به دنبال دسترسی به آن گزارش به هر گوشه‌ای که سرک کشیدم، نتیجه‌ای نگرفتم ولی مسلم می‌دانستم نسخه‌ای از آن باید در بانک جهانی و یا مراکز دیگری چون کلوپ رم باشد. با مسافرت به آمریکا همکاری قدیمی که سمتی در بانک جهانی گرفته بود، نسخه‌ای از گزارش را از کتابخانه بانک در اختیارم گذاشت و چون نمی‌بایست از ساختمان بانک گزارش را به بیرون برد، روزی تا پایان وقت اداری در دفترش نشسته و آن را مرور کردم. آن گزارش به دقت ملل دنیا را از نظر سهمی که در پیش‌برد تمدن بشری با استفاده از معیار کشفیات در توسعه علوم و فنون و حتی هنر و ادبیات داشتند، رده‌بندی کرده و بدون نتیجه‌گیری روشنی به پایان رسانده بود. ما دو دوست به این نتیجه رسیدیم که احتمالا دلیل تحقیق آن است که اگر با کاهش توان مهمان‌پذیری خاک، روزی حفظ حیات آدمی از طریق زدودن درصد قابل ملاحظه‌ای از جمعیت

خاک ضرورت یابد، به جای آن‌که ساکنان کره خاک کلا معدوم شوند، بهترین‌ها برای به اوج رساندن تمدن بشری به کمک ته مانده امکانات حفظ شوند. هم‌اکنون شواهد نشان می‌دهد که ممالک آینده‌نگر با ایجاد تسهیلات و امکاناتی جاذب از گوشه و کنار دنیا افراد زبده هر جامعه را از صحنه‌های خطر دور، در خود جذب و برای دنیای فردا حفظ می‌نمایند. با علم برآن‌که نسل‌های آتی این دسته از پدران و مادران نیز ضریب هوش و ابتکار بالاتری را به ارث خواهند برد و در ادامه تعالی جامعه بشری نقش مؤثری ایفا خواهند کرد. و از طرف دیگر ناظریم که هر روزه حیات عده‌ای به خصوص دررده جوانان، تولیدکنندگان نسل‌های آتی، از آن‌ها گرفته می‌شود. از آن‌جا که مردم جهان نتوانستند درک مشکل کرده و در «هرس انسانی»، به تدریج از راه کنترل زاد و ولد تعادلی به وجود آورند و از طرفی با بی‌توجهی خود به طبیعت لطمه زده‌اند، به سهولت در گوشه و کنار دنیا، جنگ و ستیز توسط کارگردانانی که به هنگام پیش‌بینی خطری مشترک چون انفجار جمعیت حتی با نظرات سیاسی متضاد متفق می‌شوند، می‌تواند برپا شود. جنگ‌های نیابتی که رزمندگانش در هر دو سو، دریچه بینش را بسته و دروازه احساس را گشوده‌اند، بدون توجه به ریشه مسائل خصمانه خون ریزند و خون بازند و مشتاقانه به میزان کشتار و مدت زمان نبرد دامن می‌زنند.

سناریوی اکثر جنگ‌های نیابتی خارج از منطقه آشوب تدوین شده؛ متنهی توسط مباشران مقیم، چون پاره‌ای از سران ممالک وابسته پیاده و هدایت می‌شوند. جالب آن‌که این جنگ‌ها غالبا در مناطقی که منابع ارزنده‌شان به تاراج می‌رود روی داده و زادگاه اکثر گروه‌های کوچک و بزرگ چریکی نیز که برخورد آن‌ها باز به تلفات عده‌ای جوان مولد نسل دامن می‌زند، در همین مناطق است که در آن گاهی جنگ‌های نیابتی را پله‌ای بالاتر می‌برند و دو کشور وابسته را به نبرد هم وادار می‌کنند. در هر صورت امید بر آن است که برقراری تعادل جمعیتی ایجاب نکند که این برخوردها به جنگی گسترده‌تر چون جنگی جهانی منجر گردد. جالب آن‌که

امروزه هر ابرقدرتی برای خود چند گارد نیابتی در کنار دارد تا به هنگام نیاز به‌کار آیند. مثل کره شمالی که در عمل حامی یکی از مرزهای چین شده است و یا تایوان وابسته به غرب که در برابر چین و ناظر بر اقدامات آن. جالب‌تر آن‌که پاره‌ای از کشورهای وابسته نیز از تجربه ابرقدرت‌ها تقلید کرده و با چشم‌داشت به منابعی، به سراغ همسایه ضعیف‌تر از خود می‌روند. چون پاکستان که هرازگاهی به افغانستان می‌تازد و یا جنگ ایران و عراق که در برپایی آن تشویق شیعیان عراقی در براندازی حکومت عراق توسط رهبر انقلاب ایران، زعمای عراق را نگران و پیشتاز جنگی ساخت که هشت سال به درازا کشید و در پس آن چون مهره‌های دامینو جنبش‌های دیگری با عناوین جذابی چون بهار آزادی، ممالکی را در پی هم به آشوب کشید که هنوز به آرامش کاملی نرسیده‌اند؛ منتهی هر دو سو کشته می‌دهند و ویرانی می‌گیرند اما با خرید سلاح به اقتصاد آمریکا و روسیه که سازنده ۹۰ درصد سلاح در دنیا هستند کمک می‌کنند. درگیری روسیه در تغییر خط حکومتی خود فرصتی را فراهم آورد که غرب به سهولت سقوط قذافی و اغتشاشات لیبی را پی ریزد. عنوان بهار از «بهار پراگ» در سال ۱۹٦۸ که در آن «الکساندر دوبچک» رهبر کشور چکسلواکی و مردم آن در گریز از تسلط روسیه کمونیست برخاستند، اقتباس گردید. قیامی که آن هم چون بهاران آزادی امروز توفیقی به دست نیاورد و بهارشان به جای سبزه و گل، جنگ ویرانی و آوارگی را به ارمغان آورد. باشد که حداقل بهم‌ریختگی و نابسامانی این ممالک موجب شود که ملت‌هایشان روزی به خود آیند و در شناخت بازی‌های پس پرده بیناتر شده و از بازیچه شدن‌ها فاصله گیرند.

استفاده پوشیده دیگر برخوردهای حوزه‌ای برای ابرقدرت‌ها، پیش‌گیری از افت قیمت پاره‌ای از محصولات اضافه بر نیاز یا مازاد است؛ چون گندم که به کشاورزان زیان می‌رساند و حکومتشان برای پیش‌گیری و یا تعدیل زیان، مازاد محصول آن‌ها را خریداری کرده و به جای حق عضویت به سازمان ملل می‌دهد که آن سازمان هم آن را در اختیار آوارگان گرسنه یا ساکنان محاصره‌شده در جنگ‌های نیابتی می‌گذارد. با این اقدام و ضمن

کمک به کشاورزان، به صنعت حمل‌ونقل خود نیز کمک می‌کنند. نام آن‌ها نیز که معمولاً درشت و خوانا بر گونی غلات چاپ می‌شود و در اخبار و در تلویزیون‌ها منعکس می‌شود، امتیاز انسان دوستی را نیز نصیبشان می‌سازد. در این‌جا باید یادآور شد که نه تنها جوانان ممالک نیابتی برای حضور در جبهه‌ها مفیداند، اگر از میزان هوش و دانش بالایی نیز برخوردار باشند، در موارد دیگر چون جنگ‌های فضایی نیز مورد استفاده قرار می‌گیرند. آن‌ها با هک کامپیوتر ممالک دشمن و یا رقیب، به اطلاعات تجاری صنعتی و یا امنیتی آنان دست‌برد زده و آن را در اختیار ابرقدرتی که به آن وابسته‌اند می‌گذارند و مسئولیت هر اشکال آتی ناشی از مقررات بین‌المللی را از دوش کشوری که تحت سلطه‌اش قرار دارند، برداشته و لوث می‌کنند.

در رابطه با کنترل جمعیت، طرح‌هایی چون جنگ‌های نیابتی، آرامش هستی را چنان بهم ریخته و به ویرانی و کشتار افزوده است که به قول شاعری که تصور می‌کنم سیاوش کسرایی است، کره خاک به صورت «سلاخ‌خانه»ای درآمده که در آن به سروده شاعر دیگر، «فریدون مشیری»، گویی آدمیت مرده و تجاوز به حقوق غیر، قبح خود را از دست داده است. آیا آدمی با طی قرون، با استقرار در زیرپوشی از تاروپود تربیت و تعالیم اخلاقی و مذهبی، ارشاد نویسندگان، شعرا و فلاسفه از ۴۰۰ سال قبل از میلاد چون سقراط، ارسطو، افلاطون و بعد از تولد مسیح چون هیوم، بیکن، کانت، سارتر ولتر، اسپرانزا، دکارت، راسل، پوپر، ابن سینا، فراهانی و سهروردی، هنوز ژن خودبینی ناشی از کم‌دانی و نارسایی بینش خود را حفظ کرده است؟ و هنوز چون جنینی است که به قول مولوی، به خاطر نادانی و جهالت در رحم مادر به خون مادر وابسته و هنوز در آن به سر می‌برد.

تا جنینی کار خون آشامی است

به هر صورت باشد که تجارب این بهاران خزان‌آلوده و تحمیلی، در درازمدت پندآموز شوند و در نهایت ملل درگیر از رکود و رخوت قرون

به در آمده و به درجه‌ای از آزادی‌های فردی و اجتماعی، البته نه به سبک ممالک غربی رسند. ممالکی که حتی آرامش داخلی خود را نیز مدیون سیستم «استقراضی - مالیاتی» خود می‌دانند که بی‌ربط هم نمی‌گویند؛ چه اگر ملتشان لختی به آن‌چه که در اطرافشان می‌گذرد و یا به ماهیت زندگی خویش بیاندیشند، زمانی را برای تحصیل درآمدی از دست خواهند داد که ممکن است موجب دیرکرد در پرداخت قسطی از بدهی‌های آن‌ها شود و در آن سیستم بی رحم سرشان مانند خانواده‌ها در اتفاق سال ۲۰۰۸ مسیحی که شرحش در این نوشتارآمده است به زیر آب رود، لذا صلاح در آن می‌بینند که به سکوت خو کرده و آرامشی صوری به جامعه بسپارند. بگذریم از آن‌که نوک سرنگی که می‌خواهند با آن تئوری دموکراسی غربی را به جوامع شرقی با فرهنگی متفاوت و پیرو ادیانی متفاوت تزریق کنند، به عضلات سخت و سفتی برخواهد خورد و خم خواهد شد. کما این‌که گاهی نیز طرح‌های سودجویانه غربی برای اعمال در ممالک شرقی به‌صورت انعکاسی چون ندا در کوهستان در می‌آید، برمی‌گردد و به چهره طراحانش اصابت می‌کند. نمونه آن زمینه‌ای بود که برای منافع خود مهیا کردند؛ منتهی به صورت هجوم پناهندگان گریزان از جنگ، ناامنی، فقر، گرسنگی و بیکاری به ممالک غربی درآمد که در نهایت بر بافت اجتماعی و ترکیب نژادی کشورهایشان اثر خواهد گذاشت.

در رابطه با انفجار جمعیت دلیلی فرعی و جزئی به نظرم رسید که آن را به صورت تنوعی برای خواننده این نوشتار و در قالب خاطره‌ای از نظر می‌گذرانم:

روزی به دنبال احداث راه جیپ‌رویی که مرکز عشایری چهلگرد بختیاری را به خوزستان متصل و ضمن حفظ مراتع، به کوچ عشایر نیز کمک کند، با چند همکار دفاتر فنی استان به کنار رودی خروشان رسیده بودیم که طایفه‌ای از عشایر در تلاش برای رساندن دام خود از آن سوی رود به سمت ما بودند. زنی دیدیم که بدون وقفه کودکانی را از آب عبور می‌دهد و اگر می‌دید گوسفندی را نیز سیلاب می‌برد، آن را هم نجات

می‌داد. او در آخر برای رفع خستگی بر سبزه‌ای کنار ما بر زمین نشست. به او گفتم: «ما در نجات کودکان تلاش تو را تعقیب و تحسین می‌کردیم. چند کودک از این جمع مال شماست؟» چهره سوخته‌اش را به طرف ما برگرداند و گفت: «جز دوتا که مادرانشان به شوهران خود کمک می‌کنند، پنج‌تای بقیه مال خودم هستند.» گفتم: «امید دارم خدا در بزرگ‌کردن آن‌ها یاری دهد، اما فکر نمی‌کنید که اگر تعدادشان کمتر بود آسوده‌تر بودید؟» در این وقت که شوهر او هم به ما ملحق شده بود، با دست به او اشاره کرد و گفت: «این بابا از صبح تا شب جان می‌کند. می‌خواهید در شب لحظه‌ای او را خوشحال نسازم؟» همه من‌جمله شوهر خود او به خنده افتادیم. دامداری و کشت فعالیتی فشرده است اما با رویه کشت ما کشاورزان زمانی بدون کار و سرگرمی دیگری جز به امامزاده رفتن، آن هم اگر امامزاده بطلبد و یا به عبارت دیگر، ذخیره‌ای اضافه بر هزینه در جیب باقی مانده باشد، ندارند.

تحولات زاده صنایع الکترونیک؛

همگام با انقلاب ایران و با پوشش جهانی، جنبش دیگری نیز که زندگی معمول و مرسوم مردم را منقلب می‌کرد خود را می‌نمود. جنبشی که نه رهبری علمدارش بود، نه فوجی انقلابی به دنبالش و نه هدف قابل دید و لمسی برای مقابله و براندازی در پیش رو. آن جنبش بازتاب صنایع الکترونیک بود. صنعتی که در پس نیم قرن از آغازش، چنان زندگی را متحول ساخت که بیش از تمام تحولات انسان از زمان سکونتش بر کره خاک تا حال بود. مهم‌ترین تأثیر آن کاهش نیاز به بازوی کارگر و فزونی احتیاج به دانش فنی اوست که در مرحله خودکاری[1] خط تولید در صنایع، کارگر نخواهد توانست تنها به اتکای توان بازو به کاری مشغول شده و زندگی خود و خانواده‌اش را تأمین کند و چون هر دم کشفی تازه و یا در تکامل فرآورده‌ای، ابزار جدیدی به بازار عرضه می‌دارد، لزوم بلاوقفه ایجاد مراکز آموزشی برای کارگران و تطبیق برنامه‌های آن با نیاز روز ضرورت پیدا می‌کند تا از

۱-Automation

عقب‌ماندن قومی پیشگیری شود. یادآوری این نکته و سایر وظایفی که صنایع الکترونیک بر دوش دولت‌ها می‌گذارد، دلیل اصلی تدوین این فصل در زمره فصول مربوط به انقلاب ایران است.

از اواخر قرن شانزده که صنایع پیشرفته متولد شده و شکل گرفتند، کشور ما از نظر صنعت فاصله‌ای با سایر ممالک صنعتی آن روزگار نداشت؛ منتهی به زمانی که دیگران در گسترش صنایع به تلاش خود می‌افزودند و زعمای آن‌ها چون Meiji در پی ایجاد تسهیلاتی در این راه بودند، ما مسخ افکاری رخوت‌آور بودیم. Meiji امپراطور ژاپن بود که حدودا همزمان با عصر حکومت صفوی در ایران حاکم بر ژاپن شد و دستور می‌داد که اهل علم و صنعت را در دنیا جست‌وجو و به ژاپن آورند تا به رشد اقتصاد و صنایع کشورش کمک شود که امروزه حاصل بینش او را در آن جزیره نه چندان وسیع در عرصه خاک شاهدیم. کشورهای موفق دیگر نیز با تلاش از چهار مرحله تکاملی زیر در صنایع می‌گذرند:

مرحله نخست، ابداع و توسعه صنایع است که با کشف پمپ تخلیه آب به کمک نیروی بخار آغاز شد. این پمپ‌ها آب را از معادن ذغال سنگ، مهم‌ترین منبع تأمین سوخت و گرمای آن زمان، از اطراف کارگران به بیرون می‌کشید تا بتوانند به تولید خود بیافزایند. متعاقب آن صنایعی چون پارچه‌بافی و ماشین چاپ شکل گرفتند و مهم‌تر از همه، حرکت کشتی با نیروی بخار ممکن گردید که به سرعت دریانوردی افزود، موجب کشف قاره‌های جدید شد و به دلیل نیاز صنایع به مواد اولیه و بازار فروش فرآورده‌های خود، تحولات اجتماعی را به دنبال آورد که گسترش مراکز سکونتی و افزایش جمعیت در آن مراکز، همراه با دو پدیده ناهنجار استعمار و استثمار از آن جمله و حاصل آن اتقلاب است.

مرحله دوم تکامل صنایع با کشف نیروی برق آغاز می‌شود که امکان تولید فراوان فرآورده‌های صنعتی[1] را مهیا و زمینه جذب تعداد زیاد کارگر را فراهم می‌آورد. این نیاز جوانان روستایی را به شهرها کشاند، به کثرت مشاغل

۱-mass production

خدماتی دامن زد و خوشبختانه مهاجرت جوانان روستایی، با مکانیزه‌شدن کشاورزی، بر میزان تولید مواد غذایی اشکالی به وجود نمی‌آورد.

مرحله سوم یا مرحله "informatic" ما را به عصر انتقال سریع نظرات و اطلاعات در زمینه‌های علمی، فنی، فرهنگی، سیاسی و اجتماعی به کمک پیام در فضای اینترنت می‌رساند. کشف ترانزیستور در اواخر جنگ جهانی دوم، زمینه‌ساز این مرحله می‌شود و به کمک آن "تسوزه"، مخترع آلمانی، در سال ۱۹٤۱ مدل‌های اولیه کامپیوتر "Z۱" و مکمل آن "Z۲" را اختراع می‌کند. سرعت ارتباطات را به‌جایی می‌رساند که دیگر با جهش آهو مثال آن حرکت لاک‌پشتی ممالک عقب‌مانده و خواب‌زده آن‌ها را به قهقرا سوق می‌دهد. در این مرحله از انقلاب الکترونیک به وسایل ارتباطی برای استفاده بر محمل «اینترنت» مدام اضافه می‌شود که بر پایه برآورد «آلک راس[1]»، مشاور دولت آمریکا، در کتابش تحت عنوان «Industries In The Future»، در حال حاضر تعداد آن به ۲۰ بیلیون رسیده است که عبارت‌اند از: کامپیوترهای شخصی و کاربران در توییتر، فیس‌بوک، مراکز علمی، دانشگاهی، تحقیقاتی اجرایی، خبری مراکز اداری، مراکز خدماتی، بانک‌ها و یا شبکه‌های بین‌المللی نظامی امنیتی و بالاخره تلفن‌های دستی.

مدیریت بهره‌بری از شبکه اینترنت در دست هفت کلیددار آن است که هر یک با یک جانشین چرخش و تداوم این ارتباط را بر عهده دارند. از آن‌جا که این شبکه به اهمیتی رسیده است که می‌توان عنوان حیاتی به آن داد این هفت کلیددار ناشناس‌اند؛ منتهی دفتری عیان به نام «ایکان» دارند که مرکز آن در آمریکاست. آن‌ها سالی یک‌بار در محلی ناشناخته و محفوظ تشکیل جلسه می‌دهند و به مسائلی چون دادن دریچه‌های ورودی به اینترنت به متقاضیانی چون شرکت گوگول و یا یاهو رسیدگی می‌کنند. ناگفته نماند که این شبکه توان پرده‌دری نیز یافته است؛ به صورتی که راه را بر هر تظاهر و ادعای بی‌پایه زعمای ممالک می‌بندد، حرکت افراد را در هر جایی که در طول عمر قدم نهاده‌اند مشخص کرده و زیروبم

۱-Alec Ross

زندگی هر کسی را می‌تواند عریان سازد. با آن‌که ایراد در زمینه از بین‌بردن حریم خصوصی افراد بر آن وارد است، اما در پاره‌ای از موارد، نقش آن جالب به نظر می‌رسد. برای نمونه دیگر برای رهبری سیاسی، نظامی، اجتماعی، اخلاقی و یا دینی، مشکل خواهد بود که بر بطن اندیشه و ماهیت اعمال خویش پرده کشد؛ چه در دید جهانیان قرار گرفته‌اند و خصوصیات اعمال و حتی حساب بانک آن‌ها در هر شعبه‌ای با حک روشن و برای ابد در فضا حفظ شده و قابل دسترسی خواهد ماند. این تحولات روشنگرانه علمی و فنی موجب شده است که حتی پاره‌ای از رهبران ادیان، به فکر تطبیق معتقدات و تعالیم مذهبی خود با پیشرفت‌های روز شوند تا پیروان آگاه خود را از دست ندهند. چون کلیسای مسیحیت که مصلحت می‌داند بر خلاف گذشته، ازدواج دو همجنس را نادیده گیرد. انقلاب الکترونیک اثرات جانبی دیگری را نیز به همراه دارد که بر مسائل اجتماعی دامن زده و وظایف جدیدی را برای حکومت‌ها خلق می‌کنند. چون کاریابی برای مشاغلی که توان خودکاری ماشین‌ها نیاز به آن‌ها را منتفی می‌سازد و از آن جمله‌اند کارمندان پشت گیشه بانک‌ها. تجربه آموزش به کمک اینترنت که ویروس کرونا با خانه‌نشین‌کردن شاگرد و معلم موجب آن شده است نیز احتمال دارد در پس دفع خطر آن به بیکاری مشاغلی، حداقل در خدمات اداری مدارس منجر گردد.

مرحله چهارم ورود به «عصر اعداد[1]» است که در آن رفع نیازها به کمک سنسورها دوربین‌ها، اعداد و کلیدها مقدور و گذران زندگی آسان‌تر می‌شود. در این عصر است که مأموری می‌تواند از اتاق فرمان با فشردن دگمه‌ای، خدماتی را به سهولت، سرعت و صحت انجام دهد. برای نمونه با فشار دگمه‌ای به بالگرد بی‌سرنشینی حتی در قاره دیگری دستور دهد کاری چون پرتاب موشکی به‌سوی هدفی را انجام دهد. بگذریم از آن‌که تحقیقاتی برای ساخت "هوش مصنوعی" درجریان است که امکان دهد بالگرد به فرمان

۱-Digital age

کسی نیاز پیدا نکند، خود قدرت تشخیص یافته، خود هدف را انتخاب کرده و خود درباره انهدام آن تصمیم گیرد. تصور کنیم اگر با استفاده از "هوش مصنوعی" هزاران وسیله مثلا به شکل و اندازه حشره‌ای ساخته شود که می‌تواند به هر گوشه و کنار سرک کشیده و یا به هر سوراخی رخنه کند. به خاک دشمنی بریزند و یا قشونی با شبیه‌سازی کلون، تشدید ژن خشونت خلق گردد چه مصیبتی به بار خواهد آمد. تکنولوژی‌های دیگری چون بیو و نانوتکنولوژی از کشفیاتی است که می‌تواند این حشرات یا اجسام دیگری را بسازد. تکنولوژی مکالمه بین ماشین‌ها، «IOT» نیز در حال تکمیل است که به کمک آن ماشینی مثل چاپ‌گر می‌تواند با ماشین فروشنده جوهر رأسا تماس گیرد و تقاضای جوهر کند.

تنگناهایی که طبیعت خالق آن است و تحولات سریع صنایع که در فوق به آن‌ها اشاره شد و هر یک انقلابی است، به قوم انقلابی همگام خود در انقلاب ایران، یادآور می‌شوند که دنیای بی‌رحمی در پیش‌روست، و با پرهیز از حماسه سرائی و حماسه آفرینی باید کوشید تا از قافله پیشرفت ملل عقب نمانیم، تا مجبور نشویم به صغارت خود معترف و به خواسته‌های ارباب‌گونه غیر، تن دهیم.

فصل ششم:

نارضایی از مأموران دولتی در رده اجرایی

روشن است که کردار هر کس نشان می‌دهد تا چه درجه‌ای به مبانی مذهبی- اخلاقی کیش و اندیشه سیاسی خویش پای بندست و یا آن هر دو را رندانه به صورت ابزاری برای ارضای تمایلات و هوس‌های خود به کار می‌گیرد. بدیهی است اگر در جامعه‌ای بازار تظاهر و عادت تجاوز به حقوق دیگری رونق و رواج داشته باشد آن جامعه به بیماری نهادینی[1] مبتلاست که از دولتی به دولتی و یا از رژیمی به رژیم دیگر منتقل و تشدید می‌شود و مشکل است که بتوان با پند و اندرز، و یا وعده بهشت و دهشت جهنم آن را درمان کرد، شاید انقلابی فرهنگی تنها مداوای آن باشد.

در این فصل برای یافتن پاسخ به سئوال مندرج در پیشگفتار این نوشتار که می‌پرسد «از چیست هرگه که بکاریم بری را خشکد ندهد بار!!؟» نمونه‌هایی با درج جزئیات ارائه می‌شود. تا خواننده این نوشتار خود جوابی برای آن پرسش یابد.

به طور کلی مردم از خدمات ادارات برای رفع نیازمندی‌های خود رضایت نداشتند. اغلب مأموران دولت در انجام وظایفی که در شرح شغل آن‌ها درج شده و به خاطر آن از دولت حقوق دریافت می‌کردند، در انتظار اخذ رشوه از مراجعین، کارها را با سستی و کندی انجام می‌دادند. از بین رفتن قبح رشوه عادتی شده بود که از عهد حکومت ۱۲۰ ساله قاجار ریشه گرفت و همان‌طور که قبلا اشاره شد، انگلیس به دربار قاجار نماینده‌ای را

۱-structural

فرستاده بود که تنها وظیفه‌اش معرفی این عادت ناهنجار، بسط و از بین‌بردن قبح آن بود. عادتی که نهادین شد و به استناد مندرجات جراید روز در دولتی، آن هم با تکیه به معنویات، هنوز ادامه دارد. انگلیس‌ها از این طریق بیشتر توفیق یافتند که رجال ایران را اجیر و مجری نظرات خود سازند. «جان ویلیام کی»، یکی از نویسندگان انگلیسی درکتاب «تاریخ جنگ‌های افغانستان»، خود از آن مأمور به نام «سِرجان ملکم» یاد می‌کند و «واتسن» نویسنده دیگر انگلیسی که مترادف کلمه رشوه و یا به اصطلاح رایج آن روز، «مداخل» را نتوانست در زبان انگلیسی پیدا کند، در کتاب «تاریخ قاجاریه» خود آن را چنین توجیه می‌کند: «درآمدی است به عنوان کمک به مخارج که به صورت نقدی از هر طریقی، حتی به زور به دست می‌آید.» جالب آن‌که با گذشت زمان، هم به دامنه رشوه افزوده می‌شود و هم به ارقام آن. انگلیس‌ها، قوام‌الدوله خان ایل خمسه و فرمانفرما، والی فارس و خان ایل قشقایی را با پرداخت ماهانه شش هزار تومان رشوه خریداری کرده بودند تا فتنه صولت، خان دیگر ایل را که به آلمان گرایش یافته بود، خنثی کرده و مراقب حرکات او باشند و یا در مورد دیگر برای خان ایل بختیاری، سردار مظفر ۱۵۰۰ ماهیانه مقرری تعیین کرده بودند تا مانع ورود هر خارجی غیرانگلیسی در خطه خود شود. و یا انگلیس‌ها با پرداخت ۴۰۰ هزار تومان رشوه به سه رجل وقت در حکومت قاجار، فیروز، وزیرخارجه، صارم‌الدوله، وزیر دارایی و وثوق‌الدوله، نخست‌وزیر، موفق می‌شوند اختیار وزارت دارایی و ارتش ایران را بر عهده گیرند که به کمک همین گروه با ساخت صحنه‌ای که شرح آن آمد، بر اساس پیمان پاریس، افغانستان را از بدنه ایران جدا سازند.

آن‌ها حتی با رشوه‌دادن مستقیم به شاهان قجری، آن‌ها را یکی پس از دیگری خریداری و اجیر خود می‌کردند که متعاقبا خود شاهان نیز از آن اقتباس کرده و از داوطلبان مشاغل بالا چون استانداری‌ها، به نرخی که خود به نسبت اهمیت هر استان تعیین می‌کردند، نقدا وجهی دریافت می‌کردند؛ با علم بر آن‌که می‌دانستند آن استاندار چندین برابر رشوه‌ای را که به آن‌ها

داده، از ساکنان زبان‌بسته محدوده خود، به صورتی که رسیدن به هدف هر اقدامی را معقول و جایز می‌شمارد، به دست خواهد آورد. نشست این عادت و از بین رفتن قبح آن، به صورتی در آمد که مسعودمیرزا، یکی از پسران ناصرالدین‌شاه از مادر صیغه‌ای، به پدر پیشنهاد یک میلیون تومان رشوه می‌کند تا به جای مظفرالدین‌میرزا پسر دیگرش از مادر عقدی، او را به ولیعهدی برگزینند. در نهایت، تزریق این عادت در رجال سودجوی قجری موجب می‌شود که رشوه‌گیری در ازای باطل‌کردن حقی در فرهنگ ما که روزی کردار و اندیشه پاک زیربنای آن بود، نهادینه گردد. ناگفته نماند که فرهنگ پدیده‌ای است که وقتی در کنار هم قرار گیرند، خصوصیات بد و خوب یکدیگر را به هم منتقل کرده و اصالت فرهنگ‌ها را برهم می‌زنند. رشوه‌خواری عادت ناپسندی بود که فرهنگ ما نیزدرعصر قاجار به آن مبتلا شد. و متعاقب آن مردم و ثروت ملی ما می‌بایست طمع رجال آن عصر را ارضا می‌کردند، که دامنه این طمع را ارثیه ۷۵ ملیون فرانکی احمد شاه به سال ۱۳۰۸ در پاریس مندرج در نشریات آن شهر نشان می‌دهد. ضمنا او همان کسی بود که محمد علی شاه پدرش فاجعه‌ای چون هولوکاست یهودیان را به دستور انگلیس در ایران موجب گردید. جالب آن‌که به سرعت به فراموشی سپرده شد و کسی از انگلیس غرامت و یا لااقل پوزشی مطالبه نکرد. باشد که روز ۲۲ هر تیر ماه را روز افتخار نامیم. جنایت سلطه در آن روز را محکوم و رشادت قوم آزادی طلب خود را یادآور شویم. خیانت در امانت رجل قاجار موجب آن شد که فرهنگ ما حالت خاصی به‌خود گیرد به گونه‌ای که به عنوان مثال، دروغ را که گفتن آن را به هر صورتی گناهی کبیره می‌شمردیم قبول و حتی آن را به چند دسته، من‌جمله مصلحت‌آمیز، تقسیم می‌کنیم. و یا کلمه زرنگ را که روزی صفت فردی مطلع مبتکر، پرکار، صالح و صادق بود به فردی پشت‌هم‌انداز، چندرو و بزن و ببر اطلاق می‌کنیم.

در رابطه با رشوه‌خواری خاطره یکی از هنرمندان گیلان، «جهانگیر سرتیپ‌پور»، از دفتر خاطرات او را در زیر نقل می‌کنم که نشان می‌دهد این

خصلت تا چه حد موجب تعجب مهندسی آلمانی شده بود. او از مراجعه مهندسی آلمانی به نام «هانس» به خود که رضاشاه در اوایل سلطنت خود برای شهرسازی شهرهای شمال ایران استخدام کرده بود چنین می‌نویسد:

«این بار شهردار وقت رشت، آقای حاتمی، به خیال بره‌کشی افتاده است. پس از مواضعه با چند تن از مالکین به مهندس دستور می‌دهد که تکیه به راست کند تا قسمت‌هایی از چپ خراب نشود. مهندس بر اساس و قاعده مهندسی اظهار مخالفت می‌کند. فشار بر او می‌آورد. ندانستم چه کسی به مهندس هانس توصیه کرد که مطالب خود را با من به میان نهد. وقت خواست آمد، به سختی می‌توانست مقصود خویش را تفهیم کند چون از پیش چیزهایی به گوش من رسیده بود، مقصود وی را درک کردم. او می‌گفت قبلاً بعضی مالکین مرا اغوا کرده بودند چنین کنم، مبلغ کافی هم پول آورده بودند که قبول پیشنهاد آن‌ها را موافق با آیین شرافتمندی ندانستم و به سختی رد کردم. پس از دو هفته دیدم آقای شهردار هم همان چیز را از من می‌خواهند که آن رشوه‌دهندگان می‌خواستند و از این ماجرا متحیر بوده، واقعا بعضی از مأمورین معنی حیثیت خود و ملت خود را نمی‌فهمند. راهنمایی کردم که چه کند و او کرد. اختلاف بین طرفین بالا کشید. جانب مهندس را نهانی گرفتم و مانع آن شدیم که این خیابان هم نسبت به مرکز ساختمان شهرداری و میدان شهر، کج و یا معوج کشیده شود و طرح مهندس اجرا شد؛ منتها آقای حاتمی از گرفتن مبالغی محروم ماند.»

آقای سرتیپ‌پور در ادامه این خاطره به نکته جالب دیگری اشاره می‌کند:

«قدرت قانون ضعیف بود، عرض شکایت به شاه دشوار. زیرا در مقابل هر صندوق پست مأموری مراقب بود که نامه‌های خطاب به شاه را بررسی کند. بدیهی است هر شکوه پیش از آن‌که به شاه برسد به مأمور ستمگر می‌رسید، تا تریاق از عراق آید مارگزیده مرده بود. البته برای ایجاد چنین کنترل مقدماتی هم تهیه کرده بودند. چندبار نامه‌های توهین‌آمیزی خطاب به شاه با امضای مستعار و بی‌امضا فرستاده بودند و شاه را عصبانی کرده بودند و علاج مطلب را تحت‌نظرگرفتن صندوق‌های پستی در مرکز اداره و

خارج وانمود کرده و بدین ترتیب راه منحصر مردم و شاه را هم قطع کرده
یا لااقل تحت نظر قرار داده‌اند.»

گرفتن پاداش از فروشندگان کالا به دولت یا به اصطلاح رایج بعد از
انقلاب، «رانت» نیز که شکل دیگری از رشوه است، با توسعه اقتصادی
گسترش‌یافته، عادتی است که در پاره‌ای از موارد، مردمی که خود معترض به
رشوه‌گیری هستند، با خواست پرداخت آن مشوقی برای عادت رشوه‌گیری
می‌شوند. در شناخت عمق و تداوم این خصلت سال‌ها بعد از تجربه آقای
«سرتیپ‌پور» دست به تحقیقی به شرح زیر زدیم که البته به خاطر کمی
تعداد نمونه نمی‌توان به نتیجه آن جامعیت بخشید ولی می‌تواند واقعیتی
را درباره این عادت نشان دهد. گهگاه در برخورد با مشکل اجتماعی قابل
توجهی با استفاده از امکانی که سمتم به من داده بود دست به بررسی‌هایی
زده و حاصل را برای دوستم دکتر احسان نراقی در مؤسسه تحقیقات
اجتماعی دانشگاه تهران که در آن با او همکاری داشته‌ام، می‌فرستادم. در
گیلان به دفعات شکایاتی از نادرستی کارمندان اداره ثبت احوال شهرک
«هشت‌پر طوالش» دریافت می‌کردم. صبحی در اول وقت اداری در مسیر
انزلی به شهر آستارا، با یکی از دانشجویان کارآموز رشته مددکاری اجتماعی
وارد آن اداره شده و به عنوان متقاضی برای گرفتن رونوشت شناسنامه، به
یکی از دو کارمندی که آن دفتر را اداره می‌کردند مراجعه کردم. خوشبختانه
هیچ‌یک از آن دو کارمند خواب‌آلوده مرا نشناختند. نبودن در خبر و
تلویزیون، این امکان را برایم فراهم آورده بود که به هر گوشه و کناری
سرک کشم و کسی مرا نشناسد. وقتی به هزینه صدور رونوشت شناسنامه
که مزید بر نرخ دولتی بود معترض شدم، پاسخ دادند که بالاخره ما هم
باید در این محل گذران کنیم. بعد از معرفی خود، که حالت برخورد هر
دو را رسمی کرد، خواستم که به دانشجوی همراه که تصور می‌کردند یکی
از کارمندان استانداری است امکان دهند برای مدت کوتاهی نقش رابط را
چون یک منشی بین مراجعه‌کنندگان و مأمور صدور رونوشت شناسنامه
ایفا کند. به این صورت که مدارک متقاضی و وجه هزینه را که رقم آن را

به متقاضی گوشزد می‌شود بگیرد، به مأمور صدور رونوشت دهد و متعاقبا
مدارک و رونوشت یا رونوشت‌های صادره را به متقاضی برگرداند و اگر
متقاضی اضافه بر نرخ دولتی خواست وجهی بپردازد، علت را جویا شود.
محل زندگی یکی-دو روزه آن دانشجو از قبل در آن محل فراهم آمده بود.

توضیح آنکه این دانشجو از گروه دانشجویان دانشکده خدمات اجتماعی
بود که دوره کارآموزی خود را در تابستان‌ها با هدایت من می‌گذراندند و با
این کارآموزی آن‌ها با مسائل مردم در سطوح مختلف آشنا شده و من هم
از آن‌ها در نظرخواهی از مردمی که تأسیساتی برای رفاه آنان ساخته می‌شد،
استفاده می‌بردم تا پروژه‌ها منطبق با نیاز و هماهنگ با سلیقه و احتیاج مردم
انتخاب، تدوین، تنظیم و پیاده شوند که بعد از تأسیس بلااستفاده نمانند؛
اتفاقی که در گوشه و کنار کشور پیش می‌آمد. همین دانشجویان بودند که
مصاحبه آن‌ها با عشایر چهلگرد، پرسشنامه‌های ما را در احداث شهرک
«چهلگرد» بختیاری که در دستور کار خود داشتیم، کامل کرد و در گیلان
نیز در کسب نظر پلاژداران انزلی برای طرحی که بتواند مانع ورود اتومبیل
مسافران به ساحل شود، بدون آنکه به درآمد آنان آسیبی رساند کمک کرد
که در بختیاری آن شهرک ساخته شد و در انزلی موجب شد که مقدمه
طرحی از طرح گردشگری کلان ساحل خزر در گیلان و مازندران را با
هدف قراردادن شمال ایران در رده مناطق جلب توریست جهانی به صورت
احداث خیابانی برای ربط بلوار انزلی به جاده آستارا، آغاز شود. این بلوار از
بالای نوار گردشگری می‌گذشت و دسترسی به ساحل و تأسیسات توریستی
آن نوار را با انشعاباتی ممکن می‌ساخت. ساخت ابتدای این بلوار که بعد
نام پاسداران بر آن نهاده شد آغاز شده بود که به خاطر انقلاب متوقف
ماند. درباره طرح جامع توریستی ساحل خزر نیز توضیح بیشتری در این
نوشتار داده خواهد شد. علت تقاضای مدیر و مؤسس دانشکده خدمات
اجتماعی، خانم ستاره فرمانفرمائیان از من برای سرپرستی برنامه کارآموزی
دانشجویانش از آن جهت بود که می‌دانستند به توفیق آن دانشکده به خاطر
نقش مددکاری و یاری که فارغ‌التحصیلانش در آینده بازی خواهند کرد،

علاقه‌مندم و به همین خاطر در تأسیس آن دانشکده نقش کوچکی داشته و در طول سال‌های تحصیلی آن نیز برای آشنایی دانشجویان با جامعه روستایی و عشایری ایران، مسائل این جوامع را به صورت سمیناری در آن مؤسسه عنوان می‌کردم.

متأسفانه در دولت‌ها، کارمندان به جای آن‌که بپذیرند خدمه مردم‌اند، با اختیاراتی که دارند و به این خاطر مردم محتاج آنان می‌شوند، رفتاری سرورانه به خود می‌گیرند و اکثرا از حکومتی که خود عضوی در آن‌اند به خاطر رشوه‌خواری و به منظور پوشاندن اعمال خود انتقاد و برای راحتی وجدان کمی حقوق را دلیلی برای برائت خویش تلقی می‌کنند. ناگفته نماند که دلیل آن‌ها در آن زمان، آن هم در مورد رده کارمندانی در پایین‌ترین سطوح اداری، تا حدودی قابل قبول بود و این سؤال را پیش می‌کشد که چرا دولت‌ها می‌خواهند آن رده از نمایندگان صف نخست خود را که معرف ماهیت حکومت‌اند، ناراضی و سرخورده نگه دارند. به همین دلیل و به دفعات به دنبال اصلاح آن، من هم‌چون تعدادی دیگر پیش‌قدم شدم و حتی به دلیل اهمیت مطلب یک‌بار در سال ۱۳٤۵ و در چهارمین اجلاسیه سازمان علوم اداری منطقه شرقی که از سوی سازمان ملل در تهران تشکیل جلسه داده بود، با توجه به این‌که اغلب کشورهای منطقه با این مشکل دست‌به‌گریبان بودند از فرصت استفاده و مسئله نادرستی کارمندان و کمی دستمزد شاغلین در رده‌های پایین اداری را مطرح و با تکیه به آمار، به ثبوت رساندم که افزایش حقوق آنان بر بودجه و میزان تورم اقتصادی کشورها تأثیر چندانی نخواهد داشت؛ به‌خصوص اگر آن دسته از کارمندان دولت را که تعداد آن‌ها کم نیست و عملا روزی بیش از یکی- دو ساعت کاری انجام نمی‌دهند، بازنشسته کرده و افراد توانا و مسئولی را با حقوق مکفی و تحت نظارت و تنبیهی شدید در صورت نادرستی جایگزین آنان سازند که پیشنهاد تأیید و در دستور کار گنجانده شد ولی طبق معمول به اقدامی منتهی نگردید.

مصاحبه دانشجو در هشت‌پر با آنانی که مصر بودند رقمی اضافه برای

صدور رونوشت شناسنامه پرداخت کنند، نشان می‌داد که وجه اضافی را به عنوان ارضای توقع کارمند بدون آن‌که او را دیده باشند با خواست خویش می‌خواهند بپردازند و در پاسخ به این سؤال که نام این کار شما را چه باید گذاشت، کمک خیریه و یا رشوه در ابتدا خیریه را عنوان کردند و وقتی به آنان گفته می‌شد که مگر کارمندان دولت عاجز، یتیم و یا گدای سر گذرند ترکیبی از هر دو، خیریه و رشوه را بیان می‌کردند و بعد از چند پرسش انحرافی توسط دانشجو که در کار مصاحبه برای یافت ریشه دردها تعلیم دیده بود، به همان عنوان رشوه می‌رسیدند و می‌گفتند با آگاهی از توقع مأمور چون انجام وظیفه‌ای خشنود می‌شوند. بدون توجه به آن‌که حقوق آن‌ها از بودجه دولت است که آن بودجه را ثروت ملی آنان، نفت و یا مالیاتشان تأمین می‌کند. مطلب هشت‌پر گیلان مرا به یاد مورد دیگر در همان استان انداخت که توسط شهردار لنگرود از آن آگاه شدم. آن شهردار به من مراجعه و از یکی از کارمندان استانداری به نام «ن» که اعتبارات کمک به شهرداری‌ها را می‌پرداخت گله کرد و گفت: «او از شهرداران می‌خواهد به خانه‌اش رفته و با دادن رشوه در خلوت روز بعد سهمیه خود را دریافت دارند. من به نمایندگی از طرف شهرداران آمده‌ام که این مطلب را به شما اطلاع دهم.» با تجربه‌ای که در مورد قندریزی در شهرکرد داشتم که شرح آن خواهد آمد، دیدم دراختیارگذاردن او به تصمیم تهران بدون فایده است. خواستم تجربه دیگری کرده باشم. با رئیس دادگستری تماس گرفتم و پرسیدم: «می‌شود او را به هنگام اخذ رشوه دستگیر و زندانی کرد؟» او گفت که این‌کار سابقه ندارد و سازمان‌های دولتی، خود دادگاهی برای تخلفات کارمندان دارند. تنها اقدامی که کردم او را از آن سمت برکنار کرده و سمتی در بایگانی به او دادم؛ چون آن‌چنان بدبین شده بودم که تصور می‌کردم او به مسئول دادگاه اداری از رشوه‌هایی که گرفته سهمی خواهد داد و سمتی بالاتر در محلی دیگر به دست خواهد آورد.

نادرستی در رده مسئولان اداری موجب شده بود که بخش خصوصی نیز با زیر پا گذاشتن قوانین از راه رشوه‌دادن به هر اقدامی که می‌خواهد دست

زند. طبیعت را آلوده کند و یا نقشه جامع شهری را بهم ریزد، مسیر جاده‌ای را برای بالا بردن ارزش مایملک گروهی تغییر دهد و یا هر جنسی را به هر اندازه که می‌خواهد وارد کرده و به هر قیمتی که می‌خواهد بفروشد و مراجع قضایی و کنترل‌کننده را نیز خریداری کرده و اجیر سازد که گویی آن هم هنوز ادامه دارد. رشوه‌گیری و نشست آن در بطن جامعه به‌صورتی درآمد که برای نشان‌دادن گسترش آن مردم روایاتی را شایع کرده‌اند. معروف‌ترین آن در رابطه با ازدواج کارمندان دولت است که حتما بگوش خواننده این خلاصه نیز رسیده است. می‌گویند وقتی کارمندی به خواستگاری دختری می‌رود، پدر دختر به حرفه و تخصص، شغل و میزان حقوق او توجهی ندارد؛ تنها از میزان درآمدش می‌پرسد و اگر درآمد او بالاتر از حقوق او باشد، خوشحال می‌شود که داماد «زرنگی» نصیبش شده است.

زیان عادت به رشوه‌گرفتن و دادن در پاره‌ای از ممالک وقتی به اوج می‌رسد که رأس حکومت، خود در پی سرقت منابع ملی کشور و اندوخته ملت خویش به هر صورتی منجمله شکل قانونی بخشیدن به آن باشد و به عبارت دیگر، مملکت را با سیستم «Kleptocracy» اداره کند که این خصلت یغماگری حکام و مدیران سریعا به رده‌های زیرین اداری و سپس به عامه، به‌خصوص در جوامعی ناآگاه با عدم بلوغ فکری و نداشتن احترام به حقوق مدنی، به سرعت سرایت می‌کند. ناگفته نماند که گاهی پاره‌ای از تصمیمات حساب‌نشده دولت‌ها نیز موجب می‌شود که به نادرستی کارمندان دامن زده شود. شاخص‌ترین مثال در این مورد، پخش سیمان در ایران بود که به خاطر کمبود و عدم دسترسی به آن، شکایات زیادی از نادرستی مسئولان توزیع سیمان دریافت می‌شد. این اتهام بی‌پایه نبود؛ چون حکومت با تأکید در تسریع توسعه صوری کشور، با کمبود مصالح، به ویژه سیمان روبه‌رو بوده و برای حل مشکل توزیع، سیمان را سهمیه بندی کرده بود؛ سهمیه‌ای برای رفع نیاز مردم از طریق شهرداری‌ها، سهمیه‌ای برای طرح‌های استان و سهمیه‌ای برای مقاطعه‌کاران پروژه‌های کلان. لذا هر مأموری که برای نظارت بر توزیع آن انتخاب می‌شد توسط پیمان‌کاران کلان

که پروژه‌هایشان اگر با تأخیر روبه‌رو می‌شد باید جریمه‌ای می‌پرداختند و یا از لیست پیمانکاران دولتی حذف می‌شدند خریداری می‌شد تا از دو سهمیه شهرداری و سازمان‌های اجرایی استان کش رفته و به سهمیه پیمان‌کاران پروژه‌های کلان بیافزاید که مسئله افشا و اعتراض مردم را به همراه داشت.

ایرادی به تمایل در توسعه سریع کشور وارد نیست ولی شتاب ناموزون در هر موردی مسئله می‌آفریند. به یاد دارم تعدادی از این شتاب‌ها، زیان مالی نیز به بار می‌آورد که نمونه آن جریمه‌ای بود که می‌بایست به شرکت‌های کشتی‌رانی به خاطر تأخیر در تخلیه محموله آن‌ها، ناشی از کمبود اسکله بارگیری در جنوب کشور، پرداخت می‌کردیم که این رقم در برنامه پنجم به ۱۰۰ میلیون دلار رسیده بود. تسهیل در کنترل واردات و دادن تعرفه به متقاضیان ورود اجناس، البته به کمک رشوه نیز به بار اسکله‌ها می‌افزود. توجه به ارقام زیر به درک روند افزایش و سرعت رشد واردات و مسائل ناشی از آن کمک می‌کند. حجم اجناس وارداتی که در سال ۱۹۷۳ معادل ۶/۳ بیلیون دلار بود، یک سال بعد، در سال ۱۹۷٤ به ۱۰ بیلیون دلار رسید. توسعه تجارت بین کشوری نیز به مشکل کمبود اسکله‌ها می‌افزود. توسعه تجارت در سال ۱۹۶۲ میلادی با ممالک اروپای شرقی آن زمان روسیه، مجارستان و چکسلواکی با حجم ۳۰ میلیون دلار آغاز شد و در یک سال بعد به ۱۵۳ میلیون دلار رسید و با آغاز عقد قراردادهای جدید تجاری با کشورهای غربی در سال میلادی ۱۹۷۵، به جمع واردات از آن سو نیز سریعا افزوده می‌شد که برقراری کمیته‌ای به نام «Joint commission» یا کمیسیون مشترک، که هدفش قیمت‌گذاری کالاهای وارداتی و صادراتی بر مبنای قیمت روز بازار بود تا عدالت در تجارت رعایت شود، اندکی به کنترل واردات کمک نمود. بااهمیت‌ترین نکته در طرح کمسیون مشترک که شاه حامی آن شد، مطالبه برابری قیمت روز نفت با اجناس وارداتی مورد نیاز کشور در زمان ورود کالا بود که البته اگر وابستگی‌های کشورهای تولید کننده نفت در گروه «اوپک» اجازه می‌داد که مشترکا آن را پذیرا بوده و به‌کار گیرند گام مؤثری به نفع ملت‌هایشان به حساب می‌آمد که بلاشک

برای شرکت‌های قدرتمند نفتی معروف به خواهران نفتی، نمی‌توانست به‌راحتی قابل هضم باشد. به این مورد در قسمت استقلال‌طلبی شاه نیز اشاره خواهد شد.

اضافه بر کمبود مصالح، کمبود مهم دیگر برای اجرای سریع طرح‌های توسعه کمی کارگر و تکنیسین بود. برآورد طرح‌های برنامه عمرانی پنج‌ساله پنجم کمبود ۱۰۰۰۰ کارگر ساده و ٦۲ هزار تکنیسین‌های فنی و نیمه‌فنی را نشان می‌داد. علت استفاده‌ام از ارقام و آمار برنامه پنجم، یکی آن است که در آن زمان در سازمان برنامه شاغل و در تدوین طرح‌ها سهیم و با مبانی آن آشناتر بودم و دیگر آن‌که نزدیک‌ترین برنامه به آغاز انقلاب است.

برای علاقه‌مندان آشنایی و اطلاع بیشتر از برنامه پنجم عمرانی کشور گزارشاتی که توسط برنامه‌نویسان ما تهیه، تنظیم و در انستیتو Aspen institute for Humanistic studies در شهر آسپن آمریکا عرضه شد، می‌تواند مفید افتد. نسخه‌ای از این گزارشات در انستیتوی مذکور و نسخه‌ای نیز در کتابخانه کنگره آمریکا تحت عنوان past , present and future of Iran موجود است. ناگفته نماند که با عرضه این گزارشات آن‌هم به تفصیل و با ذکر جداول و نمودارها در ٤٥٦ صفحه در انستیتوی مذکور و یا هر سازمان خارجی دیگر میانه‌ای نداشتم. تجربه نشان می‌داد در مواردی این گزارشات می‌توانست به صورت ابزاری برای اعمال طرح‌های سیاسی پاره‌ای از ممالک ذی‌نفع در جهت حفظ منافع و نفوذشان به کار آید. گزارشاتی که با طرح آن در کنفرانس‌ها با پرسش‌های بعد از هر گفتار، جزئیاتش نیز روشن و آشکارتر می‌شد. در این رابطه و به عنوان مثال، می‌توان از انتشار کتابی که توسط Paul Emil Ermann نویسنده گمنام آمریکایی، تحت عنوان «سقوط سال ۱۹۷۹[۱]» نام برد که اندکی قبل از انقلاب ایران چاپ و منتشر شد و نسخی همزمان با انقلاب به ایران رسید. این کتاب با آن‌که شبیه رمانی سرگرم‌کننده است، از آن‌جا که پیش‌بینی تاریخ انقلاب ایران در آن واقعیت می‌یافت توجه بیشتری را به خود جلب کرد. بر پایه همین اعتقاد بود که

۱-the crash of 1979

تمایلی برای شرکت در کنفرانس آسپن آمریکا از خود نشان ندادم. در ادبیات ما پندهایی در نوشته و یا سروده‌ها نهفته است که اگر معلمین ما به جای حفظ کلمات و دقت در ردیف ابیات اشعار، مفاهیم آن‌ها را برای ما تشریح و قابل فهم می‌کردند، در زندگی و سرنوشت قوم ما می‌توانست تأثیر بسزایی به جای گذارد. چون این بیت که گوید:

دشمن دوست نما را نتوان کرد علاج شاخه را مرغ نداند که قفس خواهد شد

در آشفته‌بازار کمبودها، نادرستی‌ها و شکایات، گاهی وقایع جالبی نیز رخ می‌داد که در رابطه با سیمان و به منظور ایجاد تنوعی برای خواننده این نوشتار، از یکی از آن‌ها یاد می‌کنم: روضه‌خوانی توسط ساواک گیلان توقیف می‌شود که آیت‌الله ضیابری، ارشد روحانیون گیلان برای آزادی او با فرستادن پیکی از من کمک خواست و مجبور شدم برای دومین‌بار در گیلان مطلبی را با رئیس ساواک در میان بگذارم. بار اول در رابطه با نمای ماکت در حال ریزش مقابل شهرداری رشت بود که شرح آن خواهد آمد. این روضه‌خوان گویا در منبری در ناحیه سبزه‌میدان رشت ساعتی به دولت و شاه بد گفته بود. به رئیس ساواک عین جمله آیت‌الله ضیابری را که گفته بود او آدم مستمندی است و به هیچ گروه و دسته‌ای ارتباط ندارد منتقل کردم. ساواک آزادی او را مشروط بر آن کرده بود که علت واقعی اعتراض او به دولت را دریابد. البته توسط آیت‌الله اطلاع یافته بودم که ماجرا مربوط به چند کیسه سیمان است که او برای تعمیر ترک حوض خود که مدعی بود در آن وضو می‌گیرد، به آن احتیاج داشت و نتوانسته بود آن را تهیه نماید. آزادی او را به ضیابری اطلاع دادم و ضمنا از او آدرس این مرد نیازمند را خواستم که آن را به رئیس دفترم سپردم تا وجه لازم را به شهردار بدهد که چند کیسه سیمان به او برساند. این هم جزو هزینه‌هایی بود که چون اعتباری برای آن‌ها در بودجه استانداری وجود نداشت، شخصا می‌بایست بپردازم. این قبیل از خرج‌ها گاهی به مرحله‌ای می‌رسید که آقای معتمد، رئیس دفترم که امیدوارم در قید حیات باشند، به طنز یادآور می‌شد که آخرماه است، مواظب

هزینه‌های خود باشید که اعتبار از محل حقوق ماهانه‌تان در شرف اتمام است. بعد از گذشت چند روزی از آزادی آن روضه‌خوان، رئیس ساواک به من تلفن کرد و پرسید:«شما چه کردید که او در همان مسجد، بر روی همان منبر و خطاب به همان مستمعین در محاسن حکومت به درازا داد سخن داده است؟ آن کار را به ما هم بیاموزید.» گفتم: «خجالتم ندهید، شما خود در این کار استادید ولی گویا چند کیسه سیمان مسئله را حل کرده باشد.» اما خود متعجب بودم که چگونه آن مرد توانست در همان مسجد و در حضور همان مستمعین، نه تنها گفته‌های خود را پس گیرد، با تعاریف و تمجید به غلط‌بودن آن‌ها نیز اعتراف کند. فقر چه پدیده نامطلوبی است.

اشاره کردم که در گیلان دو بار مجبور شدم تلفنی با ساواک تماس بگیرم. یک‌بار مربوط به همان مسئله سیمان بود که شرح آن داده شد و بار دیگر ماکت حلبی تاجی بود که به مناسبت تجلیل از پنجاهمین سال سلطنت خاندان پهلوی در فضای سبز مقابل شهرداری نصب کرده بودند و بعد از گذشت سالی از جشن مذکور، آن حلبی زنگ‌زده و رنگ‌پریده که نیمی از آن هم پوسیده و ریخته بود، هنوز در مرکز شهر به چشم می‌خورد و کسی جرأت دست زدن به آن را نداشت، تا چه رسد به برداشت کامل آن. این ماکت در مسیرم به استانداری قرار داشت و هر روز شاهد فرسوده‌شدن بیشتر آن می‌شدم. شهردار شهر به تذکر من در برداشتن آن، با آوردن دلایل گوناگون بهانه می‌تراشید. تا آن‌که روزی تصمیم گرفتم که تا شب آن پدیده ناهنجار را از دید مردم محو و فضای سبز مناسبی را جایگزین آن سازیم. شهردار را به دفتر خود خواندم و دلیل اصلی کوتاهی او در این اقدام را جویا شده و تصمیم خود را جهت اجرا به او ابلاغ کردم. وقتی دانستم که او نگران نارضایتی سازمان امنیت در این کار است، درحضور او به رئیس آن سازمان تلفنی اطلاع دادم که به دستور من، شهردار آن ماکت را امروز خواهد برداشت تا با قبول این مسئولیت نگرانی شهردار را از سازمان امنیت رفع سازم. با رفتن شهردار برای چندمین‌بار به این نتیجه رسیدم که در دید مردم، منِ استاندار کاره‌ای نیستم و حاکم واقعی در دفتری دیگر نشسته

است. نکته‌ای که در این ماجرا بیشتر نظرم را جلب کرد این بود که رئیس ساواک از تصمیمی که در برداشتن ماکت گرفته بودم تشکر کرد و گفت: «مدت‌ها بود که نمی‌دانستم چرا شهردار این پدیده ناهنجار را برنمی‌دارد.» وقتی پرسیدم: «چرا رفع این مشکل را به او توصیه نکردید؟» پاسخ داد: «فکر کردم سوء تعبیری را پیش آورد.» نتیجه‌ای که از این ماجرا گرفتم این بود که ترس از ساواک نه تنها دهان مردم را در رابطه با حکومت و به‌ویژه شخص شاه بسته بود بلکه خود ساواک را نیز متوحش می‌کرد. شهردار به خاطر ترس از ساواک جرأت تن‌دادن به اقدام مفیدی را نداشت، رئیس ساواک نیز از نحوه قضاوت شهردار درباره خود واهمه داشت که مبادا او هم به جایی بسته باشد و برایش گرفتاری ایجاد کند. این‌جاست که فضای جامعه‌ای آزاد با محیطی خفقان‌آور و تحت کنترل، تفاوت خود را نشان می‌دهد و علت گسترش بی‌اعتمادی از یکدیگر، جدایی و بیگانگی‌ها را در یک قوم و ملت عیان می‌سازد.

ملخص آنکه رشوه‌خواری و نادرستی در روابط انسان‌ها به آن‌جا خواهد رسید که افراد، یکدیگر را به صورت موجوداتی با احساس، عاطفه و شرم نمی‌بینند بلکه هریک دیگری را به شکل صیدی می‌بیند و به این فکر می‌افتد که چگونه شکارش کند و بر نیش کشد؛ لذا دیگر جایی برای توجه به مسائل ملی چون حفظ خاک، قومیت و فرهنگ باقی نخواهد ماند و عواطف انسانی به تدریج محو می‌شوند. پروفسور Douglass C North، برنده جایزه نوبل اقتصاد در سال ۱۹۹۳ میلادی که کتابی از او نیز به سال ۱۳۹۵ شمسی توسط نشر روزنه در ایران ترجمه و چاپ شد، معتقد است که فساد اقتصادی ناایمنی اجتماعی را به دنبال دارد که در آن افراد تمایلی به انجام وظایف خود ندارند و اگر جایگاه و مقامی یابند تنها به دنبال آن می‌روند که چگونه می‌توانند بر گرده دیگری سوار شده و از او بهره‌ای برند. به این ترتیب، آخرین طبقه اجتماع که معمولا اکثریت هر جامعه‌ای را تشکیل می‌دهند، با دیدن این شرایط و گرفتن این نتیجه که حق آنان پایمال می‌شود، خود به سوی اعمالی ناشایست چون کم‌فروشی و یا احتکار روی

می‌آورند که به دنبال آن آشفته بازاری به وجود خواهد آمد که هیچ‌یک در آن از حیات خود سودی نمی‌برد، حتی صاحبان زر و زور که به ظاهر سوار و خشنوداند، در باطن با احساس ناامنی، آن هم به زمانی که رشد تکنولوژی محل هر پناهگاهی را برای پنهان‌شدن در هر نقطه دنیا عیان می‌سازد، نگران‌اند.

در زیر چون نمی‌توانم تجارب غیر را که از آن‌ها اطلاع جامعی نداشته و اجازه درج آن‌ها را نیز ندارم، برای نمود نارضایتی‌های عامه از خدمات مأموران دولتی به مثال گیرم لذا با ذکر عناوینی از مشاهدات خود کمک می‌گیرم. محسوس‌ترین نتیجه‌ای که از این مطالب در قضاوتی منصفانه خواهیم گرفت این است که نمی‌توان همه مشکلاتی را که با آن روبه‌رو می‌شویم به حساب حکومت، دولت و حتی فردی با هر اعتقاد و خصوصیتی در رأس بگذاریم، بلکه خود نیز بیش از همه نقشی در خلق آن داشته و داریم و شادابی حیات را از خانواده، نسل‌های بعدی و خلاصه از پیکره اجتماع خود می‌گیریم.

– قندریز پرکار؛

در شهرکرد بختیاری شبی برای استفاده از هوای بیرون از درب کوچک پشت ساختمان استانداری که به کوچه‌ای راه داشت خارج شده و به طرف مرکز شهر رفتم. اغلب با بستن پرده دفتر و روشن گذاشتن چراغ، بی‌سروصدا از آن درب بیرون می‌رفتم و تنها پاسبان کشیک استانداری مستقر در حیاط جلوی ساختمان بی‌خبر می‌ماند و به این ترتیب با آزادی بیشتری می‌توانستم به هرکجا سرک کشم. آن شب در کوچه‌ای جنب بازار، دکه‌ای باز دیدم که مردی روی سکوی داخل آن بر نمدی نشسته و تعدادی طشت در برابر اوست که محتوای آن را مدام هم می‌زند. به خاطر نیاز به هم‌صحبت و رفع تنهایی به او سلام کردم. من و همسرم در طول دوره استانداری با هیچ خانواده‌ای در استان‌ها معاشرت نمی‌کردیم و با همکاران اداری فقط دیدار شغلی داشتم. حتی در گیلان با منسوبین خود نیز که

تعدادشان کم نبود رفت‌وآمدی نکردیم و به این ترتیب در را به روی هر شایعه‌ای می‌بستیم؛ لذا پیداکردن هم‌صحبت برایمان به صورت آرزویی درآمده بود و به همین دلیل کنار سکوی دکه نشستم و با گفتن «خدا قوت» و اینکه «در این دیروقت چه می‌سازید؟» در گفت و شنود را گشودم. در پاسخ گفت: «قندریزم. شما هم باید غریب باشید.» در بختیاری آن منطقه عشایری، شناخت هر غریبه‌ای برای محلی‌ها آسان بود. گفتم: «همین‌طور است. خواهش می‌کنم از کارتان برایم بگویید که با آن آشنایی ندارم.» توضیح داد که «در تشت‌ها، شربت غلیظ شکر و آب است که بعد از تبخیر آب با برش روی شکر سخت و ته‌نشین شده حبه قند می‌سازم و به عشایر می‌فروشم.» و اضافه کرد: «آن‌ها این قند را دوست دارند؛ چون در راه کوچ کمتر رطوبت را جذب کرده و پوک می‌شود و از طرفی راحت‌تر قابل توزیع بخصوص بین بچه‌ها، از نظر صرفه‌جویی است.» گفتم: «می‌توانم نمونه ساخته شده آن را بچشم؟» او کاسه‌ای را با چند حبه قند کنارم گذاشت. برای تداوم گفت و شنود پرسیدم: «امسال کار و بار چطور است؟» گفت: «خوب است، اگر سهمیه شکرم را کامل می‌دادند، می‌توانستم درآمد بیشتری داشته باشم.» من تا آن موقع نمی‌دانستم که حرفه‌ای به نام قندریز وجود دارد و اداره قند و شکر مسئول توزیع شکر به نسبت سهمیه‌ای به هر قندریز است. او مرا در آن مورد روشن ساخت. گفتم: «نباید کمبود شکر داشته باشیم. چرا سهمیه را کامل نداده‌اند؟» پاسخ داد: «از سهمیه بعضی‌ها کم می‌کنند تا به عده‌ای که به آن‌ها نزدیک‌ترند اضافه بر سهمیه‌شان شکر دهند.» مفهوم نزدیکی برایم روشن بود. از پذیرایی او تشکر کردم و با به‌خاطرسپردن نام کوچه و اسم او به استانداری برگشتم. موقع خداحافظی اسم مرا پرسید و به دانستن اسم کوچکم قناعت کرد و گفت: «می‌دانم غریبی و تنهایی سخت است. هر وقت گذارت به این طرف‌ها افتاد، سری به من بزن.»

فردای آن شب، مأمور توزیع شکر را به دفترم آوردند. معمولا هر وقت کسی به دیدن من می‌آمد، آبدار با چای از او پذیرایی می‌کرد. برای او هم

چای آورد که استکان را از سینی برداشت و حبه قندی در آن انداخت. تا خواست آن را بنوشد به او گفتم: «گویا در اداره شما اشتباه محاسبه‌ای رخ داده و سهمیه شکر قندریزی را کمتر به او داده‌اند. شخصا بروید و کمبود شکرش را به او برسانید و بعد بیایید و تتمه چای خود را بنوشید.» کاغذی که اسم و آدرس قندریز را بر آن نوشته بودم، به او دادم و اضافه کردم: «فکر می‌کنم یک ساعت برای این کار کافی باشد.» در غیاب او با مسئول سازمانش در تهران تماس گرفتم و تقاضای تغییر او را کردم. ماجرای قندریز، چندی بعد که عید فرا رسید جالب‌تر می‌شود. کارت تبریکی از آن مأمور اخراجی دریافت می‌کنم که در زیر متن چاپی تبریک با دست‌خط و بعد از عبارات «با احترام و عرض ادب»، اسم عنوان فعلی خود را نوشته بود. به او در ناحیه پرجمعیت‌تری که مسلما سهمیه شکر بیشتری نیز داشت، ریاست داده بودند. در فاصله سفید بین خطوط نوشته خطی، پیام نهفته او را دریافتم که می‌گفت: «جناب استاندار، چای سرد و ته‌مانده استکان مرا با شرینی عید نوش جان فرمایید.» این تجربه موجب شد که دیگر مأمور نادرستی را به مرکز نفرستم و حتی‌المقدور خود در استان، به گونه‌ای چون عزل مقام و گذاردنش در مشاغل غیر مالی، تصمیمی بگیرم.

- قضات بی‌اعتنا؛

بی‌اعتنایی دوایر دولتی به مسائل مردم و ندادن اهمیت به مشکلات و نظرات آنان پاره‌ای از اوقات مسئله‌آفرین و دامن‌گیر دولت می‌شد. برای نمونه مردی در گنبد قابوس، به نام «سید رشید» که ظلمی بر او وارد آمد، چون از مراجعه مکرر به ادارات دولتی و مکاتبات با دادگستری نتیجه نمی‌گرفت، با پسران خود به دنبال احقاق حق خود می‌رود و به مقابله با حکومت برمی‌خیزد تا از این طریق، نظر حکومت را به مسئله خود جلب کند.

او ناگهان عصیان کرده و در جاده‌های منطقه، اتوبوس‌ها را متوقف می‌کرد و پول و جواهرات مسافران را از آن‌ها می‌گرفت و متعاقبا به پاره‌ای

از نیازمندان از درآمد سرقت کمک می‌کرد. به خاطر پایگاه مردمی این گروه دستگیری آنان آن‌چنان غیر ممکن شد که بالاخره با دادن تأمین توانستند مشکل را حل کنند. درباره این گروه حکایات گونه‌گونی بر سر زبان‌ها بود. برای مثال می‌گفتند سحرگاهی که «آقای شمالی» مالک تنها کارخانه پنبه گنبد قابوس، هوس کرده بود صورت خود را در حیاط خانه‌اش که در جنب کارخانه قرار داشت بتراشد، ناگهان در آینه‌ای که بر لبه پنجره تکیه داده بود چهره مرد ناآشنایی را در پشت سر خود می‌بیند که مؤدبانه مطالبه وجهی برای کمک به نیازمندان دارد که وحشت‌زده اصلاح صورت را ناتمام گذاشته و به سرعت نظر آن مرد را برآورده می‌سازد. می‌گفتند که رهبر راهزنان، «سید رشید»، از معتمدینی بود که مردم او را به خاطر اعتقادات مذهبی، مرجعی شناخته و در حل اختلافات بین خود نظر او را قبول داشتند و نیز شایع بود که ژاندارمی به جوان‌ترین همسر او که برای آوردن آب از چشمه‌ای در حوالی پاسگاه ژاندارمری «گالی‌کش» رفته بود، تجاوز می‌کند و چون پس از شکایات عدیده به مراجع اداری و قضایی نتیجه‌ای نمی‌گیرد، پس از فرستادن زنان و کودکان خانواده به زادگاه خود، خوزستان، با پسران به ییلاغی که اسبان خود را در تابستان‌ها در آن‌جا نگهداری می‌کرد رفته و در پی انتقام، نیمه‌شبی ژاندارم‌ها را در همان پاسگاه همسایه غافلگیر می‌کند و چون ژاندارم خطاکار را معرفی نمی‌کردند، با کشتن آن‌هایی که در پاسگاه بودند و ربودن سلاحشان، به راهزنی می‌پردازد. تصادفا یک‌بار کارشناسی همکار دوبار مرا در مسیر آنان قرار داد که از دادن گزارش حادثه به ژاندارمری خودداری می‌کردیم. علت آن بود که تمام دهیاران ما در دهات منطقه ساکن و مدام مهندسان حوزه عمرانی بین آن‌ها در رفت‌وآمد بودند و می‌دانستیم گزارش ما برای دستگیری آنان تأثیری نخواهد داشت جز آن‌که اگر به گوش آن‌ها رسد، امنیت کارمندان ما به مخاطره خواهد افتاد.

اولین رو در رویی من با این گروه به دنبال بیماری دهیاری در روستای «دهنه» از دهات گنبد قابوس اتفاق افتاد. روستای دهنه کوچکترین و دورترین ده محدوده عملیات عمرانی ما بود که به خاطر خرابی و عرض

کم راه، آن هم در حاشیه دره‌ای عمیق که فقط جای دو ردیف چرخ جیپ را داشت، دسترسی به ده مذکور در پایان این گردنه حتی در روز آسان نبود. از درد شدید ناحیه شکم دهیار آن ده، توسط بی‌سیم ژاندارمری که به مرکز آن سازمان در گنبد مخابره شده بود، باخبر شدم. آن دهیار را به خاطر علاقه‌ای که به کار خود نشان می‌داد، همه کارکنان حوزه دوست داشتند. او به اندازه‌ای به کارش علاقه‌مند بود که برای رفع کمبود کتاب سال اول ابتدایی، نوشته متن آن کتاب درسی را به کمک همسرش، در دو سه نسخه دستی کپی کرده بود تا به آموزش شاگردان خود چه در کلاس روزانه و چه اکابر در شب و در چند ده تحت نظارتش کمک شود. دهیاران غیر از عملیات عمرانی، در حاشیه به امور دیگری چون آموزش خواندن و نوشتن به روستاییان نیز می‌پرداختند. حدس زدم که درد او می‌بایست به حدی شدید باشد که با آن روحیه مقاوم مجبور به استفاده از بی‌سیم ژاندارمری شده است.

ساعتی از شب گذشته بود که متن بی‌سیم را پیک ژاندارمری به من رساند. با این نگرانی که ممکن است درد به آپاندیس مربوط بوده و به پارگی روده بیانجامد، به دنبال یافتن راننده‌ای که فقط سرایدار محلی ساختمان اداره از آدرس آنان مطلع بود نرفتم و بدون اتلاف وقت با جیپی که با آن به خانه آمده بودم، به سوی ده«دهنه» که تا گنبد دو ساعتی فاصله داشت راندم. خوشبختانه از بارندگی چند روز پیش بر گردنه اثری نمانده و گردنه خشک و بدون لغزش بود. دهیار را با پتویی که به دور خود پیچیده بود سوار کرده و به سوی شهر گنبد برمی‌گشتم که به محض خروج از دهکده، در اوج گردنه سواری بر اسب عرض راه را بسته و با روشن خاموش کردن چراغ و زدن بوق حرکتی نمی‌کرد. ناگاه درب برزنتی جیپ که قفل و بستی نداشت و از داخل و بیرون با پیچاندن دستگیره ساده‌ای باز و بسته می‌شد، از دو سو باز شد و صدایی خشن با لهجه‌ای خاص به ما امر کرد که کور و کر و لال شویم. چراغ اتومبیل را خاموش کرده و کت‌های خود را کنده و به آنان بسپاریم. دهیار وحشت‌زده، به سرعت پتو را از اطراف خود جمع کرد و

من کاپشن را کندم و به آنان دادیم. دهیار به خاطر عجله در سوارشدن، به رواندار اکتفا کرده بود. پتو را مهاجم به طرف دهیار به داخل پرت کرد ولی مهاجم سمت من کاپشن را قاپید و درحالی‌که در جیپ را می‌بست، با همان خشونت امر کرد که تا سی شماره بشمارم و سپس حرکت کنم. در سکوت و تاریکی شماره‌ها را دوبار در دل تا عدد سی شمردم تا مطمئن شوم که در شمارش اشتباهی نکرده باشم و سپس به آهستگی از گردنه پایین آمده و بعد از راندن کوتاهی در دشت، وارد جاده بجنورد به مینودشت شدم. بعد از آن حادثه هر دو به هر دلیل در سکوت گذراندیم. با جابه‌جاشدن مکرر دهیار بر صندلی و ناله آهسته او می‌فهمیدم که از درد رنج می‌برد. وقتی به بیمارستان گنبد رسیدم، شب از نیمه گذشته و تنها پزشک بیمارستان به منزل خود رفته بود. از پرستاری که دهیار را به اتاقی می‌برد خواهش کردم که از تنها پزشک شهر بخواهد به بیمارستان آمده و به درد دهیار سریعا رسیدگی کند. آن پزشک را از زمانی که یکی از درمانگاه‌های نوساز ما را در علی‌آباد گرگان اداره می‌کرد، می‌شناختم و با او دوست شده بودم. او همان پزشکی بود که در دوره استانداری من نیز در گیلان با عنوان مدیر کل بهداری و با روحیه انسان‌دوستانه‌ای که داشت به من یاری داد. من به اطاق خود برگشتم و از شدت سرما و خستگی کفش را کنده و با لباس به زیر لحاف روی تخت سفری خود خزیدم. فردای آن روز، قبل از رفتن به محل کار به بیمارستان رفتم. دهیار آرام شده بود. از دفع او دریافته بودند که او کرم روده، «آسکاریس» که به خاطر شیوع در منطقه اسم آن را یاد گرفته بودیم، گرفته است. از او خواستم که از حادثه دیشب سخنی به کسی نگوید. دهیار همسفرم اطمینان داشت که سید رشید و یاران او، راهزنان دیشب بوده‌اند و می‌گفت که ده دهنه یکی از دهاتی است که آن‌ها به آن محل اطمینان دارند و گاهی آذوقه خود را از آن‌جا تهیه می‌کنند و هرگاه قرار است وارد ده شوند کدخدا از او و همسرش می‌خواهد که از «ابه» خود خارج نشوند. هر دو متعجب بودیم که چرا از ما فقط کت خواسته و مطالبه کیف پول، ساعت و لوازم دیگر را نکرده‌اند.

بعد از آن شب برای دومین‌بار، سید رشید و یکی از پسران او را در خانه‌اش و بعد از آن‌که به او امان داده بودند، دیدم. این دیدار به این‌صورت اتفاق افتاد که شبی بارانی در صحرا راه را گم کردم. به دنبال پیداکردن مسیر به هر سو آن‌قدر راندم که سوخت جیپ تمام شد و در تانک ذخیره هم که همیشه راننده‌ها آن را پر و آماده می‌کردند در جیپ و در آن شب بنزینی نبود. حرکت گاه‌به‌گاه رده‌های نور فانوس را در رفت‌وآمد ساکنان دهی نه چندان دور می‌دیدم. تصمیم گرفتم به جای ماندن در جیپ و برای رهایی از سرما و خطرات احتمالی دیگر، پیاده خود را به آن ده برسانم. کیف اداری را برداشته و به راه افتادم. خوشبختانه راه هموار بود ولی گل چسبناکی از باران قبل روی آن را پوشانده و حرکت را مشکل می‌نمود. باد شدیدی نیز می‌وزید. در ورودی ده سگ‌ها به طرفم هجوم آوردند که بر زمین نشستم. آن‌ها دور من حلقه زده و از پارس دست نکشیدند. از پارس مدام سگ‌ها چند ترکمن از ابه‌ها بیرون آمده و در نور فانوس مرا شناختند. این ده یکی دیگر از مراکز تحت پوشش عملیات عمرانی ما بود. هریک از آنان دعوتم می‌کرد که شب را در ابه او بگذرانم. از صاحب ابه‌ای که به آن وارد شدم خواهش کردم فردا پیکی را به پاسگاه ژاندارمری مجاور بفرستد که با بی‌سیم به دفتر سازمان ما در گنبد اطلاع دهند تا کمکی بفرستند. در آن ابه دو کودک در گوشه‌ای در خواب بودند. سرخی آتش با دو زنی که در کنار آن نشسته بودند در گوشه‌ای دیگر به چشم می‌خورد.

آن‌ها رختخوابی برایم نزدیک دیواره ابه پهن کردند که در آن شب را به صبح رساندم. صبح روز بعد کمانکاری از ژاندارمری به ده وارد شد. سرنشینان آن، سرهنگ فرمانده ژاندارمری حوزه گنبد و راننده‌اش بود که برای سرکشی در پاسگاهی که پیک پیغام مرا برای مخابره به آن‌جا برده بود، حضور داشتند. او به جای مخابره پیام آمده بود که همراه او به گنبد بروم که در مسیر تصمیم می‌گیرد به دیدار راهزن قانون‌شکنی که به او تأمین داده بودند برود. از من هم خواست با او همراه شوم و پسران او را تشویق کنم که دوره آموزش رانندگی تراکتور و کمباین را در مرکز ماشین‌آلاتی که

برای مکانیزه‌کردن زراعت منطقه با همیاری بانک عمران پیاده کرده بودیم بگذرانند؛ تا وارد شغل آبرومندی شوند. کمانکار در کنار جاده‌ای که گنبد را به بجنورد متصل می‌کرد و فاصله کمی تا مینودشت داشت، توقف کرد. ساخت آن راه تازه پایان یافته بود و خاک‌ریزی آن موجب شده بود که بلندتر از تک‌خانه یک‌طبقه‌ای که در جنوب و نزدیک به آن ساخته شده بود قرار گیرد. در آن خانه ایوانی که از زمین به ارتفاع یک پله بالاتر بود، دسترسی به چند اتاق را که در یک ردیف قرار داشتند تأمین می‌کرد. با فرمانده از دیواره خاکی جاده پایین آمدیم و قبل از ورود به ایوان، کفش‌های خود را کندیم. فرمانده اسلحه کمری خود را بر پایه موافقت‌نامه تأمین باز کرد و به مرد مسلح و برومندی که در کنار ایوان ایستاده بود، سپرد. در آخرین اتاق ایوان، مرد کوتاه‌قدی با روپوش سیاهی که تا زیر زانوی او می‌رسید، شلواری گشاد به همان رنگ و عرق چینی بر سر، با چشمانی سیاه و نافذ به ما خوش‌آمد گفت.

فرمانده ما را به هم معرفی کرد و دانستم که صاحب خانه همان سید رشید، یاغی معروف است و بعد از احوال‌پرسی، از من خواست که راجع به آموزش رانندگی ماشین‌آلات توضیح دهم. من که از بودن در آن محل احساس خاصی پیدا کرده بودم و دوست داشتم که ملاقات هرچه زودتر به آخر رسد، شرح مختصری درباره مرکز و این‌که یادگیری ماشین‌آلات، آینده خوبی برای جوانان تأمین می‌کند، دادم که او در پاسخ گفت که با پسرانش در این باره گفت‌وگو خواهد کرد و اضافه نمود: «حال که از آموزش صحبت به میان آمده، به نظرم شما باید به مدارس یک اتاقه خود اتاق دیگری اضافه کنید؛ چون تعداد دانش‌آموز در حال افزایش است و هم شاگردان کلاس اول به کلاس دوم می‌روند.» با تعجب از این‌که او توجه به امر آموزش دارد، نظر او را با سر تأیید کردم. بعد از خداحافظی و قبل از برگشت به جیپ، فرمانده به دستشویی که در پشت خانه قرار داشت رفت و از محدوده دید خارج شد. سید رشید که ما را تا انتهای ایوان بدرقه کرده بود، در غیاب فرمانده بدون مقدمه‌ای از هوای سرد زمستان سال قبل

یاد کرد. ارتباطی را بین هوای سرد زمستان و سرقت کاپشن خود احساس کردم. گویی در تلاش بود دلیل آن راهزنی را موجه جلوه دهد. من کماکان تا برگشت فرمانده به حرف‌های او گوش داده و سکوت خود را حفظ کرده بودم.

غیر از صحرای ترکمن، چند سال بعد نیز به هنگامی که در سازمان برنامه شاغل بودم، شبی را در چادر عشیره‌ای دیگر از ایل قشقایی گذراندم. در آن شب از دوگنبدان که برای حل مسئله‌ای بین مهندس مشاور و دستگاه اجرایی به آنجا رفته بودم، به سوی کهنوج که با فرماندار کل آن منطقه نیز درباره طرحی از قبل قرار ملاقات گذاشته بودم می‌رفتم. مدیر سازمان مسکن و شهرسازی خوزستان نیز مرا همراهی می‌کرد. راه از دامنه کوه در دره‌ها می‌گذشت و وقتی شب فرا رسید، راننده که خود از عشایر بود به خاطر ناامنی منطقه توصیه کرد که از راندن در شب با چراغ روشن که جلب توجه خواهد کرد پرهیز کنیم. در آن زمان خسرو قشقایی شورش کرده و ارتش از زمین و هوا به دنبال خواباندن قیام او بود. راننده یکی دو کیلومتر دورتر متوجه سیاه چادری که در ارتفاع کمی نزدیک به جاده قرار داشت گردید. متوقف شد و به آن چادر رفت و در برگشت به ما اطلاع داد که صاحب مهمان‌نواز چادر اجازه می‌دهد که شب را با آن‌ها سر کنیم. دو سمت، پشت و سقف چادر عشایری بسته است و در آن شب مهتابی تابستان قسمت باز جلوی چادر کوهستانی را چون تابلوی نقاشی نشان می‌داد. در چادر زن بیماری در رختخوابی با صدای ضعیف به آهستگی ناله می‌کرد و زن جوانی در نزدیکی او نشسته بود. یکی – دو بره نیز به دیرک حاشیه چادر بسته شده بودند. مرد چادر دیرتر به ما ملحق شد. او از بیماری دام‌های خود که به دور خود آن‌قدر می‌چرخیدند تا تلف شوند متعجب، ناراحت و ناراضی از آن بود که فریادرسی نیست. سروده «دل یه انسون» را که در آن از آهنگ و لهجه عشایر که حرف الف را چون اوی کشیده به کار می‌برند، اقتباس کردم و از صحنه‌ای که در آن ناله زنی بیمار، بع‌بع بره و پارس سگ سکوت شب را می‌شکست و مرد پریشانی محزون

در گوشه چادر بی‌خواب نشسته بود الهام گرفتم و با عنوان «دل یه انسون» سرودم که در آن اشاره به آن می‌شد که در هر نژاد و جنسیت، در هر هوایی و در هر مکانی یک چیز بین همه مشترک و یکسان است و آن احساس آدمی است. سروده‌ای که در مجله «سپید و سیاه» به چاپ رسید ولی این بیت تکراری در سروده که بعد از اشاره به نیازهای اساسی در حیات انسان تکرار و مدعی آن می‌شود که دسترسی به آن احتیاجات حق هر انسان است و می‌گوید: «آخه انسون نه که یه حیوون» خوش‌آیند نیامد و مجله نیز که حوصله درگیری را نداشت دیگر سروده‌هایم را به چاپ نرساند. ضمن آنکه من هم دیگر به دنبال چاپ نوشته و سروده‌ای نرفتم.

– نحوه عمل ساواک در بختیاری؛

به خاطر پیچیدگی تشکیلاتی امنیتی چون ساواک، کارشناسانی می‌توانستند سازمان آن را به صورت کارآمد پیاده کنند که تخصص در این زمینه داشته باشند. چون روس‌ها که در کشورهای کمونیستی برای خنثی کردن اقدامات ممالک کاپیتالیستی و برای پیشگیری از اقدامات تخریبی بلوک کمونیست آن را پیاده می‌کردند. سازمان امنیت ایران، «ساواک» نیز بعد از مرداد سال ۳۲، به زمان برگشت شاه به سلطنت، در اوج جنگ سرد در موقع حساس همسایگی با شوروی توسط سرهنگی آمریکایی شکل گرفت که همزمان سازمان ارتش ایران را نیز از ۵ لشکر به صورت چندین شاخه مدیریت شبیه ارتش آمریکا درآوردند. آن سرهنگ با اقامت یک سال در ایران، نواقص آن را در عمل بررسی و منتفی کرد و به‌صورتی آن را درآورد که می‌توانست هر مخالفی را ساکت و حتی در صورت لزوم چون انقلاب ایران خود شاه را نیز ادب کند. بدیهی است تشکیل‌دهندگان این سازمان‌ها در ممالک وابسته به خود ردپایی در حاشیه‌اش به جای می‌گذارند که وابستگی آن را به خود تثبیت و تحت هر شرایطی پایدار سازند تا در صورت لزوم خود نیز بتوانند توان آن را به کار گیرند. مثال روز نفوذ شوروی در سازمان امنیت و ارتش ونزوئلا و کوباست که با وجود عدم رضایت اکثریت ملت آن

کشورها از دولت خود که البته به این نارضایتی‌ها آمریکا نیز دامن می‌زند، حکومت‌های این مناطق وابسته به خود را حفظ می‌کنند. در مورد ساواک ایران و وابستگی مستقیم آن به آمریکا، مدارک وزارت خارجه آمریکا که در سال ۲۰۱٤ میلادی از طبقه‌بندی سری درآمد، مطلب را روشن می‌سازد. این سند نشان می‌دهد که «حسن پاک روان»، از سرپرستان اولیه ساواک، با آمریکا در تماس بوده و حتی در دهه ۱۳٤۰ افسردگی آن روز شاه را شخصا و مستقیما به آمریکا گزارش می‌دهد.

نزدیک به شروع جنبش انقلابی ایران، ساواک دفعتاً جهت اقدامات خود را تغییر داد. به گونه‌ای که پاره‌ای از اعمالش نه تنها در جهت حفظ حکومت نبود، بلکه به فاصله حکومت و مردم دامن می‌زد. گویی که معجزه‌ای آن سازمان را که می‌توانست با تار پراکنده عنکبوتی خود بر جامعه، مانع محسوسی در سر راه انقلاب باشد، به کناری زده است. این برداشت از آن‌جا شکل گرفت که به دو مورد آن به اختصار اشاره می‌کنم:

موردی مربوط به توقیف نجاری در شهرکرد بختیاری است. آن نجار به خاطر شایعات ناموسی مسئول «شیر و خورشید و رفقا» به خواهرش توصیه کرده بود از استخدام در آن سازمان با آن‌که پذیرفته شده است، چشم پوشد. که این توصیه، امری کاملا خصوصی، خانوادگی و نه سیاسی او را زندانی ساواک می‌سازد که در این نوشتار درباره آن بیشتر توضیح داده خواهد شد.

مورد دیگر ایجاد ناآرامی‌های مکرر در اردوی تابستانی دانشجویان در بختیاری بود که سرپرست اردو معتقد بود توسط چند نفر عامدا به وجود می‌آید. حتی به یاد دارم روزی که گویا بهانه دانشجویان برای اغتشاش ته کشیده بود، در اعتراض به کمبود سهمیه هندوانه، با طی راهی طولانی خود را به استانداری می‌رسانند که بعد از شنیدن مشکل و حل آن با دادن یک هندوانه به هر دانشجو به اردو بازگشتند. برایم باورکردنی نبود سازمان امنیتی که هر حرکت جمعی را در نطفه خفه می‌کرد، چگونه به مشکل ناآرامی‌های اردو، به خصوص میتینگ دانشجویان توجهی نکرد. جالب‌تر آن‌که چندی بعد اطلاع یافتم اگر آن اعتراض سریعا حل نمی‌شد، تدارکاتی

فراهم آمده بود که در برابر استانداری و در مقابله با آنان، حوادثی روی دهد تا انعکاس آن در اخبار، خشم عامه به حکومت را تشدید کند. کما این‌که با گذشت چند ماهی از مسئله اردو، شاهد بودیم که مراکزی چون حسینیه ارشاد تهران و تعدادی از مساجد بدون برخورد با مشکلی به صورت مراکز تبلیغ علیه حکومت درآمده بودند.

در همین رابطه، به هنگام استعفا از استانداری گیلان و برگشت به کار اولیه خود در سازمان برنامه برای کسب نظر درباره تحویل سوابق طرح گردشگری ساحل خزر که نزدم مانده بود، به دیدار بانو فرح که مسئولیت نظارت بر تدوین و اجرای پروژه‌های این برنامه را برعهده گرفته بودند، رفتم. ایشان هم در این آخرین ملاقات به نقش دو سویه ساواک اشاره کردند و گفتند: «غولی آفریده شد. حالا به طرف خود ما برگشته است.» شاید این برداشت موجب شد که موج جدیدی به ساواک برای کنترل مسئولان کهنه‌کار آن که در بین آن‌ها مأموران فرصت‌طلب، سودجو و خشنی نیز فعال بودند، تزریق شود که به شواهد این تزریق ضمن تفصیل ماجرای توقیف نجار اشاره خواهد شد. ناگفته نماند که در اکثر ممالک سازمان‌های امنیتی فعال‌اند؛ منتهی تحت نظارت و کنترل مدام دستگاه‌های قضایی و حقوقی قرار دارند تا پا را از محدوده اختیارات خود خارج نگذارند و مسئولان آن لجام پاره نکرده و به دنبال سلیقه و هوس‌های فردی خویش نروند. به همین خاطر مردم آن کشورها به این سازمان‌ها به خاطر حفاظت از خود و کشورشان خوش‌بین هستند. در این‌جا چند نمونه از نحوه ارتباط ساواک با مردم بختیاری را که شاهد آن بودم از نظر می‌گذرانم.

لغزش عکس شاه بر تابلوی گاراژ؛

موردی که بهانه به دست رئیس ساواک داد تا کار گاراژ را به نفع عده‌ای متوقف کرده و استفاده برد. رئیسی که با چند سال حضور در بختیاری، آن منطقه بسته که مردمش به تبعیت از حکام به خاطر سیستم خان‌خانی حاکم بر منطقه، خو کرده و به صبر و تحمل عادت کرده بودند، عملا جای خوانین

بختیاری را گرفته بود و با آگاهی از آن‌که گوش او در همه‌جا شنواست، در مکالمات بین همکاران نام «خان نو» بر او نهاده بودیم. در اولین روز ملاقات عمومی من در بختیاری، صاحب گاراژی به دیدن من آمد و با ارائه مدارکی که معرف تلاش او در انعقاد قراردادی با شرکت مسافربری معتبری به منظور حمل مستقیم مسافر از شهرکرد به تهران و نقاط دیگر کشور بود، از متوقف‌کردن کارش گله‌مند بود. او سوگند می‌خورد کج شدن عکس شاه بر تابلوی گاراژ در مراسم افتتاح خط جدید، ناشی از وزش باد بوده و قصد توهین به شاه را نداشته است. من که از مطلب اطلاعی نداشتم گفتم: «از سوگند بگذرید و بدون نگرانی جزئیات ماجرا را برایم تعریف کنید.» گفت: «در روز افتتاح، به دستور ساواک عکسی از شاه را به گوشه تابلوی گاراژ چسباندم که در نیمه راه رساندن تابلو به سر در گاراژ برای نصب، باد آن عکس را کمی کج کرد. آن‌ها با این اتهام که عمداً عکس را بر تابلو کج چسبانده‌ام، تابلو را به زیرکشیدند و از کارم جلوگیری کردند و مشکل مردم که باید به اصفهان رفته و از آن‌جا با اتوبوس دیگری به مقاصد خود روند، هنوز ادامه دارد.» در پایان این توضیح احتمالاً او با پشیمانی از ذکر مطلب به منِ تازه وارد که معلوم نبود از چه قماشم و به کجا وابسته، به کرات سوگندِ می‌خورد که از دوستداران شاه است. من هم از این‌که نمی‌توانستم به صداقت او اطمینان کنم و احتمال می‌دادم برای محک شناخت خطم توسط «خان نو» طراحی شده است، با او هم‌صدا شدم و دو نفری علاقه‌مندی خود را به شاه تکرار می‌کردیم. که تصور می‌کنم اگر کسی ناظر بر این صحنه بود، به خنده می‌افتاد. با آن‌که روشن بود که اگر شکایت او واقعیت داشته باشد از نفعی مادی برای کسی ریشه گرفته است، از او پرسیدم که «فکر می‌کنید چرا این مسئله برایتان پیش آمده است؟» او سریعا پاسخ داد که نمی‌داند. تکرار چندباره ندانستن و آهنگ کلام او نشان می‌داد که می‌داند و نمی‌خواهد آن را عنوان کند. من به او حق می‌دادم که چیزی نگوید؛ چه مرا نیز مأمور نوظهور دیگری می‌دید که با کیسه‌ای خالی از راه رسیده است. به هر حال با این توضیح که برای شاه کسر شأن است

که تصویرش بر تابلوی گاراژی نصب شود، به او گفتم که به دنبال تجدید
قراردادش رود و تاریخ افتتاح خط مستقیم مسافربری را اطلاع دهد. چندی
بعد افتتاح گاراژ در صبحی سرد صورت می‌گرفت. در این فاصله دریافتم
که صاحبان اتومبیل‌های مسافربری از شهرکرد به اصفهان، با بازشدن خط
مسافربری مستقیم تعدادی از مشتریان خود را از دست می‌دادند. پیاده
خود را به پیاده‌رو مقابل گاراژی که آدرس آن را منشی برایم پیدا کرده
بود و فاصله زیادی با دفترم نداشت رساندم و در کنار چند نفری که مرا
نمی‌شناختند منتظر ایستادم. رئیس ساواک با چند نفر دیگر نیز در جنب در
ورودی گاراژ جا گرفته بود. او که ناگهان متوجه حضور من شد با عجله
به سوی من آمد و بعد از سلام و احوالپرسی در کنارم ایستاد. ناگفته نماند
که من تازه‌استاندار نمی‌دانستم که اگر باز با ایرادی تابلو را به زیر کشند،
برای ادامه برنامه افتتاح تا چه حد نظرم می‌تواند مؤثر افتد. خوشبختانه
تابلو بدون مسئله‌ای نصب شد و خط مسافربری کار خود را آغاز کرد و
این اقدام کوچک و شایعات در پس آن، موجب شد که هم مورد محبت
بازاریان شهرکرد قرار گیرم و هم مراجعین به من راحت‌تر و بازتر مسائل
خود را در میان گذارند.

مدتی از مراسم افتتاح گاراژ نگذشته بود که از بازرسی شاهنشاهی،
بازرسی به نام تیمسار پالیزبان به استان آمد که در زمینه درستکاری من
تحقیق کند. ما با شرایط بسیار نامطلوب محل زندگی در طبقه بالای
ساختمان کهنه و قدیمی استانداری مسئله‌ای نداشتیم ولی چند مبل کهنه و
قدیمی آن را به خاطر پایه‌های لرزان و بی‌ثباتش تعویض کرده و به جای
آن از فروشگاهی در اصفهان چند مبل معمولی خریداری کرده بودند که در
اکثر خانه‌ها یافت می‌شد. دانستم که ساواک به خاطر آنکه بعد از سال‌ها
یکه‌تازی برای نخستین‌بار حرفش به کرسی ننشسته است، از ماجرای تابلو
گاراژ ناراضی بود و باید گزارشی به مرکز فرستاده باشد که این بازرس را
به استان کشانده است. در گزارش او به مرکز آمده بود که از منزل خود در
تهران، مبل استیل خود را به شهرکرد آورده و به قیمتی گزاف، به حساب

هزینه استانداری گذاشته‌ام. در حالی که در آن زمان در تهران منزلی نداشتم و در آپارتمان اجاره‌ای کوچک یک اتاق خوابه نیز فضایی متناسب برای نمایش مبل، آن هم از نوع گران آن وجود نداشت. تعداد مبل‌های خریداری شده برای استانداری، غیر از کاناپه دوتا بود؛ لذا یکی از دو مبل نسبتا بهتر قدیمی را هنوز حفظ کرده و به کار می‌بردیم. تیمسار بعد از بررسی سوابق خرید در حسابداری، برای خداحافظی به دفترم آمد. نزدیک ظهر بود. عمدا او را برای ناهار، به همان اتاقی که مبل‌ها در آن قرار داشتند دعوت کردم و بر یکی از مبل‌های قدیمی نشاندم که او با دیدن آن مبل و محل نامساعد زندگی ما، با حمامی که آب آن با گاز گرم می‌شد و سریعا حرارت خود را از دست می‌داد و بدتر از آن بوی گاز در آن حمام کوچک می‌پیچید به صورتی که بعد از هر حمام باید در پشت بام و در هوای آزاد کمی می‌نشستیم تا گرفتگی گاز را از سر برانیم، هنگام برگشت به مرکز از پرس‌وجوی خود از کارمندان استانداری ابراز تأسف کرد. این تجربه موجب شد بدانم در پی هر اقدامی که به منافع او یا شرکایش لطمه زند دست زنم، گرچه به ظاهر احترام می‌گذارد و خوش‌وبش می‌کند، باید در انتظار عکس‌العملی باشم. بعد از این مورد سعی می‌کردم که در حریم او وارد نشوم اما سوءاستفاده او در همه‌جا به چشم می‌خورد و من می‌بایست یا آن‌ها را ندیده گیرم و یا خط خود را حفظ کرده و به راه خود ادامه دهم. با آن‌که همگامی با او و امثال او غیر از نفع مادی از شدت کار می‌کاست و به خوش‌گذرانی و لذت می‌افزود. ادامه راه من موجب شد که من و خانواده‌ام ایام بسیار تلخی را در بختیاری تجربه کرده و بگذرانیم که گوشه‌هایی از اهم آن به این شرح است:

مادر سالمند نجار؛

یکی از مراجعین روز ملاقات عمومی به دفترم، زنی پیر، مادر نجاری بود که با چشمی اشک‌بار برای پیداکردن فرزند نجارش که مقابل بیمارستان «شیر و خورشید» شهرکرد کارگاهی داشت، به دیدنم آمد. پسر او را که بعد از فوت پدر، از مادر و خواهرش نگهداری می‌کرد، افرادی دستگیر کرده و

برده بودند. اسم پسر را یادداشت کردم و گفتم: «در صورتی می‌توانم کمکی کنم اگر بگویید به نظر خودتان چه کسانی و چرا او را گرفته‌اند.» گفت: «علت را می‌دانم. مربوط به استخدام خواهرش در شیر و خورشید سرخ شهرکرد است ولی افرادی را که او را برده‌اند، نمی‌شناسم. می‌خواستند دخترم را برای کار در شیر و خورشید استخدام کنند که برادرش به خاطر شایعات ناموسی رئیس شیر و خورشید و دوستان نزدیکش در شهر از او می‌خواهد که از این کار صرف نظر کند و گفت که کماکان، بد یا خوب از او و من نگهداری خواهد کرد تا به امید خدا امکان کار دیگری پیش آید. دخترم نظر برادر را می‌پذیرد. صبح دیروز شخصی در خانه را می‌زند و از دخترم که در را باز کرده بود می‌پرسد که چرا کار شیر و خورشید را قبول نکرده است. او هم حقیقت را به او می‌گوید. عصر آن روز هم پسرم گفت که کسی به کارگاه او رفته و توصیه کرده است که در کار خواهرش مداخله نکند.» مادر اضافه کرد که «گاهی به دکان پسرم می‌روم که در تمیزکردن و جمع‌آوری خاک اره به او کمک کنم. امروز هم نوبت تمیزکردن بود که دو نفر آمدند، پسرم را به داخل ماشینی انداخته و با خود بردند و پاسخ مرا هم که می‌پرسیدم او را به کجا می‌برید نداده و به گوشه‌ای پرتم کردند. فکر می‌کنم باید گرفتاری پسرم مربوط به جریان استخدام دخترم باشد. به نظر مغازه‌داران همسایه، آن مردان چون لباس نظامی نداشتند باید از ساواک آمده باشند و همان مغازه‌داران به من توصیه کردند که از شما کمک بگیرم.» برایم باورکردنی نبود که اگر واقعا ساواک او را دستگیر کرده باشد، این جماعت تا این حد به خود اجازه می‌دهند که در مسائل و تصمیمات خصوصی و خانوادگی مردم نیز دخالت کنند. مسلم می‌دانستم که به سازمان مذکور چنین اختیاری داده نشده بود؛ لذا به نظر می‌رسید مسئولان ارشد آن سازمان به دنبال هوس‌ها و تمایلات خود، به هر کاری که در آن محدوده بسته اراده می‌کردند، دست می‌زدند. با توجه به آن‌که دامنه اختیارات این سازمان به حدی بود که حتی می‌توانست حیات کسی را با اتهامی ساختگی زیر و رو کند، لذا کسی جرأت ابراز اعتراضی را نداشت.

با توجه به رابطه‌ای که با «خان نو» داشتم، در برخورد با هر پیش‌آمدی در رابطه با آن سازمان، با تردید روبه‌رو می‌شدم. از طرفی چشمان اشک‌آلود پیرزنی در برابر من که برای جلب نظرم مکررا در هر جمله‌اش برای کمک نکرده‌ام، سلامتم را از خدا و پیامبران طلب می‌کرد، نمی‌توانست موضو ع را ساختگی نشان دهد. به او گفتم فردا با آن‌که روز ملاقات عمومی نیست، باز به دفتر من بیاید. شاید تا آن وقت حداقل دریابم که فرزندش در کجاست. در طول روز این سؤال که چه می‌توانم در مورد نجار انجام دهم، فکرم را اشغال کرده بود و از طرفی با آگاهی از آن‌که اغلب کارگران با درآمد هر روز خود، هزینه همان روز را تأمین می‌کنند و ذخیره مالی ندارند نمی‌دانستم آن دو زن تنها شام خود را چگونه تهیه خواهند کرد و یا با ترسی که به دل آن‌ها رخنه کرده است با چه وحشتی شب را به صبح خواهند رساند. بالاخره به این نتیجه رسیدم که برای اولین‌بار و برای آن‌که روزی‌رسان آن خانواده زودتر بر سر کار و زندگیش برگردد، باید رودررو در مقابل «خان نو» قرار گرفته، وارد ساواک شوم. صبح روز بعد بدون آن‌که به دفترم روم، سوار اتومبیل شده و به راننده گفتم: «به اداره ساواک می‌رویم.» حدس می‌زدم که او باید آدرس آن اداره را به خوبی بداند؛ چه می‌دانستم پاره‌ای از اطرافیان استانداران و مسئولان مشا غل عمده دولتی و حتی آزاد، از مخبرین ساواک هستند.

در کوچه‌ای و در خانه‌ای شبیه سایر خانه‌های مسکونی آن محله، اداره مورد نظر قرار داشت. منتها دری متناسب برای ورود اتومبیل فرق این ساختمان با خانه همسایه‌ها بود. به محض رسیدن ما مردی از در بیرون جهید. بعد از نگاهی به داخل اتومبیل، در کوچه را باز کرد و به سرعت به طرف در ورودی ساختمان دوید. همزمان با پیاده‌شدنم از اتومبیل، «خان نو» نیز از در ساختمان خارج شد و بعد از سلام و احوالپرسی گرمی مرا به دفتر خود راهنمایی کرد. اتاقی بدون فرش با کف سیمانی و دیوار طوسی‌رنگ بود که از تنها پنجره‌اش در آن روز ابری، نور کمی به داخل می‌تابید. در زاویه‌ای از اتاق، میز کار رئیس را به طور مورب قرار داده بودند. به او

گفتم: «زن سالمندی به دفترم مراجعه کرد و از من خواست اشتباهی را که در مورد پسر او صورت گرفته رفع سازم. گویا پسر او را که از مسائل سیاسی بی‌اطلاع است و فقط به کار نجاری برای گذران زندگی روزمره‌اش می‌اندیشد، دستگیر و بازداشت کرده‌اند. فکر کردم که شاید سازمان شما در این مورد اطلاعی داشته باشد.» او بی‌درنگ اظهار بی‌اطلاعی کرد. گفتم: «می‌دانم که برای شما آسان خواهد بود که حداقل محل توقیف او را پیدا کنید. از نتیجه بررسی خود در این مورد مرا هم مطلع سازید.» درجریان گفت‌وگوی ما، کارمند جوانی از در جنبی دفتر رئیس ساواک وارد شد، سلامی کرد و نامه‌ای را که در دست داشت روی میز او گذاشت و خارج شد. من هم با شک به پاسخی که شنیده بودم، از آن فضا که برایم سنگین می‌نمود، به استانداری برگشتم.

مشکوک شده بودم که شاید ساواک دستی در این مورد نداشته باشد. وقتی مادر پیر دوباره به من مراجعه کرد، از او فرصت بیشتری برای حل مشکل خواستم و ضمنا پرسیدم که آیا به کمک مالی نیاز دارد؟ گفت: «خیر» دریافتم که در شهر منسوبینی دارند که پس از اطلاع از اتفاقی که افتاده است، آن دو را موقتا به خانه خود برده‌اند.

عصر آن روز که وقت اداری به پایان رسیده بود و کارمندان، غیر از منشی رفته بودند فردی با نامه‌ای در دست خود را به دفترم رساند و مدعی بود که در نامه مطلب مهمی است که باید فورا به دست شخص استاندار بدهد و پیشنهاد منشی را که می‌خواست نامه را از او بگیرد و به من رساند، نمی‌پذیرفت. منشی مطلب را به من منتقل کرد. من هم کنجکاو شدم و با منشی به اتاق او رفتم تا ببینم چگونه نگهبان این فرد را در خارج از وقت اداری به داخل راه داده است. به محض ورود او را شناختم. او همان مرد جوانی بود که صبح در دفتر رئیس ساواک با عجله وارد اتاق شد، نامه‌ای را روی میزش گذاشت و رفت. خوشحال شدم که حداقل از وضع نجار و محل اقامت او برایم خبری آورده است که می‌توانم به مادر نجار منتقل سازم. نامه را از او گرفتم و چون می‌خواست چند دقیقه‌ای مرا تنها ببیند،

با او به دفتر خود برگشتم. در آن‌جا او آهسته گفت که «نجار در ساواک زندانی است و اگر با شماره‌ای که در این پاکت است تماس بگیرید، مشکل حل خواهد شد.» و بلافاصله و باعجله خداحافظی کرد و از دفترم خارج شد. من از شدت تعجب نتوانستم حتی جواب خدافظی او را بدهم. به خود گفتم آیا مراجعه مأمور ساواک صحنه‌سازی و شگرد دیگری است که «خان نو» برای به تله انداختنم تدارک دیده است؟ آیا به‌طور کلی آن‌چه از ابتدا تا کنون گذشته، از داستان توقیف نجار و مراجعه مادر اشک‌بارش گرفته تا داستان استخدام دخترش همگی ساختگی بوده‌اند؟ و اگر ساختگی بوده‌اند باید وقتی از اداره ساواک خارج شدم، همه به سادگی من خندیده باشند.

در رفع تردید، مصمم شدم ابتدا درباره واقعیت این شماره، تلفن نام و سمت دارنده آن توسط منسوبین نظامی خود، برادر و پسردایی در تهران بررسی کنم و همزمان سوابق چند روز گذشته کارگزینی «شیر و خورشید» را به بهانه‌ای بررسی کرده و ببینیم به اسم خواهر نجار برخواهیم خورد یا نه و ضمنا دریابم که تا چه حد شهرت بد ناموسی مسئول «شیر و خورشید» در شهر شایع و صحت دارد. از استانداری کسی را به بهانه پی‌گیری شکایتی به دفتر «شیر و خورشید سرخ» فرستادم. نتیجه پرس‌وجو در مورد شهرت سازمان نشان داد که شایعه واقعیت دارد و سرپرست آن سازمان با رفقای عیاش خود مجالس بزمی دارند. به فهرست داوطلبان استخدام در «شیر و خورشید» نتوانستم دسترسی یابم؛ چون گفتند که در این زمینه فهرستی تهیه نمی‌کنند. منسوبین من نیز با دارنده آن شماره آشنایی نداشتند. فقط اطلاع دادند که مربوط به یکی از دفاتر مرکزی ساواک باید باشد و ارتباط تلفنی مرا با آن دفتر مشروط به آن‌که در ابتدا نحوه به‌دست آوردن آن شماره را توضیح دهم بلااشکال می‌دانستند. آن شماره دفتر مأموری بود که بعدها با حضور در تلویزیون با نام مأمور امنیتی معروفیت یافت. چون می‌دانستم تلفن استانداری تحت کنترل است. اتومبیلی را برداشتم و بعد از گشتی در شهر به اصفهان رفتم و از تلفن‌خانه عمومی شهر، به همسرم که در تهران برای شرکت در سمیناری با سایر همسران استانداران رفته بود، آن شماره

را داده و گفتم که «به این شماره زنگ بزنید و پس از معرفی و دادن شماره
تلفن خود بگویید به توصیه یکی از مأموران ساواک در بختیاری که این
شماره را به ما داده است، تقاضای ملاقات با صاحب این شماره را دارم تا
مطلبی را حضورا با او در میان گذارم و در صورتی که اجازه ملاقات دادند،
با مادرت به دیدن او بروید و مسئله نجار را مطرح کنید.» دلیلی که این کار
نامأنوس را به همسرم دادم، شکی بود که از این ماجرا پیدا کرده بودم و به
غیر از او نمی‌توانستم به کس دیگری اعتماد کنم. دو روز بعد مادر نجار
به دیدنم می‌آید و چون چند نفری در دفترم بودند و نمی‌خواستم دیگری
از این ماجرا آگاه شود، تا نزدیک در ورودی دفتر رفتم که در آن‌جا با او
گفت‌وگو کنم. او در حالی که باز دعاگو بود و مکرر می‌گفت «آمد... آمد...»
خواست روی پایم بیافتد که او را بلند کرده و به اتاق منشی برگرداندم.
نتیجه‌ای که از مسئله نجار گرفتم این بود که به هر دلیل، من‌جمله سلب
اعتماد از مأموریت ساواک گروهی را به سازمان ساواک و کادر قدیمی آن
تزریق کرده‌اند.

گورستان بی‌جنازه؛
در جوار استانداری، خیابان کوتاهی بود که به تپه بلندی مشرف بر شهر
ختم می‌شد. بعضی از صبح‌های زود که فرصتی دست می‌داد، در آن خیابان
قدم می‌زدم. در یکی از آن روزها به خانمی برخوردم که در حال ورود
به تنها دبستان آن خیابان بود. او مرا شناخت. ایستاد، سلام کرد و خود را
معرفی نمود. من هم بعد از احوال‌پرسی پرسیدم: «چطور این وقت صبح سر
کار آمده‌اید؟» او که بعد دانستم مدیر آن دبستان است، پاسخ داد که «برای
آماده‌کردن تدارکاتی به مناسبت روز خانه و مدرسه.» درهمین زمان مردی
نیز که معلمی از همکاران او بود از راه رسید و به ما ملحق شد. هر دو مرا
برای آشنایی با کار خود به داخل دبستان دعوت کردند. ساختمان مدرسه
قدیمی بود ولی تمیز و مرتب آن را حفظ کرده بودند.
در دفتر مدرسه، بهترین کاردستی دانش‌آموزان خود را بر میزی به نمایش

گذاشته بودند. چند کاردستی که با هم تشابه داشتند، نظرم را جلب کرد. دانش‌آموزان نخودها را با روسری کوچکی از پارچه سیاه و در اشل و اندازه متناسب، طوری پوشانده بودند که یک سمت نخود پیدا و حالت صورت زنی چادر به‌سر را مجسم می‌کرد و تعدادی از آن‌ها را روی صفحه‌ای از مقوا در پس قوطی کبریتی که سیاه رنگ کرده بودند چسبانده بودند. مفهوم آن صحنه‌ها را از مدیر مدرسه پرسیدم. گفت: «یکی-دو سال پیش، یکی-دو جنازه را از مقابل دبستان برای تدفین در بالای تپه مجاور حمل کردند و بچه‌ها با الهام از آن، این کاردستی‌ها را ساختند.» باتعجب گفتم: «گورستان شهر را دیده و می‌دانم هنوز ظرفیت پذیرش جنازه‌ها را دارد و در نقطه دیگری است. چرا جنازه‌ها را به این‌جا آورده بودند؟ مرد همکار مدیر با پوزخند پاسخ داد که «به همین دلیل به همان دو- سه جنازه اکتفا شد و غسال‌خانه‌ای را هم که در پشت تپه ساختند، بلااستفاده باقی مانده است.» بعد از مدتی سکوت گفتم: «فکر می‌کنید این کار برای چه صورت گرفت؟ آیا آن جنازه‌ها اجساد افراد سرشناس شهر بوده‌اند؟» هر دو هم‌صدا دو- سه بار گفتند: «ما نمی‌دانیم، اطلاعی نداریم.» پاسخ شتاب‌زده آنان به صورتی بود که احساس کردم مطلب را می‌دانند ولی به هر دلیل از ابرازش ابا دارند. به آن‌ها گفتم: «من هم مثل شما معلم بوده‌ام. می‌دانم که دلیل را می‌دانید. نگران نباشید، نظرتان را به من بگویید.» آن‌ها باز تکرار کردند که «نمی‌دانیم.» از آن‌ها خداحافظی کرده و با ابهامی که در ذهنم کاشته بودند به استانداری برگشتم.

بهترین راه برای اطلاع از درد مردم، تماس مستقیم با آن‌ها بود. چند روز بعد از اطراف و بالای تپه، که از نظر ارتفاع و وسعت همانند کوهی می‌نمود، دیدن کردم. سیمای زیبا و ساده شهر در دامن آن کوه دیده می‌شد و محل بسیار مناسبی برای احداث پارکی به نظر می‌رسید. در پشت تپه و در کنار چاهی که آرتزین می‌نمود غسال‌خانه نوسازی با آجرهای ظریف و روشن به چشم می‌خورد که از پنجره‌اش پیدا بود دست‌نخورده باقی مانده است. در بالای تپه گودال وسیعی همانند منبعی برای ذخیره آب حفر شده

بود که تا نیمه از بارش باران و برف پر بود. در آن ایام ما مهمان نوجوانی در خانه داشتیم که «علی»، برادر همسرم بود و تابستان‌ها به خاطر علاقه‌ای که به خواهرش داشت، به دیدن ما می‌آمد. او هر از گاهی می‌رفت و در آن آب زلال و سرد که من آدرسش را به او داده بودم شنا می‌کرد. متأسفانه در برگشت به تهران اتومبیل او تصادف کرده و فوت می‌کند و همه را متأثر می‌سازد.

کنجکاوانه موضوع را تعقیب کردم و دریافتم چند رجل شهر و چند نفری خارج از استان دست به دست هم داده و قصد مالکیت کل این تپه را در سر دارند و با دادن عنوان گورستان به این محل، آن را از تصرف زمین‌خواران رقیب و برای تدارک اسناد مالکیت خود حفظ کرده‌اند. به محض اطلاع از این زمینه‌سازی و شناخت طراحان آن، با علم بر آن‌که دریافته بودم بعضی از اعضای انجمن شهر نیز خود در آن صحنه‌سازی سهیم‌اند رعایت قانون کرده و کتبا تبدیل تپه به پارک را به انجمن شهر پیشنهاد کردم. انعکاس خبر در شهر نشان داد که اکثر مردم از موضوع باخبرند ولی جرأت اعتراض را به دلیل شراکت و حمایت «خان نو» از زمین‌خواران نداشته و سنگینی تحمل نمای گورستان بر شهر خود را به ناچار پذیرا شده‌اند. تعدادی نیز که می‌دانستند هدف اصلی از تملک آن تپه در نهایت ساختمان‌سازی است، از این‌که افق روشن شهرشان با آجر و سیمان تیره خواهد شد در دل معترض بودند و چون می‌دانستند ندای اعتراض آنان به گوش صاحب درد و اختیاری نخواهد رسید و تنها برای خود ناراحتی خواهند خرید، سکوت کرده بودند. به این ترتیب، گفت‌وگوی آن روز در مدرسه، زمینه برخورد جدیدی را با گروه پرقدرت شهر و تحت حمایت «خان نو» برایم فراهم آورد که تا اواخر دوره استانداری من ادامه یافت. برایم روشن بود انجمن انتصابی و ذی‌نفع شهر در این مورد تصمیمی نخواهد گرفت؛ لذا بعد از چند روزی انتظار و مشاوره با هرمزان، دادستان بی‌نظیر و با شهامت استان، شایعه شروع تأسیس پارک را بدون مجوز انجمن شهر بر سر زبان‌ها انداختم که انعکاس آن و استقبال مردم، راهی جز تصویب برای انجمن شهر باقی نگذاشت.

با این کار که هم شکست نظرات ساواک را نشان می‌داد و مهم‌تر از آن منافع مالی قابل توجه او و شرکا را سد می‌کرد، در انتظار ضربه کارسازی نشسته بودم که انتظارم به درازا نکشید و رنود این بار زمینه حساسی را برای نشان‌دادن ناتوانی من در اداره امور فراهم آوردند تا شاید به عزل من مزاحم منتهی شود. خبر رسید که آرد در شهر ناپیدا، نانوایی‌ها به بهانه نداشتن آرد بسته و مسئول توزیع آرد نیز ناپدید شده است و مردم را آماده می‌کنند که دسته‌جمعی برای رفع مشکل به استانداری مراجعه کنند. این مشکل ساده نبود و ادامه آن می‌توانست شهر را به آشوب کشد و وضعیتی را به وجود آرد که حکومت از آن وحشت داشت و می‌دانستم در نهایت ساواک مداخله و آن را حل خواهد کرد و با این مانور از یک‌سو ضعف من و از طرف دیگر توان خود را نشان داده و زمینه عزلم مهیا می‌شود و مهم‌تر از عزلم، بار دیگر موضوع پارک به فراموشی سپرده خواهد شد. از آن‌جا که مسئولان نظم شهر، خود آتش‌افروز معرکه بودند، در پیداکردن راه‌حلی برای رفع مشکل گیر کرده بودم که یکی از بازاری‌ها خود را به استانداری رساند و محل پنهان‌شدن مسئول آرد را به من اطلاع داد. مأموری از استانداری فرستادم که به توزیع‌کننده اصلی آرد بگوید که آدرس محل اقامتش را از ساواک گرفته و آمده است که او را با خود به استانداری ببرد. می‌دانستم که برای او این سؤال را پیش خواهد آورد که چرا از یک طرف او را تشویق به این کار کرده و پنهانش می‌کنند و از طرفی آدرس محل اختفای او را به استانداری می‌دهند. او به مأمور می‌گوید که دیگر لازم نیست به استانداری بیاید و مشکل را حل خواهد کرد ولی مأمور به وظیفه خود عمل کرده و او را به دفتر من می‌آورد که با ورود او برای اولین‌بار، هیبت خان حاکم را به خود گرفته و با تهدید و خشونت به او تا قبل از ظهر فرصت می‌دهم که آرد را به کلیه نانوایی‌های شهر برساند و دیگر دست به چنین کاری نزند. چون اطمینان نداشتم که تیغ من خواهد برید، از استاندار اصفهان نیز تلفنی کمک خواسته بودم تا در صورت لزوم از طریق ذخایر آرد سیلوهای شهر اصفهان، موقتا به مسئله آرد شهرکرد نیز کمک کند که توپ و تشر بی‌پشتوانه‌ام مؤثر

افتاد و محتاج به کمک اصفهان نشدیم.

رنجش ساواک از جایگزینی مسئولان انتصابی با انتخابی؛

هنور نارضایتی از مورد پارک شهر به فراموشی سپرده نشده بود که گزینش کدخدایان پیش می‌آید. انتخاب کدخدایان در آن منطقه عشایری، توسط خوانین صورت گرفته بود و کدخدایی به صورت ارثی در خانواده ادامه یافته و از پدر به پسر می‌رسید. شاخص عمده این کدخدایان تعلیمی کوتاهی بود که زیر بغل خود حمل می‌کردند و هر وقت در بازدیدها که این کدخدایان به روال مرسوم عصر خوانین با جمع‌آوری فرش از خانه‌های مردم، محوطه وسیعی را مفروش کرده و به استقبال می‌آمدند که خیر مقدم گویند. قبل از شروع گفتار آنان به سویی حرکت کرده و یا با حاضرین مشغول صحبت می‌شدم تا با این بی‌اعتنایی ترس مردم از آن‌ها کاسته شود. به بخشداران توصیه کردم انتخابات کدخدایان و انجمن‌های دهات را با نصب تصویری از داوطلبان کسب سمت بر سبدهای خالی در محل بسته‌ای قرار دهند که رأی‌دهندگان تک‌تک به آن محل وارد شده و به هر کس که می‌خواهند رأی دهند و برگه مشخصی را که قبل از ورود به اتاق از داوران گرفته و نامی بر آن نیست، در سبد مورد نظر خود اندازند و در پایان، در برابر جمع، آراء هر سبد شمرده شود تا برنده کدخدا شود و ضمنا توصیه کردم که جوانان را برای انتخاب‌شدن تشویق کنند تا افرادی که آثار سلطه‌های قبلی بر روحیه آنان کم‌رنگ‌تر است، جای گذشتگان ترسو و پرتحمل خود را بگیرند. ساواک با این منطق که کدخدایان قدیمی به خم و چم مردم واردتر بوده و به کمک آن‌ها بهتر می‌تواند امنیت را در منطقه عشایری برقرار کند، حامی کدخدایان عصر خوانین بود. انتخاب مدیران سازمان‌های مردمی دیگر چون سازمان زنان را نیز از طریق رأی‌گیری انجام دادیم که متاسفانه با گزارشات منفی ساواک درباره انتخابات یاد شده، نتوانستیم این نحوه انتخابات آزاد و مردمی را به رده‌های بالاتری چون انجمن‌های شهر و استان بسط دهیم. این انتخابات موجب شد که نتایج قابل

توجهی به دست آید، تعدادی جوان به کدخدایی رسند و رئیس چندین ساله سازمان زنان، همسر «خان نو»، رئیس ساواک استان، در برابر معلم یکی از دبستان‌های شهر که اسم او اگر درست به خاطرم مانده باشد، خانم «فروزنده» شکست خورد.

ناگفته نماند که برحسب اتفاق در گرماگرم انتخابات کدخدایان و انجمن‌های دهات، انتخاب یکی از نمایندگان مجلس شورا برای پرکردن جای خالی نماینده‌ای از بختیاری نیز پیش آمد. فرصتی بود که می‌شد آمادگی مردم به خصوص در این منطقه بسته را بدون مداخله حکومت، در انتخاب نماینده خود به آزمایش گذاشت که محکی در میزان شناخت مردم به حقوق خود و میزان آمادگی و استقامت آن‌ها در برخورداری از این حقوق به حساب می‌آمد. با علم بر آن‌که گذشته نشان می‌داد که خواست انتخاباتی آزاد آن هم برای مجلس شورای ملی آرزویی بیش نیست، با تجربه به‌دست‌آمده از انتخابات انجمن‌های محلی، دلی به دریا زده و در «لردگان»، دورافتاده‌ترین بخش استان، به تلاش برای برقراری انتخاباتی آزاد دست زدیم. نکته جالب در انتخابات حوزه لردگان آن بود که خانم داوطلبی از بازماندگان خوانین می‌بایست با رقیبی روستایی از رعایای قبلی خود برای کسب کرسی مجلس وارد گود شود. آن خانم که چون بقیه مردم می‌دانست به روال معمول، بدون تایید حکومت مشکل است به مجلس راه یابد، دو- سه ماه قبل از انتخابات در روزهای ملاقات عمومی، به تصور آن‌که سمت من نیز از سمت‌هایی است که می‌تواند او را به مجلس بفرستد، مکرر به دیدنم می‌آمد و با اشاره به این‌که همیشه شاخه خانواده او حامی دولت مرکزی بوده و هستند، می‌پرسید آیا می‌تواند در انتخابات شرکت کند یا نه، که جواب من هم همیشه این بود که «اشکالی نمی‌بینم. بستگی به تصمیم خودتان دارد.» منتهی نمی‌توانستم به او گوشزد کنم که سوراخ دعا را عوضی گرفته است. در روز انتخابات، فرماندار شهرکرد، آقای گرجی را به لردگان فرستادم تا ترتیبی دهد که هرچه بیشتر مردم بر انتخابات نظارت کنند و از مرحله رأی‌گیری تا اعلام نتیجه، لحظه‌ای از نظارت غافل نشوند.

یک‌باره خبر یافتم با آن‌که آن بانو زمینه نمایندگی خود را با مراجعه به مراکز تصمیم‌گیری اصلی فراهم آورده بود، آن روستایی برنده شده و به مجلس راه یافته است. ماجرای انتخابات در بختیاری را برای دکتر احسان نراقی رئیس مؤسسه تحقیقات دانشگاه تهران فرستادم؛ چون می‌دانستم که این همکار گذشته‌ام خشنود شده و زمینه تحقیقاتی تکمیلی را فراهم خواهد آورد و در تهران گوشه چشمی به فعالیت این نماینده نورسیده و خود ساخته خواهد بست اما متأسفم که فرصتی دست نداد که خود ببینم آن روستایی چه نقشی در مجلس بازی کرده و چه تأثیری بر قوانین گذاشته است.

تبعید رئیس انجمن استان؛

که باز موجب رنجشی برای «خان نو» گردید و از تصمیم یک‌باره دولت که همه نادرستی‌ها را نادیده و دست به تنبیه گران‌فروشان در سراسر کشور زد، سرچشمه گرفت. در تنبیه گران‌فروشان استان بختیاری به مسئول اجرای آن دستور دولت، فرماندار شهرکرد توصیه کردم که از کمیته مبارزه با گران‌فروشی بخواهد مثل اغلب استان‌های دیگر، به سراغ بقال سر گذر و سبزی‌فروش خرده‌پای محله نروند و گران‌فروش کلان را با بی‌نظری پیدا کرده و مورد توبیخ قرار دهند؛ چه با تنبیه او، همه گران‌فروشان بزرگ و کوچک مراقب اعمال خود خواهند شد. همزمان با این دستور طرح مسکن نمونه و ارزان قیمت دفتر فنی استان با حداکثر استفاده از مصالح محلی در مرکز عشایری چهلگرد، به پایان رسیده بود. در این طرح تعدادی مسکن با توجه به خواست، سلیقه و نیاز عشایر، حتی با اختصاص محلی برای نگه‌داری معدودی دام چون گاو شیرده یا بره نوزاد، به صورتی ساخته شده بود که اگر روزی شرایط زیست عشایر تغییر یابد صاحبان آن خانه‌ها با اصلاحاتی بتوانند آن قسمت را نیز به قسمت مسکونی خانواده اضافه کنند. در طراحی خانه‌ها نظر مردم توسط پرسشنامه‌ای با همیاری دانشجویان کارآموز انستیتوی مددکاری در منطقه اخذ و با تکیه به آن نظرات طرح تدوین و بعد از تأیید ریش‌سفیدان عشایر پیاده و به اجرا گذاشته شده بود.

در جلب توجه ساکنان منطقه و به امید اقتباس از این طرح، مردم چهلگرد تشویق شده بودند مراسمی برای افتتاح ترتیب دهند که مثل همیشه از رئیس انجمن استان که او را برای افتتاح هر پروژه‌ای همراه خود می‌بردم خواستم که با من به چهلگرد بیاید و بریدن نوار افتتاح محله نوبنیاد را او برعهده گیرد. با این رویه می‌خواستم که شاغلین چنین سمت‌هایی به وظیفه و اختیارات خود با آنکه در شرایط روز اغلب انتصابی بودند پی برده، مقام و مکان خود را حس کنند و مسئولیت در پس آن را به خاطر سپارند. و مهم‌تر از آنها، مردم دریابند سمت آنان که مردم با رأی و نظر خود به او سپرده‌اند، برتر از سمت‌های اداری است.

در گزارش توجیهی طرح متوجه شدم که مسئولان بر پایه برداشت‌های گذشته خود مجموعه را به نام من نام‌گذاری کرده‌اند. با تشکر خواستم به جای نام من، نام یکی از مشاهیر، نویسندگان و شعرای خود را بر مجموعه گذارند. در پایان مراسم افتتاح بعد از تشکر از برگزارکنندگان مراسم و ساکنان چهلگرد که ایجاد این شهرک حاصل اهدای زمین و همکاری آنان بود، به شهرکرد برگشتیم. ابتدا رئیس انجمن استان را به خانه‌اش رساندم و سپس خود به استانداری رفتم. در استانداری با آنکه ساعتی از وقت اداری گذشته بود، فرماندار را منتظر خود یافتم و با هم وارد دفتر کارم شدیم. نقشه‌ها و کیف خود را روی میز گذاشتم و برای رفع خستگی از سفر در راهی خاکی و ناهموار روی صندلی نشستم و از او هم خواستم که بنشیند و مطلب خود را بگوید. او گفت: «موضوع مربوط به مبارزه با گران‌فروشی است. در جلسه‌ای که امروز داشتیم، با توجه به مدارکی که دقیقا مورد بررسی قرار گرفت، کمیته آقای «ن»، رئیس انجمن استان را گران‌فروش‌ترین فرد در استان تشخیص داده‌اند که با انحصار کارگاه آجرپزی در استان به هر قیمتی که اراده کند می‌تواند آجر خود را به فروش رساند. او را به شهر گنبد تبعید کرده‌اند که قانونا باید در مدت چهل‌وهشت ساعت، در صورت تأیید رأی توسط شما خود را به آن شهر برساند.» گفتم: «بروید، مدارک و صورت جلسه کمیته را که بر آن اساس او را تبعید

کرده‌اند بیاورید.» مدارک را به دقت بررسی کردم. دیدم که رأی درست داده شده است. صورت جلسه را برای تأیید از او گرفتم و گفتم: «می‌دانی که امروز با او به چهلگرد رفته بودم.» فرماندار با شنیدن این جمله به من گفت: «اگر می‌خواهید می‌توانید که رأی را رد کنید. این از اختیارات قانونی شماست.» او همکار قدیمی من بود. در جواب گفتم که «متأسفم بعد از سال‌ها کار با من، هنوز مرا نشناخته‌اید.»

صورت جلسه را امضا کرده و به او دادم و اضافه کردم: «حدود یک ساعت پیش او را در مقابل خانه‌اش پیاده کرده‌ام. باید در خانه باشد. می‌توانید بروید و شخصا حکم را همین حالا به او ابلاغ کنید.» فرماندار از قضاوت خود درباره من معذرت خواست و اضافه کرد: «چون خواستید مدارک را خود بررسی کنید، تصور کردم قصد دارید رأی را به خاطر سمت او و این‌که از نزدیکان و منتخبین «خان نو» است و به کمک او توانسته است که از ایجاد گارگاه پخت آجر دیگری در استان ممانعت کند، تغییر نظر دهید. وگرنه بعد از جلسه، برعکس اکثریت اعضای کمیته که فکر می‌کردند او را خواهید بخشید، مطمئن بودم نظر کمیته را تأیید خواهید کرد.» به او گفتم: «عیبی ندارد و ایرادی نیز به پیش‌بینی اعضای کمیته وارد نیست. نظرشان با روند جریانات روز هماهنگ است.»

خواستم ماجرای سقراط را که شاگردان او دربارهاش قضاوت درستی نکرده بودند برای فرماندار تعریف کنم که دیدم این قیاس آن هم با آن مرد نامدار، رنگی از خودبزرگ‌بینی به من خواهد بخشید؛ لذا به آن اشاره‌ای نکردم.

ماجرای سقراط، این فیلسوف یونانی برای آنان که با او آشنایی ندارند این است که او به خاطر مطالبی چون تأکید به اصول آزادی، محکوم به مرگ با نوشیدن زهر شوکران می‌شود که شاگردانش برای نجات او اسبی را زین کرده و آورده بودند که با آن بتازد و فرار کند. سقراط نه تنها از آنان تشکر نمی‌کند، بلکه گله‌مند می‌شود که شاگردانش توجهی به عمق اعتقاد او نکرده و نمی‌دانستند که تا چه پایه مؤمن به آن‌هاست؛ لذا می‌ماند و جام

شوکران را سر می‌کشد.

تغییر نام خیابان‌های شهرکرد؛

خیابان‌ها در شهرکرد، مرکز استان، بیشتر به نام فرمانداران کل گذشته که اغلب نظامی بوده‌اند نام‌گذاری شده بود. تصور می‌کردم که هر تازه‌واردی با دیدن این نام‌ها، به ویژه عناوین نظامی پیشوند آن‌ها فکر می‌کند که وارد پایگاهی نظامی شده است که برای تجلیل از شهدای خود در نبردها، نامشان را بر سر گذرها نهاده‌اند. نام‌گذاری شهرک نوبنیاد چهلگرد مرا مصمم کرد که این رسم نام‌گذاری‌ها را نیز برهم زنم؛ لذا از فرماندار شهر خواستم نامه‌ای به انجمن شهر بنویسد و پیشنهاد تغییر نام خیابان‌های شهر را به نام مشاهیر، شعرا، نویسندگان و یا دلیران بختیاری، به خصوص آن‌ها که در انقلاب مشروطه مشارکت داشته‌اند، برای تصویب به آن‌ها ارائه دهد تا مردم شهر به موجودیت و افتخارات گذشته خود بیشتر پی برند.

همان‌طور که اشاره شد در استان یک گرفتاری همواره و در هر اقدامی برایم مشکل می‌آفرید و آن بهم‌زدن منافع «خان نو» بود که آثارش در همه جا ظاهر می‌شد و هرجا که می‌خواستیم کاری انجام دهیم به منافع او برخورد کرده و موجب رنجش و کینه او می‌شدم. بلوار نوساز، طولانی و عریضی نیز در شهر به نام او نام‌گذاری شده بود و تابلو نئون کوتاهی که در شب نیز نام خیابان را خوانا کند، در بین چمن‌های نوار میانی آن بلوار به چشم می‌خورد. در اصل، با توجه به تعداد کم اتومبیل که اغلب متعلق به ادارات دولتی بوده و ترافیکی محسوس نبود، ساخت این بلوار را در آن زمان بی‌فایده نشان می‌داد. به این ترتیب تغییر نام آن خیابان و اقدام فرد یا افرادی که بر تابلوی افتاده آن قبل از حمل به انبار شهرداری بی‌ادبی کرده بودند، موجب عصبانیت بیش از حد او می‌شود.

انتخاب نماینده‌ای برای سفر به حج؛

مرتبا از مرکز دستوراتی می‌گرفتم که پیش‌بینی آن را نمی‌کردم. نامه‌ای

از دربار داشتم که بر اساس معمول سنواتی می‌بایست فردی را از استان
انتخاب کنم که به نیابت رضاشاه و به هزینه دربار به حج رود. من از این
برنامه نیز اطلاعی نداشتم. ولی رجال محلی از آن و زمان استفاده آن دقیقا
مطلع بودند و گویا هر ساله یکی از طبقه خود را برای این سفر انتخاب
می‌کردند. به طوری که آن را حق خود دانسته و برای رفتن بین خود نوبت
مشخص کرده بودند. اضافه بر آنها، خارج از محدوده استان نیز داوطلبانی
هر یک سفارشی‌در دست، به من مراجعه می‌کردند. جالب‌تر آنکه یکی از
آنها کارمندی اهل بختیاری در وزارت دربار بود که نامه معرفی فردی برای
رفتن به حج را در وزارت دربار تهیه و برای استانداران ارسال می‌کرد. او
هم خود چون اهل استان بود علاقه‌مند رفتن به این سفر شده بود. در جمع
این داوطلبان من معنویتی نمی‌دیدم. می‌خواستم کسی را معرفی کنم که نه
تنها به خاطر نمایندگی، بلکه شخصا و روحا مشتاق این سفر بوده و از ته
دل از انتخابش خشنود شود. در تاریک و روشن صبحی زود که در گوشه
چادر همیاران راه‌سازی به خوزستان نشسته و منتظر تماشای طلوع بی‌نظیر
آفتاب در کوهستان آن منطقه بودم، یک‌باره سایه مردی که بر متن طوسی
افق با نشست و برخاست منظمی نشان می‌داد مشغول خواندن نماز است،
نظرم را جلب کرد. او در سکوت کوهستان مه گرفته، صحنه‌ای روحانی
آفریده بود. هنگام خوردن صبحانه اسم و آدرس او را گرفتم. می‌دانستم
او نگران خواهد شد که برای چه آدرس و مشخصات او را می‌خواهم؛ لذا
برای رفع نگرانی به او گفتم که «می‌خواهم از همیاری توی روستایی که در
ساخت راه، به یاری عشایر آمده‌ای کتبا سپاسگزاری کنم.» آن مرد روستایی
«محمد مراد عباس‌پور» بود که در آن سال از استان به حج رفت. علت
آنکه در آن روز واقعیت را به او نگفتم، آن بود که نکند ذی‌نفوذی یک‌باره
شخصی دیگر، حتی غیر ساکن در استان را انتخاب کرده و بدون اطلاع من
به حج فرستند و بدقول شوم. با جریانی که در یکی از دفاتر استانداری رخ
داد، مطمئن شدم که انتخابی درست کرده‌ام؛ چون وقتی او را به استانداری
خواستند که بگویند چه مدارکی را برای مقدمات چه سفری باید ارائه دهد،

به محض آن‌که فهمید به حج می‌رود، از شدت شادی و هیجان بی‌حال شده و روی مبل می‌افتد.

شماره ۲۵۱۶۴۲ ۱۰/
تاریخ ۱۳۵۶/۹/۲۹
پیوست

وزارت تعاون و امور روستاها
دفتر وزیر

جناب آقای عطاءالله معتدل
استاندار چهارمحال و بختیاری

براساس گزارش اداره کل تعاون و امور روستاهای چهارمحال و بختیاری طبق دستور آنجناب آقای محمد مراد طهماسبی‌پور مدیرعامل نمونه خانه های فرهنگ روستائی استان چهارمحال و بختیاری بهزینه دولت به مکه معظمه مشرف گردیده است. بدینوسیله ازتوجه خاص آنجناب نسبت به خانه های فرهنگ روستائی تشکر نموده وموفقیت بیش ازپیش جنابعالی را در راه خدمت به میهن و شاهنشاه آریامهر مسئلت مینمایم.

رضا صدقیانی
وزیر تعاون و امور روستاها

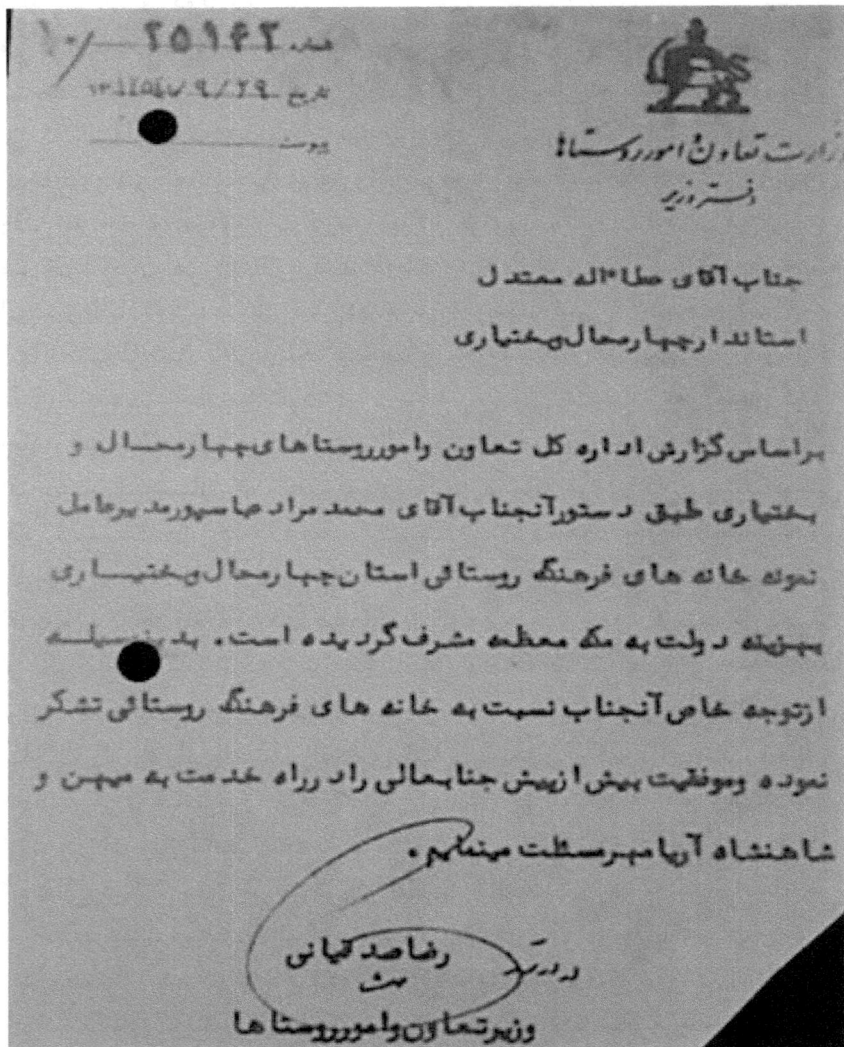

استاندار شورشی؛

در انجام وظایفم تلاش می‌کردم که پا را از حیطه اختیاراتم بیرون نگذارم و مانع آن شوم که احساس و نظر شخصی، رفاقت یا کدورت، بر تصمیم و اقداماتم اثر گذارد. معالوصف چون با منافع عده‌ای تضاد پیدا می‌کرد، مدام با بی‌مهری و صحنه‌سازی آن‌ها روبه‌رو می‌شدم و چون با نبود پناهی در آن حوزه بسته، حتی کینه‌توزی سازمان‌های امنیتی و انتظامی که باید امنیت من و خانواده‌ام را تأمین می‌کردند میدان را ترک نمی‌کردم عده‌ای عصبی می‌شدند. تا آن‌جا که در پی نتیجه‌نگرفتن از صحنه‌سازی‌های خود که به گوشه‌ای از آن‌ها اشاره شد، به دنبال ضربه‌ای کارساز رفتند و آن متهم کردنم به مخالفت با رژیم، آن هم در منطقه حساس عشایری در پوشش سمت استانداری بود که فوج بازرسان دفتر ویژه را که گویا این دفتر زیر نظرشخص شاه قرار داشت و مستقیما به او نتایج بازرسی‌های خود را منعکس می‌کردند، به استان سرازیر کرد. تصور می‌کنم مجموعه اقدامات زیر که سر فصل آن‌ها از نظر می‌گذرد، بیش از اقدامات دیگرم کارد را به استخوان این گروه و در رأس و حامی آنان، «خان نو»، ریاست ساواک رسانده بود:

– تعویض کدخدایان انتصابی عهد خوانین و مورد اعتماد ساواک با کدخدایان منتخب روستاییان.

– شکست رئیس همیشگی سازمان زنان استان از آموزگار یکی از مدارس شهر در انتخاباتی آزاد.

– تبعید رئیس انجمن استان که با کمک مسئول ساواک ساخت آجر را منحصر به خود کرده بود.

– تعویض نام بلواری عریض و طویل به نام مسئول ساواک در پی تعویض نام خیابان‌های شهر.

– حفظ کوهک مشرف به شهر از تصرف طالبان مالکیت آن برای پارک با ارزشی بسیار بالا.

ـ و خلاصه خنثی‌کردن تحریکاتی چون ایجاد زمینه قحطی نان و غیره

در شهر.

هیأت بازرسین به عکس روال مرسوم بازرسان دیگر که برای انجام وظیفه‌ای به استان می‌آمدند، از نظر رعایت تشریفات قبل از شروع به کار خود، به دیدار استاندار می‌آمدند مستقیما به مصاحبه با مردم در دهات و شهر و بازار پرداختند. خبر تحقیق آن‌ها، به ویژه توسط بخشدارانی که بعضی از آن‌ها شاگردانم بوده‌اند و تعدادی مردم محلی و بازاری‌ها به گوشم می‌رسید. نوع پرسش‌ها نشان می‌داد که تحقیق آنان منحصر به عملکرد استاندار و سخنان او در مراسم رسمی، در کار با مسئولان اداری و مردم محلی در روزهای ملاقات عمومی و برخوردهای دیگر بود. برآورد می‌کردم که اگر درباره اقداماتم در سطح استان مغرضانه قضاوت کرده و اتهام وارده تایید شود، با مشکلی روبه‌رو خواهم شد که تنها به عزل مقام ختم نمی‌گردد. به همسرم گفتم: «صلاح است به تهران، به خانه پدرت برگردی و اگرمشکلی پیش آید، برای ادامه زندگی فرزندمان به دنبال کاری باش.» او قبل از ازدواج شاغل بود و با تسلطی که به زبان انگلیسی داشت، پیداکردن کار در ایران و یا در خارج برایش مقدور بود و به این دلیل، خاطرم از نظر او و فرزندم آسوده بود. شب‌ها لوازم شخصی خانواده را که عمدتا لباس بود در یکی از اتاق‌ها جمع‌آوری می‌کردم، یادداشت‌ها و نوشته‌های خود را در کیفی می‌گذاشتم. در آن روزها به اقداماتم نه تنها در بختیاری، که در طول زندگی‌ام که می‌توانست دلایل محکوم‌کننده‌ای به حساب آید، می‌اندیشیدم. فکر می‌کردم شاید در ادامه تحقیق نوشته و سروده‌های زمان دانشجویی من نیز مورد توجه قرار گیرد. آن وقت سعی می‌کردم که آن‌ها را به خاطر آورده و سبک و سنگین کنم. ترس اصلی من در آن روزها از آن بود که اگر وابستگی سیاسی مطرح می‌شد، من که نمی‌توانستم منکر ارتباطم با جبهه ملی شوم، آن وقت دفاع من در دفع تهمت‌های دیگری که به روال جاری به مخالفین رژیم در زمینه‌های مالی اخلاقی و غیره نسبت داده می‌شد، مشکل می‌شد و ممکن بود اتهامات از دید مردم وارد به نظر رسد که در این صورت قضاوت آن‌ها که بیش از هر

پیش‌آمد دیگری برایم ارزش داشت، نگرانم می‌کرد. در طول این جریان، هرمزان، دادستان شهر برای اولین‌بار به دیدارم آمد. نگرانی خود را در رابطه با جبهه ملی با او در میان گذاشتم. او که گویا خود در باطن گرایشی در گذشته به آن جبهه داشت، گفت: «اگر مسئله‌ای برایت پیش‌آید آماده‌ام که از دادستانی استعفا داده و نه برای دفاع از تو، به عنوان شاهدی، از آن‌چه در این خطه می‌گذرد پرده بردارم.» در جوابش بعد از تشکر گفتم: «فکر می‌کنید شهادتتان تأثیر و فایده‌ای بخشد؟» او سکوت کرد؛ سکوتی که تا هنگام خداحافظی ادامه داشت. این افکار عصبی و بی‌خوابم کرده بود تا آن‌که در صبحی زود که هنوز کارمندان به سر کار نیامده بودند، با ورود چند اتومبیل به محوطه استانداری که از پنجره اتاق طبقه دوم شاهد ورود آن‌ها بودم، به خود گفتم هر چه پیش آید، این حسن را خواهد داشت که تفکرات تلخ را به آخر رساند. از پله‌ها پایین آمدم و به اتاق منشی که باید از آن گذشته تا به اتاق خود رسم، وارد شدم. همزمان تیمساری که گویا سرپرست هیأت بود وارد شد، پاها را به هم چسباند و سلامی نظامی داد و بعد از معرفی خود گفت: «متأسفم که در موقع ورود به استان نتوانستیم به دیدارتان بیاییم. حالا که به مرکز برمی‌گردم، با آرزوی توفیق برای شما آمده‌ام که خداحافظی کنم.» و بدون آن‌که منتظر بماند، باز با سلام نظامی دیگری از در خارج شد. در حالتی که بودم نتوانستم اسم او را درست شنیده و به خاطر بسپارم، اسمی شبیه صدقی یا قدسی داشت. همانند آدمی که راه درازی پیموده و توان خود را از دست داده است، خسته روی نزدیک‌ترین صندلی اتاق منشی نشستم و باز به سؤالی که در پی هر اقدام اصلاحی و مخالفت‌برانگیز در سرم موج می‌زد و مسلم می‌دانم که برای خواننده مطالب این نوشتار نیز مطرح می‌شود، اندیشیدم. سؤال این بود که چگونه توانستم تا حال راه خود را طی کرده و در شرایط حاکم روز، زودتر توبیخ و معزول نشوم. تنها پاسخی که به ذهنم می‌رسید این بود که شخص شاه به تنهائی و به هر دلیل مصمم شده بود که مقدمتا به دنبال تحول اداری رود و با علم برآن‌که می‌دانست کارکنان سازمان برنامه و یا به قول خود او «شمرهای

خوش‌قلب»، بدون ذکر هدفش در این راه همگام خواهند شد، گروهی از
آن دفتر را وزیر و استاندار نمود و از آن‌ها پوشیده حمایت می‌کرد و یا
چون قطع حمایت غرب از خود را احساس می‌کرد به راهی قدم نهاده بود
که حمایت ملت از خود را برانگیزد. انتخابات آزاد شهرک لردگان که شرح
آن گذشت می‌تواند مؤید این نظر باشد.

ملخص آنکه مدت کوتاهی بعد از رفتن هیأت بازرسی از استان، من با
مسأله‌ای روبه‌رو نشدم ولی رئیس چندین ساله ساواک و رئیس دادگستری
از کار برکنار شدند. در پس این ماجراها با دو احساس مغایر روبه‌رو شده
بودم. از طرفی امیدوار بودم که با این تغییرات مردم آرامشی نسبی به دست
خواهند آورد و از جهتی نگران عکس‌العمل آن‌هایی بودم که در گوشه و
کنار استان پراکنده و سال‌ها به خاطر نزدیکی با «خان نو» سود برده بودند
و با رفتنش منافع خود را از دست می‌دادند. این نگرانی در همسرم مرتبا
افزوده می‌شد تا آنجا که به هر اتفاقی که در اطراف ما رخ می‌داد شک
می‌کرد. خفه‌شدن بچه آهوی پسرم که شب‌ها نزدیک تخت او می‌خوابید،
یکی از آن‌ها بود. حرکت در جهت خلاف سیستمی که قدرت را در دست
دارد، آن هم در داخل آن، آسان نیست و مانند شنا در جهت خلاف رودی
خروشان است. تصمیم گرفتم که برای آسودگی خیال خود و خانواده به هر
ترتیبی که شده از خدمات دولتی کناره بگیرم و از این آشفته‌بازار بیرون روم.
تصمیمی که به دفعات گرفته و به هر دلیل برآورده نشده بود که تلگرافی
از طرف وزیر وقت کشور، دکتر آموزگار به دستم رسید که می‌خواست
فورا به تهران و به ملاقات او روم. با همسر و فرزندم که نمی‌خواستم در
شهرکرد تنها بمانند به تهران رفتم و با دفترش تماس گرفتم که گفتند وزیر
در ساعت هشت و نیم صبح پس فردا منتظر دیدنم با لباسی تیره در دفتر
خویش است. در آن روز به همراه وزیر برای دومین‌بار به دفتر شاه رفتم. در
طول راه به او گفتم: «روشن است برای سمت جدیدی مرا برای معرفی به
حضور می‌برید ولی صادقانه باید بگویم که در انتظار آنم که روزی دست
به کاری غیردولتی زنم.» خندید و گفت: «برای ما که از بد یا خوب حادثه

درگیر کار دولت شده‌ایم، آن هم در این سطوح، دیگر آن روز آرامش‌بخش نخواهد رسید.» در هنگام معرفی دریافتم که به استانداری گیلان منصوب شده‌ام. شاید در پی تغییرات و یا نظرات مهرآمیز مردم به سؤالات بازرسان، احتمالا صلاح آن بود که من در هم در بختیاری نباشم و بندبازی را بر طنابی دیگر و در محلی دیگر ادامه دهم.

صبح روز بعد برای جمع‌آوری وسایل شخصی و کوچ به گیلان، به شهرکرد بازگشتیم. در شهرکرد گروهی برای خداحافظی به استانداری آمدند. به یاد دارم یکی از آن‌ها همان گاراژدار کذایی بود که به مشکل نصب تابلوی گاراژ او در شروع به کار در بختیاری اشاره کرده‌ام. او وقتی از درخارج می‌شدم مانند منسوب نزدیکی که از او جدا می‌شود، دستم را مدتی نگاه داشت و آهسته جمله‌ای گفت که هنوز به یادم مانده و یادآوری آن متأثرم می‌سازد. او گفت که «ما مردم تنهایی هستیم.» من هم به این مردم تنها خو گرفته‌بودم. مردمی که در طول حیات خود مدام در زیر سلطه‌ای باید اطاعت امر می‌کردند. آن‌ها در گیلان نیز گهگاهی یادی از من کرده و تلفنی جویای حالم می‌شدند. حتی در اوان انقلاب از چهلگرد بختیاری خواسته بودند که به صف انقلاب آن‌ها در بختیاری بپیوندم. با همه مشکلاتی که شرح آن گذشت، من با خاطره‌ای که از یک سو به خاطر محبت مردم شیرین و از جهتی به خاطر مرگ تنها برادر دوازده ساله همسرم تلخ بود، استان بختیاری را خسته و گرفته ترک گفتم و اکنون آرزویم این است که قبل از پایان عمر کوتاهم، هفته‌ای را در بختیاری بگذرانم و به خصوص ببینم که آن پارک که بعد از انقلاب برای مدت کوتاهی به نام من خوانده شد و سپس به اسامی شهدای جنگ عراق، به چه صورتی درآمده است و در آخر به چهلگرد رفته و با همیاران راه جیپ‌رو به خوزستان، اگر هنوز کسی از آن‌ها در قید حیات باشد، دیداری تازه و یادی از گذشته‌ها کرده و به هنگام بهار که لاله‌های واژگون شکوفا می‌شوند، به خوزستان روم.

فصل هفتم:

نارضایی از مدیران در رده تصمیم‌گیری

مدیران شاغل در رده ارزشیابی از بازده اقدامات و شناخت مشکلات که انتخاب راه‌حل‌های لازم نیز برعهده آنان گذاشته شده‌بود، با تصمیمات غلط خود نارضایتی عامه را موجب می‌شدند. آن‌ها گرچه از دانش و تجربه بی‌بهره نبودند، گهگاه پروژه‌هایی را که نزدیک به کسب نتیجه نهایی بودند، متوقف می‌ساختند. آیا بی‌تفاوتی، بی‌توجهی و نفع شخصی موجب گرفتن این تصمیمات می‌شد و یا دستور از مراجعی ناشناخته و با سوءنظر؟ آن‌چه مسلم است به نظر می‌رسد شخص شاه نمی‌توانست با این قبیل از تصمیمات مدیران موافق باشد؛ چه او به شدت به دنبال توسعه صوری کشور رفته بود و مشوق شاغلین در راه آبادانی بودند کما آن‌که به من و تعداد دیگری از همکارن مدال تاج داده شد. مهم‌ترین عاملی که موجب می‌شد این قبیل از تصمیمات آزادانه، بدون احساس مسئولیتی اتخاذ شود، نبود واحد مستقل و غیردولتی نظارت و کنترل[1] بر امور تصمیم‌گیری بود. باشد محققین علاقه‌مندی روزی به دنبال روشن‌کردن دلایل این نوع از تصمیمات بی‌منطق در راه توسعه ایران روند و دلیل یا دلایل آن را بیابند. برای سهولت در ارائه نمونه این تصمیم گیری‌های نابجا، اهم آن‌ها را خلاصه و تحت عناوینی به شرح زیر از نظر می گذرانم.

۱-check and balance

دستوری از دفتر کار بلورین؛

وزیر کشاورزی با توجیه حفظ طبیعت و مراتع که منطقی قابل قبول بود، مصوبه‌ای از هیأت دولت را به استان فرستاد که من استاندار بختیاری می‌بایست به موجب این دستورالعمل، دفعتا از چرای دام عشایر، آن هم بدون زمینه‌سازی در مسیر کوچ ممانعت به عمل آورم. بدیهی بود که با این اقدام عشایر وقتی به ییلاق می‌رسیدند دام خود را به خاطر گرسنگی از دست داده و خود نیز با فقر و نداری روبه‌رو می‌شدند. مکاتبات من در مورد متوقف‌کردن اجرای این مصوبه عجولانه و حساب‌نشده تا تهیه امکاناتی برای حفظ حیات عشایر بلاجواب می‌ماند. در مواردی که به بن‌بست می‌رسیدم مطلب را با شروع جملاتی که از تلخی آن بکاهد و تفسیر مغرضانه‌ای به آن نچسبانند که مانع کسب نتیجه مثبتی گردد، به شخص شاه منعکس می‌کردم. خواستم این مشکل را نیز به او منعکس کنم اما با توجه به نظراتی که در موقع معرفی من به سمت استاندار عنوان کرده بود، می‌دانستم به داشتن قبیله کوچ‌کننده‌ای در ایران در حال پیشرفت به نظر خود تمایلی ندارد؛ لذا آن راه را بسته یافتم. بدیهی بود که رئیس‌الوزرا و همه وزرای دیگر که مفاد دستور ممانعت از چرای دام را در مسیر کوچ در هیأت دولت تأیید کرده بودند نیز راضی به پس‌گرفتن تصمیم خود نمی‌شدند؛ لذا دیگر مرجعی نمانده بود که به پیشنهادم توجه و مشکل را که به حیات جمعیتی ارتباط داشت حل کند. لذا برای اولین و آخرین‌بار در سمتی به مصاحبه با خبرنگاری که تصور می‌کنم نام او بشیری بود و گهگاه در مقالات خود در اصفهان شهامتی از خود نشان می‌داد، تن دادم. او به دفتر من آمد و مشکل اجرای مصوبه دولت را در رابطه با کوچ عشایر با او در میان گذاشتم. که با درج یکی از جملاتم با حروف دوازده در صفحه نخست روزنامه در اصفهان مصاحبه را به طور کامل درج کرد. جمله این بود که «وزیرکشاورزی در دفتر بلورین در خواب است.» به خاطر نمای شیشه‌ای برج نوبنیاد وزارت کشاورزی در بلوار الیزابت آن زمان، کلمه بلورین را به کار برده بودم. در اینجا باید اعتراف کنم که به حفظ منابع طبیعی قویا

معتقد بوده و هستم ولی نه با شتاب. به خصوص آن‌که برای این اقدام با حفظ اصالت قومی و فرهنگ عشایر و تداوم زندگی آنان راه‌هایی وجود داشت؛ منتهی پیاده‌کردنش نیازمند زمان بود. مصاحبه‌ام با آن‌که می‌دانستم قهر دولت را به دنبال خواهد داشت، مؤثر افتاد و اجرای مصوبه را متوقف ساخت. عشایر را از این مطلب آگاه کرده بودم تا در صورت لزوم بتوانم از حمایت آن‌ها برخودار شده و اگر نتوانستیم از طریق مصاحبه در روزنامه به نتیجه‌ای رسم ازآن‌ها بخواهم به نامه‌پراکنی به مراجع مختلف بپردازند و در صورت لزوم در حیاط استانداری تجمع کنند تا رنگ اغتشاش به خود گیرد که در این صورت مطمئن بودم دستگاه وحشت‌زده به مشکل توجه می‌کرد. حسن این اتفاق آن بود که توجه عشایر را به این نکته جلب کرد که عمر مراتع با رویه موجود به درازا نخواهد کشید؛ لذا از هیجان برخاسته از این ماجرا استفاده کرده و صرفا با تکیه به همیاری آنان به کاری که با توجه به امکانات روز و سختی مسیر کوچ عملی به نظر نمی‌رسید، دست زدم و آن احداث خطی جیپ‌رو بود که بختیاری را به خوزستان مرتبط سازد تا مدت زمان کوچ را کوتاه کند و با رساندن علوفه در ایام کوچ در حفظ مراتع موثر افتد و از جهت دیگر بتوان دامپزشکی را برای تزریق واکسن و پیشگیری از تلفات به دام و یا بیماری، از کوه و کمر به درمانگاهی رساند. ضمنا با عرضه زیبایی‌های مسیر و هوای مطلوب آن به خصوص در ایام تابستان، زمینه‌ای برای گردشگری فراهم آید و از این راه نیز به اقتصاد بختیاری کمک شود.

با بیتوته‌کردن چند شبی در منازل زعمای عشایر در چهلگرد، شناخت کم‌عمقترین بستر رودهای مسیر که اعتبار و امکانی برای احداث پل بر آن‌ها را نداشتیم، مال‌روهایی با کمترین صخره و سنگ به دست آمد. در این جلسات حاضرین با حوصله به نظرات یکدیگر گوش کرده و با هم برای گروه‌بندی کار داوطلبانه در ساخت راه برنامه‌ریزی می‌کردند. اعتبار حاصل از محل انجمن‌های دهات را که فقط در صورت موافقت آن انجمن‌ها می‌توانستیم برای تهیه باروت و حملش برای شکستن سنگ از آن استفاده کنیم با توجه به ارقام سال قبل برآورد کردیم که رقم قابل ملاحظه‌ای نبود

ولی انجمن‌ها نه تنها با در اختیارگذاردن وجوه خود موافقت کردند بلکه مشتاقانه داوطلب همیاری نیز با عشایر در ساخت راه شدند و به این ترتیب کار احداث راه شروع و بعد از تلاش سخت چندین ماهه و فرهاد گونه خود عشایر در کوهسارهای سخت، از چهلگرد بختیاری به خوزستان رسید. سران عشایر از من خواستند که با عبور از آن، آن را افتتاح کنم. جیپی در اختیار آنان گذاشتم تا راهی را که خود ساخته‌اند، خود نیز افتتاح نمایند. در آن روز به یاد حرف شاه در روز معرفی خود به عنوان استاندار افتادم که به خاطر توجه به توسعه سریع کشور توصیه می‌کرد باید عشایر را چون کالبدی به دنبال کشید تا به سرعت تحولی صورت گیرد. دلم می‌خواست به او اطلاع دهم در شرایطی که کمکی از مرجعی نمی‌رسید و حتی به استاندار اعتماد نمی‌کردند که دینامیت برای شکستن سنگ مسیر راه در اختیارش گذارند، همیاری و مشارکت خود عشایر آن‌ها را به آرزوی دیرینه خود، حداقل در حد جاده‌ای جیپ‌رو رساند. در پی این اقدام بلاشک شرکتی که برای مسیریابی با رقم قابل توجهی با دولت کنترات بسته و نامش مدت‌ها بر تابلویی در چهلگرد به چشم می‌خورد، با نقشه‌برداری هوایی از همان مسیری که عشایر ساختند باید استفاده شایانی برده باشد.

در بازدیدی دیگری از کوهستان و در خاتمه کار روزانه در اطراف فانوس چادر، به کمیته راه‌سازی پیشنهاد کردم شرکتی به ثبت رسانند که هدف آن هدایت گردشگران سوار بر اسب، از چهلگرد و در مسیر خط جیپ‌رو جدیدالتأسیس به خوزستان باشد و در طول راه، منزل به منزل توقفگاهی با چادرهای عشایری البته مجهز به تسهیلات بهداشتی برای استراحت کوتاه یا طول شب گردشگران احداث نمایند. اقدامی که ایجاد کار و تحصیل درآمد می‌کرد. به آن‌ها یادآور شدم: «جوانان شما از نظر جسمی و به خاطر داشتن زندگی بی‌آلایش و کار از کودکی قوی شده و آن‌طور که در کلاس‌های چادری آموزش خواندن و نوشتن فارسی آنان به دفعات شاهد بودم، از نظر هوش نیز در رده بالایی قرار دارند. حیف است که به صورت کارگر ساده به ذوب‌آهن یا شهر اصفهان بروند. امیدوارم با

گشایش مرکز آموزش حرفه‌ای در شهرکرد، آن‌ها امکان آموختن حرفه‌ای را نیز به‌دست آورند تا اگر به شهرها می‌روند بتوانند زندگی راحتی برای خود دست و پا کنند.» اضافه کردم که «علاوه بر طرح گردشگری که دریچه جدیدی را نیز برای گردشگران کشور و خارج باز خواهد نمود، شرکت شما می‌تواند در زمستان نیز با داشتن پیست‌های طبیعی موجود علاقه‌مندان به ورزش اسکی را جذب و آموزش اسکی و سوارکاری را نیز به خدمات خود بیافزاید» از این پیشنهاد کمیته راه‌سازی که معتمدین عشایر را در برمی‌گرفت استقبال کرد و پیشنهادات تکمیلی دیگری به آن اضافه کردند و حتی قرار گذاشتند نام شرکت را نام محلی«لاله واژگون» همان گل بهاری خاص منطقه بگذارند. گلی که در بهاران طبقی در انتهای ساقه آن شکل می‌گیرد و سپس در پیرامون طبق و زیر آن گل‌های لاله در کنار هم به سوی زمین و به صورت واژگون می‌رویند.

در ایجاد زمینه برای خدمات شرکت پیشنهادی، تأمین زمینه اولیه ضرورت داشت که در رأس آن احداث هتل در شهرهای ورودی گردشگران به استان چون شهرکرد بود که دارای هتلی نبودند. فردای روزی که به شهرکرد برگشتم، با مهندس فریدی که مدیریت احداث تأسیسات گردشگری را در آن زمان و در سازمان جلب سیاحان برعهده داشت، تماس گرفتم و خواهش کردم که تأسیس هتل در شهرکرد و بروجن را در اولویت اقدامات خود قرار دهد. هتل شهرکرد، نخستین هتل در استان بختیاری در شهرکرد نزدیک به اتمام بود که در پس جریانی که شرح آن آمد، منطقه را ترک کردم.

حال که صحبتی از اسکی به میان آمد باید اشاره کنم که جوانان چهلگردی می‌توانند مربیان بسیار خوبی برای آموزش اسکی باشند. هر وقت به حوزه چهلگرد می‌رفتم و فرصتی دست می‌داد، ساعتی را در زمستان با آن‌ها به اسکی و در تابستان به سواری می‌گذراندم و به این ترتیب ضمن آنکه بین آن‌ها و والدین آن‌ها دوستان خوبی دست و پا نمودم، با دیدن مهارت و ورزیدگی آن جوانان، از فدراسیون اسکی در تهران خواستم با

دراختیارگذاشتن لوازم اسکی که گران بود و قدرت خرید آنها را نداشتیم به چند نفر از جوانان عشایر که فرزندان کوهسار، همزاد برف و سرما هستند، امکان مشارکت در یکی از نمایشات اسکی خود دهد. در نمایشی که در آن تصادفا شاه هم حضور داشت مهارت آنها به گونه‌ای چشمگیر شد که گویا به فدراسیون اسکی توصیه می‌کند آنها را برای مسابقات المپیک آماده سازد.

بی‌توجهی به تأسیس هنرستان صنعتی در بختیاری؛

در روزهای ملاقات عمومی نیز گاهی مراجعین به کمبودهایی نظرم را جلب می‌کردند که یکی از آنها نداشتن مراکزی برای ادامه تحصیل جوانان بعد از پایان دوره دبیرستان بود. همان‌طور که اشاره شد به معتمدین عشایر نیز قول احداث مرکزی آموزشی برای یادگیری حرفه و فن را داده بودم. طبق معمول توافق مرکز برای این تأسیس نیز به سهولت به دست نمی‌آمد و لازم بود که باز به بندبازی تازه‌ای دست زد که با همصدایی مردم با طی مراحلی به شرح زیر، این بست شکسته شد. مکاتباتم با مرکز برای برپاکردن مراکز آموزش عالی نیز با بهانه نداشتن اعتبار، کمبود استاد و از همه بی‌پایه‌تر، نداشتن دانشجوی کافی، همیشه با پاسخی منفی روبه‌رو می‌شد. به فکر آن افتادم که مقدماتی فراهم آورم تا وزارت ذی‌ربط که در نظرم در مرحله نخست وزارت علوم بود در بن‌بست قرار گیرد و مجبور به قبول پیشنهادم گردد.

از تشکیل کاخ جوانان که استانداران را مسئول راه‌اندازی آن کرده بودند استفاده کرده و خانه‌ای روستایی، قدیمی گلی و خالی از سکنه با دیوارهای شکسته را که در خیابانی در جنوب ساختمان استانداری قرار داشت، برای مرکز جوانان در نظر گرفتم. از شهردار خواسته بودم برای کمک به بهبود سیمای شهر از صاحب آن خانه بخواهد که لااقل دیوار رو به خیابان آن را مرمت کند و بهانه شهردار این بود که نمی‌تواند صاحب آن را بیابد. من از بازاری‌ها کمک خواستم. آنها صاحب آن محل را سریعا پیدا کرده و به دفتر

من آوردند. مرد خیری بود. با شنیدن هدف نهایی من در استفاده از آن خانه، نه تنها خانه را در اختیار جوانان شهر گذاشت، حتی هزینه تعمیرات آن را نیز بر عهده گرفت. مشروط بر آن‌که هر وقت به محل احتیاج پیدا کرد، فورا آن‌جا را به او برگردانیم تا کسی مدعی مالکیت آن نشود. یادداشتی نوشتم که من متعهد خواهم بود نظر او را تأمین کنم و بعد از امضا و گذاشتن تاریخ روز آن را به دستش دادم. منتظر بودم که بگوید: «اگر آن وقت شما در استان نبودید چه باید کرد؟» که برای پاسخ به این سؤال احتمالی او جوابی نداشتم ولی خوشبختانه او به همان برگ کاغذ قناعت کرد. و بعد از تشکر از او گفتم: «شما مصالح تعمیر را حاضر کنید، جوانان شهر همیاری کرده و کار تعمیرات را خود برعهده خواهند گرفت.» به این ترتیب در قدم اول کاخ جوانان شهرکرد و یا به نام واقعی‌تری، آلونک جوانان شکل گرفت.

در طی مکاتبات با مرکز به این نتیجه رسیدم که با ایجاد مرکزی در سطح دانشکده فنی در شهرکرد موافقت نخواهد شد. از طرفی به یادم آمد که هنر آموزان هنرستان صنعتی تهران می‌توانستند بعد از دوره هنرستان وارد دانشکده فنی تهران شده و با گذراندن دوره‌ای، با درجه مهندسی از آن‌جا فارغ‌التحصیل شوند. اقدامی که امکان داشت همین توافق را با دانشگاه اصفهان به دست آوریم و اگر خانواده نتواند هزینه دانشجو در اصفهان را تأمین کند، خود دانشجو با فنی که از هنرستان شهرکرد خواهد آموخت، درآمدی به دست خواهد آورد و هزینه ادامه تحصیل خویش را در اصفهان خود تا اخذ درجه مهندسی خواهد پرداخت. لذا تأسیس دانشکده فنی را موقتا فراموش کرده، به دنبال تأسیس هنرستان رفتم. بدون آن‌که خبر نام‌نویسی برای امتحان ورودی به هنرستانی که موجودیتی نداشت را در اخبار منعکس و مرکز را متوجه کار خود سازم از جوانان کاخ خواستم محرمانه فارغ‌التحصیلان سال‌های گذشته دبیرستان شهر را پیدا و تشویق به نام‌نویسی برای شرکت در امتحان پذیرش به این هنرستان نموده و در دفتری اسامی آنان را ثبت نمایند. ضمنا جعبه‌دنده و قطعات دورافتاده اتومبیل، ابزار آهنگری جوشکاری، نجاری و غیره را پیدا و پس از تمیزی

و رنگ کردن، کارگاهی نمایشی در یکی از سه اتاقک کاخ جوانان بر پا کرده و عکسی از آن را نیز که مورد احتیاج برای مکاتبات احتمالی آتی من بود، برایم بیاورند. آنها این کارگاه نمایشی را ساخته و هنگام نام‌نویسی داوطلبان به عنوان مقدمات افتتاح هنرستان به رخ آنها و خانواده‌هایشان می‌کشیدند. ناگهان به یاد مهندس محمود برنجی که در آن زمان ریاست هنرستان صنعتی اصفهان را بر عهده داشت افتادم و با او تماس گرفتم و با ذکر ماجرا تقاضا کردم که امتحان پذیرش هنرجو را قبول کند تا وصله‌ای بر صحت گزینش هنرجویان نچسبانند و کار را متوقف نسازند و از طرفی به حرکتی که در این زمینه آغاز شده رسمیت داده شود. محمود در دوره ابتدایی در دبستان علمیه رشت با من همکلاس بود. هر دو چوب و فلک نجفی، مدیر اصفهانی خشن و اخموی دبستان را مزه کرده و دوستی ما از آنجا شروع شده بود. او با یکی دیگر از همکاران خود این ریسک را پذیرفت و به شهرکرد آمد و بعد از امتحان و مصاحبه تعدادی هنرجو را برای مرکزی که عملا وجود خارجی نداشت انتخاب کرده و به این ترتیب او، من، تعدادی هنرجوی جوان کم حوصله و پدران و مادران آنها، به صورت قشونی مبارز متقاضی تشکیل هنرستان شهرکرد شدیم و طومار تقاضایی بود که در پس هم به مرکز فرستاده می‌شد و در نتیجه تأسیس هنرستان را به مرکز کماعتنا تحمیل کردیم.

اختیارات اداری شخص محمود نیز در تأسیس این هنرستان بسیار موثر افتاد. به این ترتیب هنرستان صنعتی شهرکرد شکل گرفت که امروز بعد از گذشت سال‌ها باید به مرکزی مجهز و مسلما با ساختمان و تأسیسات لازم بدل شده باشد. خوشبختانه شنیدم مراکز آموزشی دیگری نیز بعد از انقلاب در آن شهر افتتاح شده است.

ناگفته نماند که بعد از انقلاب، گشایش مراکز آموزش عالی در گوشه و کنار کشور اقدامی ارزنده و در نهایت سازنده است. گرچه عده‌ای به این مراکز، به خاطر کمبود اساتید باصلاحیت و یا نداشتن آزمایشگاه‌های مجهز ایراد گرفته و سودجویی، نه توجه به ارزش آموزشی را عامل تشکیل

این مراکز به شمار می‌آورند اما به هر صورت و دلیلی نمی‌توان محاسن این اقدام را نادیده گرفت. پایه‌ریزی این مراکز تکامل تدریجی آن را نوید می‌دهد و مشوقی برای کسب آگاهی و دانش فردی می‌شود. تجمع کثیری از دانش‌پژوهان در آن، خود زمینه بیشتری برای تبادل اطلاعات و همبستگی‌ها فراهم می‌آورد که در تحول و تعالی ایران موثر خواهد افتاد و چه بسا نطفه‌های احزاب سیاسی از بطن جامعه را نیز پی ریزد.

تعطیل طرح عمرانی منطقه گرگان و دشت؛

این اقدام بی‌منطق در مورد طرحی موفق ساکنان گرگان و صحرای ترکمن را متعجب و متأثر ساخت. پروژه‌ای که در مدت نسبتا کوتاهی توانست اقتصاد منطقه را به سطحی رساند که شهر مرکزی آن، گرگان که حیاتش به حاصل کشتزارهای اطراف و قدرت خرید مردم بستگی داشت، صاحب تسهیلاتی چون دومین سینه راما بعد از تهران شود و نیز سفره غذایی مهمی را مهیا و تقدیم کشور نماید. این رشد اقتصادی و شکوفایی منطقه به حدی مورد توجه مردم قرار گرفته بود که با شنیدن تعطیل پروژه به دنبال راهی می‌گشتند که با مشارکت زارعین و مالکین اراضی وسیع، موجودیت آن را خود و بدون نیاز به دولت حفظ کنند.

در دهه ۱۳٤۰، دو طرح عمران منطقه‌ای[1] در ایران پا گرفت. یکی در دشت مغان صرفا برای ارائه خدمات فنی در توسعه کشاورزی و دامداری و دیگری در منطقه گرگان و دشت ترکمن برای توسعه همه جانبه اقتصادی و اجتماعی که از حومه «بجنورد» در استان خراسان تا حومه «بهشهر» از استان مازندران، تمام مراکز سکونتی و کشتزارها را زیر پوشش خود گرفته بود.

این طرح به این شکل پا گرفت که ابتدا مجموعه‌ای از دهات شهرستان گنبد با عنوان حوزه عمرانی، زیر پوشش خدمات همه‌جانبه عمرانی قرار گرفتند که با روشی خاص و مردمی برنامه‌های خود را اجرا کرده و به پیش می‌برد. در سر لوحه نتایج جنبش مشروطه مداخله هرچه بیشتر مردم در امور

۱-Regional Development

و سرنوشت خویش از طریق انجمن‌های محلی ده شهر و استان قرار داشت که با تسلط حکومت‌های استبدادی عملا به بوته فراموشی سپرده شده بود. تا آنکه حوزه‌های عمرانی با رویه اجرایی خود به دنبال احیای آن نظر که موجودیت و ثبات قومی را تضمین می‌کرد، رفتند. روش اجرایی انتخاب‌شده برای این حوزه‌ها زمینه‌ای را مهیا می‌کرد که مردم بتوانند در تعیین نوع پروژه، سهیم‌شدن در هزینه اجرا، زمان‌بندی طرح از نظر اولویت‌های خود، نظارت در مراحل اجرا و در نهایت پس از اتمام، استفاده و نگهداری آن از طریق انجمن‌های ده سهیم شده و نقشی شاخص در تعیین سرنوشت خویش به عهده گرفته و به ارزش و شخصیت حقوقی خود پی برند. در این مشارکت گرچه سرمایه انجمن‌ها که از درصد بسیار کم درآمد سالانه روستاییان به دست می‌آمد، در برابر کل هزینه پروژه ناچیز بود اما این احساس را در انجمن‌ها تقویت می‌کرد که در سازندگی ده و به طور کلی کشور خویش، صاحب‌نظر و سهیم‌اند تا گامی در احیای اهداف انقلاب مشروطه برداشته شود.

هر حوزه عمرانی شامل مرکزی با کادر فنی و تعدادی دهات بود که با سکونت دهیاران در آن‌ها، خط ارتباط مشارکت دولت و مردم کامل‌تر می‌شد. کادر فنی حوزه‌های عمرانی به صورت خادمین فنی انجمن‌ها در انجام طرح‌هایشان درمی‌آمدند تا قیافه اصلی حکومت از حاکم‌بودن به خادم مردم درک شود. نویسنده این نوشتار که هدف عدم تمرکز امور را از دوره دانشجویی و بحث و جدل‌های دسته‌جات سیاسی عصر ملی‌کردن نفت در سر داشت، با استخدام در سازمان عمران دهات در هیأت احیای انجمن‌های دهات و تنظیم مقررات حوزه‌های عمرانی نقشی برعهده گرفت و متعاقبا برای سنجش بازده تصمیمات هیأت، مسئولیت اداره حوزه‌ای را به عنوان اولین شغل خود پذیرفت و در بسط اندیشه عدم تمرکز به سطوح بالاتر از انجمن‌های دهات، با تحمل بی‌مهری طالبان تمرکز روبه‌رو شد ولی با استفاده از موقعیت مشاغل خود نتایجی به دست آورد که باز در لابه‌لای این نوشتار منعکس است. حوزه‌های عمرانی غیر از کمک به بنای تأسیسات و

توسعه کشاورزی در برنامه‌های جنبی دیگری چون آموزش رهبران محلی در شناخت قوانین برای اجرای بهتر وظایف خود چون سوادآموزی، آموزش زنان روستا در زمینه‌های بهداشت، تغذیه و پرورش کودکان، ترویج صنایع دستی و غیره نیز فعال بودند تا رشد فکری روستاییان همگام با توسعه صوری به پیش رود.

قسمت عمده هزینه طرح‌ها را در ابتدا دولت از محل اعتبارات طرح مارشال آمریکا که برای ممالک آسیب دیده در جنگ جهانی دوم اختصاص یافته بود، تأمین می‌کرد. در پروژه گرگان نیز اجرای طرح‌ها با اعتبارات اهدایی طرح مارشال، معروف به اصل چهار در ایران، صورت می‌گرفت و در پاره‌ای از موارد، از اعتبارات عمرانی سازمان برنامه نیز که آن‌هم در آن زمان با قرضه آمریکا به کارش ادامه می‌داد، کمک می‌گرفت. در این حوزه‌ها مشاوران آمریکایی که جزئی از کل بسته کمک اصل چهار بوده و اغلب نظامیان برگشته از جنگ، برای مسئولان ایرانی مسئله‌ساز می‌شدند. آن‌ها اولویت اجرای طرح‌ها را به سلیقه خود انتخاب کرده و به خاطر نداشتن اطلاعات فنی، مدام با مهندسین ایرانی برخورد داشته و این مهندسین ایرانی بودند که بر پایه گله آنان منتقل و یا از کار برکنار می‌شدند تا چندی بعد که به توصیه‌ام، اعتبارات «بنیاد فورد» که بنیادی غیرانتفاعی خارج از حیطه دولت آمریکاست، جایگزین اعتبارات اصل چهار در حوزه تحت فعالیت پروژه گرگان و دشت که از ادغام حوزه‌های عمرانی موجود و یک دفتر مرکزی مدیریت پروژه در شهر گرگان شکل گرفت، گردید. بنیاد فورد در مناطق مختلف دنیا به رشته‌های عام‌المنفعه چون تحقیقات پزشکی، خدمات آموزشی، توسعه و آبادانی مناطق عقب‌مانده کمک می‌کند و حدودا در امور سیاسی نقش کمتری از سازمان‌های دیگر دارد. موفقیت طرح بنیاد فورد ناشی از همیاری مردم در حوزه گرگان و دشت حس رقابت سازمان اصل چهار در ایران را که با هزینه بسیار و ریخت و پاش‌های بی‌حساب و کتاب، بازده کمی به بار می‌آورد و در بسیاری از موارد تأسیسات آن بلااستفاده و به خرابی منتهی می‌شدند، برانگیخت. خروج مشاوران آمریکایی اصل چهار از

منطقه گرگان و دشت در مرز روسیه کمونیست آن زمان نیز احتمالا به عدم رضایت دولت آمریکا اضافه نمود و حاصل آن شد که با جلب نظر دولت حرف شنوی ایران طرح گرگان و دشت تعطیل شد و حوزه‌های عمرانی آن دوباره زیر چتر اعتبارات اصل چهار قرار گرفته و کارشناسان آمریکایی به منطقه بازگشتند. ناگفته نماند با مسائلی که پروژه گرگان و شاغلین آن گهگاه روبه‌رو می‌شدند، به‌نظر می‌رسید که خط مشی مردمی پروژه نیز مطلوب نظر پاره‌ای از سازمان‌های امنیتی- دولتی ما نبوده است. از متن نامه خداحافظی رئیس بنیاد فورد منعکس در این قسمت می‌توان به تاسف او هم در تعطیل بی‌دلیل این پروژه پی برد.

به هنگام تعطیل طرح، مجلس تودیعی برای کادر مدیریت پروژه ترتیب داده شد که در آن همکاران، دهیاران مسئولان ادارات فنی، اعضای انجمن‌های دهات و مالکین ثروتمند مزارع چندین هکتاری با نمایندگان «گروه‌های کار» حضور داشتند که کارکنان پروژه را بعد از پایان مراسم از گرگان تا اولین ایستگاه قطار در منطقه واقع در بندر شاه بدرقه کردند. گروه کار مرکب از داوطلبان دهات بودند که با ارشاد کارشناسان حوزه مزارعی نمایشی مکانیزه با آخرین متدهای کشت، داشت و برداشت را برپا و با دعوت روستاییان دهات و مباشرین مالکان چندین هکتاری برای اقتباس از مراحل کار و تکرار آن در مزارع خود، به توسعه سریع کشت با تولید بالا در سطح منطقه کمک می‌کردند و در برپایی این سفره غذایی غنی نقشی موثر داشته‌اند.

مردم منطقه به‌گونه‌ای با طرح و کارکنان آن احساس نزدیکی می‌کردند که در حل مسائلی هم که به طرح ارتباطی نداشت، از آنان کمک و یا راهنمایی می‌خواستند. برای نمونه ساخت آرامگاهی برای شاعر ترکمن، «مخدوم» بود که در مراسم افتتاح آن، با همه شاغلین پروژه دعوت داشتیم و با چکدرمه و نوشیدن چای از قوری‌های اختصاصی پذیرایی شدیم. در آن مراسم یکی از اشعار مختوم به فارسی و به نظم ترجمه و در قابی به آرامگاه هدیه شد تا نشانی از احترام به فرهنگ قوم ترکمن باشد. ناگفته نماند که

همین صمیمیت مردم منطقه بود که کارکنان طرح نه فقط به خاطر انجام وظیفه اداری بلکه با علاقه و صمیمانه، در خدمت آنان کوشا بودند و مرا نیز در پایان تحصیل در رشته تخصصی با آن‌که در آمریکا امکان کار فراهم، زندگی راحت مهیا و محیط جذابی برای جوانان بود، مه سحرگاهی جنگل سرسبز گرگان و گردوغبار دشت آشنای ترکمن به سوی خود کشاند. بیهوده نبود که «دانته» می‌گفت «خون و خاک پیوندی ناگسستنی می‌سازند.»

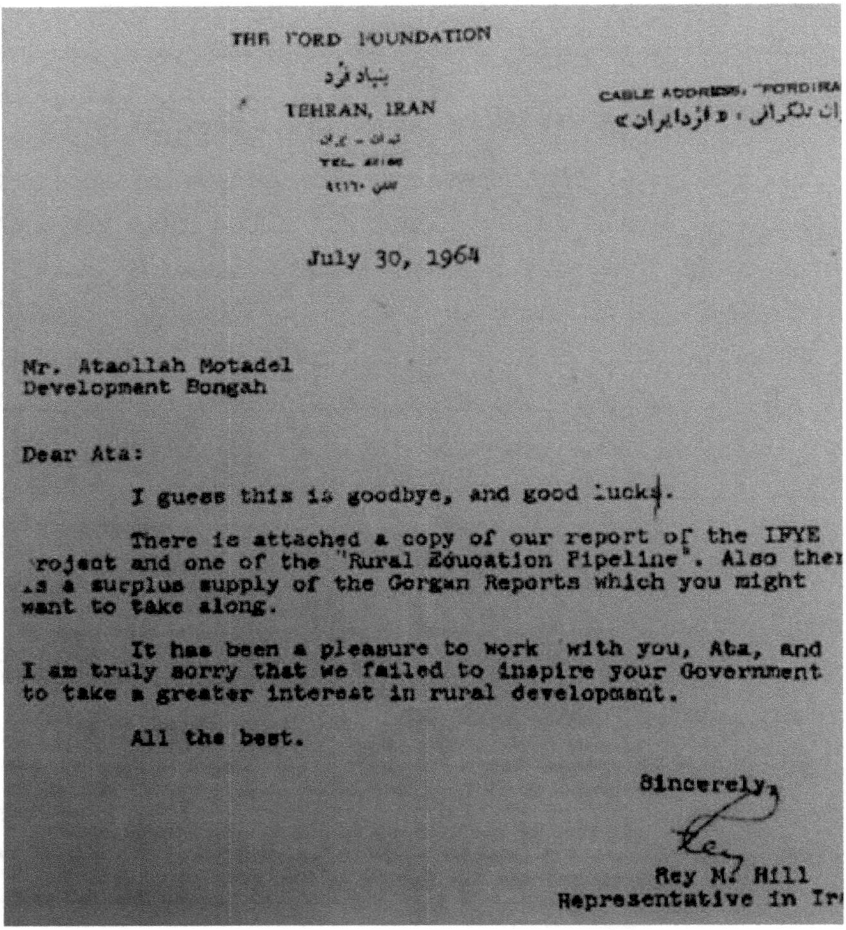

THE FORD FOUNDATION
بنیاد فُرد
TEHRAN, IRAN
تهران – ایران

CABLE ADDRESS: "FORDIRA
...ان تلگرافی : « فُردایران »

July 30, 1964

Mr. Ataollah Motadel
Development Bongah

Dear Ata:

I guess this is goodbye, and good luck.

There is attached a copy of our report of the IFYE project and one of the "Rural Education Pipeline". Also there is a surplus supply of the Gorgan Reports which you might want to take along.

It has been a pleasure to work with you, Ata, and I am truly sorry that we failed to inspire your Government to take a greater interest in rural development.

All the best.

Sincerely,

Rey M. Hill
Representative in Ir...

THE FORD FOUNDATION

TEHRAN, IRAN

November 25, 1958

CABLE ADDRESS:

Mr. A. Mo'tadel
Tehran
Iran.

Dear Mr. Mo'tadel:

Your letter of November 18, 1958 indicating that
you had decided to return to the Gorgan Area and continue
work in the Block Development Program there gave me great
pleasure. I believe that the Development Bongah and your
Government are undertaking work there which is of the very
greatest importance. I believe further that its success
depends upon the energy and dedication of many young men
like you. It is an inspiration to those of us who are
supporting this work to find such young men ready and will
ing to make personal sacrifices for this cause. I also
look forward with great pleasure to working with you in
the future and if at any time it seems that the program
no longer provides an opportunity for you to effectively
serve village people I shall do my utmost to help you find
such employment elsewhere.

With very best personal wishes. I remain,

Sincerely yours,

Howard Bertsch
Consultant-Representative

یکی از تصاویری که همراه گزارش توجیهی، بنیاد غیرانتفاعی فورد را به منطقه کشاند.

از هدایایی که در مراسم تودیع به من داده شد، تکه‌آهنی توسط یکی از اعضای انجمن روستایی بود که بعد از تأسیس دبستان در آنجا، به جای زنگ از آن استفاده می‌شد. آن پاره‌آهن را مدت‌ها حفظ کردم تا زمانی که با کتاب‌ها و نوشته‌هایی که مشکل‌آفرین هم نبودند، به تصور آنکه ممکن است در جریان انقلاب، گرفتاری برای فامیل ایجاد کند، از زیرزمین خانه پدر همسرم دور ریخته شد. این تکه‌آهن و بیش از سیصد صفحه از کتابی که تحت عنوان «تحول فرهنگی چرا و چگونه» به تشویق احسان نراقی، سرپرست مؤسسه تحقیقات اجتماعی دانشگاه تهران، مشغول نوشتن آن شده بودم، همراه با مجموعه مدارک و اسنادی

که با سرک‌کشیدن به هر گوشه کناری برای مستندکردن تحقیق مذکور جمع‌آوری کرده بودم، تنها اموالی است که از از دست دادن آن‌ها متأسفم.

اقدام طرح گرگان و دشت در احداث دبستان از آن‌جا سرعت گرفت که در تابستانی به هنگام عبور از صحرای حوزه عمرانی گمیشان، سایه‌بان شبانی نظرم را جلب نمود. او برای خود از بوته خار و خشت‌های پخته پهن و قرمز، سایه‌بانی ساخته بود. از او پرسیدم که خشت‌ها را از کجا تهیه کرده و چگونه توانسته آن‌ها را به این محل دورافتاده در صحرا بیاورد، که زمین حفرشده نزدیک سایه‌بانش را به من نشان داد. اطلاع داشتم دیواری دفاعی از کوه‌های خراسان تا ساحل خزر با تأسیسات آب‌رسانی به مزارع حدود سال‌های ٥٦ میلادی در عهد ساسانیان و به‌منظور جلوگیری از سیلاب‌های فصلی و حمله قبایل و توسعه کشاورزی ساخته و زیر خاک پنهان شده که عظیم‌ترین دیوار دفاعی بعد از دیوار چین، که حدود هزار سال بعد از آن احداث گردید، به حساب می‌آمد اما از محل آن بی‌خبر بودم. یافتن تصادفی محل دیوار مذکور فرصت داد تا با بسیج روستاییان و خدمات داوطلبانه آن‌ها، به احداث مدارس در دهات بپردازیم. در اجرای این طرح که نام «خشت سرخ» گرفت، به همه توصیه شد که با دقت و به میزان احتیاج این خشت‌ها را از زیر خاک، آن هم در نقاطی که دیگران کنده‌اند بردارند، تا آسیب کمتری به این اثر تاریخی وارد شود و برای راحتی وجدان این اقدام را به خاطر آن‌که در راه تأسیس دبستان و برای کاری عام‌المنفعه بود، با مرور این بیت از حافظ که با تکیه به مقدس‌بودن شراب به نظر مسیحیان سرود، اقدام خود را نیز برای خود توجیه و قابل قبول می‌کردم:

اگر شراب خوری قطره‌ای فشان بر خاک
ازآن گناه که خیری رسد به غیر چه باک

ضمناً در همان وقت پیشنهاد ثبت این دیوار ۲۰۰ کیلومتری را در آثار ملی ارائه نمودم که در آن وقت توجهی به آن نکردند.

زنگ اهدایی از زنگ‌هایی بود که بعد از تأسیس ساختمان دو اتاقه دبستان‌ها، با ورود جیپ هر سازمانی، به علامت انتظار مدرسه برای معلم و میز و نیمکت نیز به صدا درمی‌آمد. تقاضای پیگیری مداوم انجمن‌های دهات مربوطه که معلوم بود توسط طرح گرگان و دشت هدایت می‌شوند، آن‌چنان وزارت فرهنگ وقت را عصبی و آزرده کرده بود که از «کاردر»، رئیس وقت فرهنگ گرگان می‌خواهد کاری کند که این مکاتبات متوقف گردد. ما هم به‌خاطر او که مسئول علاقه‌مندی بود، مکاتبه با وزارت فرهنگ را که سال‌ها بعد نام آن به آموزش و پرورش تغییر یافت متوقف کردیم ولی از هر مأموری که از ادارات مختلف به دلیلی به دهات می‌رفت خواهش می‌کردیم بعد از انجام وظیفه فنی و یا اداری خود، ساعتی در این مدارس تدریس کند. نتیجه آن شد که هر کارشناسی به ده می‌رفت، مادران با تکه نمدی در دست به پیش و کودکان دواندوان در پس، به سوی مدرسه می‌شتافتند و در کف اتاق بی میز و نیمکت آن، در انتظار پایان کار کارشناس و شروع تدریس او می‌نشستند. دهیاران نیز در اوقات آزاد خود و نیز افراد باسوادی اگر در ده پیدا می‌شدند، کمک‌های دیگر تدریس بودند. چهارپایه چوبی و تخته سیاه کوچک این کلاس‌ها، در ابتدا هدیه کارمندان طرح گرگان و دشت به این مدارس بود. کاش به‌صورتی می‌شد دریافت که آن کودکان امروزه چه تخصصی یافته‌اند. آیا بیماری را درمان می‌کنند؟ بنایی برپا می‌دارند؟ و یا کودکان امروز را می‌آموزند؟

چون از مکاتبه با اداره فرهنگ بازماندیم به بهانه تشکر از تدریس کارشناسان عابر در دهات که مهندسین طرح و من نیز جزو آن‌ها بودیم، هر ماه در نشریه پروژه گرگان و دشت مطالبی درج و به همه جا ارسال می‌شد که اثرش کمتر از مکاتبات انجمن‌های دهات نبود و بالاخره وزارت فرهنگ را مجبور کرد که از بودجه مدارس شهری مختصری بکاهد و دبستان‌های ما را تجهیز کرده و برای هر یک به گونه‌ای معلم تأمین نماید که بعدها سپاه دانش اگر خلائی بود آن را پر کرد. حال که به گذشته می‌اندیشم متوجه می‌شوم که برای انجام کاری که نفعی می‌رساند می‌بایست با چه

سماجتی از چه تنگناهایی گذشت و چون بندباز با احتیاطی که حفاظی نیز زیر بند ندارد، از طنابی لرزان عبور کرد و به طناب دیگری آویخت تا قبل از سرنگونی کاری به نتیجه رسد. بعد از چندی از تأسیس مدارس، نامه تشویقی از یونسکو، شاخه سازمان ملل در تهران که نمی‌دانیم از چه طریقی از احداث آن‌ها مطلع شده بود، به دست ما رسید و گویا چون رونوشتی از آن به وزارت فرهنگ نیز فرستاده شده بود، آن وزارت نیز با ما آشتی کرد و به پیروی از یونسکو متنی برای ما فرستاد که همه تشویق‌نامه‌ها را به بایگانی سپرده و به کار خود ادامه دادیم.

پروژه گرگان و دشت در بین پروژه‌های مشابه بنیاد فورد در ممالک دیگر، موفق‌ترین شناخته شد که با جایزه آن توفیق یافتم با گذراندن رساله‌ای تحقیقی دررابطه با «نظریه پذیرش اندیشه و روش‌های نو در اجتماعات بسته» در رشته برنامه‌ریزی برای ترویج و توسعه از دانشگاه «کرنل» تخصص دیگری بگیرم.

UNITED NATIONS EDUCATIONAL, SCIENTIFIC & CULTURAL
ORGANISATION
TECHNICAL ASSISTANCE MISSION IN IRAN
میسیون کمکهای فنی سازمان تربیتی و علمی و فرهنگی ملل متحد (یونسکو)
در ایران

TEL. 38884
32905
P. O. B. 1555
تلفن: ۳۲۹۰۵ - ۳۸۸۸۴
صندوق پستی ۱۵۵۵

February 2, 1955

MINISTRY OF EDUCATION
AV. EKBATAN, TEHERAN.
وزارت فرهنگ
خیابان اکباتان - تهران

Eng. Motadel, Director
Community Development Program
Caspian Sea Coastal Area
Bandarshah

Dear Eng. Motadel,

Please accept my thanks for your many kindnesses shown to me and my colleagues during the past week. I was particularily pleased that you visited the schools with Mr. Kardahr because you can see that there are those even in the Ministry of Education who are genuinely interested in increasing the educational facilities to the benefit of the village children who otherwise would have no opportunities to learn.

I regret I could not see your area and the work of your dehyars, but I can look forward to seeing it on my return visit to this area. The number of schools established by you during your service here of the last three months is impressive, and I know it will be increased.

I hope that in your work you can continue to call frequently upon Mr. Kardahr for assistance and to offer support, for you know full well how important is the cooperation between all the organizations working toward the same goals.

My very best wishes to you. Please feel free to write to me about any subject in which you may believe I can of assistance to you by my presence in Teheran. My congratulations on your work and may it continue with more and more personal satisfaction to you.

Very truly yours,
Philip R. Thomforde

Philip R. Thomforde
UNESCO TA Mission to Iran

تعطیل مرکز تحقیقات و آموزش عمران دهات؛

ساختمان این انستیتوی نوبنیاد در یکی از روستاهای «گرمسار» احداث
شده و شامل کلاس‌های درس، آمفی‌تئاتر، سالن غذاخوری، خوابگاه
دانشجویان و نیز چند خانه کوچک قدیمی بود که خوابگاه دختران دانشجو
شد. محل سکونت اساتید نیز در گوشه‌ای از آن احداث شده بود. این
مجموعه را که مدت‌ها بعد از احداث خالی و بلااستفاده مانده بود، بدون
هیچ تجهیزاتی به من تحویل دادند و می‌بایست از نطفه کار را در آن محل
آغاز کنیم. عناوین دروس و کنفرانس‌ها تعیین و کادر مقیم اداری و آموزشی
انتخاب شد و تا جزئیاتی چون برنامه غذایی پیش رفتیم و آماده پذیرش
اعضای انجمن‌های دهات و رهبران محلی شدیم.

هم‌زمان در راه ایجاد چهره همگام با شرایط روز، وزارت کشور نیز
تعدادی از فارغ‌التحصیلان جوان دانشگاه را انتخاب کرده بود تا جایگزین
بخشداران قدیمی که با حمایت خوانین و مالکین، سال‌ها این شغل را
برعهده داشتند شوند؛ لذا موقتا آموزش اعضای انجمن‌های دهات و رهبران
محلی به تعویق افتاد و به جای آن آموزش قبل از شروع به کار این گروه، به
عهده انستیتوی گرمسار گذاشته شد و مجبور شدیم برنامه دروس را متناسب
آموزش بخشداران تدوین نماییم. برنامه آموزش آنان تدریس مقررات و
قوانین کشوری بود که کارکنان وزارت کشور آن را تدریس می‌کردند.
دروس دیگر شامل مطالبی چون آشنایی با تئوری‌ها و دکترین‌های سیاسی،
سیستم حکومتی در کشورها و اصول برنامه‌ریزی برای توسعه، نکاتی در
مدیریت اداری و جامعه‌شناسی را شامل می‌شد که بیشتر به‌صورت سمینار
با گفت‌وشنود آزاد و با استفاده از اساتید و مطلعین مدعو صورت می‌گرفت.

نزدیک به دو هفته قبل از پایان دوره آموزش بخشداران، به عنوان آغاز
آموزش رهبران محلی که از وظایف اصلی تأسیس مرکز بود، تعدادی از
روستاییان عضو انجمن‌های دهات را نیز در دهات مجاور مرکز اسکان داده
بودیم تا که روزها به مرکز آیند. هدف اصلی در دعوت این دسته از رهبران
محلی آن بود که بخشداران آتی در سمینارهای مشترک با مسائل دهات

آشنا و ضمنا با مردمی که برای آنها و با آنها کار خواهند کرد روبه‌رو
شوند و این احساس که حاکم بر آنها نبوده، بلکه خادم آنها هستید تقویت
گردد. این اقدام به دلیل آن‌که قبلا توافق مدیرعامل سازمان عمران دهات در
این مورد اخذ نشده بود، متوقف می‌گردد. درحالی‌که علت اصلی مخالفت
ناشی از نارضایتی مسئولانی بود که از ابتدا با پاره‌ای از دروس مرکز، به
خصوص بررسی سیستم‌های حکومتی دنیا و تئوری‌های پایه و خطوط
مشی این دولت‌ها که با سماجت آن را در برنامه دروس گنجانده بودم،
میانه‌ای نداشتند ریشه می‌گرفت. پیگیری من در اجرای این برنامه به همراه
گله‌مندی مکرر مشاور آمریکایی از من در پاره‌ای از تصمیمات آموزشی
که به گوش مدیرعامل سازمان عمران می‌رساند موجب گردید که از سمت
مدیریت مرکز معزول و با عنوانی به ظاهر بالاتر، مدیر اداره آموزش عمران
دهات در تهران شوم. مدیری که همزمان با انتخابش، تمام اختیارات و
وظایف او به معاونش تفویض می‌گردد و برای او فقط عنوانی باقی می‌ماند.
اعتراض دانشجویان به این عزل سریعا خاموش شد و متعاقبا دوهفته مانده
به پایان آموزش بخشداران، مرکز نیز به کلی تعطیل شد و دوباره خالی
می‌ماند و من بدون وظیفه و مراجعه‌کننده‌ای، بیکار و تنها روزهای اداری
را در دفتر کار خود در اداره عمران دهات سپری می‌کردم. استفاده‌ای که از
این زندان اداری بردم، کمک به انتشار نخستین مجله برای جامعه روستایی
کشور، به نام «برزگر» بود که دوستی، «آقای مشیریان» برای انتشار آن اعتبار
اندکی از بودجه اداره عمران دهات کسب کرده بود. به یاد دارم که در آن
مجله مقالات خود را با این بیت آغاز می‌کردم:

بهشتی است دهقان بهشتی است کشت
سرانگشت دهقان، کلید بهشت

تکیه به پاره‌ای از مسائل روستایی که گاهی اعتراض کمرنگی را به
همراه داشت بعد از چند شماره از طریق قطع بودجه آن به توقف انتشار

آن انجامید. استفاده دیگر من در این ایام بیکاری، تهیه پیشنهادی در تشکیل بخشی در دانشگاه‌های ایران با توجیه هدف‌ها و رئوس دروس اصلی آن تحت عنوان «عمران ملی» بود که در ادامه آموزش بخشداران در انستیتوی آموزشی و تحقیقی عمران دهات از ذهنم خطور کرد.

آموزش در این بخش در دانشگاه‌ها امکان می‌داد که بخشداران در مناطق دوردست با اطلاعات کلی از مسائل فنی به‌صورت کارشناسانی چندپیشه نیز در امرعمران منطقه تحت نظارت خود مفید افتند. به‌طور کلی تشکیل این بخش آموزشی می‌توانست کارشناسانی تربیت کند که خلأ کمبود تخصص‌ها به خصوص در مناطق دورافتاده کشور را پر کند تا برنامه‌های عمرانی اصولی‌تر پیاده و از هدر رفتن اعتبارات پیشگیری شود. در بین دانشگاه‌های ایران فقط دانشگاه شیراز از این پیشنهاد استقبال کرد و اولین بخش عمران ملی در آن دانشگاه پیاده شد که در تنظیم برنامه و سرپرستی دوره کارآموزی و تدریس، همکاری خود را با آن دانشگاه شروع کردم. برنامه این بخش را به گونه‌ای تنظیم کردیم که در پس کنکور ورودی آمادگی انتخاب‌شدگان برای کار در شرایط سخت محک زده شود. به این دلیل دانشجویان قبل از شروع دروس تئوری در مرکز دانشگاه در شیراز می‌بایست در کارآموزی صحرایی شرکت کرده و با زندگی در چادرها و کار به‌صورت پیاده‌کردن پروژه پاره‌ای از طرح‌های روستایی، چون لوله‌کشی آب، روحیه، توان و تمایل خود را در شرایط سخت زندگی را به ثبوت رسانند و آن‌ها که این آمادگی را نداشتند، تشخیص داده شده و از ادامه تحصیل در این رشته محروم می‌شدند. دانشجویان غیر از کار بازویی در دهات در کلاس‌های اردو نیز با کلیاتی از اصول طراحی پروژه‌ها آشنا می‌شدند و نیز با دروسی چون جامعه‌شناسی راه‌های نزدیکی با مردمی را که به خدمت آن‌ها گمارده می‌شدند می‌آموختند.

اداره مرکزی عمران دهات در خیابان تخت جمشید قرار داشت که در همان خیابان و در زیرزمینی ساختمانی سه طبقه در مقابل سفارت آمریکا، رستورانی، پاره‌ای از مواد غذایی را نیز می‌فروخت. چون تنها زندگی

می‌کردم، گاهی برای صرف ناهار و خرید غذا برای شام، قدم‌زنان به آن رستوران می‌رفتم. روزی در پاگرد ورودی که از یک‌سو به رستوران و از جهتی به پله طبقات بالا مرتبط بود، در تابلوی اعلانات آگهی استخدامی را خواندم که مهندسی را برای کار در شرکت دانه‌های روغنی واقع در همان ساختمان استخدام می‌کنند. شرایط مورد نظر شرکت را داشتم و در رفع خستگی ناشی از بلاتکلیفی و پرهیز از زنگ‌زدگی، خواستم شانس خود را امتحان کنم. از پله‌ها بالا رفته و به دفتر شرکت مراجعه کردم. آن دفتر شبیه آپارتمان‌های مسکونی با یک محوطه ورودی بود که میز منشی در آن قرار داشت. درب چند اتاق آپارتمان به همین محوطه ورودی باز می‌شد. از منشی در مورد استخدام جزئیات بیشتری را می‌پرسیدم که مرد میانه‌سالی از یکی از اتاق‌ها بیرون آمد و از منشی نامه‌ای را دریافت کرد و از او پرسید که «این آقا چه کاری دارند؟» وقتی شنید داوطلب گرفتن کار هستم گفت: «با من بیایید.» به دنبال او به دفتر کارش رفتم. از سابقه تحصیلی من پرسید. او با دانشگاه‌های آمریکا آشنایی کاملی داشت. در پایان مصاحبه به من گفت: «با آغاز هفته نو می‌توانید کار خود را شروع کنید. البته از شغل فعلی خود در دولت پرسشی پیش نیامد و من هم چیزی در این باره نگفتم و او تصور می‌کرد که تازه تحصیلم را به پایان رسانده و به ایران برگشته‌ام.

در امور اداری عمران دهات، خانمی از ارامنه به نام «املین» کار می‌کرد که با رویه دوستانه‌ای که داشت، همه نسبت به او احساس نزدیکی می‌کردند. با او که از وضع من مطلع بود و ابراز همدردی می‌کرد، درباره کار در شرکتی خصوصی مشورت کردم. مرا به قبول کار تشویق کرد و خواست که آدرس و شماره تلفن مرا داشته باشد تا اگر احساس کرد سروصدایی به خاطر آن‌که با داشتن کار دولت در بخش خصوصی نیز شاغلم برخاست، مرا مطلع سازد. از شرایط خود عصبی بودم و به خاطر آن ریسک کار در شرکتی خصوصی را پذیرفتم. این اقدام ناشی از بیکاری عذاب‌دهنده و عصبانیت از آن‌چه می‌گذشت و آن‌که گوش هر که می‌خواست کاری جدی انجام دهد کشیده می‌شد، تنها تخلف من در ادوار خدمات دولتی

من بود که شروع‌نشده به شرحی که خواهد آمد، پایان یافت. البته در آن زمان ته‌مایه فکری من نیز این بود که به شغلی غیردولتی مشغول شده، از قیل‌وقال دولت فاصله گیرم. هنوز چند روزی از کارم در آن شرکت نگذشته بود که برای گرفتن وسیله‌ای از اتومبیل خود که در حیاط اداره عمران پارک می‌کردم تا نشان دهد کماکان زندانی آن بندم، وارد آن اداره شدم. یک‌باره دیدم که فوجی از مدیران دیگر عمران دهات در حال سوارشدن به اتومبیل‌های خود هستند. یکی از آن‌ها، اگر اسم کوچک اودرست به خاطرم مانده باشد، «مهدی منصف»، که با درگیری من آشنا بود ولی نمی‌دانست که با کار در جایی دیگر مشکل مالی خود را حل کرده‌ام به من گفت: «اگر تصمیم داری که برای ناهار وزیر جدید بیایی، تصمیم مناسبی گرفته‌ای.» به او گفتم که از ناهار وزیر و حتی انتخاب وزیری جدید بی‌اطلاعم. گفت: «چگونه مطلع نیستی. عبدالرضا انصاری، وزیر جدید کشور، مدیران سازمان عمران دهات را که زیر نام وزارت کشور انجام وظیفه می‌کردند، برای آشنایی به ناهار دعوت کرده است.» تعجب کردم که چگونه وزارت کشور به یاد اداره عمران که خط کارش فنی و تنها به‌ظاهر و برای تشریفات قانونی به آن وزارت ربط داده شده بود افتاده است.

به اصرار منصف و همراه او، به دفتر وزیر که ناهار را در آنجا و در سالن کنار دفترش آماده کرده بودند رفتم و در انتهای میز جا گرفتم. وزیر در بالای میز نشست و از توفیق و ناکامی‌های کار اداره عمران پرس‌وجو کرد. چند نفری، من‌جمله مدیرعامل از موفقیت‌ها سخن گفتند. طبق معمول دیگران نیز از او تبعیت کردند و من ساکت مشغول خوردن ناهار بودم. که یک‌باره وزیر به من نگریست و پرسید: «نظر شما راجع به آنچه شنیدید چیست؟» با شتاب ته‌مانده لقمه را قورت داده و گفتم: «مسائلی نیز در انجام کارهاست که توصیه می‌کنم آن‌ها نیز مطرح شوند.» وزیر گفت: «چرا خودتان از آن نمی‌گویید؟» با اتکا به کاری که در شرکت خصوصی یافته و در همان چند روز با ارائه مکان‌های سودآور برای طرح توسعه تولید روغن و نصب تأسیسات روغن‌کشی توجه مدیر و هیأت مدیره شرکت را به دست آورده

بودم، حساب می‌کردم اگر مشکلی پیش‌آید، بیکار نخواهم ماند. در سکوتی که حکمفرما شد، گرفتاری‌ها را یکی بعد از دیگری، آرام و شمرده عنوان کردم که با همان سکوت جلسه ناهار به پایان رسید. ضمنا احساس کردم که این وزیر جوان که معروفیتی در بین رجال نداشت، قبل از این جلسه نیز در جریان امور اداره عمران دهات بوده و از سوابق کارکنان آن آگاهی دارد. در پایان ناهار، همه با بی‌اعتنایی و اخم به من، از وزارت‌خانه خارج شدند. حتی «منصف» هم که همراه او به جلسه ناهار آمده بودم، منتظرم نماند و مجبورشدم با تاکسی به شرکت دانه‌های روغنی برگردم. عصر فردای آن روز منشی شرکت به من اطلاع داد که «پیکی در این‌جاست و نامه‌ای برای شما دارد که می‌گوید باید به دست شما دهد و رسید گیرد.» از پیک پرسیدم که چگونه محل کارم را پیدا کرده است؛ معلوم شد که به اداره عمران رفته و خانم املین بعد از پرس‌وجو آدرس شرکت را به او داده است.

انحلال مدیریت طرح و برنامه‌های وزارت کشور؛

احساس می‌کردم با آن‌چه که در دفتر وزیر گذشت باید خبر بدی در نامه باشد. به آرامی و با تردید آن را گشوده و خواندم. حکم انتصاب من به مدیر کلی واحد نوظهور در آن وزارت‌خانه به نام «حوزه مطالعات و برنامه‌ها» به امضای وزیر کشور بود. با آن ابلاغ به دفتر مدیر شرکت دانه‌های روغنی رفتم و بعد از پوزش از پنهان‌کردن کار دولتی خود، نامه را به دست او دادم. او به من گفت که «می‌توانی از کار دولت استعفا داده و با ما باشی تصمیم با توست.»

اداره مطالعات و برنامه‌های وزارت کشور، می‌بایست به منظور ارزشیابی از روند اقدامات وزارت کشور و رفع نارسایی‌های آن و توسعه مراکز عقب‌مانده شهری شکل گیرد و باید از هیچ به صورت فعالی درآید. کم‌کم برایم آرزو شده بود سمتی یابم که حداقل اندکی از ساخت تشکیلات آن گذشته، شکلی گرفته باشد. ضمنا وزیر در نظر داشت که بنیاد این واحد به صورتی کارآمد پی‌ریزی شود که وزارت‌خانه‌های دیگر نیز در رابطه

با وظایف خود از آن اقتباس کرده و همانند آن را برای پیشرفت بهتر و سریع‌تر وظایف خود، به تشکیلات خود اضافه نمایند.

با توجه به بافت وزارت کشور و اخباری که از محیط کار و به خصوص همبستگی کادر کهنه‌کار و قدیمی آن شنیده بودم، بعد از خروج از دفتر وزیر مردد بودم که این شغل را قبول کنم و یا از دولت استعفا داده و با تکیه به دعوت رئیس شرکت دانه‌های روغنی، به آن شرکت بپیوندم. متأسفانه برنامه‌ریزی با تخصص من هماهنگ‌تر و برایم جذاب‌تر از کار در شرکت دانه‌های روغنی بود و از طرفی برادر محافظه‌کارم به خاطر داشتن مزایای بازنشستگی، قویا مرا برای حرکتی نو در جهت تشکیل سازمان جدید دیگری تشویق می‌کرد.

اتاق و میزکاری به من داده شد که قالب این واحد جدید را از توجیه اهداف، چارت سازمانی، شرح وظایف هر سمت، اعتبار مورد نیاز گرفته تا جزئیات دیگر طراحی کنم. در تهیه طرحی کامل و به دور از اشتباه، لازم بود که در درجه اول با روند پوشیده و عیان اقدامات منابع اعتباری و ماهیت مصرف آن در وزارت کشور و سازمان‌های اقمار چون نیروهای انتظامی اوقاف و سجل‌احوال و غیره آگاه شوم که این مطالعات اولیه خود وقت‌گیر بود و نشان می‌داد که هر اقدام اصلاحی با چه مخالفت و مقاومت‌هایی روبه‌رو خواهد شد. تا آنجا که احساس کردم در چنین وزارت‌خانه‌ای اگر درست بخواهیم اقدامی کنیم، نه خود می‌توانم امنیت شغلی داشته باشم و نه وزیر جدید با ابتکاراتی که در سر دارد می‌تواند به جایی رسد که در نهایت این پیش‌بینی صحت خود را نشان داد. لذا تصمیم گرفتم دامنه مشکلات احتمالی را برای وزیر روشن کرده و ببینم تا چه حدی آمادگی برخورد با آن‌ها را دارد. وزیر پاسخ داد که مصمم است در هر صورت این واحد نوبنیاد شکل گیرد و اشاره کرد کوشش می‌کند برای مدیر سازمان نوظهور هم فرمانی نیز از شاه بگیرد تا هرکه در این سمت قرار گیرد با جرأت بیشتری نظرات اصلاحی این واحد را ارائه دهد.

به‌هرحال وظایف مدیریت، ترکیب کادر اداری و تیم کارشناسی آن را

تنظیم کردم که مورد توافق وزیر و معاون او، دکتر «خبیر» قرار گرفت. در پیشنهادی که به وزیر داده بودم از او خواستم که اگر لازم باشد از کارشناسان غیردولتی و دانشگاهی هم بتوانم استفاده کنم که او گفت هزینه خرید خدمات آنها را تأمین خواهد کرد. هدف اصلی مدیریت را در مرحله اول درک اشکالات در انجام امور اداری و فنی تعیین کردم و با این توضیح حفاظتی که منظور از این اقدام گوش‌کشی از کسی نبوده و صرفا پندگیری برای بهبود امور است، تا حدودی زمینه همکاری سایر قسمت‌های وزارت‌خانه، سازمان‌های اقمار و استانداری‌ها را جلب کردم. چندی نگذشت اتاقی که از آن کار را شروع کرده بودم، اگر سالن کنفرانس وزارت‌خانه را هم که اغلب مورد استفاده واحد طرح و بررسی‌ها قرار می‌گرفت به حساب آوریم، طبقه اول ساختمان نوبنیاد آن وزارت را در ضلع جنوبی پارک شهر به خود اختصاص داد. در کتابخانه و مرکز اطلاعات آن مدارک فرامین و سوابقی که از زیرزمین ساختمان سابق وزارت در محدوده بازار تهران آورده بودیم، همراه با کتاب‌ها و مجلات عمده از کشورهای توسعه‌یافته، به خصوص تحقیقات دانشگاه‌های آنها در زمینه توسعه و مدیریت، یافت می‌شد. به کمک پرسش‌نامه‌ها، امکانات رفاهی شهرها، شهرک‌ها، دهات و مراکز کم‌جمعیت، به گونه‌ای که بتواند در آینده در کامپیوتر ذخیره شده و مورد استفاده در برنامه‌ریزی و تحقیقات قرار گیرد، مرتبا به آرشیو کتابخانه افزوده می‌شد. این پرسش‌ها برای درک کمبودها و رفع آنها در برنامه‌ریزی‌های آتی بسیار ضروری بود. کادری ورزیده بیشتر خارج از کادر دولتی، پیشبرد هدف مدیریت طرح و بررسی‌ها را به عهده گرفت. مدیریت طرح و بررسی‌ها به منظور بهبود کارها نتایج بررسی‌ها را همراه با توصیه‌ها و پیشنهادات، در اختیار مسئولان مربوطه قرار می‌داد. وظیفه دیگر این مدیریت، تأمین خدمات رفاهی برای کارکنان وزارت کشور بود. ماهنامه‌ای که در بالای صفحه اولش جمله «ما را خدا ساخته و جامعه را ما خواهیم ساخت.» به چشم می‌خورد نیز، اقدامات واحد مدیریت طرح و بررسی‌ها را منعکس می‌کرد.

یکی از اقدامات پرسروصدای مدیریت طرح و بررسی‌ها در رابطه با اعتبارات شهرداری‌ها، تهیه پیشنهادی بود که در هیأت دولت مطرح شد و با دفاع وزیر جدید کشور به تصویب رسید. این مصوبه هزینه از محل اعتبارات شهرداری‌ها را منحصرا توسط شهرداری‌ها، آن هم در امور عمرانی و خدمات شهری، قانونی می‌شناخت. در قبل نه ضابطه‌ای برای مصرف این اعتبارات وجود داشت و نه نظارتی بر آن و عملاً به‌صورت صندوقی برای برآورد تمایلات شخصی و خاصه خرجی وزرا و تعدادی از استانداران درآمده بود. هزینه بلوارهایی که معمولاً در مراکز استان‌ها ساخته و به نام استانداران وقت نام‌گذاری می‌شدند، اکثرا از همین محل تأمین می‌گردید. تعدادی از این بلوارها از محلاتی بی‌سکنه رد می‌شدند که متعاقبا در طرح‌های توسعه شهری قرار داده می‌شدند و یک‌باره قیمت زمین‌های حاشیه آن‌ها به نفع مالکان ذی‌نفوذ محلی، چندین برابر می‌شد که البته به‌خاطر این خدمات درآمدی نیز نصیب کارکنان ذی‌ربط دولتی می‌شد.

تصویب‌نامه هیأت دولت، توزیع و مصرف این اعتبارات را نیز در قالب ضوابطی که توسط مدیریت طرح و بررسی‌های وزارت کشور تعیین و تنظیم می‌شد قانونی می‌شمرد. یکی از آن ضوابط در رابطه با توزیع اعتبار بین شهرداری‌ها، ضریبی بود که اعتبار بیشتری را در اختیار مراکز عقب‌مانده‌تر از نظر تسهیلات شهری قرار می‌داد. فاکتورهای دیگری نیز چون میزان جمعیت، به صحت در انتخاب ضریب مذکور و عدالت در توزیع اعتبار می‌افزود. به کمک پرسش‌نامه‌های یاد شده، امکانات رفاهی شهرهای کوچک شناسایی شدند تا به صحت و دقت در توزیع اعتبارات بیافزایند. در گرماگرم تکمیل وظایف اداره مطالعات و برنامه‌ها و آغاز کمک به پیاده‌کردن سازمانی مشابه در سایر وزارت‌خانه‌ها، وزیر کشور از کار برکنار و وزیر کشاورزی، جانشین او می‌شود و وزارت انصاری بر عکس تصور من که فکر می‌کردم زودتر از او از کار برکنار خواهم شد، به‌خاطر عدم هماهنگی با روند اداری روز و نوآوری‌هایش خاتمه یافت و حتی از دور دارندگان مشاغل بالای اداری، برای همیشه خارج گردید.

وزیر جدید نیامده شروع به قدرت‌نمایی می‌کند. مدیرکلی که به خواست غیر اصولی او در استخدام فردی که حائز شرایط لازم برای آن سمت مورد نظر نبود، اقدام نمی‌کند معزول و به سمت بخشدار به محل بد آب‌وهوایی در جنوب کشور منصوب و یا به عبارتی دیگر، تبعید می‌شود. او آقای «خدایاری»، مدیرکل کارگزینی و فرد خوش‌نامی بود که فرزند علیل او از بدو تولد تحت نظارت اطبا در تهران قرار داشت و به این خاطر نمی‌توانست و نمی‌خواست حتی با سمتی بالاتر از تهران خارج شود.

بر اساس مصوبه هیأت دولت، اداره طرح و بررسی‌ها می‌بایست برداشت از اعتبارات کمک به شهرداری‌ها را با این هدف که تنها به مصارف عمرانی شهرداری‌ها رسد، تأیید کند. چند روز بعد از تبعید خدایاری، دستوری از وزیر برای تأیید به دفترم فرستاده شد که در آن وزیر نورسیده، از محل اعتبار مذکور اراده کرده بود شش اتومبیل بنز خریداری کرده و به تعداد اتومبیل‌های موجود حوزه وزارتی که اضافه بر احتیاج هم بودند، اضافه کند.

در زیر دستور او نوشتم: «بر اساس مصوبه هیأت دولت، این اعتبار منحصراً متعلق به شهرداری‌ها و برای کمک به برنامه‌های عمرانی آن‌هاست و نمی‌توان از آن برای موارد دیگری استفاده نمود.» روز بعد او مرا به دفتر خود احضار کرد و بدون آن‌که گرفتار کاری باشد، مدت‌ها مرا در اتاق منشی خود در انتظار گذاشت و غیرمستقیم زهر چشم خود را نشان داد. بعد از پذیرفتن من تا که به دوقدمی میز او رسیدم، پرونده‌ای را به گوشه میز و به سمت من پرتاب کرد و گفت: «من با اراجیف میانه‌ای ندارم؛ اگر می‌خواهید به سرنوشت خدایاری دچار نشوید، اتومبیل‌های مورد نظر باید تا سه روز دیگر، به صف در مقابل وزارت‌خانه پارک شده باشند.» سپس سر را به عنوان خواندن نامه‌ای که پیش‌رو داشت، به معنی آن‌که دیگر کاری با من ندارد خم و به میز نزدیک کرد. پرونده را گشودم و دیدم همان پیشنهاد درباره خرید اتومبیل است. در پاسخ گفتم: «جناب وزیر، نفرمایید اراجیف؛ چون خودتان در جلسه هیأت دولت و در سمت وزیر کشاورزی آن را تأیید، تصویب و امضا فرمودید.» سپس پرونده را به همان صورتی که برایم

پرت کرده بود به روی میز او انداخته و از اتاق خارج شدم که گویا به گفته آبداری که هم‌زمان از اتاقک کوچک اختصاصی دفترش برایش چای آورده بود، به گوشه سر او که به خاطر قدی کوتاه به میز نزدیک شده بود، اصابت می‌کند و یا او تصور کرد که اصابت کرده است. این اتفاق توسط آبدار به خارج درز کرد. افرادی که این خبر را شنیده بودند، منتظر عکس‌العمل وزیر مقتدر بودند که با این عمل من، این بار او به جای تنزل مقام و یا تبعید، از چه طریقی قدرت خود را نشان خواهد داد.

او دستور بستن مدیریت طرح و بررسی‌ها را صادر نمود. آن‌هایی که از کارمندان وزارت کشور، چون منشی‌ها و کتابدارها، مأمور خدمت در واحد طرح و بررسی‌ها شده بودند، دوباره به کارهای قبلی خود بازگردانده شدند و متخصصینی که به زحمت و به دقت خارج از کادر وزارت جمع‌آوری کرده بودم و اغلب دارای تخصص از دانشگاه‌های معتبر خارج بودند، اخراج و به فوج ناراضی‌های حکومت افزوده شدند. تا این‌جای توبیخ او مهم نبود. تنبیه دردناک او برایم بستن کتابخانه و مرکز آمار و اطلاعات عمرانی کشور بود که با صرف وقت و کوشش بسیار آماده و اندک‌اندک محتوای آن به گونه‌ای غنی شده بود که مورد استفاده محققین و دانشجویان دانشگاه قرار می‌گرفت. او در روز تعطیل جمعه دستور می‌دهد از آمار مناطق گرفته تا کتب، مجلات اسناد ارزنده فرامین تاریخی به گونی‌ها ریخته شده و دوباره به زیرزمین مرطوب ساختمان قدیمی وزارت کشور، تحویل موش‌ها داده شود. اتومبیلی را نیز که از آن برای رفت‌وآمد به محل کار استفاده می‌کردم از من گرفته و کودکانه محل تجمع رانندگان را به اتاق منشی من در جنب اتاقم منتقل کرد تا سروصدای آن‌ها آزارم دهد. البته برعکس تصور او آن‌ها به آهستگی با هم گفت‌وگو می‌کردند و حتی راننده‌ای به من گفت که مراقب‌اند از برخورد استکان چای به نعلبکی زیرش خودداری شود تا صدایی برنخیزد. ضمناً هر یک از آن‌ها نیز که آزاد بود، از من خواهش می‌کرد که قدم‌زنان از ساختمان وزارت‌خانه فاصله گرفته و دور شوم تا مرا از آنجا سوار کرده و به منزل رسانند که البته برای آن‌که مسئله‌ای

برایشان پیش نیاید، از تاکسی استفاده می‌کردم. در شروع کار مدیریت طرح و بررسی‌ها به دلیل سن‌وسال جوان مدیر و کارشناسان شاغل، در قیاس با اکثر کارمندان وزارت کشور، اعضای قدیمی آن به این واحد نوظهور لطفی نشان نمی‌دادند ولی در مدت کوتاهی که وظیفه دیگر واحد در خدمات رفاهی برای کارکنان وزارت با افزایش حقوق ماهانه و ایجاد زمینه وام مسکن به نتیجه رسید، نظرات مساعدتری به وجود آمد. اعتبار اولیه وام مسکن را در اختیار کارمندان کم‌درآمد چون رانندگان و مستخدمین گذاشته بودیم و در نتیجه آنان قدرشناسی خود را در زمان خشونت وزیر به من نشان می‌دادند. احتمالا مستخدم دفتر وزیر نیز که برخورد پرونده به سر او را شا یع کرد، یکی از همین وام‌بگیرها بود. خلاصه آن‌که، دوباره در وزارت کشور چون اداره عمران دهات عنوانی بدون کار و وظیفه پیدا کردم. شاید یکی از دلایلی که وزیر به سرعت سمت مرا تغییر نداد همان فرمان شاه بود که به آن اشاره کردم و به دنبال دلیلی می‌گشت که ضربه سنگین‌تری را وارد سازد.

شرایطی که با آن روبه‌رو شدم دو راه در پیش پای من می‌گذاشت. یکی آن‌که به بخش خصوصی، مثل همان شرکت دانه‌های روغنی برگردم و دیگر آن‌که به آمریکا رفته و کاری در آن‌جا بگیرم که با تکیه به پیشنهاد دکتر «رابرت پولسون» مشاور دوره فوق لیسانس من که در موقع دیدار از ایران باز مرا تشویق به کار در همان دانشگاه کرده بود، شانس کار در آمریکا وجود داشت. بالاخره بعد از چند هفته انتظار و به‌طور کلی یادآوری آن‌چه که در ایام خدمتم و در گذشته دیده و تجربه کرده بودم، مصمم شدم چون مهندس «راشد بهار»، رئیس یکی از حوزه عمرانی نزدیک تهران که مسائل توسعه دهات را در آن‌جا بررسی می‌کردیم، به خارج روم.

من با آن‌که اقدام مهندس «راشد بهار» در خروج از ایران را در آن زمان نمی‌پسندیدم دلیل تصمیم او برایم قابل فهم شده بود. او هم برای انجام وظایفش با مخالفت مالکینی روبه‌رو می‌شد که در عمل به دولت و قوانین اهمیتی نمی‌دادند و از هر طرف برایش مسئله‌ساز می‌شدند. به یاد دارم برای

درک مشکلی از مشکلات کار حوزه‌های عمرانی از من خواست دهیاری را
در یکی از دهات حوزه عمرانی تحت نظارتش اسکان دهم. در آن ده، رئیس
انجمن ده که کدخدا هم بود، همکاری با ما را منوط به اجازه مالک ده کرد
و من و دهیار را به خانه مالک هدایت نمود. بعد از گذشت ساعتی انتظار،
چون خبری از مالک نشد خواستیم که به مرکز حوزه بازگردیم که کدخدا
و مستخدمینی که به تدریج به او ملحق شده بودند، رفتن ما را هم منوط به
نظر مالک کردند. رؤیت قدرت مالک آن ده مرا به یاد روابط مالک و رعیت
در سروده‌ای از افراشته، شاعر چپ‌گرای گیلانی انداخت. برای کاستن از
سنگینی انتظار، چند بیتی از آن را که به خاطر داشتم برای دهیار جوان و
تازه استخدام شده‌ای که از شرایط به وجود آمده جا خورده و نگران به نظر
می‌رسید، خواندم و به فارسی برگرداندم. آن ابیات در رابطه با گفت‌وشنود
مالک ده با مشهدی حسن، رعیت خود بود که از تولید برنج خرد شده و
نامرغوب او ناراضی بود و او را سرزنش می‌کرد و می‌گفت:«ری مشتی
حسن بازکی تی جو اشکورخرده...» و مشهدی حسن در تبرئه خود تقصیر
را به گردن مسئول جدا کردن پوسته از دانه برنج که به کرد شهرت داشتند،
می‌انداخت و با شرمندگی پاسخ می‌داد: «ارباب، والا، بوخدا تقصیر کورده...»
بعد از نزدیک به دو ساعت، بالاخره مالک که دانستیم یکی از فرماندهان
بازنشسته ارتش است، عصبی و خسته مثل آن‌که کشوری را یک‌تنه تسخیر
کرده است تعلیمی به‌بغل از راه رسید و با نگاه تحقیرآمیز و آکنده از غرور
و بدون مقدمه‌ای دستور داد که به مرکز خود برگردیم تا در مورد اقامت
دهیار تصمیمی بگیرد. البته همان شب مهندس بهار به تهران رفت و مشکل
را به تهران کشاند و بعد از مدتی کلنجار، در نهایت موفق شد که دهیاری
را در همان ده مستقر کند. او سپس به من گفت که خواستم از نزدیک ببینی
با آن‌که خود بخشی از دولتیم، مالکین و افرادی در دهات هستند که با کار
جدیدی که پیش گرفته‌ایم میانه‌ای ندارند، دولت را هم به حساب نمی‌آورند
و حتی گاهی ممکن است مشکلی پیش آید که ازحبس چند ساعته خانگی
تو پیچیده‌تر باشد. مهندس راشد بهار، کارشناسی مطلع و مدیری توانا بود.

او چند ماه بعد شغلی در سازمان ملل گرفت، ایران را ترک کرد و تا آنجا که من اطلاع دارم، دیگر به ایران بازنگشت.

با تحقیق و کار طولانی در شهرک و روستاها، آشنایی نزدیک با ساکنان و سختی زندگی آنان در دنیای تنهای خود، از کوشش در هر فرصتی برای کمک به این گروه کوتاهی نمی‌کردم. به عنوان آخرین کمکم به این طبقه، به دیدار دکتر بهمن آبادیان معاون مدیرعامل سازمان برنامه و بودجه که از پروژه گرگان با هم آشنا شده و در کاری که در وزارت کشور شروع کرده بودم مشوقم بود، رفتم. به‌خاطر دانش اقتصادی استقلال فکر و اندیشه، ثبات و صداقت در کار برایش احترام خاصی قائلم. تعطیل دفتر طرح و بررسی‌ها و دلیل این اتفاق را برای او شرح داده، اضافه کردم: «چون در هر اقدامم راه را بسته یافتم، تصمیم دارم که دیگر بیهوده آب در هاون نکوبم و به خارج شاید فرانسه و یا آمریکا که به خاطر تحصیل با محیط آنجا آشنایی بیشتری دارم برگردم؛ لذا آمده‌ام ضمن خداحافظی از شما، خواهش کنم توجه برنامه‌ریزان سازمان برنامه را که مرکز تدوین طرح‌ها و تخصیص اعتبار برای توسعه کشور است، متوجه کمبودهای دهات و مراکز کم‌جمعیت کشور که اکثریتی از کل جمعیت ما را در خود جای داده‌اند سازید.»

او که از شنیدن تعطیل مدیریت طرح و بررسی‌ها در وزارت کشور به شدت ناراحت و از این‌که غرور و تمایلات شخصی فردی می‌تواند اقدام مفیدی را متوقف کرده و حساب و کتابی هم در کار نباشد متعجب بود، این سؤال را پیش کشید که این خودسری‌ها به تنهایی ناشی از معایب سیستم حکومتی است که زمینه‌ای را فراهم آورده تا هر کس و به هر صورتی که می‌خواهد از اختیارات خود سوءاستفاده کند و یا این پیچیدگی‌ها تنها از حکومت نیست و از خود ما و یا دلایل پوشیده دیگری است که از آن اطلاعی نداریم؟ و در پایان دیدار گفت: «به جای گریز از شرایط چرا به ما نمی‌پیوندی و به دنبال نظرات خود نمی‌روی؟» و اضافه کرد: «همان‌طور که می‌دانی در سازمان برنامه عنوان مطرح نیست؛ غیر از معدودی مدیر،

بقیه همکاران همه با عنوان کارشناسی شاغل‌اند و تو می‌بایست از عنوان مدیرکلی خود گذشته و بعد از نزدیک به پانزده سال تلاش، باز در پله اول استخدام خود، در همان رده کارشناسی با ما همکاری کنی.» من که بعد از تعطیل بی‌منطق طرح عمران منطقه‌ای گرگان و دشت، انحلال ساخته‌ای دیگر مرکز آموزش و تحقیقات عمران دهات و بالاخره بستن مدیریت طرح و بررسی‌های وزارت کشور خسته و دلگرفته شده بودم، این پیشنهاد را با علم بر آن‌که حداقل سازمان برنامه از نوسانات سایر ادارات به‌طور نسبی مصون‌تر بوده و می‌توانم با رفتن به حاشیه به زندگی بی‌دردسرتری ادامه دهم، پذیرفتم و کماکان به ادامه شنا در جهت مخالف آب برای خاکی که به آن علاقه‌مند بودم، تن دادم. فردای ملاقات با آبادیان، تقاضای مدیرعامل سازمان برنامه برای انتقالم به سازمان برنامه به وزارت کشور رسید. وزیر انتقام‌جو، به عناوین مختلف چون گم شدن پرونده استخدامی، چند هفته‌ای از جواب به سازمان برنامه طفره می‌رفت تا کار به آن‌جا رسید که من از سوابق خدمات دولتی خود بگذرم و بدون نیاز به توافق وزیر کشور، به استخدام سازمان برنامه درآیم. گویا این مطلب که در آخرین مذاکره تلفنی توسط مدیرعامل سازمان برنامه به وزیرکشور اعلام شده بود، موجب شد که پرونده گم شده در دفتر وزیر پیدا شده و با تلاش «ملک‌زاده» مدیرکل اداره آموزش وقت وزارت کشور که با واحد من همکاری نزدیک داشت و از شرایط به‌وجود آمده برای من و خدایاری ناراضی بود، به سازمان برنامه رسید. در اتاقی که دو کارشناس دیگر نیز در آن میزی داشتند، به من هم میزی داده شد. بلاشک آن‌ها از تنگ‌شدن دفتر کار خود نمی‌توانستند راضی باشند ولی با اطلاع از جریان انتقالم و با آن‌که بازدیدهای دوستان و همکاران گذشته به شلوغی اتاق می‌افزود، با محبت حضور مرا تحمل می‌کردند. البته به این نکته توجه داشتم که این همه توجه به خاطر شخص من نیست، بلکه ناشی از برداشت بدبینانه و خشم نهان عامه نسبت به حکومت است و هر که به نوعی با آن درمی‌افتاد با تشویق مردم به نشان همبستگی روبه‌رو می‌شد. یکی از هم اتاقی‌هایم می‌گفت دیده نشده به

کسی که تنزل مقام یافته با ارسال گل، تلفن کارت و ملاقات تبریک گویند.

با توصیه دکتر آبادیان، بررسی بودجه عمرانی مدیریت‌های سازمان برنامه را آغاز کرده تا اگر اعتباری در خدمات رفاهی روستاها مصرف می‌شود، مشخص گردد. رقمی که به دست آمد نمودار آن بود که درصد ناچیزی از کل بودجه توسعه ملی به ایجاد تسهیلات رفاهی چهل و پنج هزار روستا که در آن زمان بیش از ۶۰ درصد جمعیت کشور را دربر می‌گرفت، اختصاص داده شده است. این عدم تناسب به یک‌باره توجه را به خود جلب کرد و این سؤال را مطرح ساخت که فهرست خدمات و اولویت کمک به روستاها کدام است و چگونه می‌توان این خدمات را در مراکزی به این کثرت شروع و پیاده نمود. در شناخت پاسخ به این موارد لزوم ایجاد مدیریت دیگری در سازمان برنامه مطرح و تشکیل آن بر عهده من گذاشته شد که برای چهارمین بار باز تشکیل مدیریتی را از هیچ در سازمان برنامه پیش گرفتم که در آن نیز مسئله‌ای پیش آمد که از تنبیه و یا اولتیماتوم‌های اداری به مراتب سنگین‌تر بود.

این‌بار موجب شدم خود و دکتر آبادیان توسط وزیری ارتشی تهدید به سپردن به دادگاه دادرسی ارتش شویم. دادگاهی که معمولاً مخالفین رژیم و یا فعالان براندازی حکومت در آن محاکمه می‌شوند. که متعاقب آن دکتر آبادیان ایران را ترک و به استخدام بانک جهانی درآمد و من هم که دوباره خروج از کشور را درسر می‌پروراندم ناگهان با تغییر سیاست کلی شاه در اداره کشور، همراه تعدادی دیگر از مدیران همکار در سازمان برنامه، دفعتا به استانداری منصوب شدم. خوشبختانه این‌بار مدیریت و سازمانی که در سازمان برنامه ساخته شد، برجای ماند که در زیر به مسائل آن و به ماجرای دادرسی ارتش که از آن نام بردم تحت عنوان مدیریت عمران روستاها اشاره می‌شود.

مدیریت عمران روستاها؛

خطوط اصلی وظایف مدیریت، کادر کارشناسی تعیین و سازمان اجرایی

که مسئولیت اجرای طرح‌های عمرانی روستاها را بر عهده گیرد مشخص شد و مدیریت عمران روستایی نیز از اتاقی اشتراکی با دو کارشناس به یک طبقه از ساختمان جنب ساختمان مرکزی سازمان برنامه بدل گردید. تشخیص خدمات رفاهی و تنظیم اولویت آن‌ها پیچیدگی نداشت ولی تشخیص و پیشنهاد آن دسته از مراکز جمعیتی با آن پراکندگی و کثرت که اجرای طرح‌ها از آنجا آغاز گردد نیازمند راه‌حل مناسبی بود. در تقسیمات کشوری رده‌ای به نام دهستان وجود داشت که محدوده آن به حکم نیاز و توسط ساکنین مجموعه‌ای از دهات که شرایط جغرافیایی امکان دسترسی و ارتباط بین آن‌ها را ممکن می‌ساخت از گذشته دور، خودجوش و مشخص شده بودند. دهی نیز در این محدوده‌ها به دلیل مرکزیت به نسبت دهات اطراف، سکنه بیشتر و وضع اقتصادی شکوفاتر و مهم‌تر از آن سهولت دسترسی به تشخیص و انتخاب مردم مرکز محدوده شناخته می‌شد. این محدوده‌ها با گذشت زمان موجودیت خود را حفظ کرده و فعال بودند ولی در تقسیمات کشوری و اداری «بخش» به‌عنوان واحد پایه شناخته شد و به این دلیل دهستان‌ها معروفیتی پیدا نکردند. در چندین رساله جمع‌آوری شده در آرشیو وزارت کشور که داستان تعطیل آن ذکر شد، در اهمیت دهستان‌ها مطالبی درج شده بود؛ من‌جمله آنکه معاملات اولیه تجاری به صورت تهاتری که به جای پول، جنسی با جنسی دیگر بده و بستان می‌شد چگونه از دهستان‌ها آغاز گردید و نتیجه می‌گرفت که بسیاری از بازارهای محلی، با نام‌هایی چون جمعه‌بازار، شنبه‌بازار نشانی از ادامه همان فعالیت‌های تجاری اولیه در محدوده دهستان‌هاست. رشد فعالیت‌های تجاری مراکز دهستان‌ها جمعیت را به خود جلب کرد و موجب گردید که به تدریج و با گذشت زمان پاره‌ای از آن مراکز بدل به شهر شوند. این آگاهی موجب شد که پیشنهاد مطالعه دهستان‌ها با این هدف که این مراکز را در مرحله نخست زیر پوشش خدمات عمرانی قرار دهیم، مطرح گردید. سهولت رفت‌وآمد به آن مراکز ممکن می‌ساخت که ساکنان دهات اقمار نیز از تسهیلات ساخته شده در آن محل بهره برند تا متعاقبا همه دهات محدوده، بر پایه احتیاج و

اولویت‌ها زیر پوشش طرح‌های توسعه و رفاهی قرار گیرند. در نظر بود که غیر از دبستان و پاره‌ای از تأسیسات اولیه بهداشتی که در هر ده مورد نیاز است، پروژه‌هایی چون درمانگاه، دبیرستان، مدارس حرفه‌ای، مرکز نیرو برای روشنایی کل دهات محدوده دهستان و یا ایجاد صنایع کوچک در مراکز دهستان‌ها ساخته شوند تا نیازهای عمده‌تر ساکنان محدوده دهستان را برطرف سازند. در شناخت مراکز اصیل دهستان‌های کشور تحقیق را با استفاده از هر امکانی شروع و از سازمان‌هایی که با دهات به گونه‌ای ارتباط داشتند کمک گرفتیم و با این اقدام فشرده مراکز مورد نظر، فهرست دهات اقمار هر مرکز و تأسیسات رفاهی موجود در هر یک از دهستان‌ها روشن شد و با اطلاع از سطح موجود امکانات رفاهی به دست آمده از تحقیقات مذکور، کمبودهای اولیه رفاهی برای روستاها و حجم برنامه‌های پیشنهادی مشخص شد و اعتبار لازم برای اجرا محاسبه و به این ترتیب اولین طرح پنج‌ساله عمران دهات برای تصویب و تأمین اعتبار در زمره سایر طرح‌های سازمان برنامه موجودیت یافت.

وظیفه دیگر مدیریت عمران روستایی، حل مسائل اجرایی و ارزشیابی از بازده اقتصادی پاره‌ای از برنامه‌های تولیدی در دهات، چون شرکت‌های سهامی زراعی بود که این رابطه گاهی با دستگاه اجرایی مشکل می‌آفرید. مطالعات برای انتخاب حوزه‌های عمرانی نیز نشان داد که نواحی ارزنده‌ای در نقاط مختلف کشور وجود دارند که می‌توان با ترکیب مجموعه‌ای از حوزه‌های عمرانی مجاور یکدیگر زمینه اجرای طرح‌های کلان ناحیه‌ای چون سدسازی، احداث کانال‌های آب‌رسانی برای کشاورزی و مصارف خانگی تأسیس مراکز آموزش عالی، ایجاد شبکه سراسری برق با توان پوشش ناحیه‌ای وسیع و مراکز صنعتی را فراهم آورد. این امکان موجب شد که مدیریت «عمران ناحیه‌ای» نیز به مدیریت‌های سازمان برنامه اضافه شود که موقتا مسئولیت مقدمات تأسیس آن به خاطر تجربه طرح عمران ناحیه‌ای گرگان و دشت که شرح آن گذشت با حفظ سمت مدیریت عمران روستایی بر عهده من گذاشته شد که سپس مهندس منوچهر وحیدی آن را تکمیل

و اداره کرد. در شروع کار مدیریت مذکور، ظرفیت بی‌نظیر ناحیه جیرفت استان کرمان نظر را جلب کرد که امکانات آن را با مهندس رزاقی، مدیر کشاورزی وقت سازمان برنامه در میان گذاشتم و به این ترتیب تهیه طرحی برای آن منطقه در دستور کار قرار گرفت. طرحی که بازده آن نه تنها قسمت قابل توجهی از میوه تهران را تأمین کرد، به خارج نیز فرستاده می‌شود.

جیرفت دشت وسیع و مستعدی است که پیرامون آن را کوه محاصره کرده که به خاطر این شکل طبیعی بین خود این طرح را «جام جیرفت» نامیدیم. این موقعیت طبیعی امکان می‌داد که در اکثر نقاط دشت هرجا که چاهی حفر می‌شد، آرتزین و آب از آن فوران کند. اقلیم آن ناحیه کشت انواع میوه‌های گرمسیری را مقدور می‌ساخت. در تدوین طرح جیرفت بودیم غیر از ایامی که برای بررسی امکانات دشت مذکور در صحرا بودیم، در خارخانه‌ای در جنب چاه آبی برای تنظیم رئوس برنامه‌های خود دور هم می‌نشستیم. خارخانه اتاقی با دیواره‌های خار و با سقفی حصیری بود که مدام دو کارگر تا آغاز شب که گرمای طاقت‌فرسای دشت کمی فروکش می‌کرد، از بیرون به خار آب می‌پاشیدند تا هوا با عبور از انبوه خار مرطوب و خنک شود و کمی از حرارت سوزان روز در محوطه داخل خارخانه بکاهد. خنکی خار موجب می‌شد که حشرات مار و مور دشت نیز در لابه‌لای خارها لانه کرده، از مزایای آن بهره برند و در همسایگی ما با اصوات گوناگون حضور خود را اعلام دارند که به طنز یکی از کارشناسان گروه آن اصوات را ملودی خار می‌نامید. شب‌ها را نیز بر تخت سفری، در زیر پشه بند و آسمان پرستاره و مشهور ناحیه کرمان در بیرون خارخانه سپری می‌کردیم.

گشودن سفره‌های غذایی کشور در گرگان و دشت ترکمن و جیرفت و احداث دبستان‌های روستایی حوزه گرگان و نیز چند مرکز و بخش آموزشی دیگر، چون هنرستان صنعتی شهر کرد، بخش عمران ملی دانشگاه شیراز و تأسیس دانشگاه گیلان خاطراتی است که در غربت خوشنودم می‌سازند. در پرده پندار همان خاطرات، خاطره فراموش‌نشدنی دیدارم با شاعری

خوش‌ذوق در بازار کرمان است که به منظور ایجاد تنوعی برای خواننده یادداشت کمی از مطلب اصلی فاصله گرفته، به اختصار از آن یاد می‌کنم. در هر سفر به جیرفت آرزو داشتم که او را ملاقات کنم تا آن‌که در یکی از سفرها این فرصت دست داد و به محض برگشت از جیرفت و رسیدن به کرمان، به بازار شهر رفته و پرسان‌پرسان دکه پالوده‌فروشی «اطهری» را پیدا کردم. او بعد از آن‌که دانست از طریق همکاری کرمانی به نام «آگاه» با اشعار او آشنا شده‌ام، در برابرم نشست. گفت‌وگوی دلچسبی داشتیم که از ذکر جزئیات آن می‌گذرم. سروده‌ای که مرا علاقه‌مند به دیدارش کرد، قطعه شعری بود که این بیت از آن به یادم مانده است:

بگذار تا ببینمش اکنون که می‌رود
ای اشک از چه راه تماشا گرفته‌ای

در برگشت به تهران، در فرصت ناهار به دیدار معاون وقت وزارت فرهنگ و هنر «اکبر زاد» که وزارت‌خانه‌اش در همسایگی سازمان برنامه قرار داشت رفتم و ذوق و استعداد اطهری، آن پالوده‌فروش کرمانی را به اطلاع او رساندم که زمینه آوردنش به تهران فراهم آمد و موجب معروفیت او گردید. شرط اطهری در آمدن به تهران فقط آن بود که چند باری در سال برای رفع دلتنگی به کرمان سفر کرده و ایامی را در پشت دخل دکه خود بگذراند. که در این مورد ایرادی به او نتوان گرفت؛ چه ما مهاجرین نیز آن احساس را تجربه کرده و آرزوی دکتر «محمدرضا شفیعی کدکنی» شاعر گران‌مایه را در دل داریم که با آمدن بهار و دیدن جعبه بنفشه‌ها در بازار عید، سرود:

«ای کاش آدمی وطنش را
مثل بنفشه‌ها
در جعبه‌های خاک
یک روز می‌توانست
همراه خویشتن ببرد هر کجا که خواست...»

در مدیریت سازمان برنامه نیز شاهد نارضایتی مردمی بودم که از اقدامات سازمان‌های اجرایی ناشی می‌شد. در پایان هر برنامه پنج ساله عمرانی، مدیریت‌های سازمان برنامه به منظور تدوین دقیق و مؤثرتر برنامه‌های آتی، نتایج برنامه‌های گذشته و مسائل نحوه اجرا و توجیه اقتصادی آن‌ها را با همیاری وزارت‌خانه‌های مجری آن طرح‌ها مورد بررسی قرار می‌دادند. ارزشیابی از برنامه‌های وزارت تعاون در دستور کار مدیریت عمران روستایی قرار داشت. در سرلوحه برنامه‌های آن وزارت، شرکت‌های سهامی زراعی با اهداف توسعه فیزیکی و رشد سریع اقتصادی روستاها قرار داشت که برای اجرایش اعتبارات قابل توجهی اختصاص داده شده بود. به طور خلاصه در آن طرح روستاییان یک یا چند ده هم‌جوار، کشتزار خود را در اختیار شرکتی سهامی قرار می‌دادند و به تناسب سطح کشت خود، سهام‌دار آن شرکت شده و کار در کشت و برداشت محصول را در محدوده تحت پوشش شرکت متعهد می‌شدند. مدیریت فنی اداری شرکت را وزارت تعاون تأمین می‌کرد که اضافه بر آن، ساخت تأسیسات فیزیکی چون مسکن راه، تأمین آب آشامیدنی و غیره را برای کشاورزان عضو نیز انجام می‌داد. نتایجی که در طول اجرای این طرح به دست آمد، از نظر اقتصادی در مقابل هزینه قابل توجیه نبود. سرمایه‌گذاری در زمینه تأسیسات فیزیکی نیز هدر رفتن اعتبارات را نشان می‌داد. برای نمونه توجهی که به خانه‌سازی برای سهام‌داران با استاندارد خانه‌های شهری و تجهیزاتی چون ماشین رختشویی معطوف و خالی مانده بود، با اهداف برنامه تطبیق نمی‌کرد. ضمن آن‌که بر پایه مقررات طرح احداث آن تأسیسات باید از محل سود شرکت، نه اعتبارات دولتی، آن هم مشروط به تقاضا و تصویب سهام‌داران هر شرکت، یعنی خود روستاییان صورت می‌گرفت. در این ارزیابی، تماس مستقیم ما با کشاورزان شرکت‌های مذکور نیز مشکل بود. به یاد دارم در بازدید از شرکتی در استان خراسان، برای ندادن امکان ارتباط باسهام‌داران، حتی تا درب دستشویی کارمندی به عنوان راهنمای مهمان‌نواز مرا همراهی کرده و در برگشت نیز همگام من بود. با همه این اوصاف

به کمک گزارش‌های دوره‌ای و آمارهایی که به تدریج از خود دستگاه اجرایی می‌گرفتیم، ارزشیابی را ادامه داده و گزارش مستندی تهیه کردیم که همانند سایر مدیریت‌ها به بهمن آبادیان، معاون برنامه‌ریزی مدیرعامل سازمان برنامه داده شد.

در این‌جا باز کمی از مطلب دور شده و از خاطره دیگری که سفر خراسان در پی گفت‌وشنود در رابطه با دهیاری که مبتلا به بیماری جذام شده بود برایم زنده کرد، به اختصار یاد می‌کنم.

به زمانی که «فروغ فرخزاد» سرگرم تهیه فیلمی از آسایشگاه‌های جذامیان بود، گاهی به دعوت یکی از دوستان فیلم‌بردار که از دوره تحصیل در آمریکا با او آشنا بودم و به استخدام وزارت فرهنگ و هنر در آمده بود، به جمعی در کافه نادری تهران که فروغ هم گاهی در آن حضور داشت، سری می‌زدم. در شبی از شب‌ها فروغ به فیلم در دست تهیه خود، که اگر درست به خاطرم مانده باشد می‌خواست آن را در جذام‌خانه‌ای در تبریز تهیه کند اشاره کرد و گفت که در اندیشه آن است که چگونه می‌تواند یکنواختی گذران زندگی جذامی‌ها را در فیلم به نمایش گذارد. هر کس پیشنهادی داشت. نوبت به من که رسید، توصیه کردم در محدوده معینی که در آن بیماری جذامی در رفت‌وآمد است و مکرر اعداد مشابهی را با ریتمی ثابت تکرار می‌کند، شاید بتواند نظرتان را تأمین کند. دوستم برای آن‌که در جمع ادبا از پیشنهادم کمتر احساس خجلت کنم به شوخی گفت: «او در کارش با ارقام سروکار دارد و تصور می‌کند هر مشکلی با اعداد قابل حل است.» همه خندیدند جز خود فروغ. چند ماه بعد در شبی که در جمع نبودم فروغ به دوستم گفت: «به عطا بگو پیشنهادش مفید بود.» من فیلمش را ندیدم ولی همان دوست می‌گفت که با ذوق بی‌نظیر خود، با استفاده از ارقام در آخر فیلمش، بی‌تفاوتی جذامی‌ها را به بهترین صورتی به تماشگران منتقل می‌کند.

برگردیم به مطلب اصلی شرکت‌های زراعی؛ در بین مدیران و کارشناسان سازمان برنامه، بودند کسانی که برنامه‌های عمرانی کشورهای دیگر را که

مشابه برنامه‌های حوزه مدیریت آن‌ها بود دنبال می‌کردند تا با نحوه اجرا، دلایل موفقیت یا شکست آن‌ها آشنا شده و از تجارب آن‌ها در تدوین و اجرای برنامه‌های خود استفاده برند. آگاهی از برنامه‌های زراعی ممالک دیگر، مورد علاقه و مطالعه من بود و شرکت‌های زراعی را که وزارت تعاون مجری آن بود، اقتباسی از سیستم «مشاو، مشاو شتوی» کیبوتص‌های اسرائیل و نیز «کلخوز» و «سفغز» شوروی می‌دیدم که کنجکاو نتایج آن‌ها بودم. ارزیابی شرکت‌های اسرائیلی که از مساعدت‌های نامحدود دولتی استفاده می‌کردند، زیاد پندآموز نبود ولی عدم موفقیت شرکت‌های روسیه کاملا محسوس بوده است. بی‌اطلاعی و بی‌توجهی مدیران دولتی مزارع اشتراکی، بی‌علاقگی کشاورزان در امر کشت و به‌ویژه مصرف بی‌حساب سموم و کود، میزان تولید در آن‌ها را هر ساله کاهش می‌داد. برای مثال دریاچه «اورال» که ترشحات آب آلوده به سم کانال‌های آبیاری به آن نفوذ می‌کرد به صورت دریاچه‌ای مرده درآمد و حکومت برای پیشگیری از تعطیل صنایع غذایی در ساحل آن چون تهیه کنسرو و بیکاری کارگرانش، مدت‌ها با کامیون‌های سردخانه‌دار و هزینه زیاد، از نقاط دیگر ماهی به آن محل حمل می‌کرد. مشکلی که در استفاده از سموم در طرح عمران گرگان و دشت، در زیر مرز آن کشور به آن توجه شد.

نکته‌ای که در مزارع اشتراکی روسیه نظرم را بیشتر جلب کرد، باغچه‌های کوچک پشت مسکن کشاورزان بود که خارج از حیطه شرکت‌های اشتراکی قرار می‌گرفتند. مالکین آن‌ها به نظر خود، هر محصولی که اراده می‌کردند در باغچه خود کشت می‌کردند و درآمد آن مستقیما نصیب خود آن‌ها می‌شد. اقدام آن‌ها موجب شده بود که قسمت عمده سبزی مورد مصرف بازار مسکو آن ایام را محصول آن باغچه‌های اختصاصی تأمین می‌کرد. متأسفانه شرکت‌های سهامی زراعی ما نیز که می‌توانست با پاره‌ای از اصلاحات و به دور از جنبه‌های نمایشی آن هم در بعضی از نقاط ایران قابل اجرا و نتیجه‌بخش شود، توفیقی به دست نیاورد. نامتناسب‌ترین محل انتخابی در اجرای طرح شرکت سهامی در مازندران و با هدف پوشش مزارع برنج بود.

کشت برنج به دلیل شناخت بستر کرت به هنگام شخم در غرق‌آب و یا تدارک خزانه برای تهیه نشا و بالاخره کشت دانه‌دانه نشا با دست در کرت اصلی کار سخت و ظریفی است، که کل اعضای خانواده هر یک قسمتی از خدمات آن را بر عهده می‌گیرند و با همه سختی آن‌چنان به انجام آن علاقه‌منداند که در پاره‌ای از مناطق کشت این محصول چون فیلیپین، ویتنام و تایلند کشتکاری که درد پا بگیرد، چون مشهور است این درد ناشی از کار دربرنج‌زار است، آن را به حساب توجه و رضایت کشتزار از تلاش خویش تلقی کرده و حاصل دوستی و مهر زمین به خود تعبیر می‌کنند و با در دست‌گرفتن عصایی چون مدالی بر سینه، به سایر کشاورزان فخر می‌فروشد.

اشکال مهم دیگر در اجرای شرکت سهامی در مازندران این بود که روستاییان نمی‌خواستند پاره‌ای از حقوق مالکیت خود، چون امتیاز باارزش سهمیه آب را که بعد از کلنجارها، سر و کله شکستن‌ها و برخوردها تثبیت شده بود، به اشتراک بگذارند. به این دلایل در شرکت‌های زراعی شمال، ژاندارم‌ها مأمور شده بودند تا از خروج برنج‌کاران معترض از دهات، با علم بر آن‌که کارگران غیر برنج‌کار نمی‌توانستند کار آن‌ها را انجام دهند ممانعت کنند که به فوج ناراضی‌ها از حکومت می‌افزود.

هر مدیر سازمان برنامه، نسخه‌ای از گزارش ارزشیابی خود را جهت اطلاع، به وزیر دستگاه اجرایی نیز می‌داد تا در جلسه‌ای مرکب از مدیرعامل سازمان برنامه، معاون برنامه‌ریزی او، وزیر سازمان اجرایی و کارشناسانش خوانده شود تا اگر سازمان اجرایی ایرادی اصولی و مستدل بر گزارش دارد، با اصلاح آن، نتیجه‌گیری مشکلات اجرای طرح مشخص شده تا تدوین برنامه آتی آن دقیق‌تر صورت گرفته و صحیح‌تر به اجرا درآید که وقت و سرمایه به هدر نرود. در آن برنامه پنج ساله، شاه خواسته بود که گزارش ارزشیابی در جلسه‌ای نیز با شرکت خود او قرائت گردد و به این دلیل نخست‌وزیرش هویدا، برای آمادگی جواب به پرسش‌های احتمالی شاه، خواست جلسه‌ای نیز به همین صورت و منظور در حضور وی

تشکیل شود. برای کارکنان سازمان برنامه جالب بود که یک‌باره شاه شخصا علاقه‌مند شده بود که از جزئیات برنامه پنج‌ساله آتی کشور مطلع گردد. البته یک‌بار نیز در سرآغاز تهیه و تنظیم برنامه پنج‌ساله مذکور، برای اطلاع از رئوس آن همراه با بانو فرح به سازمان برنامه آمده و در جلسه‌ای با حضور مدیران سازمان برنامه، نظرات خود را در توسعه کشور ابراز کرده بود.

قبل از تشکیل جلسات، گزارشات ارزشیابی مدیریت‌ها را، بهمن آبادیان، معاون مدیرعامل که مدیریت‌ها تحت نظر او بودند، به دقت بررسی می‌کرد؛ چه او نیز مسئول صحت محتوای آن‌ها می‌شد. او روزی در پایان وقت اداری که اغلب کارمندان سازمان رفته بودند، تلفنی از من خواست که با مجموعه‌ای از اسناد مورد استفاده در گزارش شرکت‌های زراعی به دفتر او بروم. اسناد حجیم بود؛ لذا من اهم آن را با خود به دفتر او بردم و بعد از حدود ساعتی بررسی مشترک، او از صحت گزارش ارزشیابی مطمئن شد و با توجه به روحیات وزیر نظامی، مقتدر و عصبی تعاون از من پرسید که «آیا به همین صورتی که نوشتی حاضری آن را بخوانی؟ و یا اگر برایت نگرانی ایجاد می‌کند می‌توانی پاره‌ای از مطالب آن را درز بگیری و یا تعدیل کنی.» در پاسخ گفتم: «بدون تردید آن را خواهم خواند؛ مگر آن‌که صلاح اداری آن باشد که آن را ملایم‌تر تهیه نمایم.» دکتر آبادیان مرد جالبی بود. گفت: «جوابی که در انتظار آن بودم همین بود که گفتی. بدون کلمه‌ای تغییر آن را بخوان، فقط ما باید خونسردی خود را در طول جلسه مشترک با دستگاه اجرایی حفظ کنیم.» ضمنا پرسید: «آیا در دستگاه اجرایی افرادی هستند که با ما نظر مشترک داشته باشند؟» گفتم: «اگر نبودند ما نمی‌توانستیم این گزارش را آماده کنیم. یکی از آن‌ها مهندس «ح»، دستیار نزدیک وزیر است که از زمان دانشجویی با او و طرز تفکرش آشنایی دارم. او مهندس مطلعی در کار خویش است که از بد حادثه در کنار آن وزیر خودرأی و مغرور قرار گرفته است.»

چند روز بعد، مدیرعامل سازمان برنامه خود اداره جلسه مشترک کارشناسان سازمان و دستگاه اجرایی را به عهده گرفت و در اتاق کنفرانسی

که متصل به دفتر او بود، وزیر تعاون با گروهی از کارمندان خود نشست و در سمت دیگر میز، من، دکتر آبادیان و کارشناسان مدیریتم که هر یک به توصیه‌ام صفحاتی از مستندات گزارش را همراه آورده بودند، قرار گرفتیم. از نگاه غضب‌آلود وزیر معلوم بود که نسخه گزارش را خوانده و شمشیر را از رو بسته است. به خواست مدیرعامل، به آرامی شروع به خواندن گزارش کردم. هر جمله‌ای که می‌خواندم، وزیر تعاون از ناراحتی روی صندلی خود جابه‌جا می‌شد. مدیرعامل ما با درک ناراحتی شدید او، یادداشتی برایم فرستاد که دست‌به‌دست به من رسید. پرسیده بود: «آیا مستندات گزارش را داریم یا نه؟» من هم در پاسخ نوشتم: «آری و اغلب از بایگانی وزارت‌خانه خود او تهیه شده است.» که پاسخ باز دست‌به‌دست به او رسید. چندخط‌مانده به آخر گزارش، وزیر دیگر طاقت نیاورد و گفت: «این یکی که از وزارت کشور آمده و آن هندی بغل دست او (منظور دکتر آبادیان)، صلاحیت این بررسی را ندارند و تمام مطالب آن‌ها بی‌اساس است.» و سپس رو به مهندس «ح» که در پشت سر او نشسته بود کرد و دستور داد که برود و آمار بازده شرکت‌ها را بیاورد که او با نگاهی که نشان می‌داد از حمله وزیر به ما خوشنود نیست، جلسه را ترک کرد. درحالی‌که وزیر دم‌به‌دم شیشه قرصی از جیب در می‌آورد و بدون آب، دانه‌ای از قرص آن را می‌بلعید و به حملات خود ادامه می‌داد. او از مدتی که به دعوت عبدالرضا انصاری، وزیر کشور، مدیریت طرح و بررسی‌ها را در وزارت کشور به عهده داشتم و نیز از اجداد بهمن آبادیان که گویا از زرتشتیان مهاجر به هند بودند، اطلاع داشت لذا به این دو نکته که به نظرش عیبی می‌نمود، تکیه کرده بود. تذکر مدیرعامل هم در آرامش او فایده‌ای نبخشید. تا آن‌که خشم او به جایی رسید که از جا برخاست، انگشت اشاره را به سوی من و آبادیان نشانه گرفت و گفت: «شرکت‌های سهامی زراعی، ناموس اعلی‌حضرت است. هر دوی این‌ها را تحویل دادگاه دادرسی ارتش خواهم داد.» با شنیدن کلمه دادرسی ارتش، تحمل مدیرعامل ما نیز به آخر رسید و بدون ذکر کلمه‌ای جلسه را ترک کرد. بعد از چند دقیقه، قائم‌مقام او وارد شد و او هم

بدون مقدمه‌ای، ختم جلسه را اعلام نمود.

جلسه ارائه گزارشات ارزشیابی مدیران در حضور نخست‌وزیر نیز در رامسر تشکیل شد. او مطالب را شنید و از محتوای آن آگاه شد. هویدا اعتراض مدیران سازمان برنامه را در رابطه با وزیر تعاون و کشاورزی کابینه خود که نظرات فنی و اصلاحی سازمان برنامه را به حساب دشمنی با خود و وزارت‌خانه خویش تعبیر می‌کردند، بدون جواب گذاشت و در لفافه فقط رساند که قدرتی برای تعویض آن دو ندارد.

جلسه نهایی برای طرح گزارشات در حضور شاه نیز در چادری که برای جشن‌های دوهزاروپانصدساله شاهنشاهی در جنب تخت جمشید برپا شده و بعد از برگزاری آن جشن هنوز برقرار بود، تشکیل شد. در جنب چادرها، هتل یک‌طبقه‌ای که گویا برای مجریان جشن ساخته شده بود، برای اقامت همه شرکت‌کنندگان در جلسه حضور شاه از اعضای سازمان برنامه گرفته تا مسئولان دستگاه‌های اجرایی، در نظر گرفته شده بود. در شب قبل از جلسه، هر مدیری که به من می‌رسید، با توجه به برخوردی که با وزیر تعاون به خاطر انتقادم داشته‌ام، نکته‌ای به شوخی و یا جدی می‌گفت و رد می‌شد. مهندس خبیری، مدیر شوخ عمران شهری وعده می‌داد که برای من در زندان سیگار اشنو خواهد آورد. مژلومیان، کارشناس ارشد اقتصادی که مسیحی و با مهندس رزاقی مدیر کشاورزی دوست و نزدیک‌تر بود، به او می‌گفت: «این شام ربانی توست که با ما یارانت صرف می‌کنی.» اما دکتر امیری، مدیر مدیریت آموزش سازمان برنامه که از نظر سن‌وسال از مدیران سازمان برنامه مسن‌تر بود و با ادبیات و شعر آشنایی داشت، توصیه می‌کرد که خط خود را با آن‌که با اتهاماتی روبه‌رو می‌شویم باید ادامه دهیم و توصیه می‌کرد که اگر ولیان خواست تو را در تهیه گزارشت به سوءنظر متهم و شاه نیز از او جانب‌داری کند، ساکت باش و در خاک حافظ، این سروده او را که با به‌مثال‌گرفتن شیخ صنعان سروده، به خاطر آور:

گر مرید راه عشقی ترک بدنامی مکن
شیخ صنعان خرقه رهن خانه خمار کرد

با توضیح دکتر امیری، دانستم که شیخ صنعان فردی روحانی و معتقد بود که عاشق دختری، آن هم ترسا می‌شود. مسجد و منبر را رها و به دیار آن دختر کوچ می‌کند و با آن‌که مورد انتقاد شدید پیروانش قرار می‌گیرد، خط خود را در راه عشق ترک نمی‌کند. چندی بعد که با حکایت آن شیخ که «عطار» در قالب سروده‌ای طولانی موجب شهرت او شد بیشتر آشنا شدم، آن را به خاطر سپرده و در زندگی و کار، به خصوص وقتی به تنگنایی برمی‌خوردم، به یاد دکتر امیری و آن سروده افتاده و به همان خاطر به حافظ و سروده‌های او علاقه‌مند شدم. تا آنجا که در غربت نیز گهگاه به دیوان او مراجعه می‌کنم. در آن شب صادقانه باید اقرار کنم که توصیه همکاران گرچه رنگ شوخی و مزاح داشت، اما در دل، مرا که تازه پدر هم شده بودم، نگران می‌کرد. با خود می‌گفتم وقتی وزیر شاه به گفت‌وشنودی فنی رنگ سیاسی داده و می‌خواهد ما را به دادگاه نظامی تحویل دهد، حال که فردا همان مطالب انتقادی را چشم‌درچشم ارشد همان دادگاه، شخص شاه که به گفته وزیرش آن را ناموس خود می‌داند خواهم خواند، چه پیش خواهد آمد؟

به‌هرحال، صبح روز بعد همه به چادری که محل تشکیل جلسه بود، رفتیم. دو ردیف میز با فاصله و موازی و روبه‌روی هم قرار داشت که در یک سمت آن هویدا با کابینه خود و در سمت مقابل مدیرعامل سازمان برنامه و ما مدیران او نشستیم و شاه در صندلی اختصاصی خود که در بالا و بین دو ردیف میز یادشده قرار داشت، نشست و مدیریت جلسه را برعهده گرفت و اجازه خواندن اولین گزارش را داد. گزارشات یکی بعد از دیگری خوانده می‌شد و اگر وزرا نظر و یا توضیحی داشتند، با کسب اجازه از شاه عنوان می‌کردند. نوبت خواندن گزارش به من رسید. کادر سازمان برنامه، نگران ناظر صحنه بودند. می‌دانستم که آن‌ها بیشتر نگران دکتر آبادیان هستند

که همه ما به او علاقه خاصی داشتیم و من با آنکه نمی‌دانم در کجاست، آن علاقه را حفظ کرده و برایش آرزوی شادمانی می‌کنم. دکتر آبادیان هنگام خوردن صبحانه در آن روز به من گفت که «اگر بحثی درگرفت، تو حرفی نزن؛ دفاع را به عهده من واگذار کن.» با توجه به گذشت او که از این طریق می‌خواست مسئولیت گزارش و پیامد آن را به تنهایی پذیرا شود، تصمیم گرفتم که اگر ولیان و شاه هم‌صدا بر من تاخته و به رد نظرات من بپردازند، فقط بگویم مطالب یادشده حقیقتی در حد میزان اطلاعات فنی و تجربه شخص من است و سکوت کنم. همان‌طور که پیش‌بینی می‌شد، در پایان گزارشم ولیان از شاه اجازه گرفت، از جا برخاست یقه کت را مرتب کرد و به سبک نظامیان ایستاد و گفت: «اعلی‌حضرتا! ارقامی که از نظر مبارک گذشت، بی‌پایه و نادرست است و همان‌طور که ذات اقدس شهریاری مطلع‌اند، شرکت‌های زراعی که ابتکار دیگری از اعلی‌حضرت و یکی از برجسته‌ترین و موفق‌ترین برنامه‌های اقتصادی کشور است، تا کنون برای کشاورزان میهن ما درآمد و رفاه به ارمغان آورده است.» با تکیه‌ای که بر اطلاع شاه از توفیق شرکت‌های مذکور کرد سر به زیر انداخته و منتظر حمله شاه نشسته بودم که ناگاه شاه اجازه نداد او به حرف خود ادامه دهد و با لحنی که آهنگ دستور، توأم با نارضایتی و خشونت داشت، به او گفت که بنشیند و افزود که بهتر است ارقامش را با واقعیت تطبیق داده و اقدامات خود را اصلاح کند. همه از این حرف شاه متعجب شده بودیم.

در پایان گزارش مدیریت کشاورزی سازمان برنامه، وزیر کشاورزی، مهندس روحانی نیز تا خواست برای اظهار نظر اجازه صحبت بگیرد و به مفاد گزارش مهندس رزاقی اعتراض کند، شاه با تندی گفت: «تو دیگر بهتر است سکوت کنی.» و با دست به سمت گروه سازمان برنامه اشاره کرد و افزود: «دستگاه اجرایی بهتر است به این‌ها به صورت «شمر خوش‌قلب» نگاه کنند، نه رقیب. توقع دارم که با همکاری یکدیگر برنامه‌های عمرانی آتی سریع‌تر و بهتر اجرا شوند.» سپس برخاست و با حالتی عصبی از جلسه خارج شد. در آن شب می‌گفتند روحانی کمی ناراحتی قلبی پیدا

کرده و او را به بیمارستان در شیراز برده‌اند که گویا هرچه بود، به خیر
گذشت. برخورد شاه با وزیرانش در کنفرانس آن روز و شواهد دیگری
چون حضورش با بانو فرح در بین کارشناسان سازمان برنامه در محل اداره
آنان که با هدف آشنائی با جزئیات برنامه پنجم و ارائه توصیه‌هائی در تنظیم
آن‌ها صورت گرفته بود این پرسش را پیش کشید که آیا شاه مصمم است
که رویه کشورداری خود را با خروج از حالت جلالت مآبی و دخول به
حیطه اجتماع‌گرائی[۱] تغییر دهد. در شب پایان کنفرانس دریافت پاسخی
برای این سؤال بحث ما سازمان برنامه‌ای‌ها تا نیمه شب به درازا کشید و
در حالی‌که همه این تحول را به فال نیک گرفته بودیم دکتر امیری. مدیر
مدیریت آموزش سازمان برنامه با سروده زیر از نظامی از گفت و شنود
نتیجه گرفت و به آن پایان بخشید:

عاقبت عشق سر گرایی کرد
خاک در چشم کد خدائی کرد

فردای آن روز همه به تهران برگشتیم. دفاع شاه از سازمان برنامه، بیشتر
دستگاه‌های اجرایی را در درگیری با ما تحریک کرد و گاهی در جلسات،
ماها را به ظاهر به شوخی شمر خوش‌قلب می‌نامیدند. آبادیان، که مهندس
روحانی بیش از ولیان، وزیر تعاون، به طرق مختلف عرصه را بر او تنگ
کرده بود، خسته شد و کاری در بانک جهانی گرفت و ایران را ترک کرد.
همان کسی که بعد از شنیدن مشکلم در وزارت کشور که تصمیم گرفته
بودم به آمریکا برگردم، گفته بود: «به جای گریز از شرایط نامساعد، چرا در
رفع آن‌ها نمی‌مانی و با ما همکاری نمی‌کنی؟» من هم در فکر چاره‌ای برای
خود بودم. همان‌طور که اشاره شد، بر پایه دستوری همراه با تعداد دیگری
از مدیران سازمان برنامه دفعتا و غیرمنتظره استاندار شدم و از سازمان برنامه
و مسائل آن فاصله گرفتم. غافل از آن‌که بندبازی شدیدتری در انتظار من
است.

۱-Communitarianism

فصل هشتم:

نارضایی از تهاجم صاحبان مقام و ثروت

در شناخت ریشه‌های این نارضایی، نمونه‌هایی از استان گیلان را به مثال می‌گیرم. استانی که افراد با تکیه به مقام، ثروت و وابستگی‌ها، طالب مالکیت قطعه‌زمینی در آن می‌شدند و با پیاده‌کردن طرحی برای تأمین منافع خود، با رساندن آسیب به محیط‌زیست سد، مسیل، بهم‌ریختن نمای هماهنگ ساختمان‌ها و یا مشکل‌تراشی در پیاده‌کردن طرحی عام‌المنفعه، مردم محلی ناظر بر اعمالشان را عصبی، آزرده‌خاطر و دلگیر از رژیم می‌ساختند. طبیعت استثنایی گیلان و مازندران، این خطه را به صورت تنها پارک ملی کشور که جاذبه‌های طبیعی چون جنگل و دریا را در مجموعه خود و در کنار هم داراست، تهاجم به این منطقه را تشدید می‌کرد که به اختصار در زیر به نمونه‌هایی از این تجاورات، با دادن عناوینی اشاره می‌شود:

گاودار نامدار؛

از آن‌جا که خود و بستگانم از این استان‌اند، حتی قبل از آن‌که سمتی در گیلان داشته باشم، همیشه نگران حال و روز این منطقه بوده و آرزو می‌کردم که لکی بر این زمرد سبز ننشیند و یا دلایلی چون کمبود آب و یا تنگناها در استان‌های دیگر، موجب هجوم بی‌رویه پناهنده به آن خطه نشود که به تغییراتی نامعقول در آن دست زنند، که امید است از طریق

دادن اختیاراتی به شهرداری‌ها، انجمن‌های دهات و استان، در رابطه با
ناحیه‌بندی، صدور پروانه ساخت تأسیسات، تصویب نما و معماری آن،
طبیعت این خطه توسط مردمش حفظ گردد، تا این پارک ملی و استثنایی
متعلق به همه مردم کشور و نسل‌های آتی، محفوظ ماند و به دنبال این
هدف، تصفیه فاضلاب‌ها و پساب صنایع را که یکی دیگر از عوامل وخیم
آسیب‌رسانی به محیط آن است نیز، نباید فراموش کرد.

در دوره استانداری خود در آن دیار، روزی نبود که ذی‌نفوذی و یا با
سفارش ذی‌نفوذی، کسی برای کسب مجوزی در احداث کارگاهی چون
تصفیه روغن موتور ساخت لوله‌های PVC، مجموعه‌های ساختمانی در کنار
سواحل، بی‌توجه به فاضلاب و غیره، به استانداری مراجعه نکند و اگر از
استان نتواند مجوز بگیرد، استان را دور زده و از تهران اجازه را به دست
آورد و با پوزخند غرورآمیز، به استان برنگردد. ولی به دور از مبالغه تا زمانی
که در استان اختیاری داشتم و آگاه از مرگ جانداران رود زرجوب به خاطر
فاضلاب کارگاه توشیبا کابوسی در ذهنم بود. پوزخند آن‌ها را به خنده خشم
بدل کرده و مانع اجرای نظرات مضرشان، به خصوص در زمینه آلودگی
محیط می‌شدم که به پاره‌ای از این موارد در این نوشتار اشاره می‌شود. در
این‌جا باید روشن سازم مخالفتی با سرمایه‌گذاری افراد، بدون توجه به مقام
و یا نسبت آن‌ها نداشتم. معلم اخلاق هم نبوده‌ام که بدانم سرمایه خود
را چگونه به دست آورده‌اند اما با آن‌ها که در پوشش سرمایه‌گذاری، در
اندیشه آن بودند که بدون توجه به ضوابط، به اقدام زیان‌بخشی دست زده،
سریعا به ثروتی رسیده و ناپدید شوند، میانه‌ای نداشتم.

با آمدن به استان گیلان، در ابتدا احداث تأسیسات تصفیه فاضلاب در
سه تأسیس بیمارستان‌ها، هتل‌ها و پاره‌ای از مراکزی تولیدی را در اولویت
قرار دادم. وزارت بهداری، مسئولیت بیمارستان‌ها را پذیرفت؛ لذا تلاشم
متوجه تأسیسات دیگری شد. هزینه گران این تأسیسات، مانع آن می‌شد
که صاحبان اماکن به دنبال اجرای آن روند. کوشش ما برای قبولاندن آن‌که
دولت قسمتی از هزینه تأسیسات را بپردازد نیز نتیجه‌ای نداد. ولی با چانه

زدن، گهگاه توفیقی در این راه دست می‌داد که یک مورد آن هتل سپیدکنار انزلی بود. مالک هتل سپیدکنار را از جوانی می‌شناختم. هتل او در همسایگی ما بود. از رستوران و ساحل هتل او در تابستان با تعدادی از منسوبین و دوستان هم‌سن‌وسال استفاده می‌کردیم. به یاد دارم در جریان مذاکره، در جواب سؤال صاحب هتل که می‌گفت: «چرا به گاوداری کنار مرداب که آلودگی آن به مراتب بیش از هتل من است، کاری ندارید؟» صادقانه و با شرمندگی جواب می‌دادم که: «آقای مشهودی می‌دانی زور من به مالک یل آن‌جا، ریاست ساواک کشور نمی‌رسد. ولی مطمئن باش به محض به‌دست‌آمدن فرصتی، نخواهم گذاشت بدون تأسیسات تصفیه فاضلاب، به کار گاوداری خود ادامه داده و مرداب آشنا را که بانک خاطرات بسیاری از مردم شهر ماست، آلوده سازد.» به کنایه پاسخ داد: «منظورتان این است که در حیات ما این اتفاق رخ نخواهد داد و بیهوده منتظر نمانیم؟» از او که موافقت کرد در اسرع وقت تأسیسات تصفیه فاضلاب را پیاده کند، تشکر و خواهش کردم که دیگر این قیاس با گاوداری را یادآور نشود؛ چون احساس تلخی به من دست می‌دهد که خوشبختانه فرصتی را که به او قول داده بودم، با سفر بانو فرح به گیلان و به این شرح، به دست آمد:

دکتر احسان نراقی، جامعه‌شناس که در پاره‌ای از امور، مشاورت بانو فرح را پذیرا شده بود، مسائل کشور را به او یادآور و در بعضی از مسافرت‌ها نیز با او همسفر می‌شد، به من تلفن کرد و از من خواست برنامه‌ای برای بازدید او ترتیب دهم. با دکتر نراقی که از من خواسته بود در کنار تدریس با او در مؤسسه تحقیقات اجتماعی نیز همکاری داشته باشم، آشنا شده بودم که پایه دوستی ما شد. پیشنهاد او برای همیاری ناشی از تحقیقی بود که در نوشتن رساله پایان تحصیل خود در دانشگاه «کرنل» آمریکا انجام داده بودم و هم او بود که مشوق من در نوشتن کتاب نشر اندیشه و روش‌های نو در روستاها، به زبانی بسیار بسیار ساده و برای خادمین دهات در ایران و کشورهای فارسی زبان گردید. که دانشگاه تهران آن را به چاپ رساند. کتاب دیگرم را نیز با عنوان «سازمان‌های نهان و ایران»، باز با تشویق او

می‌نوشتم که به اتمام نرسید. در پاسخ دکتر نراقی، درباره برنامه بازدید بانو فرح از استان گیلان، گفتم که برنامه مشابهی را مثل بازدیدهای ایشان از استان‌های دیگر توصیه نمی‌کنم و می‌توانم زمینه‌ای فراهم آورم که به دور از تشریفات با مردم ملاقات کرده و از واقعیت آن‌چه در استان می‌گذرد آگاه شوند؛ تا شاید مثمر ثمری نیز برای گیلان شده و چتری حفاظتی به من دهد که بتوانم در اقدامات مخالفت‌برانگیز، به خصوص در زمینه محیط‌زیست، از آن استفاده کنم. چند روز بعد، احسان اطلاع داد که ملکه از این پیشنهاد استقبال کرده‌اند. این گفت‌وشنود را دکتر نراقی، بعد از انقلاب، در شماره ۲۹ ماهنامه حافظ، در خردادماه ۱۳۸۵ و در کتاب خود، «از کاخ شاه تا زندان اوین»، به شرح زیر درج کرده است.

۱۲۳

بیار همسر و خواهر

شهبانو، برخلاف سایر اعضای خانواده پهلوی و خصوصاً همسرش، خود را با افراد معمولی کاملاً راحت احساس می‌کرد. به هنگام بازدیدهای رسمی از استان‌های کشور، او، اغلب موفق می‌شد تا از تشریفات دست و پاگیر خود را برهاند. من شخصاً، به هنگام بازدیدی چندروزه از استان گیلان، در سواحل دریای خزر، شاهد این امر بوده‌ام. چند هفته قبل از این سفر، معتدل، استاندار گیلان، که به خوبی او را می‌شناختم، به من اطلاع داد، ترتیبی که وزارتخانه‌ها و دفتر ملکه، جهت این بازدید تدارک دیده‌اند، مطمئناً، به فرح این امکان را نخواهد داد که او بتواند راجع به واقعیت اوضاع، اطلاعاتی به دست آورد. او از من خواست تا فرح را از اعمال غیرقانونی و رشوه‌خواری‌های اطرافیان شاه در این منطقه، آگاه سازم. خصوصاً درباره شیو ... ، افتضاح آمیزی که براساس آن، مساحت عظیمی از جنگلها در اختیار ... سازها گذاشته شده بود؛ از جمله، پانصد هکتار اراضی جنگل که به تیمسار نصیری، رئیس ساواک، تعلق پیدا می‌کرد. وقتی مسئله را با ملکه در میان گذاشتم، او از من پرسید از چه طریق می‌تواند به طور محرمانه از این بی‌قانونی‌ها مطلع گردد و آنها را به گوش شاه برساند؟ به او گفتم:

استاندار پیشنهاد می‌کند، به هنگام بازدید، از تنظیم‌کنندگان برنامه بخواهید، ترتیبی برای ملاقات شما با نمایندگان شوراهای محلی بدهند، زیرا آنها افراد ساده و بی‌غل و غشی هستند که با صدق گفتارشان، کاملاً قادرند تا پرده از روی زد و بندهائی که شاهدشان بوده‌اند، بردارند.

ـ او جواب داد قبول دارم، منتها به شرطی که شما هم در این مسافرت همراه من باشید.

من پذیرفتم و با همکاری اشخاصی بلندپایه، کاملاً موفق شدیم تا از نظر افراد عادی و ساده نسبت به واگذاری این زمین‌ها، مطلع شویم

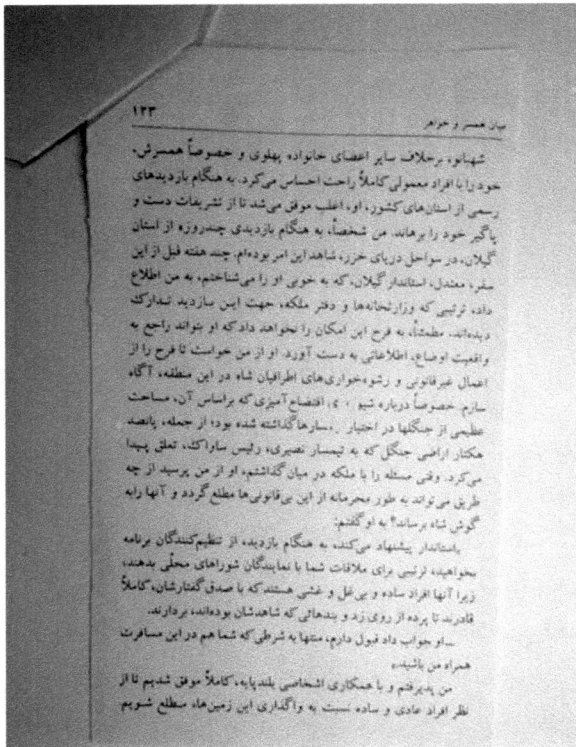

اصرار من در سفر بانو فرح برای شرکت او در انجمن‌های محلی، از آن جهت بود که می‌دانستم تمام برنامه‌های بازدید او، به صورت زنده پخش شده و فرصتی برای سانسور و یا تغییری در آن نیست، مشکلات عریان می‌شود و در حل آن‌ها، کارشکنی افراد ذی‌نفع کاهش می‌یابد.

جلسات انجمن‌های محلی و مراکزی چون کاخ جوانان، کتابخانه، پارک عمومی شهرها و بلوار انزلی، از محلاتی بود که برخورد رودرروی عامه با بانو فرح را ممکن می‌ساخت. ناگفته نماند، قبلا نیز به انجمن‌های محلی توصیه کرده بودم که غیر از سلام و احوالپرسی معمول، القاب، تعظیم، تکریم و تمجید و تملق را به ملاقات تزریق نکنند و او را چون اطرافیان درباری‌اش در حریم تظاهر و تشریفات، محبوس نسازند. به سادگی و به گونه‌ای که با فامیل و دوستان سخن می‌گویند، مطالب خود را آزادانه عنوان کنند.

همان‌طور که اشاره شد، از مشکلات گیلان، تهاجم زیانبخش ذی‌نفوذان به منابع طبیعی آن، آن هم بدون رعایت هیچ اصولی بود. چون ایجاد گاوداری در حاشیه مرداب آسیب‌پذیر انزلی و رهاکردن تمام فضولات آن به مرداب، که بی‌توجهی مالک پر قدرت آن به آلودگی محیط که ترمیم آن پس از آسیب بسیار، مشکل و شاید غیرممکن می‌نمود برایم معضل بزرگی شده بود که آزارم می‌داد و از طرفی به خاطر تجربه‌ای که در بختیاری با یکی از مأموران زیر دست او داشتم، با تصور این‌که رودررویی با شخص او به مراتب ملال‌آورتر و از آن گذشته بی‌نتیجه خواهد بود، در پی راهی بودم که بدون دخالت مستقیم خود، مرداب آشنا را از آسیب حفظ کنم. بازدید بانو فرح از گیلان دریچه‌ای گشود که با تکیه بر نارضایتی عامه، بی‌آن‌که دوباره اتهام مخالفت با رژیم، چون ماجرای شهرکرد که به آن اشاره شد، به من زده شود، قدمی بردارم. بعد از سفر بانو فرح با نمونه‌برداری از فاضلاب گاوداری، به عنوان اولین قدم در پیاده‌کردن طرح تصفیه فاضلاب آن محل رفتم. البته باید اشاره کنم که قبل از بازدید بانو فرح نیز، یک‌بار به حریم طرح گاوداری مذکور دستی رساندم که متأسفانه سودی برای محیط‌زیست

و حفظ مرداب نداشت. رشت همیشه بارانی است و می‌تواند باران‌های شدید را تحمل کند؛ تا آن‌که شبی دیروقت به من خبر دادند، رودی که به مرداب می‌ریزد، سرریز شده و خانه‌های حاشیه آن را آب گرفته است. با عجله و با اتومبیلی که در حیاط پارک بود، به محل طغیان رود رفتم.

در زیر نور ضعیف چراغ پل که آب اندک اندک به نزدیکی کف آن می‌رسید، به رود نگریستم. با خود گفتم: «این وضع بلاشک ناشی از گرفتگی در نقطه‌ای از مسیر است.» با فرمانده پایگاه آموزشی نیروی دریایی در انزلی که مرکز آن فاصله زیادی از ورودی رود به مرداب نداشت، تماس گرفته و از او خواستم فوجی از ملوانان خود را از سمت مرداب به رود وارد کند تا از انزلی تا رشت، گرفتگی مسیر را بررسی کنند. اندکی بعد فرمانده پایگاه، تیمسار جهانبانی، اطلاع داد که: «راه ورود به رود با سرشاخه، برگ و تپه‌ای که دستی خاک‌ریزی شده و نیمی از عرض آن را گرفته، بسته است و قایق‌های ما نمی‌توانند وارد دهانه رود شوند. البته می‌توان چوب‌ها را به زحمت به کناری زد ولی عبور سیل‌آسای آب انباشته‌شده در پس آن، بعد از برداشتن شاخه‌ها به احتمال قوی قسمتی از تپه‌دستی را خراب کرده و با خود به مرداب خواهد ریخت. مسلما می‌دانید که تپه متعلق به کیست؟» گفتم: «تیمسار؛ می‌دانم ولی اقدامی که ضروری است، باید صورت گیرد.» به شهردار انزلی تلفن کردم و به او گفتم که فورا با همه امکانات خود دهانه را باز کند. مالک گاوداری نیمی از دهنه رود را خاک‌ریزی کرده بود تا آلاچیقی که از آن بتوان منظره رود و مرداب را هم‌زمان دید، روی آن نصب شود. در اطراف من هر لحظه به تعداد ساکنان خانه‌های کرانه رود که نگران ازبین‌رفتن مسکن خود بودند اضافه می‌شد. باران سیل‌آسا در آن سرما و تاریکی به مشکل می‌افزود. سیل با بالاآوردن و پخش محتوای مستراح‌ها، محیط ناسالمی به وجود آورده بود. گفتم که اگر اشکال ادامه یابد، برای اسکان موقت مردم، چند دبستان محله را خالی کرده و شیر و خورشید سرخ رشت، وسایل اولیه زندگی آنان را فراهم آورد. با کنار زدن شاخه‌ها، سیل نه تنها آلاچیق گویا تمام مبلمان، ظروف و وسایلی که رویش

چیده شده بود را به مرداب سرازیر کرد و خوشبختانه تا نزدیکی صبح، آب فروکش کرد و همه به منازل خود برای سروسامان دادن به اوضاع آشفته‌ای که با آن روبه‌رو شده بودند، برگشتند و شهرداری رشت هم فورا برای بهداشتی‌کردن محیط، مشغول به کار شد.

چند روز بعد، رئیس ساواک گیلان که خود گیلک و همان‌طور که اشاره کردم برعکس رئیس ساواک شهرکرد، ملایم بود و مسئله‌ساز نبود، به دیدن من آمد و گفت: «می‌دانید که آلاچیق "آقا" را خراب کردید؟» در پاسخ گفتم: «راست می‌گویید؟ متعلق به آقا بود؟ چرا زودتر به من نگفتید؟ ضمن اعلام تأسفم، به ایشان بفرمایید تلاش من از آن جهت بود که بوی مدفوع شناور مردم سیردوست محله، مشامشان را آزرده نسازد. ضمنا اگر وسایلی متعلق به ایشان از بین رفته است، اقلام آن را به من بدهند تا خسارت را شخصا، به خاطر اشتباهی که کرده‌ام و به عنوان جریمه، جبران کنم.» او که با اعتراض به من انجام وظیفه کرده و پاسخی برای تیمسار پیدا کرده بود، گفت: «صحیح می‌فرمایید. حق با شماست. من کم‌کاری کردم که به شما اطلاع ندادم، اما باید این را هم بگوییم که ما گیلانی‌ها در کنایه‌زدن بسیار ماهریم.» گفتم: «این نکته را هم به ایشان بفرمایید.» او در حالی که به زحمت، خنده را به لبخندی بدل کرده بود، از دفترم بیرون رفت و من در انتظار نتایج بندبازی خود بودم که چگونه این بار هم خواهم توانست از طناب به زیر نیافتم، به بندبازی خود ادامه دهم و مسئله حل شود. گویا پاسخ او برای تیمسار قانع‌کننده بود و فقط من با اعتراض همسرم که خاطره شهرکرد را در سر و دلهره آن‌جا را در دل داشت، روبه‌رو شدم که می‌پرسید: «چرا مدام به پروپای این جماعت می‌پیچی این‌ها به آسانی می‌توانند تو را از سر راه خود بردارند. نکند تو هم مثل مرغ "خانه‌پازن" هوس رفتن به سرت افتاده است؟»

در گیلان ضرب‌المثلی است که می‌گویند وقتی مرغی هوس کشته‌شدن به سرش می‌زند، از جمع مرغان جدا شده و به روی ایوان خانه می‌پرد و به هرچه در ایوان است حتی انگشتان حنابسته پای خانم خانه را با دانه

اشتباهی گرفته، مدام نوک می‌زند، تا آن‌جا که زن عصبی، او را گرفته و به دست شوهرش می‌سپارد تا سر او را برای پخت شام شب ببرد.

به او گفتم: «من با آن‌ها کاری ندارم ولی نمی‌دانم چرا هر کاری را که به آن دست می‌زنیم با منافع یکی از آن‌ها تضاد پیدا می‌کند. شاید تعدادشان زیاد است که همه‌جا حضور دارند. بیهوده نیست که مردم به هر که می‌رسند فکر می‌کنند که از ما بهتران‌اند خود را جمع‌وجور کرده و مراقب حرف‌زدن و اعمالشان می‌شوند.»

در این‌جا باید اذعان کنم که در تلاش برای حفظ محیط‌زیست گیلان، توفیق چندانی به دست نیاوردم. یکی از مشکلات در این زمینه آن بود که مردم زیاد به اهمیت این مسئله توجهی نداشتند و وقتی به آلوده‌کنندگان محیط‌زیست فشار می‌آوردیم، به خاطر هزینه سنگین دستگاه تصفیه معترض می‌شدند. ساواک هم که زعیمش، خود از متخلفان بود، به محض ابراز اعتراضی، هشدار می‌داد که: «هان! دارید به نارضایتی مردم دامن می‌زنید.» اعتباری نیز نتوانستم تأمین کنم که دولت در هزینه اجرای طرح‌های پیشگیری از نفوذ فاضلاب به رودخانه‌ها که در نهایت به مرداب می‌ریخت، سهیم گردد. وزارت بهداری هم در لابیرنت اداری گیر کرده‌بود و جز در مورد یکی-دو بیمارستان، کار مؤثری انجام نداد. حتی در حل مشکل از ذهنم خطور کرد که به استانداران پیشنهاد کنم از منابع درآمد استان خود، سهم مختصری به صندوقی که «حفاظت پارک ملی» نامیده خواهد شد، بریزند، تا از آن به حفظ سلامت محیط مرداب و سواحل گیلان و مازندران که مورد استفاده ساکنان همه استان‌هاست، کمک شود و یا خواستم از هر مسافر در هنگام ورود به مرز گیلان، همت عالی برای سلامت محیط‌زیست که بر سلامت خود آن‌ها نیز اثر می‌گذاشت، مبلغی گرفته شود و در اختیار شهرداران شهرهای ساحلی گیلان برای سالم‌سازی محیط گذاشته شود. منتهی دیدم در هر دو صورت، مسائل مالی و در پس آن، با این همه نامهربانانی که هر روز برای خود می‌ساختم، باران تهمت بر سرم خواهد ریخت.

دو مکاتبه زیر نشان می‌دهد که وقتی مهاجمینی، برای مالکیت زمین در گیلان نمی‌توانستند از استان مجوزی بگیرند، چگونه استان را دور زده و با برگ مجوز، فاتحانه و مغرورانه از تهران به استان می‌آمدند و استاندار، وزیر و حامیان خود را به جان هم می‌انداختند.

شرکت کشت و صنعت ... (با مسئولیت محدود)
شماره ثبت ۲۲۹۳۶

تاریخ ۱۷/۳/۲۷
شماره ۷۰۸
پیوست

وارده ۲۷۳۸
تاریخ ۱۰/۳/۲۷

جناب آقای معتدل استاندار محترم گیلان

ضمن تقدیم احترامات در شماره ۱۰۴۶۴ مورخ ۲۷/۲/۲۶ روزنامه کیهان مصاحبه‌ای از طرف جنابعالی منتشر گردید که در زمینه نارسائیهای شهرستان بندر پهلوی اشاره نیز به دو زمین مناسب موجود در غازیان و بندرپهلوی فرموده‌اند که مستاجر در آن قصد خانه سازی داشته و تعجب فرموده‌اند که اگر برای کشت و صنعت این اراضی اجاره شده خانه سازی در آن چه معنی دارد؟

جهت مزید استحضار آنجناب باطلاع میرساند در چارچوب مقررات ماده ۳۱ قانون اصلاح فصل پنجم قانون حفاظت جنگلها اراضی ملی شده بمنظور:

کشاورزی و مزرعه، باغداری، دامداری و پرورش ماهی، خانه سازی و مجتمعهای مسکونی مراکز توریستی، حتی مراکز ورزشی و بهداشتی، پارک سازی و جنگل مصنوعی در اختیار بخش خصوصی گذارده میشود.

اینشرکت باتوجه بمطالعات سه ساله گذشته برای دو قطعه اراضی مستاجره مذکور با توجه به نیاز مبرم منطقه طرح جامع توریستی تدارک دیده که خوشبختانه منظور نظر خاطر آنجناب نیز میباشد ولی متاسفانه رسیدگی و اجازه بهره وری از این پروژه مفید در لابلای تشریفات مزاحم دستگاههای اجرائی مدت یکسال واندی است بلاتکلیف مانده است که در حال حاضر در شورای هم آهنگی گسترش محورخزر در دست رسیدگی است.[۱]

اینک با امیدواری کامل از تشویقات آنجناب آمادگی کامل خود را برای اجرای یک مجموعه توریستی که جزئیات آن در طرح پیش بینی شده شامل هتل، رستوران، فروشگاهها، آپارتمانهای فصلی و دائمی، کمپینگ و پارکینگ با تجهیزات کامل که توسط گروه مشاورین با تجربه خارجی تهیه شده است اعلام میدارد استدعا دارد در صورتیکه آنجناب از این برنامه مفید و ارزان قیمت حمایت میفرمایند محل مراجعه و مرجع آنرا باینشرکت ابلاغ فرمایند تا در پیگیری آن اقدام شود. قبلاً تشکرات خود را تقدیم میدارد.

مدیر عامل

گیرنده: واحد اراضی وزارت کشاورزی و عمران روستائی

(۱) ...

...دار

...ناب آقای روحانـــــی

...قام وزارت کشاورزی و منابع طبیعی

باستحضار میرساند :

برای رفع مشکلات پلاژ شهر پهلوی بلوار پهلوی ۸ کیلومتر بلوارات و پشت پلاژ شهر تقریبا هزینه ای
...دود ۱۰۰ میلیون ریال کشیده شد پیش بینی این بوده که در انتهای این بلوار زمینهای مناسب
...ی بشرح کروکی پیوست برای کمپینگ وتاسیسات ارزان قیمت توریستی استفاده و بلوار بجـــــاده
...پهلوی آستارا متصل گردد متاسفانه از دو قطعه زمین مذکور قطعه ای بشرکت بیرانشت واگذار و قطعه
...یگر در مرحله واگذاری است استدعا دارد باتوجه باین امر که شرکت بیرانشت بهیچ وجه از نظـــر
...لیه نمیتواند از زمین (یکی) واگذاری بدلیل نوع خاک و سایر شرایط بهره ای ببرد این دو قطعه که در مرکز
...احل است در اختیار شهرداری بندر پهلوی قرار گیرد تا باین ترتیب سرمایه گذاری در مـــــورد
...وار بهدر نرفته و قابل توجیه شود و بهتر از آن اولا مراتب مساوی در مورد وضع نابسامان پلاژ شهر پهلو
...کرارا ابلاغ گردیده اجرا گردد . س/۱

عطاءالله معتمدل

استاندار گیلان

در دو نمونه فوق مشاهده می‌کنیم که صاحب نفوذی، با ادعای توسعه گردشگری با مجوزی که با تفسیر قانون محافظت از جنگل به او در مرکز داده بودند، می‌خواست در ساحل خزر در انزلی، که درختی در آن به چشم نمی‌خورد و در محدوده‌ای که برای استفاده عموم در نظر گرفته شده بود، ویلاسازی کند که با مکاتبات عدیده مانع آن شدیم.

از دوستداران مالکیت زمین در گیلان، مراجعینی نیز بوده‌اند که با سفارش افراد ذی‌نفوذ، به بهانه اجرای طرحی، به گیلان هجوم می‌آوردند. دلیلی که با سفارشی مراجعه می‌کردند این بود که به خوبی می‌دانستند دارند به دنبال اقدامی نامعقول و غیرقانونی می‌روند. این مهاجمین با طرح‌های آلوده‌گر و اجرای آن‌ها، بدون رعایت مقررات و توجه به طرح‌های توسعه منطقه، در هرجایی که درآمد بیشتری برایشان داشت، مدام به استان فشار می‌آوردند تا مجوزی به دست آورند و برای دسترسی به آن، با ارقامی بالا و فریبنده، سعی می‌کردند مسئولین را خریداری کنند و همان‌طور که اشاره شد، بعد از آن‌که از توافق استان مأیوس می‌شدند، استان را دور زده و از مرکز مجوز می‌گرفتند و چون باز نمی‌توانستند به نتیجه‌ای رسند، عموم شاغلین در استانداری گیلان را متهم به سوءنظر، قانون‌شکنی و آن‌چه را که می‌توانید حدس زنید، می‌کردند. که در پس هر تهمت آنان سیل بازرسان از مراجع مختلف، به استان سرازیر شده و وقتی را که می‌بایست در انجام وظایف اصلی به‌کار رود، در دفاع از خود، به هدر می‌دادم؛ لذا برای رسیدن به وظایفی که به مراجعین محلی و شهرداری‌های استان و یا طرحی ارتباط داشت و نمی‌شد آن‌ها را به تعویق انداخت، مجبور می‌شدیم که تا دیروقت شب، در اداره یا منزل نیز به کار ادامه دهیم. خلاصه آن‌که با برخورد با این‌همه ناملایمات، خسته شده و دیگر به جایی رسیده بودم که هیچ عامل و یا تهمتی آزارم نمی‌داد و بدون نگرانی و بی‌تفاوت، منتظر هر پیش‌آمد و اعتراضی توسط هر کس و هر مرجعی شده بودم؛ چه می‌دیدم هر چه پیش آید، بهتر از شرایط روز من است. گاهی بی‌اعتنایی مرا بازرسان جوربه‌جور اعزامی از مرکز، به غرور ناشی از مقام تعبیر و رنجورشان می‌کرد که

نمونه‌ای از این رنجش را در رابطه با برداشت بازرسی از بالاترین مرجع بازرسی کشور، در زیر از نظر می‌گذرانم.

۲۶۷۷
۲۵۳۶/۶/۸

اطلاعیه

تعدادی از بازرسان بازرسی شاهنشاهی که جهت معرفی یا تحقیق به استانداری گیلان مراجعه نموده‌اند جریان مذاکرات و جریان استاندار را مطابق شئون بازرسان نبوده است من‌جمله سرکار سرهنگ مهدیان از گروه تحقیق که در روز ۲۵۳۶/۵/۲۲ برای ابلاغ مطلبی به استاندار مراجعه نموده پس از اینکه بیش از دو ساعت در اطاق منشی ایشان منتظر بوده طرز گفتار استاندار با ایشان غیرمتناسب و تحقیرآمیز بوده است.

وزارت کشور
دفتر وزیر

۱۷۰۴۱

جناب آقای عطاءاله معتدل
استاندار گیلان

فتوکپی اطلاعیه واصله در مورد اظهارات بازرسان بازرسی شاهنشاهی که جهت معرفی و یا تحقیق به استانداری گیلان مراجعه مینمایند بضمیمه ایفاد میگردد. خواهشمند است دستور فرمایند هنگام مراجعه رعایت شئونات آنان را بنمایند.

اسداله نصر اصفهانی
وزیر کشور

دوست سودجوی شاه؛

در مجموع به نظر می‌رسد با توجه به مداخله شاه در اصلاح اشتباهات منسوبین که در این نوشتار به تعدادی از آن اشاره می‌شود، رفتار منسوبین و نزدیکانش یکی از مشکلاتش شده بود.

فردوست، از نزدیکان دربار و دوست شاه، به اتکای نفوذ خود، برادرش را برای تولید ماهی به گیلان می‌فرستد. او همه سواحل و رودخانه‌های گیلان را، جز قطعه‌ای در بالای تپه لاکان و در وسط زمینی که با تلاشی سخت و وقت‌گیر، مسائل آن را حل و مدعیان دروغین مالکیتش را خلع ید و برای دانشگاه گیلان انتخاب و حفظ کرده بودیم برای تولید ماهی مناسب نیافت. که با دور زدن استان با مجوزی از تهران و با اطمینان از آن‌که دیگر کسی نمی‌تواند مانع کارش شود، مقدمات پیاده‌کردن پروژه خود را با آوردن ماشین‌آلات و لوازم به لاکان، آغاز کرد که خبر آن به گوش ما رسید. برای خلاصه‌کردن مطلب که مشکلات در حل مسائلی این‌چنینی و پس‌آمد آن را خواننده این نوشتار می‌تواند خود تجسم کند، وسایل او را جمع کرده، به بیرون ریخته و خودش را از آن قطعه راندیم. ناگفته نماند که خود فردوست، در دامداری انزلی که به شرح مسائل آن در فوق اشاره شد نیز شریک بوده است.

آشپز ملکه مادر در پی انشعاب برق؛

یکی از مراجعین پرمدعا، آشپز ملکه، مادر شاه بود. او پس از دادن کارت ملکه که در آن خواسته بود برق منزل نوساز او را تأمین نماییم، با لحنی آمرانه گفت: «چند روزی بیشتر در رشت نیستم. انتظار دارم در این فاصله، دستور ملکه اجرا شود.» آرامش خود را حفظ کرده و به او گفتم: «آدرس منزل را به منشی من بدهید تا ببینیم چه می‌توان کرد.» تصادفا، فردای آن روز، جلسه‌ای با مسئول برق درباره برق‌رسانی به محلات بدون برق شهر و دهات پرجمعیت گیلان داشتیم. منشی، کارت ملکه مادر را هم همراه بقیه تقاضاها در دستور کار جلسه گذاشته بود. با بررسی آدرس منزل آشپز،

دریافتیم در حالی که پاره‌ای از محله‌های پرسکنه رشت برق ندارند، صلاح نیست مسیری طولانی عاری از سکنه را سیم‌کشی کنیم تا برق را به تپه خوش‌منظره‌ای که فقط خانه آشپز در آن‌جا قرار داشت برسانیم. ضمنا با کارت مشابهی که آشپز به اداره برق هم داده بود، دانستیم که این کارت را ملکه ننوشته و به او نداده است و او به صورتی از اتاق ملکه کش رفته و به هر کسی که لازم بداند، یکی از آن‌ها را با متنی متفاوت و مناسب حال و خواست خود، نوشته و ارائه می‌دهد که من و رئیس برق این تقلب او را ندیده گرفتیم.

غروب آن روز که همه کارمندان رفته بودند، پاسدار درب کوچک استانداری اطلاع داد که آشپز شاه آمده که با شما ملاقات کند. فهمیدم که همان آشپز ملکه مادر است که در فاصله یکی- دو روز به خود ترفیع داده و برای جلب توجه سریع‌تر، به مقام آشپزی شاه ارتقاء یافته است. گفتم که او را به داخل استانداری و دفترم هدایت کند. معمولا در خارج از وقت اداری، گارد در دفتر منشی منتظر می‌ماند تا کسی را که به داخل راه داده، در موقع خروج، مستقیما به خارج استانداری هدایت کند و تا زمانی که آن شخص در دفتر بود، در اتاق منشی به‌گوش منتظر می‌ماند. بعد از احوالپرسی و ابراز آن‌که امید است در چند روز اقامت در استان، به او خوش گذشته باشد، گفتم: «سلام مرا به سرکار خانم برسانید و بگویید تأمین نظرشان در حال حاضر مقدور نیست و به محض آن‌که امکانی پیش آید، مشکل برق شما حل خواهد شد.» یک‌باره آشپز عصبی شد و به صدایی رسا و آمرانه گفت: «این فرمان است. مگر نگفتم که چند روزی بیشتر در رشت نیستم و باید دستور اجرا شود؟»

از صدای بلند آشپز، پاسبان به داخل اتاق دوید. به او گفتم: «این مرد را به بیرون استانداری پرت کنید.» پاسبان هم امان نداد، پشت یقه کت او را به تندی گرفت و کشان‌کشان درحالی‌که هنوز غرولند می‌کرد و اولتیماتوم عزلم از مقام را می‌داد، با خود به بیرون برد.

بعد از این ماجرا، فضای دفتر برایم سنگین شده بود؛ به گونه‌ای که تحمل

ماندن لحظه‌ای بیشتر در آنجا را نداشتم. روبه‌روی میز کارم دیوار سراسری شیشه‌ای، تا عمق باغ محتشم را نشان می‌داد. سکوت و سایه روشن غروب در لابه‌لای درختان باغ محتشم، به غم‌زدگی فضای دفتر می‌افزود. معمولا در چنین مواقعی پرسش‌های بی‌پاسخ تکراری و بلاجوابی به خاطرم می‌آمد که بیشتر آزارم می‌داد. یکی از آن‌ها این بود که این چه زمینه‌ای است که موجب می‌شود هرکه را که به واقعیت‌ها توجه دارد، به سهولت بکوبند؛ کوبیدن‌هایی که فرد باید در تنهایی ضربات آن را تحمل کند و نتواند حداقل با کسی درد دل کند. چون می‌داند شنونده در شرایط روز، درد او را باور نخواهد کرد و آن را حمل بر تظاهر خواهد نمود. اگر هم با دوست و یا آشنایی درد دل می‌کردم جواب او برایم روشن بود؛ آن را یا به نادانی، ترس و بی‌عرضگی تعبیر می‌کرد و یا با این نصیحت که همرنگ جماعت شو و آسودگی خود را، با همه مزایای ممکنش به دست آور، به گفت‌وگو خاتمه می‌داد. از خود می‌پرسیدم که حداقل آیا کسی در پس این دیوار می‌تواند تجسم کند که بر وجود شامخ خان حاکمش چه می‌گذرد؟ و یا او را در قدرت، ثروت و لذتی رشک‌آور تجسم می‌کند؟

با اولتیماتوم آشپز ملکه در آن روز، احساس می‌کردم که نه تنها از شغلم، بلکه از حیات خود نیز بیزارم. لختی من هم چون «ساموئل آلن»، شاعر آفریقایی، به آگاهی آفریدگار از ناهنجاری‌هایی که در خاک و در روابط انسان‌ها می‌گذرد شک کردم. «آلن» که او نیز از آن‌چه بر او می‌گذشت و می‌دید، روحش به ستوه آمده بود، با خدا گفت‌وگویی دارد و می‌سراید:

«آرزو دارم زنده مانده و از حرکت نمانم
تا صبحی و در فرصتی مساعد
مشتی ستاره را به چنگ گیرم و به بالا خیزم
پاهای استخوانی و درازم را در فضا جولان دهم
با دو-سه ضربه شلاق، بهشت را بر زمین کوبم
و آن‌گاه از اوج به زمین و به تو ای خدا، در بهشت بنگرم

بپرسم:

"چطوری؟ خوش می‌گذرد؟"»

این برخوردها و دیدن این نادرستی‌ها، چنان مرا آزرده کرده بود که در آخرین کنفرانس استانداران در تهران، خود و استانداران دیگر را پرده‌پوشان ساکت ایالات «سدوم و گمورا» نامیدم و آرزوی ظهور کشتی نوح را کردم که تیمسار استاندار وقت آذربایجان، چنان از گفته‌ام برآشفت که تصور می‌کنم اگر سلاح در کمر بسته بود، آن را به کار می‌برد. فردای آن روز، «نصر»، وزیر کشور که از کادر شهربانی به وزارت رسیده بود و گویا به خاطر آن‌که این گفت‌وگوها درز پیدا کرد، تعطیل جلسه را اعلام نمود.

نامه‌ها و مدارک روی میز را به همان صورت پراکنده گذاشتم، سوار اتومبیل شده و بی‌هدف، مدتی در گوشه و کنار شهر راندم. یک‌باره خود را در محله آشنای دوران کودکی، «ساغری سازان»، کوی قدیمی یهودی‌تپه و پایین‌تر، «رودبارتان» یافتم. با گذشتن از محل مدرسه ابتدایی خود، علمیه، به یاد همکلاسی‌های دبستان که در سال پنجم از آن‌ها جدا شده و با خانواده به تهران آمدیم، افتادم. از آن دبستان سه نفر توانستند به دانشگاه راه یابند و بقیه به کسب‌وکار روی آوردند که در آن روز، انتخابشان را با توجه به شرایط روز تحسین کردم؛ چه آن‌ها به دور از رنج روحی، برخوردها و کینه‌توزی‌های کمتری، توانستند شیرینی حیات را درک کنند. تجسم کردم هم‌زمان که برای گریز از دل‌گرفتگی خود در کوچه و خیابان پرسه می‌زنم، همکلاسی «م–غ»، در قهوه‌خانه خود در بازار رشت که به فاصله کمی از دفتر پر زرق و شاخصم دایر کرده است، در حال ریختن چای برای مشتریان با حال و صفایی است که از کار برگشته‌اند و دکه او مرکزی برای رفع خستگی و خوش‌وبش آن‌هاست. به یاد خشونت مربیان دبستان و آن مدیر اخمو، «کلباسی» افتادم که در تنبیه شاگردانش بی‌رحم بود و همیشه چوب و فلکش آماده بود. او حیاط مدرسه را از پنجره دفتر زیر نظر داشت و به بهانه کمبود بودجه، سهمیه ذغال بخاری کلاس‌ها را مرتب کم می‌کرد.

تا آنجا که آموزگاران شاگردان لرزان از سرما را با رشوه نمره‌ای اضافی تشویق می‌کردند که چوب دور خورجین ذغالی‌ها را که برای افزایش حجم خورجین قرار داده و قبل از تخلیه ذغال آن‌ها را بر زمین می‌گذاشتند، کش رفته و به کلاس بیاورند. که کار پر خطری بود و اگر مدیر می‌دید، می‌دانستیم معلم‌ها نه تنها دستور خود را انکار می‌کنند، بلکه در تقبیح از کار ما با مدیر هم‌صدا شده و ما باید برای مدتی، درد کف دست ترکه‌خورده خود را تحمل کنیم. ما شاگردان در رقابت با یکدیگر، به خاطر آن یک نمره، مشتاقانه این خطر را پذیرا بودیم.

به یاد مرتضوی، معلم موسیقی افتادم که دوست داشت شاگردانش سرودی را که گویا سیاسی بود، در ابتدای هر کلاس بخوانند. آن سرود را یک‌بار در خانه خوانده بودم. پدرم که از روس‌ها به اندازه‌ای متنفر بود تا آنجا که کل نژاد «اسلاو» را مردمی غیرقابل‌اعتماد و فرصت‌طلب می‌شمرد، پرسید که آن شعر را از کجا آموخته‌ام؟ و گفت که هرگز آن را نخوانم. تمردم در پی دستور پدر در نخواندن سرود، موجب عصبانیت «مرتضوی»، معلم موسیقی، و شکستگی و انحراف بینی من با آرشه ویولن او شد که در طول عمر، ناراحتی گرفتگی و پس ترشح از انحراف آن را تحمل می‌کنم.

بعد از این حادثه، دوست نداشتم در ردیف اول کلاس‌ها که یادآور آن خاطره تلخ می‌شد، بنشینم و چون نزدیک‌بین شده بودم و به خاطر ازدست‌رفتن زندگی مرفه فامیل و شرایط زمان جنگ، می‌بایست از هر خرجی چشم پوشیم، سال‌ها عینک نداشتم، مجبور می‌شدم گاهی که معلم فرمولی را بر تخته به خط ریز می‌نوشت، با نگاه از روزنه‌ای که به کمک خم‌کردن انگشت اشاره دست راست و چسباندنش بر پهلوی انگشت کناری می‌ساختم، با بستن چشم چپ، آن را بخوانم و با سختی، به کمک همان دست چپ مطالب را یادداشت کنم. این اکتشاف من سال‌ها، تا وقتی که خرید عینک مقدور شد، به من کمک کرد. به خواننده این یادداشت توصیه می‌کنم که خود این تجربه را تقلید کند بی لطف نیست و اگر با نزدیک‌بین بی‌مال‌ومنالی روبه‌رو شد، به او هم بیاموزد.

در برابر مدرسه علمیه، با یادآوری آموزش آموزگارانی که ما را، آن هم
در آن مدرسه دینی، به دزدی تشویق می‌کردند و یا دورویی آنان در انکار
از اطلاع ربودن چوب ذغالی‌ها و همگامی با مدیر مدرسه برای جلب نظر
و رضایت قدرت برتر در بیان حقیقت متأثرم می‌نمود. در دل مادرانی را
که با تلاش خود نگذاشتند که این نوع از آموزش‌ها ذهن کودکانشان را
منحرف سازد، تحسین کردم. دیدن رود در انتهای محله مرا به یاد ایامی
انداخت که در پس بارندگی شدید و طغیانش، خانواده‌های ساکن کناره آن
با کودکانشان، چند روزی تا فروکش آب به منزل ما که با آجرهای کلفت
و قرمز حالت برجی به خود گرفته بود، پناهنده شده و اتاق‌های طبقه اول
را اشغال می‌کردند. خاطرات آن ایام، بازی‌های کودکانه، بالا و پایین رفتن
از پله‌ها، دویدن از اتاقی به اتاقی دیگر و یا از ایوانی به سالنی از پنجره‌های
باز «اوروسی رنگین» برایم زنده شدند. در نهایت نیاز به رهایی از تنهایی
و یافتن هم‌صحبتی، مرا به دیدار دوستی که ماه‌ها فرصت دیدارش دست
نداده بود، به انزلی کشاند. اتومبیل را کمی دورتر از مقبره «شیخ پابرهنه»
در گوشه‌ای پارک کردم و پیاده تا غازیان رفتم و از آن‌جا با تاکسی به خانه
دوست به امید آنکه در خانه باشد رفتم. تاکسی در طول راه تعدادی مسافر
سوار و پیاده کرد که چون در تلویزیون حضور نداشته و عکسی در جراید
نداشتم، راننده تاکسی و مسافرین بین راهی مرا نشناخته و توجهی به من
نمی‌کردند. در این گشت‌وگذارهای پنهانی، طوری ورزیده شده بودم که رد
مرا حتی ساواک همیشه ناظر هم گم می‌کرد. البته در این گشت‌وگذار، فقط
یک‌بار بند را آب دادم و آن شبی و در فرصتی بود که به دکه لوبیافروشی
مورد علاقه‌ام در بازار رشت رفته بودم. در آن‌جا که تنها محل تفریحم بود و
هر ازگاهی می‌رفتم، ضمن خوردن لوبیا با پوسته لوله‌شده «گوجه فرنگی» که
نما و مزه خاصی به آن می‌داد، از گفت‌وشنود سایر مشتری‌ها، کم‌وبیش با
پاره‌ای از مسائل جاری روز مردم و قضاوت آن‌ها در مورد ادارات استان و
خود نیز آگاه می‌شدم، که قضاوت آن‌ها در مواردی وارد و گاهی غیرعادلانه
ولی در مجموع، راه‌گشا و آموزنده بود. در آن شب، پاسبانی وارد مغازه

شد و مرا بدون کراوات و کت شناخت و چنان محکم سلامی نظامی داد که توجه همه مشتری‌ها را متوجه خود و من کرد. من هم برای آن‌که از توجه بکاهم، او را به میزم دعوت کردم. اکراه داشت یا خجالت می‌کشید که بنشیند و ضمن مهمان کردن او به کاسه‌ای از لوبیا و تکه‌ای از نان سنگک داغ، به گیلکی از او خواستم که ماجرای آن شب را فراموش کند و به کسی نگوید. ظاهرا او نیز چنین کرد؛ چون در جایی عنوان نشد. وگرنه بلاشک در بازار شایعات مردم بدبین به وابستگان دولت لوبیافروشی بدل به میخانه و من شهره به دائم‌الخمر می‌شدم.

در انزلی، دوستم ساخت مسکن کوچک خود را تازه به پایان رسانده بود. تلفن هم نداشت که بتوان از بود و نبودش اطلاع یافت. با خود گفتم که اگر در خانه نباشد، سری به رستوران ساحلی «پرنده»، محل مورد علاقه ما خواهم زد و اگر آن‌جا هم نبود، باز با تاکسی برمی‌گردم و اتومبیل خود را سوار شده، راه خود را ادامه داده و به دیدار دوستان صیاد روستای کپورچال خود خواهم رفت. دیگر در آن شب نمی‌خواستم به شهر رشت که مرا به یاد شغلم می‌انداخت، برگردم. خوشبختانه نه تنها در خانه بود، خانواده‌ای را هم به شام دعوت کرده بود. آن‌ها خانواده «چیچیر»، آشنای مشترکمان بودند. چیچیر (مارمولک) را نیز از کودکی می‌شناختیم. این هر دو دوست از فرزندان صیادانی بودند که برای تسویه حساب صید تحویلی خود، به شیلات می‌آمدند تا از صندوق‌دار شیلات پدرم، مزد خود را دریافت دارند و در اغلب اوقات، فرزندان خردسال خود را نیز با خود می‌آوردند که به جمع هم‌بازی‌های جنب اسکله چوبی تحویل ماهی کنار مرداب همیشه کثیف و با مار و مور، می‌پیوستند. ما بچه‌ها گاهی در بعدازظهر داغ، به گیلکی «زواله»، با کندن پیراهن و شلوار رو که به درختی آویزان می‌کردیم، با شلوار زیر که مادران معمولا آن را با پاتیس سپید می‌دوختند و تا نزدیک زانو می‌رسید، به مرداب می‌پریدیم. در یکی از روزها، مارمولکی به جیب شلوار دوست مشترک رفته بود که او بعد از پوشیدن شلوارش به وجود آن پی برد و چون شلوار

زیر را مثل بقیه بچه‌ها، در حفاظ بوته‌ها کنده و در آفتاب گذاشته بود تا خشک شود، نمی‌توانست آن را کنده و از شر مارمولک که ناخن آن به آستر جیب گیر کرده بود، آزاد شود؛ لذا آستر جیب را بیرون آورده به بالا و پایین می‌جهید تا شاید مارمولک جدا شده و به زمین افتد. از صحنه‌ای که به وجود آورده بود، بچه‌ها از خنده بی‌تاب شده بودند و به خاطر آن اتفاق، او لقب «چیچیر» یافت که یادآوری آن خاطره در آن شب، باز موجب شادی شد و از این‌که همسر او هم با شنیدن این ماجرا، او را به شوخی و مکرر چیچیر می‌نامید، عصبی می‌شد و به خنده جمع می‌افزود. این دو دوست دیرینه، هردو پیشه پدر را دنبال کرده و صیاد بودند.

سر و صدای بچه‌ها، گفت‌وشنود بلند خانم‌ها و یادآوری خاطرات مشترک گذشته فضای گرمی به وجود آورده بود که بوی متبوع برشته‌شدن «کولی سیاه»، ماهی کوچکی احتمالا از خانواده قزل‌آلا که یکی از افتخارات همسر دوستم، پیداکردن آن نوع کمیاب کولی در شنبه‌بازار زیر پل انزلی بود، به این گرمی می‌افزود.

تنها موردی که درآن شب تأسف آفرید، ماجرای غرق‌شدن صیادی بود که همسر و فرزند خود را تنها گذاشت. او هم گاه‌گاهی به جمع ما در شیلات می‌پیوست. صیادان در تلاش بودند که سرپناهی برای بازماندگانش فراهم آورند. یک همشهری، زمین کوچکی برای ساخت یکی-دو اتاق هدیه کرده بود ولی تأمین هزینه ساخت مقدور نبود که بعد از مسافرت بانو فرح به گیلان، به پیشنهاد من و کمک مالی او، کمبود آن هزینه تأمین و خانه ساخته شد. در راه برگشت به رشت، مصمم شدم که تلاش کنم بیمه عمری با مشارکت کمک‌های دولتی برای مشاغل پرخطری چون صیادی و آتش‌نشانی فراهم آورم که عمر استانداری من کفاف نداد.

خاطره آن شب به قدری شیرین و تسکین‌دهنده بود که صبح روز بعد در راه استانداری که نمی‌دانستم در آن روز چه پیش خواهد آمد، به زندگی آن دو دوست ماهیگیر با همه سختی‌هایش حسرت می‌بردم و به بی‌شهامتی خود معترض بودم که چرا نمی‌توانم از کار کناره گرفته و یا همانند رئیس

اولین شغل خود، مهندس «راشد بهار» که از او یکی-دو باری در فوق یاد کردم، به گوشه‌ای پناه برم. همین نفرت ناشی از کار در دولت بود که حتی در هجرت و به هنگام برخورد با سختی، با آنکه زمینه کار دولتی فراهم بود، دیگر تن به آن ندادم.

مباشران حریص املاک پهلوی؛

اعمال این مباشران را در دو مورد، موردی در منطقه گرگان و مورد دیگر در گیلان که ناظر بر آن بوده‌ام خلاصه می‌کنم: در گرگان، رویه اداره املاک پهلوی، با زارعین مستأجر املاک در اخذ سهم مالک مشکل‌آفرین شده و به نارضایتی کشاورزان، اکثریت ساکنان آن منطقه می‌انجامید. سالی را به یاد دارم که خشکسالی ادامه زندگی را برای کشاورزان مشکل کرده بود. در چنان شرایطی سرپرستی اداره املاک پهلوی در منطقه را یک نظامی مغرور که اگر درست نام او به خاطرم مانده باشد، تیمسار «مزین» بر عهده داشت که در دو-سه خیابان شهر گرگان، شاهوار، با اسکورت موتورسوار در پس و پیش، حرکت می‌کرد. او و سایر کارمندان آن اداره نیز در سرکیسه‌کردن مستأجران و مراجعه‌کنندگان آن‌چنان عمل می‌کردند که گویی مباشران املاک نبوده، بلکه خود با مالک، آن هم در ملکی که ریشه و اصالت مالکیتش هم قابل سؤال بود، شریک و در منافع سهیم‌اند. در آن سال کم‌بارش، تیمسار برای پرهیز از دردسر و روبه‌روشدن با دهقانان گرسنه، کنترات اخذ بهره مالکانه دهات منطقه را به پیمانکاران حرفه‌ای، غیرمحلی و منفعت‌طلبی سپرد و ژاندارمری را موظف به حمایت از آنان نمود. شامگاهی، به درخواست پیمانکاری در روستای «بش یوسقه» در محدوده بندرشاه، نزدیک به دفتر مرکزی حوزه عمرانی بندرشاه که بعد از حوزه عمرانی گنبد قابوس، تازه شروع به کار کرده بود، ژاندارم‌ها تعدادی از زارعین را که اندوخته‌ای برای پرداخت سهم مالک نداشتند، بازداشت کردند. در آن غروب، چند نفری از ده مذکور همراه با دهیار خود که او هم تازه در آن ده ساکن شده بود، به دفتر حوزه مراجعه کرده و از من که در

آن زمان با تعدادی از کارشناسان تازه‌استخدام‌شده تا تهیه مسکنی در محل اداره سکونت داشتم، کمک خواستند. به امید آن‌که شاید بتوانم کنترات‌چی مربوطه را راضی کنم که چند روزی فرصت دهد تا مشکل زارعین را با پیشنهاد آن‌که زارعین بهره مالکانه را در سال‌های بعد به اقساط بپردازند، به تهران منعکس کنم، با آن‌ها به ده مذکور رفتم.

در ده «بش یوسقه» زن و مرد و بچه‌ها، به دور خانه‌ای حلقه زده بودند که چند ژاندارم، کدخدا و سران ده را در تنها اتاق طبقه دوم آن بنای سست‌بنیاد و نوساز زندانی کرده و در پشت در به کشیک ایستاده و منتظر بودند تا کمانکاری اضافی از راه رسد و جمع را به زندانی در گرگان منتقل سازند. این نوع از خانه‌ها، با دو اتاق با سقف‌های کوتاه و پله‌ای مستقیم و بدون پاگرد بروی هم با پوشش حلبی و استقامت بسیار کم ساخته می‌شدند و اندک‌اندک جای «ابه»ها را می‌گرفتند. یکی از استفاده‌های این پوشش حلبی، به توصیه کارشناس مبتکر بهداشت حوزه عمرانی، هدایت ناودان آن به چلیکی دربسته بعد از گذشت ساعتی از بارندگی و شسته‌شدن سقف خانه بود که آب باران را برای شرب خانواده ذخیره می‌کرد. در آن ده بعد از شکافتن جمعیت به پله لرزانی رسیدیم که از حیاط به طبقه دوم ختم می‌شد و در آخرین پله آن ژاندارمی با خشونت دست بر سینه من نهاد تا مانع ورود ما به آن ایوان باریک شود. دهیار آن ده که به پله پایین‌تر از من رسیده بود، دست او را کنار می‌زند که از بد حادثه به عقب رانده شده و به نرده بی‌ثباتش برخورد کرده و در پی شکست نرده، به روی جمعیت عصبی در حیاط می‌افتد. که خوشبختانه ارتفاع زیادی از زمین نداشت و انبوه جمعیت کوشنی نیز شده بود. با دیدن این صحنه و به تصور آن‌که من و دهیار، به عمد آن صحنه را به وجود آورده‌ایم، مردم حالتی انتقامی به خود گرفته بودند که آن‌ها را به آرامش دعوت کرده و با دهیار از ده خارج شدیم و همان شب، مشکل کشاورزان را به تهران منعکس کردم که در آن سال کشاورزان از پرداخت سهم مالکانه معاف شدند. ناگفته نماند که تا تغییر رئیس پاسگاه ژاندارمری بندرشاه و آن دو ژاندارم آزرده‌خاطر،

مهندسین، دهیاران و خلاصه کارکنان حوزه عمرانی با صحنه‌آفرینی‌های مکرر ژاندارم‌ها که پایگاه آن‌ها هم در سمت دیگر خیابان و مقابل دفتر حوزه عمرانی ما قرار داشت روبه‌رو می‌شدند و راننده‌ها برای آن‌که لاستیک جیپ‌ها توسط این حافظین مال و مردم(!!)، در شب پاره و یا باد آن‌ها خالی نشود تا زمان نصب دروازه‌ای در کنار ساختمان دفتر که می‌توانستند از آن عبور و اتومبیل‌ها را در حیاط وسیع اداره پارک کنند، هر شب جیپ‌ها را به محل‌های مختلف و دورتر از دفتر حوزه عمرانی منتقل می‌کردند.

در پی ماجرای ده «بش یوسقه»، دکتر بیرجندی، مدیرعامل وقت سازمان عمران دهات کشور، مرا به تهران و به دفتر خود احضار کرد. قبل از رفتن به تهران، در سفری به گرگان، مشکل ژاندرم‌های بندرشاه را به فرماندار، مهندس خالقی یا خالقیان منتقل کردم و در همان روز نیز سری به دفتر تیمسار منیعی، فرمانده وقت لشکر گرگان زدم که او غیر از آشنایی اداری، مرا به خاطر دوستی با مهندس منیعی، برادرش از قبل می‌شناخت.

ضمنا این مطلب را که مرا گویا در رابطه با ماجرای ده مذکور به تهران احضار کرده‌اند نیز با او در میان گذاشتم. در تهران، چند دقیقه زودتر از ساعت ملاقات، به دفتر بیرجندی رسیدم. منشی او گفت: فرمانده کل ژاندارمری کشور که تصور می‌کنم نام او تیمسار میرافضلی بود نیز در راه است. وقتی رسید مشترکا به دیدار مدیرعامل می‌روید. این‌جا بود که فهمیدم فرمانده ژاندارمری کشور نیز در جلسه حضور دارد؛ لذا تصور کردم که ممکن است آن ماجرا رنگ دیگری به خود گرفته باشد. قبل از رفتن به دفتر بیرجندی، فرمانده ژاندارمری از راه رسید و به گرمی با من برخورد کرد و نوع برخورد او این فکر را که ممکن است در شرایط حساس آن ایام، ماجرای ده مذکور به حساب خاصی گذاشته شده باشد، رد کرد. برعکس تیمسار ژاندارم، رئیسم دکتر بیرجندی به سردی با من روبه‌رو شد و قبل از آن‌که او حرفی زند، تیمسار گفت: «مورد آن ده سوء تعبیری بیش نبود و در آن زمینه بحثی نیست و ایشان اگر می‌خواهند می‌توانند بروند و وقتشان را نمی‌گیریم.» من که از برخورد بیرجندی بسیار ناراحت شده بودم، به اتاق

منشی برگشتم و منتظر ماندم تا تیمسار برود و دوباره به ملاقات او روم. در
ملاقاتی کوتاه به بیرجندی معترض شدم که چرا پیش‌داوری کرده است و
با ذکر این نکته که اگر او مدافع همکاران خود نباشد، در شرایطی که نوع
کار ما مطلوب نظر پاره‌ای از مالکین و سازمان‌های نظامی و امنیتی نیست،
چگونه می‌توانیم احساس امنیت کرده و در نقاط دورافتاده و گوشه و کنار
کشور، به کار خود ادامه دهیم؟ سپس بدون خداحافظی از دفتر او خارج
شده و به بندرشاه برگشتم. که بعد از مدت کوتاهی، او با تکیه به احداث
چند دبستان در منطقه و ارسال یکی–دو تشویق کتبی، سعی کرد که از من
دلجویی کند. علت خوش‌برخوردی فرمانده ژاندارمری کشور را نیز دانستم؛
تیمسار منیعی، فرمانده لشکر گرگان، در این مورد مداخله کرده بود.

سالی بعد اتفاق جالبی روی داد و آن این بود که اداره املاک پهلوی در
گرگان اطلاع داد موافقت شده است زمین‌های مزروعی املاک پهلوی را
اضافه بر افراد ذی‌نفوذ زعمای ارتش و ثروتمندان، به مسئولینی که در آبادانی
منطقه فعال‌اند نیز به اقساط فروخته شود. پس از چندی نامه‌ای از املاک
به دست من و یکی–دو همکارم رسید که در آن برای هر یک، بیست‌وپنج
هکتار زمین برای فروش تعیین کرده بودند. قطعه‌زمینی در روستای دوجی،
حوزه علی‌آباد گرگان به شرح صفحه بعد، با آب جاری برای فروش به
من در نظر گرفته شده بود تا پس از بازدید محل، اگر راضی به خرید آن
باشم، با پرداخت قسط اول قیمت زمین، سند مالکیت به نامم صادر شود.
من و دوستان دیگر از اینکه فرصتی به دست آمده است که می‌توانیم به
کار آزادی پرداخته و به زندگی آرامی دست یابیم خوشحال شدیم. روزی
در راه گرگان به گنبد، فرصتی دست داد که از زمین مذکور دیدن کنم.
محلی حاصلخیز و از نظر کار و سکونت، مناسب به نظر می‌رسید. ولی
وقتی دریافتم که دو خانوار کشاورز آن را آباد کرده و سال‌ها با پرداخت
سهم مالکانه درآن ساکن‌اند، نتوانستم خود را قانع کرده و به دنبال تصاحب
آن قطعه روم. تعدادی از همکاران من نیز از مالکیت این زمین‌ها منصرف
شدند. با علم بر آنکه همه می‌دانستیم این املاک به افراد دیگری فروخته

خواهد شد و زارعین آن‌ها در نهایت آواره خواهند شد، فقط حسن تصمیم ما درآن بود که باعث رنج آن‌ها نشدیم. سال‌ها بعد، به زمانی که خود با موقعیت مشابهی روبه‌رو شدم و گذران زندگی و مسئولیت در برابر خانواده مجبورم کرد که از خاک و دیار خود کوچ کنم، درد ناشی از تجاوز را بهتر درک کردم و با یادآوری تصمیم درستی که در نخریدن مزرعه دوجی گرفته بودم توانستم در آرامش کامل و در میانه‌سالی، دوباره زندگی را از صفر در غربت آغاز کرده و سپس با گرفتن اجازه اقامت و مجوز در کارهای آزاد و تدریس، به چند پله بالاتر از آن‌چه که از نظر مالی در ایران رسیده بودم، برسم.

تصمیم من در نخریدن مزرعه دوجی حوزه گرگان و موارد مشابه در طول حیات ناشی از آموزش مادرم بود که با دور بودن پدر از خانواده به خاطر شغلش، تربیت فرزندان را بر عهده داشت و رذایل و قبایح انسانی را توجیه و پرهیز از آن‌ها را با قبول هر سختی توصیه می‌کرد و اطمینان می‌داد که با پیروی از این خط، در نهایت خوشنود خواهیم شد. اکنون که به ایام سالمندی رسیده، بدون نیاز به غیر و یا سازمانی زندگی مطلوبی را می‌گذارانم، به توصیه مادر بیشتر معتقد شده‌ام.

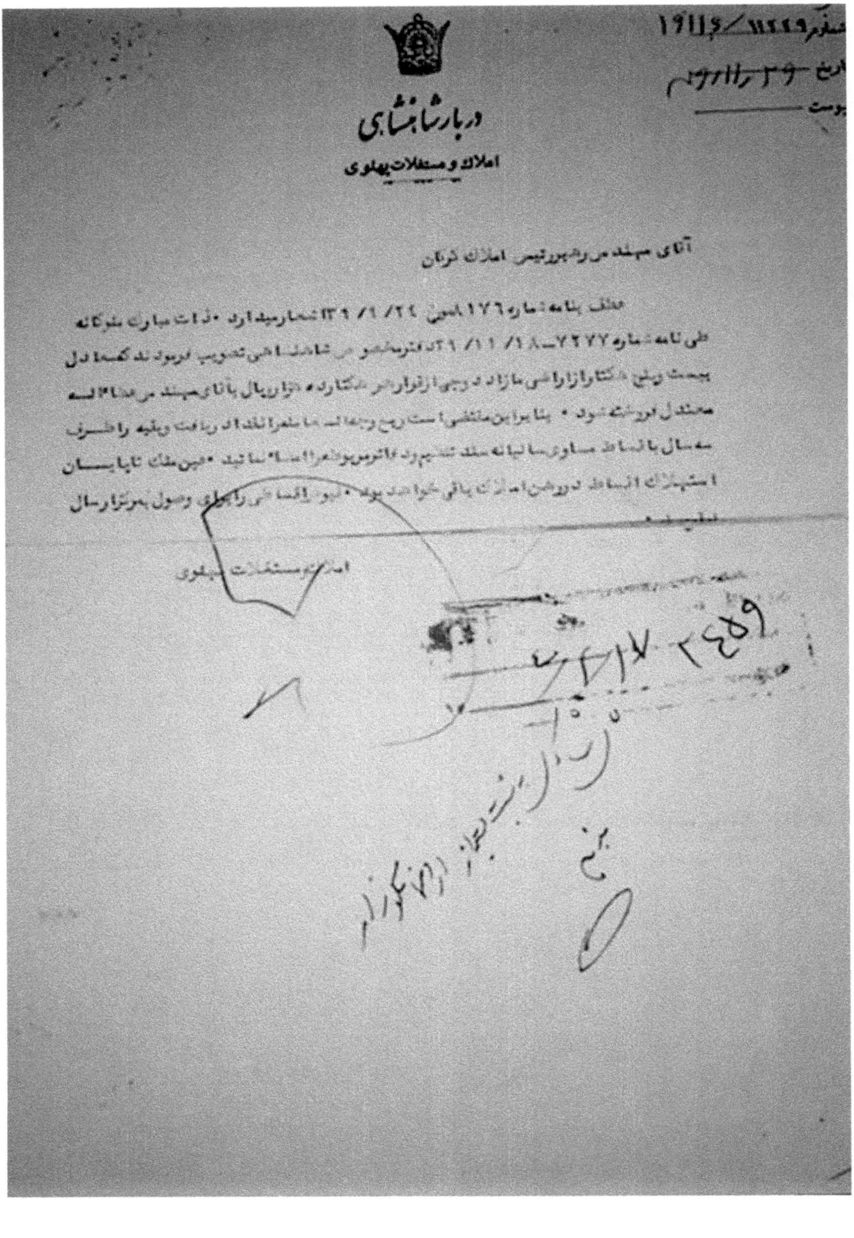

مورد دیگر ایجاد نارضایتی را مشاوران املاک پهلوی در شهرک گلسار، محدوده‌ای از شهر رشت گیلان، ایجاد کرده بودند. در آن شهرک نیز املاک پهلوی صاحب قطعاتی بود که به سرعت به فروش می‌رفت.

اعضای کاخ جوانان رشت کرارا به من مراجعه کرده و تقاضای استخر سرپوشیده‌ای را داشتند تا در روزهای بارانی که تعدادش در رشت کم نبود، بتوانند به ورزش مورد علاقه خود، شنا، ادامه دهند. می‌توانستم بودجه تأسیس ساختمان آن را از طریق سازمان برنامه و از محل اعتبارات خرج‌نشده سایر استانداری‌ها که همیشه کنجکاو آن بودم و ناخنکی برای امور عمرانی استان خود به آن می‌زدم، تأمین کنم، ولی پیداکردن زمین مناسبی در محدوده رشت که دسترسی به آن آسان باشد مشکل بود. تا آن‌که روزی در پایان کار اداری که کارمندان استانداری رفته بودند و من مشغول انجام کارهای مانده اداری بودم پاسبانی که در ورودی کوچک استانداری نزدیک به دفتر را حفاظت می‌کرد اطلاع داد که مرد مسنی اصرار دارد با من ملاقات کند و می‌گوید خبر جالبی برای شما دارد و ضمنا اضافه کرد که او را می‌شناسد و می‌داند که بایگان شهرداری رشت است. آن مرد به دفتر من آمد و گفت: «نوه من دیشب سر شام می‌گفت که شما در فکر تهیه زمینی برای بچه‌های کاخ هستید. خواستم به اطلاعتان برسانم که شهرداری قانونا زمینی را در گلسار مالک است که فکر می‌کنم نظرتان را تأمین کند.» در گفت‌وشنود فهمیدم املاک پهلوی در موقع تأسیس شهرک گلسار، به منظور مکانی برای تأسیسات عمومی، موافقت کرده بود قطعه‌ای در اختیار شهرداری قرار دهد که موافقت‌نامه و نقشه آن سهمیه اهدایی، در بایگانی شهرداری موجود بود. از او خواهش کردم که روز بعد، ساعت پنج‌ونیم صبح به بایگانی شهرداری برود. به شهردار هم تلفن کردم که در آن ساعت در دفتر خود باشد.

در آن صبح به دفتر شهردار و با او که تصور می‌کرد کسی در آن وقت در اداره نیست، به اتاق بایگان رفتیم. بایگان مدارک مورد نظر را از قبل آماده و روی میز پهن کرده بود. بررسی نشان داد زمین برای ساخت استخر بسیار

مناسب است و قانونا نیز می‌توانستیم مدعی تصرف آن شویم. برای خرید زمین‌های شهرک گلسار، خریدار بسیار بود و مأموران فروش غیرمحلی آن، هر روز بر قیمت آن به نفع املاک و به ویژه حق دلالی خود می‌افزودند.

همزمان اطلاع یافتم که آن‌ها سهمیه شهرداری را نیز قطعه‌بندی و برای فروش عرضه کرده‌اند. از دفتر مهندسی خواستم که از محل بازدید و طرح استخری سرپوشیده و تأسیسات جنبی آن را دو روزه آماده کند. در همین فاصله هم از جوانان خواستم کمیته‌ای برای نظارت در ساختن استخر انتخاب و آماده یاری در تأسیس آن باشند. دفتر مهندسی نقشه‌ها را به موقع آماده و صبح زود روی زمین پیاده کرد و شهرداری با استفاده از ماشین‌آلات اداره راه، به کار مشغول شد که مباشرین املاک از شهربانی خواستند جلوی اقدام شهرداری را به دلیل غیرقانونی‌بودن آن تا تعیین تکلیف بگیرد. حالا استانداری در برابر شریف امامی، رئیس وقت املاک پهلوی، رجل مقتدر دیگری قرار گرفته بود. به شهربانی گفتم که: «سوابق را دیده‌ام. نشان می‌دهد زمین هدیه املاک به شهرداری است. تا خاتمه مرحله پی‌کنی مزاحم کار نشوید.» از دادگستری نیز خواستم برای اطمینان، از نظر حقوقی پرونده را دقیقا مورد بررسی قرار داده و نتیجه را به من اطلاع دهد.

در پی این ماجرا، روزی نبود که نامه اعتراض‌آمیزی نسبت به اقدام خود، از دفتر شریف امامی دریافت نکنم. دلالان با تخفیف و ایجاد تسهیلاتی، قطعاتی از گلسار را به پاره‌ای از مسئولینی در استانداری می‌فروختند؛ با این تصور که می‌توانند نقشی در حل مسئله به نفع املاک بازی کنند. در این مورد بود که احساس کردم پا را از گلیم خود فراتر نهاده‌ام. این احساس موقعی تقویت شد که یکی از منسوبین، مهندس اسماعیل جفرودی که دفتر وکالت نیز داشت، دو شب پی‌درپی به دیدنم آمد. او به ندرت و در مسیر خانه‌اش، گاهی در آخر وقت اداری و با توقف بسیار کوتاهی، سری به من می‌زد و حالی می‌پرسید. در دیدار شب دوم، با تعجب به او گفتم: «چه شده که محبت تو "گوده" کرده و دو شب در پی هم به دیدارم آمدی؟» گوده به زبان گیلکی به معنای اضافه و انباشته‌شدن است. گفت: «در راهرو

دادگستری موضوع اقدام تو را در گلسار شنیدم؛ دو تن از مراجعین به یکدیگر می‌گفتند که استاندار دست بر زمین شهرداری در گلسار گذاشته است تا آن را مجانی به دست آورد. مردد بودم که آن را به تو بگویم و بیهوده موجب تشویش خاطرت بر پایه شایعه‌ای بشوم یا نه. تا آن‌که امروز نیز آن شایعه را از فرد دیگری شنیدم. می‌دانی اضافه به مالک و شریف امامی، دلالان فروش آن زمین‌ها نیز افراد شایعه‌پردازی هستند که در زرنگی شهره شهراند. یکی از موکلین من نیز درگیر با آن‌هاست و به این خاطر صابون آن‌ها به تن من هم خورده است؛ لذا به تو توصیه می‌کنم مواظب باشی، کوتاه بیایی و از کنار قضیه به صورتی کنار روی.» به هنگام رفتن افزود که: «آبرار؛ آی دفعا بدجا تو بکاشتی تی آغوزا.» به معنی آن‌که «برادر؛ این‌بار درخت گردویت را در زمین نامناسبی کاشته‌ای که باری نمی‌دهد.» و یا به کنایه «به اقدامی دست زده‌ای که اشتباه است.» در پی این توصیه، بازدید بانو فرح از گیلان را فرصتی یافتم که احتمالاً می‌توانست مشکل را حل کند. به کمیته جوانان گفتم در مراسم دیدارش از کاخ جوانان که خود آن را در برنامه گنجانده بودم، فقط از او و یک‌صدا، احداث استخری سر پوشیده را مطالبه کنند. که چنین کردند و یکی از آن‌ها در گفتار خیرمقدم خود، نیاز به داشتن استخری را مطرح کرد و از بانو فرح یاری خواست. با علم بر آن‌که در پایان بازدید، بانو فرح قصد دارند با آن‌ها گفتاری داشته باشند، آهسته به او گفتم که: «در گفتار خود بفرمایید که از استاندار خواسته‌اید فردا ساخت استخر را شروع کند.» از من پرسیدند که: «الآن شب است و شما این‌جا نشسته‌اید. در این فاصله کم چطور می‌توانید این کار را انجام دهید؟» گفتم: «اعتماد کنید. فردا کار را شروع خواهیم کرد و اگر اراده کنید، حتی می‌توانید محل ساخت استخر را نیز ببینید.» در پایان برنامه‌های کاخ جوانان، او برای تشکر به روی سن رفت و اعلام کرد که: «از استاندار خواستم فردا ساخت استخر مورد نظر شما را شروع کند.» و درحالی‌که برای او کف می‌زدند از کاخ خارج شدیم. موقع شام که بانو فرح، دکتر نهاوندی، رئیس دفتر وقت او و من و همسرم دور میز نشسته بودیم، بار دیگر با صدایی که ناباوری در

آن محسوس بود گفت: «هنوز نمی‌دانم چطور می‌توانید فردا کار استخر را شروع کرده و قول مرا برآورده سازید. درحالی‌که می‌بینم تمام روز با ما بودید و فرصتی برای اقدامی در این مورد نداشته‌اید.» در پاسخ گفتم: «حقیقت آن است که علیاحضرت، کار را شروع کرده‌ام. حتی پی ساختمان آن نیز کنده شده است ولی معدودی از آن باخبراند. منتها مشکلی با مالک زمین دارم که شما با آشنایی نزدیک با ایشان به راحتی می‌توانید آن را حل کنید.» پرسید: «او کیست؟» گفتم: «علیاحضرت، شوهر شماست.» به شدت خندید و به نهاوندی رو کرد و گفت: «"روآ" را می‌گوید.» گویا شاه را در گفت‌وشنود خانوادگی «روآ» خطاب می‌کرد که به زبان فرانسه شاه می‌شود. سپس مشکلم را با شریف امامی و املاک برای او تعریف و اضافه کردم که: «می‌دانم این قطعه زمین برای اعلی‌حضرت ارزشی ندارد و چون مأموران املاک با فروش آن دلالی ارزنده‌ای خواهند گرفت اشکال‌تراشی می‌کنند.» که بانو فرح به محض برگشت به تهران، مسئله را حل کرد و با درگیری دیگری روبه‌رو نشدیم.

در ادامه گفت‌وگو در سر شام، بانو فرح با اشاره به دیدار جوانان در آن روز گفتند: «چه خوب بود در مسائلی مهم‌تر از استخر می‌شد مثل امشب با جوانان به گفت‌وگو نشست و به توافقی رسید.» گفتم: «علیاحضرت؛ به نظرم ایجاد زمینه‌ای برای تأمین نظرتان مشکل نیست. حتی اگر در بین جوانان باشند آن‌ها که به هر دلیل با حکومت فعلی توافقی نداشته باشند. چه بسا با آنان نیز در پس گفت‌وشنود، اصلاح و تعدیل نظرات از دو سو، می‌توان به مرز مشترکی رسید. تعدادی از آنان را به هنگام بررسی شرایط زندگی زندانیان در زندان شهربانی ملاقات کردم و گرچه امکان گفت‌وگو وجود نداشت، آرام و متین به نظر می‌رسیدند. تصور می‌کنم مهم‌ترین مشکل جوانان احساس تنهایی و بی‌پناهی آنان است.» یک‌باره بانو فرح از جا برخاست و ابراز علاقه کرد که او هم با آن‌ها در زندان رشت ملاقاتی داشته باشند. با نگاه دکتر نهاوندی احساس کردم که او زیاد از این تصمیم راضی نیست. شاید حق داشت؛ چون اقدامی استثنایی بود. قبل از آن‌که دکتر

نهاوندی نظری عنوان کند و بر خواست بانو فرح اثر منفی گذارد، گفتم: «از شما توسط دکتر احسان نراقی خواهش کرده بودم در سفر خود اگر برنامه خاصی را در نظر دارید، اجرا فرمایید. اتومبیل آماده است تا اگر بخواهید شما را به زندان شهر برساند.» با همه این پیش‌آمدها، مطمئن نیستم که این دیدار را از قبل در نظر داشته‌اند و یا در آن شب ریشه گرفت. به هر صورت او گفت: «بهتر است که با نبود مأموری دولتی چون شما، آن‌ها را ببینم.» تنها اشکالی که در این تصمیم مشکل به نظر می‌رسید آن بود که در آن ساعت شب، احتمال داشت زندانیان در خواب باشند.

دربان زندان در آن دیر وقت و در فضایی نیمه‌تاریک با دیدن دو نفر که یکی مدعی همسری شاه بود به شک افتاده و گویا با نشانه‌گرفتن آنان، حالت دفاعی به خود می‌گیرد. بعد از مدتی که درباره آن دو کاوش و با من نیز تماس گرفته شد، رئیس شهربانی دستور داد که آن‌ها را به داخل زندان راه دهند. شب از نیمه گذشته بود که بازگشتند. تا آن وقت من هم بیدار و در انتظار مانده بودم. نگرانی من از آن جهت بود که اگر اتفاقی می‌افتاد، من مهماندار باید بار مسئولیت آن را که همسر شاه را به مخاطره انداخته‌ام بر دوش کشم. من نخواستم از جریان داخل زندان سؤالی کنم و ایشان هم در آن باره هیچ‌گاه حرفی نزدند. شاید دکتر نهاوندی، رئیس وقت دفتر بانو فرح که چند صباحی نیز رئیس من در دانشگاه تهران بودند و هنوز در قید حیات‌اند بتوانند و بخواهند در این مورد توضیحی دهند. تنها امیدم این بود که روزی ایشان را ببینم و از گفت‌وشنود آن شب در زندان با بیان خودشان آگاه شوم که متأسفانه بعد از انقلاب تا حال این فرصت دیدار و تماس دست نداد.

در جریان کمک‌های بانو فرح به گیلان، با روحیات ایشان بیشتر آشنا می‌شدم. افکار مردمی او که شاید از زندگی فقیرانه در نوجوانی و سپس در کشور لیبرال فرانسه در جمع دانشجویان اکثرا چپ سرچشمه می‌گرفت، موجب آن شد که بستگی ایشان را به خاندان سلطنت فراموش کرده، به‌صورت کوره «گیله دختری» با ریشه گیلانی ببینم که صمیمانه دوست‌دار

قوم خود، گیل‌ها و گیلان است و به همین خاطر لازم دانستم در این نوشتار از ایشان به خاطر کمکی که به توسعه گیلان و من در ایام اشتغالم در آن خطه نمودند، با احترام یاد کنم و به خاطر اندیشه انسان‌دوستانه‌شان در این نوشتار، با پیشوند بانو نامشان را همراه سازم. با علم بر آن‌که تصور می‌کنم که با برخورد به آوارگی و غم ازدست‌دادن فرزند به پند «دمنه» به «برهمن»، دو شخصیت داستان حکایات کلیله و دمنه، مبنی بر آن‌که «از مصاحبت و نزدیکی با بزرگان بپرهیز که حیاتت را به تباهی خواهند کشاند، پی برده‌اند.» و به این خاطر تصور نمی‌کنم که در باطن به دنبال سمتی سیاسی باشند منتهی همسری با وفا هستند که وظیفه همسری خود را انجام می‌دهند، ضمن آن‌که مطالب یاد شده درباره ایشان نمای تبلیغ ندارند و به این نوشتار جهت و جبهه خاصی نمی‌بخشند.

استفاده از فرصت؛

در پی حل مشکل گلسار که شرح آن گذشت، از فرصت آمادگی ایشان در کمک به گیلان استفاده و در برنامه‌های با اهمیت دیگری به گیلان بهره بردم که به اهم آن‌ها تحت عناوین زیر اشاره می‌شود:

– درج روستای ماسوله در فهرست آثار ملی

همان طور که اشاره کردم تمایل به مالکیت تکه زمینی در گیلان، مشکلی پیچیده شده بود و هر کسی که از نظر مالی توانی و یا از دید نفوذ در دولت قدرت و امکانی داشت، چشم به این خطه دوخته و به فکر مالکیتی در این محدوده می‌افتاد. دامنه تمایل مالکیت قطعه‌ای از خاک گیلان در سواحل دریا، به نقاط دیگر گیلان نیز گسترش یافته بود. توسط معتمدی از ماسوله «آقای روحانی»، که در کار کشت و مرغداری بودند مطلع شدم که گروهی زیرکانه و نهانی متحد شده‌اند که در ماسوله، این روستا بر دامنه پرشیب کوه با نمایی استثنایی ناشی از استقرار خانه‌ها که حیاط هر خانه سقف خانه دیگری بود، ویلاسازی کنند. با درآوردن تهوتوی مطلب دریافتم که آن‌ها مدارکی ساختگی نیز در دست دارند که مشکل است مانع اقدام آن‌ها شد.

تنها راهی که برای بریدن دست آنان به فکرم رسید، درج ماسوله در فهرست آثار ملی بود که به کمک بانو فرح صورت گرفت. ترتیبی دادم فیلم کوتاهی از ماسوله تهیه شود و آن را در کتابخانه کاخ نیاوران بر پرده‌ای کنار کلمه هیچ که به صورت تندیسی تزیینی از چوب به سقف می‌رسید، از نظر او و جمعی دیگر که یکی از آنها دکتر احسان نراقی بود، گذراندم. حاصل آن شد که ماسوله با استقرار در لیست آثار ملی، محفوظ ماند که امید است هنوز دست‌نخورده بر جای مانده باشد.

- سرعت بخشیدن به احداث دانشگاه گیلان

داشتن دانشگاه در گیلان، بزرگ‌ترین آرزوی گیلانیان بود. نداشتن آن در استانی با رشد فرهنگی شاخص، مردم را به این نتیجه می‌رساند که حکومت مرکزی به هر دلیل تمایلی برای رفع این مشکل در گیلان ندارد؛ لذا در بانک حسابی باز کردند که خود به تأسیس دانشگاه همت کنند. حسابی که من و برادرم نیز گهگاه در آن وجهی می‌ریختیم. برادر بیشتر و من در حد توان محصلی خود. اما هر دو می‌دانستیم که با این کمک‌ها نمی‌شود دانشگاهی به معنی واقعی احداث کرد. در آغاز سمتم در استان گیلان، با آن‌که از هر اقدام در تأسیس آن اطلاع داشتم، باز به جمع‌آوری سوابق و مدارکی که در این رابطه وجود داشت پرداخته و آن‌ها را مورد بررسی قرار دادم تا از اطلاعات شخصی خود مطمئن شوم. بی‌مهری حکومت مرکزی به گیلان ناشی از این نوآوری‌هاست:

نشر روزنامه، ایجاد کتابخانه عمومی شهر، تئاتر با هنرپیشگان زن و مرد در صحنه، برپایی جنبش جنگل با هدف نیل به حکومت جمهوری و دارا بودن تجاربی از مشارکت در نهضت آزادی‌خواهانه مشروطه آن هم در شرق خواب آلوده و یا خلق سلسله پادشاهی مستقل چون آل بویه و دیلمیان با اصالت ایرانی و بدون مداخه خارجی.

ملخص آن‌که این تفاوت‌ها با سایر مناطق کشور موجب می‌شد که شک حکومت‌های مستبد مرکزی را برانگیزد که در مقابل عوامل آن نیز با ترویج

لطیفه‌های حقارت‌آفرین و تقلید لهجه سعی به کوچک کردن و تحقیر آنان کنند که البته این قوم مقاوم میدان را ترک نمی‌کرد کما آن‌که در اوان حکومت پهلوی به کاندیدهای دستوری حکومت برای مجلس شورا با قبول زندان و تهدید رای ندادند تا آنجا که صندلی رشت در مجلس ششم خالی ماند.

گیلانیان همانند سایر مناطق کشور مذهب اسلام را نیز از آن جهت پذیرا شدند که تعالیم آن به ویژه در رابطه با برابری انسان‌ها، آن هم در عصر تاریک برده‌داری جاذب بود و شاخه شیعه را نیز به خاطر علاقه به امام علی که او هم به خاطر احقاق حق خود در مخالفت با خلیفه‌گری ظالمانه با ایرانیان در یک سو قرار داشت پذیرا شدند.که می‌توان گفت این پذیرش تاکتیکی سیاسی در نیل به هدف براندازی خلفا با استفاده از خود اعراب نیز بوده است خلفایی که استقلال کشورشان را تهدید می‌کردند در مبارزه با خلفا می‌توان اندیشید که الهام از فلسفه گروه «شعوبیه» نیز بی‌تاثیر نبوده است. که قرون دوم و سوم فعال شده بودند و فلسفه آنان بر دو رکن ملی‌گرایی و مخالفت با هر متجاوز به ایران متکی بود که کثیری از سران عصر، نویسندگان و شعرا چون ابو نواس، مهیار دیلمی و شاعر آشنا فردوسی خود را بسته به آن می‌شمردند و با قبول خطرات به سلاح قلم چون سپاهی غیور خلافت بنی‌امیه را متزلزل ساختند که در نهایت ابومسلم خراسانی موفق می‌شود آن را سرنگون و خلافت را به خاندان عباسیان سپارد. علاقمندان به آشنایی بیشتر می‌توانند به مقالاتی از همایی، سعید نفیسی و شفا در مجله مهر و یا تاریخ ایران نوشته «سر پرسی سایکس[۱]» با ترجمه فخرداعی گیلانی مراجعه کنند.

به هر صورت، با گذشت زمان دید حکومت مرکزی نسبت به گیلان اندکی تغییر یافت و مساعد گردید. با اتکا به این زمینه، من که در زندگی از رویه ماکیاولی که در آن هدف مطرح شده و در نیل به آن هر اقدامی مجاز است متنفرم، در مورد احداث دانشگاه خاک خود، دیدم منطق حکم می کند آن رویه را پذیرا شده و هر تعظیم و

۱-sir percy molesworth sykes

تکریمی را که کارساز باشد به کار برم تا شاید سدی که سال‌ها در سر راه تأسیس دانشگاه گیلان است، شکسته شود. بستی که نمی‌گذاشت تلاش صمیمانه گیلانیانی چون محمد جوادی، روزنامه‌نگار، احمد علیدوست، ادیب و سرتیپ‌پور، شاعر و نویسنده و سایر دوستداران گیلان به نتیجه رسد و با وعده و وعیدهای توخالی و مکرر، حتی تا مرز انتخاب هیأت‌امنا با عضویت رجالی چون رئیس مجلس وقت پیش می‌رفت، ولی در عمل واقعیت نمی‌یافت. سیاست حکم می‌کرد که در مرحله نخست، زمینه نگرانی دربار را از گیلان تعدیل کنیم. در رابطه با این نظر، به یاد دارم غروبی از دفتر بانو فرح در کاخ نیاوران برمی‌گشتم تا به اتومبیل خود که مراجعین می‌بایست آن را در خارج از محوطه کاخ پارک کنند، برسم. ناگهان شاه را دیدم که با کیف اداری در یک دست، فاصله دروازه کاخ نیاوران را به طرف ساختمان اصلی آن پیاده طی می‌کند. او در آن روز سرد، یقه یک طرف پالتو را به زیر یقه دیگر برده و سینه را پوشانده بود. ایستادم، با سر ادای احترام کردم و منتظر ماندم که بگذرد تا بعد به راه خود ادامه دهم که خود او به طرف من آمد و پرسید: «جلسه دانشگاه گیلان را داشتید؟» گفتم: «خیر، در رابطه با طرح گردشگری شمال بود.» ادامه داد: «کار دانشگاه به کجا رسیده است؟» گفتم: «نزدیک به گشایش است.» افزود: «بهتر است از نظر تنوع و کیفیت دروس، به رشته‌های فنی بیشتر توجه کنید.» گفتم: «فکری مطرح است که تصور می‌کنم نظر اعلی‌حضرت را تأمین کند. می‌خواهیم به محض انتخاب رئیس و تشکیل کادر آموزشی دانشگاه، انجمن دوستداران دانشگاه گیلان را با عضویت مدیران صنایع صاحب‌نام آلمان در آن کشور، به راه اندازیم تا به کمک آن‌ها در رشته‌های فنی، به خصوص در زمینه انرژی و الکترونیک، امکانات کارآموزی تابستانی برای دانشجویان برجسته دانشگاه گیلان در صنایع آن کشور فراهم آید. به این ترتیب که دانشجویان به هزینه دانشگاه و در ادامه آموختن تئوری‌های فنی در گیلان، برای کارآموزی، به جای تعطیلات تابستانی، به آلمان اعزام خواهند شد.» شاه گفت: «به این ترتیب برای آن‌ها دانشگاه دوازده‌ماهه می‌شود که عیبی در آن نمی‌بینم.

فرصت برای تعطیلات نداریم. امید دارم به آنها که می‌گویند گیلانی‌ها تا دندان خوردن خورشت "قاسمی" پیدا می‌کنند، چپ‌گرا می‌شوند، ثابت شود که چنین نیست.» گفتم: «امروزه، اعلی‌حضرت، با توجه به رشد اقتصادی کشور غذاهای متنوع می‌خورند و در فکر ساخت آینده خویش‌اند.» با این جمله که «سعی کنید بورسیه از خارج و به‌ویژه کشورهای همسایه داشته باشید، سری تکان داده و به راه خود ادامه داد.» من نفهمیدم حرکت سر نشان رضایت و یا خداحافظی بود، اما مطمئن بودم که اشاره به رشد اقتصادی، او را که نقش خود در آن می‌دید، خوشنود کرده است و فکر می‌کردم با این جمله، گامی دیگر در جهت توجه حکومت مرکزی به مسائل گیلان و به‌ویژه احداث دانشگاه آن برداشته‌ام.

دراحداث سریع دانشگاه، همیاری با یک کشور خارجی را عاملی دیدیم که مجبور می‌کرد همیاران ایرانی نیز سرعت حرکت سازندگی خود را با آن‌ها که در فرهنگ خود سستی در انجام کاری را نمی‌پسندند، هماهنگ کرده و اگر اشکالی در راه هدف پیش آید، به خاطر تعهد در این همکاری، آن را از خم و پیچ سیستم اداری آزاد و مرتفع سازند. تجربه ما در ارتباط دانشگاه شیراز با دانشگاهی در آمریکا که در زمان همکاری با دانشگاه شیراز از جزئیات آن مطلع شدم، سرعت پیشرفت کار را به دلیل این ارتباط نشان داده بود. گرایش ذهنی شاه همانند پدرش، همکاری با آلمان‌ها را در زمینه آموزش‌های فنی بیشتر می‌پسندید. ابتکار پخش شعب دانشگاه گیلان در شهرهای آن که هدف رونق آن شهرها نیز مدنظرم بوده است نیز از نگرانی حکومت مرکزی برای تجمع کثیری دانشجو در یک محل، آن هم در مرکز استان می‌کاست. فاکتور مهم دیگری که به ذهنم رسید، حضور ملکه‌ای گیلانی در دربار بود. ملخص آن‌که با این مقدمات دریافتم که زمینه آماده است و باید از فرصت استفاده کرده و در همین برهه و شرایط موجود، در تأسیس دانشگاه کوشید. از عضویت دختر شاه در هیأت‌امنای دانشگاه که به دلیل خردسالی او، بانو فرح سرپرستی جلسات آن را برعهده می‌گرفت، حداکثر استفاده را برده و به تعداد جلسات هیأت‌امنای دانشگاه،

به هر بهانه‌ای می‌افزودم. نه تنها در هر جلسه گامی در جهت تشکیل دانشگاه پیش می‌رفتیم، با برنامه‌هایی که برای بازدید بانو فرح در حاشیه شرکت ایشان در هیأت‌امنا ترتیب می‌دادم، خاطره شیرینی از مسافرت به گیلان را نیز به خاطراتش می‌افزودم. با علم برآن‌که می‌دانستم انتقال آن به گوش شاه به افزایش توجه او نیز به گیلان منجر خواهد شد. علاقه‌مندی بانو فرح به حل مسائل زادگاه خود، گیلان، کاملا محسوس بود و تمایل او به مسافرت مکرر به گیلان موجب شد که اتومبیلی از مجموعه اتومبیل‌های تشریفات دربار، به استانداری گیلان داده شود. بانو فرح به خاطر علاقه به امور مربوط به دانشگاه گیلان، شتاب‌زده‌تر از همه می‌کوشید. برای نمونه، به یاد دارم شبی که مهندسان آلمانی پراکندگی تأسیسات دانشگاه و طرح نمای ساختمان‌های آن را به جلسه‌ای در دفتر ایشان در کاخ نیاوران آورده بودند، ایشان بر پایه ذوق معماری خود، تغییراتی را در آن توصیه کردند و خواستند که همان شب محلی در هواپیما برای پرواز آن‌ها به آلمان فراهم آوریم تا بتوانند به آلمان برگشته و حداکثر تا دو روز، اصلاحات لازم در طرح را پیاده با نقشه نهایی و تأیید شده در آن‌جا توسط مسئولان ذی‌ربط، مجددا در دفتر او برای تصویب نهایی حضور یابیم. که با جلب رضایت چند مسافر که تا پرواز فردا مهمان ما در هتل باشند، برای عزیمت آن‌ها در همان شب، جا در هواپیما آماده شد. و یا شاهد آن بودم که وقتی در فاصله کوتاه بین دو جلسه هیأت‌امنا، به ایشان اطلاع دادم که آسفالت راه رشت به لاکان، محل احداث دانشگاه را به پایان رسانده‌ایم، برای اطمینان خاطر، هیجان‌زده و با خوشحالی به دفعات می‌پرسیدند: «واقعا؟ واقعا؟»

به طور خلاصه با همه درگیری‌ها، دانشگاه گیلان از صورت آرزو خارج شد و واقعیت یافت. در این راه، انتخاب مدیران دانشگاه گیلان، تنها موردی بود که نتوانستم خواست خود را به طور کامل به نتیجه رسانیم. نظر این بود که جهانگیر صوفی و به خصوص دکتر مجتهدی، دو گیلانی باتجربه در امور دانشگاهی، در اداره این دانشگاه جدیدالتأسیس سهیم شوند. در مورد صوفی مشکلی وجود نداشت ولی در مورد ریاست دکتر مجتهدی، با این‌که

بانو فرح نیز حامی انتخاب او بود، به خاطر نزدیکی دکتر اقبال به شاه، توفیقی به دست نیامد و یکی از بستگان او به ریاست دانشگاه دست یافت. فقط به نشان احترام، از دکتر مجتهدی خواسته شد که با تدریس در اولین کلاس ریاضی دانشگاه، به افتتاح آن رسمیت دهند. البته اگر از تجارب دکتر مجتهدی، بهویژه در تشکیل و اداره دبیرستان البرز و متعاقبا دانشگاه صنعتی آریامهر آن روز و شریف امروز که به صورت یکی از مراکز شناخته شده آموزشی دنیا چون MIT و هاروارد در آمده است بگذریم، حضور مدیری جوان و دانشآموخته در آلمان و آشنا به زبان آلمانی نیز در شروع به کار دانشگاه گیلان و در رابطه با همیاران آلمانی، مفید و مؤثر به نظر میرسید.

– استفاده از کمک بانو فرح در سایر امور آموزشی

در بازدیدهای بانو فرح، اضافه بر دانشگاه، پارهای از مسائل استان نیز حل شد و تحولات مفیدی شکل میگرفت. شرکت او در انجمن شهر رشت و استان، یکی از جلسات پربازده برای گیلان بود. او در آن روز و قبل از حضور در جلسه، با قایقی از نمای بلوار که نقطه شروع نوار ساحلی، شاخهای از طرح توسعه گردشگری سواحل خزر بود، دیدن کرده بودند و در آن هوای مرطوب و گرم انزلی، از خبرنگارانی که در قایقی دیگر سرگرم فیلمبرداری و تهیه خبر بودند، به صدای بلند میپرسند که: «نوشابه دارید؟» و چون پاسخ منفی بود، ایستادند و از داخل قایق خود، شروع به پرتاب قوطی و بطریهای نوشیدنی به قایق آنها که خیلی نزدیک شده بود، نمودند. تکانهای شدید قایق موجب میشود که آب از لبه به داخل ریزد و لباس همه، منجمله دامن ایشان را خیس کند که چون فرصتی برای تعویض نبود و نمیخواستند اعضای انجمنهای محلی را در سالن شهرداری رشت منتظر نگه دارند، با همان لباس نیمهخیس در جلسه مذکور شرکت کردند. بازدید در دیدار از کتابخانه شهر رشت، مرحوم دکتر ابراهیم جفرودی که اضافه بر طبابت، ادیب و عضو هیأتمدیره کتابخانه بود، توضیحات لازم را به صورت خلاصه عنوان کرد و بانو فرح، قول مساعدت مالی در بهبود

کتابخانه را دادند. کمک دیگر آن روز ایشان، قبول هزینه ارتباط الکترونیکی کتابخانه مرکزی دانشگاه گیلان در لاکان با کتابخانه‌های شعب دانشکده‌های آتی دانشگاه گیلان در شهرستان‌های استان و البته کتابخانه مرکزی شهر رشت بود تا تبادل کتاب را سریع و آسان سازد. آرزو داشتم که کتابخانه دانشگاه گیلان، روزی به همان تکامل کتابخانه دانشگاه گندی شاهپور که در فهرست کتب کتابخانه خود، نزدیک به تمام کتاب‌های مفید زمان و ترجمه کتب یونانی و هندی را نشان می‌داد، درآید.

در همان روز، چون هنوز مرکزی برای دانشگاه آماده نبود و مدیر و مسئولی نداشت در تأمین خواسته شب قبل بانو فرح، نقشه هوایی موقع جغرافیایی دانشگاه را که از دفتر خود آورده بودم به او نشان دادم و همراه آن از موقعیت زمینی که در حومه شهر لاهیجان برای تأسیس انستیتوی هنر، اقتصاد خانواده، روانشناسی کودک و غیره بانوان در نظر گرفته بودیم، اطلاع یافت و خواست که با هلی‌کوپتر آن دو نقطه را ببیند. در پرواز با هلی‌کوپتر از زمین لاهیجان دیدن کرد ولی به‌دلیل نقص فنی، هلی‌کوپتر در روستایی در بین راه نشست و نتوانستند از زمین دانشگاه گیلان در لاکان بازدید کنند. برای او این اتفاق، خاطره پایداری ساخت. روستاییان در چشم‌برهم‌زدنی، به محل فرود هلی‌کوپتر آمده، دور ما حلقه زدند. خلبان با بی‌سیم هلی‌کوپتر، موقعیت ما را خبر داده بود و ما منتظر وسیله‌ای بودیم تا به رشت که زیاد با ما فاصله‌ای نداشت، برسیم. از روستاییان خواهش کردم بنشینند و اگر صحبتی دارند، یک‌به‌یک عنوان کنند، همین کار را کردند. بعضی‌ها سؤالاتی داشتند، خود بانو فرح نیز از کشت‌وکار آن‌ها پرسید. آن دیدار تصادفی، پیش‌بینی‌نشده، خودمانی و به دور از تشریفات و یا محافظ، برای بانو فرح خاطره‌ای ساخت که در آخرین ملاقات با ایشان، هم‌زمان با شروع انقلاب ایران از آن یاد کردند و شاید این سؤال در آن زمان برایش مطرح شده بود که چگونه آن همه محبت توسط همان افراد، به این میزان بی‌مهری بدل شده است؟

- قبول مساعدت در برپایی پروژه گردشگری سواحل خزر (طرح کاس)
در توسعه گردشگری در سواحل خزر که با هدف جلب توریست در
عرصه جهانی برایش نام Cote de Cas مشابه سواحل مشهور گردشگری
جنوب فرانسه cote d'azure را پیش‌بینی کرده بودیم از بانو فرح خواستیم که
برای سرعت بخشیدن در طراحی و متعاقب آن اجرای این طرح سرپرستی
جلسات مربوط به آن را پذیرا شوند تا سریع‌تر و با برخورد به مشکلات
کمتری در لابیرنت اداری به نتیجه رسد. این طرح بدون تبلیغی در دست
بررسی قرارگرفته بود تا مالکان ویلاهای خصوصی را به دلهره نیاندازد
زمین‌خواران را به تکاپو درنیاورد، نظرات غیر اصولی با بحث و جدل‌های
وقت‌گیر آنانی را که توان پذیرش پروژه‌های سنگین این‌چنینی را نداشته و
اجرایش را در این اشل عملی نمی‌دیدند، برنیانگیزد و ضمناً با تبلیغاتی منفی
چون برپایی عشرت‌کده و غیره تهیه طرح و اجرای آن را متوقف نسازند.

در توجیه لزوم اجرای چنین طرحی اضافه بر رشد اقتصاد منطقه چند
فاکتور اساسی زیر مطرح بوده‌اند:
رشد جمعیت که به تعداد گردشگر داخلی و خارجی می‌افزاید.
توسعه اقتصادی که با تأمین هزینه مسافرت‌های تفریحی به دفعات آن
اضافه و بسط خدمات رفاهی را ضروری می‌سازد.
و زمینه‌سازی برای تحمل بار سنگین مسئولیت حفاظت از زمرد سبز
شمال که با افزایش گردشگران ممکن بود آسیب ببیند. طبیعتی که با داشتن
شرایط استثنایی دریا و جنگل در کنار هم آن‌هم در کشوری خشک و کم‌آب
به‌صورت پارک ملی برای عموم درآمده است.

خطوط اصلی طراحی پروژه گردشگری در سواحل خزر را دو نکته
ترسیم و دیکته می‌کرد که عبارت بودند از آزاد کردن هرچه بیشتر نوار
ساحلی برای خلق سطحی کافی در ساحل برای گردشگران رو به افزایش
و حل مسئله ترافیک فشرده در جاده‌های شمال برای پیشگیری از آلودگی

هوا. به این خاطر ضرورت داشت که ویلاهای پراکنده و اختصاصی در خط نخست ساحل به قیمت روز خریداری شوند و تعدادی از آن‌ها برای خدمات عمومی استفاده شود. البته نه به جبر، بلکه با دادن زمین مجانی به مالکین آن‌ها در سمت جنگل، که در ادامه این نظر هتل‌ها و ویلاهای اجاره‌ای برای اسکان گردشگران نیز در مناطق جنگلی مشرف به ساحل و یا در ارتفاعات جنگل، با تأمین امکانات رسیدن به ساحل چون تله احداث می‌شد.

در چهارچوب طرح به جوانب امر که اهم آنها به شرح زیر است توجه شده بود:

شهرک‌های ساحلی موجود محفوظ و رفاه ساکنان آن‌ها به تناسب احتیاج و استفاده از دریا تأمین می‌شد.

رفت‌وآمد در جاده‌های بین شهری شمال منحصراً برای ساکنان آن شهرها و اتومبیل‌های سرویس‌دهنده آزاد می‌شد و گردشگران برای رفتن از ساحلی به ساحل دیگر، از ریل برقی و سریع ساحلی در شب و روز استفاده می‌کردند. که این ریل به موازات ساحل و احتمالاً در مناطقی در طول مسیر برپایه ستون‌هایی با حداکثر فواصل از یکدیگر در پیشگیری از مزاحمت برای پلاژها احداث و همین ریل گردشگران را از نقطه ورود به شمال، ترمینال پارک وسایط نقلیه، به محل اقامت انتخابی‌شان که یادداشت آویزان بر محموله آنان، آن را مشخص می‌نمود، می‌رساند که در آنجا محموله خود را از مسئولان پایگاه ورودی هم‌زمان با ورودشان دریافت می‌کردند.

استفاده از نظرات مهندسان مشاور در تعیین مسیر خط ساحلی شمال و خصوصیات فنی آن مدنظر بود. تجربه خط آهن ممالکی چون اسکاندیناوی که با عبور از سواحل بریده از یکدیگر اسلو پایتخت نروژ را به کپن‌هاگن دانمارک و در نهایت به هلند و آلمان متصل می‌کرد تجربه‌ای بود که احتمالاً می‌توانست در برپائی خط ارتباط سواحل شمال مورد استفاده قرار گیرد. تکمیل تونل طولانی خط تهران به چالوس که راه رسیدن به شمال را

کوتاه می‌کرد و تأسیس فرودگاهی بین‌المللی در ورودی شمال نیز در طرح پیش‌بینی شده بود تا در زمره مطالعات مهندسین مشاور قرار گیرد.

پلاژهای سنتی، با قبول مالکیت صاحبان فعلی آن‌ها، منتها با نما و تسهیلات بهداشتی مناسب پیاده می‌شد که هزینه این تغییرات را بانک به‌صورت قرضه‌های درازمدت، در اختیار پلاژداران می‌گذاشت و پرداخت بهره وام آن‌ها را «طرح کاس» بر عهده می‌گرفت.

مجتمع‌های عمومی برای گروه‌های گردشگر چون دانشجویان، معلمین، کارگران کارمندان ادارات ایجاد می‌شد که ارتباط با این مراکز و پلاژها نیز در هماهنگی با طرح ریل ساحلی تعیین و صورت می‌گرفت.

به منظور واقعیت بخشیدن به این طرح کمیته‌های زیر شکل گرفته بودند:

کمیته طراحی پروژه

مرکب از استانداران گیلان و مازندران، وزیر مسکن و شهرسازی، مدیرعامل سازمان برنامه و تعدادی از کارشناسان و مهندسان مشاور مدعو که خطوط اصلی پروژه را مشخص و در پس تهیه هر فاز طرح در دفتر بانو فرح برای تصحیح و تصویب تشکیل جلسه می‌داد.

کمیته تأمین اعتبار و جلب سرمایه‌های خارجی در احداث تأسیسات طرح در جلب سرمایه دست به اقداماتی زده‌بود که یکی از آن‌ها دعوت از کسانی بود که پیش‌بینی می‌شد به سرمایه‌گذاری در پروژه علاقه‌مند و نیز توان سرمایه‌گذاری را دارند تا از بار بودجه دولت در اجرای طرح کاسته و حتی‌المقدور، آن را به صفر رساند. صاحبان ثروت کشورهای نفتی ساحل خلیج فارس، با علم برآن‌که لبنان را به خاطر ناامنی از دست داده و به دنبال نقطه‌ای نزدیک و مشابه آن می‌گشتند، از جمله اولین گروه حائز این شرایط بودند که با آن‌ها تماس گرفته شد. «فوآزبن عبدالعزیز آل سعود» شهردار

وقت مکه با گروه فنی همراه به انزلی آمد و به عنوان مهمان استانداری در هتل سپیدکنار پذیرایی شد که بازده مثبتی به دنبال داشت. برای نمونه، نزدیک به شروع انقلاب، نمایندهای از عربستان سعودی برای احداث بانکی عربی در رشت، برای تسهیل در امر مشارکت به گیلان آمد.

کمیته بازاریابی در جلب توریست؛
که این کمیته نیز گامهای نخست را در این زمینه برداشت و به زمانی که گردشگران اروپائی بهخاطر شلوغی مراکز توریستی خود چون سواحل جنوبی فرانسه و یا لبنان ناآرام به دنبال مراکز دیگری بودند وارد کار شد. البته نقاطی چون جزایر هاوائی و بالی میتوانست تفرج گاههای مناسبی باشند اما به اروپا دور و یا چون بالی امن هم نبودند. با توجه به این شرایط پیشبینی میشد که طرح Cote de Cas انزلی، بتواند به سهولت این خلاء را پر و مقدمتا گردشگران اروپا را بسوی خود جلب کند. لذا این کمیته بهدنبال برقراری خواهر شهرهائی با انزلی در اروپا رفت تا مبلغ ساحل انزلی شوند. شهردار جوان و فعال وقت انزلی که چون فرماندارش از هدفهای طرح نیز اطلاع کاملی نداشت، اولین شهر را در فرانسه پیدا و پیوند خواهری آن شهر با انزلی را تحکیم نمود که مسلما اطلاعات بیشتری در این زمینه را میتوان در بایگانی شهرداری انزلی یافت.

مدیریت طرح را دو کمیته محلی برعهده میگرفت. کمیته نظارت از ترکیب رؤسای انجمنهای دو استان گیلان و مازندران، منتخب شهرداران شهرهای ساحلی گیلان و مازندران و نماینده هتلها و پلاژداران و سرویسهای عمده دیگر شکل میگرفت. رؤسای دفاتر برنامهریزی دو استان مذکور نیز، صرفا بدون داشتن حق رأی در تصمیمات کمیته، برای برنامهریزی و شناخت مشکلات و ارائه پیشنهادات اصلاحی در جلسات شرکت میکردند تا به ماهیت مردمی آن لطمهای نخورد.
کمیته دیگر، کمیته اجرایی بود که مدیرعامل آن را کمیته نظارت انتخاب

می‌کرد. کمیته اجرایی دارای واحدهای مورد نیاز، چون سازمان تبلیغات و روابط‌عمومی بازاریابی، هتل‌داری و مهمان نوازی[۱]، واحد فنی برای حفظ و اداره تأسیسات کارگزینی حسابداری و... بود.

باشد که این طرح و هر پروژه دیگری که از نظر کارشناسان در هر حکومتی معقول و مفید به نظر می‌رسد، با فراموشی آن‌که از کجا و در چه دوره‌ای سرچشمه گرفته و چه کسی طراح آن بوده است، با اصلاحاتی که به نظر مسلما پیشرفته‌تر آنان می‌رسد پیگیری شود. کما این‌که با علاقه به رفاه عامه، شنیدن پایان مترو تهران که از ایام کار در سازمان برنامه با مشکلات پیچیده اجرایی آن چون نوع خاک، عوارضی چون فاضلاب‌ها و درجه استحکام اماکن رویه آن آشنایی داشتم، بی‌توجه به بحث و جدل‌های پس‌آمد آن خوشنودم ساخت و یا خط آهن رشت به قزوین و تهران با اعتقاد به این نکته که حکومت‌ها آب جاری رودند می‌آیند و می‌روند و آنچه مهم است ریگ پایدار زیر آن، مردم‌اند که شادمانی و رفاه آنان همیشه باید در اولویت هر حکومت مسئولی که موجودیت خود را حاصل کرم مردم می‌داند قرار گیرد.

ناگفته نماند، حفظ زمین‌های ساحلی در مسیر طرح از تجاوز افراد ذی‌نفوذ، یکی از گرفتاری‌های سنگین مسئولان دو استان ساحلی، به ویژه گیلان شده‌بود که به نمونه‌هایی از آن در این نوشتار اشاره شده است.

۱-concierge

فصل نهم:
نقش خاندان سلطنت در توفیق انقلاب

با آن‌که خدمات خاندان پهلوی، به ویژه در قیاس با محیط به‌هم‌پاشیده سلسله ایل قاجار و بی‌سروسامانی آن عهد، واقعیتی چشم‌گیر بود، در این فصل از موارد و نکاتی یاد می‌شود که پایه‌های سلطنت را توسط خود خاندان سلطنت متزلل می‌ساخت:

کمبود ارتباط شاه و ملت؛

این کمبود موجب آن شده بود که بین این دو قطب بستگی به آن درجه از استحکام نرسد که عامه را مدافع سر سخت بقای سلطنت سازد. شاه بالعکس پدرش که توانست پله‌پله در بین مردم خود را از روستایی در دل کوهستان به صدر کشور برساند، در خانواده‌ای سلطنتی متولد شده و قبل از رسیدن به سلطنت نیز زیر نظر معدودی درباری رشد و زمانی را نیز به دور از ایران سپری کرده بود؛ لذا به‌خاطر سمتی که برعهده گرفت نیازی مبرم به آشنایی با مردم داشت که تنها با نزدیکی با آنان مقدور بود؛ منتهی او شاید به‌خاطر خطرات امنیتی در اجتماعی گسسته از هم با دسته‌بندی و وابستگی‌ها و یا تلقین اطرافیانش تصور می‌کرد که اگر به سبک سلاطین گذشته، دیوار و حریمی به دور خود کشد، این غیبت به احترام او خواهد افزود؛ لذا به این جدایی تن داده بود که البته با ورود بانو فرح به دربار این

دیوار گرچه نریخت ولی ترک کوچکی برداشت.

در شناخت این عدم آشنایی با مردم، از مکاتبه او با ملک فیصل، شاه عرب در سال ۱۹۶۰ و تذکری که او به شاه می‌دهد، کمک می‌گیریم. در آن سال با مسئولیتی که آمریکا برپایه طرح استراتژیک خود Twin pillar، این دو کشور را در برقراری امنیت، ژاندارم منطقه نموده بود آن دو شاه به هم نزدیک شده بودند. در یکی از مکاتبات، شاه به ملک فیصل، احتمالا برای برقراری و تداوم آرامش در منطقه توصیه می‌کند که به مردان و به ویژه نسوان کشورش، آزادی‌های بیشتری دهد که متن کامل آن را می‌توان به اختصار در اینترنت و در نشریات «Wikipedia» نیز خواند. در پاسخ، ملک فیصل که خاندانش هنوز بر سر کارند به شاه می‌نویسد:

«اعلی‌حضرت؛ به نظر می‌رسد شما تصور می‌کنید شاه فرانسه هستید و در کاخ الیزه Plais de l'Elysee در پاریس نشسته و سلطنت می‌کنید. برادر؛ ما در جمع جماعتی دیگر در این‌جا نشسته‌ایم.»

ناگفته نماند که نامه شاه می‌تواند هاله‌ای از تمایل او به برقراری حکومتی مردم سالار را نیز نشان دهد که احتمالا با تحصیل و اقامت در اروپا و آشنایی با سیستم دموکراسی در آن کشورها، بر اندیشه او نقش بسته بود؛ منتهی در عمل، بازتابی از آن تفکر به‌خصوص در برخورد با وابستگان به احزاب سیاسی به چشم نمی‌خورد و در بسیاری از موارد، میزان شدت عملی که سازمان امنیت در مقابله با این احزاب از خود نشان می‌داد، ضرورتی نداشت. بگذریم از آن‌که حزب توده، یکی از آن احزاب، می‌رفت که کشور را به زیر چتر سرخ شوروی نشاند و اگر چنین می‌شد، ما هم باید همراه ملت روس سال‌ها تا سقوط رژیمی خشن و بی‌رحم، فشار سنگینی را تحمل می‌کردیم. البته شاه با گذشت زمان، در ربع آخر سلطنتش دریافت که با توجه به رشد فکری مردم رویه او در کشورداری برای سلطنت مسئله آفرین خواهد شد و باید خط دیگری را در پیش‌گیرد که مهار سازمان امنیت، استفاده از تکنوکرات‌های جوان در مشاغل مهم و گشودن دریچه کوچک آزادی را

به دنبال داشت. اندرو اسکات[۱]، خبرنگار و استاد دانشگاه کلمبیا در بررسی افکار و تمایلات شاه نیز به همین نتیجه می‌رسد و می‌نویسد که در او عرق ملی، مهر به مردم و نیز سایه‌ای از علاقه به دموکراسی محسوس است. نویسنده این نوشتار نیز تمایل شاه به ترک دیکتاتوری را در ارتباطی اداری درک کرده بود و آن این‌که اقدامی از طرف یکی از برادران خود را که به اتکای نسبت بدون ارائه مدرکی، مدعی مالکیت مجتمعی در حال گسترش در ساحل غازیان گیلان شده بود، نادرست می‌شناسد. در این ماجرا، دادگستری با آن‌که مالک آن مجموعه اسناد معتبر مالکیت خویش را در دست داشت، به‌خاطر ترس از نسبت مسکوت گذاشته بود که توقف عملیات ساختمانی مجتمع، به او زیان کلانی می‌رساند. در پی انعکاس این مشکل به شاه، او در بخشنامه‌ای خطاب به کلیه استانداران تأکید می‌کند که دستگاه‌های قضایی باید در چهارچوب قوانین در رابطه با منسوبین من نیز به همان‌گونه عمل و داوری کنند که در مورد عامه انجام می‌دهند که باید رونوشتی از این بخشنامه در بایگانی استانداری‌ها موجود باشد. به نظر می‌رسد که یکی دیگر از دلایلی که امکان نمی‌داد شاه به مردم نزدیک شود آن بود که سکان هدایت و اداره کشور را به تنهایی در دست داشت و اضافه بر دیکته خطوط مشی سیاست‌های کلی، در بسیاری از امور جزئی نیز نظر می‌داد و به این خاطر، با تنگی وقت مواجه می‌شد که اضافه بر مشکل جدایی از ملت، دخالت و نظارت او در امور موجب می‌شد که تمام مسائل و مشکلات و بازده هر اقدامی نیز به حساب او گذاشته شود، به طوری که هر کس در هر جا و به هر دلیلی، چون بی‌لیاقتی و یا سوء‌نظر کاری را خراب می‌کرد، خطای خود را به شاه و نقص سیستم حکومتی او نسبت می‌داد. البته خصلت فرهنگی ما نیز که هر مشکل، من‌جمله آن را که خود خلق می‌کنیم، ناشی از خطای دیگری دانسته و خود را بدون عیب و نقص می‌دانیم، به دامنه این تهمت می‌افزود. خصلتی که در گذشته چنان اصلاح‌طلبان جامعه

۱-Andrew Scott Cooper

را آزار می‌داد که با راه‌اندازی گروهی که بعد به دسته «ملامتیان» در تاریخ ما شهرت یافتند به زدودن آن برخاستند.

ملامتیان بدون مخاطب قراردادن مردمی که حتی شنیدن پندی را به‌خاطر اعتقاد به بی‌عیبی خود لازم ندانسته و اتلاف وقت می‌شمردند، برنجانند، معایب را خود پذیرا شده و درباره زشتی آن‌ها داد سخن داده و یکدیگر را ارشاد می‌کردند. برای مثال به یک معتاد نمی‌گفتند که معتادی و اعتیاد بد است؛ چون می‌دانستند در اوج اعتیاد منکر آن شده و یا خواهند گفت: «عادتی تفننی است.» لذا در محضر چنین فردی، یکی از یاران گروه خود را معتاد معرفی کرده و سرگرم نصیحت به او می‌شدند و به عبارت دیگر «به در می‌گفتند تا دیوار بشنود.» و از این راه، بدون آن‌که موانعی در ادامه راه آموزشی خود پیش آورند، در انتظار پیداکردن گوشی شنوا به هر گوشه و کناری سرک می‌کشیدند. تا آن‌جا که از دید عامه، به خاطر اعتراف به آن‌همه معایب ساختگی برای خود، به صورت دسته‌ای کج‌رفتار شناخته شده و با بار خجلت، به انزوا کشیده می‌شدند.

در نشان‌دادن مداخله شاه، حتی در امور جزئی، خاطره‌ای را به شرح زیر از زمان استانداری درج می‌کنم:

در صبحی، استاندار اصفهان تلفنی به من خبر داد که مهمانانی در راه بختیاری است و به طنز افزود که: «دیدار آن‌ها خوشنودت خواهد کرد.» ولی هرچه سعی کردم بدانم که کیستند، جوابی نداد و مرا در ابهام گذاشت. از این‌که او این خبر را به من داده بود دانستم که باید مهمانان سرشناسی باشند که احتمالا مدتی را نیز در اصفهان گذرانده‌اند. ساعتی نگذشته بود که منشی خبر داد مهمانان رسیده‌اند. من هم بیشتر به خاطر کنجکاوی که بدانم کیستند، به اتاق منشی رفتم که با صحنه خاصی روبه‌رو شدم. یکی از آن‌ها مست و خراب روی صندلی لم داده و در راهرو یکی- دونفری کمی هوشیارتر مشغول گفت‌وشنود بودند. با ورود من یکی از آن‌ها بی‌مقدمه گفت: «در سر راه به سامان آمده‌ایم که به شما اطلاع دهیم شاهپور اراده

کرده‌اند به شکار بز کوهی روند؛ فردا برای ایشان هلی‌کوپتری را آماده کنید.» من دانستم که یکی از مهمان‌ها باید از برادران شاه باشد؛ منتهی نمی‌دانستم کدامیک، چون وقتی گوینده که کلمه شاهپور را به زبان آورد، نگاهی به مبلی که مست و خرابی بر آن نشسته بود انداخت، حدس زدم که او باید شاهپور باشد ولی اشتباه کرده بودم. محل زندگی ما در طبقه دوم استانداری آن ساختمان کهنه و قدیمی بود که شاهپور به خاطر لول بودن و نداشتن تحمل نشستن، به محض ورود به ساختمان از کارمندی که به او برخورده بود سؤال می‌کند که: «اتاق خوابی را در کجا می‌توان یافت؟» او هم بدون تأمل، تنها اتاق خواب ساختمان به یادش می‌آید و می‌گوید: «بالاست.» که او نیز بی درنگ از پله‌ها که در انتهای محوطه ورودی قرار داشت، خود را به طبقه دوم می‌رساند و بدون برخورد با اعضای خانواده، در پی پرسش دیگری از آشپز به اتاق خواب ما وارد شده و با سینه روی تخت می‌افتد و به خواب می‌رود. تا آن‌که یکی-دو نفر از همراهانش، بدون آن‌که فرصت گفت‌وگویی به من دهند، به محل زندگی ما وارد شده و در آن‌جا هم بدون پاسخ به همسرم که می‌پرسید «شماها کیستید و این‌جا چه می‌کنید؟» با کمک هم شاهپور را کشان‌کشان از پله‌ها به پایین کشیده، به اتومبیل انداخته و به سامان می‌روند. من، منشی و تعدادی از کارمندان و به‌ویژه تعدادی از مراجعین به استانداری را مبهوت باقی می‌گذارند. حدس می‌توان زد که مراجعین از دیدن این صحنه چه برداشتی از خاندان سلطنت پیدا می‌کردند. آن روز به این نتیجه رسیدم که یکی از مشکلات شاه باید منسوبینش باشند و ضمنا به همسرم حق می‌دادم که از شغل شوهرش راضی نباشد. روز بعد، یکی دیگر از دوستان شاهپور به استانداری می‌آید و این‌بار هوشیار و مؤدبانه، زمان آماده‌شدن هلی‌کوپتر را جویا می‌شود. من به روال معمول به اصفهان زنگ می‌زنم و تقاضای فرستادن هلی‌کوپتری را می‌کنم. با هر تقاضا می‌بایست علت و مسیر را هم به اطلاع آن مرکز می‌رساندم. چند ساعت بعد، از اصفهان به من خبر دادند که هلی‌کوپتر در راه است؛ منتهی شاه گفته است که اگر شخص استاندار به بازدید محلی می‌رود، می‌تواند

شاهپور را نیز به همراه ببرد. چون برنامه بازدیدی نداشتم، ازین دستور استفاده کرده، هلی‌کوپتر را به محض فرود به شهرکرد به اصفهان برگرداندم و به آن‌ها نیز در سامان اطلاع دادم که هلی‌کوپتر به دلیل نقص فنی به پایگاه خود در اصفهان برگشته و با پیش‌بینی هوا به این زودی‌ها استفاده از آن مقدور نخواهد بود. این‌جا بود که با تعجب دانستم استفاده از هلی‌کوپتر که خود گهگاه با آن به اطراف استان می‌رفتم، با اجازه شخص شاه ممکن می‌شود و تعجب من بیشتر از آن بود که شاه تا چه حد متوجه جزئیات امور است؛ درحالی‌که این وقت را می‌تواند در تماس با مردم بگذراند. نتیجه دیگر از این ماجرا آن بود که نشان می‌داد شاه نمی‌خواهد منسوبینش از وسایل دولتی برای تمایلات شخصی استفاده کنند.

جدایی شاه از مردم، آن هم در این عصر، عده‌ای را عصبی می‌کرد که باز به‌جای توجیه مطلب از واقعه دیگری که به شرح زیر پرسشی را برایم مطرح ساخت، یاد می‌کنم:

شاه دفعتاً از استانداران گیلان و مازندران می‌خواهد سریعاً از ورود اتومبیل به حاشیه سواحل شمال در مقابل پلاژها ممانعت کنند؛ بدون آن‌که حداقل نظری از آن‌ها که مسئولیت استانی را خود به آن‌ها سپرده بود، جویا شود. نظر مفید و درست بود؛ منتهی در گیلان با آشنایی به اقتصاد شهر انزلی که پلاژداری و صید پایه زندگی مردم آن است اجرای عجولانه این تصمیم صحیح به نظر نمی‌رسید. ضمن آن‌که مهمانان پلاژها نیز دوست نداشتند از اتومبیل خود فاصله گیرند و به‌خاطر کمی جا در پلاژ، پاره‌ای از وسایل مورد نیاز سفر خود را در اتومبیل انبار می‌کردند. به جای بستن پلاژها به دنبال راه‌حل مناسبی رفته بودیم که نیمه‌شبی تیمساری که خود را آجودان شاه معرفی می‌کرد تلفن کرد و پیام شاه را مبنی بر عدم رضایت او از سستی در اجرای دستور، با لحنی آمرانه ابلاغ کرد و توضیح خواست تا فورا به شرف عرض برساند. به او گفتم: «به ایشان بفرمایید با توجه به اقتصاد شهر انزلی، این کار صورت نگرفت ولی طرحی را به اجرا گذاشته‌ایم که نظرشان را تأمین خواهد کرد و آن این است که با ساختن راهی در پس

پلاژها، با حاشیه‌ای به موازات آن برای پارک اتومبیل‌ها و انشعاباتی از آن به پلاژها برای رفت‌وآمد مسافران، ساحل آرام و بی‌خطر خواهد شد و ضمنا قسمتی از پروژه توسعه گردشگری شمال نیز که علیاحضرت، فرح، در جریان آن هستند، پیاده می‌شود و ساخت این راه را شروع کرده‌ایم. (این راه همان است که امروز در انزلی به صورت خیابانی درآمده و بر آن عنوان پاسداران گذاشته‌اند.) تیمسار گفت: «تصور می‌کردم که بگویید اوامر ملوکانه مطاع بوده و در انجامش کوشش می‌کنیم.» به او گفتم: «تیمسار نقش شما آوردن پیام و بردن پاسخ آن است. لطفا تصورات را فراموش و وظیفه خودتان را انجام دهید.» چند دقیقه بعد، تلفن دوباره زنگ زد. همان تیمسار بود. با پیامی دیگر منتهی با لحنی مهربان و مؤدب، مبنی برآن‌که «اعلی‌حضرت فرمودند به برنامه خود ادامه دهید و نتیجه را گزارش کنید.» در گفت‌وشنود با تیمسار، روشن بود که اولا تا چه حد عدم دستور شاه می‌توانست فرجام نامساعدی داشته باشد که پیک را نیز از دادن خبری منفی به او نگران می‌کرد. ضمنا چرا شاه نمی‌خواهد خود گوشی تلفن را بردارد و بدون واسطه حداقل با نماینده خود در استانی گفت‌وگوی کوتاهی داشته باشد؟ به طور کلی انتظار داشتم هرازگاهی از قالب اطرافیان خود به‌درآید و جلساتی با استانداران برپا کرده و از مسائل مناطق کشورش، توسط گروهی که در تماس مستقیم با مردم و با مسائل و نظرات آن‌ها آشناترند آگاهی یابد. همین ترس از تأخیر در اجرای اوامر ملوکانه بود که استاندار مازندران را مجبور کرد پلاژها را بسته و با شورش پلاژداران روبه‌رو گردد که در فرونشاندنش یکی دو پلاژدار نیز کشته می‌شوند.

اهمیت رابطه با مردم را رضاشاه با همه جبروتش درک کرده بود؛ منتهی چون او هم حضور مکرر در بین مردم را کسر شأن می‌پنداشت، موقع خود را در رأس کشور با وسایل ارتباطی محدود آن زمان از طرق دیگری چون نواختن سرود شاهنشاهی قبل از شروع هر فیلم در سینماها، در حالی‌که عکسی از او و اقداماتش بر پرده بود یادآور می‌شد که البته هم‌زمان با نواختن آن سرود، به پاس احترام به میهن و او، می‌بایست تماشاچیان از

جا برخیزند. و یا در غروب‌ها به هنگامی که مردم به دو خیابان استانبول و نادری برای قدم‌زدن روی می‌آوردند، قیافه و هیکل مردی شبیه رضاشاه را با سبیل و شنل مخصوص او بر دوش و تعلیمی به‌زیر بغل می‌دیدند که سلانه‌سلانه، بدون توجه به کسی، همگام آن‌ها راه می‌رود. به‌خاطر همین جلالت‌نمایی شاه، گروهی از مخالفین سلطنت شایعه‌پردازی کرده و می‌گفتند که شاه خود را تافته جدابافته‌ای از سایرین می‌پندارد و برایش طنز ابداع کرده و بر سر زبان‌ها می‌انداختند. در این رابطه، به یاد دارم در مدیریت پایگاه عملیات تابستانی دانشجویان رشته عمران ملی دانشگاه پهلوی شیراز در کاوسیه دانشجوی شوخی داشتم که طنزهایش از سختی کار روزانه در تابستان صحرا می‌کاست. معمولاً دانشجویان بعد از اجرای عملیات روزانه، وقتی به پایگاه برمی‌گشتند اواخر شب و قبل از خواب در اطراف آبگیر جمع می‌شدند و او با ذکر لطیفه، همه را خندان به چادرهای خود می‌فرستاد. ضمنا در لفافه نیز هرچه که دلش می‌خواست بیان می‌کرد. شبی این سؤال را مطرح کرد که: «شنیده‌ام مدفوع شاه شمش طلاست.» که به سؤال او که خنده‌آور هم نبود پاسخی داده نشد.

حب جاه بر چشم بسیاری از صاحبان قدرت پرده و در گوششان پنبه می‌نشاند که توان شناخت واقعیت‌ها را از آنان می‌گیرد که یکی از آن‌ها پذیرا شدن این نکته است که همه شاغلین در کشوری، حتی در بالاترین مقام خادم و یا به عبارت روشن‌تر مستخدم اربابی به نام ملت‌اند که موجودیت خود را مدیون آن‌اند. تأسف در آن است که مردم نیز این اصل را فراموش می‌کنند و تحت تأثیر زرق و برق رئیس دولت‌ها قرار گرفته آن‌ها را برتر از خود و گاهی ارباب خود می‌شمارند. بزرگترین زیان فاصله حکام با ملت، ایجاد سدی است که نمی‌گذارد آن‌ها مستقیما از روند زندگی و مسائل مردم آگاه شوند. در مورد شاه این فاصله محسوس بود. درحالی‌که چون مانند پدرش در قشر پایین اجتماع متولد نشده و رشد نکرده بود، ضرورتی حیاتی داشت که هر چه بیشتر با ملت بیامیزد تا به زندگی، مسائل و زیروبم فرهنگ آن‌ها آگاهی یابد و به همین خاطر بود که با شنیدن شعار «مرگ بر

شاه» در جریان انقلاب متعجب می‌شود. جالب آن‌که با این فاصله و جدایی می‌اندیشید که به تنهایی می‌تواند کشور را به دروازه تمدن برساند. متأسفانه تملق در پیکره فرهنگ ما نشست کرده، رندان در کسب منافع خویش با دادن القاب و تعاریف دروغین، به غرور زعیم دامن زده و با دادن القابی چون «خورشید آریایی» یا «آیت‌اللهی» او را از ملتش جدا می‌سازند و امر را چنان بر او مشتبه می‌سازند که اندک‌اندک باورش می‌شود که نه تنها درخور صفت پسوند نام خویش است بلکه از آن برتر است. نکته جالب در این فرهنگ آن است که همین افراد چاپلوس وقتی زعیمی از قدرت می‌افتد در ذکر شعارهای ضد او حداقل ساکت نمانده و رساتر با مخالفینش هم‌صدا می‌شوند.

ای بسا دست که از روی ریا می‌بوسند
که اگر پای دهد قطع کنند با شمشیر

در طول تاریخ خود به کرّات دیده‌ایم، همان جماعتی که با تملق فردی خاکی را از فرش به عرش می‌رسانند، بعد از سقوطش از قدرت، با اتهامات غیر واقعی، به‌خاطر جلب نظر قدرت نورسیده چنان او را بر زمین می‌کوبند که همسان خاک شده و موجودیتش به فراموشی سپرده می‌شود و آن‌وقت به فکر دادن القاب به قدرت روز می‌افتند. کما این‌که رهبر انقلاب ایران، آن روحانی منسوب به خانواده‌ای از خمین را در پس توفیق انقلاب عده‌ای تلاش می‌کردند به ثبوت رسانند که همان امام غایب از خاندان انبیاست که از چاه به‌درآمده و ظهور کرده است؛ منتهی آیت‌الله با آشنایی به امت خود که به مراتب از آشنایی شاه به ملتش عمیق‌تر بود، رنگ نشد و به همان عنوان امام که در ممالک عربی به روحانیون و در ایران نیز به امامان جمعه داده می‌شود، اکتفا کرد. در این رابطه به یاد داریم وقتی مصدق، که به زمانی پایگاه مردمی بی‌نظیر و شهرتی جهانی داشت، به رحمت ایزدی پیوست، در روستای تبعیدگاهش جسدش را مستخدم او شست و در همان محل

دورافتاده غربیانه به خاک سپرد. وقتی اطلاع یافتم که دختر او نیز به کمک سازمان خیریه سوییس در خانه سالمندان در انتظار پایان عمر خویش است از این‌همه فراموشی و بی‌مهری دل‌آزرده شدم و به ملت آفریقای جنوبی حسد بردم که هیچگاه «ماندلا»، رهبر خود را فراموش نکردند و در حمایت از او استوار ماندند. غرور برانگیخته شده در زعمای ممالک، اغلب موجب می‌شود که آن‌ها سمت خود را چنان شاخص و استثنایی بدانند که تصور کنند بسیاری تشنه آن‌اند که آن را از او بگیرند لذا شکاک می‌شوند و به همین خاطر نمی‌توانند مشاوری که به آن اعتماد کنند در کنار داشته و به توصیه آنان که مانع اشتباهات است، توجه کنند. در سندی که در سال ۲۰۱٤ میلادی از طبقه‌بندی سری وزارت خارجه آمریکا درآمد نشان می‌دهد که شاه نیز درگیر این صفت بوده است. در آن سند، دو سفیر آمریکا و انگلیس «جونز هولمز» و «جفری هریسون» در سال ۱۳٤۲ در ایران به خصلت شکاکی شاه اشاره کرده و معتقد بودند که حتی به نخست‌وزیر آن زمان خود، «امینی» نیز مشکوک بوده است؛ چه احتمال می‌دهد می‌خواهند او را که از بازماندگان خاندان قاجار است، به جای او به شاهی رسانند. البته این شک شاه تا حدودی قابل قبول است و احتمالا در آن زمان، اگر ریشه بستگی امینی با آمریکا را که در صفحات بعدی این نوشتار به آن اشاره خواهد شد می‌دانست، بیشتر نگران رقابت او می‌شد.

در همان گزارش به یک‌دندگی شاه نیز اشاره شده‌است که مصرانه به توسعه ارتش توجه دارد تا آن‌جا که می‌گوید اگر کمک به ارتش مورد تأیید آمریکا قرار نگیرد، از اعتبارات عمرانی سازمان برنامه کسر و به تقویت ارتش می‌پردازد. در آن موقع هزینه ارتش و اقدامات عمرانی ایران را آمریکا به‌صورت قرضه تأمین می‌کرد. همان قرضه‌ای که با خرید لوازم، به‌خصوص برای تجهیزات ارتش باز به آمریکا برمی‌گشت. پرزیدنت کندی، رئیس‌جمهور وقت آمریکا، برعکس شاه، مصرف قرضه را بیشتر برای توسعه اقتصادی ایران در مجاورت کشور رقیب، روسیه، طالب بود؛ منتهی چون نمی‌خواست شاه را که پیداکردن جانشینی برای او در آن زمان

مشکل می‌نمود برنجاند و او را به دامن روسیه اندازد سعی کرد نظراتش را برآورده سازد. ناگفته نماند که پاره‌ای از زعمای کشورها، بیش از آن‌که تقویت ارتش را برای حفاظت از مرزها و امنیت کشور خویش بخواهند، بیشتر تقویت آن را برای حفاظت از سلطه خود طالب‌اند.

حال که صحبت از پرزیدنت کندی پیش آمده، به‌نظر دیگر او که باز از حفظ ایران به‌خصوص با موقع جغرافیایی آن در همسایگی روسیه در جبهه غرب ریشه گرفته بود اشاره می‌کنیم و آن تأیید از بین‌بردن سیستم ارباب و رعیتی از طریق اصلاحات ارضی بود تا دهقانان با مالکیت زمین زراعی خود حافظ آن در برابر هر متجاوزی شوند و شورشی دهقانی پیش نیاید. که علی امینی نخست‌وزیر وقت سریعا به دنبال آن می‌رود و وزیر کشاورزی او، «ارسنجانی» قاطعانه آن را اجرا می‌کند. اما اجرای عجولانه آن، بدون برقراری سازمانی به جای مالک و پرکردن خلأ او به اقتصاد ایران در شاخه کشاورزی آسیب رساند.

ارباب و رعیت نظامی را برقرار کرده بود که در آن ارباب با تأمین زمین آب، کود و در صورت نیاز، وجه نقد در این شرکت حضور داشت و دهقان وظیفه کشت و داشت و برداشت محصول را عهده‌دار می‌شد و حاصل به تناسب فاکتورهای مشارکت، سه سهم مالک و یک سهم کشاورز و در پاره‌ای از نقاط کشور ٤ سهم مالک و یک سهم کشاورز توزیع می‌شد. نقش مالک در بازاریابی و فروش محصول نیز که کشاورز اصلا آشنایی با آن نداشت حائز کمال اهمیت بود. کشاورز بی‌اطلاع از خرید لوازم کشت چون بذر، کود، سموم ضد آفات و بالأخص بازاریابی در مرحله فروش محصول سردرگم می‌ماند و زیان می‌بیند، تا آن‌جا که تعدادی زمین تازه‌مالک‌شده خود را می‌فروشند، مزرعه و کلبه خود در کنار آن را ترک و به صورت حاشیه‌نشین شهرها درآمده و به جای تولید محصول عمله ساختمان و یا فروشنده بلیط بخت‌آزمایی شده و در انتظار دست کمکی از غیب می‌ماندند که اکثرا آن را در مساجدی که هر شب برای انجام نماز به آن‌جا می‌رفتند، جست‌وجو می‌کردند و درد آن‌ها موضوع مناسبی برای انتقاد از حکومت

توسط روحانیون می‌شد. البته بعد از اجرای اصلاحات ارزی سعی شد که خلأ مالک را به صورتی چون ایجاد شرکت‌های تعاونی در روستاها پر کنند. حتی بانکی برای آن تأسیس شد؛ منتهی اجرای طرح‌های خدماتی به کشاورزان به دلایلی چون بی‌توجهی مأموران نتیجه‌بخش نمی‌شد. ضمن آن‌که ارباب‌های اخراجی ملک ازدست داده و ذی‌نفوذ نیز که با روحانیون محل با دادن خمس و زکات بعد از برداشت هر محصول، آشنایی دیرینه و پیوند نمک‌شناسی برقرار کرده بودند در حاشیه ناراضی و منتظر انتقام نشسته بوده‌اند. کمک این مالکین به روحانیون، محل گرچه چشم‌گیر نبود اما با توجه به حقوق کمی که بعد از سلب اختیار از اوقاف و سپردن آن به دولت در زمان رضاشاه دریافت می‌کردند، درخور قدرشناسی می‌شد. پاره‌ای از سازمان‌های اوقاف با ثروتی قابل توجه به صورت بانک روحانیت درمی‌آمدند که از دست‌دادنش برای آن‌ها سخت بود برای مثال یکی از سازمان‌های اوقاف که رجل زیرک نایب‌السلطنه ملکه انگلیس در هند George Nathaniel Curzon متوجه آن شد و بر آن دست گذاشت آن‌قدر غنی بود که او به کمک ثروت آن توانست تعدادی از مسلمانان هند را به‌صورت خبرچین اتفاقات زیر پوسته کشور، اجیر کرده و حتی با کمک مالی به پاره‌ای از روحانیون کشورهای همسایه هند توسط نمایندگی‌های انگلیس در آن ممالک چون ایران، آن‌ها را که از ریشه آن کمک‌ها اطلاعی نداشتند، مدیون محبت ملکه انگلیس سازد. مصدق نیز در ابتدای نخست‌وزیری خود در اندیشه اصلاحات ارزی و پاک‌کردن لک نام ارباب بود، منتهی توجه داشت که باید آن را در فازهای متعدد مکمل هم و تدریجی پیاده و خلأ مدیریت مالک را با ایجاد مراکز محلی ارشاد وحمایت و بانک اعتبار دهنده پر کند تا در چند سال اولیه مالکیتش به او کمک شود و برای جامعیت‌بخشیدن به این اقدام، از شاه نیز می‌خواهد که رضایت دهد همراه با زمین‌های متعلق به مالکین و دولت معروف به خالص‌جات زمین‌های تحت تملک خاندان پهلوی را نیز به کشاورزان، شاغل در آن‌ها واگذار کند. که شاه موافقت نمی‌کند که این اولین اختلاف نظر بین این دو بود.

شایع است که شاه غیر از املاکش در شمال ایران با تقسیم بقیه آن مخالفتی نداشت. املاک سلطنتی در اصل املاکی ملی بود که آن‌ها را به‌رسم معمول هر سلسله نورسیده به محض نیل به قدرت، به نام خود به ثبت می‌رساند و حتی پاره‌ای از حکام نورسیده به خود این حق را نیز می‌دهند که فراتر رفته و نه تنها املاک ملی حاکم معزول بلکه مزارع، باغات، کارخانه، مسکن، تأسیسات با ارزش متعلق به افراد را نیز به بهانه‌های ساختگی تصاحب و در پوشش عوام فریبانه بنیادها به یغما برند.

توصیه کندی برای ثبات ایران پیشنهاد شد. منتهی برای شاه از دید ادامه و تداوم سلطنتش نیز حائز اهمیت بود؛ چه اگر به جای توجه تنها به بسط ارتش، از قرضه‌های خارجی و درآمد نفت به پی‌ریزی زیربنایی حساب‌شده برای توسعه اقتصادی و تأمین رفاه عامه استفاده می‌کرد، حمایت ملت را در خنثی‌کردن آشوب مخالفین حتی دول ذی‌نفع خارجی می‌توانست جلب کرده و در طول سلطنتش کمتر با نوسانات نامطلوبی چون اجبار در ترک کشور روبه‌رو شود. او به این واقعیت موقعی پی برد که دیگر دیر شده بود. او با کارت برنده همسایگی با روسیه، هم می‌توانست به‌طور متعادل به توسعه ارتش پردازد و هم پی‌درپی از آمریکا قرضه و حتی کمک بلاعوض برای توسعه کشور بگیرد و در صورت تجاوزی، کل ارتش آمریکا را به یاری طلبد. آمریکایی که برای مقابله با کمونیسم، در حفظ منافع خود تلفات و هزینه بسیاری را در جنگ ویتنام پذیرا شد، در زمان حال نیز گرچه با فروش سلاح سود سرشاری از ممالک وابسته به خود می‌برد، در تعدادی از آن‌ها چون ممالک عربی ساحل جنوبی خلیج فارس با حضور نظامی پاسدار است.

ملخص آن‌که شک سلاطین و به‌خاطر آن نداشتن مشاورین آگاه موجب می‌شود گاهی تصمیمات نامعقولی گیرند که مثال زنده در شکاکی شاه عباس صفوی است که شک کرد پسرش «صفی» قصد برکناری او را با هدف نیل به شاهی دارد، ابتدا او را از اصفهان به رشت تبعید می‌کند و سپس دستور می‌دهد که در آن‌جا او را به قتل رسانند که مسجد صفی رشت، به نام او و

محلی است که در آنجا به قتل رسید. اما چندی بعد درمی‌یابد که کار زشتی انجام داده است و این بار دستور خودخواهانه دیگری می‌دهد و آن این‌که از قاتل «صفی» می‌خواهد که یکی از پسران خود را برای راحتی وجدان شاه بکشد تا از این راه به خود تلقین کند که دستور قتل قاتلی را داده که پسرش را کشته است. جالب این‌جاست که این زعیم با این میزان خشونت گهگاه احساسی شاعرانه نیز از خود نشان می‌داد که دو بیت زیر نمونه آن است:

بی تخم نهال گل نروید
الا گل دوستی که خودروست
ای کاش که باز پس توان یافت
از عمر هر آنچه رفت بی دوست

در پایان این فصل تکرار این نکته لازم به نظر می‌رسد که خوب و یا بد سلطنت و شاهی در رأس آن در برپایی انقلاب تأثیری نداشت، چون طالبان اصلی سرنگونی آن روحانیون تنها به دنبال برقراری حکومت مذهبی هدف دیرینه خود بوده‌اند.

حرکت شاه به سوی استقلال سیاسی؛
شاه با گذشت زمان، کسب تجربه و درک بیشتر بازی‌های سیاسی، دریافته بود که محکم‌ترین تکیه‌گاه او، شانه‌های ملت اوست و بقای حکومت و تداوم آن در خاندانش نیز تنها به جلب حمایت مردم بستگی دارد و حال که در عمل اختیار کشور را به دست گرفته و بدون داشتن سازمان‌های مردمی و احزاب تنها اوست که سرنوشت‌ساز در حیات ملت خویش شده است، مصمم می‌شود که دریچه آزادی را اندکی باز تا سازمان‌های مردمی شکل گیرند و این بار سنگینی را که سیستم حکومت استبدادی بر دوشش نشانده به کمک آن‌ها حمل و به مرز مطلوبی رساند. اضافه بر آن، با گریز از بستگی به یک قطب، غرب و آمریکا، نگذارد که کشورش میدان مبارزات

شرق و غرب گردد تا در سایه این آرامش عقب‌ماندگی‌های قبلی جبران شده و روند توسعه آتی ادامه یابد؛ لذا دست به قماری سیاسی می‌زند و به دنبال استقلال سیاسی می‌رود تا با کسب استقلال که آرزوی هر ملتی است، ملت خود را خوشنود و حمایت آنان را به خاندان خود جلب سازد. حمایتی که در پس اتفاقات سال ۱۳۳۲ به خاطر براندازی حکومت قانونی و مورد حمایت مردم توسط آمریکا، به‌منظور برگرداندن او به سلطنت، کدورتی از او بر دل مردم نشانده بود و دینی بر خود او که رهایی از زیر این دین آسان نبود. غیر از برگرداندن او به سلطنت، با دادن اختیار کنترل منطقه در قالب طرح Twin pillar به سنگینی این دین نیز افزوده شده‌بود. خلاق این طرح استراتژیک، پرزیدنت وقت آمریکا، «ریچارد نیکسون» و مشاور امنیتی او، «هنری کیسینجر» بودند که برای پرکردن خلأ خروج اجباری نظامیان انگلیس از منطقه خاورمیانه که به خواست و فشار «ناصر» ناسیونالیست مصر، به سال ۱۹۶۰ روی داد، به‌منظور پیشگیری از تهاجم روسیه به همسایگان جنوبی خود، ایران، ترکیه و ممالک نفتی خلیج فارس، آن را طراحی کرده بودند. در آن زمان درگیری آمریکا در جنگ ویتنام، فرصت مناسبی برای روسیه فراهم آورده بود که به سوی جنوب تاخته و آمریکا را از منطقه خاورمیانه براند فرصتی که بالاخره به کمک حکومت اسلامی و چین به‌دست آورده است.

در این طرح با تجهیز نیروی نظامی ایران و عربستان سعودی با سلاح‌های پیشرفته این دو اهرم یا Pillar در همیاری با هم آن توان را به دست می‌آوردند که در برابر حمله احتمالی و غافلگیرانه شوروی تا رسیدن نیروی غرب ممانعت کنند. که البته در عمل این بار بیشتر بر دوش ایران قرار می‌گیرد. به همین خاطر، پرزیدنت نیکسون بعد از بستن پیمانی برای کنترل تولید سلاح با روسیه در مسکو که در آن زمان که «برژنف»، صدر آن کشور نرمش بیشتری به غرب از خود نشان می‌داد و در سر راه به چین به تهران می‌آید. یک روز قبل از او، کیسینجر به تهران رسیده بود و هر دو در ۳۱ ماه می سال ۱۹۷۲ میلادی مهمان صبحانه شاه در کاخ صاحب‌قرانیه

می‌شوند و هدیه حفظ امنیت حوزه خاورمیانه را به او می‌سپارند و به این ترتیب، ایران نقش ژاندارم منطقه را پیدا می‌کند و زمینه برآورده‌شدن امید او که تقویت ارتش بود و نتوانسته بود موافقت چند رئیس‌جمهور پیشین آمریکا را در این‌باره جلب کند، فراهم می‌شود.

در انجام این مأموریت، شاه با قبول عضویت در پیمان دفاعی «سنتو» در کنار ترکیه پاکستان، انگلیس و آمریکا در نواری حفاظتی به نام «سنتو» و یا سبز در مرز جنوبی روسیه کمونیست قرار می‌گیرد. که رنگ «سبز»، رنگ شاخص اسلام، به خاطر عضویت سه کشور مسلمان در پیمان مذکور بر آن نهاده شد. این پیمان در پیشگیری از تجاوز شوروی به خاک همسایه جنوبی بود. خاکی که تصرف آن از آرزوی‌های دیرینه و پابرجای روسیه از دوره حکومت تزارهاست که در حال حاضر نیز با آن‌که روسیه به تعدادی از جمهوری‌های خود استقلال داده و تنها در پاره‌ای از موارد اقتصادی چون فروش نفت در امور آن‌ها صاحب‌نظر است و به‌سوی سیستم سرمایه‌داری پیش می‌رود به نظر نمی‌رسد این خواست را فراموش کرده باشد. کما این‌که می‌دانیم در طول تاریخ هروقت فرصتی یافت گامی در این جهت برداشت که واقعه آذربایجان به رهبری «پیشه‌وری» نمونه‌ای از آن است. خوشبختانه در تهاجم روسیه به آذربایجان، درایت قوام‌السلطنه به اتکای قانونی که مصدق در زمان نمایندگی خود در مجلس گذرانده بود که در آن هر توافقی با ممالک دیگر بدون تصویب مجلس بی‌اعتبار به حساب می‌آمد مذاکره را به درازا کشاند و نگذاشت آن منطقه نیز از ایران جدا و به خاک روسیه اضافه شود و داستان ازدست‌دادن افغانستان و قفقاز تکرار گردد.

با توجه به این نکته که امروزه اگر ابرقدرتی بتواند منافع موردنظر خود را از راه‌های مسالمت‌آمیز و دوستانه به دست آورد، لزومی برای تسخیر کشوری به جبر نمی‌بیند سیاست جاری روز نشان می‌دهد که روسیه تا حدودی به آرزوی دیرینه رسیده و ایران را نیز به جمع یاران ونزوئلا و کوبای خود افزوده است؛ منتهی از آن‌جا که قدرت‌های چپ و یا راست، تنها به حفظ منافع خود ارجحیت می‌دهند، در مورد تقسیمات پهنه خزر بین

ممالک همسایه آن، ایران از حمایت و رفاقت روسیه سودی نبرد.

مأموریت دیگر شاه در حفظ امنیت منطقه خواباندن شورش چندساله گروه «ظفار» تحت حمایت روسیه بود که مشکل توسط ارتش ایران و با مشارکت اردن و گروه ضربت سپاه انگلیس با شکست شورشیان در «جبل خضر» عمان حل و سلطنت سلطان قابوس‌شاه عمان ادامه یافت.

در ادامه این مأموریت‌ها، ارتش ایران در پوشش و همگام با کردهای شمال عراق، به مقابله با ارتش عراق مأمور می‌شود. کردهای عراقی در پی کشتار کثیری از مردمشان با گاز سمی توسط صدام، عطش انتقام به دل داشتند که این حالت فرصت تضعیف او را که عملاً تکریتی، رئیس‌جمهور قانونی عراق را به کناری زده و خود اختیار آن کشور را بر عهده گرفته بود، فراهم ساخت. صدام با حمایت از مبارزان فلسطین، امنیت اسرائیل را به مخاطره انداخته و موجب نگرانی آمریکا شده بود. جنگ فرسایشی مشترک ارتش ایران و کردهای عراقی، صدام را خسته و طالب صلح می‌سازد که شاه با گرفتن تضمینی برای آسودگی شیعیان جنوب عراق، حل مشکل مرزی در اروندرود و تعهد همراهی در حل مسالمت‌آمیز مسئله فلسطین، با او صلح می‌کند. صلحی که بدون نظر و مشاوره با آمریکا صورت گرفت و بدیهی است که نمی‌توانست مورد پسند دولت آمریکا بوده و آن را نادیده گیرد. این صلح بود که آمریکا را مجبور ساخت رأسا عراق را اشغال و صدام را زندانی کرده و سپس به قتل رساند. سیاستی که ناامنی دامنه‌دار منطقه را به دنبال داشت و به ظهور تروریست‌های کوچک و بزرگ، نه تنها در خاورمیانه، بلکه در مناطقی دیگر کمک کرد و به این دلیل به نظر می‌رسد سیاست شاه در صلح با صدام به نفع منطقه و عاقلانه‌تر از حمله آمریکا به عراق بوده است. صلحی که معرف اولین گام شاه نیز در جهت استقلال سیاسی به شمار می‌رود و به نگرانی اسرائیل و متعاقبا جدایی آن از ایران انجامید. گرچه بعضی از ناظران سیاسی آشفتگی منطقه در پس حمله آمریکا به عراق را با توجه به تحولاتی که در ایران و پاره‌ای از ممالک منطقه به نام طلوع بهاران آزادی روی داد، تحمیلی و ناشی از اهدافی حساب‌شده

در رابطه با برنامه‌های سیاسی درازمدتی مانند نظام جدید جهانی[1]، می‌دانند. بهارانی که قتل، غارت، ویرانی و آوارگی را به همراه داشت، به جنگ‌های نیابتی در سوریه و یمن دامن زد که هنوز هم ادامه دارد. نویسنده‌ای به نام Rohan Alvandi درکتابی مستند تحت عنوان Nixon, Kissinger and the Shah به مواردی اشاره می‌کند که می‌تواند در رابطه با مطالب فوق، اطلاعات بیشتری را در اختیار علاقه‌مندان گذارد.

در این‌جا برای بسیاری این سؤال مطرح است که چرا آمریکا تا این حد نگران سرنوشت اسرائیل است. توجه آمریکا به جامعه یهودیان تنها به خاطر استقرارشان در خاورمیانه، این چشمه نفت یا ماده انرژی‌زا نیست. قوم یهود به دفعات در موجودیت آمریکا نقش داشته‌اند و کمک آن‌ها با قدردانی در خاطر رجال و ملت آن کشور نقش بسته است. آن‌ها از جمله اولین گروه‌های مهاجرینی بودند که در سال ۱۶۵۹ میلادی از برزیل به آمریکا وارد و اولین سکنه غیربومی آمریکا شدند. در پی جنگ جهانی اول گروه دوم مهاجرین یهودی، نزدیک به دو میلیون نفر از روسیه و اتریش، پای درآمریکا نهادند و متعاقبا بعد از رسیدن نازی‌ها به قدرت و در پی حمله شبانه طرفداران هیتلر به سال ۱۹۳۸ میلادی به اماکن و مغازه یهودیان آلمان که به خاطر شکستن شیشه پنجره و ویترین مغازه‌ها، عنوان شب شیشه یا Cristal night یافت، دسته‌ای دیگری از یهودیان تصمیم به فرار و حفظ جان خود می‌گیرند که ۹۰۰ نفر از آنان با اجاره کشتی سنت لوییز[2]، به مقصد کوبا، ایستگاه بین راه، جهت کسب اجازه اقامت از آمریکا به آن کشور می‌رسند که نه تنها کوبا اجازه نمی‌دهد آن‌ها به کشورش وارد شوند، به دستور پرزیدنت روزولت[3]، آمریکا نیز آن‌ها را نمی‌پذیرد. متعاقبا کانادا نیز از آمریکا پیروی می‌کند؛ لذا برای آن مهاجرین سرگردان در دریاها، چاره‌ای جز برگشت به اروپا باقی نمی‌ماند.

۱-world new order

۲-St louis

۳-Franklin D Roosevelt

که برمی‌گردند و در بلژیک، هلند، فرانسه و انگلیس پراکنده شده و در نهایت تعدادی جان سالم به در نبرده و در کوره آدم‌سوزی هیتلر می‌سوزند که این عدم پذیرش و تصمیم غیرانسانی باعث شرمساری آمریکا می‌شود که ضمن پوزش رسمی از یهودیان به سال ۲۰۱۲ میلادی، خود را موظف به حفاظت از این قوم می‌داند. بگذریم از آنکه بر عکس حکومت، در گروه‌هایی از عامه آمریکا و تحت تاثیر افکار نژاد پرستانه آثاری از یهود ستیزی مشاهده می‌شود. ابداع بمب اتمی توسط یکی از دانشمندان یهودی و کمک او به آمریکا در ساخت آن نیز که موجب شکست آلمان نازی شد، به این تعهد اخلاقی افزود؛ چه آلمان می‌رفت در پس تسلط بر ممالک اروپایی و به عبارت دیگر عبور از حیاط خلوت آمریکا، به خاک آمریکا نیز بتازد و آن را به زیر سلطه خود برد که در این صورت امکان داشت این کشور نوپا که هنوز در جغرافیای جهان جا نیافتاده بود، با اتباعی گونه‌گون، آن هم با فرهنگی متفاوت و در مواردی نامتجانس و بدون عرق ملی، موجودیتش به مخاطره افتد. صحت احتمال حمله آلمان نازی به آمریکا را حمله ژاپن، متفق آن کشور به ساحل «پرل‌هاربر» هاوایی به ثبوت می‌رساند.

ادامه دوستی شاه با آمریکا، حفظ دوستی ایران با اسرائیل را تجویز می‌کرد که دیدیم شاه در صلح با صدام رشته این پیوند را برید. پیوندی که می‌توانست در پی حل عادلانه مشکل فلسطین با محاسبه توان علمی و فنی آن کشور برای ایران مفید افتد. به‌ویژه آنکه قوم یهود از عصر کوروش صمیمیتی جاودانه با ایران یافته و ایران را وطن خود می‌شمارند. همین ارزش‌های اسرائیل است که ترکیه مسلمان حاضر نیست پیوندش را با آن قطع کند و کمبود آبش را تأمین می‌کند و کشورهای عرب به سوی دوستی با اسرائیل می‌روند.

از طرفی و از آن‌جا که هر دو کشور، ایران و اسرائیل، در محاصره ممالک اعرابی هستیم که با قریب به دو قرن تسلط جابرانه بر ایران، هنوز با آن‌که از نظر اعتقاد مذهبی با ما در یک سو قرار گرفته‌اند، به ایران و ایرانی یا به نام تحقیرآمیز خود عجم‌ها «ملت کر و لال» مهری ندارند، کما آنکه در

حال حاضر نیز آثار آن را با سماجت در تغییر نام تاریخی خلیج فارس به خلیج عربی و یا برخوردهای دیگر در منطقه با ایران ناظریم. که این اعمال و احساس برتری اعراب اصالت اعتقاد آنان را به اسلام که برابری و برادری را در تعالیم خود دارد به زیر سئوال می‌برد. اسرائیل با حدود نزدیک به چهارده‌ونیم میلیون نفر جمعیت در دنیا که نیمی از آن مقیم کشور آمریکا هستند، با آینده‌نگری در برابر تمام مشکلات، خود را حفظ کرده و نام کوروش زعیم ایرانی و ناجی موجودیت خود را ضمن آنکه در کتاب آسمانی خود دارند از یاد نبرده‌اند و هم اکنون بزرگترین پارک اسرائیل به نام کوروش است.

با مطالبی که در فوق از نظر گذشت، به تنها ماندن شاه به اتکاء حمایت ملتش آشنا شدیم که با این تنهایی در برابر مخالفین خود، احزاب چپ و مذهبیون با سازمانی متشکل قرار می‌گیرد. درحالی‌که خود او، پدرش و سایر سلاطین مستبد نگذاشتند که سازمان‌های ملی- سیاسی متشکلی را مردم ما تشکیل دهند. که در موارد حساس به کار آید و به بینشی دست یابند که با شناخت بازی‌های سیاسی، به خصوص در موارد سرنوشت‌ساز، راه درستی را انتخاب کنند. بدیهی است وقتی که در به روی همه امکانات در کسب آگاهی بر ملتی بسته شود، آن‌ها نخواهند توانست چنین بینشی را به دست آورند.

شاه اضافه بر تلاش برای استقلال سیاسی که شرح آن خواهد آمد، به منظور جلب هرچه بیشتر حمایت مردم، در زمینه‌های دیگری نیز کوشید. به اصلاحاتی در شاخه مدیریت کشور از طریق جابه‌جایی رجال همیشگی و قدیمی با تکنوکرات‌ها در سمت‌هایی چون وزارت و استانداری اقدام کرده و به مردم آزادی‌های بیشتری می‌دهد و خود، شتاب‌زده به دنبال مدرن‌کردن کشور و بسط تسهیلات رفاهی هرچه بیشتر برای ملت می‌رود؛ شتابی که در آن تنها کسب نتیجه‌ای فوری و محسوس مدنظرش بوده است و به این خاطر، فرصت شنیدن نظرات کارشناسی وقت‌گیر ولی مؤثر، مداوم و به دور از اشتباهات را نداشت. بدون کسب نظر کارشناسان و مشارکت مردم

تصمیم و تصمیمات خود را به اجرا می‌گذاشت و به‌خاطر رویه سازمان‌های امنیتی و انتظامی اگر هم عامه درباره برنامه‌ای نظری داشتند، از ابراز آن خودداری ولی در نهان با انتقادات خود حکومت او را تضعیف می‌کردند. انتقاداتی که با ابراز فضل به‌صورتی مطرح و مد روز شده بود که منتقد رژیم در انظار به درایت، دانایی، آگاهی و صاحب بینش شناخته می‌شد. آن‌ها هر اقدام و تلاش حکومت در مدرن‌کردن کشور را رشوه دولت به ملت تعبیر می‌کردند که به منظور نمایش رژیمی موفق و متکی بر حمایت مردم به دنیا پرداخته می‌شود، تا آن‌جا که در خنثی‌کردن این انتقادات و تعابیر حکومت به دنبال دادن اختیارات بیشتری به انجمن‌های محلی برای مشارکت در امور می‌رود و به فکر ایجاد زمینه‌هایی چون تشکیل احزاب افتاد تا همگان را به میدان بحث و انتقاد آزادانه و نه پوشیده و مزورانه کشاند، اما احزاب توفیقی به دست نیاوردند چون بارشی و دستوری بوده و از بطن جامعه پا نگرفته بودند. اعضای انجمن‌های محلی نیز که مردم فکر می‌کردند طبق معمول و کماکان از الک ساواک گذشته‌اند تا به عضویت انجمن‌ها درآیند، مورد اعتماد قرار نمی‌گرفتند. که این خط شاه و عدم مداخله مردم، آن‌ها را بدعادت کرده و به رخوت می‌کشاند و چون می‌دیدند سعی بر آن است که همه‌چیز برایشان فراهم آید، ترجیح می‌دادند که در حاشیه نشینند، گله کنند و بیش بخواهند و از بازده اقدامات، بدون تلاشی بهره برند. به طوری که در دهه آخر حکومت سلطنتی که کشور از آرامشی صوری با رشد اقتصادی و درصد بسیار کم بیکاری برخوردار بود و عامه کم‌وبیش به رفاهی نسبی رسیده بودند، این نحوه ارتباط دولت و مردم، بی‌تفاوتی را به مرحله‌ای رسانده بود که حتی مأموران سازندگی نیز از همراهی و همکاری مردم محروم و از این بابت دل‌آرزده شده بودند. از آن‌جا که توجیه آن فضای بی‌تفاوتی و حاشیه‌نشینی عامه به نثر، کتابی می‌شود، برای انتقال آن حالت به خواننده این نوشتار، از سروده شاعری که فکر می‌کنم «اقبال» است به شرح زیر کمک می‌گیرم:

سخت گفتیم، نرنجید کسی
سست گفتیم، نجنبید کسی
گریه کردیم کسی هیچ نگفت
ناله کردیم نپرسید کسی
رقص کردیم کسی ساز نزد
ساز کردیم نرقصید کسی

ملخص آن‌که خواست‌های مردم به آن‌جا رسید که بهانه‌ای برای انتقاد و گله باقی نمی‌ماند، جز تکیه به موارد بی‌اهمیتی که برای نمونه به یک مورد آن در زیر اشاره می‌کنم:

فردی در ساعت یازده شبی به منزلم تلفن می‌کند و از نبود ماست در بقالی محله خمیران زاهدان ابراز نارضایتی می‌کند و می‌گوید: «شما دولتی‌ها که یخچالتان پر از مواد غذایی و ماست است، چرا فکری به حال ما مردم نمی‌کنید؟» او فکر می‌کرد که این شماره تلفن مربوط به بازرسی در استانداری است. به آن شاکی گفتم که: «البته بقال می‌بایست ماست به اندازه کافی داشته باشد اما این امتیاز را هم را باید به او داد که تا این ساعت از شب باز است. در مورد یخچال مسئولان نیز چرا یک‌بار هم که شده صحت پیش‌داوری خود را امتحان نمی‌کنید؟ آدرس منزل یا محلی در حواشی آن را بفرمایید تا اتومبیلی برایتان بفرستیم و در همین وقت شب که دیگر فرصتی برای صحنه‌سازی نیست، سرزده به منزل یکی از این دولتی‌ها و اگر دوست دارید شاخص آن‌ها، استاندار بروید، در یخچالش را باز کنید و میزان صحت نظرتان را بسنجید.» شاکی گیلک با خنده‌ای طولانی پاسخ می‌دهد: «فکر می‌کنی من مشنگم؟ آدرسم را می‌خواهی که آجان به سراغ من بفرستی؟» از صحبت بریده‌بریده‌اش معلوم بود که مست است و احتمالاً ماست‌وخیار مزه‌اش ته کشیده که او را به بقالی محل کشانده است. نکته دیگر و مهم در این گفت‌وشنود آن بود که پرده ترس از سازمان‌های انتظامی و امنیتی چنان افکار جامعه را پوشانده بود که راه نزدیکی دولت و مردم را

در هر زمینه‌ای مسدود و شناخت حقایق را برای هر دو سو مشکل می‌نمود.

در کمک به شاه، وزیر اطلاعاتش «داریوش همایون» نیز در روزنامه آیندگان و در گفتارش، نوید گسترش هرچه بیشتر آزادی را می‌داد. او همان مسئولی بود که با حمله به آیت‌الله خمینی در روزنامه‌ها، موجب شناخت او به جامعه و معروفیت او شده بود.

دفعتاً رادیو، تلویزیون و سایر مسئولان به تبلیغ اقدامات شاه روی می‌آورند. کتب نوشته او چون «مأموریت برای وطنم» تکثیر و توزیع می‌شد که گزارشی از اقداماتش در جهت رفاه دهقانان، کارگران و سپاهیان بهداشت، دانش و سایر مطالبی در رابطه با انقلاب سفیدش بود که باید گفت ادعایی توخالی هم نبود.

در نشان‌دادن باز شدن دریچه آزادی در رادیو و تلویزیون دولتی، نمایشنامه‌هایی چون سریال «خورشید اندر چاه شد» که مبارزه مردم با سلطه حاکم ظالمی را نشان می‌داد پخش و ترانه‌هایی چون «آن دوره خان‌خانی تمام شد فهمت بره بالا» به گوش می‌رسید ولی این تلاش‌ها با تعابیر گونه‌گون مخالفانش نقش‌برآب شده و حتی با تفسیرهای منفی به بدبینی عامه نسبت به حکومت می‌افزود. با دادن همان اندک آزادی، ترس مردم نیز از مراجع امنیتی و انتظامی فروریخت و انتقادات پوشیده، علنی و گره گرفته راه گلوی مخالفانش، باز و بانگ «مرگ بر شاه» در کوچه و خیابان و بام خانه‌ها به گوش می‌رسید. نوار گفتار رهبر انقلاب به داخل خانه‌ها انداخته می‌شد. اما تلاش شاه در نیل به استقلال سیاسی، با آگاهی از میزان عاطفه آمریکا که می‌دانست از مباشران خود به هنگام بروز مشکلی حمایت نخواهد کرد و بلاشک با اطلاع از بیماری او در اندیشه یافتن جانشینی نیز برای اوست تا به تداوم منافعشان لطمه‌ای وارد نشود، ادامه داشت.

به طور کلی در مورد اقدام استقلال‌طلبانه شاه و نیز دادن آزادی‌هایی به مردم، نظرات و شایعات بسیار است. که یکی از آن‌ها تحت تأثیر قرارگرفتن شاه از افکار همسرخویش است. همه آن‌هایی که ازدواج کرده‌اند قبول دارند که زوج بر رفتار یکدیگر تأثیر می‌گذارند؛ تا آن‌جا که در ازدواج‌های

طولانی و در بسیاری از موارد، زوج‌ها در اندیشه و کردار شبیه و یا بسیار نزدیک به هم می‌شوند. گروهی نیز معتقدند که نزدیکی مرگ عواطف فرد را لطیف کرده و موجب می‌شود که اگر در گذشته اشتباه، خطا و یا خشونت بیهوده‌ای از خود نشان داده است، با اقداماتی مفید آن‌ها را جبران نماید که در مورد شاه، اضافه بر بیماریِ لاعلاجش، اعتقادات مذهبی نیز به لطافت احساس او می‌افزود و احتمالاً می‌خواست که در ترازوی سنجش الهی در روز رستاخیز، کفه اقدامات نیکش سنگین‌تر از اشتباهاتش شده و احتمالاً به امتیاز نظرکرده بودنش خدشه‌ای وارد نشود.

شاه در عرصه بین‌المللی به این امید که ایران را هم‌پایه ملل صاحب نظر در امور اقتصادی و سیاسی سازد، تا به جای تبعیت، خود راه خویش را برگزینند، به نمایشاتی دست زد؛ من‌جمله به شرکت‌های خارجی پاره‌ای از کشورها، چون ایتالیا و انگلیس که در مرز ورشکستگی قرار می‌گرفتند، از طرق مختلف، چون خرید تولیدات آن‌ها کمک می‌کرد. ما سهام شرکت‌های موفق سودآور را خریداری کرده و از سوی دیگر، به کشورهایی چون مصر، پاکستان، افغانستان و هند که با مشکل اقتصادی و کسر بودجه روبه‌رو می‌شدند، کمک مالی می‌کردیم که در قیاس با کمک اقتصادی سایرممالک غربی، این فرق را داشت که با شروطی چون لزوم خرید تولیدات صنعتی از کشور قرض‌دهنده همراه نبود و بیشتر به خاطر استحکام روابط سیاسی صورت می‌گرفت. تا آن‌جا که کلوپ گروه کشورهای کمک‌دهنده به توسعه کشورهای عقب‌مانده معروف به OECD، قسمتی از کمک‌های اقتصادی ایران را به صورت هدیه و قسمتی را به شکل وام شناخته و ایران را به عضویت خود پذیرفت. یکی از وظایف سازمان OECD یا سازمان همکاری‌های اقتصادی و توسعه، تعیین ریسک سرمایه‌گذاری در کشورهاست که ایران با یافتن عضویت در این سازمان در این ارزشیابی صاحب نظر شده بود که در آن از درجه یک تا هفت، ریسک سرمایه‌گذاری در هر کشور مشخص می‌شود. یک به معنی باثبات‌ترین کشور برای سرمایه‌گذاری است و هفت بی‌ثبات‌ترین.

وام‌هایی که ایران به کشورها می‌داد، از نظر نرخ بهره و بازپرداخت آن متفاوت بود. مثلا وجه پرداختی به اتیوپی، صددرصد هدیه و بلاعوض و در مورد هند ۴۹ درصد بلاعوض تلقی می‌شد و به این دلیل بهره برگشتی این کمک‌ها تنها ۲ بیلیون دلار در طول برنامه پنج ساله عمرانی برآورد می‌شد. در برنامه پنجم، رقم تصویب‌شده برای کمک‌های اقتصادی به کشورهای در حال توسعه، ۶.۹ درصد از کل درآمد ناخالص ملی ما را تشکیل می‌داد که به نظر تعدادی از برنامه‌ریزان نامتعادل و سخاوتمندانه تلقی می‌شد. برای نمونه بعد از پایان جنگ جهانی دوم، اعتبار طرح مارشال آمریکا برای ترمیم خرابی کشورهای جنگ‌زده معادل با هفت‌صدم تولید ناخالص ملی آن کشور بود. سازمان برنامه به خاطر آن‌که نفت پایه اصلی درآمد ملی ما بوده و هست، همیشه توصیه می‌کرد که پرداخت کمک‌های اقتصادی محتاطانه صورت گیرد؛ زیرا کافی بود که شرکت‌های بزرگ به‌هم‌بسته نفتی در صورت لزوم، با برخورداری از تسلط بر اکثر منابع نفتی دنیا و در دست داشتن شبکه عظیم و پراکنده توزیع نفت، میزان عرضه نفت به بازار جهانی را اضافه و یا کم کنند و با نوسان قیمت هر چلیک به درآمد ملی کشور نفتی مورد نظری لطمه زنند و ما نتوانیم به تعهدات خود از نظر تداوم در پرداخت وام عمل کنیم که در این صورت، ممالک وام گیرنده از ما را که به اتکای این وام ممکن بود خود، تعهدات تجاری با شرکت‌های کشور سومی را قبول کرده باشند، با مسئله روبه‌رو شده و به‌جای جلب دوستی دشمنی بیافرینند. برای مثال در تأمین بودجه برنامه پنج ساله پنجم، قیمت هر بشکه نفت، پایه تأمین اعتبارات عمرانی ما، ۱۰۲ دلار محاسبه شده بود که در پی یکی از مانورهای شرکت‌های نفتی، یک‌باره بعد از دو سال از آغاز برنامه به طور متوسط حدود ۱۵ درصد تنزل کرد که خوشبختانه حساب ذخیره‌ای که از قبل حفظ آن توسط همان سازمان پیش‌بینی شده بود، توانست موقتا کسری بودجه ما را تا افزایش مجدد قیمت نفت جبران کند و باز به توصیه همان سازمان برنامه، به خاطر حفظ ارزش پول ذخیره خود که تسهیلات زیربنایی کشور امکان جذب کامل آن را نمی‌داد به

سرمایه‌گذاری در برنامه‌های تحقیقاتی پاره‌ای از کشورها پرداختیم. این مشارکت استفاده دیگری را نیز به همراه داشت و آن این بود که می‌توانست به توان علمی و فنی ایران کمک کند؛ چون داوطلب‌شدن در سرمایه‌گذاری مورد نیاز برنامه تحقیقات فضایی فرانسه. در جهش اطلاعات و دانش فنی ما، شاه گرچه در سفر به هر کشوری با میتینگ و شعار ضد شاه فدراسیون دانشجویان تحریک‌شده ایرانی روبه‌رو می‌شد، همچنان اعزام دانشجو به خارج را تشویق کرده و مانند پدر که اولین گروه اعزام دانشجو به خارج را بنا نهاد، مشوق این نوع از برنامه‌ها بود؛ لذا اضافه بر کمک بنیاد پهلوی، به توصیه او اعتباراتی نیز از محل ذخیره برای توسعه تحصیل در خارج به هزینه‌ها افزوده شده بود.

مشارکت در سرمایه اولیه صندوق بین‌المللی پول IMF، اقدام دیگر شاه برای حضور بیشتر در سازمان‌های جهانی بود که ضمن کمک به اقتصاد جهانی در حفظ ارزش پول ما در برابر پول سایر کشورها نیز تأثیر داشت. در آن زمان ارزش پول کشور ما، به طور متوسط به هر هفت تومان معادل یک دلار آمریکا رسیده و در بانک‌های خارج، قابل تبدیل به هر پول دیگری شده بود. به این ترتیب و به طور کلی، شاه در جلب احترام جهانی، تا حدودی توفیق به دست آورد. او ظاهر و برخوردی باب روز داشت. با دو زبان آشنا و از جغرافیا و شرایط دیگر جهان بی‌اطلاع نبود که تا مثل آن شاه قاجار، به هنگام تشکیل کشور آمریکا در سمت دیگر کره خاک، از سفیری خارجی بپرسد که اگر چاه عمیقی در حیاط شمس‌العماره حفر کند، می‌تواند از آن با تونلی عمودی به ینگه دنیا رسد؟ در زمینه شناساندن ایران، به مرحله‌ای رسیده بودیم که ایرانی می‌توانست بدون ویزا به بسیاری از ممالک سفر کند. لرزش لب توریست‌های ایرانی برای تبدیل قیمت اجناس مورد نظرشان به ریال در برابر ویترین بوتیک‌ها در پاریس، لندن و نیویورک همه‌جا چون زمزمه ورد و دعا به چشم می‌خورد.

ناگفته نماند که پاره‌ای از اقدامات فوق چون کمک اقتصادی به ممالک نیازمند کم‌بینی زیان‌آور پاره‌ای از ممالک را نسبت به ایران تحریک می‌کرد.

شاید ایجاب می‌کرد از تدبیری مشابه تیتو، Josip B Tito پرزیدنت یوگسلاوی که در پس جنگ جهانی دوم از خود نشان داد، الهام و عمل می‌کردیم. او در اوج جنگ سرد بین شرق و غرب در راه توسعه کشورش می‌کوشید که توانست با سیاستی توأم با تعامل و متانت بدون گرایش قاطعی به یکی از دو قطب مذکور، استقلال کشورش را حفظ کرده و حتی به توسعه آن نیز بپردازد و هم‌زمان با مسائل داخلی خود که خصومت گروه‌های مذهبی، عقیدتی و نژادی چون سرب‌ها، کروآت‌ها و مسلمانان، آن را به مرحله انفجار می‌کشاند، توجه و آرامشی نسبی توأم با همبستگی را پیاده و تقویت نماید که عمق مسائل داخلی آن کشور را در پس فوت او شاهد بوده و دیدیم که چگونه این گروه‌های مسخ‌شده در تعصبی کور، به جان هم افتادند و صحنه‌هایی از نسل‌کشی را با برخوردهای خشن خود در قلب اروپا عرضه نمودند.

شاخص‌های دیگر در شناخت حرکت شاه به سوی استقلال سیاسی را می‌توان به شرح زیر خلاصه کرد؛ حرکاتی که هر یک از آن‌ها بیشتر به تمایل آمریکا به عزل شاه می‌افزود:

اعزام شاهدخت اشرف، خواهر خود به روسیه که در آن‌جا با استقبال قابل توجهی پذیرا و با هدایای ارزنده‌ای بدرقه می‌شود. گرچه در این سفر به ظاهر پیامی ردوبدل نشد، نشانی از آغاز دوستی با رقیب سیاسی آمریکا و گشایش روابط اقتصادی با آن کشور بود و نیز نمایشی از عدم وابستگی ایران به شرق و یا غرب بدون ذکر شعاری.

دعوت غیررسمی و پوشیده از برژنف، صدر دولت شوروی برای شکار به ایران و بسط مدام حجم تجارت خارجی با آن بلوک که گرچه آمریکا را می‌رنجاند اما موجب شده بود که عوامل روسیه در ایران کمتر صحنه‌های آشوب برپا کنند. تعدیل مداخلات روسیه از یکسو و بسط شبکه عنکبوتی سازمان امنیت ایران که توسط سرهنگی آمریکایی با دقت

و البته با دردست‌داشتن مهار آن در پس سقوط دولت قانونی مصدق با هدف حفظ شاه شکل گرفت ثبات و آرامشی صوری را در ایران به وجود می‌آورد. که اگر شاه به جای آن‌که شیفته نظرات خود باشد، اجازه می‌داد مطلعین، نظرات کارشناسی و کارساز خود را ارائه دهند، سازندگی کشور تا آن‌جا پیش می‌رفت که لااقل به مرز دولی چون ژاپن و کره جنوبی نزدیک شویم. البته پاره‌ای از موارد چون توسعه فیزیکی کشور را توسط شاه، به ویژه در دهه آخر سلطنتش نمی‌توان نادیده گرفت. همان‌طور که نمی‌توان بر زحمات آن دسته از کارشناسانی نیز که بی‌توجه به سیاست به مسئولیت خود پایبند بوده و به وظیفه خود عمل می‌کردند، خط بطلان کشید. همان کارشناسانی که در حال حاضر نیز خود و یا فرزندان آن‌ها بی‌توجه به آن‌که رأس حکومت چه کلاهی به سر دارد، تاج است و یا دستار، در سرما و گرما و در گوشه و کنار کشور مشغول به کارند و با برخورد به مشکلات و گذشت از پیچ‌وخم معیوب و ناسالم اداری، تغییرات قابل توجهی را در ایران به وجود آورده و می‌آورند و حداقل نام آن را در نقشه جهانی تا به حال حفظ کرده‌اند.

هم‌زمان با ادامه سلطنت در زیر پوسته آرامش، مخالفین شاه و در رأس آن‌ها، مدعیان قرون تصاحب اریکه‌اش، روحانیون، که ساواک به خاطر بودن سدی در برابر توسعه کمونیسم آن‌ها را آزاد گذاشته بود، به فعالیت خود ادامه می‌دادند. سیاستی که به زبان خود غرب که آزادی به روحانیت را برای توقف نفوذ کمونیسم توصیه کرده بود، تمام می‌شود و حکومت انقلابی در پی توفیق انقلاب، با سیاست مغرورانه آمریکا که از مذاکرات «برجام» کناره گیری می‌کند در بلوک روسیه و چین قرار می‌گیرد.

همان‌طور که به آن اشاره شد، مهم‌ترین اقدام شاه به دنبال استقلال سیاسی، صلح با عراق بود که جنگ آن را به خواست آمریکا آغاز کرد؛ منتهی بدون نظر و کسب موافقت آن کشور به پایان رساند آن‌هم به زمانی که آرایش نظامی مجهزی به فرماندهی تیمسار آریانا به توصیه آمریکا در جنوب غربی ایران فراهم آمده بود تا به کمک شیعیان عراقی به عراق بتازد

و با سپاه در جنگ شمال ایران و کردهای عراق، قشون عراق را در میان گرفته و معدوم سازند. این لشکر منتظر فرمان حمله شاه بود که پیام صلح می‌گیرد و نیز اشاره به این نکته که نقش اساسی ارتش‌های ملی، پیشگیری از تجاوز کشورهای قوی به منافع کشورهای ضعیف است که این گفته او آمریکا را به فکر انداخت که نه تنها دیگر نمی‌توان روی ارتش ایران که به تقویتش برای مانورهای سیاسی خود در خاورمیانه می‌کوشید، حساب کرد بلکه بر پایه جمله شاه، ممکن است آن ارتش در سیاست نیز مداخله نماید. ارتشی که پاره‌ای از اقدامات جنبی شاه، اضافه بر کمک آمریکا و به شرح زیر، به توان آن افزود چون:

نهایی‌کردن مالکیت جزایر تنب و ابوموسی که همچون درب ورود به خلیج فارس است و می‌تواند در صورت لزوم بسته شود.

تأسیس مرکز تحقیق و تولید صنایع الکترونیکی در مرکز ایران، شیراز، که می‌توانست به استفاده و هدایت سلاح‌های مدرن کمک کند.

تأسیس مرکز مطالعات اتمی در دانشگاه تهران و در پی آن تأسیس مرکز تولید برق اتمی بوشهر، به بهانه روشن نشان‌دادن ساحل ایران که در اصل با هدف بهره‌بری اتمی در شاخه نظامی طالب آن شده بود.

به نظر می‌رسد شاه از سال ۱۳٤۲ که کرسی انرژی اتمی را در دانشگاه افتتاح کرد و متعاقبا مرکز بررسی‌های اتمی با هدف استفاده اتم در خدمات درمانی به راه افتاد تا سال ۱۳۷٤ پله‌پله در پی نیل به بهره‌بری نظامی از انرژی اتمی رفته بود. انستیتوی فنی آریامهر، شریف فعلی، نیز از آن جهت شکل گرفت تا اگر در مراحل استفاده از انرژی مذکور و توسعه آن، نگذارند از خدمات کارشناسان خارجی استفاده بریم، از خود کارشناسان مطلعی داشته باشیم که می‌بینیم به نتیجه رسیده و خوشبختانه آموزش آن مؤسسه با همان استاندارد بالا و توسعه صنایع نظامی ما ادامه دارد. بدیهی است که هرچه با رشد جمعیت به کمبودهای حیاتی اضافه می‌شود تهاجم به حریم

ممالک یکدیگر نیز به هر بهانه‌ای بیشتر خواهد شد؛ لذا حفظ محدوده هر کشوری، حیاتی بوده و برای حفاظت از آن، همگام با رشد اقتصادی، دارا بودن نیروی نظامی قوی ضرورت پیدا می‌کند. فاکتور اقتصادی و رفاه ناشی از آن، ملات همبستگی در حفظ موجودیت خاک و قوم را تقویت کرده و فاکتور نظامی پیشرفته با داشتن سلاح مدرن، سد راه تجاوزات شده و به استقلال ملی که نیاز به قدرت چپ و یا راست را پذیرا نیست واقعیت می‌بخشد؛ لذا به تمایل مسئولان هر کشور مستقلی برای داشتن اقتصادی شکوفا و نیروی نظامی قوی، ایرادی وارد نیست. به نگرانی آمریکا از مداخله ارتش در امور سیاسی، موارد زیر نیز اضافه می‌شد:

تغییر خط تجارت خارجی شاه در تلاش برای رهایی تدریجی بازار ایران از انحصار اجناس چند کشور غربی که به این منظور در ابتدا و با احتیاط قراردادهای تجاری با بلوک شرق با حجم ۳۰ میلیون دلار بسته شد و اندک‌اندک توسعه می‌یافت؛ به گونه‌ای که رقم آن بعد از یک سال، به ۱۵۳ میلیون دلار رسید.

شاه درباره قیمت نفت معترض بود و می‌گفت: «عادلانه نیست که نفت ما را به قیمت پنجاه سال قبل بخرند و در مقابل تولیدات خود را به قیمت روز به ما بفروشند.» در رابطه با این اعتراض، روزنامه‌نگاری خارجی از او می پرسد که: «با این آگاهی، چرا نه تنها در زمان انعقاد قرارداد مانع آن نشدید، حتی با نخست‌وزیر خود که مخالف چنین معامله غیرعادلانه‌ای بود، به مخالفت برخاستید.» با پاسخی کوتاه عنوان می‌کند که فقر و گرسنگی عمومی آن زمان، موجب قبول آن قرارداد شد.

گرچه شاه صرفا برای نداشتن پاسخ قانع‌کننده‌ای به پرسش سنگین خبرنگار، به این دلیل متوصل شد، اما در آن زمان به دلایلی چون تمرکز بر مبارزه ملی‌کردن صنعت نفت و نداشتن فرصت کافی برای رسیدن به سایر امور در توسعه اقتصادی و بسته‌بودن بنادر جنوب توسط نیروی دریایی انگلیس که فروش نفت را غیرممکن می‌ساخت، فقر عمومی واقعیتی غیر

قابل انکار شده بود و اقداماتی چون توزیع اوراق قرضه ملی نمی‌توانست رفاهی به وجود آورد، اما مردم با پایبندی به مبارزه حق‌طلبانه خود، درد آن را تحمل می‌کردند.

شاه در پی‌ریزی سازمان اوپک که با پیشنهاد وزیر نفت وقت ونزوئلا به منظور تثبیت قیمت نفت و ارزش آن شکل گرفت، نقشی کلیدی و مؤثر داشت. او به عدم رعایت مفاد قرارداد سال ٥٤ توسط کنسرسیوم با ایران ایراد گرفته و می‌گوید که در پایان پنج سال که دوره قرارداد به آخر می‌رسد، دیگر قراردادی با آن‌ها منعقد نخواهد شد. قابل توجه آن‌که سال مورد اشاره او برای لغو قرارداد کنسرسیوم، همان سالی است که با انقلاب روبه‌رو می‌شود.

شاه از تشکیل Joint commission، کمسیونی با شرکت نمایندگان خریدار و فروشنده اجناس وارداتی و صادراتی که قیمت آن‌ها را عادلانه برآورد کنند و به توافق رسند حمایت می‌کرد که اگر توسط اعضای کارتل اوپک به کار گرفته می‌شد، گام مؤثری در تکمیل آن سازمان و در راه توسعه اقتصاد کشورهای عضو به حساب می‌آمد. بر پایه این طرح پیشنهادی سازمان برنامه به‌ویژه از فروش نفت در پایان دوره قراردادهای فعلی درآمد بیشتری نصیب ایران می‌شد.

برقراری جشن هنر شیراز با هدف جلب احترام ملل دیگر نسبت به ایران و تشدید احساسات میهنی ملت که برنامه ناآشنای آن مورد توجه عامه قرار نگرفت اما کشورهای همسایه را به دلیل تظاهر به قدرت‌نمایی می‌رنجاند و یادآور خاطراتی تلخ چون آتش‌زدن قسمتی از شهر آتن توسط سپاه هخامنشی که مشابه آن‌ها با همان لباس و تسلیحات در جشن رژه می‌رفتند می‌شد. به‌طور کلی با آن‌که آن جشن میهن‌پرستانه برپا شد ولی بازده چشم‌گیری نداشت.

یکی دیگر از تصمیمات رنجش‌آفرین شاه که در حاشیه آن قرار داشتم، راجع به انتخاب کشوری برای همکاری در تأسیس و ادامه کار دانشگاه گیلان بود. با آن‌که ما تجربه خوبی در همکاری دانشگاه شیراز با دانشگاهی در آمریکا داشتیم، شاه در بین پیشنهادات همکاری با پیشنهاد همکاری دانشگاه گیلان با آلمان موافقت کرد. مشابه این تمایل را در انتخاب مجری پروژه نیروگاه اتمی بوشهر نیز از خود نشان داد و زیر بار فشار آمریکا و دلالان حمایت‌شده‌ای که در بین آن‌ها تعدادی رجل سیاسی آمریکا هم حضور داشته و مشتاق گرفتن کنترات احداث نیروگاه مذکور بودند، نرفت و قرارداد با شرکتی آلمانی به نام «کرافت روک اونیون» به امضا رسید.

اصولاً ایرانی‌ها نسبت به آلمان‌ها محبت خاصی داشته و دارند. تصویری از ابراز احساسات و هیجان همسایه‌ها را به هنگام شنیدن موفقیت قشون آلمان در برابر متفقین در جنگ جهانی دوم از کودکی به خاطرم مانده است. آن زمان کمتر خانه‌ای رادیو داشت؛ لذا همسایه‌ها در خانه ما جمع می‌شدند و به اخبار گوش می‌دادند که البته آن روز، روز خوشی نیز برایم بود. چون آن‌ها گاهی با فرزندان هم‌سن و سالم می‌آمدند و من همبازی پیدا می‌کردم. یکی از دلایل توجه ایرانی‌ها به آلمان‌ها این بود که ایرانی‌ها به قراردادها، عهد و پیمان آلمان‌ها، بیش از هر کشور دیگری، به‌ویژه انگلیس و روسیه می‌توانستند اعتماد کنند.

«بز بازی» با بچه‌های همسایه‌ها در آن روزها بعد از گذشت سال‌ها هنوز به خاطرم مانده است. درآن بازی دو دسته می‌شدیم. دسته‌ای دسته دیگر را دنبال می‌کرد و به هر یک از آن‌ها یا بزها که دست می‌رساندند، او می‌بایست به نشان مردن به زمین بیافتد و بعد از کشتن همه افراد یک گروه، گروها نقش خود را عوض می‌کردند. ما عنوان این بازی آشنا را از خبر گوینده اخبار رادیو آلمان که با حرارت می‌گفت که در فلان جبهه قشون متفقین چون بز از برابر لشکر آلمان فرار می‌کنند و در پی آن صدای تحسین شنوندگان خبر اتاق را به لرزه می‌انداخت، به بز بازی تغییر داده بودیم و آوای هیجان زده اتاق رادیو را به حساب خود تعبیر می‌کردیم. به‌ویژه

گیلانی‌ها نسب به سایر نقاط ایران، به آلمان‌ها علاقه بیشتری نشان می‌دهند. شاید نقش آلمان‌ها در قیام جنگل گیلان و همیاری رضاشاه با آن‌ها در جنگ جهانی دوم، به ایجاد این احساس کمک کرده است. کوچک‌خان، سردار جنگل، مشاور آلمانی خود را ایرانی می‌دید و به همین دلیل به او نام ایرانی هوشنگ داده بود. همان مشاور صادقی که تا آخرین لحظات مبارزه در کنار رهبر جنگل پایدار باقی ماند و تنها کسی بود که همپای او در غاری یخ زد و از سرما جان باخت.

در پایان قسمت استقلال‌طلبی شاه که یکی از دلایل تزلزل سلطنت او شد، ناگفته نماند که چراغ سبز رهبر انقلاب و نوید او که با سقوط تاج، دستار نیز با نظری مساعد به غرب خواهد نگریست، آخرین پایه اریکه سلطنت را می‌شکند.

به‌طور کلی شواهد نشان می‌دهد شاه که خطوط سیاست خارجی کشور را هم خود ترسیم می‌کرد، بعد از مدت کوتاهی از رسیدن به سلطنت، تلاش بر آن داشت ایران را از صحنه برخورد غرب و شرق بیرون کشد. احتمالا افکار پدرش که بعد از دستیابی به سلطنت در زمان کوتاهی، قریب به نه ماه، همه خارجیان، از قزاق‌های روسی گرفته تا ژنرال‌های انگلیسی محافظ خاندان قاجار را از ایران بیرون کرد، الهام‌بخش او نیز شده بود و یا برآورد می‌کرد با داشتن حمایت آمریکا و جلب محبت و رفع نگرانی قطب مخالف آن بلوک شرق می‌تواند آرامشی در کشور ایجاد و از آن راه، به تداوم سلطنت خود نیز کمک کند. در جهت همین نمایش بی‌طرفی و استقلال سیاسی بود که در سال ۱۹۶۲ میلادی، در کنفرانس بین‌المللی «USSR of the day» در مسکو که روس‌ها برای تبلیغ ترقیات خود در سایه تز کمونیسم برپا کرده بودند، عنوان می‌کند که مسائل مربوط به حوزه خلیج فارس را باید ملل حاشیه آن حل کنند که مفهوم آن این بود که حل این مشکلات احتیاج به مداخله آمریکا که خود را قیم پاره‌ای از کشورهای عربی منطقه می‌شمرد ندارد که البته به‌طور غیرمستقیم، اشاره‌ای نیز به بی‌نیازی از مداخله شوروی در امور کشورها را نیز می‌رساند.

– کردار و رفتار خاندان سلطنت؛

آفریدگار آن توان را به انسان‌ها داده است که در سایه کوشش خود بتوانند با سلامت نفس و پرهیز از تجاوز به حریم و حقوق دیگران و یا رساندن آسیب به فرد یا ساخته‌ای زمینه رفاه خود را مهیا و حیاتی توأم به شادی داشته باشند. خاندان سلطنت نیز گروهی از سکنه کشور بوده و مثل سایرین حق کار و تلاش داشته‌اند اما اشکال در آن بود که پاره‌ای از آنان خود را مافوق قوانین دانسته و در هر اقدامی حتی اگر به طرح مفیدی لطمه می‌زد و یا تجاوز به حقی بود احساس مسئولیت نکرده و ابایی نداشتند. عادتی که در طول تاریخ شاهد آن در اغلب زعمای قوم خود بوده و گاهی در سایر ممالک دنیا و حتی توسط رهبرانی با داعیه مردم دوستی به چشم می‌خورد.

به‌طور کلی هر کج‌رفتاری چون بهره‌برداری خاندان سلطنت و یا اخذ رشوه به‌خصوص در مقامات، مخرب‌ترین آسیب را به جامعه وارد می‌کند؛ چه به سرعت به تمام سطوح زیرین آن سرایت کرده و در نهایت کل جامعه را به آلودگی کشیده، صمیمیت و بستگی را از بافت جامعه می‌زداید «ماهی از سر گنده گردد نی ز دم.» و عادتی بنیادین بر جای می‌نهد که متأسفانه با راه‌حل‌هایی چون جنبش انقلابی، تکیه به شعار و یا حماسه‌آفرینی از بین نمی‌رود. در این رابطه، خبری در یکی از جراید کشور آمده است که یکی از رجال انقلابی که به خاطر مبارزات سیاسی، زمانی را در غربت سپری کرده و بعد از پیروزی انقلاب به ایران برمی‌گردد، در جبران کمبودهای ایام اقامت در تبعید، به جمع‌آوری ثروت از هر طریقی روی می‌آورد و برای راحتی وجدان انقلابی در پاسخ به شایعات رشوه‌خواری خود و یارانش توضیح می‌دهد که به مال دنیا، به خاطر اعتقادات مذهبی، نیاز و توجهی نداشته و ندارد. ثروت را هم برای راحت و لذت خویش نمی‌خواهد، بلکه زحمت حفظ و رنج افزایش آن را از آن جهت به دوش می‌کشد که اگر روزی مخالفین بخواهند به انقلاب مردمی ما لطمه زنند و دوباره محرومان و مستضعفین آزادشده را به زیر سلطه جور و ظلم برند، چون ذخیره‌ای، در

حفظ انقلاب به کار آید. او با این توجیه نشان می‌دهد که رویه نادرست او نیز گامی انقلابی است.

ثروت‌اندوزی زعمای قوم از دید مردم پنهان نمی‌ماند و با آن‌که در سکوت ناظر بر این درآمدهای بادآورده‌اند، اما هم‌زمان هدف پاکسازی جامعه خود را در سر دارند که به دنبال این هدف، گاهی به جنبش‌های همگانی مردمی روی می‌آورند و یا به اقداماتی پوشیده و مأیوسانه، چون حرکت محافظه‌کارانه گروهی به نام «ملامتیان» که در تاریخ ما نشانی دارد، که به آن اشاره شد.

به‌طور کلی، کمتر صاحب اختیاری توان آن را دارد که تحت تأثیر جاذبه ثروت قرار نگیرد و صادقانه وظایف خود را انجام دهد؛ به‌خصوص اگر عمری را در گذشته و در فقر گذرانده باشد. به همین دلیل شاهد آن بودیم که پاره‌ای از رهبران انقلابی که هدفشان در برپایی انقلاب، اصلاح نادرستی‌های جامعه بود، بعد از رسیدن به قدرت خود به همان راهی می‌روند که مدعی بودند برای اصلاحش قیام کرده‌اند و گاهی در این راه از حکام ناصالح پیشین، پیشی می‌گیرند. در بین رجال ممالک بی‌ثبات تمایل به کسب ثروت شدیدتر است؛ چه سران به ادامه قدرت خود اطمینانی ندارند و می‌خواهند از فرصت به‌دست‌آمده حداکثر استفاده را برند. ضمنا آینده‌نگری صاحبان قدرتی که از حمایت مردم خود برخوردار نبوده و مقام خود را متزلل می‌بینند، حکم می‌کند که کشوری را زیر سر گذارند تا در صورت عزل به آن پناه برده با استفاده از ثروت بادآورده خود، عمر مانده را در آسایش و آرامش به پایان رسانند. بدیهی است که کشورهای پناهگاه حداکثر بهره از منابع ملی ممالک چنین رجالی را در دوره تسلط آنان خواهند برد و به خاطر آن است که دروازه کشورشان را به روی این پناهندگان باز نگه می‌دارند و همین احساس بی‌ثباتی رجال است که موجب می‌شود شعارهایی چون «نه شرقی و نه غربی» در اغلب موارد تنها به صورت جمله‌ای فریبنده درآید و در عمل به وابستگی به یکی از قطب‌های قدرت ختم نشود. دیده می‌شود که حتی رهبرانی که خود بانی جنبش‌های

انقلابی بوده‌اند، گاهی تحت تأثیر برق ثروت و شکوه قدرت، سلامت نفس و اهداف انقلابی خود را از یاد می‌برند چون ایدی امین، انقلابی یوگاندا، که بعد از رسیدن به قدرت و قتل عام نزدیک به نیم میلیون نفر از مخالفین خود، عزل شده و به کشور پناهگاه، عربستان می‌رود. خوزه آلنکار[1]، کارگری که به خاطر عدم توانایی مالی برای خرید دارو، همسر بیمارش را از دست می‌دهد و با انقلابی، حکومت ناصالح برزیل را سرنگون کرده و خود حاکم آن می‌شود، در ابتدا محبت مردم کشورش را چنان به خود جلب کرده بود که به خاطر نزدیکی به او، به جای پرزیدنت، او را به همان لقبی که همکاران کارگرش به او داده بودند، «lula» می‌نامیدند؛ منتهی بعد از رسیدن به مقام به خاطر نادرستی، محبوبیت خود را از دست می‌دهد. جانشین او نیز، Delma Rouself، با کمک به دوستش در گرفتن کنترات‌های قابل توجه دولتی، به کسب ثروت دست می‌زند که به آن دلیل، قبل از پایان دوره پزریدنتی خود، با رأی مجلس معزول می‌شود. او هم همان دختری بود که به خاطر مبارزه با حکومت وابسته و آلوده، در جوانی مدتی را در زندان گذرانده و دستیار lula شده بود. و یا دیدیم که انقلابی دیگر Lech Vales، کارگر اسکله‌ای در لهستان که کشور خود را از زیر یوغ روسیه و تز کمونیسم آزاد کرده و به پرزیدنتی کشورش برگزیده می‌شود و برای مجاهدت و قبول خطر در این راه جایزه صلح نوبل را نیز دریافت کرد، باز به خاطر نادرستی و عیاشی، محبوبیت خود را از دست داده و در انتخابات بعدی مردم به او رأی نمی‌دهند. تنها حسن دو کشور مورد مثال ما، یکی در قاره آمریکا و دیگری در اروپا این بود که از دموکراسی نیم‌بندی برخوردار بودند و به آن خاطر، ملت آن‌ها می‌توانستند با رأی خود آن‌ها را عزل کرده و جلوی زیان بیشتری را بگیرند. دیدیم که این دو نفر و یا خانم Aung Son Sun Kyi درکشور میانمار یا برمه، نتوانستند در برابر جاذبیت مال و جاه مقاومت کرده و به بسط عدالت اجتماعی که به اتکاء طرفداری از آن به شهرت رسیده بودند، مقاومت کنند. خانم Sun Kyi که او هم چون

۱-Jose Alencar

«ماندلا»، مبارز آفریقای جنوبی، چند سالی حبس خانگی را با نوشتن چند جلد کتاب درباره حقوق انسانی گذراند و مهم‌ترین جوایز در زمینه انسان دوستی و حتی جایزه صلح نوبل را نیز به دست آورد، با گرفتن سمتی در حکومت نظامی میانمار، اصول اخلاقی و معتقدات خود را از یاد می‌برد، جنایات تصفیه قومی همکاران خود را می‌بیند و سکوت می‌کند که در آن برای تصفیه نژادی با هدف ایجاد یکنواختی مذهبی در کشور میانمار، چندین ده در آتش می‌سوزد، تجاوز به زنان، کشتار و تهاجم به مرحله‌ای از خشونت می‌رسد که بیش از نیم‌میلیون، Rohingy، مسلمانان سنی برمه از ترس جان پیاده از کوه و جنگل گذشته و به کشور همسایه، «بنگلادش» که خود در فقر اقتصادی شدیدی است، پناهنده می‌شوند. توجه رجال ثروت‌اندوز و خودبین، موجب بی‌مهری ملی آنان شده و نسبت به آن‌چه که بر ملک و ملت می‌گذرد، بی‌تفاوت می‌شوند. عیب دیگر آن‌که قسمتی از اوقات، چنین رجالی به جای اداره امور یک کشور که وظیفه سنگین و حجیمی است با فعالیت‌های شخصی در کسب مال به هدر می‌رود که آن نیز باعث عقب‌افتادگی ملتی می‌گردد. ضمن آن‌که می‌دانند ثروت به‌دست‌آمده از نادرستی از پرده برون خواهد افتاد. به خصوص در این عصر که با معجزات صنایع الکترونیک، می‌توان با راهزنی اطلاعات به اندوخته رجال ناصالح در بانک‌های گوشه و کنار دنیا پی برد و به صورت پرونده لایزالی، نتیجه را در فضا بایگانی کرد تا در موقعیت مناسب، حتی اگر صاحب اریکه قدرت زنده نباشد، از ورثه‌اش به نفع ممالک آسیب‌دیده پس گرفت.

خاندان سلطنت نیز به کسب ثروت مثل بسیاری از افراد دیگر توجه داشته‌اند. شاه در رأس خاندان، بعد از قیام تیرماه سال ۱۳۳۲ که موجب ترکش از ایران شد، تلخی آوارگی را با نداشتن مال و حرفه‌ای چشید که همسر آن زمان او، «ثریا»، در خاطرات خود به دلهره شاه در تنهایی غربت اشاره می‌کند. نداشتن اندوخته و تأمین مالی در کشوری بیگانه، دلهره سنگینی را بر دوش فرد غریب می‌گذارد. بسیاری از آن‌ها، به خصوص در

سنین بالا که بعد از انقلاب به دلایلی، که در پاره‌ای از موارد عادلانه هم نبود، از معامله و کار در کشور خود محروم شده و برای ادامه حیات خانواده تحت تکفل، به تبعید تن داده‌اند، میزان این سختی را به کمال درک و فشار روحی آن را تجربه کرده‌اند به‌ویژه اگر ذخیره مالی و حرفه‌ای هم نداشتند. لذا شاه نیز پس از بازگشت به ایران با تبدیل املاک غیرمنقول به منقول، سرمایه اولیه‌ای به دست می‌آورد و به کمک آن با فعالیت‌های دیگری چون خرید املاک در خارج، به ثروت شخصی خویش اضافه می‌کند. بگذریم از آن‌که به روال مرسوم در ایران، هر سلسله‌ای که به روی کار می‌آید با تکیه به اتهامات و عناوینی مردم‌پسند، دلایلی خلق کرده، مایملک سلسله معزول و گاهی اموال ارزنده دیگران را مصادره کرده و به نام خود و یارانش به ثبت می‌رساند که املاک پهلوی نیز حاصل تصرف مایملک خاندان قاجار بود که آن‌ها هم از سلسله قبلی آن را کسب کرده و به ارث به شاه رسید؛ منتهی او از این ارثیه، زمینه ثروت خود را ساخت. فرصت‌طلبان سودجوی داخلی و خارجی، چون مقاطعه‌کاران فروشندگان کالا و تسلیحات نیز زعمای ذی‌نفوذ ممالک را تنها نمی‌گذارند و سعی می‌کنند به طریقی، چون پرداخت رشوه و یا رانت به اصطلاح رایج امروز، آن‌ها را به وسیله‌ای برای بهره‌بری خود بدل کنند. در مورد میزان ثروت شاه، یکی از اساتید جامعه‌شناس ایرانی دانشگاه در آمریکا که کاوشی در رابطه با شخص شاه و نخست‌وزیر چندین‌ساله‌اش کرده و مدارک عدیده‌ای نیز مردم در اختیار او گذاشتند، باز نتوانست به نتیجه‌ای رسد و یا مدارکی مبنی بر نادرستی در نحوه تحصیل آن ارائه دهد. من هم به زمانی که استاندار بودم، از شخص شاه نه دستوری برای انجام کاری گرفتم و نه تجاوزی توسط او به منابع ملی در محدوده استان‌های تحت اداره خویش دیدم و شنیدم.

ایجاد سازمان‌هایی به نام بنیاد نیز راهی است که معمولاً کمک می‌کند که با حفظ ثروت بادآورده، آن ثروت موجه به نظر آید و حتی با دادن عناوینی جذاب و مردمی چون بنیاد فقرا و یا بنیاد فرهنگی، و هرازگاهی با خدماتی مهرآمیز، برای صاحبان آن‌ها نامی نیک بسازد. بنیادهایی که کلید صندوق

آن در نهایت و بعد از گذشتن از رده هیأت‌های امنای انتصابی مدیران عامل صوری و غیره، در جیب شخص صاحب بنیاد است. در ممالک غربی نیز گاهی تشکیل بنیادها دکاکینی است که برای استفاده‌هایی چون گریز از پرداخت مالیات و یا انجام خدماتی اغلب غیرقانونی و چه بسا در خط سیاست دولت‌ها و کمک به آن‌ها، بدون آن‌که نام دولتشان مطرح و موجب بحث و جدل بین ملل گردد، پامی‌گیرند.

اما تعدادی از خاندان پهلوی و نزدیکان به آن با کردار و رفتار نادرست خود برای شاه وحیثیت رژیم مسئله ساز می‌شدند

که با توجه به بخشنامه‌های شاه خطاب به استانداران می‌توان حضور این افراد را به حساب یکی از گرفتاری‌های شخص شاه به حساب آورد. شاه در آن بخشنامه‌ها از استانداران می‌خواهد تا در چهارچوب قوانین کشور مراقب سازمان‌های قضایی استان خود باشند که با منسوبین او به همان صورتی عمل کنند که در مورد عموم انجام می‌دهند. و در صدور رای نسبت آن‌ها را به خاندان سلطنت نادیده گیرند که مسلما و بخصوص نسخه‌ای از آخرین بخشنامه که از گله گذاری من از اقدامات یکی از شاهپورها به شرح زیر ریشه گرفت باید در بایگانی استانداری‌ها موجود باشد.

از خاندان پهلوی، خواهر دوقلوی شاه، شاهدخت اشرف که نقشی در سیاست و در فعالیت‌های اجتماعی نیز داشت، بیش از سایر بستگان در دید مردم قرار گرفته بود. از ثروت او نیز اطلاع دقیقی در دست نیست. تنها شایع است به میزانی بود که توانست به عنوان چشم روشنی، به اولین فرزند ذکور شاه به هنگام تولد، ملکی را در جنوب فرانسه هدیه کند. خود او در خاطراتش، از چندین هکتار زمین اهدایی پدرش از املاک پهلوی در گنبدقابوس نام می‌برد و عده‌ای ریشه درآمد او را از طرق دیگری چون واردات و صادرات و یا فروش بلیط‌های بخت‌آزمایی می‌دانند که در پاره‌ای از موارد مغرضانه به نظر می‌رسد. کما این‌که درباره پالتوی پوستی از او شایعات بسیار بود و حتی Stephan Knzer در کتاب کودتای خود نیز، در فصل نقش سازمان جاسوسی آمریکا، «سیا»، در براندازی مصدق از آن یاد

می‌کند و می‌نویسد که آمریکا آن را به صورت رشوه به او می‌دهد تا برادر خود شاه را با طرح براندازی دولت مصدق همگام سازد اما خود او توضیح می‌دهد که آن، هدیه استالین در سفرش به روسیه بوده است.

من شاهدخت را یکبار به هنگامی که مهماندار وزیر فرهنگ فرانسه بود، به مناسبت دیدارش از منطقه بختیاری ملاقات کردم. در آن روز، خانم وزیر و شاه دخت را به چهلگرد بردیم تا یکی از کلاس‌های کودکان عشایر را از نزدیک ببینند. بعد از بازدید به مرکز استان برگشتیم تا پس از اندکی استراحت، از آنجا به اصفهان و در نهایت به تهران برگردند.

خاطره‌ای از توقف کوتاه خانم وزیر را قبل از رفتنش به اصفهان بیاد دارم که چون سؤال بلاجوابی برایم باقی مانده است و آن اینکه در فاصله کوتاهی که شاهدخت از اتاق بیرون رفته بود، خانم وزیر در رابطه با جمله‌ای که در آن روز در زمینه لزوم تساوی حقوق و همیاری مردان و زنان، و اینکه با دو دست بهتر می‌توان در توسعه کشوری کوشید تا یک دست، پرسید که زبان فرانسه را در کجا آموخته‌ام. وقتی فهمید از دبیرستان رازی تهران، خوشحال شد و ابراز امیدواری کرد که مراسم آن روز برای ما مسئولان استان وقت‌گیر نبوده است. در پاسخ گفتم که از آمدنشان خوشنودیم و بدون توجه اضافه کردم: «وقتی هم گرفته نشد و همیشه در استان مراسمی پیش می‌آید که سناریوی امروز هم یکی از آنهاست.» او کلمه سناریو را که اغلب صحنه تئاتر و نمایشی ساختگی را مجسم می‌دارد، یکی- دوبار تکرار کرد و هر دو خندیدیم که در این وقت شاهدخت وارد می‌شود و می‌پرسد: «از چه می‌خندید؟» قبل از آنکه من پاسخی دهم، خانم وزیر پیشدستی کرد و گفت: «به یاد ماجرای آن دخترک که امروز خیرمقدم گفت، افتادیم.» در آن روز، دخترکی با لباس محلی در نیمه راه گفتن خیرمقدم، مطلب را فراموش کرده و از خجالت با دستانش چهره خود را می‌پوشاند و به طرف مادرش می‌دود و موجب خنده حاضران می‌شود. علت پوشاندن دلیل خنده توسط خانم وزیر، سؤالی است که هنوز به دنبال پاسخ آنم. آیا او به خاطرآشنایی با شرایط سیاسی روز ما تصور می‌کرد که ممکن است ذکر حقیقت برای

کسی مسئله‌آفرین شود و یا دلایل دیگری؟

از برادران شاه، شاهپوری که در سقوط هواپیمایش جان سپرد، چند صد هکتاری را از زمین‌های املاک پهلوی در گنبد به زیر کشت برده بود. که چون وارث آن شد، بدون توجه به ریشه مالکیتش، ایرادی بر او وارد نیست و حتی می‌توان کار او را مفید نیز به حساب آورد؛ چه حداقل حاصل مزرعه‌اش به تأمین نان مورد نیاز عامه تا حدی کمک می‌کرد. به یاد دارم مباشر او که جوانی نظامی بود و اطلاعی از کار کشت نداشت، مرتب برای راهنمایی به سازمان ما، «عمران دهات» در گنبد مراجعه می‌کرد که یکی از مسائل او عدم انجام دستورش در شخم قله تپه واقع در زمین شاهپور بود. رانندگان تراکتور بر پایه آموزشی که در کلاس‌های مرکز ماشین‌آلات ما گرفته بودند با توجه به این نکته که ترمز تراکتور نمی‌تواند در شیب‌های تند عمل کند و ممکن است تراکتور دور برداشته برگردد و به راننده که سقفی و حفاظی بر سرنداشت آسیب رساند زیر بار این دستور نمی‌رفتند. از طرفی سروان مباشر از ترس والاحضرت که گویا مانند پدرش رضاشاه سخت‌گیر بود، مصر بود که ما مسئولیت را قبول کرده و به رانندگان دستور دهیم که این خطر را پذیرا شوند که یکی از کشاورزان حاضر در دفترم مشکل را حل و توصیه می‌کند که از کارگرانش بخواهد در قله تپه‌ها و به فاصله سیب‌زمینی دفن کنند که نتیجه داد و گرازها قله را بخاطر آن زیر و رو کردند. گویا هروقت والاحضرت برای شکار در جنگل گلستان، نزدیک به مزرعه خود می‌آمد، با اسب از تمام گوشه و کنار مزرعه‌اش بازدید می‌کرد و اگر اشکالی می‌دید، عصبی می‌شد.

با شاهپور دیگری در شهرکرد بختیاری آشنا شدم. او یکی از جوان‌ترین فرزندان رضا شاه و بیشتر به دنبال تفریحات دوره جوانی بود تا جمع‌آوری ثروت که در صفحات پیشین از آن خاطره‌ای درج شد.

یکی دیگر از برادران شاه، نظامی و به عنوان بازرس ویژه شاه در ارتش حقوق و امتیازاتی داشت. او از منسوبینی بود که از هر فرصت و امکانی برای کسب درآمدی استفاده می‌کرد. برای نمونه از سازمان کشاورزی رشت

به ارزش ده هزار تومان شمشاد برای ویلای شمال خود خرید و وجه آن را پرداخت نمی‌کرد. مدیر کل کشاورزی، مهندس مجیدیان، به دفترم آمد و ابراز داشت: «اگر به دنبال دریافت وجه از شاهزاده بروم، می‌دانم به نتیجه‌ای نخواهم رسید و بلاشک وزیر خود را نیز آزرده خاطر خواهم کرد. فقط آمده‌ام که این ماجرا را به اطلاع رسانم. به او گفتم: خود را درگیر این مسئله نسازکتبا با ضمیمه‌کردن صورت حساب والاحضرت از من راهنمایی بخواه و بقیه را به عهده من بگذار.

به وزیرکشاورزی تلفن و مشکل را با او در میان گذاشته و پرسیدم: «چه راه‌حلی را توصیه می‌کند؟» در جواب گفت: «ای آقا! چهار دانه برگ که اهمیتی ندارد. بهتر است مورد را فراموش کنی و مثل مورد کوچ عشایر در بختیاری، دوباره شلوغ راه نیاندازی. چون نتیجه‌ای نگرفتم با سبک خاص خود که در مقدمه نامه‌ها با امتیازی، لایه شیرینی بر تلخی مطلب کشیده و سپس مشکلی را که فقط شاه توان حل آن را داشت به او منعکس می‌کردم، از شاه خواستم که بخاطرحفظ احترام سلطنت دستور دهد والاحضرت بدهی خود را بپردازد که بدهی به‌دست سازمان کشاورزی گیلان رسید. یکبار هم خبردار شدم مدیرکل راه برای آنکه خواسته این برادر شاه را فورا اجرا کند، یکی از بولدوزرهای اداره راه گیلان را برای تسطیح حیاط ویلای شاهپور در اختیار مباشر وی گذاشته است. او که گویا مرا نیز مباشردیگر خاندان سلطنت می‌پنداشت، این خوش‌خدمتی را نزدیکی‌های غروب به من خبر داد و لحن کلام او نشان می‌داد که در انتظارشنیدن تمجید و تشکرست. دستور دادم سریعا بولدوز را به کارگاه برگرداند و رسید آن‌را هر ساعتی که باشد به من خبر دهد. که بولدوزر به روی اتومبیل حامل، ساعت سه ونیم صبح به کارگاه رسید.

در موردی دیگر، شاهپور اراده کرده بود که به ایجاد مصالح ساختمانی با استفاده از شن و ماسه رود چابکسر بپردازد. آن شن و ماسه، مهم‌ترین درآمد شهرداری آن شهر بود و مهم‌تر از آن از نظر حفظ محیط زیست نیز برداشت بیش از حدش به‌خاطر آن‌که در فصلی، نوعی ماهی در دهانه آن

تخم ریزی می‌کرد صلاح نبود.

شاهپور برای کسب مجوز برداشت، این‌بار با تجربه‌ای که با من درگیلان داشت، با وکیل به سراغ من آمد. به وکیل ایشان گفتم: «با ذکر معذرت، متاسفانه به دلیل حفظ محیط زیست، قبول نظر موکل معظم سرکار عملی نیست.»

امیرحسین امیرفیض
وکیل دادگستری

تاریخ ٣٦/٢/٢٤
شماره ١٤٠٠

جناب آقای استاندار گیلان

محترماً باستحضار میرساند شرکت موکل معظم در نظر دارد بمنظور تهیه وتولید مصالح ساختمانی وپریفاب در منطقه گیلان به ایجاد صنایع ساختمانی مبادرت نماید.

برای تامین مواد اولیه این برنامه تولیدی نیاز به شن وماسه رودخانه چابکسر بوده استدعا دارد مقرر فرمائید شهرداری چابکسر استفاده از آنرا در اختیار شرکت موکل قرار دهد مزید تشکر است.

باتقدیم احترام
امیرحسین امیرفیض

خیابان مهرشاه (آپادانا)
شماره ١١٦
تلفن ٨٥٠١٥٩
٨٥١٥٢٣

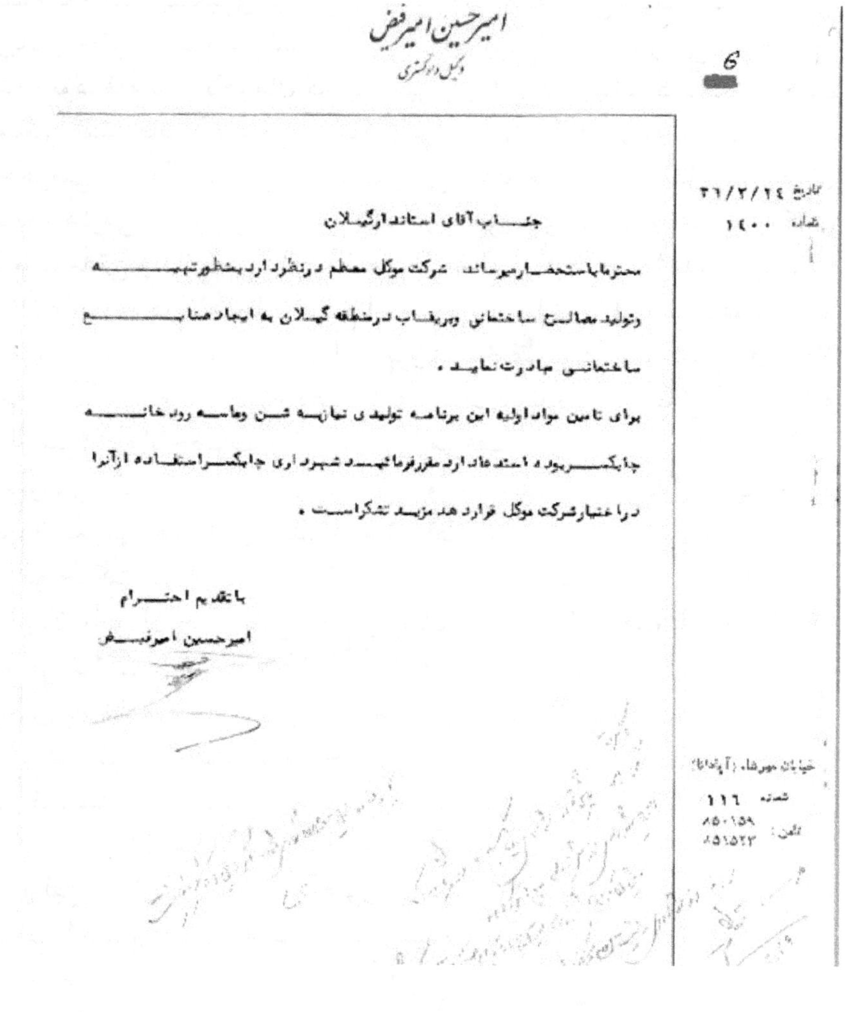

تا این‌جا تقاضاهای شاهپور مسئله‌آفرین نبود. تا آن‌که به وسوسه و مشارکت گروهبانی گیلک شاغل در ژاندارمری کردستان که گویا راننده او در بازدید از آن منطقه بود دست به قطع درختان محدوده ممنوعه زیر سد سفید رود می‌زند. آن‌هم نزدیک به تونلی که آب را به فومنات، یکی از مهم‌ترین مناطق کشت برنج استان می‌رساند. تصمیم ممانعت از قطع درخت در آن نقطه به‌خاطر پیشگیری از ریزش خاک در دهانه تونل مذکور که در عمق زیادی حفر و بسته شدنش مصیبتی برای برنج‌کاران به‌بار می‌آورد گرفته شده بود. فرماندار لاهیجان که این خبر را به من داد اضافه کرد که گروهبان مباشر، نقش قاضی و مجری قانون را نیز برعهده گرفته و به عبارت ساده‌تر حکومتی در حکومت برپا و روستاییانی را که مکرر و با سماجت به‌دنبال قطعه هیزمی به او مراجعه می‌کنند در محوطه‌ای که با چوب دور کرده است، مدتی زندانی می‌کند. به فرماندار گفتم برگرد، فورا ژاندارم مباشر را به فرمانداری در لاهیجان خارج از حوزه اختیارات ژاندرمری دعوت و به محض رسیدنش، توسط شهربانی، پرونده تخلف برای او تنظیم پایان انجام این مرحله را به من اطلاع دهید تا به استناد پرونده‌ای که شکل گرفته ادامه کار شرکت والاحضرت و مباشرش را متوقف سازم. در پس رفتن فرماندار به رئیس شهربانی لاهیجان نیز تلفن و خواستم با فرماندار در این مورد بدون نگرانی همکاری کند. درختان قطع شده آن محل از روی کامیون آماده حرکت در اختیار روستاییان منتظر فرصت قرار گرفت که تا قبل از رسیدن مأموران جنگل‌بانی با اره و وسایل همان شرکت قطعه‌قطعه و بردند. به این ترتیب با شتاب و قبل از آن‌که درختان بیشتری توسط گروهبانی که بجای پاسداری و تفنگ در محل خدمتش اره به‌دست گرفته بود سرنگون نشوند و تونل محفوظ ماند. احتمالا حقوق دولتی آن گروهبان نیز کماکان در کردستان به حسابش ریخته می‌شد. البته من و فرماندار مطمئن بودیم که شاپور از اعمال مباشرش بی‌اطلاع است.

اولین دیدار من با این شاهپور در بغداد روی داد. شاه در ادامه پیمان صلح با صدام حسین به این توافق رسیده بود که دو طرف به نشان دوستی،

نمایندگانی به کشورهای یکدیگر بفرستند تا از این طریق، کینه ناشی از
جنگ چندساله ایران و عراق که شرح آن گذشت کاهش یابد. من و تیمسار،
استاندار آذربایجان در همسایگی عراق پیک این آشتی شده بودیم که در
عراق برای هر یک از ما، استانداری را به عنوان مهماندار انتخاب کرده
بودند. مهماندار من، «عیاده کنعان الصدید» استاندار تکریت بود که به گفته
خود او تنها استانداری در آن زمان در عراق بود که تحصیلات دانشگاهی
در رشته حقوق داشت. تکریت نیز یکی از پایگاه‌های مهم نیروی هوایی
عراق، زادگاه تکریتی رئیس جمهور عراق و صدام حسین و مورد توجه ای
خاص بود. محل سکونت ما هتل نوسازی شد که نمای ساده آن با مزارع
اطراف هماهنگی داشت، ولی تأسیسات و تجهیزات داخلی آن مدرن بود.
در اصل این هتل را که ساختمان آن تازه به اتمام رسیده بود، برای پذیرایی
ژاک شیراک، رجل فرانسوی آماده کرده بودند که من و همسرم اولین
مهمان‌های آن شدیم.

کنعان مردی بود که با دنیا و سیاست حاکم و جاری در آن آشنایی داشت
و بی‌پروا نظرات خود را در هر زمینه‌ای، من‌جمله نارسایی‌های حکومت
عراق و کشورهای همسایه‌اش ابراز می‌کرد. صراحت او در آن مدت کوتاه
پیوندی صمیمانه بین ما به وجود آورد. من در جلسه‌ای شاهد حمله او
در مسئله‌ای داخلی به وزیر کشور عراق بودم. شب‌ها در پایان برنامه‌های
بازدید در سالن هتل میماند تا با هم، بیشتر درباره مسائل روز گفت‌وگویی
داشته باشیم. در شناخت بیشتر روحیه عیاده، به یاد روزی می‌افتم که زیارت
آرامگاه یکی از امامان شیعه را در برنامه بازدید ما گنجانده بودند. در آن روز
در ورودی امامزاده جمعیت زیادی جمع شده بودند که یکی از میان آن‌ها
صف پلیس را شکافته و با شعار «زنده‌باد ایران»، قرآن نفیسی را به من هدیه
می‌کند که برای نگهداری درحرم، به متولی همان امامزاده سپردم. پلیس او
را دستگیر و کشان‌کشان می‌برد که عیاده مداخله و رهایش کردند. فکر
می‌کردم احتمالا بلایی به سر آن مرد با خشمی که نظامیان عراقی با ایران
با خاطره جنگ دارند بیاورند که عیاده فکرم را خواند و در سر شام به من

گفت: «اطمینان داشته باش که آن مرد نیز امشب در کنار سفره خانواده‌اش نشسته و حماقت ناشی از تعصب به او صدمه‌ای نرسانده است.»

فصل دهم:
آگاهی خاندان سلطنت از سقوط خود

در آغاز انقلاب، به خاطر موقعیت شغلی خود، از نزدیک شاهد برپایی و گسترش صحنه‌های جنبش انقلابی ایران در محدوده استان تحت اداره خود بوده‌ام که در این فصل به چند مورد قابل توجه آن به اختصار اشاره خواهم کرد.

آخرین افتتاح شاه در مقام سلطنت، افتتاح کارگاه چوب و کاغذ چوکا در «هشتپر» طوالش بود. هواپیمای حامل او در فرودگاه رشت به زمین نشست و شاه به‌محض پیاده‌شدن و شنیدن خیر مقدمی کوتاه، به طرف هلی‌کوپتری که خود هدایت آن را برعهده می‌گرفت رفت و با اشاره دست او، هویدا که از نخست‌وزیری به وزارت دربار منصوب شده بود و من نیز سوار همان هلی‌کوپتر شدیم. در آن زمان، اغتشاشات در گوشه و کنار ایران و در تهران، طلیعه انقلاب را نشان می‌داد اما گیلان آرام بود. تعویض شغل هویدا از نخست‌وزیری به وزارت دربار نیز، گامی در جهت پیشگیری از انقلاب صورت گرفته بود. در محوطه کارگاه برای دیدار او از ساختمان‌های مسکونی مهندسین و کارمندان ساختمان اداری، قسمت‌های اصلی کارگاه برای تولید کاغذ، اتومبیل سربازی را آماده کرده بودند که او سوار آن شد و سپس خواست که من هم در کنارش بنشینم. معمولاً او در بازدیدهای خود، تنها در اتومبیل می‌نشست. در آن روز، تعدادی از وزرا نیز در مراسم

افتتاح شرکت داشتند. به محض حرکت اتومبیل پرسید: «حال که چوکا شکل گرفته است، درباره آن چگونه فکر می‌کنید؟» از آقای اکبر، یکی از گیلانیان کارمند دربار شنیده بودم که شاه را قبل از هر بازدیدی با کلیاتی از موضوع مورد بازدید و سوابق آن‌هایی را که ملاقات خواهد کرد آشنا می‌کنند. از آهنگ پرسش او حدس زدم که می‌داند من نیز جزو مدیرانی در سازمان برنامه بودم که با اجرای این طرح در گیلان توافقی نداشته‌ایم. علت مخالفت ما هم روشن بود؛ چون قشر کم خاک بر بستر سنگی جنگل‌های شمال توان تجدید کشت و احیای مجدد در فواصل چند سال را برای تأمین مداوم ماده اولیه مورد نیاز ادامه کار کارگاه چوب را نداشت. معمولاً هرجا که کارگاه چوب و کاغذ در دنیا ساخته می‌شود، دارای جنگل در سطوحی وسیع با خاکی غنی و با عمقی کافی است که بعد از قطع درختان مورد نیاز کارگاه در قطعه‌ای، بلافاصله در آن نهال کاشته و بعد به قطع درختان قسمت‌های دیگر برای مصرف در کارخانه می‌روند. به این ترتیب، وقتی درختان آخرین قطعه بریده می‌شود، درختان قطعه نخستین رشد کرده و آماده بهره‌برداری است. کشت درختانی که سریع رشد می‌کنند مانند سپیدار و تبریزی که ساقه پروپیمانی چون درختان جنگلی ندارند، در تولید خمیر چوب برای ساخت کاغذ مفید افتد. در پاسخ گفتم: «اعلی‌حضرت؛ هنوز پایبند همان نظر که در حد اطلاعات فنی خود ابراز داشتم هستم. نخواستم برای اثبات نظر خود عنوان کنم کاغذی که امروز برای نمایش به شما در کارخانه تولید می‌شود، خمیرش را از خارج خریداری و وارد کرده‌اند و از چوب جنگل ما به دست نیامده است.»

در پایان بازدید، کارگران کارگاه که در فاصله‌ای دور مستقر شده بودند، برای گفت‌وگو با شاه تظاهراتی به راه انداختند. شاه به طرف آن‌ها رفت و چون همه با هم حرف می‌زدند و معلوم نبود چه می‌خواهند، صدای شاه که پیشنهاد می‌کرد چند نماینده از بین آن‌ها برای گفت‌وگو به نزدیک هلی‌کوپتر بیایند، به گوش کسی نمی‌رسید. استفاده از بلندگوی دستی پاسبان که از او گرفته و در برابر دهانش گرفتم، مشکل را حل کرد و وقتی

به نزدیک هلی‌کوپتر رسیدیم، نمایندگان کارگران هم رسیده بودند. آن‌ها که اکثرا خارجی بودند و در سرما و باران شب را در جنگل می‌گذراندند، تقاضای سرپناهی برای اقامت داشتند. در این وقت، چند تن از وزرا که در این بازدید شرکت داشتند، به فاصله کمی در پشت سر ما دور هم جمع و به آهستگی سرگرم گفت‌وگو بودند که شاه برگشت و به وزیر مسکن و شهرسازی نگریست و با لحنی که آهنگ التماس داشت گفت: «آقا؛ حداقل برای این بیچاره‌ها کاری بکنید.» و سپس مشغول گفت‌وگو با چند تن از مدیران کارگاه شد. من و هویدا هم به جمع وزرا پیوستیم. یکی از آن‌ها به محض نزدیک‌شدن هویدا، ظاهرا به شوخی گفت که: «بهتر است از این پس در شرح شغل وزرای خود، قبول زندان موقت را هم اضافه کنید.» هویدا لبخندی زد. من معنی آن جمله را چندی بعد و موقعی درک کردم که به امید خواباندن انقلاب، به شاه که دیگر اراده‌ای از خود نداشت توصیه شد وزرای کابینه دولت را موقتا در محلی زندانی کند که با این اقدام، آخرین رده حامیان او هم از دور خارج شدند. در آن روز به نکاتی برخوردم که به شرح زیر قابل توجه است:

– اولین موردی که توجه مرا جلب کرد، آهنگ نفس‌های شاه بود که نشان می‌داد از نظر سلامتی مشکلی دارد. هر گاه که سکوتی بین ما برقرار می‌شد، من آهنگ نامرتب نفس‌های او را که مانند دونده‌ای خسته، گاهی با دم و بازدمی عمیق تازه می‌شد می‌شنیدم. در آن موقع، من هم از بیماری وخیم شاه بی‌اطلاع بودم و او به ظاهر در راه‌رفتن و گفتار، اثری از بیماری را نشان نمی‌داد.

– نکته دیگر، نحوه گفت‌وگوی شاه با وزیر مسکن در رابطه با خانه‌سازی برای کارگران بود که به آن اشاره کردم. آن آهنگ کلام برای شاهی که دستورات او، مشهور به «اوامر ملوکانه»، می‌بایست بی‌درنگ و بی‌چون‌وچرا اجرا می‌شد، ناآشنا بود و بیشتر حالت التماس از صاحب اختیاری برای انجام کاری را نشان می‌داد. در پس آن روز که انقلاب چهره خود را نشان می‌داد، با مواردی که پیش آمد دریافتم که شاه از سقوط سلطنت خود باخبر

بود و به همان خاطر دستور قاطعی مثل همیشه به وزیرش نداد.

اطلاع خاندان از سقوط سلطنت؛

اضافه بر شاه، افراد خانواده او نیز سقوط سلطنت را پیش‌بینی می‌کردند. در پایان آخرین جلسه هیأت‌امنای دانشگاه گیلان خانم فریده دیبا که به نمایندگی از طرف نوه خردسالش که ریاست هیأت‌امنای دانشگاه گیلان به او محول شده بود، در جلسه هیأت‌امنا شرکت کرد. در جلسات پیشین این هیأت همیشه بانو فرح به نیابت از دخترش حضور داشت. خانم دیبا که بسیار غمزده و ناراحت به نظر می‌رسید، قبل از تشکیل جلسه در آن روز تقاضا کرد که تدارک نماز برایش فراهم آید. جلسه در حال تشکیل بود و برای پرسش در مورد این تقاضا فرصتی نبود. به رئیس دفترم، آقای معتمد گفتم که: «کسی را بفرستید تا از منزل بسته نماز را بیاورد.» بعد از پایان جلسه، او از مجموعه نماز همسرم که از خاندان مژدهی، منسوبینش، به یادگار مانده و در پس سفرهای زیارتی ره‌آوردهایی چون انواع جانماز، مهر و تسبیح در آن حفظ و جمع شده بود، فقط چادر را انتخاب و خواهش کرد با او به زیارت امامزاده‌هاشم، امامزاده‌ای نزدیک رشت بروم. او در راه عقده دل را گشود و با گریه به اتفاقات روز اشاره کرد که مهم‌ترین آن کشتن آشپزش در حمام بود و ادامه داد که نگران سلامت نوه‌های خویش، فرزندان شاه و فرح است و برای انتخاب محلی امن برای آن‌ها به چند کشورآمریکای جنوبی نیز سفر کرده و تازه برگشته است.

به شاهد آگاه دیگری از پاشیده شدن سلطنت، قبل از آغاز میتینگ‌های خیابانی انقلابیون برخوردم و ناظر صحنه سؤال برانگیزی شدم که باز پاسخ آن را با شروع انقلاب دریافتم. بازدیدکننده‌ای که اظهار می‌داشت صرفا برای آشنایی بیشتر به گیلان آمده، دختر شاه، شهناز بود که شوهرش او را در این سفر همراهی می‌کرد. بازدید او با تلفنی به دفترم از رامسرآغاز شد. تلفن پیامی از شاهدخت بود که می‌خواست به صورت غیررسمی و به تنهایی، به دیدارش به رامسر بروم. در مقابل در ورودی هتل رامسر اتومبیل

اسپورت دو نفرهای پارک بود که حدس زدم باید به شاهدخت و همسرش تعلق داشته باشد. آن دو مرا در اتاق خود که از پنجره آن بلوار مشجر و زیبای شهر که هتل را به دریا متصل میکند دیده میشد، پذیرا شدند و بعد از سلام و احوالپرسی معمول به فاصله کوتاهی فضایی خودمانی بین هر سه ما که از نظر سنوسال حدودا نزدیک به هم بودیم به وجود آمد. شاهدخت و همسرش لباس متناسب سفر پوشیده بودند و از هر دری سخن میگفتند. از گفتوشنود آن روز این را به خاطر دارم که شاهدخت به ساختمان سه-چهار طبقهای که در حاشیه بلوار مذکور در دست ساختمان بود و با محیط اطراف تناسبی نداشت با تأسف نگریست، به ساختش ایراد گرفت و به کنایه گفت: «بلاشک ذینفوذ دیگری از تهران آمده و آن را میسازد.» در پی گفتوشنود آن روز دانستم همسر جوان شاهدخت علاقهمند است از چند امامزاده قدیمی در دهات گیلان بازدید کند و میخواهند فردا آنها را در مهمانسرای سازمان آب گیلان در رشت ملاقات کنم و به صورت غیررسمی، سه نفری سری به امامزادهها بزنیم. در دل از این تمایل آن هم از جوانی با آن سر و وضع متعجب شدم و خود را قانع کردم که ممکن است در سبک معماری قدیم مطالعه میکند. بی آنکه اثری از تعجب نشان دهم گفتم که ترتیب آن را خواهم داد و خداحافظی کردم.

آنها از قبل ترتیب اقامت دوروزه خود در مهمانسرای سازمان آبیاری گیلان در رشت را داده بودند. دعا و راز و نیاز همسر شاهدخت در چند حرم، معرف آن بود که به فکر معماری امامزادهها نیست. او با هدف زیارت به امامزادههایی که به اصل و نسب آنها آشنایی نداشت آمده بود. ضریح امامزادهها را با دو دست باز در آغوش میگرفت در پنجه میفشرد، سر و نیمرخ را به ضریح میچسباند و در همان حالت مدتی طولانی به سکوت میگذراند. به گونهای که شاهدخت گاهی از انتظارخسته میشد و به من تکیه میداد. متولی امامزادهها نیز با دیدن این زوار ناآشنا ولی شیفته و مؤمن، هر یک تقاضایی از او داشتند که با پرداخت وجهی رضایت آنها را جلب میکردم. غیر از امامزادهای که متولیاش تقاضای تعمیر سقف آن را

که به هنگام بارندگی می‌چکید داشت. از آن متولی پرسیدم که آیا پرس‌وجو
کرده است که هزینه تعمیر چقدر است؟ در جواب رقم نه‌چندان زیادی را
عنوان کرد. به او گفتم که: «این مقدار وجه نقد را با خود ندارم ولی کار
تعمیر را شروع کن. هزینه آن را برایت خواهم فرستاد.» او در پی تشکر و
دعا، البته نه برای من که می‌خواستم هزینه تعمیر را بپردازم، برای آن مؤمن
شیفته، بدون آن‌که بداند من کیستم و چگونه هزینه را به او خواهم رساند،
در پاسخ گفت: «برای پیشگیری از خسارت، کار را از فردا شروع می‌کنیم.»
شاید تحت تأثیر ایمان همراه من به حرف من اعتماد کرد. من هم روز بعد،
هزینه مورد نظر متولی را توسط راننده‌ای برایش فرستادم. به نظرم تلاش
این زوج جوان در این بود که مذهبی‌بودن خود را به ثبوت رسانند و سپری
حفاظتی برای خود دست‌وپا کنند. با توجه به نظرات انتقادی دخت شاه در
گفت‌وشنود هتل رامسر، میزان تنهایی شاه در شروع انقلاب بیشتر مشخص
می‌گردید.

اطلاع کارمندان دربار از سقوط سلطنت؛

غیر از خاندان سلطنت، موارد دیگری نیز پیش آمد که احتمال می‌داد
تعدادی از کارکنان دربار در زیر سقف کاخ نیز سقوط پادشاهی را نزدیک
می‌بینند. برای نمونه در پایان بازدید بانو فرح از گیلان، به هنگام خداحافظی
یکی از همراهان او از من کمک خواست که مشکل قانونی او را در رشت
حل کنم. او گفت که ساختمانی در گوشه‌ای از سبزه‌میدان، نزدیک به دهنه
ورودی کوچه محل اقامتم دارد که می‌خواهد آن را به فروش رساند و
مغازه‌داران زیر آپارتمان، به خصوص خیاطی از مستأجران قدیمی رضایت
نمی‌دهند و ایجاد اشکال می‌کنند. هروقت که در راه خانه از مقابل ساختمان
مورد نظر می‌گذشتم، از ویترین نسبتا بزرگ، دکه آن خیاط را می‌دیدم که
کماکان تا دیروقت مشغول سوزن‌زنی و دوخت است. شبی در راه منزل
به دیدار او رفته و از مشکل او با مالک ملک سؤال کردم او مرا به خاطر
رفت‌وآمدم از برابر کارگاه و در همسایگی می‌شناخت. در گفت‌وگو با او
دانستم که محق است و مخالفتی با تخلیه محل ندارد فقط می‌خواهد که به

او سرقفلی روز مغازه‌اش را که سال‌ها در آن به کار مشغول است بپردازند تا محل دیگری را برای ادامه کار و گذران روزمره خانواده خود تهیه کند و به کارش ادامه دهد و یا به او اطمینان دهند که پس از ساخت ساختمان جدید، دکه‌ای از آن را مجددا به او واگذار خواهند کرد که در این صورت می‌خواست ماهانه تا احداث ساختمان جدید مبلغی برای ادامه زندگی خانواده، آن هم به صورت قرض در اختیارش بگذارند تا پس از شروع به کار در ساختمان نو، آن را به تدریج بپردازد. و این مالک ساختمان بود که با هیچ یک از پیشنهادات مستأجرین موافقت نمی‌کرد و گویا اطمینان داشت با نفوذی که در دولت داراست می‌تواند بدون دیناری دکان‌ها را تخلیه کند که از من نیز بر اساس همان پیش‌بینی داشت استفاده می‌کرد. به خیاط توصیه کردم در این مورد نامه‌ای با امضای همه مغازه‌داران همسایه زیر آن ساختمان برای حقوق خود به اداره ثبت‌اسناد بنویسد، رونوشتی از آن را برایم به استانداری بیاورد. او وقتی به من مراجعه کرد، به مسئول اداره ثبت تلفنی یادآور شدم که: «آن ملک دارای مدعیانی است که نامه‌ای از طرف آن‌ها به دستتان ساعتی پیش رسیده است. آن نامه را به سوابق ملک به عنوان معترض اضافه کنید تا طبق قانون بدون رضایت و جلب نظر آنان روی آن ملک معامله‌ای صورت نگیرد.» این مورد باز نشان می‌داد که پاره‌ای از کارمندان دربار نیز از انقلاب مطلع و توفیق آن را پیش‌بینی کرده و به فکر تبدیل اموال غیرمنقول خود به منقول افتاده بودند.

آنچه در این فصل به آن اشاره شد نشان می‌دهد که خاندان سلطنت، نه تنها از پایان کار خود مدتی قبل از آغاز انقلاب باخبر بوده‌اند، حتی تلاش در رفع مشکل را هم بی‌نتیجه می‌دانستند و به عبارت دیگر حالت سازمانی را به خود گرفته بودند که مرجع بالاتر و صاحب اختیاری به کارمندان آن ابلاغ کرده باشد که به زودی تشکیلات شما برچیده خواهد شد و بهتر است به فکر کار دیگری برای خود باشید. آیا از دو سال قبل از انقلاب، سال ۱۹۷۷ که به توصیه آمریکا دفعتا عربستان اعلام می‌کند که به تعهد خود در کارتل اوپک عمل نمی‌کند و به تولید نفت خود آن هم در بازار اشباع

شده از نفت اضافه کرده و موجب کاهش شدید قیمت نفت و کسر بودجه ایران و توقف برنامه مدرنیته شاه می‌شود، خاندان سلطنت تزلزل خود را درک کرده بودند؟ نتیجه این سقوط را کارتر با ذکر آن‌که شاه دیروز از ایران رفت در پاسخ به سؤال کالاهان، نخست‌وزیر انگلیس به اطلاع سران چهار کشور غربی، ژیسکار دستن از فرانسه، اشمیت از آلمان کالاهان از انگلیس که برای حفظ امنیت اروپا در جزیره گوادالوپ واقع در دریای کارائیب حضور داشتند می‌رساند و متعاقبا این مژده را کالاهان به اطلاع نمایندگان مجلس انگلیس و در پاسخ به سؤال یکی از آن‌ها آقای «Walters» می‌رساند. نظری که نیاز به تحقیق و بررسی بیشتری دارد؛ منتهی آن‌چه در این رابطه روشن است آن است که غرب از بیماری لاعلاج شاه مطلع بود و این را هم می‌دانست که خلأ او را فرزند نوجوان و همسر نایب‌السلطنه‌اش، آن هم در کشوری اسلامی نمی‌توانند پر کنند. درحالی‌که خود نیز نمی‌تواند ایران را در آن منطقه که در گوشه و کنارش دارای منافعی است از دست دهد و یا نابسامانی‌اش را پذیرا شود. این‌جاست که نظرها متوجه تنها سازمان متشکل مذهبی، با پراکندگی گسترده و کافی، پیروانی معتقد و مخالف کمونیسم می‌شود.

از آن‌جا که کارتر در سرنوشت ایران نقشی داشت لازم آمد که او را بیشتر بشناسیم. معمولا داوطلبان کسب مقام رئیس‌جمهوری در آمریکا هریک با شعاری وارد گود می‌شوند و خود را به مردم معرفی می‌کنند. کارتر با شرکت در جلساتی در رابطه با دفاع از حقوق انسانی چون ابراز تأسف در جلسه‌ای در شهر هیروشیمای ژاپن، شهری که با بمب اتمی آمریکا در جنگ جهانی دوم با خاک یکسان و مردمش به هلاکت رسیده بودند، شهرت مدافع حقوق بشر را به نام خود اضافه و با آن در سال ۱۹۷۶ وارد مبارزات انتخاباتی شده و رئیس‌جمهور می‌شود و دست به اقداماتی می‌زند که نشان دهد مدافع حقوق بشر است. از Samoza درانتخابات نیکاراگوئه حمایت می‌کند، و مانع دادن کمک‌های نظامی آمریکا به Augusto Pinoghet، رئیس‌جمهور شیلی که با کودتای آمریکا و کشتن سالوادور آلنده به

این سمت رسیده بود، و نیز به Ernesto Giezl رئیس‌جمهور برزیل و به Rafael Videla رئیس‌جمهور آرژانتین می‌شود. زمینه برگشت کانال پاناما را به پاناما فراهم می‌آورد. سعی می‌کند با روسیه و چین روابطی صمیمانه برقرار کند که البته با حمله روسیه به افغانستان از دوستی با آن کشور چشم می‌پوشد. وارد مسائل خاورمیانه می‌شود. در حل مسأله فلسطین و اسرائیل مداخله کرده و در سفری به ایران و ضمن تقدیر ظاهری از شاه که ایران را به‌صورت جزیره ثبات در خاورمیانه در آورده است، از او خواست که به ملت خود آزادی‌های بیشتری دهد که شاه با دستوراتی به سازمان‌های انتظامی و ساواک در کاهش سختگیری‌ها و دادن آزادی بیان و تظاهرات مخالفان خود را به خیابان‌ها سرازیر می‌کند.

نکاتی که از نظر گذشت سؤالی برای من نویسنده این خلاصه پیش کشید که بدون توجه به سیاست خوب و یا بد حکومت و یا زعیمی در رأس آن از چیست که معدودی به خود اجازه می‌دهند حیات قومی را رقم زنند و جالب آن‌که همان قوم هم پذیرای نظر آنان می‌شوند؟ که بلاشک خواننده این خلاصه به زعم خود پاسخی برای این پرسش در سر دارد. در همین رابطه به یاد داستان یکی از نویسندگان دوره رنسانس فرانسه که سال‌ها پیش در درس ادبیات فرانسه دبیرستان رازی خوانده بودم افتادم که در آن نویسنده داستان که اگر درست نامش به یادم مانده باشد «لامارتین»، آخر شبی مست از کافه‌ای بیرون می‌آید و به درشکه‌ای سوار می‌شود که به منزلش رسد. سورچی هم مست و خراب بود و در پایان کار روز عجله داشت که زودتر این آخرین مسافر را به منزل رسانده و خود نیز به خانه رود؛ لذا به شدت بر اسب خسته و نفس‌بریده و عرق‌کرده‌ای که تمام روز بر سنگفرش آن وقت خیابان‌های پاریس تاخته بود شلاق می‌زد و با آن‌که اسب با ته‌مانده توان خود می‌دوید ولی ضربات شلاق قطع نمی‌شد. با دیدن این بی‌رحمی، نویسنده نیز از خود می‌پرسد که چیست این قانون وحشتناک طبیعت که اسیر می‌کند حیوان بی پناه و زبان‌بسته‌ای را در دست انسانی «آن هم مست»!

فصل یازدهم:
انقلاب و فرو ریختن موانع در مسیر جنبش

طلیعه انقلاب با سخنرانی‌ها در مساجد وتکیه‌ها، میتینگ‌های خیابانی توسط دسته‌جات مختلف از کارگران گرفته تا دانشگاهیان، تعطیل ادارات، بازار و مدارس و در تحریک بیشتر احساس ضد شاه ایجاد صحنه‌های تخریب اماکن و کشتار خود را می‌نماید. در سرآغاز این جنبش کادر رهبری و رهبر آن مشخص نبود و همه مخالفین شاه با نظرات سیاسی مختلف و حتی در پاره‌ای از موارد متضاد در یک صف به پیش می‌تاختند تا آن‌که از بطن این قشر انقلابی، روحانیت بانی آن سرک کشیده و هدایت انقلاب را برعهده می‌گیرد. هدایتی که با ظاهری آشفته و درهم، ولی در باطن بسیار منظم و برنامه‌ریزی‌شده، به صورت جنبشی با توفیقی حتمی جلوه می‌کرد. رهبری انقلاب را یک روحانی انقلابی با لهجه‌ای دهاتی و روحیه‌ای آتشی و زیرک برعهده داشت که در محاسبات خود دریافته بود تا زمانی که دست حمایت غرب بر شانه شاه است، در براندازی حکومت سلطنتی توفیقی به دست نخواهد آمد. به همین خاطر بود که او در خردادماه سال ۱۳۴۲ در شورش اول خود که با شکست روبه‌رو شد، از پرزیدنت کندی، رئیس‌جمهور وقت آمریکا قطع دست حمایتش از شاه را به شرح سند زیر مطالبه می‌کند؛ منتهی کندی قبل از آن‌که در این‌باره تصمیمی بگیرد، ترور می‌شود ولی نام این شورشی که شهامت عرض اندام در برابر قدرتی به

مراتب تواناتر از خود را دارا بود، در بایگانی وزارت خارجه آمریکا درج می‌شود. گرچه جنبش روحانیت در آن سال در ایران سرکوب شد ولی به خاطر دارا بودن عنوان آیت‌اللهی به رهبر شورش آسیبی نمی‌رسد. به روایتی گوش‌زد علم، مشاور شاه که نمی‌توان به آیت پروردگار آسیبی رساند به حفظ سلامت او کمک و رژیم حاکم فقط به تبعید او اکتفا کرد. عنوان آیت‌الله نیز که با طی مراحل سریعی به او داده شد صرفا به خاطر حفاظت از او در چنین مواردی بوده است.

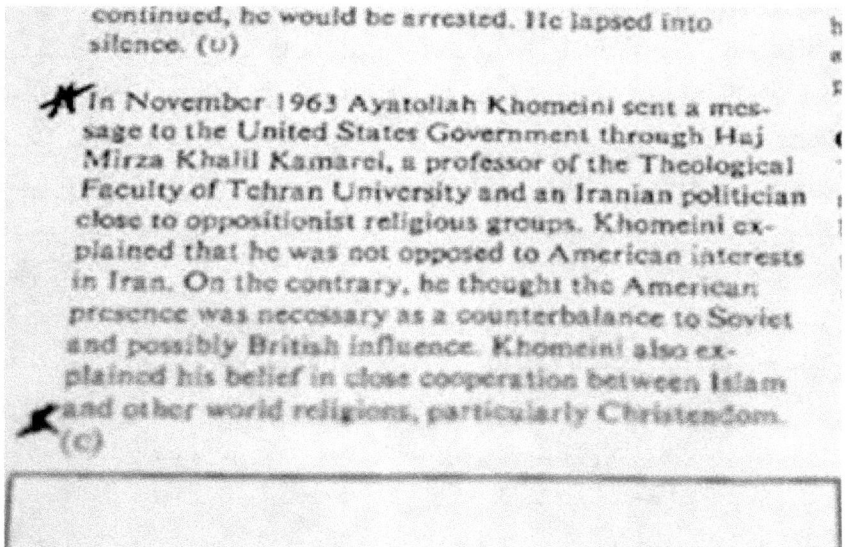

continued, he would be arrested. He lapsed into silence. (U)

In November 1963 Ayatollah Khomeini sent a message to the United States Government through Haj Mirza Khalil Kamarei, a professor of the Theological Faculty of Tehran University and an Iranian politician close to oppositionist religious groups. Khomeini explained that he was not opposed to American interests in Iran. On the contrary, he thought the American presence was necessary as a counterbalance to Soviet and possibly British influence. Khomeini also explained his belief in close cooperation between Islam and other world religions, particularly Christendom. (C)

این سند را خبرگزاری BBC به دست می‌آورد که در دهم، ژون سال ۱۹۸۰ در روزنامه گاردین به چاپ رسید و علاقه‌مندان می‌توانند متن کامل مقاله آن روزنامه را در سایت زیر بخوانند:

file:///Users/artamotadel/Downloads/ayatollah-khomeini-jimmy-carter-administration-iran-

revolution. html#img۲-

رهبر انقلابی در قیام دوم خود نیز به زمان ریاست جمهوری «پرزیدنت کارتر» باز این خواست را تکرار می‌کند. او در هر دو خواسته به آمریکا

اطمینان می‌دهد که کماکان با رفتن شاه منافع آن کشور در ایران محفوظ است که با این پیشنهاد آمریکا می‌بیند با رفتن شاه نوسانی در کسب منافعش پیش نخواهد آمد و تنها تغییر آن است که تاج جای خود را به دستار خواهد سپرد. که این نکته مشوق آمریکا در استفاده از این گروه برای پرکردن خلأ شاه شده و این بار با نظر مساعد ارتش را بی‌طرف، نیروهای امنیتی و انتظامی را ساکت و انقلاب ایران را تنها انقلابی در بین انقلاب‌ها می‌سازد که در زمان بسیار کوتاهی بدون برخورد با موانعی جدی به نتیجه رسیده است. جالب آن‌که مردم توفیق انقلاب را از همان گام‌های نخستینش پیش‌بینی می‌کردند. بر پایه همین پیش‌بینی به یاد دارم یکی از آشنایان «حسین-ک» که پدرش روضه‌خوان و خود منشی اتاق تجارت گیلان بود، به من مراجعه کرده و به اتکای شغل پدرش از من می‌خواهد که از آیت‌الله ضیابری، ارشد روحانیون گیلان بخواهم او را به لباس روحانیت درآورد. حسین گویا از پدرش آشنایی پدربزرگ خانواده ما را که در انزلی مالک املاک و دهاتی بود با آیت‌الله ضیابری از روستای ضیابر انزلی شنیده بود که خود از آن بی‌اطلاع بودم؛ لذا تصور می‌کرد که آیت‌الله به خاطر این دوستی به خواست من توجه خواهد کرد. به او گفتم: «حسین؛ می‌دانم احساس می‌کنی نمدی در شرف پهن‌شدن است و نفس‌زنان آمده‌ای که از آن کلاهی برگیری، اما تصور نمی‌کنم که آیت‌الله چنین اختیاری داشته باشد که بدون طی مراحلی بتواند تو را فقط به دلیل آن‌که پدرت روضه‌خوان بوده است و یا خواست من به لباس روحانیت درآورد و وارد حریم جامعه‌ای که اغلب منسوب یکدیگرند سازد.» و به شوخی اضافه کردم که: «ساخت کلاه هم حسین، از نمد مشکل است.»

منتهی حکومت انقلابی پس از استقرار نه تنها منافع آمریکا در ایران را حفظ نمی‌کند بلکه عنوان شیطان بزرگ به او می‌دهد، سفارتش به عنوان لانه جاسوسی اشغال و به طرف قطب مخالف و رقیبش متمایل می‌شود. هم‌زمان آنان نیز که توصیه‌های این رهبر را در حل مسائل مریدانش ابلهانه می‌خواندند، دریافتند که او با شناختی که از آنان داشت، توصیه‌هایش نه

تنها ابلهانه نبود، بلکه عالمانه هم بود؛ چه هم پیروانش را ارضا می‌کرد و هم به احترام و ایمان آن‌ها می‌افزود. به طوری که بعد از فوتش مقبره و صحنی به طول قریب یک کیلومتر و به عرض نیم کیلومتر برایش ساختند که با گنبد و مناره‌های طلا و تزئینات چون فرش و چراغ‌های پر نور در لابه‌لای کریستال‌ها در دنیا بی‌نظیر است. دو بیتی از سروده‌های او که در اوان انقلاب توسط یکی از نزدیکانش در روزنامه‌های عصر تهران به چاپ رسید نیز نشان‌دهنده این نظر و حتی تا حدودی معرف عمق اعتقادات باطنی اوست که قیل و قال مدرسه آزارش می‌داد. امید است حافظه من نیم بیت آخر آن را درست به خاطر سپرده است:

عهدی که بسته بودیم با پیر می فروش
در سال پیش، تازه نمودم دوباره دوش
از قیل و قال مدرسه‌ام حاصلی نشد
دستی برم به دامن آن پیر خرقه‌پوش

ناگفته نماند، با تصمیمی که غرب در برکناری شاه می‌گیرد، او که تا چندی پیش در اعمال سیاست و نظرات آنان کوشا بود، دریافت تا چه حد پدرش در بیرون‌کردن قزاق‌های روس، ژنرال‌های انگلیسی و خارجیان دیگر از ایران و لغو امتیاز «Capitulation» آن‌ها محق بوده است؛ درحالی‌که به عکس پدر مجلس تحت سلطه او در اکتبر سال ۱۹٦٤ به نظامیان ساکن ایران و خانواده‌های آن‌ها این امتیاز را می‌دهد که در پس آن سیل مستشاران آمریکایی به ایران سرازیر و به هر سازمان ایران رخنه و نفوذ ارتباط خود را به جایی می‌رسانند که در براندازی سلطنتش کارساز می‌شود.

پیشنهاد مجدد بانی انقلاب در قیام دوم خود به آمریکا به زمانی ارائه می‌شود که آمریکا به خاطر آشتی شاه با صدام حسین و نظرات نوظهورش که در بخش جنبش استقلال طلبانه‌اش در همین نوشتار به آن اشاره شد دل خوشی از او نداشت و شتاب‌زده در پی یافتن جانشینی برایش افتاده بود تا خلأ او را پرکند؛ لذا این‌بار پیشنهاد آن انقلابی را با نظر مساعد مورد

بررسی قرار می‌دهد. ذکر این نکته در پیشنهاد که هر دو ملت ایران و آمریکا دارای کتاب آسمانی و خداشناسیم نیز که مفهوم سوگند به عهد و پیمان را نیز می‌رساند، خود مشوقی برای قبول تقاضای آن انقلابی توسط آمریکا شد. به روایتی، اشاره به ادیان را یکی از مشاوران بانی انقلاب که با اقامت طولانی در آمریکا با نکات ظریف در فرهنگ و معتقدات آن جامعه آشنا بود، در پیشنهاد گنجانده بود. ضمن آن‌که مصاحبه‌های حساب‌شده رهبر انقلاب در لوشاتوی فرانسه مبنی بر آن‌که توجهی به مال دنیا و کسب شهرت و قدرت ندارد و در صورت توفیق جنبش به قم رفته و در فضای معنوی آن به عبادت و تدریس خواهد پرداخت و دولتی امور کشور را به دست خواهد گرفت این تصور را برای آمریکا ترسیم می‌کند که در پس توفیق انقلاب حکومتی غیرمذهبی یا سکولار نیز مشابه حکومت شاه روی کار خواهد آمد. البته آمریکا نمی‌دانست که در پی تهاجم عرب و ترک و مغول به ایران فرهنگ ما شکل خاصی به خود گرفته که لغو قول و قرارها را با توجیه و عناوینی به ظاهر منطقی، چون مصلحت‌آمیز، ممکن و آسان می‌سازد. دروغی که از احساس شرم در شکستن پیمان می‌کاهد، و گناهی به حساب نمی‌آید و یا از نظر اخلاقی خطایی.

بدیهی است که غرب و شرق دلشان برای گرفتاری قوم و ملتی نمی‌سوزد و در حفظ منافع خود به دنبال قدرتی می‌روند که توان اداره کشور تأمین‌کننده منافع آن‌ها را داشته باشد تا بر پایه آن ثبات و آرامش بتوانند به بهره‌برداری خود ادامه دهند. به همین خاطر قدرت معنوی روحانیت، گسترش سازمانی آن برای غرب حائز اهمیت می‌شود. هم‌زمان با انقلاب ایران، همسایه دیواربه‌دیوارش، حکومت سوسیالیستی شوروی نیز در مسیر تحولی از کمونیسم به سوی سرمایه‌داری گام برمی‌داشت که غرب اگر هم در طراحی سناریوی آن سهمی نداشت، حداقل از روند توسعه آن مطلع بود و توفیق آن را پیش‌بینی می‌کرد و می‌دانست که این توفیق به روسیه کمک خواهد کرد که این بار در لباس سرمایه‌داری و احترام به مذهب، راحت‌تر ایران و منافعش را به دام خود کشد و به هدف دیرینه‌اش رسد

که همین برآورد دلیل دیگری شد که آمریکا به انقلاب ایران روی خوش نشان دهد و جانشینی حکومت مذهبی متعهد به حفظ منافع خود را غنیمت شمارد. از طرفی توفیق سریع انقلاب اسلامی با شبکه سازمانی گسترده و پیروانی معتقد به زمانی که روسیه در راه گریز از رژیم کمونیستی به سوی سیستم سرمایه‌داری حرکت می‌کرد، به غرب اطمینان می‌داد که با ثبات و امنیت این همسایه جنوبی روسیه مشکلی در راه توفیق پله‌پله تحول خود نخواهد داشت. توفیقی که سیستم کمونیستی را از مسیر سیاست خارجی و کاپیتالیستی متجاوزانه آمریکا برمی‌داشت؛ لذا توفیق انقلاب روسیه از این جهت نیز برای آمریکا حائز اهمیت شده بود.

ناگفته نماند که آمریکا هم‌زمان می‌کوشید که تحول روسیه را نشانی از برتری سیستم کاپیتالیستی غرب، در قیاس با دکترین کمونیسم در دنیا جلوه و از آن بهره تبلیغاتی برد. کما این‌که «ریگان» پرزیدنت وقت آمریکا در اقدامی نمایشی، به برلین می‌رود و با نطقی در پای دیوار برلین، شعار «مستر گورباچف بیا و این دیوار جدایی را از میان بردار» را سر می‌دهد. گرچه نمی‌توان منکر شد که حمایت آمریکا از گورباچف در پایان این تحول و کمک به او در پیاده‌کردن سازمان‌هایی مشابه ممالک غربی در اداره روسیه و به‌ویژه حفاظت از جان او نیز در برابر گروهی در داخل روسیه که مسلک کمونیسم برایشان به صورت مذهبی درآمده و منافعی از موجودیت آن نصیبشان می‌شد بسیار مؤثر بوده است.

محاسن حکومت‌های مذهبی نیز مد نظر آمریکا قرار دارد؛ چه تداوم و درازای عمر سلطه آنان موجب می‌شود حکومت‌های نوپایی در پس هم بر سر کار نیایند تا موجب شوند با آمدن هر حکومت نو، غرب درگیر رقابت با طالبان منافع آنان شود و یا با جست‌وجوی راهی برای نفوذ مجدد در هریک از آن‌ها، زمانی را در بهره‌بری از منابعش بر باد دهد. عمق اعتماد پیروان ادیان به زعمای روحانی، لزوم اطاعت به دور از بحث و گفت‌وگو به نظرات قدسی آنان و ترس از آفریدگار که روحانیت مدعی حکومت به نمایندگی از طرف اوست، دلایلی است که به عمر حکومت‌های مذهبی

می‌افزاید. تعدادی از ممالک عربی سواحل خلیج فارس، نمونه‌هایی از این نوع حکومت‌های پردوام‌اند.

غیر از پیروان معتقد، آمریکا توان روحانیت ایران را در سازمان گسترده و متشکل آن می‌دید. که با چشم‌پوشی از آرامگاه امامان و امامزاده‌ها و شمارش مساجد در محلات هر شهر، تنها توجه به پراکندگی مساجد در چندهزار روستا و مراکز کوچک سکونتی در پهنه کشور، دامنه این گسترش سازمانی را روشن می‌ساخت. مراکزی که در آن‌ها می‌توان به سهولت از افکار عمومی آگاه شد و با همان سهولت هر نظر سیاسی و اجتماعی پیروان را در جهت تمایلات زعمای حکومت مذهبی هدایت کرد. به این ترتیب روحانیت ایران شرایط آن را داشت که اریکه قدرت هر سلطه‌ای را به دست گیرد و من‌جمله جای خالی شاه را نیز که مورد نظر آمریکا بود، پر کند و به این نکته نیز توجه داشت که چون طبقه روحانی ایران زمانی طولانی به درازای قرون را با حقوق اندک اوقاف حق امام و اعانه گذرانده‌اند، گنجینه به‌دست‌آمده از تسلط بر ایران را با از خودگذشتگی حفظ خواهند کرد.

ناگفته نماند برداشت‌های اعتقادی در کلیه ادیان وجود دارند. کما این‌که در آمریکا مداحان مذهبی مسیحیت در سالن‌های وسیع و مجلل خود و گهگاه در استادیوم‌های ورزشی، مبلغ مسیحیت برای مستمعین کثیری می‌شوند. مراکزی که در آن‌ها و در برابر دوربین تلویزیون‌ها، فلجی به راه می‌افتد و یا کوری بینا می‌شود و تکبیر «هله‌لویا» محل را به لرزه در می‌آورد. این اعتقادات در افکار عموم و در سطوح مختلف جامعه چون خاندان پهلوی نیز حک شده بود. در رأس خاندان، شاه به زیارت امام رضا و کعبه می‌رفت، عید قربان را گرامی می‌داشت و در عاشورا به مسجد رفته و با عزاداران حسین همدردی می‌کرد. گرچه قسمتی از این توجهات رنگ تظاهر داشت ولی نمی‌توان گفت که اعتقاد به مذهب در آن اصلا نقشی نداشته است. حتی به روایتی شاه خود را نظرکرده نیز می‌پنداشت و این فکر بعد از زنده‌ماندن از چند حادثه در او پاگرفته بود. به‌عبارتی، به توصیه مادر نیز «و ان یکاد» را همواره در جیب داشت. او با آن‌که از بی‌مهری روحانیون

باخبر بود و حتی در برابر چشم خود ساعت مساجد را می‌دید که به نشان بی‌توجهی و مخالفت با او و دولتش، با تغییر فصول تنظیم نمی‌شود، باز از ترس خدا حامی روحانیون بود و در جلب رضای آنان می‌کوشید و از کنار مسائلی که گهگاه برایش به وجود می‌آوردند می‌گذشت. گرچه خاندان پهلوی به ظاهر پاره‌ای از دستورات مذهبی را رعایت نمی‌کردند، ولی در باطن اعتقاد خود را به مذهب حفظ کرده بودند که اسامی مردان این خاندان، رضا، محمدرضا، غلامرضا و غیره، معرف آن است. تأمین پوشیده هزینه سفر یک نفر از هر استان و در هر سال برای زیارت حج به نمایندگی رضاشاه معرف دیگر آن است که به جریان ماجرای انتخاب این نماینده در استان بختیاری در این نوشتار اشاره شد. این درجه ایمان و بستگی را وابستگان سازمان‌های سیاسی «سکولار» حتی با داشتن توان مالی و تشکیلات عریض و طویل اداری و امنیتی ندارند و کبر ناشی از مقام و در مواردی نادرستی، به دوری این سازمان‌ها از مردم دامن می‌زند. خصوصیاتی که اگر در حکومت‌های اسلامی نیز روی دهد، همان فاصله را به مراتب طولانی‌تر و بدبینانه‌تر ایجاد خواهد کرد.

ملخص آن‌که با توجه به این نکات، آمریکا نمی‌توانست پیام زیرکانه رهبر انقلاب را آن هم با ندای دوستی نادیده گیرد و در نتیجه به چهارده شکست گذشته‌اش که به نوشته نویسنده آمریکایی، **Stephan Kinzer** در کتاب کودتا، با هدف حفظ منافع در براندازی حکومت‌ها با آن مواجه شد، با شگرد رهبر انقلاب ایران، شکستی دیگر، پانزدهمین هم اضافه می‌شود. چهارده شکست آمریکا در براندازی حکومت‌ها که به ترتیب تاریخ اتفاق، در ممالک زیر روی داده است عبارت‌اند:

هاوایی، پرت‌ریکو، فیلیپین، نیکاراگوئه، هندوراس، ایران زمان مصدق، گواتمالا ویتنام، شیلی زمان آلنده، گرانادا، پاناما، افغانستان و عراق.

ناگفته نماند که آمریکا هم‌اکنون نیز در پی براندازی حکومت چپ‌گرای ونزئولاست و با آن‌که اکثریت ملت آن به‌خاطر ضعف مدیریت از رئیس‌جمهور خود رضایت ندارند، به‌خاطر حمایت روسیه، چین و کوبا،

هنوز توفیقی به‌دست نیاورده است. حمایت روسیه از ونزئولا از آن جهت است که در همسایگی آمریکا، جاپایی برای اوست و چین نیز به‌خاطر خرید نفت که در روز ۲.۸ میلیون بشکه تولید می‌کند و مهم‌تر از آن دریچه‌ای است برای نفوذ آن کشور در آمریکای جنوبی. کوبا نیز به‌خاطر دریافت نفت با قیمتی بسیار نازل، با اعزام نیرو به ونزئولا، عملا ارتش آن را در اختیار گرفته است و حمایت همین ارتش، حافظ حکومت آن است. این مانور روسیه و چین آن دو کشور آمریکای جنوبی را به صورت مدلی برای جلب اطمینان ایران درآورده است.

ضمن آن‌که سازمان‌های حفاظتی گوناگونی که روحانیت با ابتکار خود به شرح زیر در ایران بنا نهاده، ایجاد تزلزل در حکومت اسلامی را توسط مخالفانش بسیار مشکل ساخته است. فقط کافی است که غیر از دوایر امنیتی، به سازمان‌های دیگر حفاظتی ابتکاری آن‌ها توجه کرد که مرکب از ارتش کلاسیک، سپاه، بسیج و نیز گروه دستاری است که به طور مداوم از مدارس اسلامی فارغ‌التحصیل شده، به لباس روحانیت درآمده و عمامه‌ای بر سر می‌نهند که در بین آن‌ها تعدادی طلبه از ممالک اسلامی نیز با استفاده از بورس کامل تحصیلی هستند که به ممالک خود برگشته و همراه پیروان دیگر شیعه در آن ممالک، برای ایران تبلیغ می‌کنند. آنان همبستگی را تنها به‌خاطر اعتقاد مذهبی با ایران ندارند، بلکه نظر دیگری را مبتنی بر مقاومت در برابر فرهنگ غرب در سر می‌پرورانند. با این تدارکات است که در حال حاضر نفوذ ایران اسلامی در منطقه گسترش می‌یابد تا در آینده چه پیش آید.

با مداخله آمریکا گفتیم که ارتش در انقلاب ایران نقش بی‌طرفی به خود گرفت و سازمان‌های امنیتی و انتظامی نیز به ملایمت گرویدند. تغییر جهت سازمان‌های امنیتی و انتظامی، با شروع جنبش‌های خیابانی انقلابیون محسوس بود که من از علت آن دیرتر آگاه شدم. به این‌صورت که شاه طی بخشنامه‌ای استانداران را نیز به عضویت کمیته‌ای به نام کمیته امنیت استان منصوب می‌کند که تصور می‌کنم اکثر استانداران به‌خصوص از سازمان

برنامه، از موجودیت این کمیته تا آن زمان بی‌اطلاع بوده‌اند. با پرس‌وجو فهمیدم که این کمیته را سران نظامی استان تشکیل می‌دهند و جلسات آن نیز هربار در دفتر یکی از آن‌ها به‌صورت محرمانه تشکیل می‌شود. قبل از استعفا از سمت استانداری گیلان در اوایل انقلاب، دوبار در این کمیته شرکت کرده و با سرفصل وظایف آن آشنا شدم و دانستم که نقش اصلی آنان برآورد رضایت مردم از حکومت و کنترل افکار مدیران سازمان‌های دولتی از دیدگاه امنیتی بوده است. با این شناخت، احتمال می‌دهم اتهامی که به من در عدم اعتقاد به رژیم در استان بختیاری وارد کرده بودند، تنها توسط ساواک نبوده و توسط همین کمیته در آن استان صورت گرفته است. گرچه در همان دو جلسه دریافتم که در این قبیل از کمیته‌ها، ساواک همیشه حرف نهایی را می‌زند. اطلاع دیگری را که با عضویت در این کمیته به دست آوردم این بود که با آغاز جنبش به اعضای نظامی این کمیته در استان‌ها از سازمان‌های مرکزی هر یک دستور داده شده که از میتینگ‌های مردم جلوگیری نکرده، اعتراضات آن‌ها را نسبت به حکومت صبورانه تحمل کنند. دستوری که کاملا مغایر با وظایف قبلی آن‌ها بود و به این خاطر به نسبت سایر انقلاب‌ها، انقلاب ایران با برخورد به موانعی کمتر و در زمانی به مراتب کوتاه‌تر به نتیجه رسید و توفیق یافت.

فرماندهان عضو این کمیته، هر یک در سازمان‌های خود در استان، اداره‌ای برای کسب اطلاعات داشتند. من تنها فرد جلسه بودم که مرکزی برای کسب اطلاعات نداشتم و این فرمانداران، بخشداران، شهرداران، آشنایان و منسوبین و عامه بودند که گهگاه مواردی را به من منتقل می‌کردند. در نتیجه، سازمان‌های مذکور دقیق‌تر می‌دانستند در زیر پوست شهر چه می‌گذرد و با اطلاعاتی که از دوایر اطلاعاتی خود می‌گرفتند مدت‌ها بود که سقوط سلطنت را پیش‌بینی کرده و بر پایه آن، هر یک پوششی حفاظتی با ندادن نظر قاطع در هر زمینه‌ای بر خود کشیده و با رویه کج‌دار و مریز، از کنار مسائل می‌گذشتند. ضمنا گویی که به هم نیز مشکوک‌اند و نمی‌خواهند نظر قاطع و روشنی در رابطه با مسائل جاری ارائه دهند که توسط یکی از

اعضای کمیته بهخاطر نزدیکی به انقلابیون، به گوش سردمداران انقلاب و
یا اینکه به دستگاه نیمهجان حکومت برسد و چون هر یک در گذشته بگیر
و ببندی را بهخاطر مسئولیتهای خود انجام داده بودند به شدت نگران
انتقام انقلابیون و آینده خود به نظر میرسیدند. بهندرت اتفاق میافتاد یکی
چون رئیس شهربانی انزلی پردهپوشی را کنار گذاشته و بستگی خود به
انقلابیون را اعلام و حتی مرا هم تشویق به پیوستن به حرکت انقلابی نماید.
در جلسه کمیته امنیت استان، من و فرمانده نیروی دریایی مطلبی برای گفتن
نداشتیم و فقط توصیه میکردیم که سعی شود کشتار و خرابی بیهودهای
پیش نیاید. علت این پیشنهاد هم آن بود که شواهد پیروزی انقلاب مشهود
بود و دیگر دلیلی برای برخورد، کشتار و ویرانی وجود نداشت. ملخص
آنکه درحالیکه مردم در خیابان شعارهای انقلابی ضد شاه سرمیدادند
ستونهای حافظ سلطنت فرومیریخت؛ گویی که ابر و باد و مه و خورشید
در کارند تا نه تنها شاه را از سلطنت برکنار کنند، بلکه طومار حکومت
دیرینه سلطنتی ایران را نیز برای دومینبار بعد از حمله اعراب به ایران
درهم پیچند:

مستحکمترین ستونی که در برابر انقلاب میتوانست قرار گیرد ارتش
بود که سردرگم و بلافرمانده و فرمان باقی ماند. این سردرگمی که با ورود
پنهانی ژنرال آمریکایی «رابرتهایزر»، فرمانده وقت پیمان دفاعی ناتو[1] که
بدون پاسپورت وارد ایران شده و پنهانی در فرودگاه نظامی دوشان تپه بر
زمین نشست، تشدید شد. از توصیههای او به مشاورین آمریکایی و نظامیان
ایرانی و بهطور کلی سران ارتش، اطلاعی در دست نیست که بلاشک در
رابطه با نقش ارتش در برخورد با جنبش انقلاب دور میزد.

از آنجا که این ملاقات حائز اهمیت در شناخت ماهیت انقلاب ایران
است، امید میرود که محققی به زمانی پرده از آن برگیرد و یا چند سال
دیگر به روال مرسوم، از بایگانی سری و وزارت خارجه آمریکا درآید. در
پس آن، شاهی که از بیماری و مصرف داروها سردرگم شده بود و از جهتی

۱-NATO

معتقدات مذهبی، مقابله با روحانیت را شاید برایش مشکل می‌نمود، کماکان در انتظار هدایت غرب مانده بود که در جریان انقلاب توسط دو سفیر انگلیس و آمریکا به او دیکته می‌شد. چون خود مراقبت از همسر بیمار و مبتلا به سرطانی را تا پایان حیاتش برعهده داشتم، می‌توانم تأثیر روانی این بیماری را نیز که چون دلهره محکومی در انتظار پایان عمر، چوبه دار و یا تاریکی گور است، در شاه تجسم کنم. می‌دیدم چگونه داروها بیمار را به ضعف جسم و گمراهی اندیشه که لازمه تصمیم‌گیری‌هاست سوق می‌دهد. در چنین شرایطی سفرای مشاورش هم به حفظ و ادامه سلطنتش، چون مرداد سال ۱۳۳۲ دیگر تمایلی نداشتند. شاه تا آن‌جا صبر می‌کند که سفیر انگلیس با نگاه به ساعت خود به او می‌فهماند که لحظه بدرودش با ایران فرا رسیده است. به این ترتیب ارتشی که به‌صورت سپاهی مجهز درآمده بود، در مقابل روحانیون ماهر در تبلیغ که با قراردادن گل در لوله تفنگ سربازان، راه عبور گلوله آن‌ها را بسته و با اشعار آهنگین به صورت دسته‌جمعی «ارتش به این بی‌غیرتی، هرگز ندیده ملتی» روحیه سربازان بدون فرمانده را که اغلب روستایی بی‌خبر از همه‌جا و احتمالاً متدین هم بودند، تضعیف می‌کردند.

با انتصاب تیمساری متدین، «قره‌باغی» به سمت وزیر کشور، وظایف شاخه‌های انتظامی ژاندارمری و شهربانی نیز دگرگون و به آن‌ها کتبا دستور داده می‌شود که مانع میتینگ‌های خیابانی مخالفین شاه نشوند و هم‌زمان فرماندهان نیروهای انتظامی و امنیتی استان‌ها را نیز که احتمال می‌رفت این دستور را با جدیت اجرا نکنند، از کار برکنار می‌کند. در گیلان، تیمسار نوذری از فرماندهی ژاندارمری برکنار و مردی ساکت و ظاهرا بی‌تفاوت به جریانات روز، جانشین او می‌شود. در فرصت کوتاه آشنایی با او دریافتم که اصرار دارد اعتقاد مذهبی خود را نمودار و یا به‌صورتی جهت فکری مرا در رابطه با انقلاب محک زند. دو- سه باری که با او برای انجام بازدیدی همسفر شدم، قبل از حرکت با سرانگشت روی خاک نشسته بر شیشه اتومبیل کلمه «یا علی» را می‌نوشت و به روایتی در سفری که بعد از انقلاب به ایران

داشتم، شنیدم در انتقال تعدادی از کارگران شهر صنعتی قزوین به رشت نیز برای ایجاد اغتشاش نقشی داشته که حمله به محل سکونتم نیز به آن‌ها نسبت داده می‌شود. گویا بعد از توفیق انقلاب هم سمتی در همیاری با کمیته انقلابی گیلان به دست می‌آورد.

فرمانده نیروی دریایی شمال، استقلال فکری خود را حفظ کرده و در طول جنبش انقلابی، به کارش، آموزش کادر نیروی دریایی ادامه می‌داد. ناگفته نماند که بعد انقلاب نیز مستقل می‌ماند و وارد کادر دولتی و نظامی آمریکا نشده و با تاکسیرانی خانواده خود را اداره کرد.

رئیس ساواک گیلان، که شاید به دلیل محلی‌بودن تا حدودی در محدوده اختیارات خود ملایم عمل می‌کرد نیز سمت خود را در گیلان از دست داد و جای او را رئیس پرمدعای ساواک فارس گرفت که نشان می‌داد شمشیر را از رو بسته و طالب دامن‌زدن به آشوب است. نمی‌دانم که او هنوز در ادامه رویه گذشته ساواک، خواستار حمایت از شاه و پیشگیری از آشوب بود؟ و یا با نام نامطلوبی که ساواک در اذهان عمومی از خود به جای گذاشته بود، می‌خواست به بدبینی جامعه نسبت به سلطنت اضافه کرده و صحنه انقلاب را رنگین سازد؟ بعد از پیروزی انقلاب، انقلابیون او را حلق‌آویز می‌کنند.

رئیس شهربانی استان عوض نشد، اما او هم در برخورد با انقلابیون گاهی رویه‌ای مشابه با فرمانده ژاندارمری و گاهی مانند رئیس ساواک به خود می‌گرفت. در نتیجه نظراتش مبهم می‌ماند و گویا از این طریق شایع است که او نیز بعد از توفیق انقلاب بدون مشکلی بازنشسته و از ایران خارج می‌شود.

همان‌طور که اشاره شد، یکی از دلایل عدم حمایت آمریکا از ادامه سلطنت شاه دلگیری از او بود که در جهت جلب حمایت عامه، به‌دنبال استقلال سیاسی که به جزئیات آن اشاره شد رفته و با انتقاد از روابط غیرعادلانه اقتصادی غرب با ایران، پا را از گلیم خود فراتر نهاده و آن‌ها را که حامی اصلی سلطنتش بودند، از دست می‌دهد. منتهی چون حامی

دیگری برایش باقی نمانده بود، به ناچار تا آخرین لحظه سلطه خود هنوز کوره امیدی به کمک آن‌ها داشت؛ درحالی‌که سفرای آمریکا و انگلیس، به گواهی کتاب خاطراتشان، لابه‌لای صفوف انقلابیون در تهران در حرکت بوده و هم‌زمان، نقش مشاور شاه را نیز ایفا می‌کردند. شاه به دلایل یادشده، بی‌اراده و به‌صورتی انعطاف‌پذیر شده بود که به هر جهتی که آنان توصیه می‌کردند، می‌رفت. برای نمونه، وقتی دکتر صدیقی، استاد دانشگاه و عضو جبهه ملی را برای نخست‌وزیری و یا تیمسار اویسی را برای فرماندهی حکومت نظامی در تهران در نظر می‌گیرد، به توصیه دو سفیر مذکور، از تصمیم خود صرف نظر می‌کند و آنان احتمالاً برای آن‌که انقلاب بتواند تا جاافتادن کامل به آرامی مسیرش را طی کند، به او می‌گویند دکتر صدیقی را فراموش کرده و به جای اویسی، تیمسار ازهاری را به این کار بگمارد که او می پذیرد و همان‌طور که دیدیم، آن تیمسار برای تصویب کابینه نظامی مأمور سرکوب شورش مردم، به دنبال رأی اعتماد از نمایندگان همان مردم به مجلس ملی رفته و در شروع گفتارش با ذکر کلمه «بسم‌الله» نرمش خود را نسبت به انقلابیون روشن می‌سازد.

در پی گفتار تیمسار ازهاری، شاه نیز با قرائت گفتاری که گویا وزیر اطلاعاتش داریوش همایون نوشته و به دستش داده بود، خطاب به ملت می‌گوید: «صدای انقلاب شما را شنیده‌ام.» و به این ترتیب، توفیق قطعی انقلاب بر عموم روشن می‌گردد. در مطالب فوق یادآور شدم که نام این وزیر، داریوش همایون، باری دیگر و بعد از گذشت چند سالی دوباره به گوشم خورد. به این صورت که آشنایی افغانی در کلاس شبانه کالج در سانديگو، یک‌باره از من می‌پرسد که آیا داریوش همایون را می‌شناسی. در پاسخ گفتم: «از نزدیک نه ولی می‌دانم که وزیر اطلاعات قبل از انقلاب بود. اما تو او را از کجا می‌شناسی و چه شد که یک‌باره در این شب، در این شهر در گوشه آمریکا و در کارگاه این کالج، به یاد او افتاده‌ای؟» در پاسخ گفت که: «یکی از مبارزین آشنای افغانستان که با روس‌ها در افغانستان درگیر است و تحت حمایت آمریکاست، به سانديگو برای شرکت در جلسه‌ای

دعوت شده است و از من خواستند که در این جلسه مترجم او باشم. جلسه‌ای که داریوش همایون هم یکی از سخنرانانش بود و درباره تئوری خود تحت عنوان "بهم‌پاشی شوروی سوسیالیست از حوزه خلیج فارس مقدورست" سخنرانی کرد. من از ضیا خواستم که از متن آن سخنرانی با این عنوان پیچیده توضیحی دهد که گفت اجازه ندارد و تا همین‌جا هم زیادی خبرچینی کرده است. اسم داریوش همایون، وزیر اطلاعات شاه مرا به یاد مقاله او در شروع انقلاب انداخت که به آیت‌الله خمینی تاخته بود. مقاله‌ای که نه تنها از وجهه او نکاست، بلکه موجب شناخت و معروفیت او گردید.

یکی دیگر از خصوصیات انقلاب ایران در قیاس با انقلاب‌های دیگر آن است که بعد از پیروزی انقلاب به‌صورت رفراندومی در سطح کشور، نظر مردم برای نوع حکومت و خط مشی اجرایی آن خواسته می‌شود. در این رفراندوم، کلیه رأی‌دهندگان حائز شرایط، اکثریتی نزدیک به اتفاق، حکومت را از نوع اسلامی آن برگزیدند؛ به امید آن‌که روحانیون بی‌نیاز از مادیات، بی‌توجه به شهرت و قدرت، بیزار از جلال و جبروت و شکوه که طی قرون آنان را به راستی و درستی، بی‌توجهی به ظواهر زندگی تشویق و بسط خصلت مهرورزی، یاری و معنویت هدایت و تشویق می‌کردند، در پس پیروزی انقلاب زندگی آرام، بی‌آلایش و ملکوتی همراه با عدالت را برایشان فراهم خواهند آورد.

بدیهی است که قبول حکومت اسلامی با رأی نزدیک به اتفاق مردم، دلیلی به دست حکومت می‌دهد که آن را متعهد و موظف می‌سازد مدافع و پاسدار خواست مردم، یعنی حکومت اسلامی باشد؛ لذا خود را محق می‌دانستند که مدعیانی را که با پیروزی انقلاب تصور می‌کردند حداقل برشی از کیک حکومت را مزه خواهند کرد و هم‌عقیده با آنان نبودند، چون دسته‌جات چپ‌گرا و ملیون و هر مخالفی در هرجای دنیا را از میدان برانند و یا به هر طریقی ساکت سازند. همان‌طور که در سرآغاز پیروزی انقلاب، با انفجاری در سالنی، تعدادی از افراد و حتی همراهان انقلابی غیر مطمئن خود را نیز از دور خارج کردند و سایر اقداماتی که در اخبار منعکس شده و

می‌شود ناگفته نماند که دقیقه‌ای قبل از انفجار سالن مذکور آیت رفسنجانی که بعد رئیس جمهور می‌شود برای پاسخ به تلفنی اتاق جلسه را ترک کرده بود.

ناگفته نماند، قوانین مذهبی- اداری شاخه شیعه، همان قوانین شریعت است که با تصویب حکومت اسلامی آن را پذیرفتیم. شاخه‌های اسلامی غیرشیعه نیز هر یک در اعمال اعتقادات مذهبی خود، دارای دکترین، رویه و قوانینی هستند که توسط پیروان لازم‌الاجراست. برای مثال، شاخه‌ای از مسلمانان سنی، باید از رهنمود «ثار» تبعیت کنند که بر پایه اطلاعات ناقص من، به زعم آنان اگر قتلی در طایفه‌ای روی دهد، شناسایی و تنبیه قاتل مطرح و کافی نیست؛ چون اقدام قاتل اهانت به حیثیت کل طایفه مقتول تلقی می‌شود و تا زمانی که متقابلا خدشه‌ای به حیثیت طایفه قاتل وارد نشود، خشم قبیله فروکش نمی‌کند و در خدشه‌زدن به حرمت قبیله قاتل هر تخریب و یا کشتن هر که در دسترس از قوم قاتل آید، از عابری گرفته یا کودکی، از نظر آفریدگار گناه به حساب نمی‌آید؛ چون تعبیر می‌کنند ذات آفریدگار، خود نیز در قضاوت بین هابیل و قابیل، برادری را که برای دادخواهی برادر ظالم خود را کشت، برای آن‌که دفع ظلم کرده است، می‌بخشد. و یا با تکیه به آیاتی از قرآن، چون آیه ۲۹ از سوره توبه که می‌فرماید: « قَاتِلُوا الَّذِينَ لَا يُؤْمِنُونَ بِاللَّهِ وَلَا بِالْيَوْمِ الْآخِرِ» این کشتار تا آن‌جا ادامه پیدا می‌کند که مهاجمین ارضا، خسته و یا شکست‌خورده شوند. با تکیه به فلسفه «ثار» است که در حال حاضر بازتاب آن را در گوشه و کنار دنیا و به ویژه در شهرهای اروپا و آمریکا شاهدیم. وهابی‌ها و سلفی‌های گروه داعش، بوکوحرام و شهاب و امثال آن، اقدامات غرب را با تکیه به سوابق ظالمانه استعماری گذشته آن‌ها، اهانت به قوم خود به شمار می‌آورند و در نتیجه تخریب و کشتار ساکنین شهرهای غربی را از هر طبقه، هر سن‌وسال، زن یا مرد و بچه، اقدامی مذهبی در تبعیت از حکم ثار می‌دانند و نه بی‌عدالتی و یا اقدامی غیرانسانی و وحشیانه. آن‌ها حتی اگر سازمان مشخصی در روی زمین نداشته باشند به طور پراکنده

دنباله‌رو اعتقاد خویش‌اند. وقتی در کشورهای غربی حادثه‌ای به دست پیروان ثار روی می‌دهد که گروه داعش شاخص آن است و بی‌گناهانی به قتل می‌رسند و یا اعمالی چون سربریدن‌ها، راندن اتومبیلی به پیاده‌روها و یا انفجار محلی دیده می‌شود، آن را به بربریت عاملینش تعبیر می‌کنند. بی‌توجه به آن که این عمل ناشی از اعتقاد و تعالیم مذهبی آنان است. معادل همان عقیده‌ای که کاتولیک‌ها را به جنگ‌های صلیبی کشاند و یا به اعمالی ساده چون نخوردن گوشت در روزهای مشخصی مکلف می‌کند که پیروان شاخه مذکور مجدانه از آن پیروی می‌کنند و یا یهودیان باید فقط از محصولات کاشر تغذیه کنند. در مورد اصل «ثار» که معنی لغوی این کلمه خون است و برای تأکید به خونخواهی و انتقام است، نظرات و تفسیرهای متفاوتی عنوان می‌شود که یکی از تئوریسین‌های اسلامی، دکتر شریعتی نیز در رساله‌ای احکام آن را به دو دوره تقسیم و تفسیر کرده است؛ دوره‌ای که در راه مبارزه با فساد و یا مفسدی سپری می‌شود که آن را «دوره حرکت» می‌نامد و عصری که مبارزه به نتیجه رسیده و لکه فساد پاک شده و یا مفسد به قتل می‌رسد که آن را «عصر نهضت» می‌نامد. اگر درست فهمیده باشم در شیعه که به مکتب «ثار» تا حدودی معتقد است و انتقام را مظهر عدل الهی می‌شمرد در پس دوره حرکت و وقتی وارد عصر نهضت می‌شوند، تجزیه و تحلیل عقلی در قضاوت‌ها نیز در نظرگرفته می‌شود. درحالی‌که در پاره‌ای از شاخه‌های سنی معتقد به «ثار»، هیچ‌گاه نباید تجزیه و تحلیلی، قضاوت را تحت تأثیر قرار دهد.

غیر از قوانین شریعت و ثار، از قوانین دیگری نیز می‌توان نام برد. مثلاً مسلمین مغولی، از قوانین یاسای خود که قبل از اسلام ریشه گرفته کماکان تبعیت می‌کنند که از ثار کمی نمی‌کند و ما در حمله مغول به ایران، بازده تبعیت از این قانون خشن را تجربه کرده‌ایم. اسلام در حدود سال ۱۳۲۹ به زمان حکومت خاندان yuan به چین معرفی می‌شود و قوانین yasa به معنی دستور که توسط چنگیزخان تکمیل شد و برادرش Shihihutag قاضی اعظم، ناظر بر اجرای آن بود، به‌عنوان قوانین اسلامی نیز توسط مغولان پذیرفته

شد. البته اضافه بر قوانین شریعت، ثار و یاسا، قوانین مذهبی دیگری نیز وجود دارد که به خاطر رعایت اختصار و عدم آگاهی کاملم، از اشاره به آنها می‌گذرم با امید برآنکه اگر در توضیحات فوق، در رابطه با قوانین اسلامی برداشت صحیحی نکرده‌ام، توسط مطلعین اصلاح گردد.

فصل دوازدهم:
نکاتی در جریان و حاشیه انقلاب

در جریان انقلاب، گاهی مشکلات وقت‌گیر و استثنایی پیش می‌آمد که مربوط به انقلاب نبود اما حل آن‌ها در شرایط روز مشکل و وقت‌گیر می‌شد. در تب‌وتاب انقلاب روزی مدیر کل کشاورزی استان شتاب‌زده به دفترم آمد و خبر آسیب کرم ساقه‌خوار برنج را به چند کشتزار گیلان به من اطلاع داد و اضافه کرد: «کشاورزان تحت تأثیر تبلیغ روحانیون در دهات آسیب‌دیده، به مأمورینش اجازه سم‌پاشی مزارع را نمی‌دهند. آن‌ها در قهوه‌خانه‌ها تفهیم می‌کنند که به‌خاطر حمایت کشاورزان از مخالفین سلطنت دولت مبارزه با آفت را وسیله‌ای قرار داده که با ازبین‌بردن کشتزارها از حامیان انقلاب انتقام گیرد.»

کرم ساقه‌خوار، این آفت که می‌توان آن را طاعون گیاهی نامید، به ارزنده‌ترین منبع زندگی و اقتصاد مناطقی که در آن کشت برنج رایج است آسیب می‌رساند. این خبر تنها خبری بود که در طول جریان حرکت انقلابی، خونسردی‌ام را بدل به دلهره کرد. از اولین رشته تحصیلی خود به یادم مانده بود که این آفت، بدترین و مسری‌ترین آفت برنج‌زارهاست که به سرعت می‌تواند کل کشتزارهای منطقه را آلوده سازد و بعد از آسیب، سال‌ها کشت در آن مناطق ممکن نیست و در نتیجه اقتصاد گیلان فلج و گیلانی که ادامه حیات بسیاری از خانواده‌های آن به تولید این محصول بستگی دارد برای

مدت نامحدودی با سختی روبه‌رو می‌شد. فرصتی برای آموزش، توجیه کشاورزان برای جلب همکاری و یا گفت‌وشنود با مبلغین مذهبی و خلاصه کج‌دار و مریز نبود. در زمانی که هر حرکت دولت، بد یا خوب، با نقدی منفی روبه‌رو شده و به اعتراض مردم دامن می‌زد یا باید بیماری مسری گیاهی را به‌خاطر راحتی خیال خود و گریز از اشکالات ناشی از شرایط انقلابی و خطرات احتمالی آن به امان خدا می‌سپردم و یا با اقدامی جدی و فوری مشکل را حل کرده و این عارضه را از پهنه گیلان دور می‌کردم. به همکارم گفتم با کلیه تجهیزات و بسیج کلیه کارمندان فنی و حتی اداری خود بی‌درنگ برای کسب حداکثر نتیجه، سم‌پاشی را آغاز کرده و اگر ممانعت از حمل برنج حوزه‌های آلوده برای پیشگیری از آسیب به نقاط دیگر نیز لازم است، اطلاع دهد تا فورا پست‌های کنترل را در دروازه‌ها برقرار کنیم. ضمنا به او گفتم: «الآن دستور می‌دهم قهوه‌خانه‌ها را موقتا تا پایان سم‌پاشی در مناطق آلوده ببندند؛ با این امید که کشاورزان از این مراکز به کشتزارهای خود روند و در رفع این مشکل حیاتی توافق و یاری دهند.» اضافه کردم این تصمیم را به وزارت کشاورزی منتقل نکند؛ چون امکان دارد به‌خاطر شرایط روز و به‌خاطر نگرانی و ترس از اعتراض انقلابیون هیجان‌زده، مانع کار ما شوند و یا حداقل اقدام ما را به تعویق اندازند. موقع خداحافظی، به مهندس مجیدیان، مدیر کل کشاورزی گفتم: «با زمینه‌ای که در حال تدارکش هستیم باید آماده تحمل سیل انتقاد باشیم. امیدوارم آمادگی آن را داشته باشی.» که او در پاسخ گفت: «متأسفم که لبه تیز آن متوجه شما خواهد شد.» پیش‌بینی من درست بود؛ انتقادات به اوج خود رسید. تا جایی که طنزنویس با ذوق و همیشه مبارز قبل و بعد از انقلاب، با قلم توانای خود در روزنامه کیهان، به کیسه‌کش گرمابه‌ها هشدار داد که استاندار گیلان در کمین شما نشسته است و بعد از قهوه‌چی‌ها، به سراغ حمام و کیسه‌کش‌ها خواهد آمد. خواستم دلیل این اقدام را برای او با نامه‌ای روشن کنم ولی دیدم که این کار به دامنه مکاتبات خواهد افزود. ناگفته نماند به سبک نوشته‌های آقای خرسندی علاقه‌مند بودم و در اغلب موارد

محتوای آنها را می‌پسندیدم. به ایشان حق می‌دهم که بدون پرس‌وجو و به خاطر عدم اطلاع با دامنه آسیب این آفت و از تعجب آنکه استانداری به کار قهوه‌خانه‌ها نیز مداخله می‌کند، آن هم به زمانی که همگان به یاد آزادی افتاده و نیل به آن هدفی عمومی شده است، چنان مقاله‌ای بنویسند. به هر صورت اقدام ما نتیجه‌بخش شد و به گیل‌مردان و زنان برنج‌کار گیلان و تجار برنج، آسیبی وخیم وارد نشد و برای مصرف‌کنندگان گیلانی و مشتاق به مصرف برنج هم که در سفره‌هایشان همیشه موجود است، موجب افزایش قیمت نگردید.

مهمان ناخوانده گیلان نیز اتفاق دیگری درجریان انقلاب بود. به من اطلاع داده شد که هنری کسینجر، وزیر خارجه مشهور آمریکا در تهران است و ابراز علاقه کرده است که از شیلات و نحوه ساخت خاویار در انزلی دیدن کند و خواستند در این بازدید همراه او باشم. نقش و نفوذ او را در سیاست‌گذاری آمریکا، به‌خصوص در سیاست خارجی آن کشور می‌دانستم. نفوذ او به آنجا رسیده بود که به غلط و یا به درست می‌گفتند تصمیمش در پنهان نگه داشتن توافق صلح در جنگ ویتنام، که شخص او در رسیدن به این توافق نقشی اساسی داشت، جنگ مذکور را همراه با کشتار و هزینه‌اش مدتی به درازا کشاند و هم اوست که نظراتش در راه‌حل مسائل پیچیده جهانی آمریکا، هنوز مؤثر است. نقشی که از سویی برایش شهرت جهانی آفرید و از جهتی دشمنان بی‌شمار و از جمله روحانیون. در آن شرایط روز صلاح نمی‌دیدم که حادثه‌ای برای او در گیلان پیش آید که هجوم مأموران انتظامی و امنیتی داخلی و خارجی و تعداد کثیر خبرنگاران را متوجه گیلان ساخته و احتمالا برخوردی بین آن گروه و انقلابیون را موجب شده و کشتاری روی دهد. برایم آمدن او به ایران و شهامت او در گردش در ایران، آن هم در آن برهه هیجان‌آلوده، سؤال‌برانگیز شده بود.

صادقانه باید اعتراف کنم که علاقه‌مند بودم از فرصت استفاده کرده و از نزدیک این غول سیاست را که در تحولات جهانی پدیده شاخص قرن است، ببینم. آشنایی با نوشته‌های او که درک استثنایی او را نشان می‌داد،

به علاقه‌ام دامن می‌زد و به‌خصوص کنجکاو نظرش در مورد شایعه ایجاد
تأخیر در صلح ویتنام بودم؛ لذا تاریخ سفرش را پنهان نگه داشتم و در
آخرین لحظات از معاون اداری استانداری خواستم به استقبال مهمانی که
در راه است برود. کیسینجر در سفرهایش، به هرجا که وارد می‌شد، بالاترین
مقام کشور به استقبالش می‌رفت. ضمنا به او توصیه کردم که او را از
فرودگاه بردارد و مستقیما به شیلات انزلی برده و حتی‌المقدور بازدید او را
کوتاه و محدود به شیلات سازد و سریعا به فرودگاه برگردانده و به تهران
بفرستد. می‌دانستم که خبرآمدن او نمی‌تواند پوشیده بماند و با رفتن من به
فرودگاه، لحظه ورودش دقیق‌تر مشخص شده و امنیت او را به خطر خواهد
انداخت. از طرفی با این استقبال، نمی‌خواستم روحانیون گیلان را نیز که
کوره امیدی به کمک آنان در حفظ آرامش گیلان و کمک در مواردی چون
حذف نمازگزاری انقلابیون در برابر شهرداری که شرحش از نظر خواهد
گذشت بیهوده آزرده سازم.

صحنه‌سازی جهت برخورد و رنگین ساختن انقلاب نیز یکی دیگر
از مشکلات هر روزه‌ام شده بود. در جریان انقلاب، مکرر با صحنه‌های
برخورد بین دسته‌جات، به منظور ایجاد اغتشاش که بهانه‌ای برای مداخله
نیروهای انتظامی را فراهم می‌آورد آن هم برای انقلابی که توفیقش مسلم
و نیازی به فداکاری و شهادت نداشت روبه‌رو می‌شدم که برای کوتاهی
نوشته، تنها به دو مورد آن اشاره می‌کنم:

جمعیتی از چند روستای شهرستان لاهیجان برای میتینگی در آن شهر به
حرکت درآمده بودند. همزمان گروهی نیز از لاهیجان، مخالف نظر سیاسی
آن‌ها به صف شدند که مانع ورود آن‌ها به شهر شوند که فرماندار لاهیجان
این خبر را به من رساند و من از نیروی دریایی به‌خاطر آن‌که در این سناریو
نقشی نداشت، نه ژاندارم دهات بود و نه پلیس شهر، کمک گرفتم که بدون
بهم‌ریختن میتینگ بین آن‌ها قرار گیرند و اجازه دهند هرچه که می‌خواهند
به هم بگویند و هر شعاری را سر دهند اما به هم نرسند که خود را شل و
کور کنند.

این صحنه مرا به یاد حکایتی انداخت که در خانواده و در ایام کودکی شنیده و به روستای «پورده‌سر» و ده همسایه آن ارتباط داشت. مسئله‌ای که طبق معمول جنبه اقتصادی داشت؛ امامزاده‌ای که مورد اعتقاد مردم بود و زوار زیادی برای گرفتن شفا هرساله به زیارت آن می‌رفتند و از این راه درآمد قابل‌توجهی به روستایی که امامزاده در محدوده آن قرار می‌گرفت می‌رسید. امامزاده در مرز مشترک دو ده قرار گرفته بود و هر یک از آن دهات با تکیه به این استدلال که ما از ساداتیم و روح امامزاده خوشنودتر است که در محدوده ما باشد، به اصالت سادات‌بودن ده رقیب شک کرده و با خواندن مکرر شعر زیر به آهنگ نوحه و مرثیه، سینه‌زنان به ده یکدیگر رفته، دعوایی به راه انداخته و سرودست شکسته، به خانه‌های خود بازمی‌گشتند:

شاه حسین را خواب دیدم بر ملا
گفتم ای شاه شهید کربلا
سیدان پورده‌سر نسل تواند؟
گفت:
لا ولا... لا بلا...
افترا زنن مرا، افترا زنن مرا

مورد دیگر، احتمال برخورد دسته‌جات با پلیس به بهانه سد معبر بود که شهردار رشت به من اطلاع داد. او باخبر شده بود که انقلابیون در میتینگ فردا تصمیم بر آن گرفته‌اند که در میدان مقابل شهرداری نماز خوانده و سپس به راه خود به سمت سبزه‌میدان ادامه دهند. شهربانی با تمرکز پاسبان‌ها در پشت ساختمان شهرداری، هتل ایران و مرکز پلیس در ضلع دیگر میدان، مصمم است مانع سد معبرگردد که بلاشک برخورد خونینی پیش می‌آمد و امکان داشت که تعدادی از مأموران انتظامی و انقلابیون تلف شوند و تعدادی از عابرین نیز از آسیب این برخوردها مصون نمانند. آن را

هم می‌دانستم که حرکت شهربانی نمایشی است اما احتمال داشت گلوله‌ای تصادفا در رفته و موجب شروع آشوبی شود که مسئله در میدان شهرداری خاتمه نمی‌یافت و متعاقب آن در برقراری مراسم تدفین و هر یک از مراسم عزاداری سوم، هفتم و چهلم، باز شهر با آشوبی روبه‌رو و خساراتی متحمل می‌شد. پیامی برای آیت‌الله ضیابری، ارشد روحانیون گیلان فرستادم و خواستم که برای حفظ آرامش شهر تنها برنامه نماز را از میتینگ فردا حذف کنند. می‌دانستم که ضیابری با نرمش و عطوفتی ذاتی، خواستم را قبول خواهد کرد ولی مطمئن نبودم که تا چه حد آیت‌الله احسان‌بخش، رهبر انقلابیون گیلان از او حرف شنوی داشته باشد. فردای آن روز با شنیدن شعار انقلابیون در پس دیوار دفترم که به فاصله عرض پیاده‌رو از صف آن‌ها فاصله داشت، می‌دانستم که میتینگ به حرکت درآمده است. کرکره پنجره را کمی باز کرده و از لابه‌لای آن به تماشای میتینگ‌دهندگان ایستادم. در پیشاپیش و ردیف نخست آن، آیت‌الله احسان‌بخش، رهبر انقلابیون گیلان، با عبا و عمامه و در کنارش معاون من استاندار که به انقلابیون پیوسته بود، با کلاه شاخصی از پشم گوسفند در حرکت بودند و سپس در دفتر خود منتظر خبر از شهردار ماندم که بگوید در برابر ساختمان شهرداری چه می‌گذرد. چندی بعد شهردار اطلاع داد که میتینگ‌دهندگان بدون خواندن نماز از میدان شهرداری به سوی سبزه‌میدان عبور کرده‌اند.

تلاش من در حفظ سلامت و اموال مردم که تعدادی از آنان منسوبین خودم نیز بودند، گویا موردپسند گروهی که فکر می‌کنم پاره‌ای از اعضای همان کمیته امنیت استان بودند خوش نیامد و برای گوش‌کشی، صحنه حمله به محل سکونتم طراحی شد. روزی که در شام آن به محل سکونتم حمله شد، شاهد اتفاقاتی بودم که برای حفظ روحیه خانواده آن‌ها را عادی تلقی می‌کردم. در آن روز آشپز ما به بهانه گرفتن کار بهتری ما را ترک کرد. رفتن آشپز که فقط مقدمات پخت غذا را آماده و سفره را جمع می‌کرد، به حال ما زیاد تأثیری نداشت و کماکان همسرم با سلیقه خود می‌توانست به کار پخت برای خانواده کوچک سه‌نفره ما ادامه دهد. خرید مواد غذایی

را نیز، سرایداری که از بختیاری با ما بود و با همسر و فرزند خردسالش در مسکنی واقع در جنب محل سکونت ما، در گوشه‌ای از حیاط زندگی می‌کرد برعهده داشت و با ارائه رسید، وجه آن را از همسرم دریافت می‌کرد. آشپز مذکور فقط در صورت داشتن مهمان که تعداد آن‌ها بسیار کم و اغلب مأمورانی بودند که برای بازدید و یا انجام کار اداری به استان می‌آمدند، تهیه غذا را برعهده می‌گرفت. ساعتی بعد از رفتن آشپز، پدر پرستار پسرم به دیدن ما آمد و اطلاع داد که زمینه ازدواج دخترش فراهم آمده و می‌خواهد او را به ده و خانه‌اش بازگرداند. او که بعد از چند سال پرستاری به پسرم انس گرفته بود، با گریه خداحافظی کرد و رفت. دوری از پرستار برای پسرم سنگین بود و مادرش را برای تغذیه و خواباندن او با مشکل روبه‌رو کرده بود. در همان روز به توصیه پزشک در منزل استراحت می‌کردم و در آن یکی−دو روز، پاره‌ای از کارها را که نیاز به تصمیم فوری داشت به دفترم در منزل می‌آوردند.

پاسبانی که در لباس شخصی به عنوان محافظ در بازدیدهای استان در کنار راننده می‌نشست و مدتی بود که از او خبری نداشتیم، دو بار به فاصله چند ساعت برای عیادت به دیدنم آمد و چون نسیم دریا را برای سینه گرفته من سودمند می‌دانست، اصرار داشت که برای بهبودی به انزلی بروم. به او گفتم: «چندی است که کمتر تو را می‌بینیم.» پاسخ داد که با لباس شخصی با تعدادی از هم‌قطاران، برای کسب اطلاعات در جمع انقلابیون رژه می‌رود. مرد کم‌حرفی بود و گویا چون از منسوبینش در روستا که در گذشته از زارعین خاندان مژدهی که همسرم از آن فامیل است، تعاریفی شنیده بود، غیر از رابطه اداری محبتی به من و خانواده نشان می‌داد.

در شب حمله به محل اقامت ما، اتفاق استثنایی و سؤال‌برانگیز دیگری رخ می‌دهد. به این صورت که رئیس شهربانی جلسه‌ای در شهربانی ترتیب می‌دهد که غیر از افسران پاسبان‌ها هم باید در آن حضور می‌یافتند؛ لذا پاسبانی نیز که اغلب با استقرار در اتاقک کشیک جنب دروازه ورودی به حیاط در کوچه پاسداری می‌کرد، به جلسه مذکور دعوت شد و به جای او،

پاسبان دیگری بدون اسلحه به پاسداری آمد که به دلیل نداشتن سلاح، در داخل حیاط و پشت در ورودی پناه گرفت؛ گویی که می‌دانست چه اتفاقی روی خواهد داد. پزشک معالج من هم که هندی و یا پاکستانی بود و برای رفع کمبود پزشک، تعدادی از آن‌ها را استخدام کرده بودیم، جیپ خود را در حیاط پارک کرده و تازه وارد اتاق دفتر خانگی شده بود که ناگهان سکوت شکسته شد و فوجی خشمگین با شعار ضد شاه به پرتاب سنگ و آهن پاره به داخل حیاط پرداختند که قطعاتی از حیاط گذشته و با شکستن پنجره‌ها به درون اتاق‌ها می‌ریخت. این موقع دریافتم که چرا محافظ اصرار داشت که آن شب را در خانه نباشیم و دیگران ما را در آن روز ترک کرده بودند. تنها کاری که کردم به پزشک گفتم که داخل جیپ خود بنشیند که مهاجمین در صورت ورود تشخیص دهند که او طبیب است. همسر و پسر ٦ ساله‌ام را به مسکن سرایدار فرستادم و خود چون تلفن‌هایم به دوایر انتظامی بلاجواب می‌ماند، در مقابل در ورودی ساختمان منتظر ایستادم. به این حساب مهاجمین بعد از ورود به حیاط، شاید با آسیب به من خشمشان فروکش کند و به همسر و فرزند و خانواده سرایدارآسیبی نرسانند. جالب آن بود که پاسبان بدون اسلحه‌ای که برای کشیک و حفاظت ما فرستاده بودند، کلاه خود را زیر بغل پنهان کرده و پشت سر من پناه گرفته بود! در این گیرودار تلفن زنگ زد. با عجله به امید آن‌که از مراکز انتظامی است، به داخل رفته و به آن پاسخ دادم. تلفن از کنسول روس در رشت بود که برای اقامت و حفاظت مرا به کنسولگری دعوت می‌کرد. من با او تماسی نداشتم و فقط سالی یک‌بار در روز تولد شاه، در چهارم آبان او را می‌دیدم که از نظر تشریفات بعد از مراسم سلام نیز برای صرف چای به دفترم می‌آمد و با هم مختصری گفت‌وشنود می‌کردیم که در حین مکالمه من از او درباره خانواده‌اش اطلاعاتی یافتم و او دانست که پدربزرگم در انزلی و باکو املاک و تجارت‌خانه‌ای داشت و پدرم را برای تحصیل به باکو برده بود. به امید رسیدن کمک از نیروی انتظامی که ظاهرا کنسول روس هم از کمک آن‌ها مطمئن نبود، از او تشکر کردم و بعد از صحبت با کنسول، دوباره به مقابل

در ورودی ساختمان بازگشتم. در پشت محل سکونت ما خانه‌ای بدون سکنه که نه چراغی در آن روشن می‌شد و نه صدایی از آن‌جا بر می‌خواست بود. به سرایدار گفتم که ببیند می‌تواند راهی پیدا کند که دو خانواده را به آن خانه بفرستیم تا از آن‌جا خارج و به انزلی و یا شفارود، به منازل فامیل و آشنایان روند. در رشت نمی‌خواستم به منازل فامیل روند و آن‌ها را با خطر مواجه سازند. از آن‌جا که تصور می‌کردم خود نیز به هرجایی روم، آن‌جا را از امنیت خواهم انداخت می‌خواستم در همان محلی که ایستاده بودم منتظر بمانم تا ببینیم که چه پیش خواهد آمد که ناگهان آن شلوغی به سکوتی ابهام‌آمیز بدل گردید. به تصور آن‌که ممکن است سکوت مقدمه طرحی برای ورود به حیاط باشد، مدتی در انتظار ماندم و چون خبری نشد، به تیمسار جهانبانی در انزلی تلفن زده و بعد از شرح ماجرا از او خواستم که به جای شهربانی، حفاظت محل سکونت مرا برعهده گیرد. ساعتی را در تردید گذراندم تا آن‌که فوجی از کادر نیروی دریایی از انزلی رسیدند. آن‌ها به من اطلاع دادند در مسیر و در کوچه مهاجمی را ندیده‌اند و همه‌جا آرام و ساکت به نظر می‌رسد. از پزشک وحشت‌زده به‌خاطر مسئله‌ای که با آن روبه‌رو شده بود پوزش خواستم و او را بدون آزمایش و تشخیصی به خانه‌اش فرستادم. پسر و همسرم با خانواده ترابی سرایدار به من ملحق شده بودند. چندی نگذشت که رئیس شهربانی با سه- چهار افسر همراه به دیدن من آمدند. از آقای ترابی خواستم برای آن‌ها چای آماده کند. آن‌ها از اتفاقی که رخ داده بود ابراز تأسف می‌کردند.

جمله رئیس شهربانی را هنگام خداحافظی به یاد دارم که گفت: «از آرامش شما بعد از آن اتفاق تعجب می‌کنم.» در دل گفتم: «احتمالاً تأسف و تعجب تو بیشتر از آن است که با اجساد ما روبه‌رو نشده‌ای.» ضمنا او پیشنهاد کرد که اسکورتی بفرستد که فردا مرا تا استانداری برای شرکت در مراسم چهار آبان روز تولد شاه برسانند. از او هم تشکر کردم و گفتم: «نمی‌دانم که فردا چه خواهم کرد. در صورت لزوم، قبل از رفتن به شما خبر خواهم داد.»

در آخر شب حادثه، من و همسرم جریان آن روز را مرور کردیم. رفتن آشپز ـ پرستار، تشکیل جلسه رئیس شهربانی در همان شب و به‌خصوص اصرار محافظم برای رفتن به انزلی و دور شدن از رشت، همه سناریوی حساب‌شده‌ای را نشان می‌داد و از آن نتیجه گرفتیم که باید از لجاجتی که در سر برای حفظ جان و مال مردم دیار خود دارم بگذرم و با خجالت، ناتوانی خود را قبول کنم. شاید گیلان نیز می‌بایست در نشان‌دادن انقلابی رنگین با آثار ویرانی در حماسه انقلاب با سایر نقاط کشور هم‌شکل شود که در این صورت از من به تنهایی کاری ساخته نبود. خواننده این نوشتار می‌تواند تجسم کند با چه شرایطی من و خانواده‌ام روبه‌رو شده بودیم. مردم انقلابی مرا نماینده کسی می‌دیدند که علیه او قیام کرده بودند، سازمان‌های انتظامی و امنیتی با من میانه‌ای نداشتند، همکارانم به انقلاب پیوسته و یا نمی‌خواستند با نزدیکی به من خود را با مشکل روبرو سازند، دوستان آشنایان و فامیل هم بر پایه همین دلایل، به بی‌خبری از من تن داده و در آن آشفته‌بازار هیجان‌زده، عصبی، خشمگین و انتقام‌جو، تنها فقط با ایمان به قضاوت و حمایت خدا به کار خود ادامه می‌دادم و به این خاطر و کمک‌های بعدی آفریدگار به من و خانواده‌ام در طول عمر و به خصوص در غربت، از او سپاسگزارم.

وزارت کشور
دفتر وزیر

خیلی محرمانه

تیمسار سپهبد صمد صمدیانپور
ریاست شهربانی کشور شاهنشاهی

با نهایت تأسف اطلاع حاصل شده است که اخلالگران در کرمانشاه خانه استاندار را با وجود حضور نگهبان آتش زده اند و در رشت نیز وارد استانداری شده و کلیه مقدمات لازم جهت ایجاد حریق در استانداری را فراهم کرده ولیکن موفق به آتش زدن آن نشده و در شهر در مورد استانداران و خانواده های آنها را با نگرانی و وحشت مواجه ساخته اند.

چون حفاظت استانداریها از نظر مصالح عمومی و مملکتی حائز کمال اهمیت است و استانداران در صورتی میتوانند به وظایف خطیر خود اقدام نمایند که این گونه مخاطرات آنان را تهدید نکند، لذا دستور فرمائید علت غفلت رؤسای شهربانی این دو شهر را رسیدگی و نتیجه را اعلام نمایند. ضمناً.

آن شب پسرم نمی‌توانست بخوابد. غیبت پرستارش و پنهان‌کردن کودکان در زیر تختخواب سرایدار برای حفاظت آن‌ها از چشم مهاجمین، به شدت او را که به هنگام حمله، در حیاط مشغول بازی بود ترسانده بود. یکی دو روزی نیز کمی لکنت زبان پیدا کرد. ما در مسکن استاندار جز تعدادی کتاب و لباس چیز دیگری نداشتیم.

از همسرم خواستم با کمک سرایدار و همسرش آن‌ها را در چمدان جای دهد. وسایل و سایر لوازم زندگی، چون ظروف و تعداد زیادی لیوان و گیلاس بلور مشروب و غیره، متعلق به دولت بود که در کمدها به تدریج انباشته شده بودند. از مدیرکل بهداری استان (دکتر س- ج) خواستم که اتومبیلی را فردا ساعت ٦ صبح بفرستد که خانواده‌ام را به تهران برساند. او از دوستان من و یکی از مدیران چپ‌گرای استان بود که سال‌ها از علی‌آباد گرگان و گنبد با او آشنایی داشتم و به گفته خودش، زندان در ایام تحصیل رشته پزشکی، فرصت مطالعه کافی به او داده و به همین دلیل طبیب مطلعی از کار درآمده است. من هم به اطلاعات پزشکی او اعتقاد داشتم و هرجا در شناخت بیماری کسی شکی پیدا می‌کردم، نظر او را جویا می‌شدم. حتی دو شب پیش از حمله به مسکن ما نیز به‌خاطر تلفن مادری که گله‌مند بود پزشکان بیمارستان پورسینا به او و کودکش توجه کافی نکرده، درد نوزادش را غیر قابل علاج دانسته و به خانه‌اش فرستاده‌اند، با او، به دیدار آن زن و کودکش که آدرسش را در همان مکالمه تلفنی گرفته بودم، رفتیم. آن زن در یکی از اتاق‌های خانه‌ای که در وسط حیاط آن حوضی و در اطراف آن ایوانی مشترک با اتاق‌هایی که درب همه آن‌ها به آن ایوان باز می‌شد، زندگی می‌کرد. همسایه‌ای اتاق محل سکونت آن زن را به ما نشان داد. در آن‌جا کودک را که رمق گریستن هم نداشت طبیب همراه من معاینه کرد. از حدقه یک چشم این کودک چندماهه غده‌ای بیرون زده بود. تشخیص طبیب همراه با پزشکان شب بیمارستان تطبیق می‌کرد. آن‌ها کم‌کاری نکرده بودند ولی کودک توان کافی برای جراحی که نتیجه آن هم روشن نبود نداشت. ضمن آن‌که مادر هم به جراحی کودک رضایت نمی‌داد و پیشنهاد مرا برای بردن او به تهران برای راحتی خیالش نپذیرفت. شوهرش نیز کاری داشت و نیازی به کاریابی برای او نبود.

بعد از فرستادن خانواده‌ام به تهران، لباس معمولی روزانه خود را در اتومبیل سیتروئنی که جلب توجه نمی‌کرد گذاشتم، لباس سلام را مثل سال‌های قبل پوشیدم، با چند حوله زردوزی یقه، سینه و سر آستین‌های

آن را پوشاندم و به تنهایی به استانداری راندم. نمی‌شد مردمی را که از قبل دعوت شده بودند، منتظر گذاشت. در جریان مراسم آن‌ها که همه ساله برای ذکر تبریک «به ذات اقدس شهریاری» از هم پیشی می‌گرفتند و اگر کارت دعوت برای آن‌ها ارسال نمی‌شد، گله‌مند می‌شدند، امسال ساکت بودند. یکی از آن‌ها که برای رعایت ظواهر دولت به او حق‌الزحمه می‌داد که نقش وکیل مدافع زندانیان سیاسی را بازی کند، آقای «ن-سمیعی»، پیشنهاد تغییر جمله «خدا، شاه، میهن» را به «خدا، میهن، شاه» عرضه کرد. معلوم بود او نیز به کمک این پیشنهاد می‌خواهد خود را در رده مخالفین شاه قرار دهد. سپس با گفتاری کوتاه و ذکر این جمله که «اگر توفیقی در حل مسائل استان به دست آمده، حاصل همکاری و هدایت شماها است جلسه را ختم کردم.» جمله آخر را به‌خاطر خوشنودی جمع و یا تحبیب بیان نکردم بلکه به نشانی بدرود آن را بر زبان راندم. می‌دانستم که برعکس سال‌های قبل که چند روحانی من‌جمله رهبر انقلاب گیلان برای مصونیت از آسیب ساواک و به ظاهر برای تبریک تولد شاه به دفترم می‌آمدند انقلابی شده و نخواهند آمد؛ لذا در انتظار نماندم و بعد از مراسم، لباس سلام را تعویض نموده و به‌طرف تهران راندم. در راه خاطره محبت همسایه‌ها و گیلانیانی که در شب حمله به مسکن ما یاری داده و ما را از مرگ نجات داده بودند، بهترین ره‌آوردی بود که با خود داشتم. در دو سفری که بعد از انقلاب به گیلان داشتم، محتاطانه در جست‌وجوی آن بودم که بفهمم چه جماعتی به خانه من حمله و چه گروهی آن را خنثی کردند ولی اطلاعات دقیقی به دست نیاوردم. فقط گفته می‌شد که گروه مهاجم را با کامیون‌های سازمانی دولتی از شهر صنعتی قزوین به رشت آورده بودند تا به اغتشاش دامن زنند. و رفتن مهاجمین نیز به دلیل آمدن پرسروصدای کشتی گیران باشگاه کشتی که همسایه ما سرپرست آن بود، از سمت سبزه‌میدان، موجب شد که مهاجمین به تصور آن‌که نیروی انتظامی است، از سوی دیگر کوچه بگریزند.

آرامش نسبی گیلان، برنامه‌ریزان انقلاب را عصبی می‌کرد. بعد از پیروزی انقلاب نیز در این‌باره طنزهایی رایج کردند. درحالی‌که این آرامش به دلیل

بی‌شهامتی و بی‌تفاوتی آن‌ها نبود. مردم این خطه به‌خاطر تجارب از مسائل سیاسی که در گذشته‌شان پیش آمده بود، با تعمق بیشتری به دنبال پذیرش اندیشه‌ای رفته و یا در نیل به هدفی گام برمی‌دارند. به طوری که در قبل هم به آن اشاره شد، همین زمینه تفکر و برداشت موجب می‌شد که حکام در رابطه با گیلان محتاط باشند. آنان بیشتر با فراز و نشیب سیاست‌ها و دلایل آن‌ها آشنا بوده و خود از برپاکنندگان خاندان‌های اصیل حکومتی چون دیلمیان بودند و به روایتی متن فرمان شاه‌شدن رضاشاه نیز خط‌نوشته فردی گیلانی از خاندان «اکبر» بوده است.

ملخص آن‌که به پایان کار خود در شغل استانداری رسیدم و با استعفا از آن شغل پرماجرا به سازمان برنامه، اداره پایه خود، با عنوان مشاور برگشتم و قبل از شروع به کار در آن سازمان، به رشت آمدم. بعد از عیادت از چند جوان انقلابی در رشت که در فاصله کوتاه مسافرتم به تهران، در میتینگی زخمی شده بودند، به همراه معاون اداری خود به انزلی رفتم. انزلی، شهرم را برای خداحافظی از کل مردم نیک گیلان انتخاب کردم. با گذشت از پل ورودی به انزلی میدانی است که خیابانی آن را به ساختمان شهرداری در جنب بلوار مرتبط می‌سازد. مردم قسمتی از خیابان و اطراف بنای شهرداری و قسمتی از بلوار را پوشانده بودند. اتومبیل به آهستگی از بین جمعیت عبور کرد و ما را به ساختمان شهرداری رساند. در ورودی شهرداری، منسوبی، «آقای معتمد»، به آهستگی در گوشم گفت: «با این بدرقه می‌توانستی راه دایی، «مرزآرا» را دنبال کنی. در جواب او گفتم: «نکند به من محبتی نداری که حضور در شهرداری، تو را به یاد نقره‌خان و سر بریده کوچک‌خان انداخت.»

در شهرداری پس از سپاس از محبت آن جمع، انزلی را به‌سوی رشت ترک و به این ترتیب با دیار آشنا بدرود گفته و متعاقبا به خاطر ادامه حیات و یافتن کار و مسکنی از ایران، خاکی که به زعم خود صادقانه در آن کوشیدم و عاشقانه به آن می‌اندیشم، دور شدم.

سعدی به روزگاران مهری نشسته بر دل
بیرون نمی‌توان کرد الا به روزگاران

در غربت سرد، هر وقت یاد همسایه‌های گیلکی که به من و خانواده‌ام
در شب بحرانی حمله به محل سکونتم یاری دادند، می‌افتم به ارزش این
نظریه دانته، نویسنده ایتالیایی که کتاب کمدی الهی او معرف عمق اعتقادش
به عوالم قدسی بهشت و جهنم است بیشتر پی می‌برم:
«آن‌ها که در عصر بی‌عدالتی و کج‌رفتاری‌ها بی‌طرف می‌مانند، به بدترین
قسمت دوزخ فرستاده خواهند شد.»

فهرست سایر منابع

که در متن کتاب نوشته نشده‌اند

The population explosion
By: Paul R Ehrlich   Ann H Ehrlich
Publisher: Touchstone Books 1991

Three Penny
By Eugene Bert hold Friend rich
Published: A I Bert de Lange, Dutch publisher 1934

The myth of Sisyphus
Essay by Albert Comus
University of Hawaii   2016

Jean chistophe in Paris
By Romain Roland
Publisher: Henry Holt and Company 1911

Jean Christophe Love and Friendship
By romain roland
Publisher: Henry Holt and Company 1915

Persia And the Persian Question
By George Nathaniel Curzon
Publisher: Universiy Press 1892

Salute a la revolution russe
By Romain Roland
Geneve Suisse Edition de la revue "de main" 1917

Jean cheristophe Antoinette
By: Romain Roland
Publisher: Henry Holt and Company 1935

To kill a Mocking bird
Publisher: Chelsea House   2006

The life of Ramakrishna
Publisher: Vedanta press and book shop 1929

Mahatma Gandhi
By: Romain Roland
Srishti publishers and distributors 2000

Voices of revolution 1917
By: Mark D. Steinberg
Yale University press 2003

The Communist manifesto
By Carl Mark   Criedrich Engels
Publisher: Penguin Classics   2002

The Russian Revolution from Lenin to Stalin 1917 – 1929
Marxism and Leninism
By: John H Kautsky; greenwood press 1994

A timeline of events in the Russian Revolution: 1917-1932

By the RA digital team

Published 27 March 2017

Competing Voices, the Russian   Revolution
By: Michael G. Hicly
Publisher: A BC – Clio 2010

Memoirs of a revolutionary
By Victor Serge
Publisher: University of Iowa Press 2002

The Diaries of Quincy Adams
Publisher: Penguin Random House 2017

History of United State By; George Bancroft
Publisher: Little Brown and Co 1852

Biography of Harry Truman, U S President (1884-1972)
Publisher; A and E Television Networks 2017

Dwight Eisenhower Biography (1953- 1961)
Eisenhower in war and peace
By Jean Edward SmithPublisher: Random House llc 2012

The Secret Wars of the CIA, by John Prados
Lost Crusader: The Secret Wars of CIA
Posted: May 08,2007,09:01 AM, Last Updated: Aug 17,2011,08:54 AM

Legacy of Ashes by Tim Weiner,
Posted: Sep 10,2007,11:05 AM
Last Updated: Jun 26,2008
Posted in internet 2008

United Nation Statistics Division (UNSD)
Population census data base:
http://unstats.un.org/unsd/demographic/products/dyb/
dybcensusdata.htm

Population and vital statistic report:
http://unstats.un.org/unsd/demographic/products/vitstats/

Demographic year book system:
http://unstats.un.org/unsd/demographic/products/dyb/dyb2.htm
Environment, brochure on environment statistics:
https://unstats.un.org/unsd/environment/envpdf/Brochures
Brochure

Environment Climate change statistic:
https://unstats.un.org/unsd/envstats/climatechange.cshtml

Agriculture products and food supplies
FAO Cereal Supply and Demand Brief
Monthly release
Bumper crops boost global cereal supplies Realized date 8-12-17

The Limits to Growth.
By :Donnella Meadows· Dennis L Meadows· J Randers
Affiliation: Durham University 1972

Overdevelopment, Overpopulation, Overshoot
BY; Tom Butler
  Publisher Goff Books 1759

Overthrow
By: Stephan Kinzer
Publisher: Henry Holt 2007

Population Grouth and Enviromental Issues
Edited by S S Ramphal, Steven W. Sinding
Published by Green wood Publishing Group 1996

The Population Bomb
By Paul R. Ehrlich and Anne Eherlich
Published by: Sierra club / Ballantine Books 1968.

Freedom from fear
Aung Son Sun Kyiو Publisher: Penguin 1991

Nixon, Kissinger and the Shah
By Rohan Alvandi
Publisher: Oxford University Press April 2012

George Orwell 1984
Publisher Pen guin publishing group 1950

تاریخ تمدن
اثر ویل دورانت
ناشرترجمه انتشارات علمی و فرهنگی ۱۳۷۸

سیر حکمت در اروپا
اثر محمد علی فروغی
انتشارات نیلوفر.
۱۳۹۸

زندگی گالیله
اثر برتولت برشت
ناشر ترجمه محور ۱۳۹۳

کمدی الهی
اثر دانته آلیگیری
ناشر امیر کبیر ۱۳۹۹

رضاشاه از طفولیت تا سلطتنت نوشته نیازمند
انتشار بنیاد مطالعات ۱۳۷۵

سردار جنگل نوشته ابراهیم فخرائی
انتشارات جاودان ۱۳۵۱

تاریخ روابط سیاسی ایران و انگلیس
نوشته محمود محمود
انتشارات اقبال و شرکا ۱۳۴۴

نکته نکته
احمد علی دوست
انتشارات پیام فرهنگ ۱۳۹۱

محمد علی اسلامی ندوشن   نامه نامور
از انتشارات قطره ۱۳۸۲

دو قرن سکوت
از دکتر ابولحسین زرین کوب
ناشر امیر کبیر ۱۳۳۶

سخن ها را بشنویم
از محمد علی اسماعیل ندو شین
ناشر شرکت سهامی انتشار ۱۳۳۹

نخبه کشی در ایران
از علی رضاقلی
ناشر نشر نی ۱۳۷۷

این است مذهب من
اثر مهاتما گاندی
ناشر انتشارات جامی ۱۳۶۹

صد سال تنهایی
اثر گابریل گارسیا مارکز
ناشر انتشارات جامی ۱۳۹۶

در قلمرو وجدان
اثر عبدالحسین زرین کوب
از انتشارات علمی ۱۳۶۹